Géométrie pour l'élève-professeur

Formation des enseignants

Actualités scientifiques et industrielles, 1362

Jean Frenkel

Professeur à l'université Louis Pasteur de Strasbourg

Géométrie pour l'élève-professeur

Hermann

ISBN 2 7056 1362 5

293 rue Lecourbe, 75015 Paris.

Partie I

GÉOMÉTRIE AFFINE

PARTIE III

GÉOMÉTRIE PROJECTIVE DE DIMENSION FINIE

Appendice I

Classification de Jordan des endomorphismes des espaces vectoriels de dimension finie

Appendice II

Angles de deux sous-espaces d'un espace vectoriel euclidien de dimension finie

Préface

L'Aveugle et le paralytique (*fable*).

La « géométrie élémentaire » — au sens où on l'entendait dans l'enseignement secondaire avant la dernière guerre mondiale — a mauvaise presse. Ignorée de l'enseignement universitaire, elle disparaît de l'enseignement secondaire. C'est à la fois heureux et déplorable.

Heureux car les méthodes d'exposition se sont améliorées depuis les Grecs, déplorable car l'intuition géométrique est d'un précieux secours dans toutes les branches des mathématiques.

Ce cours est destiné aux professeurs de l'enseignement secondaire. Leur tâche est difficile, car le rôle joué par les mathématiques, la nature de cette science, sont mal perçus du grand public, donc des enfants, en grande partie précisément à cause de l'enseignement traditionnel de la géométrie.

Historiquement parlant, la géométrie est une technique inventée par les Babyloniens et les Égyptiens ([1]) et érigée en science rationnelle par les Grecs. Elle décrit, avec les instruments de l'époque — yeux, règle, compas — un univers très schématisé : il est incolore, inodore et sans saveur ni forces. Il est « homogène » (tous les « points » jouent le même rôle) et isotrope (il n'y a pas de direction privilégiée), ce qui est compréhensible dans l'arpentage des Égyptiens — géométrie plane — et surprenant pour la géométrie dans l'espace ou la géométrie sphérique des Babyloniens. En tout cas, l'existence d'une verticale, qui a sans doute donné l'idée de la perpendicularité, n'a pas empêché les Grecs de construire un modèle du monde sensible homogène et isotrope.

([1]) Voir par exemple, à côté de n'importe quelle encyclopédie :
Dedrun-Itard, Mathématique et Mathématiciens.
Bourbaki, Notices historiques; etc...

Mathématiquement parlant, la géométrie élémentaire ne se distingue de l'algèbre linéaire que par des limitations artificielles sur la dimension et parfois le corps de base. Ces limitations sont plus un obstacle à la compréhension qu'une facilité pour l'exposition. Conformément à une tendance générale des mathématiques, même des chapitres apparemment « non linéaires » de la géométrie élémentaire classique (coniques, inversion) sont justiciables de l'algèbre linéaire.

L'algèbre linéaire sur un corps est l'étude des espaces vectoriels et de leurs morphismes. Le lecteur — et le mathématicien professionnel — seront donc à bon droit scandalisés de voir que près d'un tiers de ce cours traite de ce monstre qu'on appelle espace affine. Cela tient à ce que ce cours est destiné avant tout à des pédagogues : l'espace vectoriel attaché à la géométrie n'est pas si facile à découvrir; il apparaît sous bien des aspects mais qui ne sont pas tellement intuitifs, puisque les géomètres ont mis 18 à 20 siècles pour les dégager. Comme il est plus important dans l'enseignement secondaire de mathématiser que d'axiomatiser, et que les plus jeunes des élèves ont un passé scolaire — l'école élémentaire — dont il faut tenir compte, il nous a semblé essentiel que leurs futurs professeurs

a) aient à leur disposition la description d'un espace homogène sous l'action d'un groupe commutatif. Du point de vue mathématique, on a ainsi un cadre agréable pour décrire un espace affine ou le groupe des angles dans le plan; du point de vue de « l'expérience concrète », l'univers technique fournit assez de translations et de rotations pour motiver ce point de vue;

b) sachent manier pour eux-mêmes les espaces affines, en sorte qu'ils aient assimilé cette notion avant de la rattacher à la structure plus simple et plus utile d'espace vectoriel. Il nous a semblé utile de toute façon qu'ils comprennent que les translations ne sont pas des morphismes d'espace vectoriel, et ne conservent pas grand chose des propriétés d'un espace vectoriel.

Les deux premiers chapitres sont donc consacrés à la catégorie des espaces affines, laquelle reste présente à l'esprit tout au long du cours. C'est une catégorie qui se rattache à celle des espaces vectoriels par quatre aspects qui sont étudiés et mis en relation les uns avec les autres :

i) Un espace affine est un espace homogène du groupe additif d'un espace vectoriel. C'est la définition adoptée ici (chapitre I) sous trois formes équivalentes, afin de donner aux étudiants le temps de la comprendre.

ii) Le choix d'un point tue la structure affine, en rompant l'homogénéité de l'espace qu'il transforme en espace vectoriel. Dans bien des questions, il existe un point privilégié. Ce ne sont plus des questions affines, mais des questions vectorielles. De là, l'importance que nous avons attachée à la recherche des points fixes des applications affines : une application affine ayant un point fixe est linéaire.

L'aspect « géométrie analytique » consiste à rigidifier encore plus la situation en transformant l'espace affine non pas seulement en espace vectoriel — par le choix d'une origine — mais en l'espace vectoriel K^n par le choix d'une base. Dans certains cas de tels choix s'imposent : ce sont ceux où une démonstration « par le calcul » est agréable.

Mais il est clair que le génie de Descartes qui a réconcilié nombre et géométrie (grâce à cette substitution de $\mathbf{R}^3$ à un espace affine) ne pouvait à l'époque découvrir la raison profonde qui permettait cette réconciliation, et qui est exprimée par le « méta-théorème » : « La géométrie élémentaire est l'étude d'un espace affine euclidien de dimension trois sur **R** .»

iii) Un espace affine n'est rien d'autre qu'un hyperplan d'un espace vectoriel ne passant pas par l'origine; les morphismes d'espace affine sont les restrictions aux hyperplans des applications linéaires. Le monde qui nous entoure apparaît homogène parce que son centre n'est pas de ce monde! Telle est la vraie raison — exposée au chapitre III grâce à une astuce d'exposition dont je suis redevable à mon collègue Glaeser — pour laquelle, mathématiquement parlant, les espaces affines « n'existent pas », bien que tout ce cours leur soit consacré.

C'est dans ce chapitre III, et grâce à cet artifice, qu'est exposé le calcul barycentrique qui apparaît ainsi comme un cas particulier du calcul des combinaisons linéaires dans un espace vectoriel.

iv) Un espace affine est un sous-ensemble d'un espace projectif, les morphismes affines étant les morphismes projectifs qui veulent bien laisser stables les espaces affines. La géométrie projective ne figure pas aux programmes de l'enseignement secondaire, pour des raisons historiques, et c'est bien regrettable. Mathématiquement parlant, elle est plus simple que la géométrie affine. (On sait cela depuis près de deux siècles) ; de plus elle décrit mieux l'univers sensible que la géométrie affine : nous voyons le monde en comparant deux projections coniques très voisines (la vision monoculaire ressemble plus à une projection conique qu'à une projection parallèle!). Notre œil apprécie mieux les birapports que les rapports ou les distances. Depuis six ou sept siècles, les peintres figuratifs connaissent les lois de la perspective — i.e. font des dessins « à une « homographie près » — alors que nos pédagogues patentés continuent à prôner les vertus de la perspective cavalière « pour exercer la vision des figures spatiales » (sic). Ils continuent, ce faisant, à ignorer que les cartes de géographie — voire le cadastre — sont dressées à partir de photographies aériennes — ou prises de satellites — donc grâce à des applications projectives et non pas affines.

Bien entendu, un tel cours ne peut négliger la géométrie euclidienne. Nous avons même dû donner un développement inattendu à des chapitres très élémentaires (comme les angles et les différentes sortes d'angles), vu la confusion qui règne actuellement dans les esprits sur ce sujet.

Du point de vue intuitif, la géométrie élémentaire véhicule beaucoup de notions topologiques. C'est une des raisons pour lesquelles nous avons fait peu d'hypothèses sur le corps de base (le prenant cependant commutatif, et en géométrie euclidienne de caractéristique différente de deux) pour mieux apercevoir *où* interviennent vraiment des considérations topologiques en géométrie élémentaire. La topologie est concentrée sur le corps de base (car nous sommes en dimension finie) et n'intervient de façon *essentielle* qu'à une occasion : la mesure des angles; elle intervient aussi en fait dans les questions d'orientations, mais elle peut être camouflée grâce à une relation d'ordre. Il est vrai qu'un corps ordonné a une topologie naturelle.

Deux annexes, de caractères bien différents, terminent cet ouvrage. La première, consacrée à la réduction de Jordan des endomorphismes, permet d'éviter si l'on veut le chapitre sur l'extension du corps de base (2e partie, chapitre IV), et surtout montre à quel point les théories des espaces affines et projectifs sont fondamentalement des chapitres de l'algèbre linéaire. La seconde est destinée à convaincre le lecteur que la définition générale d'un angle (2e partie, chapitre V) que nous avons adoptée est maniable.

Une illustration géométrique particulièrement spectaculaire de la théorie des formes quadratiques est celle des quadriques (projectives ou même affines), que l'on appelle aussi coniques en dimension deux. Nous avons renoncé à l'exposer pour ne pas gonfler démesurément cet ouvrage. Ce n'est pas sans regret, car ici algèbre et géométrie ont des exigences un peu divergentes. Ainsi une forme quadratique dégénérée s'étudie en passant au quotient par son noyau, une quadrique dégénérée en regardant sa trace sur un sous-espace projectif supplémentaire de celui que définit le noyau de son équation quadratique (base d'un cône); les variétés tangentes à une quadrique ne coïncident tout à fait avec les variétés isotropes de leurs équations que si la quadrique est non dégénérée.

Le programme des concours d'entrée aux grandes écoles vient justement d'être amputé des chapitres concernant les espaces projectifs et les quadriques, juste au moment où l'on était en mesure d'en parler correctement et efficacement; ils auraient pu illustrer des chapitres d'algèbre, que l'on a coupé ainsi de certaines de leurs racines. Gribouille aussi a dû faire des choix.

Les mathématiques sans effort n'existent pas plus que l'alpinisme sans fatigue ou le sport sans ascèse. Nous n'avons pas jugé profitable d'inviter le lecteur à se croire sportif parce qu'il est téléspectateur. Le style est donc austère : le texte comporte une suite de définitions, théorèmes et démonstrations, comme tout texte mathématique sérieux [16 p. 49]. Nous avons tenté cependant de fournir au lecteur quelques motivations et fils directeurs dans la préface et les introductions à un certain nombre de chapitres. Contrairement à l'usage, le lecteur est invité à lire l'introduction et le texte d'un chapitre simultanément (ou presque!).

Un mot enfin sur les exercices. Le lecteur en trouvera dans le texte et hors texte (exercices et problèmes complémentaires). C'est volontairement que nous n'avons pas tenté de les classer par ordre de difficulté. Certains exercices trouvent leur solution développée... quelques chapitres plus loin, comme dans les jeux des magazines de mode. D'autres sont de simples illustrations du cours; d'autres sont d'anciennes questions de cours du baccalauréat ou du B.E.P.C. (exemple : exercice 1, 1re partie, chapitre II, exercices de la 2e partie, chapitre III). D'autres demandent sinon plus d'initiative, en tout cas plus de souffle (les « thèmes de problèmes »). Certains exercices sont repris plusieurs fois (théorèmes de Desargues, de Menelaüs, de Pappus, de Morley-Petersen) dans des contextes différents. Rien de plus nécessaire que de voir le même objet revêtu de différents oripeaux.

Le lecteur est invité à fabriquer lui-même d'autres exercices : une méthode consiste à prendre un énoncé dans un livre de l'enseignement secondaire antérieur à 1968 et à le soumettre aux techniques proposées dans ce livre.

J'aimerais, en conclusion, avoir convaincu le lecteur que sans géométrie, l'algèbre est aveugle; sans celle-ci, celle-là est paralytique.

Je remercie très sincèrement les trois étudiants de l'année 1971-1972, Mmes Benz et Deslauriers, M. Leblanc qui ont bien voulu rendre lisibles les gribouillis qui me tenaient lieu de notes : sans eux, et sans l'efficacité du secrétariat du Département de Mathématique de Strasbourg, ce polycopié n'aurait pas pu naître : poussé ainsi à donner une forme écrite à un cours oral — même de façon incomplète, sommaire et provisoire — j'ai dû faire un effort particulier pour éclairer mes motivations. Je n'ai eu le temps de le faire que partiellement. Mais je suis très reconnaissant à mon collègue G. Glaeser d'être intervenu sans relâche pour que je ne me dérobe pas à ce devoir, à mes collègues M. Berger et M. Zisman d'avoir insisté pour que je transforme en livre ce polycopié.

Strasbourg,
mai 1973.

PREMIÈRE PARTIE

Géométrie affine

CHAPITRE I

Espaces affines

I. Définitions, notations et exemples

Nous avons dit assez longuement dans la préface les raisons pour lesquelles nous introduisons la « catégorie » des espaces affines (une catégorie est en gros une collection d'ensembles et d'applications privilégiées entre ces ensembles, satisfaisant à un certain nombre d'axiomes que nous n'énumérerons pas, ce point de vue étant inutilement sophistiqué pour notre étude).

La géométrie affine élémentaire fait entrer trois « personnages principaux » : les points, les vecteurs (qualifiés autrefois de « libres »; cette terminologie est abandonnée à cause du risque de confusion avec les « familles libres de vecteurs » : tout vecteur non nul est une famille libre à un élément), les translations. Les points sont les éléments d'un ensemble X. Les vecteurs sont les éléments d'un espace vectoriel $\vec{X}$. Les translations sont des bijections particulières de X sur lui-même. Dans les lycées et collèges, on a pris l'habitude — que nous ne garderons pas — d'appeler bipoint un élément de X^2 (i.e. un couple de points de X). Un vecteur est une classe « d'équipollence » de bipoints (deux bipoints (x, y) et (x', y') sont équipollents si (x, y, y', x') est la suite des sommets consécutifs d'un parallélogramme, aplati ou non; le lecteur adoptera comme définition d'un parallélogramme celle qu'il préférera). L'important dans l'enseignement élémentaire (et même supérieur) est que :

1) l'équipollence est une relation d'équivalence; la classe d'équivalence du bipoint (x, y) est notée $\overrightarrow{xy}$:

2) l'ensemble $\vec{X}$ des classes d'équipollence est muni d'une structure d'espace vectoriel sur un corps (qui est $\mathbf{R}$ ou peut-être $\mathbf{Q}$ en géométrie élémentaire);

3) à tout vecteur $\vec{V} \in \vec{X}$ est associée une translation, à savoir la bijection qui au point x associe le point $y \in X$, noté souvent $x + \vec{V}$, tel que $\overrightarrow{xy} = \vec{V}$.

Ces trois espèces de personnages peuvent entrer en scène dans un ordre variable. Ce qui importe ce sont naturellement les relations entre elles. Elles-mêmes peuvent être présentées sous différents jours.

Il en existe deux principaux : celui privilégiant les vecteurs, classes d'équivalence de bipoints, en usage dans l'enseignement secondaire, et rappelé ci-dessus. Cet aspect est décrit dans la proposition 1.

Le second aspect fait apparaître un espace affine comme un cas particulier d'une situation très fréquente en mathématiques, celle « d'espace homogène », elle-même cas particulier de la situation plus générale d'un groupe opérant sur un ensemble (nº 1, définition A). Bien que cette situation intervienne rarement de façon essentielle dans ce cours (mais voir cependant la 2ᵉ partie, chapitre v et 3ᵉ partie, chapitre IV) nous avons cru devoir l'exposer car elle fournit le thème d'innombrables exercices d'algèbre (étude de groupes finis) ou de géométrie (étude de figures invariantes par un groupe).

Les relations essentielles entre nos trois espèces de personnages sont exprimées par la définition 1. La définition 2 expose en quoi un espace affine est un espace homogène particulier. La proposition 1 fait le lien entre ce point de vue plus général et le point de vue classique, auquel peut à la rigueur se borner un lecteur pressé. Elle explicite comment Φ détermine Θ et réciproquement.

Nous emploierons assez longtemps la lourde écriture $(X, \vec{X}, \Phi)$ pour attirer l'attention du lecteur sur le fait qu'un espace affine *n'est pas* la donnée d'un ensemble X, mais bien d'une *structure* sur l'ensemble X. Le même ensemble X peut recevoir des structures affines tout à fait différentes, de même qu'un même ensemble peut recevoir des structures d'espace vectoriel tout à fait distinctes (par exemple l'ensemble sous-jacent à un espace vectoriel réel de dimension 2 peut être muni d'une structure d'espace vectoriel complexe de dimension 1, voire même d'une structure de corps).

1. Définition préliminaire

Soit E un ensemble non vide, $\mathfrak{S}(E)$ le groupe des permutations de E (i.e. le groupe des bijections de E sur lui-même). On dit qu'un sous-groupe T de $\mathfrak{S}(E)$ est *transitif* si

$$\forall (x, x') \in E^2 \quad \exists g \in T \qquad \text{tel que} \qquad x' = g(x)$$

DÉFINITION 1. — *On appelle espace affine sur le corps* K (¹) *la donnée* $(X, \vec{X}, \varphi)$ *d'un triplet où* X *est un ensemble non vide,* $\vec{X}$ *un espace vectoriel sur* K, *et* φ *un isomorphisme du groupe additif de* $\vec{X}$ *sur un sous-groupe transitif* T *du groupe des permutations de* X.

$\vec{X}$ s'appelle *l'espace directeur* (ou la direction) de $(X, \vec{X}, \varphi)$; une permutation de X appartenant à T s'appelle une translation de $(X, \vec{X}, \varphi)$. On appelle *dimension de* X (sur K) celle de l'espace vectoriel $\vec{X}$.

On fait les *abus d'écriture et de notation* suivants :

a) On désigne le triplet $(X, \vec{X}, \varphi)$ par la seule lettre X chaque fois qu'aucune ambiguïté n'est possible sur l'espace vectoriel $\vec{X}$ et l'application φ.

b) On identifie, grâce à φ, $\vec{X}$ et son image T, qui se trouve ainsi munie d'une structure d'espace vectoriel, et que l'on appelle alors l'espace vectoriel des translations de X.

c) Notons, pour $\vec{\xi} \in \vec{X}$, $\varphi(\vec{\xi}).x$ le transformé de $x \in X$ par la permutation $x \longmapsto \varphi(\vec{\xi}).x$ de X. Lorsqu'on identifie (au sens de *b*)) $\vec{\xi}$ et $\varphi(\vec{\xi})$ on note simplement $\varphi(\vec{\xi}).x$ par $x + \vec{\xi}$ (où $x \in X$, et $\vec{\xi} \in T$). Cette notation sera justifiée par la suite.

(¹) Dans cet ouvrage, « corps » signifie toujours *corps commutatif*.

Remarque 1. Avec les abus d'écriture signalés ci-dessus, X est un espace affine si les propriétés suivantes sont vérifiées :

(A_1) $\forall(\vec{\xi}, \vec{\xi}') \in \vec{X}^2, \quad \forall x \in X :$
$(x + \vec{\xi}) + \vec{\xi}' = x + (\vec{\xi} + \vec{\xi}')$

(A_2) $\{\vec{\xi} \in \vec{X} | \forall x \in X, \quad x + \vec{\xi} = x\} = \{0\}$

(A_3) $\forall(x, x') \in X^2, \quad \exists \vec{\xi} \in \vec{X} : x' = x + \vec{\xi}$

Et réciproquement, une application $(\vec{\xi}, x) \longmapsto x + \vec{\xi}$ de $\vec{X} \times X$ dans X vérifiant (A_1, A_2, A_3) munit X d'une structure affine $(X, \vec{X}, \varphi)$ où l'on a posé $\varphi(\vec{\xi})$: $x \longmapsto x + \vec{\xi}$.

En effet, la condition (A_3), compte tenu de (A_1) et (A_2) implique que $x \longmapsto x + \vec{\xi}$ est une bijection de $X \to X$; alors (A_1) exprime que φ est un homomorphisme de $\vec{X}$ sur un sous-groupe de $\mathfrak{S}(X)$, (A_2) que cet homomorphisme est injectif et (A_3) que ce sous-groupe est transitif.

DÉFINITION 2. (Deuxième définition d'un espace affine.)

Le triplet $(X, \vec{X}, \Phi)$ *est un espace affine sur le corps* K *si et seulement si* Φ *est une opération simplement transitive du groupe additif de l'espace vectoriel* $\vec{X}$ *sur l'ensemble* X

Cette définition, pour être comprise, exige les définitions préalables suivantes.

DÉFINITION A : *Soit* G *un groupe, d'élément neutre e, et* X *un ensemble non vide. On dit que* G *opère à gauche sur* X *(ou mieux que* Φ *est une opération à gauche de* G *sur* X*) s'il existe une application* $\Phi : G \times X \to X$ *vérifiant les axiomes suivants :*

(O_1) $\forall(g, g') \in G^2 \quad \forall x \in X \quad \Phi(g, \Phi(g', x)) = \Phi(gg', x)$

(O_2) $\forall x \in X \quad \Phi(e, x) = x.$

Alors, $\Phi_g : x \longmapsto \Phi(g, x)$ est une bijection de X sur lui-même (la bijection inverse étant $\Phi_{g^{-1}}$) et l'application $\varphi : G \to \mathfrak{S}(X)$ définie par

$$g \longmapsto \Phi_g$$

est un homomorphisme de G dans le groupe $\mathfrak{S}(X)$ des permutations de X; réciproquement, la donnée d'un tel homomorphisme permet de définir une opération Φ de G sur E en posant $\Phi(g, x) = \varphi(g)(x)$. Dans cette situation, l'ensemble : $G_x = \{g \in G | \Phi(g, x) = x\}$ est un sous-groupe de G, appelé *groupe d'isotropie* de x. D'autre part

$$O_x = \{y \in E | \exists g \in G : \Phi(g, x) = y\}$$

s'appelle *l'orbite de x sous* G.

L'ensemble des orbites des points de R constitue une partition de E, et la relation : « x et y sont dans une même orbite » est donc une relation d'équivalence dans E. Si x et y sont dans une même orbite, il existe $g \in G$ tel que $\varphi(g)(x) = y$, et $gG_xg^{-1} = G_y$ de sorte que les groupes d'isotropie de deux points d'une même orbite sont *conjugués* (i.e. transformés l'un dans l'autre par un automorphisme intérieur de G).

Le noyau de φ est le sous-groupe $\Gamma = \bigcap_{x \in E} G_x$. Si $\Gamma = \{e\}$, on dit que Φ est une opération *fidèle* (ou que G opère fidèlement sur E). C'est en particulier le cas si $\forall x \in E$ $G_x = \{e\}$, auquel cas, on dit que G opère *simplement* sur E.

On voit donc qu'une opération simple est fidèle, mais la réciproque est fausse en général.

Enfin, on dit que G opère *transitivement* sur E si tous les points de E sont dans la même orbite (i.e. si E n'a qu'une seule orbite sous G).

Une opération à la fois simple et transitive (resp. fidèle et transitive) est dite simplement (resp. fidèlement) transitive.

Remarque 2. Si G est abélien (simplement transitive) équivaut à (fidèlement transitive).

Moyennant ces définitions, il est aisé de vérifier

a) L'équivalence des définitions I.1.1. et I.1.2.

b) Le fait que dans (A_2), on peut remplacer $\forall x$ par $\exists x$. En effet, l'ensemble défini au 1er membre de (A_2) est $\bigcap_{x \in E} G_x$.

Proposition 1. (Troisième définition d'un espace affine.) — *Soit* X *un ensemble non vide,* $\vec{X}$ *un espace vectoriel sur le corps* K. *Pour qu'il existe une application* $\Phi : \vec{X} \times X \to X$ *telle que* $(X, \vec{X}, \Phi)$ *soit un espace affine, il faut et il suffit qu'il existe une application* $\Theta : X^2 \to \vec{X}$ *telle que :*

(A_1') *L'application partielle* $\Theta_x : y \longmapsto \Theta(x, y)$ *soit, pour tout* x *de* X, *une bijection de* X *sur* $\vec{X}$

(A_2') $\forall (x, y, z) \in X^3,\ \Theta(x, y) + \Theta(y, z) = \Theta(x, z)$ (Relation de Chasles). *On a alors*

$$\Phi(t, x) = \Theta_x^{-1}(t)$$

Démonstration : Remarquons d'abord que (A_2') implique successivement, pour tous x, y, z :

(1) $\Theta(x, x) = 0$

(2) $\Theta(x, y) = -\Theta(y, x)$

(3) $\Theta(x, y) + \Theta(y, z) + \Theta(z, x) = 0$ (faire dans (A_2') $x = y = z$, d'où (1); puis $x = z$, d'où (2), compte tenu de (1); enfin (A_2') et (2) $\Longrightarrow$ (3)).

Cela dit, démontrons la proposition

a) Soit $(X, \vec{X}, \Phi)$ un espace affine; $\Phi_x : t \longmapsto \Phi(t, x)$ est injectif (car $\vec{X}$ opère simplement) et surjectif (car $\vec{X}$ opère transitivement) donc est une bijection de $\vec{X}$ dans X. On pose alors, pour tout $(x, y) \in X^2$:

$$\Theta(x, y) = \Phi_x^{-1}(y) \Longleftrightarrow \Phi[\Theta(x, y), x] = y.$$

Alors, (A_1') est vérifiée puisque $\Theta_x = \Phi_x^{-1}$; de plus, vu (O_1) et la définition de Θ :

$$\Phi[(\Theta(x, y) + \Theta(y, z)), x] = \Phi[\Theta(y, z), \Phi(\Theta(x, y), x)$$
$$= \Phi[\Theta(y, z), y] = z = \Phi[\Theta(x, z), x]$$

donc (A_2') résulte du fait que Φ opère simplement.

b) Réciproquement, soit Θ satisfaisant à A_1' et A_2'. Posons $\Phi(t, x) = \Theta_x^{-1}(t)$. Alors (1) $\Longrightarrow$ (O_2) et (A_2') $\Longrightarrow$ (O_1). c.q.f.d.

Remarque 3. Si la caractéristique de K est différente de 3, alors A_2' équivaut à (3) (Faire dans (3) $x = y = z$, d'où (1); puis faire dans (3) $z = x$, d'où (2); (A_2') se déduit alors de (3).)

Remarque 4. On remarquera que si on désigne par Φ_x l'application $\vec{\xi} \to \Phi(\vec{\xi}, x)$ de $\vec{X}$ dans X, l'équation $\Phi[\Theta(x, y), x] = y$ exprime que $\Phi_x \circ \Theta_x$ est l'identité de X, donc que si l'une de ces applications est bijective, l'autre aussi et est son inverse.

Notations. — Lorsqu'il n'y a pas d'ambiguïté sur la fonction Θ on pose $\Theta(x, y) = \overrightarrow{xy}$ ou aussi $\Theta(x, y) = y - x$ (pour des raisons qui apparaîtront au chapitre 3). Compte tenu des abus d'écriture déjà mentionnés le lien entre Φ et Θ s'explicite dans l'égalité

$$y = x + \overrightarrow{xy}.$$

$\overrightarrow{xy}$ étant entièrement déterminé par (x, y) (axiomes A_1, A_2, A_3).

Cette égalité « justifie » déjà la suivante

$$\overrightarrow{xy} = y - x,$$

mais on prendra garde que + (et —) ne désignent pas des opérations internes : + est une application de $X \times \vec{X}$ dans X, (c'est Φ) et — une application de $X \times X$ dans $\vec{X}$ (c'est Θ). Elles ne sont « inverses » l'une de l'autre qu'au sens de la remarque 4.

Enfin, pour tout $\vec{\xi} \in \vec{X}$ nous noterons parfois $T_{\vec{\xi}}$ la bijection $\varphi(\vec{\xi}) : x \longmapsto \Phi(\vec{\xi}, x)$ de X sur lui-même (« translation de vecteur $\vec{\xi}$ »).

2. Exemples d'espaces affines

1. *Structure affine d'un espace vectoriel.*

Soit T un espace vectoriel. On pose $X = T$, et $\Phi(t, x) = t + x$ ($t \in X, x \in X$). Alors (T, T, Φ) est un espace affine.

2. Soit E un espace vectoriel sur K, $f : E \to K$ une forme linéaire non nulle sur E. On pose :

$$\vec{X} = f^{-1}(0); \quad X = f^{-1}(1); \quad \Phi(t, x) = x + t \quad \text{pour} \quad x \in X, \quad t \in \vec{X}.$$

Alors $(X, \vec{X}, \Phi)$ est un espace affine. (C'est la structure affine d'un hyperplan d'un espace vectoriel ne passant pas par l'origine). Nous verrons que tout espace affine peut être construit de cette façon (chapitre III, § I, n° 2).

3. Soient $(X, \vec{X}, \Phi)$ et $(X', \vec{X}', \Phi')$ deux espaces affines. Soit $\vec{X} \times \vec{X}'$ *l'espace vectoriel produit* de $\vec{X}$ et $\vec{X}'$, et $\Phi'' = \Phi \times \Phi'$ l'application de $(\vec{X} \times \vec{X}') \times (X \times X')$

dans $(X \times X')$ définie par :

$$\Phi''[(\vec{t}, \vec{t}'), (x, x')] = [\Phi(\vec{t}, x), \Phi'(\vec{t}', x')].$$

Alors $(X \times X', \vec{X} \times \vec{X}', \Phi'')$ est un espace affine appelé *espace produit* de $(X, \vec{X}, \Phi)$ et $(X', \vec{X}', \Phi')$.

4. Soit $X = (X, \vec{T}, \Phi)$ un espace affine, et S un sous-espace vectoriel de $\vec{T}$. La relation $\mathbf{R}(x, x')$ définie par $\overrightarrow{xx'} \in S$ est une relation d'équivalence dans X, et par passage aux quotients Φ définit une application

$$\hat{\Phi} : (T/S) \times (X/\mathbf{R}) \to (X/\mathbf{R})$$

[i.e. on pose $\dot{x} + \mathring{\vec{t}} = \widehat{x + t}$, où $\dot{x} \in X/\mathbf{R}$ (resp. $\widehat{x + t} \in X/\mathbf{R}$; resp. $\dot{t} \in T/S$) désigne la classe de x (resp. $x + t$; resp. t) dans $X/\mathbf{R}$ (resp. $X/\mathbf{R}$; resp. T/S.] Alors $(X/\mathbf{R}, T/S, \hat{\Phi})$ est un espace affine, appelé *espace affine quotient de* X par S.

Définition 3. *Soient* $X = (X, \vec{X}, \Phi)$ *un espace affine, et* $a \in X$. *Prendre a pour origine dans* X, *c'est, par définition, munir l'ensemble* X *de la structure d'espace vectoriel déduite de celle de* $\vec{X}$ *grâce à la bijection :*

$$\Phi_a : \vec{X} \to X \qquad \text{définie par} \quad \Phi_a(\vec{t}) = a + \vec{t}$$

On note X_a cette structure d'espace vectoriel sur X. On a donc par définition *au sens de* X_a, pour $(\lambda, \mu) \in K^2$ et $(x, y) \in X^2$:

$$\lambda x + \mu y = \Phi_a[\lambda\Theta_a(x) + \mu\Theta_a(y)] = a + (\lambda\overrightarrow{ax} + \mu\overrightarrow{ay})$$

(On notera que les signes + et . n'ont pas la même signification dans les deux membres.)

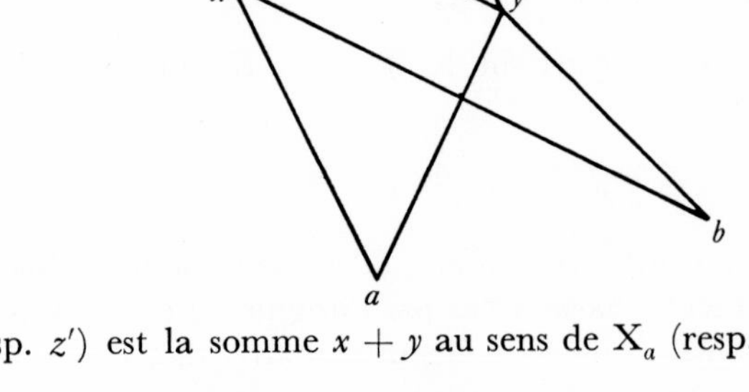

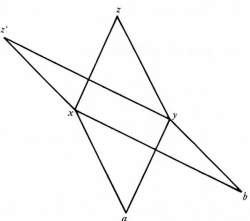

z (resp. z') est la somme $x + y$ au sens de X_a (resp. X_b).

Exercice 1. Soit X un espace affine, et a, b, a', b' quatre points de X. Montrer que :

$$\overrightarrow{ab} = \overrightarrow{a'b'} \iff \overrightarrow{aa'} = \overrightarrow{bb'} \quad \text{(règle du parallélogramme)}$$

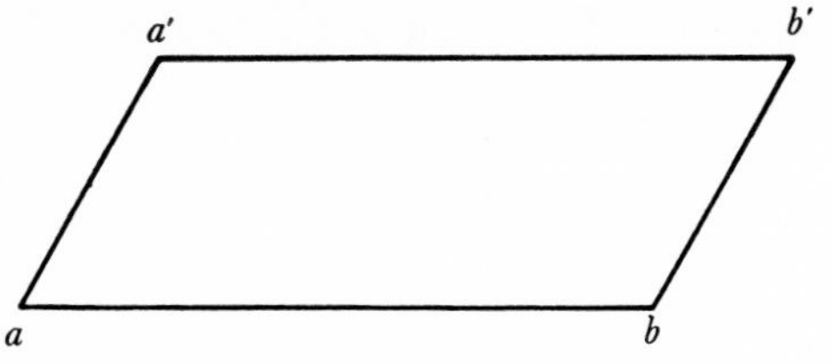

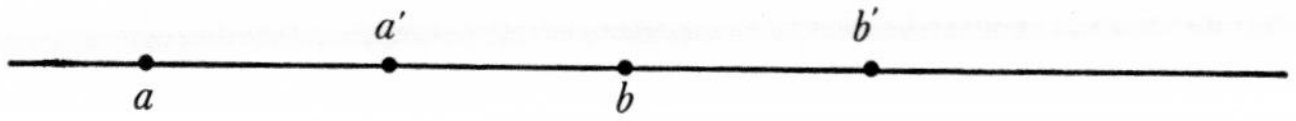

Exercice 2. Soit X un espace vectoriel muni de sa structure affine (exemple 1) ; soit $a \in X$. Si $(x, y) \in X^2$, et $\lambda \in K$, calculer $x + y$ et λx *au sens de* X_a en fonction de l'addition et la multiplication scalaire dans X. Comparer les espaces vectoriels X et X_0.

II. Sous-espaces affines

Les sous-espaces affines (appelés aussi *variétés linéaires affines* ou simplement *variétés linéaires*) sont les premières « figures remarquables » (entendez ici par figure simplement « sous-ensemble ») d'un espace affine. Ce sont les sous-ensembles de X capables d'hériter une structure affine de celle de X (proposition 2). En « géométrie élémentaire », ce sont les points, les droites, les plans, l'espace tout entier. La remarque suivant la proposition 2 donne l'une des multiples raisons qui nous font préférer pour la définition des espaces affines le point de vue « espace homogène » au point de vue traditionnel de l'enseignement secondaire.

Le n° 2 généralise à une dimension et un corps de base arbitraires la situation qu'évoquent à l'esprit du lecteur les expressions « droites parallèles; droites et plans parallèles; plans parallèles; direction de droites, direction de plans ».

Le théorème 2 (n° 3) contient les énoncés du type :

- Par deux points passe une droite et une seule.
- Par un point, on peut mener une parallèle et une seule à une droite.
- Une droite qui a deux points dans un plan y est contenue tout entière.
- Il existe dans l'espace des droites non sécantes et non parallèles.

Il est remarquable que l'enseignement de la géométrie élémentaire professé en France jusqu'en 1970 permettait parfois de laisser croire que, des énoncés ci-dessus, on obtenait tous les autres par déduction, ce qui est tout à fait impossible. De nombreux manuels « définissaient » alors les plans comme les sous-ensembles de l'espace qui, avec deux points, contenaient la droite les joignant (alors que toute droite et l'espace entier jouissent de cette propriété) ! De tels errements expliquent certains des blocages psychologiques qu'ont de nombreux élèves — souvent doués — pour les mathématiques.

1. Définition

DÉFINITION 4. *Soit* X *un espace affine. Une partie non vide* A *de* X *est un sous-espace affine de* X *s'il existe* $a \in A$ *tel que* $\Theta_a(A) = \Theta(\{a\} \times A) = \vec{A}_a$ *soit un sous-espace vectoriel de* $\vec{X}$.

PROPOSITION 2. *Soit* A *un sous-espace affine de* X. *Alors,* $\forall a \in A$, $\vec{A}_a$ *est un sous-espace vectoriel de* $\vec{X}$ *indépendant de a et* $(A, \vec{A}_a, \Phi|_{\vec{A}_a \times A})$ *est un espace affine.*

Démonstration. Supposons que $\vec{A}_a$ soit un sous-espace vectoriel de $\vec{X}$; soit $b \in A$. Il suffit de montrer que $\vec{A}_b = \vec{A}_a$.

α) $\vec{A}_b \subset \vec{A}_a$.
En effet, $\forall y \in A$ on a $\overrightarrow{by} = \overrightarrow{ay} - \overrightarrow{ab} \in \vec{A}_a + \vec{A}_a = \vec{A}_a \Longrightarrow \vec{A}_b \subset \vec{A}_a$

β) $\vec{A}_a \subset \vec{A}_b$.
Soit $\vec{t} = \overrightarrow{ay} \in \vec{A}_a$. Posons $z = b + \overrightarrow{ay}$. Alors $\overrightarrow{bz} = \overrightarrow{ay}$. Donc

$$\overrightarrow{az} = \overrightarrow{ab} + \overrightarrow{bz} = \overrightarrow{ab} + \overrightarrow{ay} \in \vec{A}_a + \vec{A}_a = \vec{A}_a.$$

Donc $\overrightarrow{az} \in \vec{A}_a$. Donc il existe $z' \in A$ tel que $\overrightarrow{az} = \overrightarrow{az'}$ et par suite $z = z'$, ce qui montre que $z \in A \Longrightarrow \vec{t} = \overrightarrow{bz} \in \vec{A}_b$, d'où $\vec{A}_a \subset \vec{A}_b$. En définitive, $\vec{A}_a = \vec{A}_b$.

γ) $(A, \vec{A}_a, \Phi_{|\vec{A}_a \times A})$ est un espace affine. En effet $\Theta_{|A^2}$ a pour image $\vec{A}_a$, car $\Theta(b, c) = \overrightarrow{bc} = \overrightarrow{ac} - \overrightarrow{ab} \in \vec{A}_a$, et (A_1') et (A_2') sont vérifiés (cf. prop. 1).

c.q.f.d.

Remarque 5. Il ne suffit pas que $\Theta(A^2)$ soit un sous-espace vectoriel de $\vec{X}$ pour que A soit un espace affine. Cette hypothèse entraîne en effet (A_2') et *l'injectivité* de Θ_x pour tout x dans A, mais pas la *surjectivité* de Θ_x. Prendre par exemple $(\mathbf{R}, \mathbf{R}, +)$ et $A = \{x \in \mathbf{R} | x \geqslant 0\}$.

Remarque 6. Soit A un sous-espace affine de $(X, \vec{X}, \Phi)$ et B un sous-espace affine de $(A, \vec{A}, \Phi_{|\vec{A} \times A})$. Alors B est un sous-espace affine de $(X, \vec{X}, \Phi)$.

Conséquence de la proposition 2 : *notation et définition* 5.

On pose $\vec{A} = \vec{A}_a$; $\vec{A}$ s'appelle l'*espace directeur* (ou la *direction*) du sous-espace affine A. On appelle *dimension* du sous-espace affine A la dimension de $\vec{A}$: c'est la dimension de l'espace affine $(A, \vec{A}, \Phi_{|\vec{A} \times A})$.

Proposition 2'. *Les assertions suivantes sont équivalentes :*

i) A *est un sous-espace affine de* X,

ii) *Pour tout* $a \in A$, A *est un sous-espace vectoriel de* X_a,

iii) *Il existe* a *dans* A *tel que* A *soit un sous-espace vectoriel de* X_a.

Démonstration. C'est une paraphrase de la proposition 2, compte tenu du fait que Θ_a est par définition *linéaire* de X_a dans $\vec{X}$. c.q.f.d.

Proposition 3. A *est un sous-espace affine de* X *si, et seulement si, il* existe un sous-espace vectoriel $\vec{V} \subset \vec{X}$ et un point $x \in X$ tels que :

$$A = x + \vec{V} = \{y \in X | \exists \vec{v} \in \vec{V}, \quad y = x + \vec{v}\}$$

Démonstration. α) Si A est un sous-espace affine de X, on prend $x = a$, et $\vec{V} = \vec{A}$.

β) Réciproquement, supposons qu'il existe $x \in X$, et $\vec{V} \subset \vec{X}$ tels que $A = x + \vec{V}$. D'abord $x = x + 0 \in A$. Ensuite

$$\Theta(\{x\} \times A) = \{\overrightarrow{xy} | y \in A\} = \{\overrightarrow{xy} | y = x + \vec{t}, \quad \vec{t} \in \vec{V}\} = \vec{V},$$

sous-espace vectoriel de X par hypothèse, ce qui montre que A est un sous-espace affine de X. c.q.f.d.

Corollaire. *Soit* $(A_i)_{i \in I}$ *une famille de sous-espaces affines de* X. *Alors* $\bigcap_{i \in I} A_i$ *est soit vide, soit un sous-espace affine de* X, *de direction* $\bigcap_{i \in I} \vec{A}_i$.

Démonstration. Supposons que $\bigcap_{i \in I} A_i \neq \varnothing$, et soit $a \in \cap A_i$. Pour tout $x \in \cap A_i$ on a : $\overrightarrow{ax} \in \cap \vec{A}_i$; par suite $\Theta(\{a\} \times [\cap A_i]) = \cap \vec{A}_i$, c.q.f.d.

Définition 6. Sous-espace affine engendré par une partie Y de X.

Soit X *un espace affine,* Y *un sous-ensemble non vide de* X; *on appelle sous-espace affine de* X *engendré par* Y, *et l'on note* V(Y), *le plus petit sous-espace affine de* X *contenant* Y. [Il existe toujours un sous-espace affine de X contenant Y, à savoir X lui-même; V(Y) est l'intersection de tous les sous-espaces affines de X contenant Y, intersection qui est un sous-espace affine d'après le corollaire, vu que, contenant Y, elle est non vide.]

Exemples de sous-espaces affines.

— un point est un sous-espace affine de dimension 0,
— une droite affine est un sous-espace affine de dimension 1,
— un plan affine est un sous-espace affine de dimension 2,
— un hyperplan affine est un sous-espace affine $\neq$ X de dimension maximale.

Exercice 3. Par deux points distincts passe une droite et une seule. Par trois points non alignés passe un plan et un seul. (Voir aussi le théorème 2.)

2. Parallélisme

Définition 7. *Soient* A *et* B *deux sous-espaces affines de* X, *de directions respectives* $\vec{A}$ et $\vec{B}$. *On dit que* :

— A *est parallèle à* B *si* $\vec{A} = \vec{B}$ (on note $A /\!/ B$).
— A *est faiblement parallèle à* B *si* $\vec{A} \subset \vec{B}$ (on note $A <| B$).

Remarque 7. Le parallélisme est une relation d'équivalence; le parallélisme faible est une relation de préordre (i.e. réflexive et transitive).

Exercice 4. (A parallèle à B) $\Longleftrightarrow \exists \vec{\xi} \in \vec{X}$, $T_{\vec{\xi}}(A) = B$. L'ensemble des $\vec{\xi} \in \vec{X}$ tels que $T_{\vec{\xi}}(A) = B$ est un sous-espace affine de $(\vec{X}, \vec{X}, +)$ de direction $\vec{A}$. [On note $T_{\vec{\xi}}$ l'élément $\varphi(\vec{\xi})$ de $\mathfrak{S}(X)$.]

THÉORÈME 1. *a) Deux sous-espaces affines parallèles sont égaux ou disjoints.*

b) Si $A < |B$, *alors* $A \subset B$ *ou* $A \cap B = \varnothing$.

[Les réciproques de *a*) et *b*) sont *fausses*!]

c) Pour que $A < |B$, *il faut et suffit que* A *soit parallèle à un sous-espace affine de* B.

Démonstration. a) Il suffit de montrer *b*), car $A // B \Longleftrightarrow (A < |B$ et $B < |A)$.

b) Supposons que $A < |B$, et $A \cap B \neq \varnothing$. Soit $a \in A \cap B$; alors $A = a + \vec{A}$; $B = a + \vec{B}$, et comme $\vec{A} \subset \vec{B}$ (puisque $A < |B$) on a aussi $A \subset B$.

c) Condition nécessaire. Soit $A = a + \vec{A}$, $B = b + \vec{B}$. Par définition, $A < |B \Longleftrightarrow \vec{A} \subset \vec{B}$. Alors $B' = b + \vec{A}$ est un sous-espace affine de B parallèle à A.

Condition suffisante. Soit $B' = b + \vec{B}'$ un sous-espace affine de B. Si $B' \| A$, on a $\vec{B}' = \vec{A} \subset \vec{B} \Longrightarrow A < |B$. c.q.f.d.

Exercice 5. L'ensemble des B′, sous-espaces affines de B qui sont parallèles à A, est naturellement muni d'une structure d'espace affine quotient de celle de B (cf. § I, nº 2, exemple 4).

3. Position relative de deux sous-espaces affines A et B

Rappel. Soit X un espace affine, A et B deux sous-espaces affines de X; soit $n = \dim X$, $p = \dim A$, $q = \dim B$. Alors, on a la relation :

$$p + q = \dim \vec{A} \cap \vec{B} + \dim(\vec{A} + \vec{B}) \tag{1}$$

Démonstration. Voir cours d'algèbre linéaire de M.P.

LEMME 1. *Soient* A *et* B *deux sous-espaces affines de* X, *de direction* $\vec{A}$ *et* $\vec{B}$ *respectivement. Soient* $a \in A$ *et* $b \in B$. *Alors*

$$A \cap B \neq \varnothing \Longleftrightarrow \overrightarrow{ab} \in \vec{A} + \vec{B}.$$

Démonstration. Soit $x \in A \cap B$. Alors $\overrightarrow{ax} = \vec{\alpha} \in \vec{A}$ et $\overrightarrow{bx} = \vec{\beta} \in \vec{B}$; donc

$$\overrightarrow{ab} = \overrightarrow{ax} - \overrightarrow{bx} = \vec{\alpha} - \vec{\beta} \in \vec{A} + \vec{B}.$$

Réciproquement, si $\overrightarrow{ab} \in \vec{A} + \vec{B}$, posons $\overrightarrow{ab} = \vec{\alpha} - \vec{\beta}$ avec $\vec{\alpha} \in \vec{A}$, $\vec{\beta} \in \vec{B}$. Alors $x = a + \vec{\alpha} \in A \cap B$, puisque $a + \vec{\alpha} = b + \vec{\beta}$. c.q.f.d.

Corollaire. *Si* $\vec{A} + \vec{B} = \vec{X}$, *tout sous-espace affine de* X *parallèle à* B *coupe* A, *et réciproquement.*

En effet, on a $\overrightarrow{ax} \in \vec{A} + \vec{B}$ *pour tout* x *de* X. c.q.f.d.

Théorème 2 (dit *d'incidence*). *Soient* A *et* B *deux sous-espaces affines de* X, *de dimension* p *et* q *respectivement; soit* V(A ∪ B), *le sous-espace affine qu'ils engendrent. Alors, deux cas sont possibles:*

1) $A \cap B = \varnothing$ *ce qui implique que* $p + q - \dim(\vec{A} \cap \vec{B}) < \dim X$. *Dans ce cas,* $\dim V(A \cup B) = \dim(\vec{A} + \vec{B}) + 1 = p + q + 1 - \dim(\vec{A} \cap \vec{B})$.

2) $A \cap B \neq \varnothing$. *Dans ce cas,* $A \cap B$ *est un sous-espace affine de* X, *de direction* $\vec{A} \cap \vec{B}$, *et* $\dim V(A \cup B) = \dim(\vec{A} + \vec{B}) = p + q - \dim \vec{A} \cap \vec{B}$.

Démonstration. α) Le 2) est évident en prenant une origine a dans $A \cap B$, et en se ramenant à la formule (1).

β) Si $A \cap B = \varnothing$, le lemme montre que $p + q - \dim \vec{A} \cap \vec{B} < n$ (où $n = \dim X$).

Soit $a \in A$ et $b \in B$; alors $\overrightarrow{ab} \in \overrightarrow{V(A \cup B)}$, de sorte que

$$\overrightarrow{V(A \cup B)} = \vec{A} + \vec{B} + K\overrightarrow{ab}.$$

On a en effet $\vec{A}, \vec{B}, \overrightarrow{ab} \in \overrightarrow{V(A \cup B)}$ d'où $\vec{A} + \vec{B} + K\overrightarrow{ab} \subset \overrightarrow{V(A \cup B)}$. D'autre part $A \cup B \subset a + (\vec{A} + \vec{B} + K\overrightarrow{ab})$ puisque $A = a + \vec{A}$ et $B = a + \overrightarrow{ab} + \vec{B}$. Donc $V(A \cup B) \subset a + (\vec{A} + \vec{B} + K\overrightarrow{ab})$. D'où $\overrightarrow{V(A \cup B)} \subset \vec{A} + \vec{B} + K\overrightarrow{ab}$. Comme (calcul du lemme) $A \cap B = \varnothing \Longleftrightarrow K\overrightarrow{ab} \cap (\vec{A} + \vec{B}) = \{0\}$ le 1) s'ensuit. c.q.f.d.

Remarque 8. Cet énoncé exprime les propriétés dites « d'incidence » de deux sous-espaces affines.

Exercice 6. Pour que deux droites du plan soient parallèles, il faut et suffit que leur intersection soit vide.

Exercice 7. La réciproque du théorème 1 *a*) est fausse (contre-exemple : deux droites de l'espace). Quelle hypothèse H faut-il formuler pour que H et

$$(A = B \quad \text{ou} \quad A \cap B = \varnothing) \Longrightarrow A \| B?$$

Exercice 8. Quelle hypothèse H′ faut-il formuler pour que H′ et

$$(A \subset B \quad \text{ou} \quad A \cap B = \varnothing) \Longrightarrow A <| B?$$

Sujet d'études. 1) Soit X un espace affine de dimension 3, D et D′ deux droites non coplanaires de X, et $a \in X$. Étudier l'ensemble des droites rencontrant D et D′ et passant par *a*.

2) Plus généralement, étudier dans un espace affine de dimension *n* l'ensemble des sous-espaces affines de dimension *m* incidents à trois sous-espaces donnés de dimension respective *p*, *q*, *r*.

4. Sur l'exécution des figures

Il est tout à fait indispensable de ne pas se contenter de l'écriture et de la parole dans l'activité mathématique. *Diagrammes* (cf. chapitre IV, § 1, nº 1, déf. 1 ou théor. 1), *schémas* (cf. 2e partie, chapitre IV, nº 4), *figures* permettent de mobiliser simultanément les multiples relations que la parole ou l'écriture — qui se déroulent linéairement dans le temps — ne peuvent énoncer que successivement. Tout le monde sait représenter par une figure les énoncés de géométrie plane (affine ou euclidienne) : c'est une représentation d'autant plus aisée que la notion de plan affine est l'abstraction — disons mieux le modèle mathématique — de certaines des propriétés géométriques que suggère une feuille de papier ou le tableau noir. Les dessins s'y font à la règle et à la fausse équerre. En géométrie euclidienne nous aurons droit au compas et à l'équerre. Diverses conventions permettent de faire des figures « dans l'espace » (i.e. dim X = 3), ou, plus malaisément, en dimension quelconque. Quand cette dimension n'est pas spécifiée, on peut souvent l'imaginer égale à deux, pourvu que l'on sache ce qui est propre à la dimension deux (cf. par exemple exercices 1 et 2) [1].

On sait moins bien représenter un espace vectoriel réel; il suffit cependant de marquer un point sur la feuille de papier qui figure le choix d'une origine dans un espace affine. On baptise en général ce point « O » car il représente le vecteur nul de l'espace vectoriel. Tout autre élément de cet espace vectoriel est alors représenté par un point, la somme de deux « points » A et B étant l'extrémité S de la diagonale OS du parallélogramme OASB (si O, A et B ne sont pas alignés). Le « point » λA ($\lambda \in \mathbf{R}$) est celui d'abscisse λ dans le repère (O, A) de la droite affine passant par O et A (on peut se borner au cas où $A \neq O$) : voir chapitre III, § II et chapitre V.

[1] Ainsi le dessin illustrant la définition 3 (§ I, nº 2) rend clair — mais ne démontre pas — que $X_a \neq X_b$.

Bien des auteurs éprouvent le besoin de dessiner des axes de coordonnées pour représenter un espace vectoriel : la figure 1 représente souvent un espace vectoriel de dimension trois.

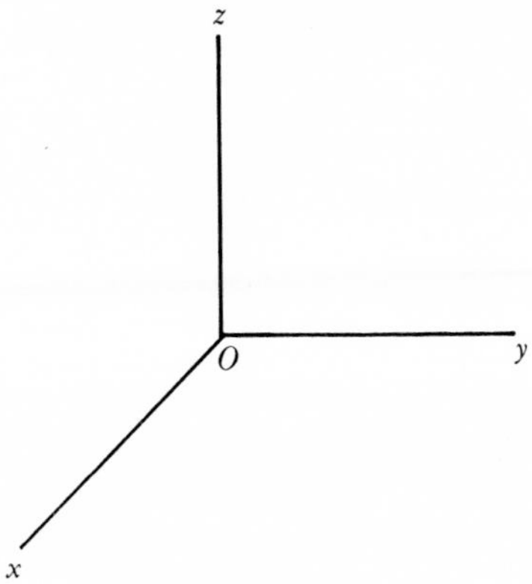

Fig. 1.

Ce dessin est très critiquable. La présence des lettres (x, y, z) sous-entend qu'il ne s'agit pas d'une figure plane ; elle sous-entend aussi qu'une « unité de longueur » a été choisie sur chaque droite Ox, Oy, Oz. Moyennant ces conventions non explicitées, on a ainsi représenté non *un* espace vectoriel de dimension 3, mais bien $\mathbf{R}^3$ (i.e. un espace vectoriel de dimension trois sur **R**, *muni d'une base*). C'est bien ce genre de dessin qu'il *faut* faire en géométrie analytique (voir chapitre III, § II) ; mais on représente ainsi bien plus que nécessaire. La figure 2, où l'on considère que les 4 points OABC ne sont pas coplanaires, représente aussi bien $\mathbf{R}^3$ et la figure 3 représente très convenablement un hyperplan H d'un espace vectoriel.

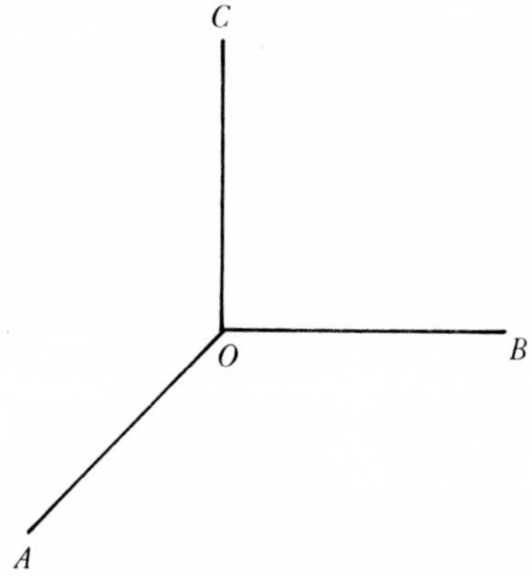

Fig. 2.

Ces conventions de dessin restent valables si le corps de base est un corps ordonné (cf. chapitre IV, § IV). Elles sont parfois

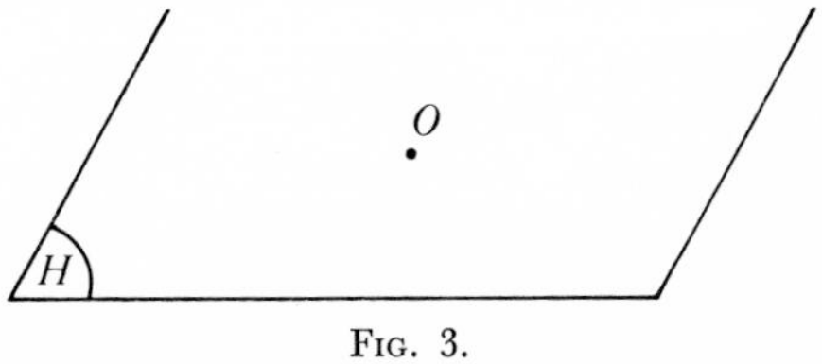

Fig. 3.

acceptables sinon, mais pas toujours : dans certains cas, il faut représenter une droite complexe par le plan du tableau, notamment dans toutes les questions où la topologie intervient. Si le corps de base est fini, les dessins faits comme si le corps de base était **R** peuvent aussi induire en erreur. Il faut imaginer d'autres conventions. Les figures 4 et 5 permettent d'imaginer par exemple toutes les deux quelles sont les 12 droites de l'espace vectoriel $\mathbb{Z}_3 \times \mathbb{Z}_3$ muni de sa structure affine canonique.

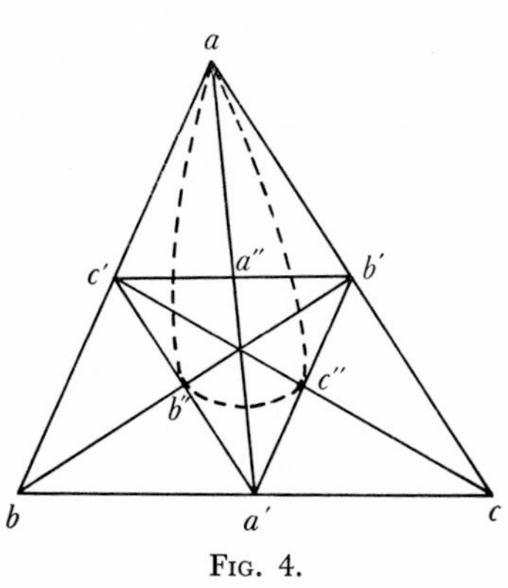

Fig. 4.

La figure 6 représente agréablement deux sous-espaces vectoriels E et F de dimension 2 supplémentaires, et la figure 7 (moins bien) deux sous-espaces supplémentaires de dimensions quelconques.

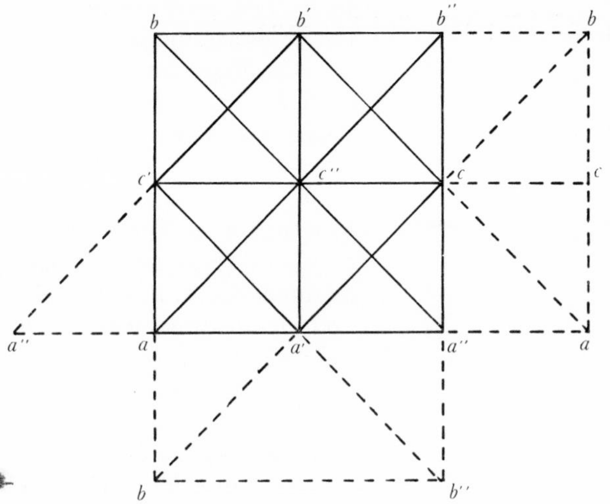

FIG. 5.

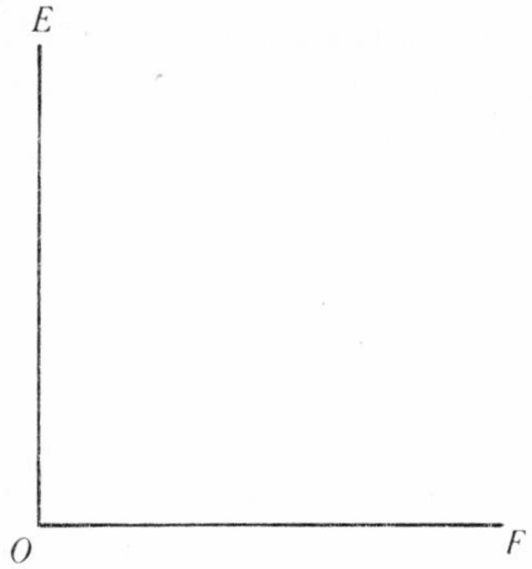

FIG. 6.

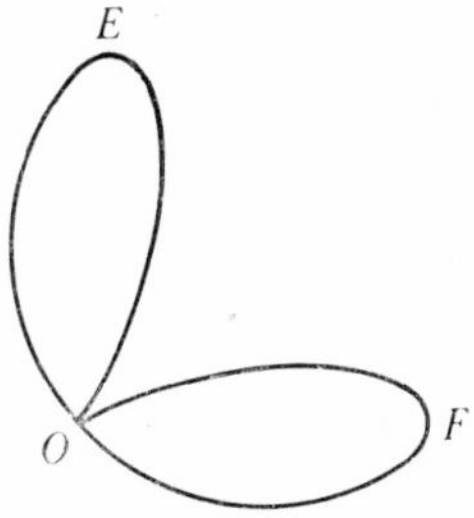

FIG. 7.

La figure 8 représente mieux que la figure 8 *bis* la composée de deux applications f et g.

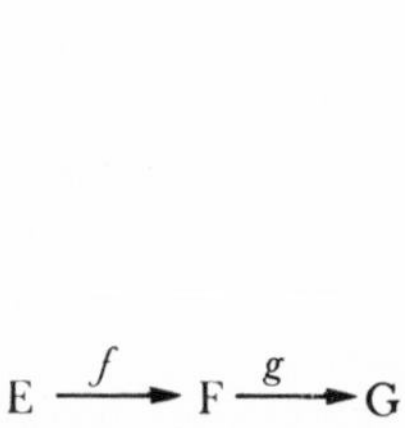

FIG. 8

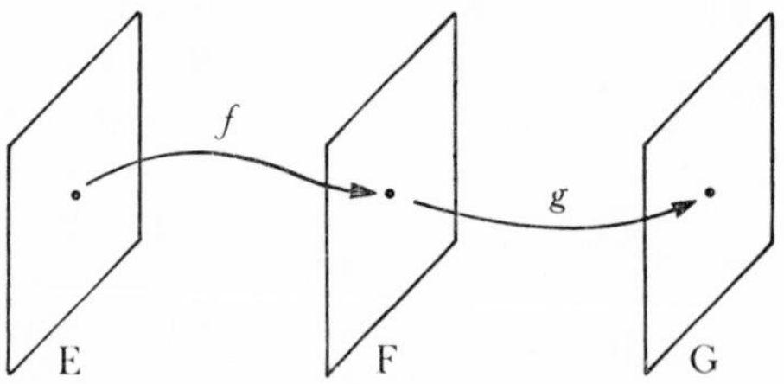

FIG. 8. *bis*.

CHAPITRE II

Applications affines

Les applications affines sont les « morphismes de la catégorie des espaces affines » : ce sont les applications privilégiées entre espaces affines (de même qu'entre espaces topologiques les applications privilégiées sont les applications continues; entre groupes, les applications privilégiées sont les homomorphismes). Les propriétés affines sont celles qui sont respectées par les applications affines (voir aussi chapitre III).

Une application f est affine si c'est une application linéaire lorsqu'on munit la source et le but d'origines « cohérentes pour f » (i.e. l'origine du but est l'image par f de l'origine de la source).

Les applications affines ont des propriétés voisines des applications linéaires : elles transforment un sous-espace affine en sous-espace affine (mais cela ne les caractérise pas, cf. chapitre V).

Le théorème 2 du n° 3 permet notamment de « compter le nombre de paramètres » dont dépend une application affine et comment elle en dépend. C'est un corollaire de l'exercice 3.

De même que tous les moyens connus d'obtenir des espaces vectoriels consistent à partir d'un corps, puis faire des produits, des quotients, et prendre des sous-espaces, de même les exemples 1, 3, 4 du chapitre I, § I, n° 2 et l'exercice 3 de ce chapitre montrent que les procédés analogues effectués sur des espaces affines conduisent à de nouveaux espaces affines.

1. Définition d'une application affine

Soient $(X, \vec{X}, \Theta)$ et $(X', \vec{X}', \Theta')$ deux espaces affines sur K, et soit $f : X \to X'$.

Lemme 1. *Soit $a \in X$. Si f est une application linéaire de X_a dans $X'_{f(a)}$, alors $\forall x \in X$, f est une application linéaire de X_x dans $X'_{f(x)}$.*

Démonstration. Il faut voir que, pour tout x de X :

$$\forall (y, z) \in X^2, \forall (\lambda, \mu) \in K^2 : f(x + \lambda\overrightarrow{xy} + \mu\overrightarrow{xz}) = f(x) + \lambda\overrightarrow{f(x)f(y)} + \mu\overrightarrow{f(x)f(z)}$$

d'après la définition même de la structure d'espace vectoriel de X_x et $X_{f(x)}$.

Or puisque f est linéaire de X_a dans $X'_{f(a)}$ on a :

$$\begin{aligned} f(x + \lambda\overrightarrow{xy} + \mu\overrightarrow{xz}) &= f[a + (1 - \lambda - \mu)\overrightarrow{ax} + \lambda\overrightarrow{ay} + \mu\overrightarrow{az}] \\ &= f(a) + (1 - \lambda - \mu)\overrightarrow{f(a)f(x)} + \lambda\overrightarrow{f(a)f(y)} + \mu\overrightarrow{f(a)f(z)} \\ &= f(x) + \lambda\overrightarrow{f(x)f(y)} + \mu\overrightarrow{f(x)f(z)} \end{aligned}$$

c.q.f.d.

Lemme 2. *Pour que f soit une application linéaire de X_a dans $X'_{f(a)}$, il faut et il suffit que $f_a = \Theta'_{f(a)} \circ f \circ \Theta_a^{-1} : \vec{X} \to \vec{X}'$ soit linéaire.*

Démonstration. Par définition même de la structure d'espace vectoriel de X_a, Θ_a est un isomorphisme linéaire de X_a sur $\vec{X}$. Remarque analogue pour $\Theta'_{f(a)}$. D'où le résultat. c.q.f.d.

On remarquera que $f_a(\vec{t}) = f(a + \vec{t}) - f(a)$ et on pourra, à titre d'exercice, vérifier le lemme par un calcul explicite.

Lemme 3. *Si $f_a \in L(\vec{X}, \vec{X}')$, alors f_x est linéaire pour tout $x \in X$, et $f_x = f_a$.*

Démonstration. α) La linéarité de f_x pour tout $x \in X$ résulte immédiatement des lemmes 1 et 2.

β) $\forall x \in X$ on a $f_x = f_a$. En effet, soit $\vec{t} \in \vec{X}$. On a :

$$\begin{aligned} f_x(\vec{t}) = f(x + \vec{t}) - f(x) &= f(a + \overrightarrow{ax} + \vec{t}) - f(a + \overrightarrow{ax}) \\ &= f_a(\overrightarrow{ax} + \vec{t}) - f_a(\overrightarrow{ax}) = f_a(\vec{t}). \end{aligned}$$

c.q.f.d.

Les lemmes 1, 2 et 3 justifient la définition suivante :

Définition 1. *Soient X et X′ deux espaces affines sur le même corps K. Une application $f: X \to X'$ est dite affine si elle satisfait* (pour un *a*, *ou pour tout a : c'est équivalent d'après les lemmes*) *à l'une des conditions équivalentes suivantes :*

1) $f \in L(X_a, X'_{f(a)})$

2) $f_a = \Theta'_{f(a)} \circ f \circ \Theta_a^{-1} \in L(\vec{X}, \vec{X}')$.

Dans ce cas, on note $\vec{f}$ l'application f_a, et on l'appelle l'application linéaire associée à l'application affine f (elle est indépendante de *a*). *On notera $\mathcal{A}(X, X')$ l'ensemble des applications affines de X dans X′.*

Étant donnée $g \in L(\vec{X}, \vec{X}')$, il est facile de construire une application affine f telle que g soit son application linéaire associée. On choisit par exemple arbitrairement $(a, b) \in X \times X'$ et on pose $f(x) = b + g(\overrightarrow{ax})$ (voir exemple 5, nº 2). Cette situation sera analysée complètement au chapitre IV, § 1.

2. Exemples d'applications affines

Dans ces exemples, X et X′ sont deux espaces affines quelconques;

$$\varphi : \vec{X} \to \mathfrak{S}(X)$$

est l'isomorphisme de $\vec{X}$ dans le groupe des permutations de X définissant la structure affine de X.

Exemple 1. *Applications constantes.* $\forall x \in X \quad f(x) = a \in X'$; ici $\vec{f} = 0$ et réciproquement.

Exemple 2. *Translations.* Soit donné $\vec{t} \in \vec{X}$. Soit $f = \varphi(\vec{t}) : x \longmapsto x + \vec{t}$. Alors f est affine, car $\vec{f}$ est l'application identique de $\vec{X}$; réciproquement, si

$$f(a + \vec{h}) - f(a) = \vec{h}, \qquad f(x) = x + \overrightarrow{af(a)} \quad \text{pour tout} \quad x \in X,$$

et $f = \varphi[\overrightarrow{af(a)}]$ est une translation.

Exemple 3. *Homothéties.*

Ce sont par définition les applications affines de X dans X dont l'application linéaire associée est $k\mathrm{Id}$ ($k \notin \{1, 0\}$). Une homothétie admet un point fixe unique a, et f est une homothétie de l'espace vectoriel X_a, et réciproquement. En effet, soit b une origine dans X. Alors $f(a) = a$ si et seulement si

$$f(b + \vec{ba}) = f(b) + k\vec{ba} = b + \vec{ba} \iff (k - 1)\vec{ba} = b - f(b),$$

d'où $\vec{ba}$ et a.

Exemple 4. *Projection parallèle.*

Soient :

— X un espace affine sur K, de direction $\vec{X}$,

— $\vec{Y}$ et $\vec{Z}$ deux sous-espaces vectoriels supplémentaires de $\vec{X}$ (i.e.

$$\vec{X} = \vec{Y} \oplus \vec{Z}),$$

— Y un sous-espace affine de X, de direction $\vec{Y}$.

Pour un point $x \in X$, on appelle Z_x le sous-espace affine de direction $\vec{Z}$ passant par x. (On a donc : $Z_x = \{x + \vec{z} \mid \vec{z} \in \vec{Z}\} = x + \vec{Z}$.)

Proposition 1. *Pour tout* $x \in X$, $Y \cap Z_x$ *est réduit à un point* x' *et l'application*

$$\pi : x \longmapsto x'$$

ainsi définie est affine.

Démonstration. Comme $\vec{Z}_x = \vec{Z}$ et comme $\vec{X} = \vec{Y} + \vec{Z}$, il résulte du chapitre I, § II-3, lemme 1, que $Y \cap Z_x \neq \varnothing$, et du corollaire de la proposition 3, chapitre I, § II-1 que c'est un sous-espace de direction $\vec{Y} \cap \vec{Z} = \{0\}$, c'est-à-dire un point. L'application π est bien définie. Choisissons un point $a \in Y$; soit $\vec{\xi} \in \vec{X}$ et $b = \pi(a + \vec{\xi}) \in Y \cap Z_{a+\vec{\xi}}$. Comme $a \in Y$, $b \in Y$ on voit que $\vec{ab} \in \vec{Y}$.

Comme $b \in a + \vec{\xi} + \vec{Z}$, on voit que $\overrightarrow{ab} \in \vec{\xi} + \vec{Z}$. Autrement dit, il existe $\eta \in \vec{Y}$ et $\vec{\zeta} \in \vec{Z}$ tels que

$$\overrightarrow{ab} = \vec{\eta} = \vec{\xi} + \vec{\zeta}$$

ce qui montre que $\pi(a + \vec{\xi}) - \pi(a) = \overrightarrow{ab}$ est la composante $\vec{\eta}$ de $\vec{\xi}$ dans $\vec{Y}$ associée à la décomposition en somme directe $\vec{X} = \vec{Y} \oplus \vec{Z}$; comme $\vec{\xi} \longmapsto \vec{\eta}$ est linéaire, π est affine. c.q.f.d.

Exercice 1. Avec les notations ci-dessus, on suppose $\dim Y = 1$; soit P un sous-espace affine de dimension 1, distinct de Y, et π' la restriction de π à P : démontrer le théorème de Thalès.

DÉFINITION 2. *π est appelée projection de* X *sur* Y *parallèlement à* $\vec{Z}$ *(ou parallèlement à* Z_a*).*

Exercice 2. α) Avec les notations de la proposition 1, montrer que $\pi \circ \pi = \pi$.

β) Réciproquement, soit f une application affine de $X \to X$ vérifiant $f \circ f = f$. Montrer que c'est une projection parallèle.

Exemple 5. Soit $\rho \in L(\vec{X}, \vec{X}')$ et $a' \in X'$. Alors : $f\colon x \longmapsto a' + \rho(\overrightarrow{ax}) \in X'$ est affine, et $\vec{f} = \rho$.

Exemple 6. Dans la situation du chapitre I, § I, n° 2, exemple 3, les projections $pr_i : X_1 \times X_2 \to X_i$ $(i = 1, 2)$ sont affines, d'applications linéaires associées les projections $\overrightarrow{pr_i} : \vec{X}_1 \times \vec{X}_2 \to \vec{X}_i$.

Exemple 7. Voir n° 3, exercice 4.

3. Etude des applications affines

PROPOSITION 2. *Soient* X, X' *et* X'' *trois espaces affines sur* K; *soit* $f \in \mathcal{A}(X, X')$ *et* $g \in \mathcal{A}(X', X'')$. *Alors* $g \circ f \in \mathcal{A}(X, X'')$ *et on a* : $\overrightarrow{g \circ f} = \vec{g} \circ \vec{f}$.

Démonstration. Soit $h = g \circ f$, $a \in X$, $a' = f(a) \in X'$. $a'' = g(a') \in X''$. Il faut montrer que

$$h_a = \Theta''_{a''} \circ h \circ \Theta_a^{-1} \in L(\vec{X}, \vec{X}'')$$

Or
$$h_a = (\Theta_{a''} \circ g \circ \Theta_{a'}^{-1}) \circ (\Theta_{a'} \circ f \circ \Theta_a^{-1}) = \vec{g} \circ \vec{f}$$
c.q.f.d.

PROPOSITION 3. *Soient* $(X, \vec{X}, \varphi)$ *et* $(X', \vec{X}', \varphi')$ *deux espaces affines sur* K, *et soit* $a' \in X'$, $a \in X$. *Alors :*

$$f \in \mathcal{A}(X, X') \iff \varphi[\overrightarrow{f(a)a'}] \circ f \in L(X_a, X'_{a'}).$$

Démonstration. Si f est affine, $h = \varphi[\overrightarrow{f(a)a'}] \circ f$ est affine (nº 2, exemple 2º et proposition 2 ci-dessus), donc appartient à $L(X_a, X_{a'})$ puisque $h(a) = a'$.

Réciproquement si $h \in L(X_a, X_{a'})$, $h(a) = a'$ montre que h est affine, donc $f = \varphi[\overrightarrow{a'f(a)}] \circ h$ aussi. c.q.f.d.

Exemple 8. Applications affines de $\mathbf{R}^n \to \mathbf{R}^p$.

Ce sont les applications de la forme $f : x \longmapsto Ax + b$, où A est une $(p \times n)$ matrice, et où x et b sont des vecteurs-colonnes à n et p lignes respectivement.

PROPOSITION 4. *Soient* X *et* X′ *deux espaces affines sur* K, $f : X \to X'$ *une application affine,* $\vec{f}$ *l'application linéaire associée. Alors :*

$$f \text{ injective (resp. surjective)} \Longleftrightarrow \vec{f} \text{ injective (resp. surjective)}.$$

Démonstration. On a $\vec{f} = \Theta'_{f(a)} \circ f \circ \Theta_a^{-1}$, et Θ_a^{-1} et $\Theta'_{f(a)}$ sont bijectifs d'où le résultat. c.q.f.d.

THÉORÈME 1. *a) L'image directe d'un sous-espace affine* A *de* X *par une application affine* $f : X \to X'$ *est un sous-espace affine de* X′, *de direction* $\vec{f}(\vec{A})$.

b) L'image réciproque par f d'un sous-espace affine A′ *de* X′ *est, ou bien l'ensemble vide, ou bien un sous-espace affine* A *de* X, *de direction* $\vec{f}^{-1}(\vec{A}')$.

Démonstration. Soient $a \in X$ et $a' = f(a)$. On a

$$\Theta'_{a'} \circ f = \vec{f} \circ \Theta_a.$$

a) Soit A un sous-espace affine de X; choisissons $a \in A$. Alors par définition $\Theta_a(A)$ est un sous-espace vectoriel de $\vec{X}$, donc $\Theta'_{a'}[f(A)]$ aussi, et comme $a' \in f(A)$, par définition $f(A)$ est un sous-espace affine de X′, de direction $\vec{f}[\Theta_a(A)] = \vec{f}(\vec{A})$.

b) Soit A′ un sous-espace affine de X′; $f^{-1}(A')$ peut être vide [choisir f constante : $f(A) = b'$, et $A' = \{a'\}$ avec $a' \neq b'$]. Sinon prenons $a \in f^{-1}(A')$, $a' = f(a)$; on a

$$f^{-1}(A') = f^{-1}[\Theta'^{-1}_{a'}(\vec{A}')] = \Theta_a^{-1}[\vec{f}^{-1}(\vec{A}')]$$

Comme $a \in f^{-1}(A')$, $f^{-1}(A')$ est un sous-espace affine d'espace directeur, l'espace vectoriel $\vec{f}^{-1}(\vec{A}')$. c.q.f.d.

THÉORÈME 2. *Soient* X *et* X′ *deux espaces affines sur* K. *Alors* $\mathcal{A}(X, X')$ *est un espace affine de dimension* $(1 + \dim X).\dim X'$, *de direction* $\mathcal{A}(X, \vec{X}')$.

Démonstration. Le but de la démonstration est d'établir que le triplet

$$[\mathcal{A}(X, X'),\quad \mathcal{A}(X, \vec{X}'),\quad \tilde{\Phi}],$$

où la signification de $\tilde{\Phi}$ va être précisée, est un espace affine. Cette démonstration se fait en deux temps.

1er *temps*. Soit T un espace vectoriel; l'ensemble T^X de *toutes* les applications de X dans T est muni d'une structure naturelle d'espace vectoriel, en posant pour f et g dans T^X et λ dans K :

$$(f+g)(x) = f(x) + g(x) \qquad (\lambda f)(x) = \lambda[f(x)]$$

Nous allons d'abord voir que lorsque X′ est un espace vectoriel T muni de sa structure affine canonique, $\mathcal{A}(X, T)$ est un *sous-espace vectoriel* de l'espace vectoriel T^X.

Il suffit pour cela de vérifier que pour f et g dans $\mathcal{A}(X, T)$ et λ dans K, $f+g$ et λf sont affines. Ces vérifications sont immédiates. Faisons par exemple la première : Soient $a \in X$ et $\vec{\xi} \in \vec{X}$:

$$\begin{aligned}(f+g)_a(\vec{\xi}) &= (f+g)(a+\vec{\xi}) - (f+g)(a)\\ &= [f(a+\vec{\xi}) + g(a+\vec{\xi})] - [f(a)+g(a)] \quad \text{(par définition de } f+g\text{)}\\ &= [f(a+\vec{\xi}) - f(a)] + [g(a+\vec{\xi}) - g(a)] \quad \text{(calcul dans T)}\\ &= \vec{f}(\vec{\xi}) + \vec{g}(\xi) = (\vec{f} + \vec{g})(\vec{\xi})\end{aligned}$$

Donc

$$(f+g)_a = \vec{f} + \vec{g} \in L(\vec{X}, T) \qquad \text{c.q.f.d.}$$

2e *temps*. Dans le cas général où X′ est un espace affine quelconque (et non plus un espace vectoriel), on va munir $\mathcal{A}(X, X')$ d'une structure d'espace affine d'espace directeur $\mathcal{A}(X, \vec{X}')$.

A cet effet, on définit une application :

$$\tilde{\Phi} : \mathcal{A}(X, \vec{X}') \times \mathcal{A}(X, X') \to \mathcal{A}(X, X')$$

notée :

$$(\varphi, f) \longmapsto f + \varphi = \tilde{\Phi}(\varphi, f)$$

Dans ce but on pose, si $X' = (X', \vec{X}', \Phi')$:

$$(f+\varphi)(x) = \Phi'[\varphi(x), f(x)] = f(x) + \varphi(x) \in X'$$

On vérifie sensiblement comme ci-dessus (1er temps) que l'application

$$f + \varphi : X \to X'$$

ainsi définie est affine. Mais on n'a pas plus à sa disposition le calcul dans un espace vectoriel pour écrire

$$\begin{aligned}&[f(a+\vec{\xi}) + \varphi(a+\vec{\xi})] - [f(a) + \varphi(a)]\\ &\qquad = [f(a+\vec{\xi}) - f(a)] + [\varphi(a+\vec{\xi}) - \varphi(a)].\end{aligned}$$

Cette égalité résulte de ce que pour $(x, x') \in X'^2$, $(\vec{u}, \vec{v}) \in (\vec{X}')^2$:

$$(x + \vec{u}) - (x' + \vec{v}) = \vec{t} \in \vec{X}' \Longleftrightarrow x + \vec{u} = [((x + \overrightarrow{xx'}) + \vec{v}) + \vec{t}] = x + (\overrightarrow{xx'} + \vec{v} + \vec{t})$$

d'où

$$\vec{t} = \overrightarrow{x'x} + \vec{u} - \vec{v} = (x - x') + (\vec{u} - \vec{v}).$$

Il faut ensuite vérifier que $\tilde{\Phi}$ est une opération simplement transitive du groupe additif de $\mathcal{A}(X, \vec{X}')$ dans $\mathcal{A}(X, X')$; que ce soit une opération est évident, parce que Φ' en est une : les vérifications se font pour chaque $x \in X$, i.e. dans X'.

Vérifions (A_3). Pour tout $x \in X$, il existe un unique $\vec{t}' \in \vec{X}'$ [d'après les axiomes (A_2) et (A_3) pour X'] tel que

$$g(x) = f(x) + \vec{t}'$$

Posons $\vec{t}' = \varphi(x)$: φ est une application de X dans $\vec{X}'$, et il suffit de vérifier qu'elle est affine. Or si $a \in X$, $\vec{h} \in \vec{X}$:

$$\begin{aligned}\varphi(a + \vec{h}) - \varphi(a) &= [g(a + \vec{h}) - f(a + \vec{h})] - [g(a) - f(a)] \\ &= [g(a + \vec{h}) - g(a)] - [f(a + \vec{h}) - f(a)] \quad \text{(règle du parallélogramme)} \\ &= (\vec{g} - \vec{f})(\vec{h})\end{aligned}$$

c.q.f.d.

Pour achever la démonstration du théorème 2, il reste à montrer que la dimension de $\mathcal{A}(X, X')$ est $(1 + \dim X).\dim X'$. Par définition, $\dim \mathcal{A}(X, X')$ est la dimension de $\mathcal{A}(X, \vec{X}')$, espace directeur de $\mathcal{A}(X, X')$.

On est donc ramené à calculer $\dim_K \mathcal{A}(X, T)$ lorsque X est un espace affine de dimension n et T un espace vectoriel de dimension p.

Soit **C** l'ensemble des applications *constantes* de X dans T; si $f \in \mathbf{C}$,

$$\tilde{f} = f(x) \in T$$

ne dépend pas de $x \in X$. D'autre part **C** est un sous-ensemble de $\mathcal{A}(X, T)$ (nº 2, exemple 1), et même un sous-espace vectoriel, isomorphe à T (par l'application $f \longmapsto \tilde{f}$), donc de dimension p.

Soit alors a une origine dans X. Je dis que

$$\mathcal{A}(X, T) = \mathbf{C} \oplus L(X_a, T)$$

En effet, puisque $T_0 = T$, $L(X_a, T)$ est le sous-ensemble

$$L(X_a, T) = \{g \in \mathcal{A}(X, T) \mid g(a) = 0\}$$

d'après la définition 1, et c'est bien un sous-espace vectoriel de $\mathcal{A}(X, T)$. De plus si une application constante s'annule au point a, elle est identiquement nulle, donc

$$\mathbf{C} \cap L(X_a, T) = \{0\}.$$

Enfin, si $h \in \mathcal{A}(X, T)$, il suffit d'écrire :

$$h(x) = h(a) + [h(x) - h(a)]$$

pour voir que h est somme de l'application constante $x \longmapsto h(a)$ et de l'application $x \longmapsto h(x) - h(a)$ qui appartient à $L(X_a, T)$. Comme

$$\dim_K X_a = \dim_K \vec{X} = \dim X = n, \qquad \dim_K L(X_a, T) = np,$$

et on a bien

$$\dim \mathcal{A}(X, T) = \dim \mathbf{C} + \dim L(X_a, T) = p + np = (n + 1)p \quad \text{c.q.f.d.}$$

Remarque. Le fait que lorsque X et X' sont des espaces *vectoriels* de dimension n et p respectivement, $\dim L(X, X') = np$ tandis que $\dim \mathcal{A}(X, X') = (n + 1)p$ vient, on le voit, du fait que *la seule application linéaire constante est l'application nulle, tandis que toutes les applications constantes sont affines.* Dans cette situation :

$$\mathcal{A}(X, X') = C \oplus L(X, X').$$

Exercice 3. Soit E un ensemble, X' un espace affine, X'^E l'ensemble de *toutes* les applications de E dans X'. Montrer que X'^E a une structure d'espace affine déduite naturellement de celle de X', et que *si* E *est affine*, $\mathcal{A}(E, X')$ est un sous-espace affine de l'espace affine X'^E.

Exercice 4. Soit X un espace affine, S un sous-espace vectoriel de $\vec{X}$, X/S l'espace affine quotient (chapitre I, § I, n° 2, exemple 4) π l'application canonique $X \to X/S$. Alors π est affine. Quelle est l'application linéaire associée?

Exercice 5. Appliquer le théorème 1 à la discussion de la résolution du système d'équations linéaires :

$$\sum_{j=1}^{n} a_{ij}x_j = b_i \quad (i = 1, 2, \ldots, p)$$

où les a_{ij} et les b_i sont des éléments de K, $x_1, \ldots, x_n$ les inconnues.

Exercice 6. Imaginer un exercice analogue à l'exercice 5 où il serait question d'équations différentielles linéaires à coefficients constants avec « second membre ». Et si les coefficients ne sont pas constants?

CHAPITRE III

Barycentres
Géométrie analytique affine

I. Barycentres

Ce chapitre est un chapitre essentiel de la géométrie affine, tant du point de vue théorique que pratique.

Du point de vue théorique, on associe *canoniquement* à un espace affine X un espace vectoriel $\widehat{X}$ dont X est un hyperplan affine ne passant pas par l'origine, $\vec{X}$ étant l'hyperplan parallèle à X contenant l'origine (fig. 0).

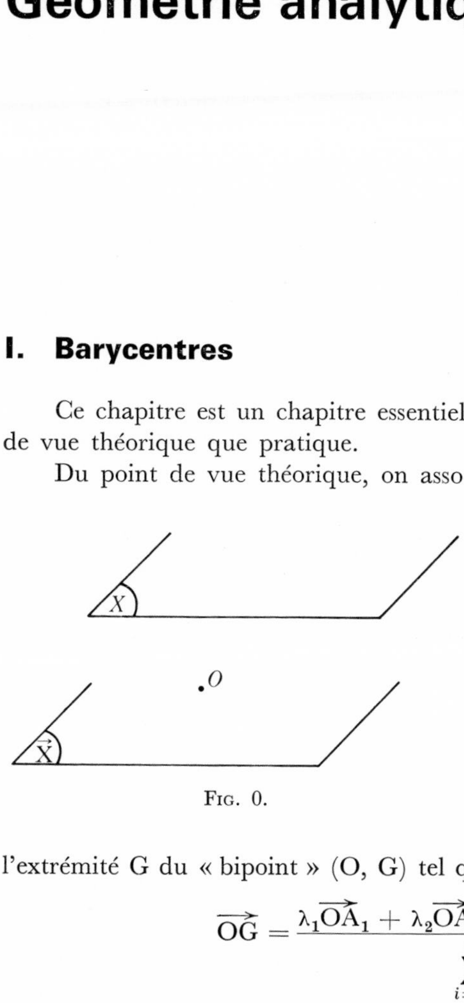

FIG. 0.

L'intérêt est que cette opération se fait de la manière suivante. Le lecteur sait depuis longtemps qu'étant donné n points A_i de la « géométrie élémentaire » et n nombres réels λ_i tels que $\Sigma\lambda_i \neq 0$, l'extrémité G du « bipoint » (O, G) tel que

$$\overrightarrow{OG} = \frac{\lambda_1\overrightarrow{OA}_1 + \lambda_2\overrightarrow{OA}_2 + \cdots + \lambda_n\overrightarrow{OA}_n}{\sum_{i=1}^{n} \lambda_i}$$

ne dépend pas du point O (et s'il ne le sait pas, il le vérifiera aisément en remplaçant O par O′ grâce à la relation de Chasle). Le lecteur a peut-être été habitué à en profiter pour omettre dans cette écriture le point O, et écrire simplement

$$G = \frac{\Sigma\lambda_i A_i}{\Sigma\lambda_i}$$

voire

$$(\Sigma\lambda_i)G = \Sigma\lambda_i A_i$$

ou

$$\Sigma\lambda_i\overrightarrow{GA}_i = 0.$$

Or ces « pseudo combinaisons linéaires » entre *points* de X sont en fait de *véritables* combinaisons linéaires dans l'espace vectoriel $\hat{X}$. Une combinaison linéaire de points de X considérés comme éléments de $\hat{X}$ est un point de X (resp. un vecteur de $\vec{X}$) si et seulement si la somme de coefficients est 1 (resp. 0) ; sinon c'est un élément de $\hat{X}$ sans grand rapport avec X, sinon qu'il est homothétique (dans $\hat{X}$) d'un point bien déterminé de X.

Le calcul barycentrique apparaît ainsi comme un cas particulier du calcul linéaire; applications affines et sous-espaces affines sont caractérisés en termes de barycentres (théorèmes 2 et 3, nº 4 et 5).

Le calcul barycentrique est l'instrument de calcul privilégié en géométrie affine.

On trouvera une anthologie d'exercices sur ce sujet dans le fascicule 4 du « Livre du Problème » (I.R.E.M. de Strasbourg, Cedic, Éditeur) [23].

1. Un sous-espace vectoriel remarquable

DÉFINITION 1. *Soit* $X = (X, \vec{X}, \Phi)$ *un espace affine sur le corps* K. *On appelle champ de vecteurs sur* X *toute application* $f : X \to \vec{X}$.

Nous noterons $\mathscr{V}(X)$ l'ensemble des champs de vecteurs sur X; comme tout ensemble constitué par toutes les applications d'un ensemble à valeurs dans un espace vectoriel, $\mathscr{V}(X)$ a une structure naturelle d'espace vectoriel.

Exemple 1. On appelle champ *constant*, ou *uniforme* une application constante $f_{\vec{h}} : x \longmapsto \vec{h}$ de X dans $\vec{X}$. Nous désignerons par $\mathscr{C}(X)$ l'ensemble des champs uniformes sur X : c'est un sous-espace vectoriel de $\mathscr{V}(X)$, isomorphe à $\vec{X}$. Ce que les physiciens appellent le « champ de la pesanteur » à la surface de la terre est *localement* représentable par un champ constant défini dans un espace affine (ou une portion d'espace affine) de dimension trois.

Exemple 2. Soient $k \in K^* = K - \{0\}$ et $a \in X$; on appelle champ central affine de centre a et d'intensité k le champ de vecteurs $f : x \longmapsto k\vec{xa}$. Nous noterons $\mathscr{C}'(X)$ l'ensemble des champs centraux affines. Comme $k\vec{ax} = k'\vec{bx}$ pour tout x (k et $k' \in K^*$) entraîne d'abord $a = b$ (faire $x = a$), puis $k = k'$ (faire $x \neq a$), l'ensemble $\mathscr{C}'(X)$ est en bijection naturelle avec $K^* \times X$: certains auteurs (1) disent qu'un champ central affine est univoquement déterminé par un *point massif* (ou massique), i.e. un élément (k, a) de $K^* \times X$. Nous noterons $f_{(k,a)}$ le champ ci-dessus et nommerons *masse* du point massique (k, a) le scalaire $k \in K^*$ (2).

(1) G. Glaeser in [23], fascicule 3.

(2) A vrai dire nous avons supposé implicitement $\dim X > 0$ (où?). Le lecteur pèsera lui-même après lecture l'importance de cette restriction.

On notera que $\mathscr{C}'(X)$ *n'est pas* un sous-espace vectoriel de $\mathscr{V}(X)$, et que $\mathscr{C}'(X) \cap \mathscr{C}(X) = \varnothing$. Cependant le produit — au sens de la structure d'espace vectoriel de $\mathscr{V}(X)$ — d'un élément de $\mathscr{C}'(X)$ par un scalaire $\lambda \in K^*$ est un élément de $\mathscr{C}'(X)$:

$$\lambda f_{(k,\, a)} = f_{(\lambda k,\, a)}.$$

THÉORÈME 1. *L'ensemble* $\mathscr{D}(X) = \mathscr{C}(X) \cup \mathscr{C}'(X)$ *est un sous-espace vectoriel de* $\mathscr{V}(X)$, *l'application* $\varphi : \mathscr{D}(X) \to K$ *définie par*

$$\begin{array}{lll} \varphi[f_{(k,\, a)}] = k & si & f_{(k,\, a)} \in \mathscr{C}'(X) \\ \varphi(f_{\vec{h}}) = 0 & si & f_{\vec{h}} \in \mathscr{C}(X) \end{array}$$

est une forme linéaire sur $\mathscr{D}(X)$, *et l'application* $a \longmapsto f_{(1,\, a)}$ *de* X *dans* $\mathscr{D}(X)$ *est un isomorphisme affine de l'espace affine* X *sur l'hyperplan affine* $\varphi^{-1}(1)$ *de* $\mathscr{D}(X)$.

Preuve.

D'après ce qui a été dit, $\mathscr{D}(X)$ est un sous-ensemble de $\mathscr{V}(X)$ stable par multiplication par les scalaires, puisque pour tout champ de vecteurs f le champ $0.f : x \longmapsto 0.\overrightarrow{f(x)} = 0$ est l'élément neutre de $\mathscr{C}(X)$. Il reste à voir qu'il est stable par addition pour démontrer la 1re assertion, et comme $\mathscr{C}(X)$ est un sous-espace vectoriel, il suffit de faire cette vérification pour la somme de deux éléments de $\mathscr{C}'(X)$, ou d'un élément de $\mathscr{C}(X)$ et d'un élément de $\mathscr{C}'(X)$.

1) Soit donc $f_{(k,\, a)}$ et $f_{(k',\, a')}$ dans $\mathscr{C}'(X)$ et considérons le champ

$$x \longmapsto k\overrightarrow{xa} + k'\overrightarrow{xa'}$$

a) Je dis que si $k + k' \neq 0$, il existe un point b et un seul tel que pour tout x :

$$k\overrightarrow{xa} + k'\overrightarrow{xa'} = (k + k')\overrightarrow{xb}.$$

L'unicité résulte de ce que

$$(k + k')\overrightarrow{bx} = (k + k')\overrightarrow{b'x} \iff (k + k')\overrightarrow{bb'} = 0$$

et que $k + k' \neq 0$.

Si b existe, il satisfait nécessairement à :

$$0 = k\overrightarrow{ba} + k'\overrightarrow{ba'} = (k + k')\overrightarrow{ba} + k'\overrightarrow{aa'}$$

et par suite puisque $k + k' \neq 0$ à :

$$b = a + \frac{k'}{k + k'}\overrightarrow{aa'}.$$

Réciproquement, si b est ainsi déterminé, pour tout x :

$$(k + k')\overrightarrow{bx} = (k + k')(\overrightarrow{ba} + \overrightarrow{ax}) = k'\overrightarrow{a'a} + (k + k')\overrightarrow{ax} = k\overrightarrow{ax} + k'\overrightarrow{a'x},$$

donc $f_{(k,\, a)} + f_{(k',\, a')} = f_{(k+k',\, b)}$.

b) Si $k + k' = 0$, $k\overrightarrow{xa} + k'\overrightarrow{xa'} = k(\overrightarrow{xa} - \overrightarrow{xa'}) = k\overrightarrow{a'a}$, et $f_{(k,\,a)} + f_{(k',\,a')}$ est le champ constant $k\overrightarrow{a'a} = k'\overrightarrow{aa'}$.

On note que, dans tous les cas, $\varphi[f_{(k,\,a)} + f_{(k',\,a')}] = k + k'$.

2) Soit $f_{(k,\,a)} \in \mathscr{C}'(\mathrm{X})$ et $f_{\vec{h}} \in \mathscr{C}(\mathrm{X})$:

$$k\overrightarrow{xa} + \vec{h} = k\overrightarrow{xa'} \Longleftrightarrow -k\overrightarrow{a'a} = \vec{h} \Longleftrightarrow \overrightarrow{aa'} = +\frac{1}{k}\vec{h}.$$

On voit donc, le point a' étant ainsi déterminé ($k \neq 0$), que

$$f_{(k,\,a)} + f_{\vec{h}} = f_{\left(k,\, a + \frac{1}{k}\vec{h}\right)}$$

et que

$$\varphi[f_{(k,\,a)} + f_{\vec{h}}] = \varphi[f_{(k,\,a)}] + \varphi(f_{\vec{h}}) = k.$$

Comme il est clair que pour $(\lambda, \gamma) \in \mathrm{K} \times \mathscr{D}(\mathrm{X})$, $\varphi(\lambda.\gamma) = \lambda\varphi(\gamma)$, $\mathscr{D}(\mathrm{X})$ est bien un espace vectoriel, φ une forme linéaire sur $\mathscr{D}(\mathrm{X})$ de noyau $\mathscr{C}(\mathrm{X})$, et par suite $\varphi^{-1}(1)$ est un hyperplan affine $\mathscr{H}$ de $\mathscr{D}(\mathrm{X})$ dont la direction $\mathscr{C}(\mathrm{X})$ est canoniquement isomorphe à $\vec{\mathrm{X}}$ (cf. chapitre I, § I, nº 2, exemple 2). L'application $a \longmapsto f_{(1,\,a)}$ est une bijection de X sur $\mathscr{H}$; il suffit de voir qu'elle est affine. Or pour a fixé et b variable :

$$f_{(1,\,b)} - f_{(1,\,a)} : x \longmapsto \overrightarrow{xb} - \overrightarrow{xa} = \overrightarrow{ab}$$

est le champ constant $f_{\overrightarrow{ab}} \in \mathscr{C}(\mathrm{X})$: l'application $\overrightarrow{ab} \longmapsto f_{\overrightarrow{ab}}$ est bien linéaire de $\vec{\mathrm{X}}$ dans $\mathscr{C}(\mathrm{X})$. c.q.f.d.

2. Plongement canonique d'un espace affine comme hyperplan ne passant pas par l'origine d'un espace vectoriel

Soit 0 l'élément neutre du groupe additif de K; comme $\{0\} \cap \mathrm{K}^* = \varnothing$, les ensembles $\{0\} \times \vec{\mathrm{X}}$ et $\mathrm{K}^* \times \mathrm{X}$ sont disjoints (même si $\mathrm{X} = \vec{\mathrm{X}}$), en bijection naturelle avec $\mathscr{C}(\mathrm{X})$ et $\mathscr{C}'(\mathrm{X})$ respectivement par les applications $(0, \vec{h}) \longmapsto f_{\vec{h}}$ et $(k, a) \longmapsto f_{(k,\,a)}$: d'où une bijection de $\tilde{\mathrm{X}} = (\{0\} \times \vec{\mathrm{X}}) \cup (\mathrm{K}^* \times \mathrm{X})$ sur $\mathscr{D}(\mathrm{X})$, grâce à laquelle $\tilde{\mathrm{X}}$ est dotée d'une structure naturelle d'espace vectoriel pour laquelle $(k, x) = k(1, x)$ ($k \in \mathrm{K}^*$). Les applications

$$\rho : x \longmapsto (1, x) \qquad \text{et} \qquad \vec{\rho} : \vec{h} \to (0, \vec{h})$$

sont des bijections; la première est même un isomorphisme affine de X sur l'hyperplan affine $\{1\} \times \mathrm{X}$ de $\tilde{\mathrm{X}}$ qui ne contient pas l'origine, et la seconde est l'application linéaire associée (cf. nº 1, théorème 1). On peut donc encore alléger les notations en identifiant $\{1\} \times \mathrm{X}$ à X et $\{0\} \times \vec{\mathrm{X}}$ à $\vec{\mathrm{X}}$, *à condition de considérer* X *et* $\vec{\mathrm{X}}$ *comme disjoints* (car $\rho \neq \vec{\rho}$), même si, par exemple, $(\mathrm{X}, \vec{\mathrm{X}}, \Phi)$ est la structure affine naturelle d'un espace vectoriel X. Avec ces nouvelles identifications

$K^* \times X$ s'identifie à K^*X, ensemble des objets de la forme kx pour $k \in K^*$ et $x \in X$, où kx est le produit de x par le scalaire $k \in K$ au sens de la structure d'espace vectoriel transportée de celle de $\tilde{X}$. En définitive, on obtient les définitions et les énoncés qui suivent.

THÉORÈME 1'. *Soit* $\hat{X} = \vec{X} \cup K^*X$ *la réunion disjointe des ensembles* $\vec{X}$ *et* $K^* \times X$ *identifié à* K^*X *par les bijections* $(k, x) \longmapsto kx$ *et* $(1, x) \longmapsto x$ $(k \in K^*, x \in X)$. $\hat{X}$ *est muni de la structure d'espace vectoriel sur* K *déduite de celle de* $\mathscr{D}(X)$, *dont les lois de composition deviennent, avec ces notations, les suivantes :*

1° *Addition :* quels que soient x et x' dans X, k et k' dans K^*, $\vec{h}$ et $\vec{h'}$ dans $\vec{X}$, on pose

a) Si $k + k' \neq 0$, $kx + k'x' = (k + k')x''$ où x'' est l'unique point de X défini par :

$$x'' = x + \frac{k'}{k + k'}\overrightarrow{xx'}$$

et où le signe $+$ du second membre indique l'opération de $\vec{X}$ dans X.

b) Si $k + k' = 0$, $kx + k'x' = k\overrightarrow{x'x}$.

c) $kx + \vec{h} = k\left(x + \frac{1}{k}\vec{h}\right)$

où le signe $+$ du second membre a le même sens qu'en *a*).

d) $\vec{h} + \vec{h'}$ est la somme dans $\vec{X}$.

2° *Multiplication par les scalaires :* l'application de $K \times \hat{X}$ dans $\hat{X}$ est définie par les formules suivantes dans lesquelles $\lambda \in K$, $k \in K^*$, $\vec{h} \in \vec{X}$, $x \in X$:

$$\begin{cases} (\lambda, \vec{h}) \longmapsto \lambda\vec{h} & \text{(multiplication par les scalaires dans } \vec{X}) \\ (\lambda, kx) \longmapsto (\lambda k)x, & \text{et en particulier } (\lambda, x) \longmapsto \lambda x \text{ si } \lambda \neq 0 \\ (0, kx) \longmapsto 0 \in \vec{X} & \end{cases}$$

De plus l'application $M : \hat{X} \to K$ *qui vaut* 0 *sur* $\vec{X}$ *et* k *au point* kx (*pour tout* x *dans* X *et* $k \in K^*$) *est une forme linéaire sur* $\hat{X}$, *de noyau* $\vec{X}$, *et :*

$$\{\xi \in \hat{X} | M(\xi) = 1\}$$

est l'hyperplan affine X *de* $\hat{X}$; *il ne passe pas par l'origine de* $\hat{X}$.

Enfin, pour tout $a \in X$, $\hat{X} = \vec{X} \oplus Ka$, *et la restriction à* $X \subset \hat{X}$ *de la projection* Λ_a de $\hat{X}$ *sur le* 1er *facteur* $\vec{X}$ *n'est autre que la bijection* $\Theta_a : x \longmapsto \overrightarrow{ax}$ *définie au chapitre* I, § I, *n*° 1, *proposition* 1.

Preuve.

Seule la dernière assertion est à prouver, le reste de l'énoncé n'étant qu'une traduction dans ces nouvelles notations de la situation exposée au n° 1. Or comme on a supposé X et $\vec{X}$ disjoints, $a \notin \vec{X}$, donc $\vec{X} \cap Ka = \{0\}$, et comme

$\vec{X} = \text{Ker } M$ est un hyperplan vectoriel de $\hat{X}$, $\hat{X}$ est bien somme directe de $\vec{X}$ et Ka. Du reste si $\vec{h} \in \vec{X}$ (resp. $x \in X$ et $k \in K^*$) on a bien

$$\begin{cases} \vec{h} = \vec{h} + 0.a \\ kx = k(a + \overrightarrow{ax}) = k\overrightarrow{ax} + ka \quad (*) \end{cases}$$

de sorte que :

$$\begin{cases} \Lambda_a(\vec{h}) = \vec{h} \\ \Lambda_a(kx) = k\overrightarrow{ax} \end{cases}$$

ce qui pour $k = 1$ achève la démonstration. c.q.f.d.

Exemple 3. Au sens des opérations de $\hat{X}$, $a + \overrightarrow{ab} = b$ [cf. 1°, c)] et $\overrightarrow{ab} = b + (-1)a$ [cf. 1°, b)], ce qui justifie l'introduction des symboles $+$ et $-$ au chapitre I : ils correspondent à l'addition dans le groupe additif de $\hat{X}$.

Remarque 1. On notera que Λ_a est linéaire, et Θ_a par définition même affine. On laisse au lecteur le soin de démontrer l'énoncé suivant :

Exercice 1. Soit H un hyperplan affine d'un espace vectoriel V, ne passant pas par l'origine, et f une application affine de H dans un espace vectoriel V′. Alors f *se prolonge* d'une manière et d'une seule en une application *linéaire* $\vec{f}$ de V dans V′.

Ainsi Λ_a est l'unique prolongement linéaire à $\hat{X}$ de Θ_a. Le choix de a munit d'ailleurs X d'une structure d'espace vectoriel X_a, d'origine a, pour laquelle Θ_a est un isomorphisme de X_a sur $\vec{X}$ (c'est la définition) ; la fin du théorème 1′ signifie que simultanément le choix de a permet d'identifier $\hat{X}$ à l'espace vectoriel $\vec{X} \times K$, X à $\vec{X} \times \{1\}$, Θ_a (resp. Λ_a) à la projection de $\hat{X}$ (resp. $\hat{X}$) sur $\vec{X}$ parallèlement à $\{0\} \times K$ (cf. fig.).

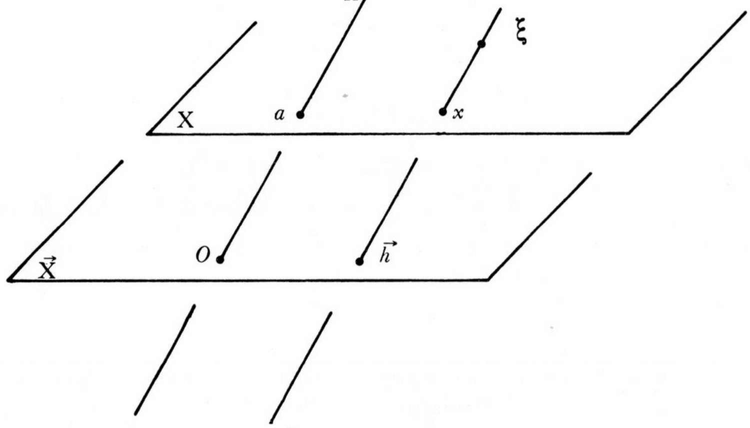

$\vec{h} = \Theta_a(x) = \Lambda_a(\xi)$

Remarque 2. L'énoncé du théorème 1′ rappelle la définition des opérations dans $\widehat{X}$; il n'y a pas lieu — le lecteur pourrait le faire à titre d'exercice — de vérifier les axiomes d'un espace vectoriel. Ils résultent du fait que $\mathscr{D}(X)$ est un sous-espace de $\mathscr{V}(X)$. Ces axiomes ont été utilisés pour écrire l'égalité (*).

3. Notion de barycentre

$\widehat{X}$ étant un espace vectoriel, les combinaisons linéaires d'éléments de $\widehat{X}$ à coefficients dans K sont définies. En particulier soient $(x_i)_{i \in I}$ une famille d'éléments *de* X, et $(\lambda_i)_{i \in I}$ une famille d'éléments de K indexée par le même ensemble d'indices I, et telle que $\lambda_i = 0$ sauf pour un nombre fini d'indices i (1). Alors $\sum_{i \in I} \lambda_i x_i$ est défini, et est un élément bien déterminé de $\widehat{X}$. Comme M est linéaire et vaut 1 sur X, $M(\Sigma\lambda_i x_i) = \Sigma\lambda_i M(x_i) = \Sigma\lambda_i$. On voit donc que deux cas sont possibles :

1° $\Sigma\lambda_i \neq 0$. Alors il existe un élément bien déterminé $x \in X$ tel que

$$\sum_{i \in I} \lambda_i x_i = \Big(\sum_{i \in I} \lambda_i\Big) x$$

2° $\Sigma\lambda_i = 0$. Alors $\Sigma\lambda_i x_i \in \vec{X}$.

Ceci conduit à la définition suivante.

Définition 2. *Étant données une famille $(x_i)_{i \in I}$ de points de* X *et une famille $(\lambda_i)_{i \in I}$ d'éléments de* K *telle que $\lambda_i = 0$ sauf pour un nombre fini d'indices i et que $\sum_{i \in I} \lambda_i = 1$, on appelle barycentre des x_i affectés des coefficients λ_i le point de* X

$$x = \sum_{i \in I} \lambda_i x_i$$

Remarques de terminologie. La terminologie concernant les barycentres a varié au cours des âges, et suivant les auteurs ou les disciplines. Lorsque $\Sigma\lambda_i \neq 0$, on appelle souvent dans l'enseignement secondaire le point $x \in X$ tel que

$$(\Sigma\lambda_i)x = \Sigma\lambda_i x_i$$

le « *barycentre des points x_i affectés des coefficients λ_i* » et on dit que ce « barycentre » est affecté du coefficient $(\Sigma\lambda_i)$. Ici nous ne parlerons de barycentre d'une famille de points de X que lorsque $\Sigma\lambda_i = 1$ (le point x ci-dessus est le barycentre des

(1) On rappelle que si E et I sont deux ensembles non vides, on appelle famille d'éléments de E indexée par I une application $\rho : I \to E$, et qu'alors on désigne en général $\rho(i)$ par e_i et ρ par $(e_i)_{i \in I}$. La famille est dite *finie* si Card I est fini. Si $I = \{1, 2, \ldots, n\} \subset \mathbf{N}$, la famille ρ se note aussi $(e_1, \ldots, e_n)$; si $I \subset \mathbf{N}$, au lieu de « famille » on dit souvent suite (finie si Card $I < \infty$). Une famille indexée par $\{1, \ldots, n\}$ s'identifie donc à un élément de E^n. Une partie X de E définit canoniquement une famille d'éléments de E indexée par X, savoir l'injection canonique $\rho : X \to E$, mais la réciproque est fausse : la notion de famille est plus générale que celle de partie.

points x_i affectés des coefficients $\frac{\lambda_i}{\Sigma\lambda_i}\Big)$. Par contre, dans le cas général où $\Sigma\lambda_i \neq 1$, lorsque I est fini et que pour tout i, $\lambda_i \neq 0$, nous qualifierons de barycentre *des points massiques* (λ_i, x_i) *le point massique* $(\Sigma\lambda_i, x)$ tel que $\Sigma\lambda_i x_i = (\Sigma\lambda_i)x$ si $\Sigma\lambda_i \neq 0$, et si $\Sigma\lambda_i = 0$, *le vecteur* $\Sigma\lambda_i x_i \in \overrightarrow{X}$.

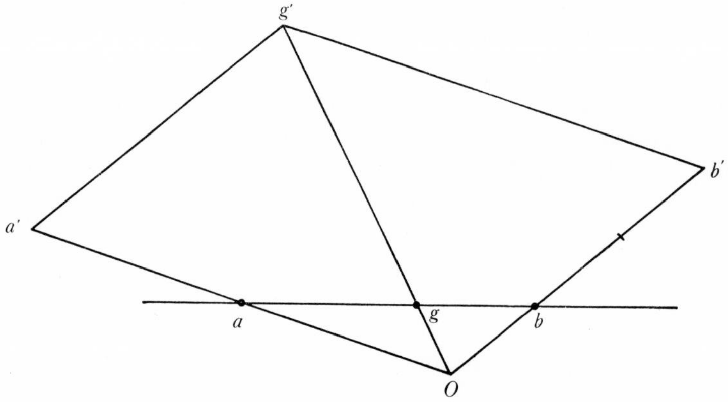

Construction du barycentre $(5, g)$ des points massiques $(2, a)$ et $(3, b)$.

En géométrie, un barycentre de n points distincts s'appelle *leur centre de gravité* quand chacun des points est affecté du même coefficient $\Big($qui est donc $\frac{1}{n}$; et le centre de gravité de n points n'existe que si la caractéristique de K n'est pas diviseur de $n\Big)$.

En mécanique, les points sont les « points matériels » (se reporter à un cours de mécanique pour voir ce qu'est un « point matériel »); à un point matériel est attaché un point « géométrique » x et sa masse λ qui est un réel positif. Un point matériel s'interprète donc comme un point massique d'un espace affine de dimension 3 sur **R**, de *coefficient positif*. En mécanique, on dit aussi *centre de gravité* des « points matériels x_i » pour qualifier le point massique $(\Sigma\lambda_i, x)$ barycentre des points massiques (λ_i, x_i); et souvent les débutants oublient que ce centre de gravité est un point matériel, i.e. qu'il a une masse $\Sigma\lambda_i$, et le confondent avec le point « géométrique » x. On notera que les « points matériels sans masse » appartiennent, du point de vue de la mécanique, à l'ensemble vide, malgré une terminologie trop répandue (les « tiges sans masse » *ne sont pas* des ensembles de points matériels, mais des liaisons)!

Exemples et exercices.

Exemple 3. Si la caractéristique de K est différente de deux, on appelle *milieu de la paire* $\{a, b\}$ le point $x = \frac{a+b}{2} \in X$. Pourquoi parle-t-on en général du milieu d'un *segment* et non d'une paire (lire le chapitre IV, § IV, n° 3 avant de répondre)?

Exercice 2. On dit qu'un quadruplet $(x_1, x_2, x_3, x_4) \in X^4$ est un parallélogramme de X si $\overrightarrow{x_1x_2} + \overrightarrow{x_3x_4} = 0$, et on appelle *diagonales* du parallélogramme les sous-espaces affines de X engendrés par $\{x_1, x_3\}$ et $\{x_2, x_4\}$. Étudier l'intersection des diagonales d'un parallélogramme lorsque les quatre points x_i ne sont pas alignés. Réciproque ? (Attention à la caractéristique de K). Que se passe-t-il si la famille (x_1, x_2, x_3, x_4) est un parallélogramme « aplati » (i.e. le sous-espace affine engendré par $\{x_1, x_2, x_3, x_4\}$ a une dimension inférieure à deux) ?

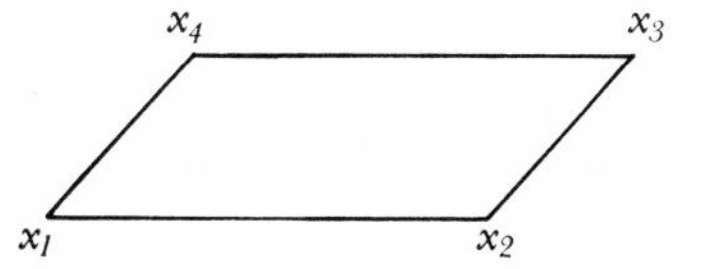

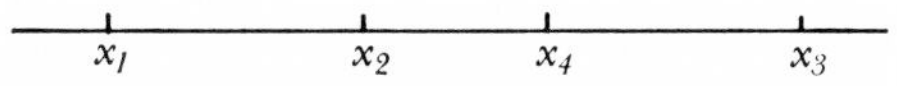

Exercice 3. On appelle *triangle* un triplet (x_1, x_2, x_3) tel que le sous-espace affine engendré par $\{x_1, x_2, x_3\}$ soit de dimension deux. On suppose la caractéristique de K différente de 2. Définir les médianes d'un triangle et étudier leurs intersections deux à deux (attention à la caractéristique de K !). Peut-on généraliser à un n-uple ?

PROPOSITION 1. *Soient* $(x_i)_{i \in I}$ [*resp.* $(\lambda_i)_{i \in I}$] *une famille de points de* X (*resp. d'éléments de* K *telle que* $\lambda_i = 0$ *sauf pour un nombre fini de valeurs de i et que* $\sum_{i \in I} \lambda_i = 1$) *Alors quel que soit* $a \in X$, $\sum_{i \in I} \lambda_i x_i$ *n'est autre que la combinaison linéaire des* x_i *à coefficients* λ_i *faite au sens de* X_a, *de sorte que*

$$\forall a \in X \qquad \sum_{i \in I} \lambda_i x_i = a + \sum_{i \in I} \lambda_i \overrightarrow{ax_i}$$

Preuve.

Comme Λ_a est linéaire, et que $\Lambda_{a|_X} = \Theta_a$, on a puisque $\sum_{i \in I} \lambda_i = 1$, donc que $\sum_I \lambda_i x_i = x \in X$:

$$\Lambda_a(x) = \Theta_a(x) = \overrightarrow{ax} = \Lambda_a\Big(\sum_I \lambda_i x_i\Big) = \sum_I \lambda_i \Lambda_a(x_i)$$

$$= \sum_I \lambda_i \Theta_a(x_i) = \sum_I \lambda_i \overrightarrow{ax_i} \qquad \text{c.q.f.d.}$$

Remarque 3. Si $\Sigma\lambda_i \neq 1$, $a + \sum_I \lambda_i \overrightarrow{ax_i}$ *dépend du point a*; il n'en dépend pas dans le cas contraire.

PROPOSITION 2. (Associativité des barycentres). *Soit* I *un ensemble fini d'indices,* $\{I_1, \ldots, I_p\}$ *une partition de* I, *et* $(\lambda_i, x_i)_{i \in I}$ *une famille de points massiques indexée par* I. *Supposons que pour tout* $l \in \{1, \ldots, p\}$, $\sum_{i \in I_l} \lambda_i \neq 0$. *Alors le barycentre de la famille de points massiques* $(\lambda_i, x_i)_{i \in I_l}$ *est un point massique* (μ_l, ξ_l) (*cf.* *remarque de terminologie*), *et le barycentre de la famille* $(\mu_l, \xi_l)_{1 \leqslant l \leqslant p}$ *n'est autre que le barycentre de la famille primitive* $(\lambda_i, x_i)_{i \in I}$.

Cet énoncé traduit la formule d'associativité dans $\widehat{X}$:

$$\sum_{i \in I} \lambda_i x_i = \sum_{l=1}^{p} \left(\sum_{i \in I_l} \lambda_i x_i \right) = \sum_{l=1}^{p} \mu_l \xi_l$$

compte tenu des conventions terminologiques faites *et de l'hypothèse* $\mu_l = \sum_{i \in I_l} \lambda_i \neq 0$, de sorte que le barycentre de la famille $(\lambda_i, x_i)_{i \in I_l}$ est un point massique (et non pas un vecteur, élément de $\overrightarrow{X}$) de masse μ_l. On notera cependant que cet énoncé n'exclut pas le cas où $\sum_{i \in I} \lambda_i = \sum_{l=1}^{p} \mu_l = 0$, et où le barycentre est un élément de $\overrightarrow{X}$. c.q.f.d.

Cette même formule d'associativité dans $\hat{X}$ s'interprète en sens inverse de façon un peu plus restrictive :

Proposition 3. (Désassociativité des barycentres.) *Soit* I *un ensemble d'indices,* $\{I_1, \ldots, I_p\}$ *une partition finie de* I, *et* $(x_i)_{i \in I}$ *une famille de points de* X. *Soit, pour tout* $l = \{1, \ldots, p\}$ *une famille* $(\lambda_i)_{i \in I_l}$ *telle que* $\lambda_i = 0$ *sauf pour un nombre fini de valeurs de* $i \in I_l$, *et que pour tout* l, $\sum_{i \in I_l} \lambda_i = 1$. *Soit enfin* $(\alpha_1, \ldots, \alpha_p) \in K^p$ *tel que* $\sum_{l=1}^{p} \alpha_i = 1$. *Désignons, pour tout* $l \in \{1, \ldots, p\}$, *par* $\xi_l \in X$ *le barycentre des* x_i *affectés des coefficients* λ_i *pour* $i \in I_l$, *et par* ξ *le barycentre des* ξ_l *affectés des coefficients* α_l

$$(l \in \{1, \ldots, p\}).$$

Alors ξ *est barycentre de la famille initiale* $(x_i)_{i \in I}$, x_i *étant affecté du coefficient* $\alpha_l \lambda_i$ *lorsque* $i \in I_l$.

Commentaire général sur le n° 3.

La proposition 3 exprime « qu'un barycentre de barycentres de points de X est un barycentre de points de X ». Mais la réciproque est fausse en général : si a, b, c sont 3 points non alignés de X, $x = a - b + c$ est un barycentre des points (a, b, c), mais ne peut être considéré comme barycentre de c et d'un point d, lui-même barycentre de a et b affectés de coefficients convenables : le système aux inconnues λ, μ, α, β :

$$\lambda(\alpha a + \beta b) + \mu c = a - b + c, \qquad \lambda + \mu = 1, \qquad \alpha + \beta = 1$$

n'a pas de solution.

Le lecteur notera que la notion de barycentre d'une famille de points massiques (i.e. d'éléments de $K^* \times X$) est *plus facile à manier* que celle de barycentre d'une famille de points de X (i.e. d'éléments de $\{1\} \times X$) et *moins simple* que celle de combinaison linéaire dans $\widehat{X}$. Pourquoi ?

En ce qui concerne les barycentres d'une famille de points de X, nous avons admis des familles infinies, pour pouvoir parler de barycentre d'une partie A quelconque de X (cf. n° 4). Mais en fait comme $\lambda_i = 0$ sauf pour un nombre fini de valeurs de i, et que dans $\widehat{X}$ on a $0x = 0 \in \widehat{X}$, les points qui interviennent effectivement dans la formation d'un barycentre déterminé sont en nombre fini. Dans le cas de barycentres d'une famille de points massiques, il était indispensable de se borner aux familles finies. Pourquoi ?

4. Barycentres et sous-espaces affines

THÉORÈME 2. *Soit* X *un espace affine, et* A *une partie non vide de* X. *Pour que* A *soit un sous-espace affine de* X, *il faut et suffit que tout barycentre de points de* A *soit dans* A.

Démonstration. Soit a un point de A ($A \neq \varnothing$).

1° Supposons que A est un sous-espace affine de X, et soit $(x_i)_{i \in I}$ [resp. $(\lambda_i)_{i \in I}$] une famille de points de A (resp. d'éléments de K telle que $\lambda_i = 0$ sauf pour un nombre fini d'indices et telle que $\Sigma\lambda_i = 1$). Par hypothèse, $\Theta_a(A)$ est un sous-espace vectoriel de $\vec{X}$ (chapitre I, § II, n° 1, proposition 2), et par suite $\Theta_a(\Sigma\lambda_i x_i) = \Sigma\lambda_i\Theta_a(x_i) \in \Theta_a(A)$, donc puisque Θ_a est injectif, le barycentre $\Sigma\lambda_i x_i$ des x_i est dans A.

2° Inversement, supposons que tout barycentre de points de A soit dans A, et soient $\vec{h}$ et $\vec{k}$ dans $\Theta_a(A)$, $(\lambda, \mu) \in K^2$. Alors $\vec{h} = \overrightarrow{ax}$, $\vec{k} = \overrightarrow{ay}$ où x et y sont dans A, et $\lambda\vec{h} + \mu\vec{k} = \lambda\overrightarrow{ax} + \mu\overrightarrow{ay} = \lambda x + \mu y - (\lambda + \mu)a = \Theta_a(z)$ avec

$$z = \lambda x + \mu y + (1 - \lambda - \mu)a \in A \quad \text{par hypothèse}$$

donc $\Theta_a(A)$ est un sous-espace vectoriel de $\vec{X}$. c.q.f.d.

COROLLAIRE. *Le sous-espace affine* V(Y) *engendré par un sous-ensemble* Y *de* X *est l'ensemble des barycentres des points de* Y.

Cela résulte en effet du théorème 2 et de la proposition 3. c.q.f.d.

Exemple 4. Soit X un espace affine et a et b (resp. a, b, c) deux points distincts (resp. trois points non alignés). L'ensemble des barycentres des points a et b (resp. a, b, c) est la droite (resp. le plan) qu'ils engendrent.

Exercice 4. Étudier suivant la nature du corps K l'existence du barycentre de 4 points distincts affectés de masses égales. S'il existe, ce point est situé sur 7 droites remarquables que l'on déterminera.

Exercice 5. Soient (a, b, c, d, e) 5 points distincts de X. Étudier la figure obtenue en traçant toutes les droites joignant le milieu de deux points au centre de gravité des 3 autres.

5. Barycentres et applications affines

THÉORÈME 3. *Soient* X *et* X' *deux espaces affines sur le même corps* K, $\hat{X} = \vec{X} \cup K^*X$ (*resp.* $\hat{X}' = \vec{X}' \cup K^*X'$) *les espaces vectoriels dans lesquels le théorème* 1' *les plonge. Pour qu'une application* $f : X \to X'$ *soit affine, il faut et il suffit que* f *soit la restriction à* X *d'une application linéaire* $\hat{f} : \hat{X} \to \hat{X}'$. *Cette application linéaire* $\hat{f}$ *est unique. De plus, avec des notations évidentes, si* $f \in \mathcal{A}(X, X')$ *et* $g \in \mathcal{A}(X', X'')$, *alors* $\widehat{g \circ f} = \hat{g} \circ \hat{f}$.

Preuve.

Supposons qu'il existe une application linéaire $\hat{f}$ prolongeant f. Soit $a \in X$. Comme $\widehat{X} = \vec{X} \oplus Ka$, on a si $\xi \in \widehat{X}$:

$$\xi = \vec{ax} + ka = x + (k - 1)a$$

où $x \in X$ et $k \in K$ ne dépendent que de ξ (et de a), et par suite :

$$(1) \qquad \hat{f}(\xi) = f(x) + (k - 1)f(a)$$

de sorte que si $\hat{f}$ existe, elle est unique et déterminée par cette formule.

Inversement, soit f une application quelconque de X dans X'; pour

$$\xi = \vec{ax} + ka \in \widehat{X},$$

posons

$$\hat{f}(\xi) = f(x) - f(a) + kf(a).$$

La restriction de $\hat{f}$ à X est f (prendre $k = 1$); si f est affine, la restriction de $\hat{f}$ à $\vec{X}$ est égale à $\vec{f}$, donc linéaire (prendre $k = 0$), et comme la restriction de $\hat{f}$ au sous-espace Ka de $\widehat{X}$ est linéaire, $\hat{f}$ est linéaire de $\widehat{X}$ dans $\widehat{X}'$; réciproquement, si $\hat{f}$ est linéaire, il en est de même de $\hat{f}_{|\vec{X}}$ qui n'est autre que

$$f_a : \vec{h} \longmapsto f(a + \vec{h}) - f(a).$$

Le théorème est démontré, car il est clair que $\widehat{g \circ f}$ est linéaire et que sa restriction à X est $g \circ f$, puisque $\hat{f}(X) \subset X'$ vu (1). c.q.f.d.

Remarque 4. Le second membre de la formule (1) désigne une combinaison linéaire dans $\widehat{X}'$. Si X' est un espace vectoriel, on peut définir par la même formule, mais où la combinaison linéaire est dans X', une application

$$f^* \in L(\widehat{X}, X')$$

prolongeant f.

Exercice 6. Déduire de la remarque 4 que pour tout espace affine X sur K, il existe un couple $(\widehat{X}, \rho)$ « unique à isomorphisme près » où $\widehat{X}$ est un espace vectoriel sur K et ρ une injection affine $X \to \widehat{X}$ qui soit solution du « problème universel » suivant : pour tout couple (Y, f) où Y est un espace vectoriel sur K et f une application *affine* de X dans Y, il existe une unique application *linéaire* $f^* : \widehat{X} \to Y$ telle que $f^* \circ \rho = f$. Le lecteur précisera ce que sont deux solutions isomorphes à un tel problème.

Corollaire. *Pour que $f \in \mathcal{A}(X, X')$ il faut et suffit qu'elle conserve les barycentres, i.e. que pour toute famille finie $(x_i)_{i \in I}$ de points de X et toute famille $(\lambda_i)_{i \in I}$ d'éléments de K telle que $\sum_I \lambda_i = 1$:*

$$(2) \qquad f(\sum_I \lambda_i x_i) = \Sigma \lambda_i f(x_i).$$

Preuve.

Soit $\hat{f}$ définie par (1). Comme $\Sigma\lambda_i = 1$, $\Sigma\lambda_i x_i \in \mathrm{X}$, et si f est affine, elle vérifie (2) puisque $\hat{f}$ est linéaire et $f = \hat{f}_{|\mathrm{X}}$. Réciproquement, si f vérifie (2), il suffit de montrer que $\hat{f}_{|\vec{\mathrm{X}}}$ est linéaire. Soient donc $\vec{h} = \overrightarrow{ax}$ et $\vec{h}' = \overrightarrow{ax'} \in \vec{\mathrm{X}}$ et $(\lambda, \mu) \in \mathrm{K}^2$; on a

$$\lambda\overrightarrow{ax} + \mu\overrightarrow{ax'} = \overrightarrow{ax''}$$

où

$$x'' = (1 - \lambda - \mu)a + \lambda x + \mu x'$$

est barycentre de (a, x, x') affectés des coefficients $(1 - \lambda - \mu, \lambda, \mu)$ de somme 1. Donc par hypothèse

$$f(x'') = (1 - \lambda - \mu)f(a) + \lambda f(x) + \mu f(x').$$

Soit

$$\hat{f}(\overrightarrow{ax''}) = f(x'') - f(a) = \lambda\hat{f}(\overrightarrow{ax}) + \mu\hat{f}(\overrightarrow{ax'}) \qquad \text{c.q.f.d.}$$

6. Symétrie oblique (Caractéristique de K $\neq$ 2)

DÉFINITION 2. *On appelle symétrie dans un espace affine de* X *toute application affine* φ *de* X *dans* X *qui est involutive* (i.e. $\varphi \circ \varphi = \mathrm{Id}$).

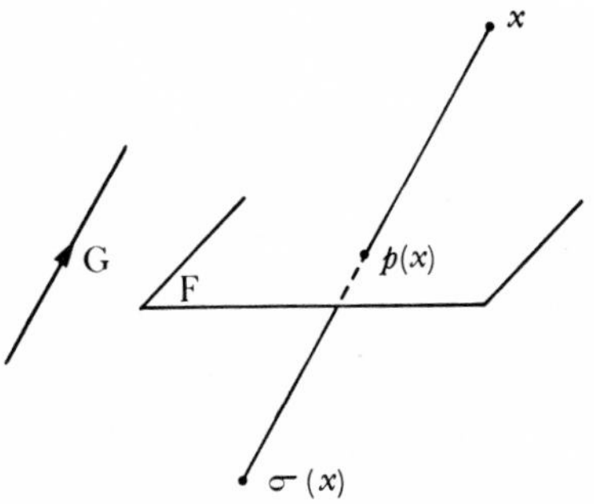

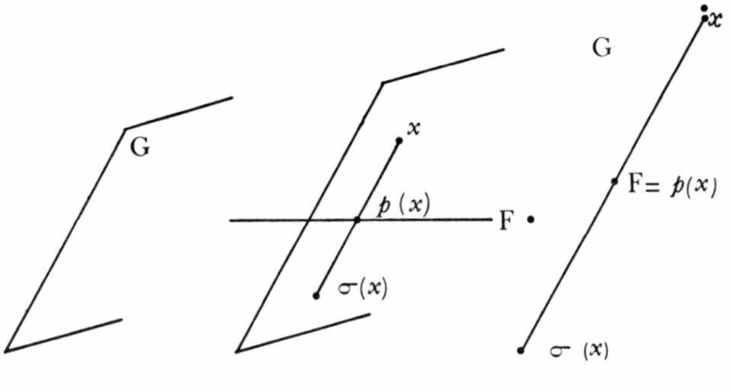

THÉORÈME 4. *A toute symétrie* $\sigma : X \to X$ *est attaché de façon unique un couple* $(F, \vec{G})$ *où* F *est un sous-espace affine de* X, $\vec{G}$ *un sous-espace vectoriel de* $\vec{X}$ *supplémentaire de la direction* $\vec{F}$ *de* F, *tel que si p est la projection de* X *sur* F *parallèlement à* $\vec{G}$, *et* Id *l'identité de* X, *on ait* :

$$(1) \qquad \sigma = 2p - \mathrm{Id},$$

et réciproquement.

F *est l'ensemble des points fixes de* σ (i.e. : $\{x \in X \mid \sigma(x) = x\}$, *et* $\vec{G} = \mathrm{Ker}(\vec{\sigma} + \vec{\mathrm{Id}})$.

Remarque 5. Dans la formule (1), σ se présente comme un *barycentre* d'applications affines (cf. chapitre II, théorème 2). Il revient au même de dire que $\forall x \in X$, $\sigma(x)$ est barycentre de $p(x)$ et x affectés des masses 2 et -1.

Démonstration. Soit σ une symétrie. Puisque Car K $\neq 2$, $\dfrac{x + \sigma(x)}{2}$ est défini, et, puisque σ est affine et involutive, $\dfrac{x + \sigma(x)}{2}$ est pour tout x invariant par σ; et si $x \in F$, on a : $x = \dfrac{x + \sigma(x)}{2}$.

D'où l'existence et l'unicité de F, de direction $\vec{F} = \mathrm{Ker}\,(\vec{\sigma} - \mathrm{Id})$.

Soit alors $O \in F$, et mettons sur X la structure vectorielle de X_O; σ devient alors linéaire. Écrivons $x = y + z$, $y = \dfrac{x + \sigma(x)}{2}$, $z = \dfrac{x - \sigma(x)}{2}$:

$$y \in \mathrm{Ker}\,(\sigma - \mathrm{Id}) = X_O^+, \qquad z \in \mathrm{Ker}\,(\sigma + \mathrm{Id}) = X_O^-.$$

On a $X_O^+ \cap X_O^- = \{0\}$ (Car. K $\neq 2$).

Soit $G = X_O^- = O + \vec{G}$, de direction $\vec{G} = \mathrm{Ker}\,(\vec{\sigma} + \mathrm{Id})$ et p la projection sur F parallèlement à G. On a donc :

$$\left| \begin{array}{l} p(x) \in F, \quad x - p(x) \in \vec{G} \\ \dfrac{x + \sigma(x)}{2} \in F, \quad \dfrac{x - \sigma(x)}{2} = x - \dfrac{x + \sigma(x)}{2} \in \vec{G}. \end{array} \right.$$

donc $\dfrac{x + \sigma(x)}{2} = p(x)$ i.e. $x = 2p(x) - \sigma(x)$ soit $\sigma = 2p - \mathrm{Id}$.

Réciproquement, si $\sigma = 2p - \mathrm{Id}$, comme $p \circ p = p$, on a

$$(2p - \mathrm{Id}) \circ (2p - \mathrm{Id}) = 4p - 4p + \mathrm{Id} = \mathrm{Id};$$

σ est une symétrie, et

$$\sigma(x) = x \iff 2p(x) - x = x \iff 2[p(x) - x] = 0 \iff p(x) = x,$$

puisque Car K $\neq 2$. Donc

$$\mathrm{Im}\, p = \{x \mid \sigma(x) = x\} \qquad \text{c.q.f.d.}$$

II. Géométrie analytique affine

Tous les espaces sont dans cette section *de dimension finie.*

La géométrie analytique consiste à travailler dans un espace K^N (K est le corps de base, N un entier) : on est ainsi amené à faire des calculs dans le corps de base. Si X est un espace affine de dimension n, $\widehat{X}$ est un espace vectoriel de dimension $n+1$; toute base de $\widehat{X}$ détermine un isomorphisme (linéaire) de $\widehat{X}$ sur K^{n+1} par la condition de transformer cette base en la base canonique de K^{n+1}. La restriction à X de cet isomorphisme est un isomorphisme affine de X sur un hyperplan affine H de K^{n+1}, et les propriétés affines de X se « lisent » dans H.

En pratique, on prend une base de $\widehat{X}$ « adaptée » à X, c'est-à-dire soit constituée uniquement de points de X (repère affine), soit d'un point de X et d'une base de $\vec{X}$ (repère cartésien). La seconde éventualité est à conseiller chaque fois que le problème à traiter privilégie un point O de X qu'on a intérêt à prendre pour origine : on est ramené alors en fait à un isomorphisme linéaire de X_0 sur K^n. La première éventualité se produit lorsqu'on a affaire à un véritable problème affine, dans lequel aucun point ne joue de rôle spécial.

En fait, le calcul barycentrique enlève à la géométrie analytique beaucoup de son intérêt.

1. Repères

DÉFINITION 1. *Soit* $(X, \vec{X}, \Phi)$ *un espace affine sur le corps* K, $\widehat{X}$ *l'espace vectoriel dans lequel le théorème* 1′ *le plonge, et* $(x_i)_{i\in I}$ *une famille de points de* X.

La famille $(x_i)_{i\in I}$ *est dite une famille affinement génératrice* (*resp. affinement libre*) *dans* X *si elle engendre* $\widehat{X}$ *sur* K (*resp. si elle est libre sur* K *dans* $\widehat{X}$).

THÉORÈME 1. *Pour que la famille* $(x_i)_{i\in I}$ *soit affinement génératrice* (*resp. affinement libre*) *dans* X, *il faut et suffit que*

$$X = V\Big(\bigcup_{i\in I}\{x_i\}\Big) \quad \Big[\text{resp. } \forall i \in I, \quad x_i \notin V\Big(\bigcup_{j\in I-\{i\}}\{x_j\}\Big)\Big].$$

Preuve.

1. Supposons la famille $(x_i)_{i\in I}$ affinement génératrice, et soit $\xi \in \widehat{X}$: il existe pour tout i un $\lambda_i \in K$ tel que

$$\xi = \Sigma\lambda_i x_i \qquad \text{dans} \qquad \widehat{X}.$$

Si maintenant $\xi \in X$, $M(\xi) = \Sigma\lambda_i = 1$, et d'après le corollaire du théorème 2 (§ I, nº 4), $X = V\Big(\bigcup_{i\in I}\{x_i\}\Big)$.

Réciproquement, supposons que le sous-espace affine de X engendré par les x_i soit X lui-même. Choisissons un point $a \in X$, et soit ξ arbitraire dans $\widehat{X}$.

On peut écrire de façon unique

$$\xi = \overrightarrow{ax} + ka = x + (k - 1)a.$$

Or d'après le corollaire cité il existe deux familles $(\alpha_i)_{i \in I}$ et $(\lambda_i)_{i \in I}$ d'éléments de K, nuls sauf pour un nombre fini de volumes de i, et chacune de somme 1, telles que :

$$a = \sum_I \alpha_i x_i \qquad x = \sum_I \lambda_i x_i$$

donc

$$\xi = \Sigma[\lambda_i + (k - 1)\alpha_i]x_i$$

et les x_i K-engendrent $\widehat{X}$.

2. Supposons la famille $(x_i)_{i \in I}$ affinement libre. Soit $i \in I$. Alors x_i ne peut être dans $V\left(\bigcup_{j \in I - \{i\}} \{x_j\}\right)$ sinon il serait barycentre de $(x_j)_{j \in I - \{i\}}$ et il y aurait dans $\widehat{X}$ une combinaison linéaire $0 = \sum_{k \in I} \lambda_k x_k$ avec $\lambda_i = -1$.

Réciproquement, supposons la famille $(x_i)_{i \in I}$ *liée* sur K dans $\widehat{X}$, et soit

$$0 = \sum_{k \in I} \lambda_k x_k \qquad \text{avec} \qquad \lambda_i \neq 0.$$

On en déduit :

$$x_i = \sum_{j \in I - \{i\}} \frac{-\lambda_j}{\lambda_i} x_j = \sum_{j \in I - \{i\}} \mu_j x_j \quad \left(\mu_j = -\frac{\lambda_j}{\lambda_i}\right)$$

avec

$$M(x_i) = \Sigma\mu_j = 1.$$

Donc x_i est barycentre des $(x_j)_{j \in I - \{i\}}$, donc (corollaire cité) $x_i \in V\left(\bigcup_{j \in I - \{i\}} \{x_j\}\right)$.
Le théorème est établi. c.q.f.d.

Exercice 1. Les assertions suivantes sont équivalentes :

1) La famille $(x_i)_{i \in I}$ de points de X est affinement libre (resp. affinement génératrice).

2) $\forall i \in I$, la famille $(\overrightarrow{x_i x_j})_{j \in I - \{i\}}$ d'éléments de $\vec{X}$ est linéairement indépendante [resp. $\forall a \in X$, la famille $(\overrightarrow{ax_i})_{i \in I}$ d'éléments de $\vec{X}$ engendre linéairement $\vec{X}$].

3) Il existe $i \in I$ tel que la famille $(\overrightarrow{x_i x_j})_{j \in I - \{i\}}$ soit linéairement indépendante (resp. génératrice).

DÉFINITION 2. *On appelle repère affine (resp. repère cartésien) d'un espace affine une base de* $\widehat{X}$ *constituée de points de* X *(resp. d'un point de* X *et d'éléments de* $\vec{X}$*).*

Remarque 1. Si dim X $= n$, un repère affine a donc $(n + 1)$ éléments : c'est une famille de points de X qui est à la fois génératrice minimale et libre maximale. Si $(x_0, \ldots, x_n)$ est un repère affine, $(x_0, \overrightarrow{x_0 x_1}, \ldots, \overrightarrow{x_0 x_n})$ est un repère cartésien;

inversement si $(x_0, \vec{e}_1, \ldots, \vec{e}_n)$ est un repère cartésien, $(x_0, x_0 + \vec{e}_1, \ldots, x_0 + \vec{e}_n)$ est un repère affine, et il en est ainsi si et seulement si $(\vec{e}_1, \ldots, \vec{e}_n)$ est une base de $\vec{X}$ puisque $\hat{X} = \vec{X} \oplus Kx_0$.

Exemples 1, 2, 3. Un repère affine d'une droite est un couple de points distincts de la droite, et réciproquement. Un triangle (non aplati) n'est autre, par définition, qu'un repère du plan qu'il engendre : c'est un ensemble ordonné ayant 3 éléments, les sommets. On appelle souvent p-simplexe toute famille affinement libre à $(p + 1)$-éléments. Une sous-famille à q-éléments $(q \leqslant p)$ est un $(q - 1)$ simplexe et elle engendre une sous-variété de dimension $q - 1$.

Théorème 2. *Soient* X *et* X′ *deux espaces affines sur le corps* K, *et* $(x_0, \ldots, x_n)$ *un repère affine de* X. *Alors il existe une application affine et une seule* $f: X \to X'$ *prenant pour tout* $i \in \{0, 1, \ldots, n\}$ *une valeur arbitraire donnée* $x'_i \in X'$.

En effet les formules $\hat{f}(x_i) = x'_i$ $(i \in \{0, 1, \ldots, n\})$ définissent une application linéaire et une seule de $\hat{X}$ dans $\hat{X}'$. Comme $x'_i \in X'_i$, il résulte du théorème 3 (§ I, n° 5) que la restriction f de $\hat{f}$ à X répond à la question, et c'est la seule.

Remarque 2. Cette application f est injective (resp. surjective) si et seulement si la famille $(x'_i)_{0 \leqslant i \leqslant n}$ est affinement libre (resp. affinement génératrice) dans X′.

Exercice 2. Soit $(x_i)_{0 \leqslant i \leqslant n}$ une suite de points de X et considérons l'application

$$(\lambda_0, \ldots, \lambda_n) \longmapsto \sum_{i=0}^{n} \lambda_i x_i \quad \text{de} \quad K^{n+1} \quad \text{dans} \quad \hat{X}.$$

Étudier sa restriction F (resp. $\mathcal{F}$) à l'hyperplan affine (resp. vectoriel) de K^{n+1} d'équation $\sum_{i=0}^{n} \lambda_i = 1$ $\left(\text{resp. } \sum_{i=0}^{n} \lambda_i = 0\right)$. Quel rapport y a-t-il entre F et $\mathcal{F}$. Quand l'une de ces applications est-elle injective, surjective, bijective?

2. Géométrie analytique affine

Soit $(x_0, \vec{e}_1, \ldots, \vec{e}_n)$ [resp. $(x_0, \ldots, x_n)$] un repère cartésien (resp. affine) d'un espace affine X : d'après la définition 2, il lui correspond une application linéaire bijective et une seule de $\hat{X}$ dans K^{n+1}, dont la restriction à X est une application affine sur l'hyperplan $\lambda_0 = 1$ $\left(\text{resp. } \sum_{0}^{n} \lambda_i = 1\right)$ de

$$K^{n+1} = \{\lambda | \lambda = (\lambda_0, \ldots, \lambda_n)\}.$$

Si Y est un autre espace affine, muni d'un repère cartésien (resp. affine) et f une application affine de X dans Y, le diagramme

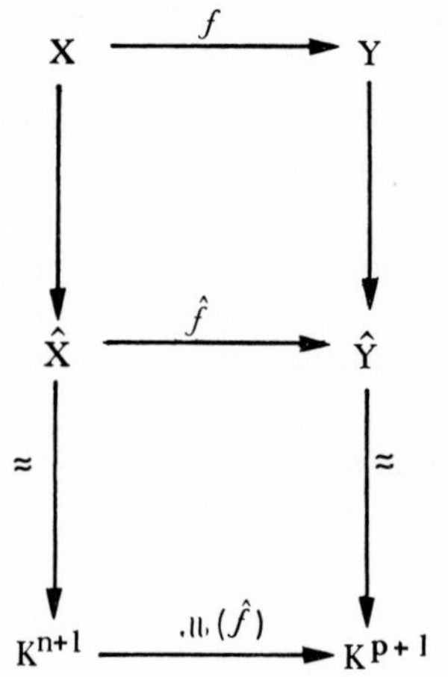

montre que, les repères étant donnés, f est biunivoquement déterminée par la matrice $\mathfrak{M}(\hat{f})$ de $\hat{f}$ dans ces bases de $\widehat{X}$ et $\widehat{Y}$. Ainsi la géométrie affine se traduit-elle par des calculs portant sur des éléments de K.

Explicitons brièvement ces calculs. Nous désignerons $\mathfrak{M}(\hat{f})$ aussi bien par $\mathfrak{M}(f)$.

a) *Cas des repères cartésiens.*

Soit $(x_0, \vec{e_1}, \ldots, \vec{e_n})$ [resp. $(x_0, \vec{e'_1}, \ldots, \vec{e'_p})$] un repère cartésien de X (resp. X'); un point $x = x_0 + \sum_1^n \lambda_i \vec{e_i}$ s'interprète comme le vecteur-colonne

$$[x] = \begin{pmatrix} 1 \\ \lambda_1 \\ \vdots \\ \lambda_n \end{pmatrix} \quad \text{de} \quad K^{n+1};$$

de même $x' = x'_0 + \Sigma \mu_i \vec{e'_i} \in X'$ s'interprète comme le vecteur-colonne

$$[x'] = \begin{pmatrix} 1 \\ \mu_1 \\ \vdots \\ \mu_p \end{pmatrix} \quad \text{de} \quad K^{p+1}.$$

Soit $f \in \mathcal{A}(X, X')$. Posons :

$$y_0 = f(x_0) = x'_0 + \sum_1^p a_i \vec{e'_i}.$$

Alors si $x = x_0 + \overrightarrow{x_0x} = x_0 + \Sigma\lambda_i\vec{e}_i$, on a :

$$f(x) = f(x_0) + \vec{f}(\overrightarrow{x_0x}) = f(x_0) + \sum_1^n \lambda_i \vec{f}(\vec{e}_i)$$

Posons :

$$\vec{f}(e_i) = \sum_{j=1}^p \alpha_{ji} e'_j,$$

et soit

$$\mathcal{M}(\vec{f}) = \begin{pmatrix} \alpha_{11} & \dots & \alpha_{1n} \\ \vdots & & \vdots \\ \alpha_{p1} & \dots & \alpha_{pn} \end{pmatrix}$$

la matrice de $\vec{f}$ par rapport aux bases $(\vec{e}_i)$ et $(\vec{e}'_j)$ de X et de X'.

Si l'on pose :

$$\mathcal{M}(f) = \begin{pmatrix} 1 & 0 \dots 0 \\ a_1 & \\ \vdots & \mathcal{M}(\vec{f}) \\ a_p & \end{pmatrix} \in L(K^{n+1}, K^{p+1})$$

on a :

$$[f(x)] = \mathcal{M}(f) . [x],$$

où le . désigne le produit de la matrice $\mathcal{M}(f)$ par la matrice-colonne $[x]$, et l'on a naturellement $\mathcal{M}(g \circ f) = \mathcal{M}(g) . \mathcal{M}(f)$.

Remarque 3. Les $(\lambda_i)_{1 \leqslant i \leqslant n}$ s'appellent les *coordonnées cartésiennes* de x dans le repère cartésien $(x_0, \vec{e}_1, \dots, \vec{e}_n)$.

Si X est une droite D, l'unique coordonnée cartésienne λ de $x \in D$ dans le repère cartésien $(x_0, \vec{e}_1)$ de D s'appelle *l'abscisse de x dans ce repère*; on a donc : $x = x_0 + \lambda\vec{e}_1 \Longleftrightarrow \overrightarrow{x_0x} = \lambda\vec{e}_1$.

Si $(x, x') \in D^2$, on note $\overline{xx'}$ l'unique scalaire tel que :

$$\overrightarrow{xx'} = \overline{xx'}\vec{e}_1;$$

ce scalaire s'appelle la *mesure algébrique* de $\overrightarrow{xx'}$ dans le repère cartésien $(x_0, \vec{e}_1)$ [ou, par abus de langage, dans le repère affine $(x_0, x_0 + \vec{e}_1)$]; on a $\overline{xx'} = \lambda' - \lambda$ (« relation de Chasles »).

Si $(a, b, c) \in D^3$ et $a \neq c$, le scalaire $\dfrac{\overline{ab}}{\overline{ac}}$ ne dépend pas du choix du repère : il ne dépend que des points a, b, c (et de la structure affine de D). De plus, étant donné deux droites affines D et D', $(a, b) \in D^2$, $(a', b') \in D'^2$ avec $a \neq b$, il existe une application affine et une seule f: D $\rightarrow$ D' telle que $a' = f(a)$ *et* $b' = f(b)$. Si alors $(c, c') \in D \times D'$, pour que $c' = f(c)$ il faut et suffit que :

$$\frac{\overline{ac}}{\overline{ab}} = \frac{\overline{a'c'}}{\overline{a'b'}}$$

étant entendu que, par convention, $a' = b' \Longrightarrow a' = c'$.

On dit que $\overline{ac}/\overline{ab}$ est *l'invariant affine* des trois points alignés (a, b, c) ; le théorème de Thalès classique assure la conservation de cet invariant par projection parallèle : cet énoncé s'explique maintenant, car précisément une projection parallèle est une application affine (chapitre II, nº 2, exemple 4 et exercice 1).

b) Cas des repères affines.

Soit $(x_0, \ldots, x_n)$ [resp. $(x'_0, \ldots, x'_p)$] un repère affine de X (resp. X').
Les *coordonnées barycentriques* de $x \in X$ sont les $(\lambda_i)_{0 \leqslant i \leqslant n}$ uniques tels que :

$$x = \sum_0^n \lambda_i x_i \qquad \text{et} \qquad \sum_0^n \lambda_i = 1$$

on pose : $[x] = \begin{pmatrix} \lambda_0 \\ \vdots \\ \lambda_n \end{pmatrix}$ Alors, si $f \in \mathcal{A}(X, X')$:

$$f(x) = \sum_0^n \lambda_i f(x_i).$$

Posons :

$$f(x_i) = \sum_{j=0}^{p} \alpha_{ji} x'_j, \qquad \text{où} \qquad \sum_{j=0}^{p} \alpha_{ji} = 1,$$

et soit :

$$\mathcal{M}_0(f) = \begin{pmatrix} \alpha_{00} & \ldots & \alpha_{0n} \\ \vdots & & \vdots \\ \alpha_{p0} & \ldots & \alpha_{pn} \end{pmatrix}$$

Alors :

$$[f(x)] = \mathcal{M}_0(f) \, . \, [x]$$

et l'on a :

$$\mathcal{M}_0(g \circ f) = \mathcal{M}_0(g) \, . \, \mathcal{M}_0(f).$$

Remarque 4. Soient X et X' deux espaces affines donnés, de dimension n et p respectivement. Choisissons un repère cartésien (resp. affine) dans X et dans X'. Alors, pour qu'une matrice à p lignes et n colonnes soit la matrice $\mathcal{M}(f)$ [resp. $\mathcal{M}_0(f)$] d'une application affine de X dans X' écrite dans ce repère cartésien (resp. affine), il faut et suffit que sa première ligne soit $(1, 0, \ldots, 0)$ (resp. que la somme des éléments de chacune de ses colonnes soit égale à 1).

Exercices.

3. Au repère cartésien $(x_0, \vec{e}_1, \ldots, \vec{e}_n)$ est associé le repère affine

$$(x_0, x_0 + \vec{e}_1, \ldots, x_0 + \vec{e}_n) :$$

appelons « associés » ces deux repères. Exprimer alors $\mathcal{M}(f)$ en fonction de $\mathcal{M}_0(f)$ quand on passe des repères affines aux repères cartésiens associés, et réciproquement. Montrer que $\mathcal{M}(f)$ et $\mathcal{M}_0(f)$ sont semblables.

4. Écrire l'application affine la plus générale de K^n dans K^p. Donner des conditions nécessaires et suffisantes pour qu'elle soit injective, surjective, bijective.

5. Retrouver le théorème 2 du chapitre II, n° 3.

6. Montrer que les valeurs propres de $\mathcal{M}_0(f)$ sont $+1$ et celles de $\vec{f}$. Que peut-on dire des vecteurs propres correspondants?

7. Soit $(x_0, \ldots, x_n)$ un repère affine de X. Soient $y_1, \ldots, y_p$ p points de X, et $(\lambda_{ij})_{0 \leqslant j \leqslant n}$ les coordonnées barycentriques de y_i dans ce repère. Montrer que pour que le sous-espace affine engendré par $\{y_1, \ldots, y_p\}$ soit de dimension r, il faut et suffit que la matrice $((\lambda_{ij}))$ soit de rang $r + 1$ (on pourra interpréter cette matrice comme celle d'un endomorphisme de $\widehat{X}$).

8. Traiter un exercice analogue à l'exercice 7 en remplaçant repère affine et coordonnées barycentriques par repère et coordonnées cartésiens.

3. Equations paramétriques des sous-espaces affines

Soient $(x_0, \ldots, x_n)$ [resp. $(x_0, \vec{e}_1, \ldots, \vec{e}_n)$] un repère affine (resp. cartésien) d'un espace affine X, et Y un sous-espace affine de X, engendré par $(p + 1)$ points $(a_0, \ldots, a_p)$ qu'il n'est pas nécessaire de supposer affinement indépendants. Écrivons les coordonnées barycentriques (resp. cartésiennes) des a_i dans ces repères :

$$a_i = \sum_{j=0}^{n} \alpha_{ji} x_j \qquad \text{et} \qquad \sum_{j=0}^{n} \alpha_{ji} = 1 \qquad 0 \leqslant i \leqslant p$$

$$a_i = x_0 + \sum_{j=1}^{n} \mu_{ji} \vec{e}_j \qquad 0 \leqslant i \leqslant p$$

Soient A et M les matrices :

$$A = ((\alpha_{ji}))_{\substack{0 \leqslant j \leqslant n \\ 0 \leqslant i \leqslant p}} \qquad M = ((\mu_{ji}))_{\substack{1 \leqslant j \leqslant n \\ 0 \leqslant i \leqslant p}}$$

Pour que $x \in Y$, il faut et suffit qu'il existe des $(\lambda_i)_{0 \leqslant i \leqslant p}$ tels que

$$x = \sum_{0}^{n} \lambda_i a_i \qquad \text{et} \qquad \sum_{0}^{n} \lambda_i = 1$$

Les coordonnées barycentriques $(\xi_j)_{0 \leqslant j \leqslant n}$ [resp. cartésiennes $(\rho_j)_{1 \leqslant j \leqslant n}$] de x vérifient alors :

$$\text{(B)} \qquad \begin{pmatrix} \xi_0 \\ \vdots \\ \xi_n \end{pmatrix} = A \begin{pmatrix} \lambda_0 \\ \vdots \\ \lambda_p \end{pmatrix}$$

$$\text{(C)} \qquad \begin{pmatrix} \rho_1 \\ \vdots \\ \rho_n \end{pmatrix} = M \begin{pmatrix} \lambda_0 \\ \vdots \\ \lambda_p \end{pmatrix}$$

Compte tenu du fait que $\lambda_0 = 1 - \sum_{1}^{n} \lambda_i$, on voit que les coordonnées barycentriques (resp. cartésiennes) d'un point de Y sont des formes affines sur K^p. *Les équations* (B) *ou* (C) *s'appellent les équations paramétriques de* Y.

Réciproquement, l'ensemble V des points de X dont les coordonnées barycentriques (resp. cartésiennes) sont des formes affines données de p variables

$$(\lambda_1, \ldots, \lambda_p)$$

est un sous-espace affine de dimension au plus p : ces points sont en effet l'ensemble des barycentres des points $(a_0, \ldots, a_p)$ de X dont les coordonnées barycentriques (resp. cartésiennes) sont obtenues en faisant successivement :

$$(\lambda_1, \ldots, \lambda_p) = (0, \ldots, 0); \qquad (\lambda_1, \ldots, \lambda_p) = (1, 0, \ldots, 0); \qquad \ldots; \qquad (\lambda_1, \ldots, \lambda_p) = (0, \ldots, 0, 1)$$

Exercice 9. Déterminer les équations paramétriques des sous-espaces affines de $\mathbf{R}^3$ engendrés par les points de coordonnées cartésiennes :

a) (1, 2, 3) et (− 1, 3, 1)
b) (1, 2, 3), (− 1, 3, 1), (7, − 1, 9)
c) (1, 2, 3), (− 1, 3, 1), (3, 1, 5)
d) (1, 2, 3), (− 1, 3, 1), (3, 1, 5), (0, 5, 6)
e) (1, 2, 3), (− 1, 3, 1), (3, 1, 5), (5, 0, 6)

et déterminer leur dimension.

Exercice 10. Déterminer les équations paramétriques des sous-espaces affines de $\mathbf{R}^3$ parallèles à ceux définis dans l'exercice 7 et passant par l'un des 4 points de coordonnées :

α) (9, − 2, 11)
β) (9, − 2, 0)
γ) (4, − 2, 6)
δ) (4, − 2, 0)

CHAPITRE IV

Compléments

Dans tout ce chapitre, les espaces affines seront de dimension finie.

Le § I explicite les relations entre le groupe des bijections affines d'un espace affine X et le groupe linéaire de son espace vectoriel directeur $\vec{X}$ (théorèmes 1 et 2). Nous avons cru bon à cette occasion d'expliciter une manière particulièrement agréable de « dessiner » la situation représentée par un triplet (A, B, C) où A est un sous-groupe distingué du groupe B et C un sous-groupe isomorphe au groupe quotient B/A (suites exactes).

Le § II étudie l'existence et la nature de l'ensemble des points laissés invariants par une application affine de X dans lui-même. Le théorème 1 exprime qu'en général une telle application a un unique point fixe, et donc que génériquement une application affine est linéaire. Après le chapitre III, cette constatation contribue encore à donner à penser que la catégorie des espaces vectoriels est plus importante que celle des espaces affines.

Le § III est l'interprétation géométrique de la théorie des systèmes d'équations linéaires avec second membre (i.e. des systèmes d'équations affines!). Le lecteur verra à quel point le langage affine permet d'expliciter de façon concise la discussion. Mais qu'il ne se fasse aucune illusion : ce langage n'apporte rien de neuf pour la résolution explicite.

Le § IV est très important pour le lecteur soucieux de géométrie élémentaire. Dans celle-ci le corps de base est **R**. Du point de vue affine, la seule chose qui importe — mais elle importe! — est qu'il soit ordonné. On montre comment cette hypothèse permet de définir les notions de demi-droites, segments, demi-espaces, convexité, orientation. On met en relation l'orientabilité avec l'existence des demi-espaces, avec la connexion dans l'espace des repères. De même que sur K l'ordre définit une topologie, de même dans X l'orientabilité s'exprime soit en termes topologiques, soit en terme de relation d'ordre.

I. Groupe affine

DÉFINITION 1. *Suite exacte de groupes.*

Soit $(G_i, f_i)_{1 \leqslant i < \infty}$ *une suite de groupes* G_i *et d'homomorphismes* $f_i : G_i \to G_{i+1}$. *Cette suite est dite exacte si :*

$$\boxed{\forall i \quad \operatorname{Im} f_i = \operatorname{Ker} f_{i+1}}$$

(On rappelle que $\operatorname{Im} f_i$ désigne l'image de G_i par f_i, i.e. l'ensemble des éléments de G_{i+1} de la forme $f_i(x)$ pour $x \in G_i$).

On représente en général une suite $(G_i, f_i)_{1 \leq i < \infty}$ par un diagramme du type :

$$G_1 \xrightarrow{f_1} G_2 \xrightarrow{f_2} \cdots \xrightarrow{f_{n-1}} G_n \xrightarrow{f_n} \cdots$$

On peut aussi définir des suites exactes *finies* de longueur n : il y a alors n groupes et $n - 1$ homomorphismes :

$$G_1 \xrightarrow{f_1} G_2 \xrightarrow{f_2} \cdots \xrightarrow{f_{n-1}} G_n$$

Exemples.

1) Soit A un groupe, B un groupe. Dire que la suite $O \to A \xrightarrow{f} B$ est exacte c'est dire que f est *injectif* (O désigne le groupe à un élément, et $O \to A$ le seul homomorphisme de groupes de O dans A).

2) Soient A et B deux groupes. Dire que la suite :

$$A \xrightarrow{g} B \to \{e\}$$

est exacte, c'est dire que g est *surjectif* ($\{e\}$ désigne aussi le groupe à un élément).

3) Soient A, B, C trois groupes. Dire que la suite :

$$e \to A \to B \to C \to e$$

est exacte, c'est dire que A s'identifie à un sous-groupe A' *distingué* de B, et que C s'identifie au *quotient* B/A'.

Théorème 1. *Soit* $(X, \vec{X}, \varphi)$ (voir chapitre I, § I, n° 1, déf. 1) *un espace affine sur le corps* K; *soit* GA(X) *le groupe des bijections affines de* X *sur lui-même*, $Gl(\vec{X})$ *le groupe des bijections linéaires de* $\vec{X}$ *sur lui-même.* (*On considère ici que* φ *est à valeurs dans le sous-groupe* GA(X) *du groupe des permutations de* X.)

Soit $\mathscr{L} : GA(X) \to Gl(\vec{X})$ *définie par :*

$$\forall f \in GA(X) \qquad \mathscr{L}(f) = \vec{f} \quad \text{(chapitre II, 1, déf. 1).}$$

Alors la suite :

$$\{0\} \to \vec{X} \xrightarrow{\varphi} GA(X) \xrightarrow{\mathscr{L}} Gl(\vec{X}) \to \{1\}$$

est une suite exacte.

Démonstration.

a) φ *est injective.*

Cela résulte de ce que $\vec{X}$ opère *simplement* sur X.

b) $\operatorname{Ker} \mathscr{L} = \operatorname{Im} \varphi = \varphi(\vec{X}) = T(X)$ *groupe des translations de* X.

En effet :

$$\operatorname{Ker} \mathscr{L} = \{f \in GA(X) \mid \vec{f} = \mathrm{Id}\} = T(X)$$

[voir chapitre II, n° 2, exemple 2)].

c) $\mathscr{L}$ *est surjective.*

Soit $\vec{f} \in Gl(\vec{X})$. Il s'agit de montrer qu'il existe f dans GA(X) admettant $\vec{f}$ pour application linéaire associée.

Or, pour tout a dans X, on peut même définir un *homomorphisme de groupes* σ_a de $Gl(\vec{X})$ dans GA(X) tel que $\mathscr{L} \circ \sigma_a$ sont l'identité de $Gl(\vec{X})$, par la formule :

$$\boxed{\forall x \in X \quad \sigma_a(\vec{f})(x) = a + \vec{f}(\overrightarrow{ax}).}$$

Une application f cherchée est donc $\sigma_a(\vec{f})$. c.q.f.d.

On remarquera que f admet a pour *point fixe* [i.e. $f(a) = a$].

DÉFINITION 2. *Produit semi-direct de groupes.*

Soit A *un groupe abélien,* G *un groupe d'automorphisme de* A. *On appelle produit semi-direct de* G *et de* A *le produit* $\Gamma = A \times G$ *muni de la loi de composition :*

$$\boxed{(a, g) . (a', g') = [a + g(a'), gg']}$$

dont on vérifie aisément que c'est une loi de groupe (non abélien en général).

Commentaires. On remarquera que :

i) G opère sur A de façon naturelle, l'opération Φ étant définie par :

$$\forall g \in G, \quad \forall x \in A, \qquad \Phi(g, x) = g(x).$$

ii) L'application Φ_g définie pour tout g dans G par :

$$\forall x \in A, \qquad \Phi_g(x) = g(x)$$

est un homomorphisme bijectif de A dans A.

Avec cette terminologie, $Gl(\vec{X})$ étant un groupe d'automorphismes du groupe additif de $\vec{X}$, on a le :

THÉORÈME 2. GA(X) *est isomorphe au produit semi-direct* $\vec{X} \times Gl(\vec{X})$.

Démonstration. Choisissons un point a dans X.

L'application $f \longmapsto [\overrightarrow{af(a)}, \mathfrak{L}(f)]$ est une bijection de GA(X) sur l'ensemble $\vec{X} \times Gl(\vec{X})$: elle est évidemment surjective (comme $\mathfrak{L}$), et elle est injective car deux applications affines qui prennent la même valeur $f(a)$ au point a et ont même application linéaires coïncident. Du reste on a :

$$f = \varphi[\overrightarrow{af(a)}] \circ [\sigma_a \mathfrak{L}(f)].$$

Cherchons quelle loi de groupe cette bijection transporte sur l'ensemble $\vec{X} \times Gl(\vec{X})$; autrement dit cherchons l'image de $g \circ f$; c'est :

$$\begin{aligned}[\overrightarrow{g(f[a]) - a}, \vec{g} \circ \vec{f}] &= [\overrightarrow{g(a) - a} + \overrightarrow{g(f[a]) - g(a)}, \vec{g} \circ \vec{f}] \\ &= [\overrightarrow{ag(a)} + \vec{g}(\overrightarrow{af[a]}), \vec{g} \circ \vec{f}] \\ &= [\overrightarrow{ag(a)}, \vec{g}] . [\overrightarrow{af(a)}, \vec{f}]\end{aligned}$$

où le . exprime la loi de composition du *produit semi-direct* des groupes $\vec{X}$ et $Gl(\vec{X})$, ce dernier étant bien un groupe d'automorphismes du premier. c.q.f.d.

On notera que l'isomorphisme de GA(X) sur $\vec{X} \times Gl(\vec{X})$ n'est *pas canonique* (il dépend du choix de a), mais que la loi de groupe sur $\vec{X} \times Gl(\vec{X})$ ne dépend pas du choix du point a, et ce n'est pas la loi produit.

Ceci exprime, entre autres choses, que $\vec{X}$ s'identifie à un sous-groupe (distingué) de GA(X) (le sous-groupe des translations), $Gl(\vec{X})$ à un sous-groupe quotient, mais aussi, *de manière non canonique* au sous-groupe $\sigma_a[Gl(\vec{X})]$ des bijections affines admettant a pour point fixe. Le théorème 2 explicite de plus comment on reconstitue $Gl(X)$ à partir des deux sous-groupes $\vec{X}$ et $\sigma_a[Gl(\vec{X})]$.

Exercice 1. Soit $\mathcal{C}(\vec{X})$ l'ensemble des automorphismes de $\vec{X}$ multiples de l'identité.

a) Montrer que $\mathcal{C}(\vec{X})$ est le centre de $Gl(\vec{X})$.

b) Étudier le groupe $\mathcal{D}(X) = \mathcal{L}^{-1}.[\mathcal{C}(\vec{X})]$ (cf. chapitre II, nº 2).

c) Soit $PGl(\vec{X}) = Gl(\vec{X})|\mathcal{C}(\vec{X})$ (cf. 3ᵉ partie). Montrer qu'on a le diagramme commutatif où toutes les lignes et colonnes sont exactes :

$$\begin{array}{ccccccccc}
 & & 0 & & 0 & & 0 & & \\
 & & \downarrow & & \downarrow & & \downarrow & & \\
0 & \to & \vec{X} & \to & \mathcal{D}(X) & \xrightarrow{\mathcal{L}} & \mathcal{C}(\vec{X}) & \to & 0 \\
 & & \downarrow{\scriptstyle Id} & & \downarrow & & \downarrow & & \\
0 & \to & \vec{X} & \to & GA(X) & \xrightarrow{\mathcal{L}} & Gl(\vec{X}) & \to & 1 \\
 & & \downarrow & & \downarrow & & \downarrow & & \\
0 & \to & 0 & \to & GA|\mathcal{D} & \to & PGl(\vec{X}) & \to & 1 \\
 & & & & \downarrow & & \downarrow & & \\
 & & & & 1 & & 1 & &
\end{array}$$

Et en déduire que $PGl(\vec{X}) \approx GA(X)|\mathcal{D}(X)$.

II. Points fixes d'une application affine

On rappelle que X est un espace affine *de dimension finie*.

L'objet de ce paragraphe est indiqué par son titre. On rappelle qu'un *point fixe* d'une application $f\colon X \to X$ est un élément $x \in X$ tel que $f(x) = x$.

Si X est un espace affine, et $f\colon X \to X$ une application affine, l'application linéaire $\hat{f} : \hat{X} \to \hat{X}$ (chapitre III, § I, nº 5) admet la valeur propre 1 (voir par exemple la matrice de $\hat{f}$ dans un repère cartésien, chapitre III, § II, nº 2, *a*). Si $\vec{f} = \hat{f}_{|\vec{X}}$ n'admet pas cette valeur propre, 1 est racine simple du polynôme caractéristique de $\hat{f}$, Ker $(\hat{f} - Id)$ est une droite vectorielle de $\hat{X}$ non située dans $\vec{X}$; elle coupe X en un point x_0 et un seul qui est l'unique point fixe de f.

Ce point de vue sera développé et généralisé dans l'appendice I, nº 7.

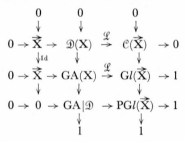

Nous allons aborder ici cette étude directement (i.e. sans plonger X dans $\widehat{X}$), par une méthode moins générale mais souvent utile (exemple : étude d'un produit d'homothéties).

THÉORÈME 1. *Soit f une application affine de* X *dans lui-même. Supposons que* $\vec{f} \in \mathrm{End}(\vec{X})$ *n'admette pas la valeur propre* $+1$. *Alors f a un unique point fixe.*

Démonstration. Soit a un point de X, choisi comme origine. Un point x de X sera un point fixe pour f *si et seulement si* :

$$x = a + \overrightarrow{ax} = f(a + \overrightarrow{ax}) = f(a) + \vec{f}(\overrightarrow{ax}),$$

soit

$$(1) \qquad (\mathrm{Id}_{\vec{X}} - \vec{f})\overrightarrow{ax} = f(a) - a.$$

Or, par l'hypothèse, $\mathrm{Id}_{\vec{X}} - \vec{f}$ a un noyau réduit au vecteur $\vec{0}$, donc est *injective*, donc aussi *bijective* puisque X est de *dimension finie*.

Alors, $\mathrm{Id}_{\vec{X}} - \vec{f}$ étant une bijection de $\vec{X}$ sur lui-même, l'équation (1) admet une solution unique $\overrightarrow{ax}$. On trouve ainsi, a étant choisi, un unique point fixe x, qui ne dépend pas de a vu la nature intrinsèque du problème. c.q.f.d.

En fait, le théorème 1 n'est qu'un cas particulier *important* du théorème suivant :

THÉORÈME 2. *Soit* $\mathcal{L} : \mathcal{A}(X, X) \to \mathrm{End}(\vec{X})$ *qui à toute* $f \in \mathcal{A}(X, X)$ *associe* $\vec{f}$ (voir chapitre II, 1, Déf. 1). *Pour* φ *dans* $\mathrm{End}(\vec{X})$, *soit* $\mathcal{A}_\varphi = \mathcal{L}^{-1}(\varphi)$; *pour f dans* $\mathcal{A}(X, X)$ *soit* X_f *l'ensemble des points fixes de f. Alors :*

1) *Pour toute f dans* $\mathcal{A}_\varphi$, X_f *est vide ou est un sous-espace affine de* X *de direction* $\mathrm{Ker}(\varphi - \mathrm{Id})$.

2) $F = \{f \in \mathcal{A}_\varphi | X_f \neq \varnothing\}$ *est un sous-espace affine de* $\mathcal{A}_\varphi$ *de direction l'espace des applications constantes de* X *dans* $\mathrm{Im}(\varphi - \mathrm{Id}) \subset \vec{X}$.

3) *L'application* $f \longmapsto X_f$ *est une bijection affine de* F *sur l'espace affine*

$$A = [V, \vec{X}/\mathrm{Ker}(\varphi - \mathrm{Id})]$$

des sous-variétés de X *de direction* $\mathrm{Ker}(\varphi - \mathrm{Id})$ (cf. chapitre I, § 1, n° 2, exemple 4).

Démonstration. 1) Si $X_f \neq \varnothing$, soit $a \in X_f$. On veut montrer que X_f s'écrit sous la forme : $a + \vec{V}$, où $\vec{V}$ est un sous-espace vectoriel de $\vec{X}$. Soit x un point quelconque de X. On a : $f(x) = f(a + \overrightarrow{ax}) = a + \varphi(\overrightarrow{ax})$ [puisque $f(a) = a$ et $\vec{f} = \varphi$]. Alors, pour que x soit dans X_f, il faut et il suffit que $\varphi(\overrightarrow{ax}) = \overrightarrow{ax}$, ce qui équivaut à :

$$\overrightarrow{ax} \in \mathrm{Ker}(\varphi - \mathrm{Id}), \quad \text{sous-espace vectoriel de } \vec{X}.$$

2) De façon analogue, montrons que F est un sous-espace affine de $\mathcal{A}_\varphi$, de direction l'espace des applications constantes de X dans $\mathrm{Im}(\varphi - \mathrm{Id})$.

L'application $f_0 : x \longmapsto a + \varphi(\overrightarrow{ax})$ appartient à F(car $a \in X_{f_0}$). Soit $\mathcal{K}$ l'espace vectoriel des applications constantes de X dans $\vec{X}$, et $\mathcal{K}'$ le sous-espace des applications constantes de X dans $(\varphi - \mathrm{Id})(\vec{X}) \subset \vec{X}$.

Soit $g \in \mathcal{A}(X, X)$:

$$\forall x \in X, \quad g(x) - f_0(x) = [g(x) - g(a)] - [f_0(x) - f_0(a)] + g(a) - f_0(a)$$
$$= (\vec{g} - \varphi)(\overrightarrow{ax}) + \overrightarrow{ag(a)}$$

Donc $$g \in \mathcal{A}_\varphi \Longleftrightarrow g - f_0 \in \mathcal{K}$$

Cela dit, $$g \in F \Longleftrightarrow \exists x_0, \quad x_0 \in X_g$$

Soit $g \in F$ si et seulement si il existe $x_0 \in X$ tel que

$$g(x_0) = f_0(x_0) + \overrightarrow{ag(a)} = a + \varphi(\overrightarrow{ax_0}) + \overrightarrow{ag(a)} = x_0$$

donc si et seulement si :

$$\overrightarrow{ag(a)} \in \operatorname{Im}(\varphi - \mathrm{Id}).$$

Comme pour $g \in \mathcal{A}_\varphi$, $\overrightarrow{ag(a)}$ s'identifie à l'application constante $g - f_0$, on voit que

$$F = f_0 + \mathcal{K}'. \qquad \text{c.q.f.d.}$$

3) La démonstration est laissée au lecteur à titre d'exercice.

III. Équations cartésiennes des sous-espaces affines

1. Cas vectoriel

Le résultat fondamental est le suivant :

THÉORÈME 1. *Soit* E *un espace vectoriel de dimension* n *sur* K. *Pour qu'une partie* V *de* E *soit un sous-espace vectoriel de* E, *de dimension* p $(0 \leqslant p \leqslant n)$ *il faut et il suffit qu'il existe sur* E $(n-p)$ *formes linéaires* $\{f_1, \ldots, f_{n-p}\}$, *linéairement indépendantes, telles que* V *soit l'ensemble des zéros communs aux* (f_i) $(1 \leqslant i \leqslant n-p)$.

Ce théorème est un cas particulier de la proposition suivante :

PROPOSITION 1. *Soit* E *un espace vectoriel de dimension finie* n *sur le corps* K, E* *le dual de* E. *Pour* $A \subset E$ (resp. $A^* \subset E^*$) *on pose :*

$\hat{A}$: *sous-espace vectoriel de* E *engendré par* A.

$\hat{A}^*$: *sous-espace vectoriel de* E* *engendré par* A*.

A^o : $\{f \in E^* \mid \forall x \in A \quad f(x) = 0\} \subset E^*$.

${}^oA^*$: $\{x \in E \mid \forall f \in A^* \quad f(x) = 0\} \subset E$.

Alors on a les propriétés suivantes :

$$A^o = (\hat{A})^o; \qquad {}^oA^* = {}^o(\hat{A}^*).$$

Ces sous-ensembles sont des sous-espaces vectoriels dont les dimensions satisfont aux relations suivantes :

$$\dim A^o + \dim \hat{A} = n.$$
$$\dim {}^oA^* + \dim \hat{A}^* = n.$$

De plus, si $A = V$ *est un sous-espace vectoriel de* E, *on a :*

$$^{o}(V^{o}) = V; \qquad (^{o}V^{*})^{o} = V^{*}.$$

Le théorème 1 résulte de cette proposition en prenant pour $\{f_1, \ldots, f_{n-p}\}$ une base de V^o, ou pour A^* l'ensemble $\{f_1, \ldots, f_{n-p}\}$ et pour V le sous-espace $^oA^*$.

Démonstration de la proposition 1.

a) On a évidemment :

$$A \subset B \Longrightarrow A^o \supset B^o \qquad \text{et} \qquad A^* \subset B^* \Longrightarrow {}^oA^* \supset {}^oB^*.$$

D'autre part, pour tout ensemble A (resp. A^*), A^o (resp. $^oA^*$) est un sous-espace vectoriel, puisque

$$(\lambda f + \mu g)(a) = \lambda f(a) + \mu g(a) \quad [\text{resp. } f(\lambda x + \mu y) = \lambda f(x) + \mu f(y)].$$

Enfin $A \subset \hat{A} \Longrightarrow A^o \supset (\hat{A})^o$; mais $f(A) = \{0\} \Longrightarrow f(\hat{A}) = \{0\}$ puisque f est linéaire, donc $A^o \subset (\hat{A})^o$, et $A^o = (\hat{A})^o$. De même $^oA^* = {}^o\hat{A}^*$. Enfin, $A \subset {}^o(A^o)$, et $A^* \subset (^oA^*)^o$ car $x \in A \Longrightarrow [\forall f \in A^o,\ f(x) = 0]$, et :

$$f \in A^* \Longrightarrow f(^oA^*) = 0.$$

Il suffit donc de démontrer les égalités concernant les dimensions. Elles résultent de l'existence des bases duales (on rappelle que E est un espace de *dimension finie n*).

b) Rappelons d'abord la définition d'une base duale.

Soit $(e_1, \ldots, e_n)$ une base de E, et soit x_i la forme linéaire de E dans K définie par :

$$\boxed{x_i(e_j) = \delta_{ij}.}$$

Alors $(x_1, \ldots, x_n)$ est une base de E^*, car toute f dans E^* est déterminée par ses valeurs $\lambda_i = f(e_i)$ et s'écrit donc d'une manière unique :

$$f = \sum_{i=1}^{n} \lambda_i x_i.$$

En particulier, $\dim E^* = n$.

Il résulte déjà de ce qui précède que $\dim A^o + \dim \hat{A} = n$. [Il suffit pour cela de prendre une base $(e_1, \ldots, e_n)$ de E telle que $(e_1, \ldots, e_p)$ soit une base de $\hat{A}$, ce qui est possible d'après le théorème de la base incomplète. Alors, dire que f est dans A^o équivaut à dire que $f(e_i) = 0$ pour $i = 1, \ldots, p$, ce qui équivaut à $\lambda_i = 0$ pour $i = 1, \ldots, p$, ce qui équivaut enfin à dire que $(x_{p+1}, \ldots, x_n)$ est une base de A^o.]

c) La réciproque du théorème 1 exige de voir que $(^oV^*)^o = V^*$. Pour cela définissons l'application :

$$i : E \to (E^*)^*$$

qui, à tout x dans E, associe $\tilde{x} = i(x)$ dans $(E^*)^*$ défini par :

$$\forall f \in (E^*), \qquad \tilde{x}(f) = f(x)$$

Alors, i est un isomorphisme, et l'on a :

$$i({}^{o}A^*) = (A^*)^{o}.$$

En effet, i est linéaire; elle est injective, car si $\tilde{x}(f) = 0$ pour tout f, et si $x = \sum_1^n \lambda_i e_i$, alors $\tilde{x}(x_i) = x_i(x) = \lambda_i = 0$ pour tout i.

Donc i est bijective [car dim $E^* = n$ entraîne que $\dim(E^*)^* = n$].

Soit $\varphi \in (E^*)^*$. Comme i est en particulier surjective, il existe x dans E tel que $\varphi = i(x) = \tilde{x}$; et $\varphi \in (A^*)^{o} \Longleftrightarrow \tilde{x}(f) = 0$ pour tout f dans A^*, ce qui équivaut à $x \in {}^{o}A^*$.

Donc $i({}^{o}A^*) = (A^*)^{o} \subset E^{**}$.

d) Par suite :

$$\dim({}^{o}A^*) = \dim{}^{o}(\hat{A}^*) = \dim(\hat{A}^*)^{o} = \operatorname{codim} \hat{A}^* \qquad \text{c.q.f.d.}$$

COROLLAIRE 1. *Tout hyperplan* H *est l'ensemble des zéros d'une forme linéaire non nulle, et réciproquement. Deux formes linéaires ont les mêmes zéros si et seulement si elles sont proportionnelles.*

COROLLAIRE 2. *Les zéros communs à* $\{f_1, \ldots, f_q\}$ *et* $\{\varphi_1, \ldots, \varphi_r\}$ *sont les mêmes si et seulement si ces deux ensembles engendrent le même sous-espace de* E^*. *Ces zéros communs forment un sous-espace de* E *de dimension supérieure ou égale à* $\max(n - q, n - r)$.

COROLLAIRE 3. *Si f s'annule en tous les points où $f_1, \ldots, f_q$ s'annulent, f est combinaison linéaire de $f_1, \ldots, f_q$.*

En effet, si $A^* = \{f_1, \ldots, f_q\}$, on a $({}^{o}\hat{A}^*)^{o} = \hat{A}^*$. c.q.f.d.

Exemple 1.

On considère le sous-espace de $\mathbf{R}^3$ engendré par les deux vecteurs

$$\vec{u} = \begin{pmatrix} a \\ b \\ c \end{pmatrix} \quad \text{et} \quad \vec{u}' = \begin{pmatrix} a' \\ b' \\ c' \end{pmatrix}.$$

On cherche les équations de la forme :

$$px + qy + rz = 0,$$

Avec :

$$pa + qb + rc = 0$$
$$pa' + qb' + rc' = 0.$$

— Si l'une des trois quantités $\alpha = bc' - b'c$, $\beta = ca' - c'a$, $\gamma = ab' - ba'$ est non nulle, les vecteurs $\vec{u}$ et $\vec{u}'$ sont indépendants.

Si par exemple $\alpha \neq 0$, on tire :

$$q = \frac{\beta}{\alpha} p, \qquad r = \frac{\gamma}{\alpha} p,$$

d'où par exemple : $p = \alpha$, $q = \beta$, $r = \gamma$, et ce sous-espace est un plan, défini par une équation

$$\alpha x + \beta y + \gamma z = 0.$$

— Si ces trois quantités sont nulles, et $\vec{u} \neq 0$, on a par exemple $a \neq 0$. Le sous-espace considéré est alors une droite définie par les deux plans correspondant à

$$p = -\frac{qb + rc}{a}, \quad \text{et} \quad q = 0, \quad r = 1,$$

ou bien :

$$p = -\frac{qb + rc}{a}, \quad \text{et} \quad q = 1, \quad r = 0$$

soit $az - cx = ay - bx = 0$.

— Enfin, si $\alpha = \beta = \gamma = 0$, et $\vec{u} = \vec{u}' = 0$, p, q, r sont arbitraires : ce sous-espace est $\{0\}$.

2. Cas affine

Pour une partie $V' \subset \mathcal{A}(X, K)$, nous désignerons encore par ${}^{o}V'$ l'ensemble des zéros communs aux fonctions de V'.

THÉORÈME 2. *Soit* X *un espace affine de dimension n sur* K. *Pour qu'une partie non vide* V *de* X *soit un sous-espace affine de dimension p de* X, *il faut et il suffit qu'il existe un sous-espace vectoriel* V' *de* $\mathcal{A}(X, K)$ *ne contenant pas la forme constante* 1, *de dimension* $n - p$, *tel que* $V = {}^{o}V'$. *Alors* $\vec{V}$ *est l'ensemble des zéros des* $\vec{f}$ *pour* $f \in V'$.

Démonstration. Supposons que V soit un sous-espace affine de X, $V \neq \varnothing$. Soit $a \in V$. V est un sous-espace vectoriel de X_a, de dimension p. Il existe donc $n - p$ formes linéaires $\{f_1, \ldots, f_{n-p}\}$ de X_a dans K, telles que : $V = \{x \mid \forall i, f_i(x) = 0\}$. Soit $V' = V^o$ le sous-espace de $L(X_a, K)$ engendré par ces formes. Alors V' satisfait aux conditions imposées : c'est un sous-espace de $\mathcal{A}(X, K)$ et il ne contient pas les constantes non nulles, puisque $f(a) = 0$ pour toute f dans V'.

Réciproquement, soit V' un sous-espace satisfaisant aux conditions du théorème; il suffit de voir que les formes affines éléments de V' ont un zéro commun, soit a, que l'on prendra comme origine. Pour cela, on raisonne par récurrence sur $k = \dim V'$.

— Si $k = 0$, la propriété est évidente car alors $V' = \{0\}$, et $X = V = {}^{o}V'$.

— Soit alors $k > 0$, et $\{f_1, \ldots, f_k\}$ une base de V'; soit V'_1 le sous-espace engendré par $\{f_1, \ldots, f_{k-1}\}$, ($V'_1 = \{0\}$ si $k = 1$). D'après l'hypothèse de récurrence, l'ensemble V_1 des zéros communs aux formes de V'_1 est un sous-espace affine non vide de X, et il suffit de montrer que $f_{k|_{V_1}}$ n'est pas constante [car $f_k(V_1)$ sera alors un sous-espace affine de K de dimension strictement positive, donc on aura $f_k(V_1) = K$; en particulier, il existera $a \in V_1$ avec $f_k(a) = 0$, et toutes les formes de V' s'annuleront en a].

Or, si f_k était constante sur V_1, $f_k(x) - f_k(x_0) = \vec{f}_k(\overrightarrow{x_0 x})$ serait nul pour $x_0 \in V_1$, et x variable de V_1. Donc $\vec{f}_k$ appartiendrait à $\vec{V}_1{}^o$, espace des formes linéaires nulles sur $\vec{V}_1$, lequel est engendré par définition par $\vec{f}_1, \ldots, \vec{f}_{k-1}$, où du reste

$$f_i(x) = \vec{f}_i(\overrightarrow{x_0 x}) \qquad \text{puisque} \qquad f_i(x_0) = 0 \quad (1 \leqslant i \leqslant k-1).$$

Il existe donc, d'après le corollaire 3 du théorème 1, des constantes λ_i telles que pour tout $x \in X : f_k(x) - f_k(x_0) = \sum_1^{k-1} \lambda_i f_i(x)$, ce qui entraîne que la constante $f_k(x_0)$ est dans V', donc est nulle. D'où :

$$f_k = \sum_{i=1}^{k-1} \lambda_i f_i,$$

ce qui contredit l'indépendance des $\{f_1, \ldots, f_k\}$. c.q.f.d.

Définition 1. *On appelle équations cartésiennes de* V *toute base de* V′ *tel que* $V = {}^oV'$.

Remarque 1.

Les formes constantes forment un sous-espace vectoriel de dimension 1 de $\mathcal{A}(X, K)$. Si V' contient une forme constante non nulle, il les contient toutes, et ${}^oV' = \varnothing$. Sinon, $\dim V' \leqslant n$.

Remarque 2.

Supposons que $V' \neq \{0\}$ ne contienne pas les constantes. Soit $(f_1, \ldots, f_k)$ une base de V', et soient $(\alpha_1, \ldots, \alpha_k)$ des scalaires. L'ensemble des x dans X tels que pour tout i, $f_i(x) = \alpha_i$ est une variété parallèle à V, et toutes les variétés parallèles à V sont obtenues ainsi.

Preuve. f_i et $f_i - \alpha_i$ ont même forme linéaire associée. Réciproquement, si $W // V$, on peut écrire :

$$W = V + \vec{t} \qquad \text{où} \qquad \vec{t} \text{ est fixe (voir chapitre I, § II, n° 2, exercice 4).}$$

Si $x \in W$ et $f \in V' = V^o$, on a :

$$f(x) = f(v + \vec{t}) = f(v) + \vec{f}(\vec{t}) = \vec{f}(\vec{t}) = \text{Cte},$$

ce qui montre que les formes f dans V' sont constantes sur W. c.q.f.d

Remarque 3. Pour que les formes $f_1, \ldots, f_k \in \mathcal{A}(X, K)$ n'aient pas de zéro commun, il faut et il suffit que la constante : $x \longmapsto 1$ soit combinaison linéaire des f_i.

Exercices.

1. Soient X et X′ deux espaces affines, considérés comme hyperplans affines des espaces vectoriels $\widehat{X}$ et $\widehat{X}'$ (chapitre III, théorème 1′); montrer que l'ensemble $\mathcal{A}(X,X')$ des applications affines de X dans X′ s'obstient en annulant 1 + dim X formes linéaires sur l'espace vectoriel $L(\widehat{X}, \widehat{X}')$ et retrouver ainsi le théorème 2 du chapitre II, n° 3.

2. Soit $(x_0, \ldots, x_n)$ un repère affine de X et $(y_1, \ldots, y_p)$ p points affinement libres de X. Soit $(\alpha_{ij})_{0 \leqslant j \leqslant n}$ les coordonnées barycentriques de y_i dans le repère. Écrire en fonction des α_{ij} les équations du sous-espace V engendré par les y_i (on écrira que $x \in V$ si et seulement si le sous-espace engendré par $\{x, y_1, \ldots, y_p\}$ est de dimension $p - 1$, et on utilisera l'exercice 7 du chapitre III, § II, n° 2).

3. Traiter l'exercice analogue à l'exercice 2 en se donnant les coordonnées cartésiennes de $(y_1, \ldots, y_p)$ dans un repère cartésien de X.

4. Se donner explicitement p points de $\mathbf{R}^n$ ($2 \leqslant p \leqslant 4$; $n = 5$) et écrire les équations cartésiennes du sous-espace affine qu'ils engendrent. Écrire les équations cartésiennes du sous-espace parallèle passant par le point (1, 1, 1, 1, 1).

5. Écrire les équations cartésiennes des sous-espaces affines définis aux exercices 9 et 10, chapitre III, § II, n° 3.

IV. Corps de base ordonné - Orientation

1. Corps ordonné

DÉFINITION 1. *Un corps* K *est dit ordonné si l'ensemble* K *est muni d'une relation d'ordre total, notée* $x \geqslant y$, *telle que :*

a) $\forall (x, y, a) \in K^3 \qquad x \geqslant y \Longrightarrow x + a \geqslant y + a.$

(*Invariance de l'ordre par translation.*)

b) $\forall (x, y) \in K^2 \qquad (x \geqslant 0 \text{ et } y \geqslant 0) \Longrightarrow xy \geqslant 0.$

(« *Règle des signes.* »)

Remarque 1. Comme *a*) équivaut en fait à :

a′) $x \geqslant y \Longleftrightarrow x + a \geqslant y + a$

il équivaut aussi à :

b′) $x > y \Longleftrightarrow x + a > y + a.$

De même, *b*) équivaut à :

c′) $(x > 0 \text{ et } y > 0) \Longrightarrow xy > 0.$

Remarque 2. *Valeur absolue sur* K.

La relation d'ordre sur K permet de définir une application de K dans K_+ (ensemble des éléments de K supérieurs ou égaux à 0), qui à tout x dans K, associe $|x|$ dans K_+, défini par :

$$\boxed{|x| = \sup(x, -x)};$$

elle vérifie $$|x+y| \leqslant |x| + |y| \quad \text{et} \quad |xy| = |x|\,|y|.$$

Exemple 1.

R et **Q** sont des corps ordonnés.
Mais il existe des corps non ordonnés.

Contre-exemples. 1) Un corps de caractéristique p non nulle n'est jamais un corps ordonné. En effet, si e est l'élément neutre du groupe multiplicatif K^*, on a, en vertu de a) et b) pour tout $x \in K$, $x^2 \geqslant 0$ donc :

$$e = e^2 > 0$$

donc, en vertu de b') :

$$pe > 0$$

ce qui contredit $pe = 0$.

2) **C** n'est pas un corps ordonné. En effet, s'il l'était, on aurait :

$$-1 = i^2 > 0,$$

ce qui vu a) contredit $1 = 1^2 > 0$.

2. Demi-espaces

a) Soit X un espace affine de dimension finie sur K (ordonné). Soit H un hyperplan affine de X, d'équation $u = 0$. Alors $\complement H$ (complémentaire de H dans X) est réunion de deux ensembles *disjoints* :

$$E_1 = \{x \in X \mid u(x) > 0\}$$
$$E_2 = \{x \in X \mid u(x) < 0\}.$$

Définition 1. E_1 *et* E_2 *sont appelés demi-espaces ouverts de* X. H *est appelé leur bord* (*commun*).

(On pourrait définir de façon analogue les demi-espaces *fermés* :

$$E'_1 = \{x \in X \mid u(x) \geqslant 0\}$$
$$E'_2 = \{x \in X \mid u(x) \leqslant 0\}.$$

Dans ce cas, l'intersection $E'_1 \cap E'_2$ n'est pas vide, mais égale à l'hyperplan H d'équation $u = 0$.)

On remarque que les demi-espaces E_1 et E_2 jouent le même rôle : ils sont conservés (resp. échangés) si on remplace u par λu avec $\lambda > 0$ (resp. $\lambda < 0$). Un hyperplan H définit donc *une paire* $\{E_1, E_2\}$ de demi-espaces (ouverts ou fermés, au choix), dont il est le bord commun; pour définir *un* demi-espace particulier E, il faut se donner par exemple son bord H et un point $a \in E \cap \complement H$.

Remarque 3. Soit H un hyperplan affine *donné* de X. Supposons H défini par un point x_0 et sa direction $\vec{H}$.

Soit $(\vec{e_1}, \ldots, \vec{e_n})$ une base de $\vec{X}$, telle que $\vec{e_1}, \ldots, \vec{e_{n-1}}$ soient dans $\vec{H}$, et que $(\vec{e_n})$ ne soit pas dans $\vec{H}$. Alors, $x_0 + \vec{e_n}$ n'est pas dans H, donc

$$x_0 + \vec{e_n} \in E_1 \cup E_2 = \complement H \qquad \text{où} \qquad E_1 \cap E_2 = \varnothing.$$

Supposons par exemple que $x_0 + \vec{e_n} \in E_1$. Alors :

$$x = \left(x_0 + \sum_1^n \lambda_i \vec{e_i}\right) \in E_1 \Longleftrightarrow \lambda_n > 0.$$

En effet, la forme :

$$\lambda_n : x \longmapsto \lambda_n(x)$$

fournit *une* équation de H :

$$H = \{x \in X \mid \lambda_n(x) = 0\}.$$

Alors, puisque $\lambda_n(x_0 + \vec{e_n}) = +1$, le demi-espace E_1 apparaît comme l'ensemble :

$$E_1 = \{x \in X \mid \lambda_n(x) > 0\}.$$

On pourrait caractériser de même le demi-espace E_2 :

$$E_2 = \{x \in X \mid \lambda_n(x) < 0\}.$$

b) En particulier :

— une droite dans un *plan* affine permet de définir deux demi-plans.

— un *point* sur une *droite* affine permet de définir deux demi-droites. Explicitons ce cas : soit D une droite affine (i.e. dim D = 1). Un hyperplan H de D est donc réduit à un seul point. Posons $H = \{x_0\}$. Prenons le point x_0 comme origine sur D, et soit $\vec{t} \in \vec{D}$. Alors :

$$\forall x \in D \qquad \exists \lambda \in K \qquad x = x_0 + \lambda \vec{t}.$$

On définit ainsi une forme affine sur D : c'est la forme qui à tout x dans D associe $\lambda \in K$ tel que $x = x_0 + \lambda \vec{t}$.

Une équation de l'hyperplan $\{x_0\}$ est alors : $\lambda(x) = 0$, ce qui permet de définir deux demi-espaces (appelés *demi-droites* ouvertes) relativement à $\{x_0\}$:

$$D^+_{x_0} = \{x \in D \mid \lambda(x) > 0\}$$
$$D^-_{x_0} = \{x \in D \mid \lambda(x) < 0\}.$$

3. Segment

La notion de demi-droite permet de définir celle de *segment*.

a) Soit D une droite affine, $\vec{t}$ un vecteur fixé non nul de $\vec{D}$, a et b deux points de D. On peut définir :

$$\left.\begin{array}{l} D_a^+ = \{x \in D \mid x = a + \lambda\vec{t}, \quad \lambda > 0\} \\ D_a^- = \{x \in D \mid x = a + \lambda\vec{t}, \quad \lambda < 0\} \\ D_b^+ = \{x \in D \mid x = b + \mu\vec{t}, \quad \mu > 0\} \\ D_b^- = \{x \in D \mid x = b + \mu\vec{t}, \quad \mu < 0\} \end{array}\right\} \text{Demi-droites } \textit{ouvertes.}$$

Quitte à permuter a et b, supposons que b soit dans D_a^+, i.e.

$$b = a + \alpha\vec{t}, \qquad \alpha > 0.$$

On a donc :

$$b + \mu\vec{t} = a + (\mu + \alpha)\vec{t},$$

d'où

$$\lambda = \mu + \alpha, \qquad \alpha > 0.$$

Entre les demi-droites D_a^+, D_a^-, D_b^+, D_b^-, on a alors les relations suivantes :

$D_b^+ \subset D_a^+$, ce qui équivaut à $D_a^+ \cap D_b^+ = D_b^+$.
$D_b^+ \cap D_a^- = \varnothing$.

D'autre part :

$$D_b^+ \subset D_a^+ \iff D_a^- \subset D_b^- \iff D_a^- \cap D_b^- = D_a^-.$$

Enfin :

$$D_b^- \cap D_a^+ = \{x \mid x = a + \lambda\vec{t}, \quad 0 < \lambda < \alpha\} \text{ est non vide.}$$

DÉFINITION 2. *On appelle intervalle ouvert de* D *cet ensemble, et l'on note :*

$$\boxed{D_b^- \cap D_a^+ =]a, b[.}$$

On appelle segment de D, *et l'on note :* $[a, b]$, *l'ensemble*

$$\{a, b\} \cup D_b^- \cap D_a^+ = \{x \mid x = a + \lambda\vec{t}, \quad 0 \leqslant \lambda \leqslant \alpha\}.$$

b) *Définition d'un segment au moyen des coordonnées barycentriques.*

En conservant les notations de l'alinéa précédent, posons : $\vec{t} = b - a$. On a alors :

$$\alpha = +1; \qquad x = a + \lambda\vec{t} = (1 - \lambda)a + \lambda b,$$

d'où :

$$\begin{array}{ll} D_a^+ = \{x \mid \lambda > 0\} & D_b^+ = \{x \mid \lambda > 1\} \\ D_a^- = \{x \mid \lambda < 0\} & D_b^- = \{x \mid \lambda < 1\} \end{array}$$

ce qui montre :

$$[a, b] = \{x \mid 0 \leqslant \lambda \leqslant 1\}.$$

Si $x = \rho a + \sigma b$, avec $\rho + \sigma = 1$, on voit que :

$$\boxed{[a, b] = \{x | \rho \geqslant 0, \quad \sigma \geqslant 0\}}$$

DÉFINITION 3. *Autrement dit, un segment apparaît comme l'ensemble des barycentres de ses extrémités lorsque celles-ci sont effectuées de masses positives.*

4. Convexité

Cette dernière définition d'un segment permet d'introduire la notion de *partie convexe* d'un espace affine.

DÉFINITION 4. *Soit* X *un espace affine sur un corps ordonné* K. *Une partie* A *de* X *est dite convexe si, pour tout couple* (a, b) *de* A^2, *le segment* $[a, b]$ *est dans* A.

Exemples.

— Tout sous-espace affine est convexe (chapitre III, § I, 3, théorème 2).
— Tout demi-sous-espace affine (ouvert ou fermé) est convexe.
— Toute intersection de parties convexes de X est convexe.

Exercice 1. Soit X un espace affine sur un corps ordonné K, et $A \subset X$. Montrer qu'il existe un plus petit ensemble convexe $\hat{A}$ contenant A, et montrer que $\hat{A}$ est l'ensemble des barycentres de points de A affectés de coefficients strictement positifs.

Exercice 2. Soient X et X′ deux espaces affines sur un corps ordonné K et $f \in \mathcal{A}(X, X')$. Alors l'image par f de toute partie convexe de X (resp. l'image réciproque par f de toute partie convexe de X′) est convexe.

Exercice 3. Soit X un espace affine de dimension n sur un corps ordonné K, et soit $\mathcal{R}$ un repère affine de K. Montrer que les hyperplans engendrés par n éléments arbitraires de $\mathcal{R}$ déterminent $2^{n+1} - 1$ « régions » distinctes de X. Cas où $n = 1, 2, 3$ ($\mathcal{R}$ est un « segment », un « triangle », un « tétraèdre »).

On trouvera d'autres exercices sur la convexité dans le fascicule 4 du *Livre du Problème* de l'IREM de Strasbourg [23].

5. Orientation

On se propose de montrer que dans le cas d'un corps de base ordonné, les repères affines d'un espace affine X sur ce corps se divisent en deux classes. Orienter X, ce sera choisir arbitrairement l'une de ces deux classes de repères.

Les repères de la classe choisie seront appelés *repères directs*, et ceux de l'autre classe, *repères rétrogrades*.

Définition 5. *Si* $f \in \mathcal{A}(X, X')$, *on pose* $\det f = \det \vec{f}$.

On peut orienter X par deux procédés :

a) Premier procédé.

Nous dirons que deux repères affines ε, ε' de X sont équivalents s'il existe une bijection affine $f \in GA(X)$ telle que $\det f > 0$, et $\varepsilon' = f(\varepsilon)$ (avec un abus d'écriture commode qui ne trompera pas le lecteur : ε n'est *pas* une partie de X, mais une *suite* d'éléments de X).

Cette relation est bien une relation d'équivalence dans l'ensemble $\mathcal{R}$ des repères affines de X (vérification facile).

Proposition 1. $\mathcal{R}$ *possède deux classes suivant cette relation d'équivalence, autrement dit,* X *est orientable, du moins si* $\dim X \neq 0$.

Preuve. Il y a au plus deux classes d'équivalence, car si ε et ε' sont deux repères affines de X, il existe une application affine et une seule f telle que $f(\varepsilon) = \varepsilon'$, et $\det \vec{f} \neq 0$ car f est bijective (chapitre III, § II, n° 1, théorème 2 et remarque 2).

Il existe au moins deux classes ($n \geqslant 1$) car les repères $(x_0, x_1, \ldots, x_n)$ et $(x_1, x_0, \ldots, x_n)$ ne sont pas dans la même classe. c.q.f.d.

Définition 6. *On appelle orientation de* X *le choix d'une des deux classes d'équivalence de* $\mathcal{R}$; *orienter* X, *c'est choisir une classe.*

On convient d'appeler repères directs (resp. rétrogrades) de X *orienté les repères de la classe choisie (resp. les autres).*

b) Second procédé.

Supposons que $\dim X = n$. Alors, orienter X, c'est se donner une suite croissante :

$$E_1 \subset E_2 \subset \cdots \subset E_n$$

où E_n est un demi sous-espace affine de X, fermé, de bord H_{n-1}, et où E_i est un demi-sous-espace du bord H_i de E_{i+1} $(1 \leqslant i \leqslant n-1)$; le bord

$$H_0 = \{a\} \quad \text{de} \quad E_1$$

se réduit à un point, et H_i est un sous-espace affine de dimension i. En effet, soit a le bord de E_1 ; toutes les suites

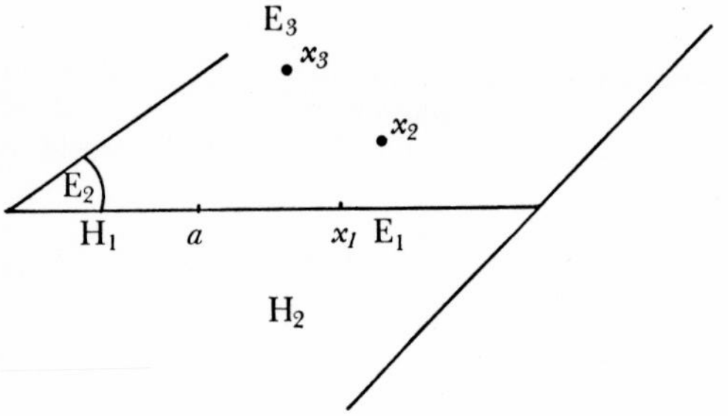

$$(a, x_1, \ldots, x_n) \qquad \text{avec} \qquad x_i \in E_i - H_{i-1}$$

sont des repères affines et appartiennent à la même classe d'orientation.

Par exemple, pour orienter une droite, il suffit de se donner un *couple* (a, b) de points *distincts* de cette droite.

6. Cas où K = R : topologie

a) Dans le cas où $K = \mathbf{R}$, tout espace affine X de dimension finie *n* a une topologie naturelle obtenue de la manière suivante :

$\vec{X}$ a une unique topologie d'espace vectoriel normé sur $\mathbf{R}$: on démontre par exemple (voir cours de topologie) que pour toute norme sur $\vec{X}$ et pour toute norme sur $\mathbf{R}^n$, tout *isomorphisme linéaire* $\vec{X} \to \mathbf{R}^n$ est un *homéomorphisme.* On munit donc $\vec{X}$ d'une norme (et par conséquent d'une topologie) en choisissant une base arbitraire $(\vec{e}_1, \ldots, \vec{e}_n)$ de $\vec{X}$ et en posant par exemple pour $x = \sum_1^n \lambda_i \vec{e}_i$ dans $\vec{X}$:

$$\|x\| = \sup_{1 \leqslant i \leqslant n} |\lambda_i|$$

La topologie ainsi définie sur $\vec{X}$ ne dépend pas des choix faits. Si l'on choisit une origine *a* dans X, la bijection :

$$\Theta_a : X \to \vec{X} \quad \text{(chapitre I, § I, rap. 1)}$$

permet de transporter sur X la topologie ainsi définie sur $\vec{X}$ et le résultat ne dépend pas du choix de *a* dans X, car si $b \neq a$:

$$\Theta_a \circ \Theta_b^{-1} = \Theta_a \circ \Phi_b : \vec{\xi} \longmapsto (b + \vec{\xi}) - a = \vec{\xi} + \vec{ab}$$

est un homéomorphisme de $\vec{X}$ sur lui-même.

On voit ainsi que X est muni naturellement d'une topologie (qui en fait un espace homéomorphe à $\mathbf{R}^n$). Comme les applications linéaires de $\mathbf{R}^n \to \mathbf{R}^p$ sont continues, il résulte de ces définitions que si X et X′ sont deux espaces affines de dimension finie, et *f* une application *affine* de X dans X′, *f* est *continue.*

b) Proposition 1. *Soit* X *un espace affine de dimension finie sur* $\mathbf{R}$, H *un hyperplan de* X; *alors* $\complement H$ *est un ouvert qui a deux composantes connexes.*

Démonstration. i) $\complement H$ *est ouvert, non connexe.*

En effet, soit $u = 0$ une équation de H : $u \in \mathcal{A}(X, \mathbf{R})$ est une application *continue* de X dans $\mathbf{R}$ (puisque $\dim X = n$ et $\dim \mathbf{R} = 1$), donc $H = u^{-1}(0)$ est fermé, et $\complement H$ est ouvert. Il n'est pas connexe puisque $u(\complement H) = \mathbf{R} - \{0\}$ ne l'est pas.

ii) E_1 *et* E_2 *sont les composantes connexes de* $\complement H$.

Soit E_1 (resp. E_2) le demi-espace $\{x | u(x) > 0\}$ (resp. $\{x | u(x) < 0\}$) : c'est un ensemble *ouvert,* convexe (voir n° 4, exemples) donc connexe (car connexe par arcs). c.q.f.d.

c) L'ensemble $\mathcal{A}$ (resp. $\mathcal{E}$) des repères affines (resp. cartésiens) de X est une partie de X^{n+1} (resp. $X \times \vec{X}^n$). Munissons X^{n+1} (resp. $X \times \vec{X}^n$) de la topologie produit. Soit ε une base de $\vec{X}$, choisie une fois pour toutes.

Soit $r = (x_0, \ldots, x_n) \in X^{n+1}$ [resp. $r = (x_0, \vec{e}_1, \ldots, \vec{e}_n)$ dans $X \times \vec{X}^n$]. Désignons par $\text{dét}_\varepsilon\, r$ le déterminant de la matrice des composantes des vecteurs $(\overrightarrow{x_0x_1}, \ldots, \overrightarrow{x_0x_n})$ (resp. $\vec{e}_1, \ldots, \vec{e}_n$) dans la base ε.

Proposition 2. $\mathcal{A}$ (resp. $\mathcal{E}$) *est un ouvert de* X^{n+1} (resp. $X \times \vec{X}^n$) *qui a deux composantes connexes par arcs, et* r *et* r' *sont dans la même composante connexe si et seulement si ils définissent la même orientation de* X (cf. nº 5).

Démonstration (esquisse). On vérifie que $r \longmapsto \text{dét}_\varepsilon\, r$ est une application *continue* de X^{n+1} (resp. $X \times \vec{X}^n$) dans **R**, et que r est un repère si et seulement si

$$\text{dét}_\varepsilon\, r \neq 0.$$

Cela montre que $\mathcal{A}$ (resp. $\mathcal{E}$) est réunion de deux ouverts disjoints, savoir :

$$\{r | \det_\varepsilon r > 0\} \qquad \text{et} \qquad \{r | \det_\varepsilon r < 0\};$$

de plus, si deux repères sont dans le même ouvert, l'application affine qui les échange a évidemment un déterminant positif. Enfin, l'application :

$$(x_0, x_1, x_2, \ldots, x_n) \longmapsto (x_0, x_2, x_1, \ldots, x_n)$$
$$[\text{resp.} \quad (x_0, \vec{e}_1, \vec{e}_2, \ldots, \vec{e}_n) \longmapsto (x_0, \vec{e}_2, \vec{e}_1, \ldots, \vec{e}_n)]$$

est, pour $n > 1$, un homéomorphisme de l'un de ces ouverts sur l'autre (si $n = 1$, permuter x_0 et x_1 ou changer $\vec{e}_1$ en $-\vec{e}_1$).

Il suffit donc de voir que $\{r | \det_\varepsilon r > 0\}$ est connexe par arcs (ou même connexe, car $\mathcal{A}$ et $\mathcal{E}$ sont visiblement localement connexes par arcs). La démonstration de ce dernier point sera faite dans la 2e partie du cours, chapitre VI, § I, nº 2. c.q.f.d.

Remarque 4. La proposition 2 exprime que la théorie *algébrique* de l'orientabilité des espaces affines (voir nº 5) — qui a un sens pour tout corps de base *ordonné* — coïncide lorsque $K = \mathbf{R}$ avec la théorie *topologique*.

La connexion par arcs formalise l'idée intuitive que « deux trièdres sont de même sens si l'on peut déformer continûment le premier dans le second sans qu'il s'aplatisse au cours de la déformation ». Une telle déformation n'est en effet rien d'autre qu'un arc dans $\mathcal{A}$.

Remarque 5. Considérons X comme hyperplan ne passant par l'origine d'un espace vectoriel $\hat{X}$ (chapitre III, § I, nº 2). Si l'on met sur $\hat{X}$ la topologie d'espace produit $\vec{X} \times \mathbf{R}$, qui ne dépend pas de la manière dont on a identifié $\hat{X}$ à $\vec{X} \times \mathbf{R}$ (i.e. du choix de $a \in X$), cette topologie induit sur X celle qui a été définie au début de ce numéro.

CHAPITRE V

Le théorème fondamental de la géométrie affine

Dans ce chapitre, les espaces sont toujours de dimension finie.

Il s'agit dans ce chapitre d'étudier les applications d'un espace affine dans un autre qui, en gros, respectent les alignements. Le n° 1 explique suffisamment les raisons de la restriction « en gros ».

Le résultat obtenu (théorème 1, énoncé au n° 1, démontré au n° 2) est susceptible de recevoir diverses variantes (théorème du n° 5, corollaire 1 du n° 8). Il est d'une grande importance théorique : c'est lui qui justifie l'importance qu'il faut accorder en géométrie élémentaire aux applications affines (voir n° 3, le cas $K = \mathbf{R}$) : les seules « figures » de la géométrie affine sont constituées par des opérations ensemblistes effectuées sur des sous-espaces affines; par suite la caractérisation et le maniement des applications transformant un sous-espace affine en sous-espace affine sont essentiels. Il suffit du reste, comme le montre ce chapitre, de se borner aux sous-espaces de dimension 1 (n° 4).

Il n'est guère possible de réfléchir aux fondements axiomatiques de la géométrie affine sans avoir présents à l'esprit ces théorèmes (voir exercices complémentaires), d'où leur importance pour un enseignant.

En particulier, il est remarquable que lorsque $K = \mathbf{Q}$ ou $\mathbf{R}$, ces applications ne sont autres que les applications affines.

1. Préliminaires

Soient X et X′ deux espaces affines de dimension fine sur un corps K, et u une application affine de X dans X′.

Si D est une droite de X, $u(\mathrm{D})$ est un sous-espace affine de X′, de direction $\vec{u}(\vec{\mathrm{D}})$; si la restriction de u à D est injective, $u(\mathrm{D})$ est une droite; sinon, $u(\mathrm{D})$ se réduit à un point. De plus, si D et D′ sont deux droites parallèles de X telles que la restriction de u à D et à D′ soit injective, alors $u(\mathrm{D})$ et $u(\mathrm{D}')$ sont parallèles.

Réciproquement, on peut se demander si une application u de X dans X′ satisfaisant aux conditions ci-dessus est affine. Ce n'est sûrement pas vrai en général : par exemple si $X = X'$ est de dimension 1, les bijections de **R** ne sont pas nécessairement affines. Voici un autre contre-exemple : l'application

$$(z_1, z_2) \longmapsto (\bar{z}_1, \bar{z}_2)$$

de $\mathbf{C}^2$ dans lui-même transforme les droites en droites, conserve l'origine et n'est pas **C**-linéaire.

DÉFINITION 1. *Soit* V (resp. V′) *un espace vectoriel sur* K (resp. K′). *Une application* $f\colon V \to V'$ *est dite semi-linéaire s'il existe un isomorphisme* σ *de corps de* K | *sur* | K′ *tel que :*

$$\forall x \in V \quad \forall y \in V \quad \forall \lambda \in K \qquad \begin{aligned} f(x+y) &= f(x) + f(y) \\ f(\lambda y) &= \sigma(\lambda) f(x) \end{aligned}$$

(*On précise en disant que* f *est semi-linéaire par rapport à l'isomorphisme* σ.)

Exemple 1.

$$\begin{cases} K = K' = \mathbf{C} \\ V = V' = \mathbf{C}^2 \end{cases} \qquad \begin{aligned} f &: (z_1, z_2) \longmapsto (\bar{z}_1, \bar{z}_2) \\ \sigma &: \lambda \longmapsto \bar{\lambda}. \end{aligned}$$

Propriétés des applications semi-linéaires.

1) L'image d'un sous-espace vectoriel de X est un sous-espace vectoriel de X′ (car σ est surjectif).

2) f est injective si et seulement si $\operatorname{Ker} f = f^{-1}(0) = \{0\}$.

3) $\dim V = \dim(\operatorname{Ker} f) + \dim(\operatorname{Im} f)$.

4) Si V, V′, V″ sont trois espaces vectoriels sur les corps K, K′ et K″ respectivement, et si $\sigma : K \to K'$ et $\sigma' : K' \to K''$ sont deux isomorphismes, alors, si $f\colon V \to V'$ est semi-linéaire relativement à σ, et si $g : V' \to V''$ est semi-linéaire relativement à σ', l'application composée $g \circ f$ est semi-linéaire relativement à l'isomorphisme $\sigma' \circ \sigma$ de K sur K″.

5) Une application semi-linéaire $f\colon V \to V'$ est entièrement déterminée par ses valeurs sur une base de V, et on peut choisir ces valeurs arbitrairement.

6) Il en résulte que, comme pour les applications linéaires, les applications semi-linéaires peuvent se représenter, une fois choisies les bases de V et V′, par des matrices.

Remarque 1. Soit σ un homomorphisme de corps de K *dans* K′, et supposons que $\sigma(K) \neq \{0\}$. C'est dire qu'il existe au moins λ_0 dans K tel que $\sigma(\lambda_0) \neq 0$. Alors : $\sigma(\lambda_0) = \sigma(\lambda_0)\sigma(1) \neq 0$ et par suite $\sigma(1) \neq 0$.

Si $\alpha \in K^* = K - \{0\}$, $\sigma(\alpha)\sigma(\alpha^{-1}) = \sigma(1) \neq 0$ ce qui montre que $\sigma(\alpha) \neq 0$, et que σ est un homomorphisme injectif du groupe multiplicatif K^* dans le groupe multiplicatif K'^*, donc envoie K^* sur un sous-groupe de K'^*, et par suite K sur un sous-corps de K′. En particulier,

$$\boxed{\sigma(1) = 1}$$

[car $\sigma(\alpha) = \sigma(\alpha)\sigma(1)$, et $\sigma(\alpha)$ est inversible].

On suppose donc ici en fait que σ est un homomorphisme *surjectif* de K sur K′ (il est alors injectif, puisqu'un corps a au moins deux éléments par définition).

DÉFINITION 2. *Soient* X *et* X′ *deux espaces affines sur les corps* K *et* K′ *respectivement. Une application* $f : X \to X'$ *est dite semi-affine s'il existe* a *dans* X *tel que :*

$$f_a : \vec{X} \to \vec{X}' \quad \textit{définie par} \quad f_a(\vec{t}) = f(a + \vec{t}) - f(a)$$

est semi-linéaire (déf. 1) *relativement à un isomorphisme* $\sigma : K \to K'$. *On dit alors que* f *est semi-affine relativement à* σ.

Remarque 2.

S'il existe un a dans X tel que $f_a : \vec{X} \to \vec{X}'$ soit semi-linéaire relativement à un isomorphisme $\sigma : K \to K'$, alors, *pour tout* b *dans* X, $f_b : \vec{X} \to \vec{X}'$ est également semi-linéaire par rapport à σ, et l'on a : $f_a = f_b$.

Cette remarque justifie la notation suivante :

$$\boxed{f_a = \vec{f}}$$

Les principales propriétés des applications affines se transposent à cette situation. On se propose alors de démontrer d'abord le théorème suivant :

THÉORÈME 1. *Soient* X *et* X′ *deux espaces affines sur* K *et* K′ *respectivement et* $u : X \to X'$. *On fait les hypothèses suivantes :*

i) Dim X $\geqslant$ 2.

ii) *Pour toute droite* D *de* X, *la restriction de* u *à* D *est une bijection sur une droite* D′ *de* X′.

iii) *Pour toutes droites* D *et* D′ *de* X, $D // D' \Longrightarrow u(D) // u(D')$.

Alors u *est semi-affine.*

Remarque 3. Même si $K = K'$ et $X = X'$, on n'a pas nécessairement $\sigma = \mathrm{Id}$ (σ désignant l'isomorphisme par rapport auquel u est semi-affine). Ainsi, dans l'exemple 1, $X = X' = \mathbf{C}^2$, $u(z_1, z_2) = (\bar{z}_1, \bar{z}_2)$ et $\sigma : \lambda \longmapsto \bar{\lambda}$.

2. Démonstration du théorème 1

On rappelle que si A est une partie de X, on note V(A) le sous-espace affine engendré par A (voir chapitre I, § II, n° 1, déf. 6). Si $A = \{a_1, \ldots, a_n\}$, on note V(A) par $V(a_1, \ldots, a_n)$. Cela dit :

a) u est injective.

En effet, si $a \neq b$, $V(a, b)$ est une droite, donc la restriction de u à $V(a, b)$ est injective, et $u(a) \neq u(b)$.

b) Comme $\dim X \geqslant 2$, il existe dans X deux droites distinctes D et D′; alors puisque u est injective $u(D) \neq u(D')$. On voit donc qu'il existe deux droites distinctes dans X′, ce qui implique $\dim X' \geqslant 2$.

c) u est semi-affine.

On le montre en deux temps : on montre d'abord que $\vec{u}$ est additive, puis on détermine l'isomorphisme $\sigma : K \to K'$ par rapport auquel u est semi-affine.

Ramenons-nous au cas des espaces vectoriels en choisissant une origine O dans X, et en prenant $O' = u(O)$ comme origine dans X′. On est alors ramené à montrer que u est *semi-linéaire* de X_O dans $X'_{O'}$.

α) u est additive.

On veut montrer que, les additions étant faites au sens de X_O et $X'_{O'}$,

$$\forall (x, y) \in X^2 : \quad u(x + y) = u(x) + u(y).$$

Deux cas sont à envisager :

— *Si x et y sont linéairement indépendants dans* X_O on peut alors construire leur somme au moyen de la « règle du parallélogramme ». Alors, en utilisant l'hypothèse iii) du théorème 1, on voit que $u(x + y)$ est le 4e sommet d'un parallélogramme dont 3 sommets sont $O' = u(O)$, $u(x)$ et $u(y)$. Donc :

$$u(x + y) = u(x) + u(y).$$

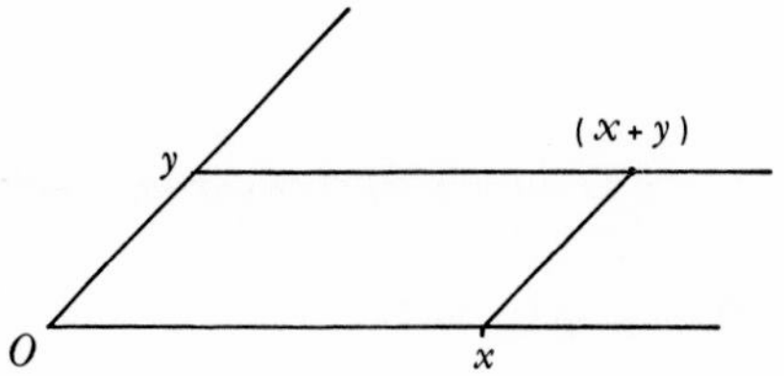

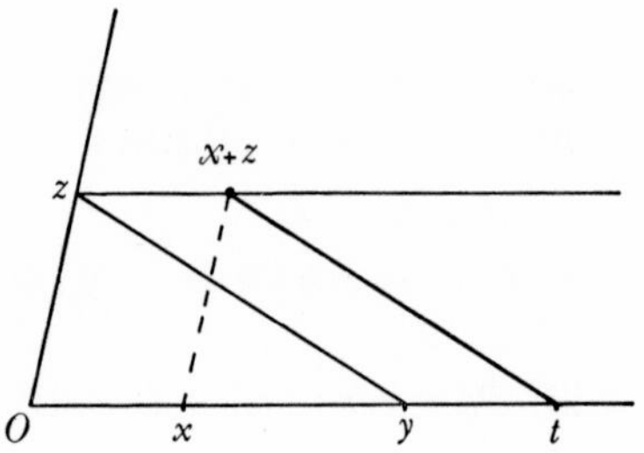

— *Si x et y sont linéairement dépendants* soit alors $z \notin V(O, x)$ (un tel z existe puisque $\dim X \geqslant 2$). On choisit $t \in V(O, x)$ tel que $V[(x + z), t]$ soit parallèle à $V(y, z)$. Alors $(y, t, x + z, z)$ est un parallélogramme non aplati et

$$t - y = x + z - z,$$

ce qui entraîne $t = x + y$, d'où

$$u(x + y) = u(x) + u(y).$$

β) *Détermination de* σ.

Soit $x \in X$, $x \neq 0$. Comme la restriction de u à $V(O, x)$ est une bijection sur $V[O', u(x)]$, il existe une *bijection* $\sigma = \sigma_x : K \to K'$ telle que, au sens de X_O et $X'_{O'}$:

$$u(\lambda x) = \sigma_x(\lambda) u(x) \qquad \forall \lambda \in K.$$

Il s'agit de montrer que σ_x est indépendant de x, et que c'est un isomorphisme de corps.

D'abord, σ_x *est indépendant de* x.

En effet, si x et y sont indépendants dans X_O, il résulte de l'additivité de u que :

$$\begin{aligned} u[\lambda(x + y)] = \sigma_{x+y}(\lambda) u(x + y) &= \sigma_{x+y}(\lambda)[u(x) + u(y)] \\ &= u(\lambda x) + u(\lambda y) = \sigma_x(\lambda) u(x) + \sigma_y(\lambda) u(y). \end{aligned}$$

Mais [cf. *b*)], les droites $V[O', u(x)]$, $V[O', u(y)]$ sont distinctes, comme les droites $V(O, x)$, $V(O, y)$; par suite $u(x)$ et $u(y)$ sont linéairement indépendants dans $X'_{O'}$, d'où l'on déduit :

$$\forall \lambda : \quad \sigma_{x+y}(\lambda) = \sigma_x(\lambda) = \sigma_y(\lambda) \qquad \text{soit} \qquad \sigma_{x+y} = \sigma_x = \sigma_y.$$

Si x et y étaient alignés avec O, soit $z \notin V(O, x) = V(O, y)$: le même raisonnement montre que $\sigma_z = \sigma_x$ et $\sigma_z = \sigma_y$; par suite : $\forall y \neq 0$, $\sigma_y = \sigma_x$. Soit σ cette application de K dans K'. On a donc :

$$\forall \lambda \in K, \quad \forall x \in X - \{O\} : \quad u(\lambda x) = \sigma(\lambda) u(x).$$

Mais cette égalité reste vraie même pour $x = O$, puisqu'alors les deux membres sont égaux à O'. L'application σ est bien définie, et vérifie

$$\forall (\lambda, x) \in K \times X : \quad u(\lambda x) = \sigma(\lambda) u(x).$$

Montrons maintenant que σ *est un isomorphisme de corps.*

On a en effet, si $x \neq O$, donc $u(x) \neq O'$

$$u[(\lambda + \mu)x] = \sigma(\lambda + \mu) u(x) = u(\lambda x) + u(\mu x) = [\sigma(\lambda) + \sigma(\mu)] u(x).$$

D'où puisque $u(x) \neq O'$:

$$\boxed{\sigma(\lambda + \mu) = \sigma(\lambda) + \sigma(\mu).}$$

D'autre part :

$$u[(\lambda\mu)x] = \sigma(\lambda\mu) u(x) = \sigma(\lambda) u(\mu x) = \sigma(\lambda)\sigma(\mu) u(x).$$

D'où :

$$\boxed{\sigma(\lambda\mu) = \sigma(\lambda)\sigma(\mu)}$$

ce qui achève la démonstration du théorème 1. c.q.f.d.

3. Cas où $K = R$

On va montrer que dans ce cas, toute application semi-affine est affine. Cela résulte du théorème suivant :

THÉORÈME 2. **R** *n'a pas d'autre automorphisme que l'identité.*

Démonstration. On rappelle d'abord que **R** est un *corps ordonné* (chapitre IV, § IV, n° 1) et que dans **R**, tout élément positif a une racine carrée (on dit que **R** est un *corps euclidien*). Cela dit, soit $\sigma : \mathbf{R} \to \mathbf{R}$ un automorphisme de **R**. On a vu (1, remarque 1) que $\sigma(1) = 1$.

Alors, pour tout $n \in \mathbf{N}$, on a $\sigma(n) = n$ (additivité de σ et récurrence sur n). Si maintenant n' est un entier négatif, posons $n' = (-n)$. Alors

$$\sigma(n') = \sigma(-n) = -\sigma(n) = -n = n'.$$

*Donc σ restreint à **Z** est l'identité.*

Soit maintenant $x \in \mathbf{Q}$. On peut écrire :

$$x = \frac{p}{q} \qquad \text{où} \qquad q \in \mathbf{N}, \quad p \in \mathbf{Z}.$$

On a alors, σ étant aussi un homomorphisme multiplicatif

$$q\sigma\left(\frac{p}{q}\right) = \sigma(q)\sigma\left(\frac{p}{q}\right) = \sigma\left(q\frac{p}{q}\right) = \sigma(p) = p.$$

Donc $q\sigma\left(\frac{p}{q}\right) = p$, ce qui entraîne : $\sigma\left(\frac{p}{q}\right) = \frac{p}{q}$.

*On voit donc que σ restreint à **Q** est l'identité.*

De plus, σ est *croissant*. En effet, soit $x \geqslant 0$, et $y = \sqrt{x}$, ce qui équivaut à $y^2 = x$. On a :

$$\sigma(x) = \sigma(y^2) = [\sigma(y)]^2 \geqslant 0,$$

et $a \geqslant b \iff a - b \geqslant 0$, donc $\sigma(a - b) = \sigma(a) - \sigma(b) \geqslant 0$ donc $\sigma(a) \geqslant \sigma(b)$.

Enfin, soit x un réel quelconque : x peut être défini comme limite de deux suites *adjacentes monotones* de rationnels (approximations décimales par exemple) telles que :

$$\dots r_n \leqslant r_{n+1} \leqslant \cdots \leqslant x \leqslant \cdots \leqslant r'_{n+1} \leqslant r'_n \leqslant \cdots$$

Alors, σ étant l'identité sur **Q**, on a :

$$\dots r_n \leqslant r_{n+1} \leqslant \cdots \leqslant \sigma(x) \leqslant \cdots \leqslant r'_{n+1} \leqslant r'_n \leqslant \cdots$$

D'où

$$\forall n \ |\sigma(x) - x| < |r_n - r'_n|$$

ce qui montre que pour tout x dans **R**, on a :

$$\sigma(x) = x$$

ce qui démontre le théorème 2. c.q.f.d.

On en déduit :

Corollaire 1. *Soient* X *et* X' *deux espaces affines sur* **R**, *avec* dim X $\geqslant$ 2. *Soit*

$$u : X \to X'$$

une application satisfaisant aux conditions du théorème 1.

Alors u est affine.

4. Quelques lemmes en vue du renforcement du théorème 1

Proposition 1. *Soit* X *un espace affine sur un corps* K ($K \neq \mathbf{Z}_2$) *et soit*

$$\{a_0, \ldots, a_n\} \subset X.$$

Alors, pour que x soit dans $V(a_0, \ldots, a_n)$, *il faut et il suffit qu'il existe* $a \in V(a_0, a_1)$ *et* $b \in V(a_1, \ldots, a_n)$ *tels que* $x \in V(a, b)$.

Démonstration.

a) Condition suffisante. Elle est valable même si $K = \mathbf{Z}_2$ et résulte du fait que si a et b appartiennent à $V(a_0, \ldots, a_n)$ alors $V(a, b) \subset V(a_0, \ldots, a_n)$ puisque V(A) est le plus petit sous-espace affine contenant A. c.q.f.d.

b) Condition nécessaire. Plaçons-nous dans le sous-espace $Y = V(a_0, \ldots, a_n)$; si $a_0 \in V(a_1, \ldots, a_n)$ et $x \in Y$, le résultat est évident : il suffit de prendre $a = a_0$ et $b = x$. Si $a_0 \notin V(a_1, \ldots, a_n)$,

$$V(a_1, \ldots, a_n) = Z$$

est un hyperplan de Y et deux cas seront possibles si $x \neq a_0$ [si $x = a_0$, on prend $a = a_0$ et b arbitraire dans $V(a_1, \ldots, a)_n$] :

α) La droite $V(a_0, x)$ n'est pas (faiblement) parallèle à Z : elle coupe alors cet hyperplan en un point et un seul (cf. chapitre I, § II, n° 3) que l'on choisit pour point b, et on prend $a = a_0$.

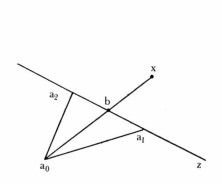

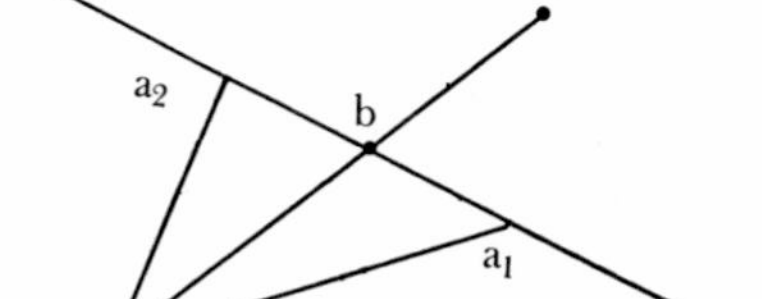

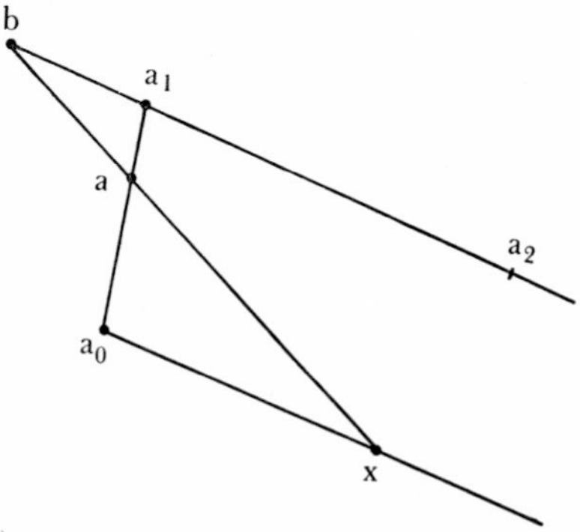

β) $V(a_0, x)$ est (faiblement) parallèle à Z. Alors, *s'il existe*

$$a \in V(a_0, a_1) - \{a_0, a_1\}$$

(ce qui est le cas si et seulement si il y a plus de deux points sur une droite, i.e. si $K \neq \mathbf{Z}_2$), on choisit un tel point a; alors $V(a, x)$ n'est *pas* (faiblement) parallèle à $V(a_1, \ldots, a_n) = Z$, et on prend $b = V(a, x) \cap Z$. c.q.f.d.

COROLLAIRE 1. *Soient* X, X' *deux espaces affines sur des corps différents de* $\mathbf{Z}_2$, *et*

$$f: X \to X'$$

telle que :

$$\forall (a, b) \in X^2 \qquad f[V(a, b)] \subset V[f(a), f(b)]$$

(resp. $f[V(a, b)] \supset V[f(a), f(b)]$). *Alors, pour tout sous-ensemble* $\{a_0, a_1, \ldots, a_n\}$ *de* X, *on a :*

$$f[V(a_0, \ldots, a_n)] \subset V[f(a_0), \ldots, f(a_n)]$$

(resp. $f[V(a_0, \ldots, a_n)] \supset V[f(a_0), \ldots, f(a_n)]$).

Démonstration. Elle se fait par récurrence sur n. La propriété est vraie pour $n = 0$, et, par hypothèse, pour $n = 1$.

a) $f[V(a, b)] \subset V[f(a), f(b)] \Longrightarrow f[V(a_0, \ldots, a_n)] \subset V[f(a_0, \ldots, f(a_n)]$.

Soit $x \in V(a_0, \ldots, a_n)$; il existe $a \in V(a_0, a_1)$ et $b \in V(a_1, \ldots, a_n)$ tels que $x \in V(a, b)$. On a par hypothèse et par hypothèse de récurrence

$$f(a) \in V[f(a_0), f(a_1)], \quad f(b) \in V[f(a_1), \ldots, f(a_n)]$$

et
$$f(x) \in V[f(a), f(b)] \subset V[f(a_0), \ldots, f(a_n)]$$
c.q.f.d.

b) $f[V(a, b)] \supset V[f(a), f(b)] \Longrightarrow f[V(a_0, \ldots, a_n)] \supset V[f(a_0), \ldots, f(a_n)]$.

Soit $x' \in V[f(a_0), \ldots, f(a_n)]$. Il existe $a' \in V[f(a_0), f(a_1)] \subset f[V(a_0, a_1)]$, et $b' \in V[f(a_1), \ldots, f(a_n)] \subset f[V(a_1, \ldots, a_n)]$ tels que $x' \in V(a', b')$.

Donc $a' = f(a)$, $b' = f(b)$ avec $a \in V(a_0, a_1)$ et $b \in V(a_1, \ldots, a_n)$;

$$x' \in V[f(a), f(b)] \subset f[V(a, b)]$$

équivaut à $x' = f(x)$, $x \in V(a, b) \subset V(a_0, \ldots, a_n)$ c'est-à-dire :

$$x' \in f[V(a_0, \ldots, a_n)].$$
c.q.f.d.

COROLLAIRE 2. *Soit* X *un espace affine sur un corps* $K \neq \mathbf{Z}_2$ et $A \subset X$.

Pour que A *soit un sous-espace affine de* X, *il faut et il suffit que :*

$$\forall (a, b) \in X^2, \qquad (a, b) \in A^2 \Longrightarrow V(a, b) \subset A.$$

Preuve.

La restriction $K \neq \mathbf{Z}_2$ est indispensable [car pour $K = \mathbf{Z}_2$, $V(a, b) = \{a, b\}$]. La condition est nécessaire en vertu du chapitre III, § I, nº 4, théorème 2.

Il suffit donc de montrer, par récurrence sur n, que $\{a_0, a_1, \ldots, a_n\} \subset A$ implique $V(a_0, a_1, \ldots, a_n) \subset A$, car si $x \in V(A)$, il est barycentre de points a_i de A, donc il existe $\{a_0, \ldots, a_n\} \subset A$ tel que $x \in V(a_0, \ldots, a_n)$. Or cette assertion est vraie pour card $\{a_0, \ldots, a_n\} \leqslant 2$ (par hypothèse). Supposons la vraie pour card $\{a_0, \ldots, a_q\} = n$ et soit $\{a_0, \ldots, a_n\}$ $n + 1$ points distincts. Si

$$x \in V(a_0, \ldots, a_n),$$

d'après la proposition 1, il existe $a \in V(a_0, a_1) \subset A$ (hypothèse) et

$$b \in V(a_1, \ldots, a_n) \subset A$$

(hypothèse de récurrence) tels que $x \in V(a, b)$; alors, $(a, b) \in A^2$, donc $x \in A$.

c.q.f.d.

5. Le théorème fondamental

C'est le théorème suivant :

THÉORÈME 3. *Soient* X *et* X' *deux espaces affines sur les corps* K *et* K' *respectivement. Soit* f: $X \to X'$. *On suppose :*

a) $K \neq \mathbf{Z}_2$.

b) $\dim V(\operatorname{Im} f) \geqslant 2$.

c) *Pour tout couple* $(a, b) \in X^2$, *on a :*

$$f[V(a, b)] = V[f(a), f(b)].$$

Alors, il existe un isomorphisme σ *de* K *sur* K' *tel que* f *soit semi-affine relativement à* σ.

6. Démonstration dans le cas où f est injective

LEMME 1. *Supposons* $K \neq \mathbf{Z}_2$, f *injective et vérifiant la condition c) du théorème* 3, *alors* f *transforme tout système affinement libre en un système affinement libre.*

Preuve. Dans les hypothèses du lemme 1, on a sûrement $K' \neq \mathbf{Z}_2$ [car si $a \neq b$, card $V[f(a), f(b)] \geqslant$ card $V(a, b) > 2$]. Donc dans ces hypothèses on a, d'après le corollaire 1, de la proposition 1 :

$$f[V(a_0, \ldots, a_n)] = V[f(a_0), \ldots, f(a_n)].$$

Supposons alors que $(a_0, \ldots, a_n)$ soit affinement libre, mais que

$$(f(a_0), \ldots, f(a_n))$$

ne le soit pas. Supposons par exemple que

$$f(a_n) \in V[f(a_0), \ldots, f(a_{n-1})] = f[V(a_0, \ldots, a_{n-1})].$$

C'est dire qu'il existe b dans $V(a_0, \ldots, a_{n-1})$ avec $f(b) = f(a_n)$. Comme f est injective, on a nécessairement $b = a_n$, ce qui contredit l'indépendance de

$$(a_0, \ldots, a_n).$$ c.q.f.d.

Passons à la démonstration du théorème 3 (*pour f injective*).

Les hypothèses du théorème 1 sont satisfaites. En effet :

1) Si $a \neq b$, $V(a, b)$ et $V[f(a), f(b)]$ sont des droites, et la restriction de f à $V(a, b)$ est une bijection sur $V[f(a), f(b)] = f[V(a, b)]$.

2) On a $\dim X \geqslant 2$, car si $\dim X = 1$, on a :

$$X = V(a, b), \quad f(X) = V[f(a), f(b)]$$

et $V(\operatorname{Im} f) = V[f(a), f(b)]$ a pour dimension 1, en contradiction avec l'hypothèse b).

3) Si D et D′ sont deux droites parallèles de X, alors $f(D)$ et $f(D')$ sont parallèles.

En effet, il suffit de le voir pour deux droites D et D′ distinctes. Soient alors $D = V(a, b)$, $D' = V(c, d)$. On a : $V(a, b, c, d) = V(a, b, c)$ où a, b, c sont indépendants. Alors, $f(D) \subset f[V(a, b, c, d)] = V[f(a), f(b), f(c)]$. De même,

$$f(D') \subset V[f(a), f(b), f(c)].$$

Ces deux droites sont donc coplanaires. Supposons qu'elles se coupent en x' sur $f(D) \cap f(D')$. C'est dire qu'il existe $x \in D$, $y \in D'$ avec $x' = f(x) = f(y)$, ce qui, en raison de l'injectivité de f, entraîne : $x = y \in D \cap D'$, en contradiction avec l'hypothèse : D et D′ parallèles.

En conclusion, les hypothèses du théorème 1, étant satisfaites, on peut affirmer que f est semi-affine par rapport à un certain isomorphisme $\sigma : K \to K'$.

c.q.f.d.

7. Démonstration dans le cas général

Lemme 2. *Pour tout x' dans X', $f^{-1}(x')$ est vide ou est un sous-espace affine de* X.

Preuve. La propriété est évidente si $f^{-1}(x') = \{a\}$. Supposons donc que $f^{-1}(x')$ contient au moins deux points distincts a et b. Soit $c \in V(a, b)$. On a

$$f(c) \in f[V(a, b)] = V[f(a), f(b)] = \{x'\}.$$

Donc $V(a, b) \subset f^{-1}(x')$, et d'après le nº 4, corollaire 2 de la proposition 1, $f^{-1}(x')$ est un sous-espace affine de X, puisque $K \neq Z_2$. c.q.f.d.

LEMME 3. *Si, pour a' et b' dans X', $f^{-1}(a')$ et $f^{-1}(b')$ sont non vides, ce sont des sous-espaces affines parallèles.*

Preuve. On peut supposer $a' \neq b'$. Soit $f^{-1}(a') = a + \vec{V}$, $f^{-1}(b') = b + \vec{W}$. Il suffit de montrer que

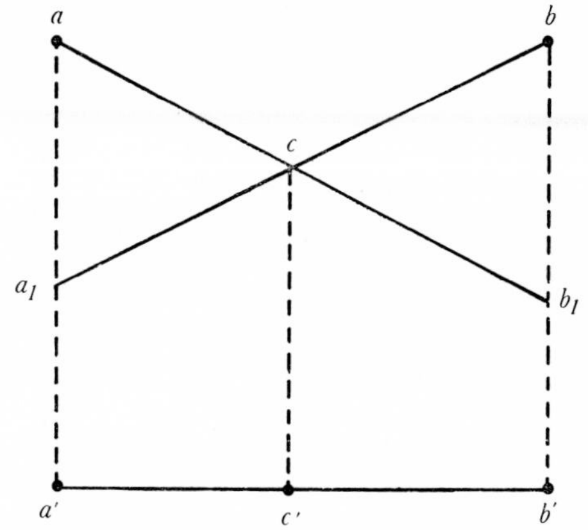

$$\vec{V} - \{0\} \subset \vec{W}.$$

Soit $\vec{h} \in \vec{V} - \{0\}$; posons

$$a_1 = a + \vec{h} \in f^{-1}(a');$$

comme $K \neq \mathbf{Z}_2$, il existe

$$c \in V(a_1, b) - \{a_1, b\}$$

puisque $V(a_1, b)$ est une droite $(a' \neq b')$.

Soit

$$c' = f(c) \in f[V(a_1, b)] = V[f(a_1), f(b)] = V(a', b').$$

Alors, $c' \notin \{a', b'\}$ [car si $c' = a'$, on a successivement :

$$c \in f^{-1}(a'), \quad V(a_1, c) \subset f^{-1}(a'), \quad b \in f^{-1}(a');$$

et si $c' = b'$, de même $a_1 \in f^{-1}(b')$]. Donc $a \neq c$. Alors $f[V(a, c)] = V(a', b')$ montre qu'il existe $b_1 \in V(a, c)$ tel que $f(b_1) = b'$; on a $b_1 \neq c$, d'où $b_1 \neq b$, car

$$V(a, c) \cap V(a_1, c) = \{c\};$$

les droites $V(a, a_1)$, $V(b, b_1)$ sont coplanaires [dans $V(a, a_1, c)$] et non sécantes; en effet, $x \in V(a, a_1) \cap V(b, b_1) \Longrightarrow f(x) \in \{a'\} \cap \{b'\}$. Donc $\overrightarrow{bb_1} = \lambda\vec{h}$, $\lambda \neq 0$, d'où $\vec{h} \in W$. c.q.f.d.

Soit $\vec{V}$ la direction commune à $f^{-1}(a')$ et $f^{-1}(b')$, et $Y = X/\vec{V}$ (cf. chapitre I, § I, nº 2, exercice 4 et chapitre II, nº 3, exercice 4). Alors f se factorise :

$$f = g \circ \pi : X \xrightarrow{\pi} X/\vec{V} \xrightarrow{g} X',$$

où g est injective, et vérifie, en posant $\pi(x) = \dot{x}$, $g[V(\dot{a}, \dot{b})] = V[g(\dot{a}), g(\dot{b})]$; de plus $V(\operatorname{Im} g) = V(\operatorname{Im} f)$ a une dimension supérieure ou égale à 2. Donc g est semi-affine, et f aussi, puisque π est affine. c.q.f.d.

8. Corollaires

COROLLAIRE 1. *Si X et X' sont deux espaces affines de dimension finie sur K $(K \neq \mathbf{Z}_2)$ tels que $\dim X' \geqslant \dim X \geqslant 2$, et si $f : X \to X'$ est surjective et transforme trois points alignés en trois points alignés, alors f est semi-affine.*

Preuve. Par hypothèse, $f[V(a, b)] \subset V[f(a), f(b)]$. On en déduit (4, corollaire 1 de la proposition 1) $f[V(a_0, \ldots, a_p)] \subset V[f(a_0, \ldots, f(a_p)]$.

Dans ces conditions on a le

LEMME. *L'image d'une famille affinement libre est affinement libre.*

En effet, supposons $(a_0, \ldots, a_p)$ libre. Complétons cette famille en un repère $(a_0, \ldots, a_n)$. Alors, comme f est surjective :

$$X' = f(X) = f[V(a_0, \ldots, a_n)] \subset V[f(a_0), \ldots, f(a_n)] \subset X'$$

donc $(f(a_0), \ldots, f(a_n))$ est génératrice, *donc libre* (sinon on aurait

$$\dim X' < n = \dim X).$$

A fortiori, la famille $(f(a_0), \ldots, f(a_p))$ est affinement libre. D'où résulte le

COROLLAIRE. $f[V(a, b)] = V[f(a), f(b)]$.

En effet, dans le cas contraire, on aurait

$$x' \in V[f(a), f(b)] \qquad \text{et} \qquad x' \notin f[V(a, b)].$$

Comme f est surjective, $x' = f(x)$ et $x \notin V(a, b)$. Alors, (a, b, x) serait affinement libre, et pas $[f(a), f(b), f(x)]$. On peut donc appliquer le théorème fondamental.

Remarque 4. Les hypothèses entraînent donc que $\dim X' = \dim X$ et que f est injective (car si $a \neq b$, $(f(a), f(b))$ est libre).

THÉORÈME 4. *Soit* X *un espace affine sur* K $(K \neq \mathbf{Z}_2)$, *de dimension supérieure ou égale à* 2, *et soit* $f: X \to X$ *une application transformant bijectivement toute droite en une droite parallèle. Alors f est une homothétie ou une translation.*

Démonstration. Si $a \neq b$, $f[V(a, b)]$ est une droite, et comme $f(a) \neq f(b)$, c'est $V[f(a), f(b)]$. D'autre part, $\operatorname{Im} f$ contient deux droites non parallèles (comme X), donc $\dim V(\operatorname{Im} f) \geqslant 2$, et le théorème 3 s'applique : f est semi-affine.

Soit $\vec{f}$ l'application semi-linéaire (par rapport à un automorphisme σ de K) associée. Puisque $\forall (a, b) \in X^2$, si $a \neq b$ $V(a, b)$ et $V[f(a), f(b)]$ sont parallèles, pour tout $\vec{t} \in \vec{X} - \{0\}$ il existe un scalaire $\lambda(\vec{t})$ tel que :

$$\vec{f}(\vec{t}) = \lambda(\vec{t})\vec{t}.$$

Alors, si $\vec{t}$ et $\vec{t}\,'$ sont indépendants :

$$\vec{f}(\vec{t} + \vec{t}\,') = \lambda(\vec{t} + \vec{t}\,')\vec{t} + \lambda(\vec{t} + \vec{t}\,')\vec{t}\,' = \lambda(t)\vec{t} + \lambda(t')\vec{t}\,'.$$

Donc $\lambda(\vec{t} + \vec{t}\,') = \lambda(\vec{t}) = \lambda(\vec{t}\,')$, et ceci reste vrai même si $\vec{t}$ et $\vec{t}\,'$ sont dépendants (prendre $\vec{t}\,''$ indépendant de $\vec{t}$, donc de $\vec{t}\,'$). On en déduit :

$$\lambda(\vec{t}) = \lambda \qquad \forall \vec{t} \neq 0$$

et par suite :

$$\vec{f}(\vec{t}) = \lambda\vec{t} \qquad \text{même si} \qquad \vec{t} = 0,$$

et $\lambda \neq 0$ (sinon f est une application constante).

Si $\lambda \neq 1$, $\operatorname{Ker}(\vec{f} - \mathrm{Id}) = (\lambda - 1) \operatorname{Ker} \mathrm{Id} = \{0\}$: f a un unique point fixe a (cf. chapitre IV, § II, théorème 1), et s'interprète comme l'homothétie vectorielle de l'espace vectoriel X_a de rapport λ : on a donc

$$\overrightarrow{af(x)} = \lambda\overrightarrow{ax}$$

et f est l'homothétie (affine) de X de centre a, et de rapport λ. Si $\lambda = 1$, f est une translation [cf. chapitre II, n° 2, exemple 2)]. c.q.f.d.

9. Quelques contre-exemples

Dans les énoncés des n°s 4 à 8, la restriction $K \neq \mathbf{Z}_2$ est indispensable (sauf la condition suffisante de la proposition 1 qui est valable quel que soit K, et qui résulte des théorèmes d'incidence (chapitre I, § II, n° 3) : si V est un sous-espace affine : $\forall(a, b),\ (a, b) \in V^2 \Longrightarrow V(a, b) \subset V$).

Prenons pour espace affine X l'espace vectoriel $\mathbf{Z}_2 \times \mathbf{Z}_2$, et soient

$$a_0 = (0, 0) \qquad a_1 = (0, 1) \qquad a_2 = (1, 0) \qquad a_3 = (1, 1) = a$$

les points de X.

1) $a = a_0 + a_1 + a_2 \in V(a_0, a_1, a_2) = X$, mais a n'appartient à aucune des droites $V(a_i, a_j) = \{a_i, a_j\}$ $(i \neq j \in \{0, 1, 2\})$: contre-exemple à la condition nécessaire de la proposition 1.

2) Soit $X' = X$; pour toute application $f: X \to X$, on a

$$V(a, b) = \{a, b\} \qquad \text{d'où} \qquad f[V(a, b)] = \{f(a), f(b)\} = V[f(a), f(b)]$$

Cependant il existe des applications de X dans lui-même qui ne sont pas semi-affines (contre-exemple au théorème 3), comme on va voir ci-dessous.

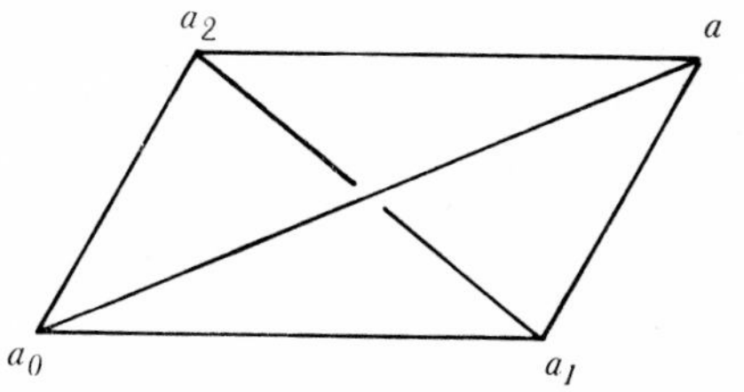

3) Soit $f: X \to X$ définie par :

$$f(a_0) = a_0 \qquad f(a_1) = a_1$$
$$f(a_2) = a_0 \qquad f(a) = a$$

On a

$$f[V(a_0, a_1, a_2)] = f(X) = \{a_0, a_1, a\} \not\subset V[f(a_0), f(a_1), f(a_2)] = \{a_0, a_1\}$$
$$f[V(a_0, a_1, a)] = f(X) = \{a_0, a_1, a\} \not\supset V[f(a_0), f(a_1), f(a)] = X$$

(contre-exemple aux deux parties du corollaire 1).

L'application f n'est pas affine [sinon on aurait

$$f(a) = f(a_0) + f(a_1) + f(a_2) = a_1].$$

4) *Contre-exemple au corollaire* 2. On prend $A = \{a_0, a_1, a_2\}$. L'hypothèse du corollaire est vérifiée, mais A n'est pas un sous-espace affine de X.

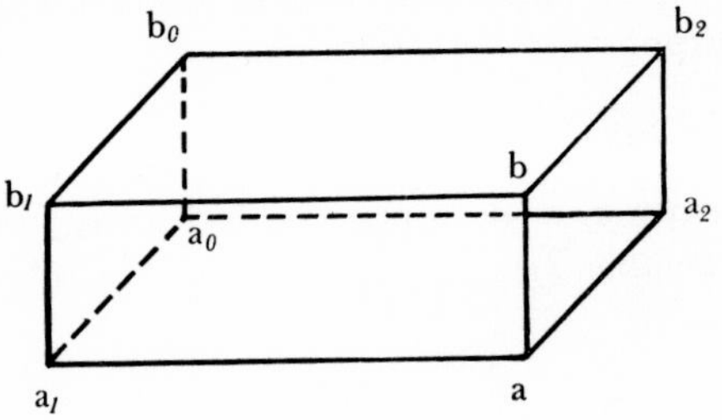

5) *Contre-exemple au lemme* 1 *et au corollaire du n*° 8. Soit $Y = X \times \mathbf{Z}_2$; on désigne par b_0, b_1, b_2, b les points de $X \times \{1\}$ « au-dessus » des points a_0, a_1, a_2, a de $X \times \{0\} = X$. L'application f échange b_0 et a et laisse invariants les autres points. L'image par f de $\{a_0, a_1, a_2, b_0\}$ n'est pas libre.

DEUXIÈME PARTIE

Géométrie euclidienne

Dans cette partie K est un corps (commutatif) de caractéristique différente de deux.

Introduction

L'appellation « géométrie euclidienne » est l'héritage de l'histoire mouvementée de « la » géométrie; elle est peu adaptée à la situation contemporaine *des* géométries, et risque de faire surgir des contre-sens.

Dans la pensée de beaucoup, le qualificatif d'euclidien fait référence au postulat d'Euclide (dans un plan affine, par un point 0 non situé sur une droite D on peut mener au plus une parallèle à D). Cet énoncé est proprement génial : il n'est évidemment pas d'origine expérimentale, mais d'origine inductive. Un énoncé équivalent, plus facile à vérifier expérimentalement, est que la somme des mesures des angles d'un triangle est égale à la mesure d'un angle plat. Du IIIe siècle avant Jésus-Christ au début du 19e siècle de notre ère les mathématiciens se sont évertués à essayer de *déduire* ce postulat des autres axiomes énoncés par Euclide. La différence de terminologie (axiomes, tenus pour être des énoncés universellement « évidents »), et postulat (de postulare, demander) témoignait d'ailleurs d'une différence ressentie entre le statut d'énoncés qui allaient de soi, et d'un énoncé que l'on priait l'auditeur de bien vouloir tenir pour vrai.

Le mathématicien russe Lobatschewsky [27] en 1829 et indépendamment le mathématicien hongrois J. Bolyai en 1832 ont montré l'indépendance de ce postulat et des autres axiomes (explicites ou non) des « éléments d'Euclide ». Ce n'est pas le lieu ici d'exposer ces travaux (voir Godeaux [17] ou [30]; pour une brève présentation de la géométrie hyperbolique voir Dieudonné [12], ou Glaeser [16]) ni les discussions philosophiques passionnées que cette découverte a entraînées (Poincaré [32]), et continue à provoquer chez les non mathématiciens (voir par exemple Études... [14]...). Mais dans le grand public, euclidien signifie « conforme au postulat d'Euclide ».

Le sens que donnent les mathématiciens contemporains à « géométrie euclidienne » est beaucoup plus restrictif. Il s'agit grosso modo de la géométrie d'un espace affine muni d'une structure supplémentaire, savoir une notion d'orthogonalité et un théorème de Pythagore pour les triangles rectangles. Il serait sans doute indiqué d'appeler une telle géométrie « pythagoricienne » (mais en fait, Euclide connaissait les travaux des pythagoriciens, de plus d'un siècle antérieurs).

Rappelons pour mémoire qu'il existe bien d'autres géométries :

1) Celles que l'on qualifie aujourd'hui de pseudo, ou quasi-euclidiennes (réalisées comme étude des propriétés d'un espace affine ou projectif muni d'une forme quadratique non définie).

2) Les géométries riemaniennes, qui sont localement, ou seulement ponctuellement euclidiennes au sens contemporain du terme (exemple : la géométrie d'une surface plongée sans singularité dans un espace euclidien, avec la métrique induite).

3) Les géométries ponctuellement quasi-euclidiennes.

La géométrie de Lobatchewsky peut être réalisée comme une géométrie du type (1) ou (2).

CHAPITRE I

Formes bilinéaires, sesquilinéaires et quadratiques

Tout le monde connaît en géométrie analytique plane élémentaire la formule

$$(1) \qquad d(x,y) = \sqrt{(x_1 - y_1)^2 + (x_2 - y_2)^2}$$

qui permet de calculer la distance — dite euclidienne — de deux points x et y de coordonnées (x_1, x_2) et (y_1, y_2) dans un système d'axes rectangulaires munis de l'unité de longueur que l'étalon du pavillon de Breteuil a bien voulu déposer sur eux (j'invite le lecteur à analyser les raisons de sa légitime indignation devant ce mélange de mathématiques et de technologie).

Cette formule, conséquence du théorème de Pythagore, fait jouer un rôle fondamental à la forme quadratique sur $\mathbf{R}^2$ $q(x) = x_1^2 + x_2^2$. Le fait que le corps de base soit $\mathbf{R}$ et non $\mathbf{C}$ est essentiel : on peut écrire (1) dans $\mathbf{C}^2$ [encore que (1) définisse en général deux nombres complexes et non pas un], mais $d(x, y)$, ou quelque fonction que ce soit liée à $d(x,y)$, ne pourra jouer le rôle d'une distance, car il existe des points distincts dans $\mathbf{C}^2$ pour lesquels $d(x, y) = 0$; la relation $d(x, y) = 0$ est symétrique et réflexive, mais étant donné deux points x et y tels que $d(x,y) \neq 0$, il existe toujours un point z (et même exactement 2 comme pourra le vérifier le lecteur) tel que :

$$d(x, z) = d(z, y) = 0.$$

De ce fait, d n'est absolument pas utilisable comme une pseudo-distance.

Revenons au cas $K = \mathbf{R}$; ce qui est remarquable, c'est en fait que la distance d provient d'une forme quadratique q qui ne prend la valeur 0 que si $(x_1, x_2) = 0$, et, à part cela est > 0; que $d(x,y)$ ait alors un sens vient du fait que dans $\mathbf{R}$, tout nombre $\geqslant 0$ a une racine carrée. Cette propriété, fausse dans $\mathbf{Q}$, est vraie dans d'autres corps que $\mathbf{R}$ (les corps euclidiens, voir n° 5, définition 6). Dans ces corps toute la géométrie euclidienne élémentaire sauf la mesure des angles se déroule comme dans $\mathbf{R}$.

Les formes quadratiques proviennent de formes bilinéaires symétriques par restriction à la diagonale (n° 7). Le point de vue des formes bilinéaires est plus fécond que celui des formes quadratiques; outre qu'il permet de définir une notion d'orthogonalité, il ne fait appel qu'à des calculs du 1er degré et non du second ce qui évite toute discussion « d'existence des racines d'une équation » comme le montre par exemple l'étude des quadriques, qui sort malheureusement du cadre de cet ouvrage (cf. p. 16).

C'est donc par les formes bilinéaires que nous introduisons ce chapitre. Mais si le corps de base admet d'autres automorphismes que l'identité, il peut être tentant d'introduire à côté des formes bilinéaires des formes bi-semi-linéaires. En fait, celles qui s'avèrent utiles (cf. 3e partie, chapitre v, n° 3) sont celles qui sont linéaires sur l'un des facteurs, semi-linéaire sur l'autre : on les appelle les formes sesqui-linéaires (du latin sesquus, une fois et demie). Si K = **C**, si E est un espace vectoriel sur **C**, et $\varphi : E^2 \to \mathbf{C}$ est non pas symétrique, mais hermitienne [i.e. $\varphi(x, y) = \overline{\varphi(y, x)}$], alors sa restriction $q(x) = \varphi(x, x)$ à la diagonale de E^2 est à valeurs réelles. Si φ est hermitienne, linéaire sur l'un des facteurs elle est semi-linéaire sur l'autre par rapport à l'automorphisme $\sigma : \lambda \to \bar{\lambda}$ de **C**. Lorsque dans $\mathbf{C}^2$ on remplace la forme bilinéaire symétrique $(x, y) \to x_1y_1 + x_2y_2$ par la forme sesquilinéaire hermitienne $(x, y) \to x_1\bar{y}_1 + x_2\bar{y}_2$, la formule (1) est remplacée par

$$d(x, y) = \sqrt{|x_1 - y_1|^2 + |x_2 - y_2|^2} \tag{2}$$

qui fournit dans $\mathbf{C}^2$ une excellente métrique. On développerait ainsi la géométrie hermitienne, qui a beaucoup de points communs avec la géométrie euclidienne. Nous ne le ferons pas dans cet ouvrage.

Ce chapitre I sert de base à l'étude de la 2e partie, et du chapitre V de la 3e partie. Il s'agit donc d'un chapitre préparatoire, mais essentiel.

Dans tout ce chapitre, K *désigne un corps* (commutatif) *de caractéristique différente de* 2, σ un automorphisme de K. Le lecteur pourra « psychologiquement » se borner au cas où K = **R** [auquel cas σ = Id (1re partie, chapitre V, no 3, théorème 2)] ou K = **C** (auquel cas on se borne à prendre pour σ soit l'identité, soit l'automorphisme qui à λ dans **C** fait correspondre son imaginaire conjugué $\bar{\lambda}$).

1. Définition

DÉFINITION 1. *Soit* K *un corps de caractéristique différente de* 2, E *un espace vectoriel sur* K. *Une application* $\varphi : E \times E \to K$ *est dite sesquilinéaire hermitienne par rapport à* σ *si :*

1) $$\forall (x, y) \in E^2, \qquad \varphi(y, x) = \sigma[\varphi(x, y)]$$

2) *Pour tout* y *dans* E, *l'application partielle :*

$$x \to \varphi(x, y)$$

de E *dans* K *est* K-*linéaire.*

Comme toute application homogène à valeurs dans K, φ s'appelle une *forme*. Une forme sesquilinéaire hermitienne par rapport à l'identité n'est autre qu'une forme bilinéaire symétrique. Dans le cas où K = **C** et $\sigma(\lambda) = \bar{\lambda}$, on omet — comme chaque fois où il n'y a pas d'ambiguïté sur σ — de préciser « par rapport à σ ». Par abus de langage on dit que φ est une forme sur E (et non sur E^2).

Remarque 1. Si $\varphi = 0$, on peut toujours supposer que σ = Id; sinon, soit (x_0, y_0) dans E^2 tel que $\varphi(x_0, y_0) = \lambda \neq 0$. Alors, φ est surjective (i.e. Im φ = K). En effet, si k est dans K, $\varphi\left(\frac{k}{\lambda} x_0, y_0\right) = k$. Or,

$$\sigma[\varphi(x, y)] = (\sigma \circ \sigma)[\varphi(y, x)] = \varphi(y, x).$$

Donc :

$$\sigma \circ \sigma = \text{Id}.$$

Par suite, il n'existe de formes sesquilinéaires hermitiennes que par rapport à des automorphismes *involutifs de* K, *ce que nous supposerons désormais.*

Remarque 2. Lorsque $K = \mathbf{C}$ et $\sigma(\lambda) = \bar{\lambda}$, **C** est un espace vectoriel de dimension 2 sur $K' = \text{Ker}\,(\sigma - \text{Id})$; il est somme directe de K′ et de

$$K'' = \text{Ker}\,(\sigma + \text{Id});$$

pour tout $z \in K'' - \{0\}$ (i.e. z imaginaire pur), $(1, z)$ est une base de **C** en tant qu'espace vectoriel sur **R**, et z^2 est réel sans racine carrée réelle.

C'est en fait la situation *générale* lorsque le corps K admet un automorphisme involutif σ distinct de l'identité, i.e. lorsque $K' = \text{Ker}\,(\sigma - \text{Id})$, qui est évidemment un *sous-corps* de K, est distinct de K, comme le montre la proposition suivante où l'on a posé $K'' = \text{Ker}\,(\sigma + \text{Id})$.

Proposition 0. K *est un espace vectoriel de dimension* 2 *sur* K′, *somme directe de* K′ *et* K″; *pour tout* $\xi \in K'' - \{0\}$; *il existe* $\alpha \in K'$, *qui ne soit carré d'aucun élément de* K′, *tel que* $\xi^2 = \alpha$; $(1, \xi)$ *est une base de* K *sur* K′.

Preuve.

La restriction à $K' \times K$ de la multiplication dans K munit K d'une structure d'espace vectoriel sur K′, et σ est K′-linéaire [puisque $\sigma(xy) = \sigma(x)\sigma(y)$ et que la restriction de σ à K′ est l'identité]. Comme elle est involutive, c'est une symétrie de ce K′-espace vectoriel, et par suite (1re partie, chapitre III, n° 6) :

$$K = K' \oplus K''.$$

Soit $\xi \in K'' - \{0\}$ et $\eta \in K''$: $\sigma(\eta\xi^{-1}) = \sigma(\eta)[\sigma(\xi)]^{-1} = (-\eta)(-\xi)^{-1} = \eta\xi^{-1}$. Donc $\eta\xi^{-1} = \lambda \in K'$, ce qui montre que le sous-espace K″ de K est de dimension 1 sur K′, donc aussi que $(1, \xi)$ est une base de K sur K′. Par suite il existe $(\beta, \alpha) \in K'^2$ tel que $\xi^2 = \beta\xi + \alpha$; on en déduit

$$\sigma(\xi^2) = [\sigma(\xi)]^2 = (-\xi)^2 = \xi^2 = \beta\sigma(\xi) + \alpha = -\beta\xi + \alpha = \beta\xi + \alpha$$

donc $\beta = 0$ puisque la caractéristique de K est différente de deux; α n'est pas carré d'un élément de K′, sinon on aurait $\xi \in K'$, ce qui contredit l'hypothèse $\xi \in K'' - \{0\}$. c.q.f.d.

Exemple 1. $E = \mathbf{C}[X]$, espace vectoriel des polynômes à coefficients complexes; posons pour x et y dans E :

$$\varphi(x, y) = \int_{-1}^{+1} x(t)\bar{y}(t)\,dt;$$

φ est sesquilinéaire hermitienne, et sa restriction à $\mathbf{R}[X]$ est bilinéaire symétrique.

Exemple 2. Soit E un espace vectoriel sur K, $(f_i)_{1 \leq i \leq p}$ p formes linéaires sur E. On pose :

$$\varphi(x, y) = \sum_{\substack{1 \leq j \leq p \\ 1 \leq i \leq p}} k_{ij} f_i(x)\sigma[f_j(y)] \quad (k_{ij} \in K).$$

Alors φ est sesquilinéaire hermitienne par rapport à σ si et seulement si :

$$\forall (i, j) \qquad \sigma(k_{ij}) = k_{ji}.$$

En fait si dim E $< \infty$, cet exemple constitue le cas général, et on peut même choisir les formes linéaires f_i de façon que $k_{ij} = 0$ pour $i \neq j$ (n° 4, corollaire 1 du théorème 1). Si la dimension est infinie, l'intervention de considérations topologiques permet de généraliser ce résultat (théorie des espaces de Hilbert).

Exemple 3. Soit E un espace vectoriel de dimension finie sur K, $\mathcal{E} = (e_1, \ldots, e_n)$ une base de E, $(x_1, \ldots, x_n)$ la base duale. Soit φ une forme sesquilinéaire hermitienne par rapport à σ, et $M = \mathfrak{M}(\varphi; \mathcal{E})$ la matrice $((\varphi(e_i, e_j)))$. Désignons, pour $x = \Sigma x_i(x)e_i$ dans E, par $[x]$ le vecteur-colonne

$$\begin{pmatrix} x_1(x) \\ \vdots \\ x_n(x) \end{pmatrix} \quad \text{de} \quad K^n.$$

Alors :

$$\varphi(x, y) = {}^t[x]M[\sigma(y)]$$

où $\sigma(\Sigma\lambda_i e_i) = \Sigma\sigma(\lambda_i)e_i$.

Réciproquement (cf. exemple 2) si $M = ((a_{ij}))$ est une $n \times n$ matrice à coefficients dans K, et si l'on pose, pour (x, y) dans E^2 :

$$\varphi(x, y) = {}^t[x]M[\sigma(y)]$$

φ est sesquilinéaire hermitienne si et seulement si

$${}^tM = \sigma(M)$$

où la matrice $\sigma(M)$ est la matrice $((\sigma(a_{i,j})))$. On a alors :

$$a_{ij} = \varphi(e_i, e_j)$$

et M *s'appelle la matrice de* φ *dans la base* $\mathcal{E}$.

DÉFINITION 2. *Une matrice vérifiant* ${}^tM = \sigma(M)$ *s'appelle une matrice hermitienne (par rapport à* σ*). C'est une matrice symétrique si* $\sigma = \mathrm{Id}$.

Exercice 1. Soient $\mathcal{E} = (e_i)_{1 \leqslant i \leqslant n}$ et $\mathcal{E}' = (e'_i)_{1 \leqslant i \leqslant n}$ deux bases de E et $\Lambda = ((\lambda_{ij}))$ la matrice de passage de $\mathcal{E}$ à $\mathcal{E}'$ $\left(\text{i.e. : } e'_i = \sum_{j=1}^{n} \lambda_{ji} e_j\right)$. Soit φ une forme sesquilinéaire sur E. Montrer que

$$\mathfrak{M}(\varphi, \mathcal{E}') = {}^t\Lambda\mathfrak{M}(\varphi, \mathcal{E})\sigma(\Lambda).$$

On en déduira que $\mathfrak{M}(\varphi, \mathcal{E}')$ et $\mathfrak{M}(\varphi, \mathcal{E})$ ne sont en général *pas semblables*.

2. Orthogonalité

DÉFINITION 3. *Soit* φ *une forme sesquilinéaire hermitienne par rapport à* σ *sur* E. *On dit que les éléments* x *et* y *de* E *sont orthogonaux (pour* φ*) et on écrit :* $x \perp y$ *si* $\varphi(x, y) = 0$. *(Dans un autre contexte, on dira aussi que* x *et* y *sont conjugués pour* φ.*)*

Si A *est une partie de* E, *on appelle orthogonal de* A *l'ensemble :*

$$A^{\perp} = \{x \in E \mid \forall a \in A \quad \varphi(a, x) = \varphi(x, a) = 0\} = \bigcap_{a \in A} \{a\}^{\perp}.$$

PROPOSITION 1. *Soient* A *et* B *deux parties de* E, $\hat{A}$ *et* $\hat{B}$ *les sous-espaces vectoriels de* E *qu'elles engendrent. Alors :*

1) $A^{\perp} = (\hat{A})^{\perp}$ *est un sous-espace vectoriel de* E.

2) $A \subset B \Longrightarrow A^{\perp} \supset B^{\perp}$; $A \subset (A^{\perp})^{\perp}$; $(A + B)^{\perp} \supset A^{\perp} \cap B^{\perp}$ et on a l'égalité si $0 \in A \cap B$.

Démonstration. Immédiate, et laissée au lecteur.

Remarque 4. $x \perp y$ équivaut à $y \perp x$. Mais $B = A^{\perp}$ n'est pas équivalent en général à $A = B^{\perp}$ (voir propositions 1 et 3).

3. Application semi-linéaire de E dans E* associée à une forme sesquilinéaire hermitienne

Soit $E^* = L(E, K)$ le dual de E.

PROPOSITION 2. *Soit* φ *une forme sesquilinéaire hermitienne sur* E *par rapport à un automorphisme* σ *de* K. *Alors, les applications* φ_g *et* φ_d *de* E *dans* E*, *définies respectivement par :*

$$\varphi_g(x) : y \longmapsto \sigma[\varphi(x, y)]$$
$$\varphi_d(x) : y \longmapsto \varphi(y, x)$$

sont égales et semi-linéaires par rapport à σ. *Leur noyau est*

$$E^{\perp} = \{x \mid y \in E \Longrightarrow \varphi(x, y) = 0\}.$$

Vérification immédiate.

DÉFINITION 4. *Notons* $\tilde{\varphi} = \varphi_g = \varphi_d$. *On dit que* φ *est non dégénérée si* $\tilde{\varphi}$ *est injective. On appelle* $E^{\perp} = \{x \mid \forall y, \varphi(x, y) = 0\}$ *le noyau de* φ. *On appelle rang de* φ [*et on note* $\mathrm{rg}(\varphi)$] *le rang de* $\tilde{\varphi}$ [*qui est égal à* $\dim_K \tilde{\varphi}(E)$]. *On dit que* φ *est définie si* $\varphi(x, x) = 0$ *entraîne* $x = 0$. *Si* $K' = \mathrm{Ker}(\sigma - \mathrm{Id})$ *est un sous-corps ordonné de* K *on dit que* φ *est positive (resp. négative, resp. de signe constant) si pour tout* x *dans* E, $\varphi(x, x)$, *qui est dans* K', *est positif ou nul (resp. négatif ou nul, resp. de signe constant).*

Nota bene. Pour $(x, f) \in E \times E^*$, notons $\langle x, f \rangle$ la valeur $f(x)$ de f au point x. Alors $\tilde{\varphi}$ est *défini* par la formule :

(D) $$\forall (x, y) \in E^2 \qquad \langle x, \tilde{\varphi}(y) \rangle = \varphi(x, y)$$

Remarque 5. φ est non dégénérée si et seulement si $E^{\perp} = \{0\}$.

Remarque 6. Si $\dim E = n$ (fini), $\operatorname{rg} \varphi = \dim E/E^{\perp}$ (puisque $\operatorname{Ker} \tilde{\varphi} = E^{\perp}$); φ non dégénérée équivaut à $\operatorname{rg} \varphi = n$ et à $\tilde{\varphi}$ *bijectif* ce qui signifie que pour tout $f \in E^*$ il existe un y et un seul dans E tel que $f(x) = \varphi(x, y)$.

Remarque 7. Si φ est définie, elle est non dégénérée, car si $x \in E^{\perp}$, $\varphi(x, x) = 0$. *La réciproque est fausse !!!*

Remarque 8. $\operatorname{Ker}(\sigma - \mathrm{Id})$ est un sous-corps ordonné de K dans les deux cas suivants :

i) $K = \mathbf{R}$ (et $K' = K$).

ii) $K = \mathbf{C}$, $\sigma(\lambda) = \bar{\lambda}$ $(K' = \mathbf{R})$.

Remarque 9. Soit $\mathscr{E}$ une base de E, $\mathscr{E}^*$ sa base duale (on suppose E de dimension finie). Alors, la matrice de φ dans la base $\mathscr{E}$ (cf. n° 1, ex. 3) est identique à la matrice de $\tilde{\varphi}$ dans les bases $\mathscr{E}$ et $\mathscr{E}^*$ [cf. formule (D)]. Par suite, on a aussi

$$\operatorname{rg} \varphi = \operatorname{rg} \mathcal{M}(\varphi;\ \mathscr{E}).$$

PROPOSITION 3. *Soit* E *un espace vectoriel de dimension finie sur* K, φ *une forme sesquilinéaire hermitienne par rapport à* σ, *et* V *un sous-espace vectoriel de* E. *Alors, si* φ *est non dégénérée :*

i) $\dim V = \operatorname{codim} V^{\perp}$

ii) $(V \cap W)^{\perp} = V^{\perp} + W^{\perp}$

iii) $(V^{\perp})^{\perp} = V$.

Preuve. Soit $V^{o} \subset E^*$ l'espace des formes nulles sur V (cf. 1re partie, chapitre IV, § III, 1, prop. 1).

Que φ soit dégénérée ou non, on vérifie immédiatement que :

$$\tilde{\varphi}(V^{\perp}) = V^{o} \cap \tilde{\varphi}(E).$$

Donc si φ est non dégénérée, $\tilde{\varphi}$ est surjective et c'est un semi-isomorphisme de $V^{\perp}$ sur V^{o}; i) et iii) résultent alors de (1re partie, chapitre IV, § III, prop. 1). Vu la proposition 1, on a alors :

$$V^{\perp} + W^{\perp} = (V^{\perp} + W^{\perp})^{\perp\perp} = (V^{\perp\perp} \cap W^{\perp\perp})^{\perp} = (V \cap W)^{\perp}. \quad \text{c.q.f.d.}$$

Exercice 2. Soient E un espace vectoriel de dimension finie n sur le corps K de caractéristique différente de deux, φ une forme bilinéaire symétrique sur E de noyau $E^{\perp}$, et V un sous-espace vectoriel de E. Calculer la dimension de $V^{\perp}$ en fonction de celles de V, E, $V \cap E^{\perp}$ [on pourra choisir une base $(e_1, \ldots, e_k)$ de $V \cap E^{\perp}$ la compléter en une base de V pour écrire des équations cartésiennes de $V^{\perp}$]. En déduire que $V^{\perp\perp} = E^{\perp} + V$.

DÉFINITION 5. *On dit que* E *est somme directe orthogonale des sous-espaces* (A_i) $(1 \leqslant i \leqslant p)$ *et on écrit parfois :*

$$E = \overset{\perp}{\bigoplus_{1 \leqslant i \leqslant p}} A_i = A_1 \overset{\perp}{\oplus} \cdots \overset{\perp}{\oplus} A_p$$

si E *est somme directe des* A_i *et si* $A_i \subset A_j^\perp$ *pour* $i \neq j$.

Remarque 10. $A_i \subset A_j^\perp$ est équivalent à $A_j \subset A_i^\perp$.

Remarque 11. Si φ est *définie,* $A_1 \subset A_2^\perp \cap \cdots \cap A_p^\perp = (A_2 + \cdots + A_p)^\perp$ entraîne : $A_1 \cap (A_2 + \cdots + A_p) = \{0\}$. Donc *si* φ *est définie,* si E est *somme* de $A_1, A_2, \ldots, A_p$ et si pour $i \neq j$ on a $A_i \subset A_j^\perp$, alors E est *somme directe orthogonale* des A_i. Le lecteur montrera la validité de cette dernière phrase lorsqu'on remplace « définie » par « non dégénérée ».

Exemple.

Si φ est *définie,* pour tout sous-espace A de E on a : $E = A \overset{\perp}{\oplus} A^\perp$, vu la proposition 3.

Remarque 12. Si φ est non dégénérée, mais pas définie, E peut très bien *ne pas être* somme directe de A et $A^\perp$. Soit dans $\mathbf{R}^3$ la forme

$$\varphi(x, y) = x_1 y_1 + x_2 y_2 - x_3 y_3$$

et A le sous-espace engendré par $(1, 0, 1)$: $A \subset A^\perp$ et $A + A^\perp = A^\perp \neq E$.

4. Bases orthogonales

DÉFINITION 6. *Une base* $\mathscr{E} = (e_1, \ldots, e_n)$ *de* E *est dite orthogonale (ou, dans un autre contexte, conjuguée) pour* φ *si* $i \neq j$ *entraîne* $\varphi(e_i, e_j) = 0$. *La base* $\mathscr{E}$ *est dite orthonormale si de plus* $\varphi(e_i, e_i) = 1$ *pour tout* i.

THÉORÈME 1. *Soit* E *un espace vectoriel de dimension finie sur un corps* K *commutatif et de caractéristique différente de* 2; *soit* φ *une forme sesquilinéaire hermitienne sur* E *par rapport à un automorphisme* σ *de* K. *Alors* E *admet une base orthogonale pour* φ.

Démonstration. Si $\varphi = 0$, toute base est évidemment orthogonale. Sinon, la démonstration de l'existence (et la construction) d'une telle base se fait par récurrence sur la dimension n de E.

Si $n = 1$, il n'y a rien à démontrer.

Si $n > 1$, la démonstration résulte du lemme suivant :

LEMME 1. *Si* φ *est non nulle, il existe* x *dans* E *tel que* $\varphi(x, x) \neq 0$.

Ce lemme étant provisoirement admis, démontrons le théorème 1. Soit x dans E tel que $\varphi(x, x) \neq 0$. Soit $V = \{x\}^\perp$: V est un hyperplan, noyau de la forme linéaire non nulle :

$$f : y \longmapsto \varphi(y, x)$$

(f est non nulle car x n'appartient pas à $\operatorname{Ker} f$).

Donc V est de dimension $(n - 1)$ et par hypothèse de récurrence V admet une base orthogonale $(e_1, \ldots, e_{n-1})$ pour la restriction ψ de φ à V^2 (ψ est bien une forme sesquilinéaire hermitienne par rapport à σ). Alors, comme x n'est pas dans V, $(x, e_1, \ldots, e_{n-1})$ est une base de E, et elle est orthogonale pour φ.

c.q.f.d.

Reste à démontrer le lemme 1.

Comme φ est non nulle, il existe (x, y) dans E^2 tel que $\varphi(x, y) = 1$ (cf. remarque 1) ; alors, il existe $z \in \{x, y, x + y\}$ tel que $\varphi(z, z) \neq 0$. En effet, dans le cas contraire, on aurait :

$$0 = \varphi(x + y, x + y) = \varphi(x, x) + \varphi(x, y) + \sigma[\varphi(x, y)] + \varphi(y, y) = 1 + \sigma(1) = 2.$$

Ce qui est impossible puisque la caractéristique de K est différente de deux.

c.q.f.d.

Remarque 13. Le lecteur remarquera que l'on a décrit explicitement un procédé de construction d'une base orthogonale pour φ.

Corollaire 1. *Dans les hypothèses du théorème* 1, *il existe une base* $(e_1, \ldots, e_n)$ *de* E *telle que si* $(x_1, \ldots, x_n)$ (resp. $y_1, \ldots, y_n$) *sont les coordonnées de* x *(resp.* y*) dans cette base, il existe* $\{a_1, \ldots, a_m\}$ *dans* $\operatorname{Ker}(\sigma - \mathrm{Id}) - \{0\}$ *telle que :*

$$(1) \qquad \boxed{\varphi(x, y) = \sum_{i=1}^{m} a_i x_i \sigma(y_i)} \qquad (m \leqslant n).$$

On a :

$$\operatorname{rg}(\varphi) = m \qquad \textit{et} \qquad E^{\perp} = Ke_{m+1} \oplus Ke_{m+2} \oplus \cdots \oplus Ke_n.$$

En effet, si $\mathscr{E} = (e_1, \ldots, e_n)$ est une base orthogonale pour φ, on a $\varphi(e_i, e_i) = a_i$, et on peut ranger les e_i dans un ordre tel que $a_i = 0$ pour $i > m$, $a_i \neq 0$ pour $i \leqslant m$ ($m \geqslant 0$ et $0 < i \leqslant n$). On a de plus

$$\sigma(a_i) = \sigma[\varphi(e_i, e_i)] = \varphi(e_i, e_i) = a_i. \qquad \text{c.q.f.d.}$$

Notons enfin que la matrice de φ dans $\mathscr{E}$ est

$$\begin{pmatrix} a_1 & & & & & \\ & \ddots & & & \bigcirc & \\ & & a_m & & & \\ & & & 0 & & \\ & \bigcirc & & & \ddots & \\ & & & & & 0 \end{pmatrix}$$

5. Cas particuliers

1. K *est algébriquement clos et* $\sigma = \mathrm{Id}$.

La forme φ est alors bilinéaire symétrique.

Soit $(e_1, \ldots, e_n)$ une base orthogonale pour φ, de sorte que φ prend, dans cette base, la forme (1). Posons :

$$\begin{cases} e'_i = \dfrac{1}{\sqrt{a_i}} e_i & \text{pour} \quad 1 \leqslant i \leqslant m. \\ e'_i = e_i & \text{pour} \quad m+1 \leqslant i \leqslant n. \end{cases}$$

Alors la base $(e'_1, \ldots, e'_n)$ est orthogonale pour φ, orthonormale si et seulement si $\operatorname{rg} \varphi = n$, et dans cette base :

$$\varphi(x, y) = \sum_{i=1}^{m} x'_i y'_i$$

car $\varphi(e'_i, e'_i) = 1$ pour $1 \leqslant i \leqslant m$.

2. K *est ordonné et* $\sigma = \mathrm{Id}$, *ou* $\sigma \neq \mathrm{Id}$ *et* $K' = \operatorname{Ker}(\sigma - \mathrm{Id})$ *est euclidien.*

DÉFINITION 6. *On appelle corps euclidien un corps ordonné dans lequel tout élément positif admet une racine carrée;* (exemple $\mathbf{R}$; contre-exemple $\mathbf{Q}$).

Si $K = K'$ est ordonné, ou K' euclidien, on peut, $(e_1, \ldots, e_n)$ étant une base orthogonale pour φ, supposer les vecteurs de base rangés de telle manière que, dans (1) :

$$\begin{array}{lll} a_i > 0 & \textit{pour} & 1 \leqslant i \leqslant p. \\ a_i < 0 & \textit{pour} & p+1 \leqslant i \leqslant m. \\ a_i = 0 & \textit{pour} & m+1 \leqslant i \leqslant n. \end{array}$$

On a alors le :

THÉORÈME 2 (théorème de Sylvester). *Le couple* $(p, m - p)$ *ne dépend pas de la base orthogonale choisie.*

Démonstration. Posons d'abord les notations suivantes :

Soit

E_+ le sous-espace de E engendré par $e_1, \ldots, e_p$

E_- le sous-espace de E engendré par $e_{p+1}, \ldots, e_m$

$E^\perp$ le sous-espace de E engendré par $e_{m+1}, \ldots, e_n$.

On a :

$$E = E_+ \overset{\perp}{\oplus} E_- \overset{\perp}{\oplus} E^\perp.$$

Remarquons enfin que :

$$\begin{array}{lll} \text{si} \quad x \in E_+, & \text{on a} & \varphi(x, x) \geqslant 0 \\ \text{si} \quad x \in E_-, & \text{on a} & \varphi(x, x) \leqslant 0 \\ \text{si} \quad x \in E^\perp, & \text{on a} & \varphi(x, x) = 0. \end{array}$$

Démontrons maintenant le théorème.

Tout d'abord, il est clair que $E^{\perp}$ ne dépend pas de la base choisie, et que $m = \text{rg}\ \varphi = \dim E/E^{\perp}$ n'en dépend pas non plus. Il reste donc à montrer que p est également indépendant de la base choisie.

Soit $\mathscr{E}$ et $\mathscr{E}'$ deux bases orthogonales distinctes. On a

$$E = E_+ \oplus E_- \oplus E^{\perp} = E'_+ \oplus E'_- \oplus E^{\perp}.$$

(Les notations E'_+ et E'_- ayant une signification évidente; on appellera p' la dimension de E'_+.)

Soit x dans $E'_+ \cap (E_- \oplus E^{\perp})$. On a :

$$x = y + z \qquad \text{avec} \qquad y \in E_- \qquad \text{et} \qquad z \in E^{\perp}.$$

Donc :

$$0 \leqslant \varphi(x, x) = \varphi(y + z, y + z) = \varphi(y, y) + \varphi(z, z)$$

car $\varphi(y, z) = 0$. Or, $\varphi(z, z)$ est nul également, puisque z est dans $E^{\perp}$. En définitive, il reste donc :

$$0 \leqslant \varphi(x, x) = \varphi(y, y) \leqslant 0.$$

D'où $\varphi(x, x) = 0$. Or $\varphi(x, x) = \sum_{i=1}^{p'} a'_i x'_i \sigma(x'_i)$.

Dans nos hypothèses, pour tout i, $x'_i\sigma(x'_i) \geqslant 0$; c'est évident si $\sigma = \text{Id}$ $(K = K')$; sinon, avec les notations de la proposition 0 (n° 1, remarque 2) $x'_i\sigma(x'_i) = \lambda_i^2 - \alpha\mu_i^2$ (où l'on a posé $x_i = \lambda_i + \mu_i\xi$), avec $(\lambda_i, \mu_i, \alpha) \in K'^3$. Comme K' est euclidien et α n'est pas carré d'un élément de K', on a $\alpha < 0$.

Par suite $\varphi(x, x) = 0$ implique $x'_i\sigma(x'_i) = 0$ pour tout i (car $a'_i > 0$, et dans un corps ordonné une somme d'éléments positifs ou nuls ne peut être nulle que si chaque terme est nul), donc $x'_i = 0$ (car σ est injectif et K intègre), donc $x = 0$. On a ainsi montré que :

$$E'_+ \cap (E_- \oplus E^{\perp}) = \{0\}.$$

On en déduit :

$$\dim E'_+ + \dim (E_- \oplus E^{\perp}) \leqslant \dim E,$$

ce qui montre que :

$$\dim E'_+ \leqslant \dim E_+, \qquad \text{soit} \qquad p' \leqslant p.$$

On démontrerait de même que $p \leqslant p'$.
En définitive, $p = p'$, ce qui achève la démonstration. c.q.f.d.

Ce théorème justifie la définition suivante :

DÉFINITION 7. *Le couple $(p, m - p)$ s'appelle l'indice d'inertie, ou la signature, de la forme φ.*

Remarque 14. E_+ et E_- dépendent de la base orthogonale choisie.

Par exemple, prenons $E = \mathbf{R}^2$, $K = \mathbf{R}$. Si $x = (x_1, x_2)$ et $y = (y_1, y_2)$ posons :

$$\varphi(x, y) = x_1 y_1 - x_2 y_2.$$

Alors,

$$E_+ = \{x | x_2 = 0\}; \qquad E_- = \{x | x_1 = 0\}.$$

Maintenant, au lieu de la base canonique de $\mathbf{R}^2$, considérons la base formée des vecteurs : $e_1 = (a, b)$; $e_2 = (b, a)$ où $b \neq 0$ et $a^2 \neq b^2$. Dans ce cas, le lecteur vérifiera que si $a^2 - b^2 > 0$, on a :

$$\varphi(x, y) = (a^2 - b^2)(x'_1 y'_1 - x'_2 y'_2).$$

Dans cette base, on a donc :

$$E_+ \neq E'_+ = \mathbf{R}e_1; \qquad E_- \neq E'_- = \mathbf{R}e_2.$$

Mais dans les deux cas, on voit que E'_+ et E'_- sont de dimension 1.

Remarque 15. Le nombre $p = \dim E_+$ est la plus grande dimension possible pour un sous-espace V de E tel que la restriction de φ à V^2 soit définie positive. En effet, pour un tel sous-espace $V \cap (E_- \oplus E^\perp) = \{0\}$ d'après la démonstration du théorème de Sylvester, donc $\dim V \leqslant \dim E_+$.

Remarque 16. *Cas particuliers du théorème de Sylvester.*

— Si $K = \mathbf{R}$ (ou plus généralement, si K' est un corps ordonné euclidien), posons :

$$\alpha_i = \sqrt{a_i} \quad \text{pour} \quad 1 \leqslant i \leqslant p \quad \text{et} \quad e'_i = \frac{e_i}{\alpha_i}$$

$$\beta_i = \sqrt{-a_i} \quad \text{pour} \quad p+1 \leqslant i \leqslant m \quad \text{et} \quad e'_i = \frac{e_i}{\beta_i}.$$

On a alors :

$$\varphi(e'_i, e'_i) = \begin{cases} \dfrac{1}{\alpha_i^2}\varphi(e_i, e_i) = \dfrac{a_i}{\alpha_i^2} = 1 & \text{si} \quad 1 \leqslant i \leqslant p \\ \dfrac{1}{\beta_i^2}\varphi(e_i, e_i) = \dfrac{a_i}{\beta_i^2} = -1 & \text{si} \quad p+1 \leqslant i \leqslant m \end{cases}$$

et

$$\varphi(x, y) = \sum_{i=1}^{p} x'_i \sigma(y'_i) - \sum_{i = p+1}^{m} x'_i \sigma(y'_i)$$

Dans le cas où $\mathrm{Ker}(\sigma - \mathrm{Id})$ est euclidien, il existe une base *orthonormale* pour φ si et seulement si la signature de φ est $(\dim E, 0)$.

Proposition 4. *Supposons* $K' = \mathrm{Ker}(\sigma - \mathrm{Id})$ *ordonné. Alors*

a) Une forme non dégénérée de signe constant (cf. définition 4) est définie.

b) Une forme définie est non dégénérée (remarque 7) et si $K' = \mathrm{Ker}(\sigma - \mathrm{Id})$ *est euclidien, elle est de signe constant.*

Preuve. Dans une base orthogonale pour φ :

a) $\varphi(x, x) = \sum_1^n a_i x_i \sigma(x_i)$ avec $a_i = \varphi(e_i, e_i) \neq 0$. Avec les notations de la proposition 0 (nº 1, remarque 2), on a $x_i \sigma(x_i) = \lambda_i^2 - \alpha\mu_i^2$ où l'on a posé

$$x_i = \lambda_i + \mu_i \xi \quad \text{si} \quad \sigma \neq \mathrm{Id},$$

et

$$x_i = \lambda_i, \quad \alpha = 0 \quad \text{si} \quad \sigma = \mathrm{Id} \quad (\text{et} \quad \mathrm{K}' = \mathrm{K}).$$

Donc

$$\varphi(x, x) = \sum_1^n a_i \lambda_i^2 - \alpha \sum_{i=1}^n a_i \mu_i^2$$

Or si φ est de signe constant, tous les a_i ont ce signe (prendre $x = e_i$) ; par suite si $\mathrm{K}' \neq \mathrm{K}$, $\alpha < 0$ (sinon φ prendrait un signe différent en un point x tel que $x_i \in \mathrm{K}'$ pour tout i, et en un point x tel que $x_i \in \mathrm{K}''$ pour tout i). Donc $\varphi(x, x)$ est une somme de termes de même signe, et $\varphi(x, x) = 0 \Longrightarrow x = 0$. c.q.f.d.

b) Nous avons déjà vu qu'une forme définie est non dégénérée (remarque 7).

Si K′ est euclidien $\varphi(x, y) = \sum_{i=1}^p x_i \sigma(y_i) - \sum_{p+1}^n x_i \sigma(y_i)$.

Si $0 < p < n$, on a $\varphi(e_1 + e_n, e_1 + e_n) = \varphi(e_1, e_1) + \varphi(e_n, e_n) = 1 - 1 = 0$; et φ ne serait pas définie. On a donc soit $p = 0$ (et φ est négative), soit $p = n$ (et φ est positive). c.q.f.d.

Remarque 17. Dans $\mathbf{Q}^2$, la forme : $\varphi(x, y) = x_1 y_1 - 2x_2 y_2$ est définie (car

$$x_1^2 - 2x_2^2 = 0$$

entraîne $x_1 = x_2 = 0$) mais n'est pas de signe constant.

Remarque 18. Si φ est définie, sa restriction à tout sous-espace est définie, donc non dégénérée. Mais dans $\mathbf{R}^2$, la forme :

$$\varphi(x, y) = x_1 y_1 - x_2 y_2$$

est non dégénérée, et sa restriction à $\mathbf{R}.(1, 1)$ est nulle, donc dégénérée.

6. Formes équivalentes

DÉFINITION 8. *Soient* E *et* F *deux espaces vectoriels sur un corps* K, φ *et* ψ *deux formes sesquilinéaires hermitiennes par rapport à un automorphisme* σ *de* K, *définies sur* E *et* F *respectivement. Ces formes sont dites équivalentes s'il existe un isomorphisme linéaire* u *de* E *sur* F *tel que :*

$$(8\text{-}1) \qquad \boxed{\varphi(x, y) = \psi[u(x), u(y)].}$$

THÉORÈME 3. *Soient* E *et* F *deux espaces vectoriels de même dimension finie n sur un corps* K, φ (resp. ψ) *une forme sesquilinéaire hermitienne sur* E (resp. F) *par rapport à un automorphisme* σ *de* K. *Alors pour que* φ *et* ψ *soient équivalentes il faut et il suffit qu'il existe une base* $(e_i)_{1\leqslant i\leqslant n}$ *de* E *et une base* $(f_j)_{1\leqslant j\leqslant n}$ *de* F *telle que :*

$$\forall (i,\ j) \qquad \varphi(e_i,\ e_j) = \psi(f_i,\ f_j) \tag{8-2}$$

Preuve. Si φ et ψ sont équivalentes, soit u un isomorphisme de E sur F vérifiant (8-1), et $(e_i)_{1\leqslant i\leqslant n}$ une base de E. Alors $(f_i = u(e_i))_{1\leqslant i\leqslant n}$ est une base de F telle que (8-2) soit vérifiée.

Réciproquement, si on a deux bases (e_i) et (f_j) vérifiant (8-2), il existe une application linéaire et une seule u : E $\rightarrow$ F telle que, pour tout i, $f_i = u(e_i)$; c'est un isomorphisme de E sur F, et il vérifie (8-1) à cause de la sesquilinéarité de φ et ψ. c.q.f.d.

COROLLAIRE 3. *Soient* E *et* F *deux espaces vectoriels de même dimension sur* K *et soit* φ (resp. ψ) *une forme sesquilinéaire hermitienne par rapport à l'automorphisme* σ *de* K *sur* E (resp. F). *Alors*

a) Si $K = \mathbf{C}$ *et* $\sigma = \mathrm{Id}$, φ *et* ψ *sont équivalentes si et seulement si elles ont même rang.*

b) *Si* $K = \mathbf{R}$ *et* $\sigma = \mathrm{Id}$ *ou si* $K = \mathbf{C}$ *et* $\sigma(\lambda) = \bar{\lambda}$, φ *et* ψ *sont équivalentes si et seulement si elles ont même signature.*

Preuve.

Soit $(e_i)_{1\leqslant i\leqslant n}$ une base de E dans laquelle

$$\varphi(x, y) = \sum_{i=1}^{m} x_i y_i \qquad [\text{cas } a)]$$

$$\varphi(x, y) = \sum_{i=1}^{m} x_i \bar{y}_i - \sum_{i=p+1}^{m} x_i \bar{y}_i \qquad [\text{cas } b)].$$

Si φ et ψ sont équivalentes, soit $(f_i)_{1\leqslant i\leqslant n}$ une base de F telle que (e_i) et (f_j) vérifient (8-2) : dans cette base, on voit que le rang de ψ est m [cas a)] et sa signature est $(p,\ m - p)$ [cas b)], comme pour φ.

Réciproquement, si ψ a même rang (ou même signature) que φ, il existe une base (f_j) de F dans laquelle

$$\psi(u,\ v) = \sum_{i=1}^{m} u_i v_i \qquad [\text{cas } a)]$$

$$\psi(u,\ v) = \sum_{i=1}^{p} u_i \bar{v}_i - \sum_{i=p+1}^{m} u_i \bar{v}_i \qquad [\text{cas } b)]$$

Alors les bases (e_i) et (f_j) vérifient (8-2), et φ et ψ sont équivalentes. c.q.f.d.

7. Formes quadratiques

DÉFINITION 9. *Soit* E *un espace vectoriel de dimension finie sur un corps commutatif* K *de caractéristique différente de deux. On appelle forme quadratique sur* E *une application* q *de* E *dans* K *telle qu'il existe une base* $(e_i)_{1 \leqslant i \leqslant n}$ *de* E *dans laquelle* q *s'exprime comme un polynôme homogène de degré deux en les coordonnées* $(x_i)_{1 \leqslant i \leqslant n}$ *d'un point* x *de* E *dans cette base.*

On a donc :

$$\boxed{q(x) = \sum_{i_1+i_2+\cdots+i_n=2} a_{i_1\ldots i_n} x_1^{i_1} \ldots x_n^{i_n}} \qquad (i_p \in \mathrm{N}).$$

Comme $i_1 + i_2 + \cdots + i_n = 2$, on doit envisager deux cas :

— ou bien il existe deux indices α et β distincts dans $\{1, \ldots, n\}$ tels que $i_\alpha = i_\beta = 1$, et $i_p = 0$ pour p différent de α et de β.

— ou bien il existe un indice α dans $\{1, \ldots, n\}$ tel que $i_\alpha = 2$, et $i_p = 0$ pour p différent de α.

Dans le premier cas, on peut supposer $\alpha < \beta$ et poser :

$$a_{i_1\ldots i_n} = a_{\alpha\beta}$$

Dans le second cas, on peut poser :

$$a_{i_1\ldots i_n} = a_{\alpha\alpha}.$$

Par suite, si q est une forme quadratique, il existe une base : $(e_1, \ldots, e_n)$ de E telle que, si $x = \sum_{i=1}^{n} x_i e_i$, on ait :

$$\text{(A)} \qquad \boxed{q(x) = \sum_{1 \leqslant i \leqslant j \leqslant n} a_{ij} x_i x_j}$$

Remarque 19. Si une application q de E dans K s'exprime comme un polynôme homogène du second degré dans une base, elle s'exprime ainsi dans toute base. Du reste, voici une définition intrinsèque des formes quadratiques.

PROPOSITION 5. *Pour qu'une application* q *de* E *dans* K *soit une forme quadratique sur* E, *il faut et il suffit que* q *satisfasse aux deux conditions :*

i) *Pour tout* λ *dans* K, *pour tout* x *dans* E,

$$q(\lambda x) = \lambda^2 q(x).$$

ii) *L'application symétrique :*

$$\tilde{q} : (x, y) \longmapsto q(x+y) - q(x) - q(y)$$

est bilinéaire de E^2 *dans* K.

Réciproquement, si φ *est une forme bilinéaire symétrique sur* E, *l'application :*

$$q : x \longmapsto \varphi(x, x)$$

est une forme quadratique sur E, *et* $\tilde{q} = 2\varphi$.

Démonstration. a) Soit q une forme quadratique sur E. Il existe une base de E dans laquelle q prend la forme (A), d'où i). De plus :

$$\begin{aligned}\tilde{q}(x,y) &= \sum_{i\leqslant j} a_{ij}[(x_i + y_i)(x_j + y_j) - x_ix_j - y_iy_j] \\ &= \sum_{i\leqslant j} a_{ij}(x_iy_j + x_jy_i) = \sum_{ij} b_{ij}x_iy_j;\end{aligned}$$

où l'on a posé :

$$b_{ij} = \begin{cases} a_{ij} & \text{si} \quad i < j \\ a_{ji} & \text{si} \quad j < i \\ 2a_{ii} & \text{si} \quad i = j \end{cases}$$

et par suite $b_{ij} = b_{ji}$, d'où ii).

b) *Réciproquement*, si q vérifie i) et ii), choisissons une base de E. Comme $\tilde{q}$ est bilinéaire symétrique, on a dans cette base :

$$\tilde{q}(x, y) = \sum_{i,j} b_{ij}x_ix_j \qquad \text{avec} \qquad b_{ij} = b_{ji}$$

Vu i)

$$\tilde{q}(x, x) = q(2x) - 2q(x) = 2q(x).$$

Donc :

$$q(x) = \frac{1}{2} \sum_{i,j} b_{ij}x_ix_j = \frac{1}{2} \sum_{i} b_{ii}x_i^2 + \sum_{i<j} b_{ij}x_ix_j.$$

et q est bien quadratique.

c) Si φ est bilinéaire symétrique sur E, $q(x) = \varphi(x, x)$ vérifie i), et :

$$q(x + y) - q(x) - q(y) = \tilde{q}(x, y) = 2\varphi(x, y)$$

ce qui achève la démonstration.

Exercice 3. Montrer que pour que $q : \mathrm{E} \to \mathrm{K}$ soit une forme quadratique, il suffit qu'elle satisfasse à ii) et à :

i') $\qquad \forall x \in \mathrm{E}, \qquad q(x) = q(-x).$

[On utilisera ii) pour montrer que :

$$\forall (u, v, w) \in \mathrm{E}^3, \qquad q(u + v + w) - q(u + v) - q(v + w) - q(w + u) + q(u) + q(v) + q(w) = 0;$$

on en déduira que $q(0) = 0$, puis $q(2x) = 4q(x)$, et enfin que q satisfait à la définition 9.]

DÉFINITION 10. *Si* q *est une forme quadratique,* $p = \frac{1}{2}\tilde{q}$ *s'appelle la forme polaire de la forme quadratique* q.

Si p est la forme polaire de q, on a donc $q(x) = p(x, x)$. On sait (1) qu'étant donné un polynôme f de $A[X_1, \ldots, X_n]$ (où A est un anneau commutatif unitaire) on peut définir sa *dérivée* $D_X f$ au point $X = (X_1, \ldots, X_n)$ (certains disent *sa différentielle*), qui est la composante homogène de degré 1 du polynôme Δf de $B[Y_1, \ldots, Y_n]$ où B est l'anneau $A[X_1, \ldots, X_n]$, et où :

$$\Delta f(X_1, \ldots, X_n; Y_1, \ldots, Y_n) = f(X_1 + Y_1, \ldots, X_n + Y_n) - f(X_1, \ldots, X_n)$$

On a donc :

$$D_X f(Y_1, \ldots, Y_n) = \sum_{i=1}^{n} g_i Y_i \qquad \text{où} \qquad g_i \in A[X_1, \ldots, X_n].$$

Le polynôme g_i s'appelle la *ième dérivée partielle de* f et se note $\left(\frac{\partial f}{\partial X_i}\right)_X$. Pour $f = X_i$ dans $A[X_1, \ldots, X_n]$, on a :

$$D_X X_i(Y_1, \ldots, Y_n) = Y_i.$$

de sorte que :

$$\boxed{Df = \sum_{i=1}^{n} \frac{\partial f}{\partial X_i} DX_i}$$

où $Df = D_X f(Y)$.

Maintenant, $\frac{\partial f}{\partial X_i}$ étant un élément de $A[X_1, \ldots, X_n]$ a aussi une dérivée, et des dérivées partielles notées $\frac{\partial^2 f}{\partial X_i \, \partial X_j}$ $(j = 1, \ldots, n)$ et l'on a :

$$\boxed{\frac{\partial^2 f}{\partial X_j \, \partial X_i} = \frac{\partial^2 f}{\partial X_i \, \partial X_j}}$$

Bien entendu, si $A = \mathbf{R}$ ou $\mathbf{C}$, ces dérivées partielles coïncident avec celles que l'on définit en analyse par des procédés de passage à la limite.

Si f est un polynôme de second degré, les $\frac{\partial f}{\partial X_i}$ sont du premier degré (en tant qu'éléments de $A[X_1, \ldots, X_n]$), et les $\frac{\partial^2 f}{\partial X_i \, \partial X_j}$ sont des polynômes de degré 0 — identifiés à des éléments de A — dont les dérivées sont donc nulles. Si A est un corps de caractéristique différente de deux, et f un polynôme du second degré, on a alors la *formule de Taylor* :

$$f(X_1 + Y_1, \ldots, X_n + Y_n) = f(X_1, \ldots, X_n) + \sum_{i=1}^{n} \frac{\partial f}{\partial X_i} Y_i + \frac{1}{2} \sum_{i,j} \frac{\partial^2 f}{\partial X_i \, \partial X_j} Y_i Y_j.$$

(1) Cf. par exemple Godement [18] ou J. Lelong-Ferrand et Arnaudiès [26].

Si, de plus, f est *homogène*, on voit, en faisant $X_1 = \cdots = X_n = 0$ que $f(Y_1, \ldots, Y_n) = \frac{1}{2} \sum_{i,j} \frac{\partial^2 f}{\partial X_i \, \partial X_j} Y_i Y_j$. Par suite :

PROPOSITION 6. *La forme polaire p d'une forme quadratique q est :*

$$\frac{1}{2} (D_x q)(y) = \frac{1}{2} (D_y q)(x).$$

Nota bene. Lorsque $q(x) = \sum_{i=1}^{n} a_i x_i^2 + 2 \sum_{1 \leqslant i < j \leqslant n} a_{ij} x_i x_j$, le calcul se conduit comme suit. On a, pour k distinct d'un des indices muets i, j, et fixé :

$$\begin{aligned} \frac{1}{2} \frac{\partial q}{\partial x_k} &= \sum_{i=1}^{n} a_i x_i \frac{\partial x_i}{\partial x_k} + \sum_{1 \leqslant i < j \leqslant n} a_{ij} \frac{\partial x_i}{\partial x_k} x_j + \sum_{1 \leqslant i < j \leqslant n} a_{ij} x_i \frac{\partial x_j}{\partial x_k} \\ &= a_k x_k + \sum_{j > k} a_{kj} x_j + \sum_{j < k} a_{jk} x_j . \end{aligned}$$

Et on retrouve

$$p(x, y) = \frac{1}{2} \sum_{k} \frac{\partial q}{\partial x_k} y_k = \sum_{k=1}^{n} a_k x_k y_k + \sum_{1 \leqslant j < k \leqslant n} a_{jk} (x_k y_j + x_j y_k)$$

8. Etude des formes quadratiques

La formule (A) (n° 7) donne un exemple de forme quadratique. Plus généralement, soient $(f_i)_{1 \leqslant i \leqslant p}$ des formes linéaires sur E, et $(a_{ij})_{\substack{1 \leqslant i \leqslant p \\ 1 \leqslant j \leqslant p}}$ des éléments de K. Alors :

$$\boxed{q(x) = \sum_{ij} a_{ij} f_i(x) f_j(x)}$$

est une forme quadratique sur E. Si E est de dimension finie, cet exemple est le plus général. De façon précise, on a le :

THÉORÈME 4. (« Décomposition d'une forme quadratique en somme de carrés » ou Théorème de Gauss.) *Soit q une forme quadratique sur un espace vectoriel de dimension finie n sur* K. *Alors il existe n formes linéaires linéairement indépendantes f_i sur* E *et $m \leqslant n$ scalaires λ_i dans* K *tels que :*

$$\boxed{q(x) = \sum_{i=1}^{m} \lambda_i f_i^2(x).}$$

Preuve. Il suffit de prendre une base orthogonale $(e_1, \ldots, e_n)$ pour la forme polaire p de q, et de poser : $f_i = x_i$, où $(x_1, \ldots, x_n)$ est la base duale de

$$(e_1, \ldots, e_n). \qquad \text{c.q.f.d.}$$

Remarque 20. Dans le cas où $K = \mathbf{C}$, on peut choisir $\lambda_i = 1$ pour $1 \leqslant i \leqslant m \leqslant n$, $\lambda_i = 0$ pour $m + 1 \leqslant i \leqslant n$. Si K est un corps *euclidien*, on peut prendre λ_i dans $\{0, 1, -1\}$.

D'une manière générale, toutes les définitions et tous les résultats relatifs aux formes bilinéaires symétriques se transposent aux formes quadratiques (noyau d'une forme quadratique, forme quadratique non dégénérée, forme quadratique définie, etc...) grâce au « dictionnaire » résultant du :

THÉORÈME 5. *L'application qui, à une forme quadratique q, fait correspondre sa forme polaire* $p = \frac{1}{2} Dq$ *est un isomorphisme de l'espace vectoriel des formes quadratiques* (sur E) *sur l'espace vectoriel des formes bilinéaires symétriques sur* E.

Cet énoncé est évident. On notera qu'à une forme bilinéaire symétrique correspond bien une forme quadratique sur E, tandis qu'à une forme sesquilinéaire hermitienne par rapport à σ (différent de l'identité) correspond une forme quadratique *sur* E', où E' est l'ensemble E muni de sa structure d'espace vectoriel sur le sous-corps $K' = \operatorname{Ker}(\sigma - \mathrm{Id})$ de K, et par suite une forme bilinéaire symétrique sur E'.

En particulier soit q (resp. r) une forme quadratique sur E (resp. F) ; on dira que q et r sont *équivalentes* si leurs formes polaires le sont, i.e. s'il existe un isomorphisme linéaire $u : E \to F$ tel que $q = r \circ u$.

Exemple 4. i) on prend $E = \mathbf{C}^n$ et on pose, avec des notations évidentes :

$$\varphi(z, z') = \sum_{i=1}^{n} z_i \overline{z'_i}.$$

Déterminer E' et les formes quadratiques et bilinéaires symétriques correspondantes.

ii) on prend encore $E = \mathbf{C}^n$, et on pose :

$$\psi(z, z') = \sum_{i=1}^{n} z_i z'_i$$

ψ définit-il une forme quadratique sur E' ?

Complétons la terminologie relative aux formes quadratiques par la :

DÉFINITION 11. *Soit q une forme quadratique sur* E. *On appelle vecteur isotrope pour q tout vecteur x non nul de* E *tel que* $q(x) = 0$.

On appelle cône isotrope l'ensemble des vecteurs isotropes.

Exercice 4. Que peut-on dire du cône isotrope d'une forme quadratique définie? D'une forme quadratique non dégénérée? Pourquoi l'expression *cône* isotrope? Le cône isotrope peut-il contenir des sous-espaces vectoriels de E de dimension supérieure à un? Peut-il se réduire à un sous-espace vectoriel de E?

9. Complément : Méthode de Gauss

Le théorème 1 permet de construire une base orthogonale pour une forme sesquilinéaire hermitienne, et par suite (théorème 4) de décomposer une forme quadratique q en somme de carrés.

Une méthode due à Gauss permet d'effectuer cette décomposition sans chercher préalablement une base orthogonale pour la forme polaire de q; nous allons décrire cette méthode, qui procède aussi par récurrence sur $n = \dim E$ (la décomposition étant toute faite si $n = 1$).

Soit q une forme quadratique donnée dans une base de E par une expression de la forme :

$$\text{(A)} \qquad q(x) = \sum_{1 \leqslant i \leqslant j \leqslant n} a_{ij} x_i x_j.$$

Deux cas sont à envisager :

1er *cas : il existe un indice i tel que* $a_{ii} \neq 0$.

On peut, pour simplifier l'écriture, supposer $\lambda_1 = a_{11} \neq 0$; q est un polynôme du second degré en x_1, et comme la caractéristique de K est différente de deux, on a :

$$q(x) = \lambda_1 x_1^2 + 2Ax_1 + B,$$

où A et B sont des éléments de $K[x_2, \ldots, x_n]$.

Ce trinôme se « décompose » de façon classique :

$$\boxed{q(x) = \lambda_1\left(x_1 + \frac{A}{\lambda_1}\right)^2 + C}$$

où $C = B - \dfrac{A^2}{\lambda_1^2}$, élément de $K[x_2, \ldots, x_n]$, est une forme quadratique sur K^{n-1}, donc, par hypothèse de récurrence, peut s'écrire :

$$C = \sum_{i=2}^{m} \lambda_i f_i^2$$

où les f_i sont des formes linéaires *indépendantes* sur K^{n-1}. Alors $f_1 = x_1 + \dfrac{A}{\lambda_1}$, $f_2, \ldots, f_n$ sont des formes linéaires indépendantes sur K^n (car f_1 dépend de x_1, tandis que les f_i pour $i \geqslant 2$ n'en dépendent pas).

On obtient ainsi la décomposition cherchée. (Naturellement, certains λ_i pour $i \geqslant 2$ peuvent être nuls.)

2e *cas : Pour tout indice i*, $a_{ii} = 0$.

Comme la décomposition est faite pour $q = 0$, on peut supposer $\lambda = a_{12}$ non nul (et $n \geqslant 2$).

On écrit alors :

$$q(x) = \lambda x_1 x_2 + Ax_1 + Bx_2 + C.$$

avec A, B, C éléments de $K[x_3, \ldots, x_n]$. D'où :

$$\boxed{q(x) = \lambda\left[\left(x_1 + \frac{B}{\lambda}\right)\left(x_2 + \frac{A}{\lambda}\right) - \frac{AB}{\lambda^2}\right] + C.}$$

Comme $C - \dfrac{AB}{\lambda}$ est une forme quadratique en les variables $(x_3, \ldots, x_n)$ on peut écrire, par hypothèse de récurrence :

$$C - \frac{AB}{\lambda} = \sum_{i=3}^{n} \lambda_i f_i^2$$

où les f_i sont des formes linéaires *indépendantes* sur K^{n-2}.

Comme

$$uv = \frac{(u + v)^2 - (u - v)^2}{4} \quad (\text{car. } K \neq 2).$$

en posant :

$$f_1 = x_1 + x_2 + \frac{A + B}{\lambda}$$

$$f_2 = x_1 - x_2 + \frac{B - A}{\lambda}$$

on voit que

$$q(x) = \sum_{i=1}^{n} \lambda_i f_i^2$$

où les f_i sont des formes linéaires en $x_1, x_2, \ldots, x_n$.

Ces formes sont *linéairement indépendantes*, car si

$$\sum_{i=1}^{n} \alpha_i f_i = 0$$

on voit d'abord, en faisant $x_3 = \cdots = x_n = 0$ que

$$\alpha_1(x_1 + x_2) + \alpha_2(x_1 - x_2) = 0,$$

d'où $\alpha_1 = \alpha_2 = 0$, et par suite $\alpha_i = 0$ pour tout i. c.q.f.d.

Exercice 5. Supposons $q(x) = \sum_{i=1}^{m} \lambda_i f_i^2$ avec $m \leqslant n$, les f_i étant linéairement indépendantes, et les λ_i non nuls.

Déterminer $E^{\perp}$, et une base orthogonale de E (pour q).

10. Méthode d'orthogonalisation de Gram-Schmidt

Proposition 7. *Soit q une forme quadratique définie sur* E, *et* $(e_1, \ldots, e_n)$ *une base de* E. *Alors, il existe une matrice triangulaire inférieure* $\Lambda = ((\lambda_{ij}))_{\substack{1 \leqslant i \leqslant n \\ 1 \leqslant j \leqslant n}}$ *telle que si l'on pose :*

$$f_1 = e_1; \qquad f_r = \sum_{j=1}^{r-1} \lambda_{rj} f_j + e_r \quad (1 \leqslant r \leqslant n)$$

la suite $f_1, \ldots, f_n$ est une base *orthogonale* pour q.

Preuve. Montrons d'abord qu'on peut déterminer les λ_{ij} (avec $\lambda_{ii} = 1$, $\lambda_{ij} = 0$ pour $i > j$) tels que les vecteurs f_i soient non nuls et deux à deux orthogonaux.

On pose $\lambda_{11} = 1$; supposons, par récurrence, avoir déterminé les λ_{ij} pour $i < r$, de sorte que $f_1, \ldots, f_{r-1}$ sont connus; soit $\mathbf{P}$ la forme polaire de q. Il faut résoudre les équations :

$$\mathbf{P}(f_r, f_i) = \lambda_{r,i} \mathbf{P}(f_i, f_i) + \mathbf{P}(e_r, f_i) = 0 \quad (i < r).$$

Comme $f_i \neq 0$, $\mathbf{P}(f_i, f_i)$ est non nul, d'où les $\lambda_{r,i}$ et f_r; on voit par récurrence sur k, que f_k appartient au sous-espace engendré par $(e_1, \ldots, e_k)$. Cela entraîne $f_r \neq 0$ [sinon e_r appartiendrait au sous-espace engendré par $(f_1, \ldots, f_{r-1})$, donc par $(e_1, \ldots, e_{r-1})$].

Les f_i sont donc déterminés par ce calcul explicite, et non nuls. Montrons qu'ils forment une base de E : il suffit de voir qu'ils sont linéairement indépendants. Or :

$$\Sigma \alpha_i f_i = 0 \Longrightarrow \mathbf{P}(\Sigma \alpha_i f_i, f_j) = \alpha_j \mathbf{P}(f_j, f_j) = 0.$$

D'où, puisque $\mathbf{P}$ est défini, et f_j non nul, $\alpha_j = 0$. c.q.f.d.

Nota bene. Ce procédé de calcul ne s'applique pas pour une forme *non définie*; cependant, supposons qu'il existe un sous-corps K′ de K et un sous-espace E′ du K′-espace vectoriel E tels que $\dim_{K'} E' = \dim_K E$, et que la restriction de q à E′ soit à valeurs dans K′, et définie. Alors, on peut trouver par le procédé ci-dessus une K′-base de E′, orthogonale pour la restriction de q à E′ : d'après un raisonnement fait ci-dessus, des vecteurs *non isotropes* deux à deux orthogonaux sont linéairement indépendants *sur* K : on a donc ainsi une K-base orthogonale de E pour q.

Exemple 5. Trouver une base orthogonale pour la forme quadratique sur $\mathbf{R}^2$:

$$q(x) = x_1^2 - 3x_1x_2 + x_2^2.$$

Remarque 21. Le procédé de Schmidt montre que l'on peut trouver f_r dans le sous-espace vectoriel V engendré par $(f_1, \ldots, f_{r-1}, e_r)$. C'est cela qui est impossible dans le cas d'une forme ayant des vecteurs isotropes. Soit en effet V′ le sous-espace engendré par $(f_1, \ldots, f_{r-1})$: f_r est un vecteur arbitraire non nul de

$V \cap (V')^{\perp}$ non situé dans V'. On a $(V')^{\perp} \supset V^{\perp}$. Si q est *non dégénérée*,

$$\dim (V')^{\perp} = n + 1 - r,$$

et

$$\dim V \cap (V')^{\perp} = r + (n + 1 - r) - \dim[V + (V')^{\perp}] \geqslant 1.$$

Mais il se pourrait que $V \cap (V')^{\perp} \subset V'$ [prendre par exemple e_1 isotrope et e_2 non orthogonal à e_1, et $r = 2$; alors $V' = Ke_1$, $(V')^{\perp} \supset V'$, $e_2 \notin (V')^{\perp}$, donc $V + (V')^{\perp} = E$, $\dim V \cap (V')^{\perp} = 1$, et comme $V' \subset V \cap (V')^{\perp}$,

$$V' = V \cap (V')^{\perp}].$$

C'est ce qui n'arrive pas lorsque q n'a pas de vecteur isotrope, car d'abord

$$V + (V')^{\perp} \supset V + V^{\perp} = E$$

(puisque $V \cap V^{\perp} = \{0\}$), et $\dim V \cap (V')^{\perp} = 1$; de plus $V' \cap (V')^{\perp} = \{0\}$: aucun élément de $V \cap (V')^{\perp} - \{0\}$ n'est donc V', et il y en a exactement un dont la composante suivant e_r est égale à 1. c.q.f.d.

On trouvera dans les exercices complémentaires quelques exemples de formes quadratiques que le lecteur pourra s'essayer à décomposer en somme de carrés.

CHAPITRE II

Le groupe orthogonal d'une forme quadratique

Dans ce chapitre, toutes les formes bilinéaires symétriques, sesquilinéaires hermitiennes, quadratiques sont *non dégénérées*, et K est un corps commutatif de caractéristique différente de deux.

Étant donnée une forme quadratique q, un espace vectoriel E, on s'intéresse en gros aux bijections de E sur lui-même qui conservent la forme quadratique (en fait la forme polaire de q, cf. théorème 1, n° 1). Il s'agit ici encore d'un chapitre préparatoire.

1. Transformation orthogonale

Soit E un espace vectoriel de *dimension finie n* sur un corps K de caractéristique différente de deux, q une forme quadratique sur E, et P la forme polaire de q.

THÉORÈME 1. *Supposons q non dégénérée. Soit u une application de* E *dans* E. *Les conditions suivantes sont équivalentes :*

i) $\forall (x, y) \in E^2 \quad u(x+y) = u(x) + u(y) \quad$ *et* $\quad q[u(x)] = q(x)$

ii) $\forall (x, y) \in E^2 \quad q(x-y) = q[u(x) - u(y)] \quad$ *et* $\quad u(0) = 0.$

iii) $\forall (x, y) \in E^2 \quad P[u(x), u(y)] = P(x, y).$

Si elles sont réalisées, u est une *bijection linéaire* de E sur lui-même.

Démonstration. On s'appuie sur les égalités :

$$(1) \qquad q(x+y) = q(x) + q(y) + 2P(x, y)$$
$$(2) \qquad q(x+y) + q(x-y) = 2[q(x) + q(y)].$$

a) i) $\Longrightarrow$ ii).

En effet, i) montre que u est un endomorphisme du groupe additif de E, donc $u(0) = 0$. La seconde condition résulte de l'égalité (2) :

$$\begin{aligned} q[u(x) - u(y)] &= 2[q(u[x]) + q(u[y])] - q[u(x) + u(y)] \\ &= 2[q(x) + q(y)] - q[u(x+y)] \\ &= 2[q(x) + q(y)] - q(x+y) = q(x-y). \end{aligned}$$

b) ii) $\Longrightarrow$ iii).

Comme $u(0) = 0$, $q(x) = q[u(x)]$. Vu (2), on a alors

$$q[u(x) + u(y)] = q(x + y)$$

et vu (1), $P[u(x), u(y)] = P(x, y)$.

c) iii) $\Longrightarrow$ i).

Vu iii), on a $q[u(x)] = P[u(x), u(x)] = q(x)$. Il suffit donc de voir que iii) *implique la linéarité* de u. Or, soit $(e_1, \ldots, e_n)$ une base orthogonale de E pour q; les $u(e_i)$ sont linéairement indépendants, donc forment encore une base (orthogonale) de E. En effet, de :

$$\sum_{i=1}^{n} \lambda_i u(e_i) = 0.$$

On tire :

$$\begin{aligned} 0 &= P[\Sigma\lambda_i u(e_i), u(e_j)] = \Sigma\lambda_i P[u(e_i), u(e_j)] \\ &= \Sigma\lambda_i P(e_i, e_j) = \lambda_j P(e_j, e_j) \end{aligned}$$

et $P(e_j, e_j)$ est non nul, sinon e_j serait dans $E^\perp = \{0\}$. Cela étant, on a, pour $1 \leqslant i \leqslant n$, $(\alpha, \beta) \in K^2$ et $(x, y) \in E^2$:

$$\begin{aligned} &P[u(\alpha x + \beta y) - \alpha u(x) - \beta u(y), u(e_i)] \\ &= P[u(\alpha x + \beta y), u(e_i)] - \alpha P[u(x), u(e_i)] - \beta P[u(y), u(e_i)] \\ &= P(\alpha x + \beta y, e_i) - \alpha P(x, e_i) - \beta P(y, e_i) = 0. \end{aligned}$$

Donc $u(\alpha x + \beta y) - \alpha u(x) - \beta u(y)$ est orthogonal à tous les $u(e_i)$, donc au sous-espace qu'ils engendrent, c'est-à-dire à E : d'où la linéarité de u. Reste à prouver que, dans ces conditions, u est bijectif. Mais E étant de dimension finie, cela résulte de la deuxième condition ii). c.q.f.d.

Remarques. 1) le théorème 1 s'étend au cas de deux espaces vectoriels E et E′ *de même dimension finie*, munis des formes quadratiques q et q' respectivement. On suppose q *non dégénérée*, et on désigne par u une application de E dans E′. On peut alors, mutadis mutandis, retranscrire le théorème 1. On en déduit du reste que ces conditions ne peuvent être remplies que si q et q' sont *équivalentes* (chapitre I, nº 6), par suite q' est également non dégénérée.

Si $\dim E' > \dim E$, la condition iii) n'implique pas nécessairement la linéarité de u, et le théorème 1 est en défaut.

2) Si au lieu d'une forme bilinéaire symétrique P, on se donne une forme sesquilinéaire hermitienne φ par rapport à un automorphisme involutif σ de K ($\sigma \neq \mathrm{Id}$), et si l'on pose :

$$q(x) = \varphi(x, x)$$

on a encore : i) $\Longrightarrow$ ii), mais plus ii) $\Longrightarrow$ iii), car l'égalité (1) n'est plus vérifiée. En revanche, iii) implique toujours la linéarité de u [donc la condition i), qui est par suite plus faible que la condition iii)].

Par exemple, dans $\mathbf{C}^2$ muni de la forme hermitienne :

$$\varphi(x, y) = x_1\bar{y}_1 + x_2\bar{y}_2$$

l'application $u : (x_1, x_2) \longmapsto (\bar{x}_1, \bar{x}_2)$ vérifie i) mais n'est pas linéaire.

Définition 1. *Une application u satisfaisant aux conditions du théorème* 1 *s'appelle une transformation orthogonale de* E *pour q (ou pour* P*).*

Proposition 1. *L'ensemble* $O(E, q)$ *des transformations orthogonales de* E *pour q est un sous-groupe du groupe* $Gl(E)$ *des automorphismes de l'espace vectoriel* E, *dit groupe orthogonal de q.*

Démonstration. Immédiate, d'après iii) par exemple. c.q.f.d.

Proposition 2. *Soient* E *et* E′ *deux espaces vectoriels de même dimension finie n sur* K *munis des formes quadratiques non dégénérées q et q'. Alors, si q et q' sont équivalentes (chapitre* I, *n°* 6) *les groupes* $O(E, q)$ *et* $O(E', q')$ *sont isomorphes.*

Démonstration. Soit ρ un isomorphisme de E sur E′ tel que $q'[\rho(x)] = q(x)$ [donc, vu (1), $P'[\rho(x), \rho(y)] = P(x, y)$]. Alors l'application : $u \longmapsto \rho \circ u \circ \rho^{-1}$ est un isomorphisme de $O(E, q)$ sur $O(E', q')$. c.q.f.d.

Corollaire 1. *Si* $K = \mathbf{R}$, *on peut noter* $O(p, r)$ *le groupe orthogonal d'un espace vectoriel de dimension $p + r$ muni d'une forme quadratique de signature (p, r).*

Proposition 3. *Soit $(e_1, \ldots, e_n)$ une base orthogonale pour q et $u \in \operatorname{End} E$. Alors $u \in O(E, q)$ si et seulement si les $u(e_i)$ sont deux à deux orthogonaux et si de plus on a $q[u(e_i)] = q(e_i)$ pour tout i.*

Preuve. La condition est évidemment nécessaire; elle suffit, car elle signifie que :

$$\forall (i, j) \qquad P[u(e_i), u(e_j)] = P(e_i, e_j).$$

La bilinéarité de P et la linéarité de u entraînent alors la condition iii). c.q.f.d.

Nota bene. On remarquera que, dans ces conditions, les $u(e_i)$ constituent aussi une *base* de E : car $P\left[\sum_{i=1}^{n} \lambda_i u(e_i), u(e_j)\right] = \lambda_j q(e_j)$, et comme q est non dégénérée, e_j, orthogonal à tous les e_i pour $i \neq j$, ne peut être isotrope.

Corollaire 2. *Si* K *est euclidien et q définie positive, $u \in \operatorname{End} E$ est une transformation orthogonale si et seulement si elle transforme une base orthonormale en une base orthonormale.*

2. Adjoint d'un endomorphisme d'un espace vectoriel par rapport à une forme quadratique non dégénérée

Soit u un endomorphisme d'un espace vectoriel E de dimension finie n sur un corps K de caractéristique différente de deux, et φ une forme bilinéaire symétrique *non dégénérée* sur E. L'application :

$$x \longmapsto \varphi[u(x), y]$$

est, pour tout y dans E, une forme linéaire sur E, et comme $\tilde{\varphi}$ [chapitre I, n° 3, déf. 4] est bijectif, de la forme $\tilde{\varphi}[u^*(y)]$ où $u^*(y)$ est dans E. On a donc, par définition de $\tilde{\varphi}$:

$$\boxed{\forall x \quad \forall y \qquad \varphi[u(x), y] = \varphi[x, u^*(y)].} \tag{3}$$

Cette égalité montre que u^* est un endomorphisme de E [car φ étant non dégénérée, l'égalité : $\varphi(x, y) = \varphi(x, y')$ pour tout x entraîne $y = y'$].

DÉFINITION 2. *L'endomorphisme u^* de* E *s'appelle l'adjoint de u (par rapport à φ).*

PROPOSITION 4. *L'application : $u \longmapsto u^*$ est un automorphisme de l'espace vectoriel* End (E), *qui vérifie en outre :*

$$(v \circ u)^* = u^* \circ v^* \qquad et \qquad (u^*)^* = u.$$

(*i.e. c'est un anti-automorphisme involutif d'algèbre*).

Démonstration. Cela résulte toujours de ce que, pour tout couple (y, y') de E^2, on a :

$$(y = y') \Longleftrightarrow [\forall x \quad \varphi(x, y) = \varphi(x, y')].$$

Par exemple, soit $w = (v \circ u)^*$; alors :

$$\begin{aligned} \forall x \quad \forall y \qquad \varphi[v(u[x]), y] &= \varphi[u(x), v^*(y)] \\ &= \varphi[x, u^*(v^*[y])] = \varphi(x, w(y)). \end{aligned}$$

Donc, pour tout y, $u^*[v^*(y)] = w(y)$, i.e. $w = u^* \circ v^*$. c.q.f.d.

3. Lien entre un endomorphisme, son adjoint (pour une forme bilinéaire φ) et son transposé

Soit E^* le dual de E. Pour x dans E, f dans E^*, nous poserons :

$$\boxed{\langle x, f \rangle = f(x).}$$

L'expression $\langle x, f \rangle$ désigne donc la valeur de f au point x. C'est un élément de K.

On sait que si u est un endomorphisme de E, son transposé ${}^t u$, endomorphisme de E*, est défini par la formule :

$$\forall (x, f) \in E \times E^* \quad \langle u(x), f \rangle = \langle x, {}^t u(f) \rangle.$$

D'autre part, l'application $\tilde{\varphi}$ de E dans E* est définie par la formule [cf. chapitre I, n° 3, formule (D) après la définition 4] :

$$\varphi(x, y) = \langle x, \tilde{\varphi}(y) \rangle$$

Par suite :

$$(\alpha) \qquad \varphi[u(x), y] = \langle u(x), \tilde{\varphi}(y) \rangle = \langle x, {}^t u[\tilde{\varphi}(y)] \rangle$$

$$(\beta) \qquad \varphi[x, u^*(y)] = \langle x, \tilde{\varphi}[u^*(y)] \rangle.$$

Les premiers membres des égalités (α) et (β) sont égaux par définition de u^*. Par suite, $\tilde{\varphi} \circ u^* = {}^t u \circ \tilde{\varphi}$, et comme $\tilde{\varphi}$ est bijectif :

$$(4) \qquad \boxed{u^* = \tilde{\varphi}^{-1} \circ {}^t u \circ \tilde{\varphi}.}$$

Rapportons E à une base $\mathscr{E}$, E* à sa base duale $\mathscr{E}^*$, et notons d'une manière générale $\mathfrak{M}(u; \beta)$ [resp. $\mathfrak{M}(v; \beta, \beta')$] la matrice d'un endomorphisme u d'un espace vectoriel F dans la base β (resp. d'une application linéaire $v : F \to F'$ rapportée aux bases β et β' de F et F').

On sait que $\mathfrak{M}({}^t u; \mathscr{E}^*) = {}^t\mathfrak{M}(u, \mathscr{E})$ (où ${}^t\mathfrak{M}$ est la transposée d'une matrice $\mathfrak{M}$). D'autre part, si l'on pose :

$$\mathfrak{M}(\tilde{\varphi}; \mathscr{E}, \mathscr{E}^*) = ((\lambda_{ji}))$$

on a, par définition :

$$\tilde{\varphi}(e_i) = \sum_j \lambda_{ji} e'_j$$

d'où :

$$\lambda_{ji} = \langle e_j, \Sigma \lambda_{ki} e'_k \rangle = \langle e_j, \tilde{\varphi}(e_i) \rangle = \varphi(e_j, e_i).$$

De sorte que $\mathfrak{M}(\tilde{\varphi}; \mathscr{E}, \mathscr{E}^*)$ est la matrice $M = ((\varphi(e_j, e_i)))$ de la forme bilinéaire φ dans la base $\mathscr{E}$, et par suite :

$$(5) \qquad \boxed{\mathfrak{M}(u^*, \mathscr{E}) = M^{-1}\, {}^t\mathfrak{M}(u, \mathscr{E}) M}$$

En particulier, *si $\mathscr{E}$ est* *orthonormale* *pour φ (ce qui implique que φ est définie positive)*, M est la matrice unité, et

$$(6) \qquad \boxed{\mathfrak{M}(u^*, \mathscr{E}) = {}^t\mathfrak{M}(u, \mathscr{E}).}$$

4. Application aux transformations orthogonales

Supposons en particulier *u orthogonale* (pour la forme φ bilinéaire symétrique non dégénérée). On a alors, pour tout couple (x, y) de E^2 :

$$\varphi[u(x),\ u(y)] = \varphi(x,\ y) = \varphi[x,\ u^*(u[y])]$$

et par suite :

$$u^* \circ u = \mathrm{Id}.$$

Réciproquement, si $u^* \circ u = \mathrm{Id}$, on a :

$$\varphi(x,\ y) = \varphi[x,\ u^*(u[y])] = \varphi[u(x),\ u(y)]$$

et u est orthogonale. D'où le théorème :

THÉORÈME 2. *Pour qu'un endomorphisme u de l'espace vectoriel* E *soit orthogonal, il faut et il suffit que* $u^* \circ u = \mathrm{Id}$, *ou que* $u^* = u^{-1}$, *ou que* $u \circ u^* = \mathrm{Id}$.

COROLLAIRE 3. *Si u est un élément de* $O(E, q)$, *son déterminant vaut* $+1$ *ou* -1.

Démonstration. Cela résulte, d'après (5), de ce que :

$$\det u = \det u^* = \frac{1}{\det u}. \qquad \text{c.q.f.d.}$$

Attention!!! Le corollaire 3 donne une condition *nécessaire* pour que u soit une transformation orthogonale.

Mais *cette condition n'est nullement suffisante!!!!*

Le lecteur est prié d'exhiber une transformation linéaire de $\mathbf{R}^2$ de déterminant égal à $+1$, et qui n'est pas orthogonale pour la forme quadratique $q(x) = x_1^2 + x_2^2$.

COROLLAIRE 4. *Prenons* $K = \mathbf{R}$; *soit q une forme quadratique de signature* $(p;\ r)$; *soit* $\mathscr{E}$ *une base orthogonale de* E *pour q, et u un endomorphisme de* E. *Pour que u soit orthogonal, il faut et il suffit que sa matrice* $u = ((u_{ij}))$ *dans la base* $\mathscr{E}$ *vérifie les* $\frac{n(n+1)}{2}$ *conditions* $(n = p + r)$:

$$\sum_{l=1}^{p} u_{li}u_{lj} - \sum_{l=p+1}^{n} u_{li}u_{lj} = \begin{cases} 0 & \text{si} \quad i \neq j \\ +1 & \text{si} \quad i = j \leqslant p \\ -1 & \text{si} \quad i = j > p \end{cases}$$

qui sont équivalentes aux $\frac{n(n+1)}{2}$ conditions :

$$\sum_{l=1}^{p} u_{il}u_{jl} - \sum_{l=p+1}^{n} u_{il}u_{jl} = \begin{cases} 0 & \text{si} \quad i \neq j \\ +1 & \text{si} \quad i = j \leqslant p \\ -1 & \text{si} \quad i = j > p \end{cases}$$

car si I_p est la matrice unité d'ordre p, A la matrice

$$A = \begin{pmatrix} I_p & 0 \\ 0 & -I_r \end{pmatrix}$$

les premières conditions signifient que :

$$A = {}^t u \, A \, u$$

et les dernières que :

$$A = u \, A \, {}^t u.$$

Elles sont équivalentes, car $A = A^{-1}$; la première équivaut donc à :

$$A \, {}^t u \, A \, u = \mathrm{Id} \iff u^{-1} = A \, {}^t u \, A.$$

La seconde équivaut à :

$$u \, A \, {}^t u \, A = \mathrm{Id} \iff u^{-1} = A \, {}^t u \, A.$$

Ces formules montrent que, si $K = \mathbf{R}$, $O(p, r)$ est un sous-groupe fermé de $Gl(E)$, compact si et seulement si $p = 0$ ou $r = 0$. [$Gl(E)$ a une topologie naturelle, comme sous-ensemble de $\mathbf{R}^{n^2}$.] Nous en déduirons la structure de $O(2, 0)$ (chapitre v, § I, n° 3), clef de la géométrie euclidienne en dimension quelconque (chapitre vi).

Corollaire 5. *L'ensemble des transformations orthogonales de* E (*pour la forme quadratique* q) *ayant un déterminant égal à* $+1$ *est un sous-groupe distingué de* $O(E, q)$, *d'indice deux; on le note* $SO(E, q)$ *ou* $O^+(E, q)$.

Démonstration. L'application : $u \longmapsto \det u$ est un homomorphisme de $O(E, q)$ *sur* le sous-groupe multiplicatif $\{-1; +1\}$ de K, lequel est isomorphe à $\mathbf{Z}_2$.

Remarques. 3) L'ensemble $O^-(E, q)$ des transformations orthogonales de déterminant -1 n'est évidemment pas un groupe : il ne contient pas l'application identique.

4) Si $K = \mathbf{R}$, l'application : $u \to \det u$ de $O(p, r)$ sur $\{-1, +1\}$ (inclus dans $\mathbf{R}$) est continue. Il en résulte que $O(p, r)$ a *au moins* deux composantes connexes, $SO(p, r)$ et $O^-(p, r)$. Nous verrons que si $p = 0$ ou $r = 0$, $SO(p, r)$ est connexe, d'où il résulte qu'alors $O(p, r)$ a *exactement* deux composantes connexes.

En revanche, si $pr > 0$, $SO(p, r)$ *n'est pas connexe*, et $O(p, r)$ a *quatre* composantes connexes.

5) Les groupes $O(p, r)$ pour $pr > 0$ ne sont pas de pures « fantaisies de mathématiciens ». Le groupe de Lorentz $O(1, 3)$ joue, en relativité restreinte, le rôle du groupe $O(3, 0)$ en géométrie euclidienne : la forme quadratique q est $c^2t^2 - x^2 - y^2 - z^2$ où c représente la vitesse de la lumière et t le temps.

6) Si $K = \mathbf{R}$, $O(p, r) = O(r, p)$. On peut montrer que si $\{p, r\} \neq \{p', r'\}$ $O(p, r)$ et $O(p', r')$ ne sont pas isomorphes.

5. Thème de problème

La plupart des considérations ci-dessus subsistent (mais pas toutes, cf. nº 1, remarque 2) si, au lieu d'une forme bilinéaire symétrique φ, on considère une forme sesquilinéaire hermitienne ψ (pour un automorphisme involutif σ de K). On appelle *transformation unitaire* de (E, ψ) une application u de E dans lui-même telle que, pour tout couple (x, y) de E^2 :

$$\psi[u(x),\ u(y)] = \psi(x,\ y).$$

Une transformation unitaire est nécessairement une *bijection linéaire* de E sur lui-même; l'ensemble des transformations unitaires de E forme un groupe : *le groupe unitaire* U(E, ψ) de E par rapport à ψ. La définition 2 (nº 2) se transpose, mais (proposition 4) $u \longmapsto u^*$ est un anti-semi-automorphisme de l'algèbre End E par rapport à σ. Le numéro 3 reste essentiellement valable, et u est unitaire si et seulement si $u \circ u^* = \mathrm{Id}$. On prendra cependant garde que si (4) reste valable, (5) ne l'est plus, car $\tilde{\varphi}$ étant semi-linéaire et non plus linéaire, on a :

$$\mathcal{M}(\tilde{\varphi} \circ u^*;\ \mathcal{E},\ \mathcal{E}^*) = \mathcal{M}(\tilde{\varphi};\ \mathcal{E}, \mathcal{E}^*).[\mathcal{M}(u^*;\ \mathcal{E}, \mathcal{E})]^\sigma$$

où l'on désigne par $\mathcal{M}^\sigma$ la matrice $((b_{ij}))$ définie par $b_{ij} = \sigma(a_{ij})$, lorsque

$$\mathcal{M} = ((a_{ij})).$$

Que subsiste-t-il du nº 4?

6. Cas du corps des réels. Automorphismes auto-adjoints et réduction d'une forme quadratique par rapport à une forme définie positive

DÉFINITION 3. *Soit* E *un espace vectoriel sur le corps* K *et* φ *une forme bilinéaire symétrique non dégénérée sur* E. *Un endomorphisme u de* E *est dit auto-adjoint (pour* φ*) s'il est égal à son adjoint* u^*.

Nous nous proposons de démontrer le

THÉORÈME 3. *Soient* E *un espace vectoriel réel de dimension finie n, q une forme quadratique définie positive sur* E, P *sa forme polaire, et u un endomorphisme de* E *auto-adjoint (pour* P*). Alors* E *admet une base orthonormale (pour q) formée de vecteurs propres de u; en particulier la matrice d'un endomorphisme auto-adjoint est diagonalisable.*

Nous allons déduire ce théorème de deux lemmes.

LEMME 1. *Soit* $M = ((a_{ij}))$ *une matrice carrée d'ordre n soit symétrique réelle* [i.e. : $\forall (i, j)$, $a_{ij} \in \mathbf{R}$ *et* $a_{ij} = a_{ji}$], *soit hermitienne complexe* [i.e. : $\forall (i, j)$, $a_{ij} \in \mathbf{C}$ et $a_{ij} = \bar{a}_{ji}$]. *Alors toutes les valeurs propres de* M *sont réelles.*

Preuve. Considérons — dans les deux cas — M comme matrice d'un endomorphisme de $\mathbf{C}^n$. Soit $\lambda \in \mathbf{C}$ une valeur propre de M (i.e. une racine de son polynôme caractéristique) et $x = {}^t(x_1, \ldots, x_n) \in \mathbf{C}^n$ un vecteur colonne propre pour la valeur propre λ.

$$\forall i \in \{1, 2, \ldots, n\} \qquad \sum_j a_{ij}x_j = \lambda x_i$$

D'où

$$\mathrm{A} = \sum_{i,j} a_{ij}x_j\bar{x}_i = \lambda \sum_i |x_i|^2$$

Mais A est réel car :

$$\overline{\mathrm{A}} = \sum_{i,j} \overline{a_{ij}x_j}x_i = \sum_{i,j} a_{ji}\bar{x}_j x_i = \sum_{k,l} a_{kl}x_l\bar{x}_k = \mathrm{A}$$

et $\mathrm{B} = \Sigma|x_i|^2 \in \mathbf{R} - \{0\}$.

Par suite $\lambda = \mathrm{A}/\mathrm{B} \in \mathbf{R}$. c.q.f.d.

LEMME 2. *Soit* E *un espace vectoriel sur le corps* K, φ *une forme bilinéaire symétrique non dégénérée sur* E, *et* u *un endomorphisme auto-adjoint (pour* φ*). Alors si* u *laisse stable un sous-espace vectoriel* V *de* E, *il laisse stable le sous-espace* $\mathrm{V}^{\perp}$ *orthogonal de* V *pour* φ.

Preuve. Soit $y \in \mathrm{V}^{\perp}$. Comme $u(\mathrm{V}) \subset \mathrm{V}$, on a donc :

$$\forall x \in \mathrm{V} : \quad \varphi[x, u(y)] = \varphi[u^*(x), y] = \varphi[u(x), y] = 0. \qquad \text{c.q.f.d.}$$

Démonstration du théorème 3. Nous allons procéder par récurrence sur n; si $n = 1$, il n'y a rien à démontrer. Supposons donc le théorème vrai chaque fois que $\dim \mathrm{E} < n$, et supposons $\dim \mathrm{E} = n$.

Soit $\mathscr{E}$ une base *orthonormale* pour q : $\mathfrak{M}(u, \mathscr{E})$ est symétrique [formule (6), n° 3], donc toutes les valeurs propres de u sont réelles (lemme 1). Soit donc e un vecteur propre de u, et soit $\mathrm{E}_1 = \{e\}^{\perp}$. Comme q est non dégénérée et e non isotrope pour q :

$$\mathrm{E} = \mathrm{E}_1 \overset{\perp}{\oplus} \mathbf{R}e$$

Or (lemme 2), E_1 est stable par u; soit u_1 (resp. q_1) la restriction de u (resp. q) à E_1 : u_1 est auto-adjoint (pour $\mathrm{P}_{|\mathrm{E}_1\times\mathrm{E}_1}$) et par hypothèse de récurrence il existe une base orthonormale $(e_2, \ldots, e_n)$ de E_1 (pour q_1) formée de vecteurs propres de u_1. Posant :

$$e_1 = e/\sqrt{q(e)}$$

on obtient une base $(e_1, \ldots, e_n)$ de E, orthonormale pour q, formée de vecteurs propres de u. c.q.f.d.

COROLLAIRE 1. *Soit* E *un espace vectoriel réel de dimension finie muni d'une forme quadratique définie positive* q. *Alors pour toute forme quadratique* q' *de* E, *il existe une base* $(e_1, \ldots, e_n)$ *de* E *orthonormale pour* q *et orthogonale pour* q' ; *les* $q'(e_i)$ *ne dépendent que de* q *et* q'.

Preuve. Soient P et P′ les formes polaires de q et q' et $\tilde{P}$, $\tilde{P}'$ les homomorphismes correspondants de E dans son dual E* (chapitre I, nº 3, déf. 4).

On notera que puisque P est symétrique, les formules

$$P(x, y) = \langle x, \tilde{P}(y)\rangle = \langle y, {}^t\tilde{P}(x)\rangle = \langle y, \tilde{P}(x)\rangle = P(y, x)$$

montrent qu'en identifiant E** à E, ${}^t\tilde{P} : E^{**} \to E^*$ est égal à $\tilde{P}$. De même ${}^t\tilde{P}' = \tilde{P}'$. Puisque $\tilde{P}$ est un isomorphisme, on peut poser :

$$u = \tilde{P}^{-1} \circ \tilde{P}' \in \text{End } E.$$

La formule (4) du nº 3 (dans laquelle $\tilde{\varphi} = \tilde{P}$) montre alors que

$$u = u^*.$$

De plus

$$\forall (x, y) \in E^2 \qquad P'(x, y) = P[x, u(y)].$$

Soit alors $(e_1, \ldots, e_n) = \mathscr{E}$ une base de E. Elle est orthonormale pour P et orthogonale pour P′ si et seulement si :

$$\begin{aligned} \forall i, \quad \forall j \qquad & P(e_i, e_j) = P'(e_i, e_j) = 0 \qquad \text{si} \quad i \neq j \\ & P(e_i, e_i) = 1 \qquad P'(e_i, e_i) = a_i \in \mathbf{R}. \end{aligned}$$

Supposons alors $\mathscr{E}$ orthonormale pour P et orthogonale pour P′. On a :

$$\forall (i, j) : \quad P[e_i, u(e_j) - a_j e_j] = P'(e_i, e_j) - a_j P(e_i, e_j) = 0.$$

Donc (P non dégénérée), pour tout j, e_j est vecteur propre de u. Inversement, une base de E formée de vecteurs propres de u et orthonormale pour P est orthogonale pour P′. c.q.f.d.

Le théorème 3 assure l'existence d'une telle base. Dans cette base

$$q'(x) = \sum_{i=1}^{n} a_i x_i^2$$

où les a_i sont donc les valeurs propres de $\tilde{P}^{-1} \circ \tilde{P}'$ et sont par suite des *invariants du couple* (q, q').

Remarque 7. Rapportons E à une base orthonormale $\mathscr{E}$ pour q, et soit $\mathfrak{M}(P', \mathscr{E})$ la matrice de la forme bilinéaire de P′ dans cette base. D'après le théorème 1 du chapitre I, nº 4, il existe *des* bases de E orthogonales pour P′. Soit $\mathscr{F}$ une telle base et A la matrice de passage de $\mathscr{E}$ à $\mathscr{F}$. Alors (chapitre I, nº 1, exercice 1), $\mathfrak{M}(P', \mathscr{F})$ est diagonale et :

$$\mathfrak{M}(P', \mathscr{F}) = {}^tA\mathfrak{M}(P', \mathscr{E})A.$$

Par suite $\mathfrak{M}(P', \mathscr{F})$ et $\mathfrak{M}(P, \mathscr{E})$ *ne sont pas semblables*, sauf si ${}^tA = A^{-1}$, c'est-à-dire si $\mathscr{F}$ est orthonormale pour q; hormis ce cas, les valeurs propres de $\mathfrak{M}(P', \mathscr{E})$ et $\mathfrak{M}(P', \mathscr{F})$ sont sans rapport. Cependant ces deux matrices ont toujours même rang.

CHAPITRE III

Espaces vectoriels et affines euclidiens de dimension finie

1. Espaces vectoriels euclidiens. Produit scalaire

DÉFINITION 1. *On appelle espace vectoriel euclidien la donnée* (E, φ)

— *d'un espace vectoriel réel de dimension finie* E

— *et d'une forme bilinéaire symétrique* φ *sur* E, *définie positive.*

DÉFINITION 2. *On appelle produit scalaire des éléments* x *et* y *de* E, *le nombre réel* $\varphi(x, y)$.

DÉFINITION 3. *Étant donnés deux espaces vectoriels euclidiens* (E, φ) et (E', φ'), *on appelle morphisme de* (E, φ) *dans* (E', φ'), *une application* $u : E \to E'$ *telle que*

$$\forall (x, y) \in E^2 \qquad \varphi'[u(x), u(y)] = \varphi(x, y)$$

Notations. Lorsqu'aucune ambiguïté ne sera à craindre sur la définition de l'application φ (resp. φ'), nous poserons :

$$(x|y) = \varphi(x, y) \qquad (x|y)' = \varphi'(x, y)$$
$$\|x\| = \sqrt{\varphi(x, x)} \qquad \|x\|' = \sqrt{\varphi'(x, y)}$$

Certains auteurs notent même $\varphi(x, y)$ par $x.y$ ou xy.

Le théorème 1 du chapitre II et la remarque 1 qui lui fait suite montrent que les morphismes sont linéaires si dim E = dim E′. On peut même ici s'affranchir de cette restriction sur les dimensions car φ' n'a pas de vecteurs isotropes.

De façon précise :

THÉORÈME 1. *Soient* (E, φ), (E', φ') *deux espaces vectoriels euclidiens et* u *une application de* E *dans* E′.

Alors les assertions suivantes sont équivalentes :

i) $\forall (x, y) \in E^2 \quad u(x+y) = u(x) + u(y)$ *et* $\|u(x)\|' = \|x\|$

ii) $\forall (x, y) \in E^2 \quad u(0) = 0$ *et* $\|u(x) - u(y)\|' = \|x - y\|$

iii) u *est un morphisme de* (E, φ) *dans* (E', φ').

Si ces assertions sont vérifiées, u *est linéaire injective de* E *dans* E′.

Démonstration. Seul est à modifier le *c*) de la démonstration du théorème 1, chapitre II [car si $(e_1, \ldots, e_n)$ est une base orthogonale de E, $[u(e_1), \ldots, u(e_n)]$ est un système libre orthogonal de E′, mais plus nécessairement une base].

Cependant, la démonstration faite montre que :

$$\forall (x, y, z, \alpha, \beta) \in E^3 \times K^2 :$$
$$\varphi'[u(\alpha x + \beta y) - \alpha u(x) - \beta u(y), u(z)] = 0$$

donc que $t' = u(\alpha x + \beta y) - \alpha u(x) - \beta u(y)$ est orthogonal à $u(E)$, donc au sous-espace vectoriel de E′ engendré par $u(E)$, donc en particulier à lui-même : comme φ' est définie, $t' = 0$ et u est linéaire. Elle est injective par exemple d'après i) (car φ n'a pas de vecteur isotrope). c.q.f.d.

Rappelons deux formules utiles :

PROPOSITION 1. *Soit* (E, φ) *un espace vectoriel euclidien. Alors quels que soient* x *et* y *dans* E :

$$(1) \qquad 2(x|y) = \|x + y\|^2 - \|x\|^2 - \|y\|^2$$
$$(2) \qquad \|x + y\|^2 + \|x - y\|^2 = 2[\|x\|^2 + \|y\|^2]$$

l'identité (2) *s'appelle le théorème de la médiane. De l'identité* (1) *on déduit le*

THÉORÈME DE PYTHAGORE :

$$\forall (x, y) \in E^2 \qquad (x|y) = 0 \iff \|x + y\|^2 = \|x\|^2 + \|y\|^2.$$

2. Etude du produit scalaire. Norme sur un espace vectoriel euclidien

INÉGALITÉ DE CAUCHY-SCHWARZ. *Soit* (E, φ) *un espace vectoriel euclidien; alors quels que soient* x *et* y *dans* E :

$$|(x|y)| \leqslant \|x\| \ \|y\|$$

et l'égalité est réalisée si et seulement si x *et* y *sont linéairement dépendants.*

Preuve. Le théorème est évident si $\|x\| . \|y\| = 0$. On peut donc supposer x et y non nuls. Alors :

$$\theta(t) = \|tx + y\|^2 = t^2\|x\|^2 + 2t(x|y) + \|y\|^2$$

— est strictement positif pour tout t si x et y sont linéairement indépendants (car alors $\forall t$, $tx + y \neq 0$), et dans ce cas :

$$(x|y)^2 < \|x\|^2\|y\|^2,$$

— ou bien a une seule racine si x et y sont linéairement dépendants (puisque $x \neq 0$) et dans ce cas :

$$(x|y)^2 = \|x\|^2\|y\|^2$$

les réciproques sont vraies, puisque l'inégalité (resp. l'égalité) assure l'inexistence (resp. l'existence) d'une racine pour le trinôme $\theta(t)$, et que φ ne possède pas de vecteur isotrope. c.q.f.d.

COROLLAIRE. *L'application* $x \longmapsto \|x\|$ *est une norme sur l'espace vectoriel réel* E (d'où a notation).

Preuve. Puisque φ est définie positive, seule n'est pas évidente l'inégalité triangulaire, qui résulte comme suit de l'inégalité de Cauchy-Schwarz. Vu (1) :

$$\begin{aligned}\|x+y\|^2 = \|x\|^2 + \|y\|^2 + 2(x|y) &\leqslant \|x\|^2 + \|y\|^2 + 2|(x|y)| \\ &\leqslant \|x\|^2 + \|y\|^2 + 2\|x\|.\|y\| = (\|x\| + \|y\|)^2.\end{aligned}$$

D'où, puisque l'application $t \longmapsto t^2$ de $\mathbf{R}^+$ dans $\mathbf{R}^+$ est croissante :

$$\|x+y\| \leqslant \|x\| + \|y\|. \qquad \text{c.q.f.d.}$$

Remarque 1. On a l'égalité si et seulement si $x = \lambda y$ avec $\lambda > 0$ ou si $y = 0$, c'est-à-dire si et seulement si 0, x, y sont sur une même demi-droite affine d'origine 0.

Pour que 0, x, y soient alignés, il faut et il suffit que

$$\|x+y\| = |\ \|x\| \pm \|y\|\ |$$

Remarque 2. Un espace vectoriel euclidien se trouve donc muni d'une topologie. Cette topologie n'est pas quelconque puisqu'elle est métrisable, et même *induite par une norme.*

En fait, s'il est vrai qu'il existe des espaces vectoriels réels munis d'une topologie « naturelle » qui ne peut être induite par une norme (par ex. l'espace des fonctions représentables par des séries entières à une variable, de rayon de convergence infini, muni de la topologie de la convergence uniforme sur tout compact), ni même par une distance (par ex. l'espace de toutes les fonctions numériques sur [0, 1] muni de la topologie de la convergence simple), il n'existe sur un espace vectoriel réel E *de dimension finie* qu'une seule topologie raisonnable (i.e. séparée, et telle que les applications :

$$(x, y) \longmapsto x + y \qquad \text{et} \qquad (\lambda, x) \longmapsto \lambda x$$

soient continues). Cette topologie est telle que tout isomorphisme (algébrique) $E \to \mathbf{R}^n$ est un homéomorphisme (lorsqu'on munit $\mathbf{R}$ de sa topologie habituelle et $\mathbf{R}^n$ de la topologie produit). En particulier cette topologie peut être induite par une norme et même plusieurs : mais toutes les normes sur E sont équivalentes, et équivalentes en particulier à celle obtenue de la manière suivante :

On choisit une base arbitraire $(e_1, \ldots, e_n)$ de E et on pose

$$\left\| \sum_{i=1}^{n} \lambda_i e_i \right\| = \sum_{i=1}^{n} |\lambda_i|$$

Cependant, la norme que nous avons obtenue ici et que l'on appelle *norme euclidienne* si elle ne dote pas E de propriétés topologiques particulières (si dim E $= n$, E est homéomorphe à $\mathbf{R}^n$), a la propriété de *dériver d'un produit scalaire*, ce qui n'est pas le cas d'une norme arbitraire. On vérifie en effet facilement que si :

$$x \longmapsto \mathrm{N}(x)$$

est une norme sur E l'application :

$$(x, y) \longmapsto [\mathrm{N}(x+y)]^2 - [\mathrm{N}(x)]^2 - [\mathrm{N}(y)]^2$$

qui est symétrique de E $\times$ E dans $\mathbf{R}$, est bilinéaire si et seulement si $\mathrm{N}(x)$ satisfait à (2). Elle est alors définie positive.

Exercice 1. Soit $x \longmapsto \|x\|$ une norme sur un espace vectoriel réel E; on suppose qu'elle satisfait à (2), et on veut montrer qu'elle dérive d'un produit scalaire φ. Dans ce but, on pose

$$h(x, y) = \|x+y\|^2 - \|x\|^2 - \|y\|^2$$

a) Montrer que $h(2x, y) = 2h(x, y)$.

b) En déduire que :

$$\|x+y+z\|^2 = \|x+y\|^2 + \|y+z\|^2 + \|z+x\|^2 - \|x\|^2 - \|y\|^2 - \|z\|^2$$

c) Déduire de là l'additivité de h par rapport à sa 1re variable, puis sa linéarité grâce à un argument de continuité.

d) Conclure.

Les normes dérivant d'un produit scalaire sont donc exactement celles qui vérifient le théorème de la médiane. [Le produit scalaire étant alors défini par (1) dans proposition 1.]

Le produit scalaire permet de parler de façon « raisonnable » d'orthogonalité, ce que la norme seule ne suffirait pas à définir.

La géométrie d'un espace euclidien est donc plus riche que celle d'un espace normé arbitraire.

Notons que sur un espace vectoriel réel de dimension n, il y a *essentiellement une* géométrie euclidienne, car toutes les formes quadratiques définies positives [donc de signature $(n, 0)$] sont *équivalentes*. Elles ne sont naturellement pas toutes égales.

Nous noterons donc souvent par E_n, un espace vectoriel euclidien de dimension n.

3. Espace affine euclidien

DÉFINITION 4. *On appelle espace affine euclidien la donnée* $[(\mathrm{X}, \vec{\mathrm{X}}, \Phi), \varphi]$

— *d'un espace affine réel* $(\mathrm{X}, \vec{\mathrm{X}}, \Phi)$

— *et d'une forme bilinéaire symétrique* φ *définie positive sur* $\vec{\mathrm{X}}$

On désigne par d(resp. d^2) l'application de X^2 dans $\mathbf{R}^+$ définie par :

$$d(x, y) = \|x - y\|$$

[resp. : $d^2(x, y) = \|x - y\|^2$]. L'énoncé suivant est évident.

Proposition 2. *L'application d est une métrique sur* X, *invariante par translation et compatible avec les homothéties au sens suivant :*

Si $\vec{t} \in \vec{X}$ *et si* $H : x \longmapsto a + \lambda\overrightarrow{ax}$ *est l'homothétie de centre a et de rapport* λ :

$$(3) \qquad d(x + \vec{t}, y + \vec{t}) = d(x, y);$$
$$(4) \qquad d[H(x), H(y)] = |\lambda| \, d(x, y)$$

Remarque 3. Soit X un espace affine; toute métrique sur X invariante par translation et compatible avec les homothéties provient d'*une norme sur* $\vec{X}$ par la formule :

$$\|\vec{t}\| = d(x + \vec{t}, x)$$

car, vu (3), le 2e membre ne dépend pas de x; naturellement cette norme n'est euclidienne que si elle vérifie le théorème de la médiane, lequel peut s'écrire directement dans X.

Nous laissons donc au lecteur le soin de donner des conditions nécessaires et suffisantes pour qu'une métrique sur un espace affine X soit une métrique *euclidienne*.

Définition 5. *Soient* X *et* X' *deux espaces affines euclidiens. On appelle isométrie de* X *dans* X' (resp. X) *toute application* $f : X \to X'$ (resp. $f : X \to X$) *telle que :*

$$d'[f(x), f(y)] = d(x, y)$$
$$(\text{resp.} \quad d[f(x), f(y)] = d(x, y)).$$

Théorème 2. *Les isométries de* X *dans* X' *sont exactement les applications affines f de* X *dans* X' *telles que* $\vec{f}$ *soit un morphisme de* $(\vec{X}, \varphi)$ *dans* $(\vec{X}', \varphi')$.

Démonstration. 1) Soit f une isométrie de X dans X', $a \in X$ et

$$f_a : \vec{t} \longmapsto f(a + \vec{t}) - f(a).$$

On a :

$$f_a(\vec{0}) = \vec{0} \qquad \text{et} \qquad \|f_a(\vec{t}) - f_a(\vec{t}\,')\|' = \|f(a + \vec{t}) - f(a + \vec{t}\,')\|'$$
$$= d'[f(a + \vec{t}), f(a + \vec{t}\,')] = d(a + \vec{t}, a + \vec{t}\,') = \|\vec{t} - \vec{t}\,'\|$$

Donc, vu le théorème 1, ii), f_a est un morphisme de $(\vec{X}, \varphi)$ dans $(\vec{X}', \varphi')$, et est en particulier *linéaire* et par suite f est affine.

2) Réciproquement si f est affine et $\vec{f}$ un morphisme on a :

$$d'[f(x), f(y)] = \|f(x) - f(y)\|' = \|\vec{f}(\overrightarrow{yx})\|' = \|\overrightarrow{yx}\| = d(x, y)$$

donc f est une isométrie. c.q.f.d.

Définition 6. 1) *Si* $\vec{X}$ *est un espace vectoriel euclidien, on notera* $O(\vec{X})$ [resp. $SO(\vec{X})$ ou $O^+(\vec{X})$] *le groupe des morphismes de* $\vec{X}$ *dans lui-même* [resp. le *groupe des morphismes de* $\vec{X}$ *dans lui-même de déterminants* $+ 1$].

2) *Si* X *est un espace affine euclidien, on notera* Is(X) *le groupe des isométries de* X, $Is^+(X)$ *le sous-groupe distingué des isométries de déterminant* $+ 1$.

3) *On appelle déplacements les éléments de* $Is^+(X)$, *antidéplacements ou renversements, les éléments de* $\complement Is^+(X) = Is^-(X)$.

Proposition 3. Identifiant $\vec{X}$ au groupe des translations de X, on a donc les suites exactes :

$$1 \to Is^+(X) \longrightarrow Is(X) \longrightarrow \mathbf{Z}_2 \longrightarrow 0$$
$$0 \to \vec{X} \longrightarrow Is^+(X) \longrightarrow O^+(\vec{X}) \longrightarrow 1$$
$$0 \to \vec{X} \longrightarrow Is(X) \longrightarrow O(\vec{X}) \longrightarrow 1$$

Proposition 4. *Appelons repère orthonormal d'un espace affine euclidien* X, *un repère cartésien* $(x_0, \vec{e}_1, \ldots, \vec{e}_n)$ *tel que* $(\vec{e}_1, \ldots, \vec{e}_n)$ *soit un repère orthonormal de l'espace vectoriel euclidien* $\vec{X}$ (chapitre I, n° 4, déf. 6). *Alors :*

a) *tout espace affine euclidien possède des repères orthonormaux;*

b) *pour qu'une application affine de* X *dans* Y *soit une isométrie de* X *sur* Y, *il faut et il suffit qu'elle transforme un repère orthonormal de* X *en un repère orthonormal de* Y (*et elle transforme alors tout repère orthonormal de* X *en un repère orthonormal de* Y);

c) *le groupe des isométries de* X *opère de façon simplement transitive dans l'ensemble des repères orthonormaux de* X.

Démonstration. a) Il suffit de voir que $\vec{X}$ admet des bases orthonormales. Or il admet une base orthogonale $(e'_1, \ldots, e'_n)$ pour φ (chapitre I, n° 4, théorème 1). Comme φ est définie positive, $a_i = \varphi(e', e') > 0$ et la famille

$$\left(e_i = \frac{1}{\sqrt{a_i}} e'\right)_{1 \leqslant i \leqslant n}$$

est une base orthonormale pour φ.

b) D'après le théorème 2, on peut se ramener aux espaces vectoriels euclidiens et à l'application linéaire $\vec{f}$ associée.

Si $\vec{f}$ est un morphisme, elle conserve le produit scalaire et par suite transforme une base orthonormale en une base orthonormale.

La réciproque est vraie par suite de la bilinéarité du produit scalaire.

c) Il résulte du théorème 2, 1re partie, chapitre III, § II, n° 1. c.q.f.d.

4. Propriétés topologiques des espaces affines euclidiens

PROPOSITION 5. *Soit* X *un espace affine euclidien, d'espace vectoriel associé* $\vec{X}$, *de produit scalaire* φ.

Munissons $(\vec{X}, \varphi)$ *de sa structure affine euclidienne canonique. Alors : Pour tout a dans* X

$$\Theta_a : x \longmapsto \overrightarrow{ax}$$

est une isométrie de X sur $\vec{X}$.

Démonstration : $d[\Theta_a(x), \Theta_a(y)] = \|\overrightarrow{ax} - \overrightarrow{ay}\| = \|\overrightarrow{xy}\| = d(x, y)$. c.q.f.d.

COROLLAIRE 1. *Tout espace affine euclidien de dimension n est homéomorphe à* $\mathbf{R}^n$. *Il est en particulier complet, localement compact, connexe et localement connexe.*

COROLLAIRE 2. *Toute application affine est continue.*

COROLLAIRE 3. *Tout sous-espace affine est un ensemble fermé.*

Remarque 4. *Comme dans le cas des espaces vectoriels euclidiens une structure euclidienne est plus précise qu'une simple topologie, même dérivant d'une métrique.*

Deux espaces affines euclidiens sont isomorphes si et seulement si ils ont même dimension.

Nous noterons souvent X_n un espace affine euclidien de dimension n.

5. Propriétés spécifiquement euclidiennes

Ce sont celles qui découlent de l'existence d'un produit scalaire.

Si (E, φ) est un espace vectoriel euclidien, et V un sous-espace de E, la restriction φ' de φ à V^2 est encore bilinéaire symétrique, définie positive (alors que la restriction d'une forme non dégénérée n'est pas nécessairement non dégénérée).

(V, φ') s'appelle un sous-espace euclidien de (E, φ).

PROPOSITION 6. *Pour tout sous-espace vectoriel* V *de* E, E *est somme directe orthogonale de* V *et* $V^\perp$

$$E = V \overset{\perp}{\oplus} V^\perp.$$

Démonstration.

— φ étant non dégénérée, $\dim V^{\perp} = \operatorname{codim} V$

— φ étant sans vecteur isotrope, $V \cap V^{\perp} = \{0\}$. c.q.f.d.

DÉFINITION 7. $V^{\perp}$ *s'appelle le supplémentaire orthogonal de* V.

PROPOSITION 7. THÉORÈME DE PYTHAGORE :

$$\overrightarrow{ab} \perp \overrightarrow{ac} \iff d^2(b, c) = d^2(a, b) + d^2(a, c).$$

THÉORÈME 3. *Soit* X *un espace affine euclidien,* V *un sous-espace affine de* X. *Pour tou* $x \in X$ *il existe un* y *et un seul dans* V *tel que*

$$d(x, y) = d(x, V)$$

et l'application $x \longmapsto y$ *est la projection* p *de* X *sur* V *parallèlement à* $(\vec{V})^{\perp}$.

Démonstration. Comme $\vec{X} = \vec{V} \oplus (\vec{V})^{\perp}$, la projection p de X sur V parallèlement à $(\vec{V})^{\perp}$ est bien définie (1re partie, chapitre II, nº 2, exemple 4).

Soit $y = p(x)$: $\overrightarrow{x - p(x)} \in V^{\perp}$ et si $z \in V$, $z - p(x) \in \vec{V}$.

Donc, d'après le théorème de Pythagore :

$$\forall z \in V, \quad d[x, p(x)] \leqslant d(x, z) = \sqrt{d^2[x, p(x)] + d^2[z, p(x)]}$$

l'égalité n'étant réalisée que pour $z = p(x)$. c.q.f.d.

DÉFINITION 8. *Une projection de* X *sur un sous-espace affine* V *parallèlement à* $(\vec{V})^{\perp}$ *s'appelle une projection orthogonale.*

PROPOSITION 8. *Soit* σ *une symétrie de l'espace affine euclidien* X *et* $p = \frac{1}{2}(\sigma + \mathrm{Id})$ *la projection parallèle associée* (1re partie, chapitre III, § II, nº 6, théorème 4). *Pour que* σ *soit une isométrie, il faut et il suffit que* p *soit une projection orthogonale.*

Démonstration. Il est équivalent de chercher une condition pour que $\vec{\sigma} \in O(\vec{X})$.

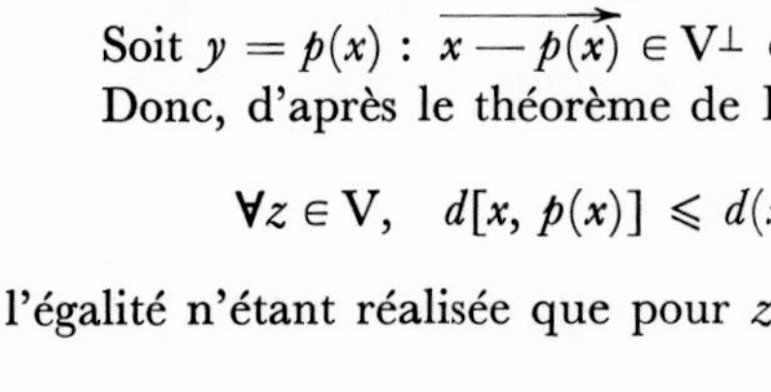

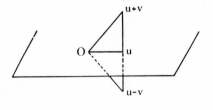

On rappelle que puisque $\vec{\sigma} \circ \vec{\sigma} = \mathrm{Id}$, $\vec{X}$ est somme directe de

$$\operatorname{Ker}(\vec{\sigma} - \mathrm{Id}) = \operatorname{Im} \vec{p}$$

et de

$$\operatorname{Ker}(\vec{\sigma} + \mathrm{Id}) = \operatorname{Ker} \vec{p}$$

Or

$$\forall (\vec{u}, \vec{v}) \in (\operatorname{Im} \vec{p}) \times (\operatorname{Ker} \vec{p}) : \quad \vec{\sigma}(\vec{u} + \vec{v}) = \vec{u} - \vec{v}.$$

Donc $\vec{\sigma} \in O(\vec{X}) \iff \forall (\vec{u}, \vec{v}) \in \operatorname{Im} \vec{p} \times \operatorname{Ker} \vec{p}$,

$$\|\vec{u} + \vec{v}\| = \|\vec{u} - \vec{v}\| \iff (\vec{u} | \vec{v}) = -(\vec{u} | \vec{v})$$

Donc $\vec{\sigma} \in 0(\vec{X}) \Longleftrightarrow \operatorname{Im} \vec{p} \subset (\operatorname{Ker} \vec{p})^{\perp}$ et par suite pour des raisons de dimension, il est équivalent de dire que $\sigma \in \operatorname{Is}(X)$ et que $\operatorname{Im} \vec{p} = (\operatorname{Ker} \vec{p})^{\perp}$, c'est-à-dire que p est une projection orthogonale. c.q.f.d.

DÉFINITION 9. *Une symétrie qui est une isométrie s'appelle une symétrie orthogonale.*

Remarque 5. *Vu la proposition* 8, *une symétrie orthogonale σ est entièrement déterminée par le sous-espace affine* Y *de ses points fixes.*

On la caractérise donc en disant que c'est la symétrie (orthogonale) par rapport à Y.

Exercice 2. *Théorème des trois perpendiculaires.*

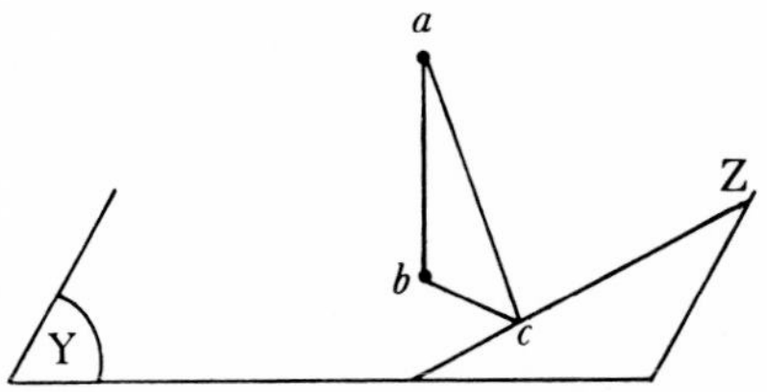

Soit X un espace affine euclidien,

Y et Z deux sous-espaces affines de X,

P_Y (resp. P_Z) la projection orthogonale de X sur Y (resp. Z). Supposons $Z \subset Y$

1) Alors $P_Z = P_Z \circ P_Y$.

2) Justifier le nom donné à cet énoncé (comparer aux trois mousquetaires!).

DÉFINITION 10. *Dans un espace affine euclidien* X, *on appelle axe une droite orientée, munie de la structure euclidienne induite par celle de* X.

Un axe est donc un triplet $(D, \vec{t}, \varphi)$ où

— D est un espace affine de dimension un,

— $\vec{t} \in \vec{D} - \{0\}$ est un repère de $\vec{D}$ définissant l'orientation,

— $\varphi : \vec{D} \times \vec{D} \to \mathbf{R}$ une forme bilinéaire symétrique définie positive.

La donnée de φ équivaut à celle d'un nombre réel strictement positif

$$a = \varphi(\vec{t}, \vec{t}).$$

Un axe « porte » un vecteur unitaire $\vec{u} = \dfrac{\vec{t}}{\sqrt{a}}$ et un seul.

Soit $(a, b) \in D^2$; l'unique scalaire $\lambda = \overline{ab}$ tel que $\vec{ab} = \lambda \vec{u}$ s'appelle *la mesure algébrique de* $\vec{ab}$ [ou de (a, b)] sur l'axe $(D, \vec{t}, \varphi)$.

6. Questions relatives aux boules et aux sphères

Comme dans tout espace métrique, on a la

DÉFINITION 11. *Dans un espace affine euclidien* X, *on appelle boule ouverte (resp. boule fermée, resp. sphère) de centre a et de rayon $r > 0$ l'ensemble :*

$$B(a, r) = \{x \in X \mid d(a, x) < r\}$$

[resp. $B^f(a, r) = \{x \in X \mid d(a, x) \leqslant r\}$]

[resp. $S(a, r) = \{x \in X \mid d(a, x) = r\}$].

Les boules ouvertes sont des ensembles ouverts. Les boules fermées et les sphères sont des ensembles fermés (et même compacts puisque dim X $< \infty$).

Comme dans tout espace normé, l'adhérence (resp. la frontière) de $B(a, r)$ est $B^f(a, r)$ [resp. $S(a, r)$] — ce qui n'est pas le cas nécessairement dans un espace métrique plus général.

Preuve. Soit $b \in B^f(a, r)$ et $x(t) = ta + (1 - t)b \in [a, b]$ $0 \leqslant t \leqslant 1$. Si $t > 0$ $x \in B(a, r)$

$$b = \lim_{n \to \infty} x\left(\frac{1}{n}\right) \in \overline{B}(a, r)$$

Proposition 9. *Soit* X *un espace affine euclidien,* Y *un sous-espace affine de* X *muni de la structure euclidienne induite.*

Soit $a \in X$, a' la projection orthogonale de a sur Y *et $p = d(a, Y)$.*
Alors

$$B(a, r) \cap Y \quad [\text{resp. } B^f(a, r) \cap Y,\ S(a, r) \cap Y]$$

— *est vide si $p > r$*
— *la boule ouverte* (resp. *fermée,* resp. *la sphère*) *de* Y *de centre a' et de rayon $r' = \sqrt{r^2 - p^2}$ si $p < r$*
— *enfin si $p = r$,*

$$B(a, r) \cap Y = \varnothing \quad \text{et} \quad B^f(a, r) \cap Y = S(a, r) \cap Y = \{a'\}.$$

Démonstration. Appliquer le théorème de Pythagore :

$$\forall y \in Y \qquad d^2(a, y) = d^2(a, a') + d^2(a', y). \qquad \text{c.q.f.d.}$$

Proposition 10. (Puissance d'un point par rapport à une sphère.) *Soit* X *un espace affine euclidien,* $S(a, r)$ *la sphère de* X *de centre a, de rayon r et $b \in X$.*

Pour toute droite D *passant par b telle que $d(a, D) < r$, soit $\{m, m'\} = S(a, r) \cap D$; pour toute droite Δ passant par b telle que $d(a, \Delta) = r$, soit $\mu = \Delta \cap S(a, r)$. Alors, pour toute telle droite* D (resp. Δ) *et toute orientation de* D, *on a :*

$$\overline{bm}.\overline{bm'} = b\mu^2 = d^2(a, b) - r^2$$

Démonstration. Soit $\vec{u}$ un vecteur unitaire de D (resp. Δ). Soit $x \in D$ (resp. Δ)

$$x = b + \rho\vec{u} \qquad \text{et} \qquad \rho = \overline{bx}$$

$$x \in S(a, r) \iff d^2(a, x) = \rho^2 + 2\rho(\overrightarrow{ab}|\vec{u}) + \|\overrightarrow{ab}\|^2 = r^2$$

Par suite $\overline{bm}.\overline{bm'} = b\mu^2 = \|\overrightarrow{ab}\|^2 - r^2$ est indépendant de $\vec{u}$. c.q.f.d.

Exercices.

3. Chercher le lieu du milieu de (m, m').

4. Déterminer l'ensemble des points dont le rapport des puissances par rapport à deux sphères est constant.

Cas où cette constante est égale à 1.
Discuter.

5. Développer la théorie des faisceaux linéaires de sphères.
Faisceaux orthogonaux.

6. Montrer qu'une boule (ouverte ou fermée) est convexe, donc connexe.
Qu'en est-il d'une sphère°
Ces propriétés sont-elles propres aux espaces affines euclidiens? aux espaces affines « normés » (préciser ce terme)? aux espaces affines « métriques »?

7. Cas de la dimension infinie

Soit (E, φ) un espace vectoriel réel E de dimension infinie, muni d'une forme bilinéaire symétrique définie positive.

Le couple (E, φ) s'appelle un espace *préhilbertien réel.*

Les numéros 1, 2, 3 restent valables — à ceci près que la topologie déduite du produit scalaire n'est pas la seule topologie « raisonnable » que l'on puisse mettre sur E, et qu'un morphisme n'est pas nécessairement bijectif.

La formulation de la proposition 4 doit être modifiée.

Par contre les n° 4 et suivants ne s'étendent pas sans précautions.

Si E est un espace préhilbertien réel, toute forme linéaire n'est pas nécessairement continue, ni tout sous-espace affine fermé.

Les propositions 6 et 8 ne sont pas nécessairement vraies ni le théorème 3; ils ne sont assurés que si V est complet (et en particulier fermé dans E).

Les démonstrations sont moins élémentaires, elles sont de nature topologique et non pas seulement algébrique.

Dans le cas de la dimension infinie — qui se présente en analyse fonctionnelle — les principaux phénomènes de la géométrie « élémentaire » subsistent pour les espaces préhilbertiens qui sont *complets* (pour la norme que définit le produit scalaire).

On appelle de tels espaces des *espaces de Hilbert.*

CHAPITRE IV

Complexifié d'un espace vectoriel réel

Dans ce chapitre nous envisagerons simultanément des espaces vectoriels réels (i.e. sur le corps **R**) et complexes (i.e. sur le corps **C**). Nous dirons souvent K-espace pour « espace vectoriel sur le corps K ». Si E et F sont des espaces vectoriels complexes, ils ont une structure sous-jacente d'espace vectoriel réel. Il y aura alors lieu de distinguer les **C**-espaces vectoriels $L_{\mathbf{R}}(E, F)$ et $L_{\mathbf{C}}(E, F)$ des applications additives $f: E \to F$ satisfaisant en outre à $f(\lambda x) = \lambda f(x)$ seulement pour $\lambda \in \mathbf{R}$ (on dira que f est **R**-linéaire) ou pour $\lambda \in \mathbf{C}$ (on dira que f est **C**-linéaire).

De tout ce chapitre seul le nº 8 (sans l'exercice 6) est important pour la suite (mais il est essentiel). Ce nº 8 ne dépend que de la définition 4 (nº 7) et du corollaire 2 du nº 7. Ce corollaire est du reste démontré de façon tout à fait indépendante du chapitre IV dans l'annexe I (nº 6, remarque 3′).

Le lecteur pressé pourra donc admettre ce corollaire 2, ou se contenter de la « démonstration » suivante du corollaire.

Soit M une matrice carrée réelle à n lignes et n colonnes. Si elle a une valeur propre réelle, M, comme endomorphisme de $\mathbf{R}^n$, laisse stable un sous-espace vectoriel réel de dimension un. Sinon M a sûrement 2 valeurs propres imaginaires conjuguées (théorème de d'Alembert) λ et $\bar{\lambda}$. Considérons M comme opérant dans $\mathbf{C}^n$. Alors il existe un vecteur colonne $\begin{pmatrix} z_1 \\ \vdots \\ z_n \end{pmatrix} = C \in \mathbf{C}^n$ tel que

$$M.\begin{pmatrix} z_1 \\ \vdots \\ z_n \end{pmatrix} = \lambda \begin{pmatrix} z_1 \\ \vdots \\ z_n \end{pmatrix}$$

D'où en prenant les imaginaires conjugués des 2 membres

$$M.\begin{pmatrix} \bar{z}_1 \\ \vdots \\ \bar{z}_n \end{pmatrix} = \bar{\lambda} \begin{pmatrix} \bar{z}_1 \\ \vdots \\ \bar{z}_n \end{pmatrix}$$

car M est à coefficients réels. Si on pose $x_i = \frac{1}{2}(z_i + \bar{z}_i)$, $y_i = \frac{1}{2}(z_i - \bar{z}_i)$, les vecteurs $\begin{pmatrix} x_1 \\ \vdots \\ x_n \end{pmatrix}$ et $\begin{pmatrix} y_1 \\ \vdots \\ y_n \end{pmatrix}$ sont dans $\mathbf{R}^n$, linéairement indépendants sur $\mathbf{R}$, et le plan de $\mathbf{R}^n$ qu'ils engendrent est stable pour M (vérifications immédiates).

Ce long chapitre n'a pas pour but de justifier ce seul corollaire (il suffirait, ce qui n'est pas très difficile, de vérifier que le raisonnement ci-dessus a un sens intrinsèque).

Son objectif essentiel est de familiariser les lecteurs ne connaissant pas les produits tensoriels à une technique d'extension du corps de base indispensable en géométrie algébrique la plus élémentaire (cf. n° 1, exemple 1). Une exacte compréhension de ce qu'est un complexifié est indispensable à une saine lecture de n'importe quel ouvrage de géométrie supérieure (sic!) antérieur aux années 1950 (par exemple les chapitres de géométrie analytique des anciens livres de Spéciales). Une telle lecture est recommandée, car ces ouvrages fourmillent de jolis exemples; mais la distinction précise entre un espace (vectoriel, affine ou projectif) réel et son complexifié n'est jamais faite, ce qui peut conduire à des erreurs graves.

En effet une des idées les plus fécondes des géomètres du 19e siècle a été d'introduire l'utilisation du corps des complexes en géométrie, c'est-à-dire à plonger un espace affine réel X dans son complexifié X^c, et à complexifier les variétés algébriques de X (i.e. les sous-ensembles qui sont les zéros communs à un idéal I de polynômes à coefficients réels) en conservant leurs équations de définition (polynômes à coefficients complexes de partie imaginaire nulle, et à variables complexes). Le « principe de conservation des identités algébriques par extension du corps de base » a alors pour conséquence le « principe de continuité de Poncelet » (1822). Tous les livres de mathématiques spéciales antérieurs à 1950 développent abondamment ce point de vue. Malgré son incontestable utilité, nous n'y ferons pas appel. Il n'est d'ailleurs pas sans danger : ainsi, par complexification, un cercle de $\mathbf{R}^2$ devient une variété analytique réelle *de dimension* 2 *de* $\mathbf{C}^2$, *non compacte*, ce qui contredit le principe, trop vague, de Poncelet.

Nous pensons d'autre part que les considérations du n° 6 peuvent permettre au lecteur de mieux saisir la différence qui existe entre une application $\mathbf{C}^n \to \mathbf{C}$ $(n \geqslant 1)$ différentiable au sens réel ou au sens complexe.

Telles sont les deux raisons qui nous ont incité à introduire ce chapitre que bien des lecteurs trouveront peut-être difficile. Encore une fois, hormis le n° 8, il est en dehors de l'architecture générale de cet ouvrage.

1. Position du problème

Dans un certain nombre de circonstances, on a intérêt à considérer $\mathbf{R}^n$ comme sous-ensemble de $\mathbf{C}^n$ et même plus précisément comme un sous-espace vectoriel réel du $\mathbf{R}$-espace $\mathbf{C}^n$. Voici deux exemples :

Exemple 1. Considérons dans $\mathbf{R}^2$ l'ensemble des points (x_1, x_2) tels que :

$$x_1 = a \qquad \text{et} \qquad x_1^2 + x_2^2 = 1 \quad (x \in \mathbf{R}^2)$$

Cet ensemble est vide si $a^2 > 1$.

Cependant si on admet pour x_1 et x_2 des valeurs complexes, c'est-à-dire si on remplace $\mathbf{R}^2$ par $\mathbf{C}^2$, cet ensemble n'est jamais vide, et se compose quel que soit a dans $\mathbf{R}$, de deux points, ou d'un seul point « comptant double ».

Pour $|a| \leqslant 1$, cet ensemble de $\mathbf{C}^2$ est dans $\mathbf{R}^2$.

Exemple 2. Soit $A = ((a_{ij})) \in M_n(\mathbf{R})$ une matrice carrée d'ordre n à coefficients réels — ou, si l'on veut, un endomorphisme de $\mathbf{R}^n$ (rapporté à sa base canonique) et $\chi_A(x)$ son polynôme caractéristique.

Une racine réelle λ de χ_A a une signification géométrique : c'est une valeur propre de A; il lui est associé un sous-espace vectoriel Λ de $\mathbf{R}^n$ (de dimension 1 en général) tel que si $e \in \Lambda$, $A(e) = \lambda e$.

Si λ est une racine complexe de χ_A, on n'a plus une telle interprétation. Cependant le fait de considérer **R** comme un sous-corps de **C** permet d'interpréter A comme un élément de $M_n(\mathbf{C})$, c'est-à-dire comme un endomorphisme de $\mathbf{C}^n$. Alors toute racine de χ_A est une valeur propre. Il lui sont associés des vecteurs propres $e \in \mathbf{C}^n$, et on peut en choisir dans $\mathbf{R}^n \subset \mathbf{C}^n$ si cette racine est réelle.

En réalité $\mathbf{R}^n$ n'est pas à proprement parler, un sous-ensemble de $\mathbf{C}^n$; si l'on désigne par σ l'application $(z_1, \ldots, z_n) \longmapsto (\bar{z}_1, \ldots, \bar{z}_n)$ de $\mathbf{C}^n$ sur lui-même (où $\bar{z}_i$ est l'imaginaire conjugué de z_i), σ est **R**-linéaire et $\mathbf{R}^n$ est identifié au **R**-sous-espace vectoriel $\mathrm{Ker}(\sigma - \mathrm{Id})$ de $\mathbf{C}^n$ grâce à l'isomorphisme de **R**-algèbre $x \longmapsto (x, 0)$ de **R** dans **C**.

C'est l'existence de σ qui permet de privilégier un **R**-sous-espace de $\mathbf{C}^n$ de dimension n, qui se trouve de plus isomorphe canoniquement à $\mathbf{R}^n$ (parce que la base canonique de $\mathbf{C}^n$ se trouve dans ce sous-espace).

2. Définition

C'est cette situation qu'il s'agit de généraliser. Nous énoncerons dans ce but les définitions suivantes :

DÉFINITION 1. *On appelle complexifié la donnée* (F, σ) *d'un espace vectoriel complexe* F *et d'une application involutive* $\sigma : F \to F$ *semi-linéaire par rapport à l'automorphisme* $\lambda \longmapsto \bar{\lambda}$ *de* **C**.

Étant donnés deux complexifiés (F, σ) *et* (F', σ'), *on appelle morphisme de* (F, σ) *dans* (F', σ') *une application* **C**-*linéaire* $f : F \to F'$ *telle que* $f \circ \sigma = \sigma' \circ f$

$$\begin{array}{ccc} F & \xrightarrow{\ f\ } & F' \\ {\scriptstyle\sigma}\downarrow & & \downarrow{\scriptstyle\sigma'} \\ F & \xrightarrow{\ f\ } & F' \end{array}$$

Deux complexifiés (F, σ) *et* (F', σ') *seront dits isomorphes s'il existe un morphisme* f *de* (F, σ) *dans* (F', σ') *et un morphisme* g *de* (F', σ') *dans* (F, σ) *tels que:*

$$g \circ f = \mathrm{Id}_F \qquad \text{et} \qquad f \circ g = \mathrm{Id}_{F'}.$$

PROPOSITION 1. *Avec les notations de la définition* 1, *posons pour tout complexifié* (F, σ)

$$F_+ = \{x \in F \mid \sigma(x) = x\} \qquad et \qquad F_- = \{x \in F \mid \sigma(x) = -x\}$$

Alors :

a) La composée de deux morphismes est un morphisme.

b) F_+ *et* F_- *sont deux espaces vectoriels réels canoniquement isomorphes, et* F *considéré comme* **R**-*espace vectoriel, est somme directe de* F_+ *et* $F_- = iF_+$.

c) Une application **C***-linéaire* f : F $\to$ F′ *est un morphisme du complexifié* (F, σ) *dans le complexifié* (F′, σ') *si et seulement si :*

$$f(F_+) \subset F'_+ \quad \text{ou} \quad f(F_-) \subset F'_-.$$

d) Un morphisme est un isomorphisme si et seulement si il est bijectif.

Démonstration. Ces résultats sont à peu près évidents.

a) Soient f (resp. g) un morphisme de (F, σ) dans (G, σ') [resp. de (G, σ') dans (H, σ'')] alors $g \circ f$ est **C**-linéaire de F dans H et

$$(g \circ f) \circ \sigma = g \circ \sigma' \circ f = \sigma'' \circ g \circ f = \sigma'' \circ (g \circ f). \qquad \text{c.q.f.d.}$$

b) Un espace vectoriel complexe est muni d'une structure d'espace vectoriel réel [on restreint à $\mathbf{R} \times F$ l'application $(\lambda, x) \longmapsto \lambda x$ de $\mathbf{C} \times F$ dans F]. Pour

$$(\lambda, x) \in \mathbf{R} \times F \qquad \sigma(\lambda x) = \bar{\lambda}\sigma(x) = \lambda\sigma(x)$$

montre que σ est **R**-linéaire.

Étant involutive ($\sigma \circ \sigma = \text{Id}$), c'est une symétrie du **R**-espace F par rapport à F_+ et parallèlement à F_- (1re partie, chapitre III, I, n° 6) et tout x dans F s'écrit d'une seule façon :

$$x = x_+ + x_- \quad \text{où} \quad x_+ = \frac{x + \sigma(x)}{2} \in F_+, \quad x_- = \frac{x - \sigma(x)}{2} \in F_-$$

De plus, l'isomorphisme **R**-linéaire $x \longmapsto ix$ de F sur lui-même échange F_+ et F_-, puisque $\sigma(ix) = -i\sigma(x)$ c.q.f.d.

c) Si f est un morphisme, il est clair que $f(F_+) \subset F'_+$ et $f(F_-) \subset F'_-$. Du reste ces deux conditions sont équivalentes, car $F_- = iF_+$ et f est **C**-linéaire.

Réciproquement, désignons par x_+, x_-, x'_+, x'_- les composantes dans F_+, F_-, F'_+, F'_- de $x \in F$ et de $x' = f(x) \in F'$. On a : $f(x_+) = \xi \in F'_+$, $f(x_-) = \xi' \in F'_-$. Mais

$$f(x) = f(x_+ + x_-) = x' = x'_+ + x'_- = f(x_+) + f(x_-) = \xi + \xi'$$

La somme étant directe, on a donc $\xi = x'_+$, $\xi' = x'_-$ c'est-à-dire :

$$f\left(\frac{x + \sigma(x)}{2}\right) = \frac{f(x) + \sigma'[f(x)]}{2}$$

$$f\left(\frac{x - \sigma(x)}{2}\right) = \frac{f(x) - \sigma'[f(x)]}{2}$$

d'où par soustraction $f \circ \sigma = \sigma' \circ f$ c.q.f.d.

d) évident. c.q.f.d.

DÉFINITION 2. *Soit* E *un espace vectoriel réel. On appelle complexifié de* E *la donnée* [(F, σ), j] *d'un complexifié* (F, σ) *et d'un* **R***-isomorphisme* j *de* E *sur* $F_+ = \text{Ker}(\sigma - \text{Id})$.

Étant donnés deux espaces vectoriels réels E *et* E′ *et* f *une application* **R***-linéaire de* E *dans* E′, *on appelle complexifié de* f *un morphisme*

$$f^c : (F, \sigma) \to (F', \sigma')$$

tel que $f^c \circ j = j' \circ f$, *où* [(F, σ), j] *et* [(F′, σ'), j'] *sont des complexifiés de* E *et* E′ *respectivement.*

Deux complexifiés [(F, σ), j] *et* [(F′, σ'), j'] *du même espace* E *sont dits isomorphes s'il existe un isomorphisme de complexifiés* φ : (F, σ) $\to$ (F′, σ') *tel que* $\varphi = \text{Id}^c_E$.

Remarque. Le diagramme commutatif suivant résume la situation décrite dans les définitions 1 et 2.

$$\begin{array}{ccccc} E & \xrightarrow{j} & F & \xrightarrow{\sigma} & F \\ {\scriptstyle f}\downarrow & & {\scriptstyle f^c}\downarrow & & \downarrow{\scriptstyle f^c} \\ E' & \xrightarrow[j']{} & F' & \xrightarrow[\sigma']{} & F' \end{array} \qquad \text{(I)}$$

3. Théorème

Le but principal de ce chapitre est d'établir le théorème 1.

THÉORÈME 1. *Tout espace vectoriel réel admet un complexifié, et, à un isomorphisme près, un seul; toute application* **R**-*linéaire* : $E \to E'$ *admet, les complexifiés de* E *et* E' *étant donnés, une unique complexifiée.*

Démonstration. a) Soit $[(F, \sigma)j]$ un complexifié de E (cf. diagramme I). On a

$$F = j(E) \oplus i[j(E)].$$

Désignons par J l'application **R**-linéaire $z \to iz$ de F dans lui-même : on a

$$\sigma \circ J = -J \circ \sigma$$

et la décomposition en somme directe montre que $\theta : (x, y) \longmapsto j(x) + J[j(y)]$ est un *isomorphisme* **R**-linéaire de E^2 *sur* F; si p_+ et p_- sont les projections de F sur F_+ et F_-, l'isomorphisme inverse est défini par :

$$\theta^{-1}(z) = [j^{-1}(p_+[z]), \quad j^{-1}(-ip_-(z))]$$

On peut transporter, grâce à θ, σ et J sur E^2 : on obtient ainsi :

$$\tilde{\sigma} = \theta^{-1} \circ \sigma \circ \theta : (x, y) \longmapsto (x, -y)$$
$$\tilde{J} = \theta^{-1} \circ J \circ \theta : (x, y) \longmapsto (-y, x)$$

b) Réciproquement : considérons le **R**-espace vectoriel $E \times E$; définissons les applications $\tilde{\sigma}$ et $\tilde{J}$ de E^2 dans lui-même par les formules ci-dessus; ce sont des automorphismes **R**-linéaires de E^2 sur lui-même vérifiant :

$$\tilde{\sigma} \circ \tilde{\sigma} = \mathrm{Id}, \qquad \tilde{J} \circ \tilde{J} = -\mathrm{Id}, \qquad \tilde{\sigma} \circ \tilde{J} = -\tilde{J} \circ \tilde{\sigma}$$

Définissons une loi de composition externe : $\mathbf{C} \times E \to E^2$ en posant pour

$$\lambda = \alpha + i\beta \in \mathbf{C}, \quad z \in E^2, \quad (\alpha, \beta) \in \mathbf{R}^2 : \lambda.z = \alpha z + \tilde{J}(\beta z) = \alpha z + \beta\tilde{J}(z)$$

Avec cette loi de composition, on vérifie que E^2 est muni d'une structure de **C**-espace vectoriel (en fait, comme $\tilde{J} \circ \tilde{J} = -\mathrm{Id}$, l'application $\alpha + i\beta \longmapsto \alpha\mathrm{Id} + \beta J$ est un isomorphisme de la **R**-algèbre **C** dans la **R**-algèbre des endomorphismes du **R**-espace E^2, ce qui suffit à assurer cette vérification). Si l'on munit E^2 de cette structure, $(E^2, \tilde{\sigma})$ est un complexifié et si l'on pose $\tilde{j} : x \longmapsto (x, 0)$, $[(E^2, \tilde{\sigma}), j]$ est un complexifié de E.

c) *Notations.* Nous désignerons dans la suite par E^C le triplet $(E^2, \tilde{\sigma}, \tilde{j})$ où E^2 est muni de la structure de **C**-espace définie par $\tilde{J}$. Comme $E^2 = E \times \{0\} \oplus \{0\} \times E$ et que $\tilde{J}$ est un isomorphisme de $E \times \{0\}$ sur $\{0\} \times E$, identifiant grâce à $\tilde{j}$ E à $E \times \{0\}$, tout élément $z \in E^2$ s'écrit d'une manière et d'une seule :

$$z = x + iy \qquad \text{avec} \qquad (x, y) \in E^2$$

compte tenu de la structure de **C**-espace vectoriel mise sur E^2. Alors

$$E = \{x + iy \in E^C \mid y = 0\} \subset E^C \qquad \text{et} \qquad \tilde{\sigma}(x + iy) = x - iy.$$

Nous ferons désormais toutes ces identifications.

4. Suite de la démonstration du théorème 1

a) E^C fournit une construction d'un complexifié de E. Montrons maintenant que si E et E′ sont deux espaces vectoriels réels, (F, σ, j) et (F', σ', j') des complexifiés de E et E′, et $f \in L(E, E')$, f admet une unique complexifiée $f^c : F \to F'$ (i.e. qu'il existe une unique application **C**-linéaire f^c telle que : $f^c \circ \sigma = \sigma' \circ f^c$ et $f^c \circ j = j' \circ f$).

Une application **C**-linéaire de F dans F′ est une application **R**-linéaire φ telle que $\varphi \circ J = J' \circ \varphi$ où J′ est le **R**-automorphisme $z' \longmapsto iz'$ de F′. Si f^c existe, on a donc nécessairement, avec des notations évidentes [voir définition de θ dans 3-*a*)]

$$f^c \circ \theta = \theta' \circ (f, f) : E^2 \to F'$$

d'où l'unicité de f^c. Il suffit de voir que l'application $\varphi = \theta' \circ (f, f) \circ \theta^{-1} : F \to F'$ est **R**-linéaire (ce qui est clair) et satisfait à :

$$\varphi \circ \sigma = \sigma' \circ \varphi, \qquad \varphi \circ j = j' \circ f, \qquad \varphi \circ J = J' \circ \varphi \tag{1}$$

Or cela résulte de ce que le diagramme (Δ) ci-dessous est commutatif, c'est-à-dire de ce que :

$$\theta' \circ \tilde{\sigma}' = \sigma' \circ \theta', \qquad \theta^{-1} \circ \sigma = \tilde{\sigma} \circ \theta^{-1}, \qquad (f,f) \circ \tilde{\sigma} = \tilde{\sigma}' \circ (f,f)$$
$$p_+ \circ j = j, \qquad p_- \circ j = 0$$
$$\theta' \circ \tilde{J}' = J' \circ \theta', \qquad \theta^{-1} \circ J = \tilde{J} \circ \theta^{-1}, \qquad (f,f) \circ \tilde{J} = \tilde{J}' \circ (f,f)$$

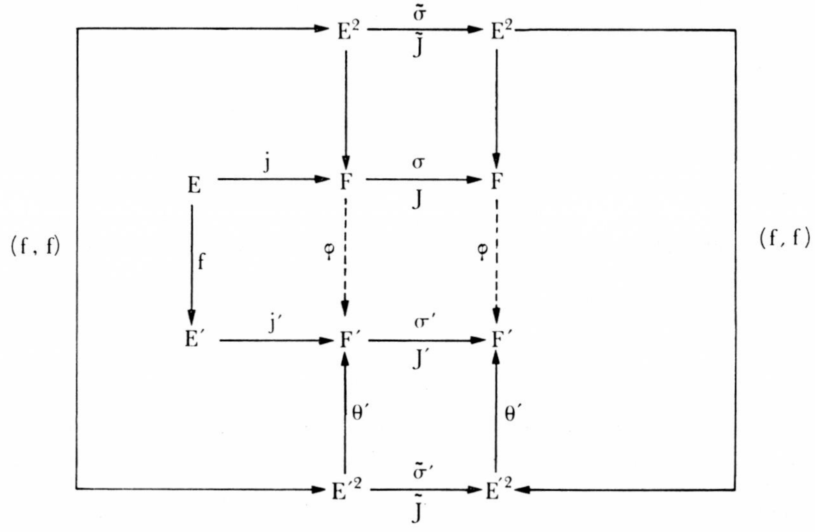

(Δ)

b) L'unicité à isomorphisme près du complexifié résulte alors de la proposition.

PROPOSITION 2. *Soient* (F, σ, j), (F', σ', j'), (F'', σ'', j'') *des complexifiés de* E, E′, E″ *respectivement, et f* (resp. *g*) *une application* **R**-*linéaire de* E *dans* E′ (resp. de E′ dans E″). *Alors*

$$(g \circ f)^c = g^c \circ f^c$$

La proposition résulte de l'unicité du complexifié d'un homomorphisme car $g^c \circ f^c$ satisfait à (1) (relativement à $g \circ f$) (faire un diagramme commutatif). Soient alors (F, σ, j)

et (F′, σ′, j′) deux complexifiés du même espace E. On a le diagramme commutatif

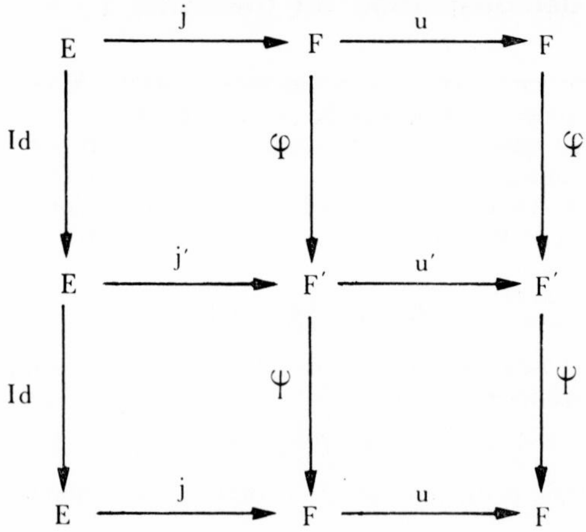

où u (resp. u') est l'une des deux applications σ, J (resp. σ′, J′) et où φ(resp. Ψ) est donc la complexifiée de Id relativement à (F, σ, j) et (F′, σ′, j') [resp. relativement à (F′, σ′, j') et (F, σ, j)]. Or, vu l'unicité, l'identité F → F est la complexifiée de l'identité de E relativement aux complexifiés (F, σ, j) et (F, σ, j) de E et E. Donc (proposition 2)

$$\Psi \circ \varphi = \mathrm{Id}_F$$

De même

$$\varphi \circ \Psi = \mathrm{Id}_{F'}$$

D'où l'isomorphisme de F et F′ (ce qui achève la démonstration). c.q.f.d.

Remarques. 1) On a démontré au passage que si (F, σ, j) est un complexifié de E,

$$\mathrm{Id}_F : F \to F \quad \text{est} \quad \mathrm{Id}_E^c.$$

2) Dans la suite, nous attacherons à tout espace vectoriel réel le complexifié E^c décrit à la fin du n° 3). Mais il y a bien d'autres constructions explicites différentes d'un complexifié de E (par exemple : $\mathbf{C} \bigotimes_{\mathbf{R}} E$, ou l'ensemble des applications **R**-linéaires de **C** dans E, ou celui que l'on peut construire en identifiant E à $\mathbf{R}^n$ par le choix d'une base de E, puis en plongeant $\mathbf{R}^n$ dans $\mathbf{C}^n$).

D'où l'importance de l'unicité à isomorphisme près qu'exprime le théorème 1.

3) E étant identifié à un sous-ensemble de E^c (et même à un sous-espace réel), f^c s'interprète comme le prolongement de l'application **R**-linéaire f de E dans E′ en une application **C**-linéaire de E^c dans E'^c et l'on a

$$f^c(x + iy) = f(x) + if(y)$$

On démontre de la même manière :

PROPOSITION 3. *Toute application* **R**-*linéaire* f : E → E′ *se prolonge d'une manière unique en une application* f^s *semi-linéaire* (par rapport à l'automorphisme $\lambda \longmapsto \overline{\lambda}$ de **C**) *des complexifiés de* E *et* E′.

Preuve. Il suffit de regarder le cas où ces complexifiés sont E^c et E'^c et de poser alors :

$$f^s(x + iy) = f(x) - if(y). \qquad \text{c.q.f.d.}$$

COROLLAIRE 1. *Soient* E *et* E' *deux espaces vectoriels réels et* φ *une application* **C**-*linéaire* (resp. semi-linéaire par rapport à l'automorphisme $\lambda \longmapsto \bar{\lambda}$ de **C**) *de* E^c *dans* E'^c. *Alors pour qu'il existe* $f \in L(E, E')$ *telle que* $\varphi = f^c$ (resp. $\varphi = f^s$) *il faut et il suffit que* $\varphi(E) \subset E'$.

Démonstration. Elle résulte du fait que deux applications **C**-linéaires (resp. semi-linéaires) de E^c dans E'^c qui coïncident sur E sont égales; or si $\varphi(E) \subset E'$ la restriction f de φ à E est **R**-linéaire de E dans E'. c.q.f.d.

COROLLAIRE 2. *Soit* E *un espace vectoriel réel et soit* $\varphi : E \times E \to \mathbf{R}$ *une forme bilinéaire symétrique sur* E. *Alors* φ *se prolonge d'une seule manière en une forme* **C**-*bilinéaire symétrique* (resp. sesquilinéaire hermitienne) φ^c (resp. φ^s) : $E^c \times E^c \to \mathbf{R}^c = \mathbf{C}$.

Démonstration. On prolonge les applications partielles $x \longmapsto \varphi(x, y)$ et $y \longmapsto \varphi(x, y)$. Le résultat est automatiquement symétrique (resp. hermitien). On a donc les formules :

$$\varphi^c(x + iy, x' + iy') = \varphi(x, x') - \varphi(y, y') + i[\varphi(x, y') + \varphi(y, x')]$$
$$\varphi^s(x + iy, x' + iy') = \varphi(x, x') + \varphi(y, y') + i[\varphi(y, x') - \varphi(x, y')] \qquad \text{c.q.f.d.}$$

5. Sous-complexifié d'un complexifié et complexifié d'un sous-espace

DÉFINITION 3. *Soit* (F, σ) *un complexifié et soit* W *un sous-espace vectoriel complexe de* F. *On dit que* W *est un sous-complexifié de* (F, σ) *si* $\sigma(W) \subset W$.

THÉORÈME 2. *Soit* W *un sous-complexifié de* (F, σ), *alors* (W, $\sigma_{|W}$) *est un complexifié.*

Soient (F, σ, j) *un complexifié de l'espace vectoriel réel* E, *et* V *un sous-espace vectoriel* (réel) *de* E. *Alors le* **C**-*sous-espace* W *de* F *engendré par* $j(V)$ *est un sous-complexifié de* (F, σ) *et* (W, $\sigma_{|W}$, $j_{|V}$) *est un complexifié de* V. *Pour qu'un sous-espace* H *de* F *soit un sous-complexifié de* F, *il faut et il suffit que* H *soit le* **C**-*sous-espace de* F *engendré par l'espace vectoriel réel*

$$H \cap j(E) = H',$$

et (H, $\sigma_{|H}$, j') (*où* j' *est l'injection de* H' *dans* H) *est un complexifié de* H'.

Démonstration. a) Si $\sigma(W) \subset W$, comme σ est involutive, $\sigma(W) = W$ et $\sigma|_W$ est une involution semi-linéaire de W.

b) Soit, avec les notations du n° 3,

$$W = j(V) + J[j(V)] \subset F \qquad \text{et} \qquad w = j(v) + Jj(v') \in W \quad \text{avec} \quad (v, v') \in V^2,$$

on a :

$$J(w) = j(-v') + Jj(v) \in W$$
$$\sigma(w) = j(v) + Jj(-v') \in W$$

donc $J(W) \subset W$ ce qui montre que W est un **C**-sous-espace de F, et même le **C**-sous-espace engendré par $j(V)$, et que $\sigma(W) \subset W$; de plus $j_{|V}$ est un isomorphisme de V sur $\mathrm{Ker}(\sigma_{|W} - \mathrm{Id})$.

c) Soit $H' = H \cap j(E)$. Le **C**-sous-espace $\tilde{H}'$ de F engendré par H' est

$$H' + J(H') \subset H + J(H) = H.$$

Si $\tilde{H}' = H$, en posant $V = j^{-1}(H')$, on voit d'après *b*) que H est un sous-complexifié de F et le complexifié de V. Inversement, si $\sigma(H) \subset H$, pour tout $h \in H$

$$\frac{h + \sigma(h)}{2} \in H \cap j(E) = H'$$

et

$$h = \frac{h + \sigma(h)}{2} + J\left(\frac{-ih + \sigma(ih)}{2}\right)$$

montre que $H \subset H' + J(H') = \tilde{H}'$. c.q.f.d.

6. Cas des espaces de dimension finie. Bases

Supposons $\dim_{\mathbf{R}} E = n$, et soit $(e_1, \ldots, e_n)$ une base de E; soit $(x_1, \ldots, x_n)$ la base duale de E^*, $X_h = x_h^c \in L_{\mathbf{C}}(E^c, \mathbf{C})$ la complexifiée de $x_h \in L_{\mathbf{R}}(E, \mathbf{R})$.

Soit $$z = x + iy \in E^c, \qquad x = \sum_{h=1}^{n} \alpha_h e_h, \qquad y = \sum_{h=1}^{n} \beta_h e_h.$$

On a $\alpha_h = x_h(x)$, $\beta_h = x_h(y)$. D'où

$$X_h(z) = x_h(x) + ix_h(y) = \alpha_h + i\beta_h \qquad \text{et} \qquad z = \sum_{h=1}^{n} \alpha_h e_h + i \sum_{h=1}^{n} \beta_h e_h = \sum_{h=1}^{n} X_h(z) e_h$$

ce qui montre que toute **R**-base $\mathcal{E}$ de E est une **C**-base de E^c (puisque $E \cap iE = \{0\}$), et que la base duale de la **C**-base $\mathcal{E}$ de E^c est constituée des complexifiées des éléments de la base duale de la **R**-base de E. En particulier :

$$\dim_{\mathbf{C}} E^c = \dim_{\mathbf{R}} E = 2 \dim_{\mathbf{R}} E^c$$

[une **R**-base de E^c étant évidemment $(e_1, \ldots, e_n, ie_1, \ldots, ie_n)$].

DÉFINITION 4. *On appelle base réelle d'un complexifié* (F, σ) *une* **R**-*base de* $\operatorname{Ker}(\sigma - \mathrm{Id})$: *c'est une* **C**-*base de* F.

Exercices. 1. Soit $(f_h)_{1 \leqslant h \leqslant n}$ une **C**-base quelconque d'un complexifié (F, σ). Alors les $2n$ vecteurs $f_h + \sigma(f_h)$, $\frac{1}{i}[f_h - \sigma(f_h)]$ $(1 \leqslant h \leqslant n)$ engendrent $\operatorname{Ker}(\sigma - \mathrm{Id})$: on peut donc en extraire une **C**-base réelle de (F, σ).

2. Soit E un espace vectoriel réel de dimension n, $E^c = E \oplus iE$ son complexifié, et W un sous-espace complexe de E^c de dimension complexe $p \leqslant n$.

Alors $$2p - n \leqslant \dim_{\mathbf{R}} W \cap E \leqslant p$$

et pour que W soit un sous-complexifié de E^c (et donc le complexifié de $W \cap E$), il faut et il suffit que $\dim_{\mathbf{R}} W \cap E = p$.

3. Soit $\mathbf{C}^2$ le complexifié de $\mathbf{R}^2$, et dans $\mathbf{C}^2$ la droite vectorielle d'équation

$$az_1 + bz_2 = 0.$$

Pour que ce soit la complexifiée d'une droite réelle, il faut et il suffit qu'il existe $(\alpha, \beta, \lambda) \in \mathbf{R}^2 \times \mathbf{C}$ tel que $(a, b) = \lambda(\alpha, \beta)$.

Généraliser.

4. Soient $\mathcal{E} = (e_1, \ldots, e_n)$ une base d'un espace vectoriel réel E, $(x_1, \ldots, x_n)$ la base duale, et X_h la complexifiée de $x_h[X_h \in L_{\mathbf{C}}(E^c, \mathbf{C})]$.

Soit φ une forme bilinéaire symétrique sur E et soit $a_{ij} = \varphi(e_i, e_j) \in \mathbf{R}$. Alors si

$$(x_i)_{1 \leqslant i \leqslant n} \text{ [resp. } (y_i), \text{ resp. } (X_i), \text{ resp. } (Y_i)]$$

sont les coordonnées dans $\mathcal{E}$ de $x \in E$ (resp. $y \in E$, resp. $X \in E^c$, resp. $Y \in E^c$) on a :

$$\varphi(x, y) = \sum_{i,j} a_{ij} x_i y_j \in \mathbf{R}$$

$$\varphi^c(X, Y) = \sum_{i,j} a_{ij} X_i Y_i \in \mathbf{C}$$

$$\varphi^s(X, Y) = \sum_{i,j} a_{ij} X_i \overline{Y}_j \in \mathbf{C}$$

7. Valeurs propres d'un endomorphisme réel

THÉORÈME 3. *Soit* E *un espace vectoriel réel, et f un endomorphisme de* E. *Soit $f^c \in \mathrm{End}_{\mathbf{C}} E^c$ le complexifié de f. Alors le polynôme caractéristique de f^c est égal à celui de f, donc est un élément de* $\mathbf{R}[X]$, *et par suite ses racines sont 2 à 2 imaginaires conjuguées; si $z \in E^c$ est un vecteur propre associé à la valeur propre $\lambda \in \mathbf{C}$, $\sigma(z)$ est un vecteur propre associé à $\overline{\lambda}$, et $z \in E \Longrightarrow \lambda \in \mathbf{R}$.*

Démonstration. Soit $\mathcal{E} = (e_1, \ldots, e_n)$ une base de E, donc une base réelle de E^c. On a :

$$f(e_j) = \sum_{i=1}^{n} a_{ij} e_i, \qquad f^c(e_j) = \sum_{i=1}^{n} a_{ij} e_i$$

de sorte que le polynôme caractéristique de f ou de f^c est

$$\det (a_{ij} - X\delta_{ij}) \in \mathbf{R}[X] \qquad \left(\delta_{ij} = \begin{cases} 0 & \text{si } i \neq j \\ 1 & \text{si } i = j \end{cases}\right).$$

Si z est un vecteur propre de f^c associé à la valeur propre λ :

$$\sigma[f^c(z)] = \sigma(\lambda z) = \overline{\lambda}\sigma(z) = f^c[\sigma(z)] \qquad \text{et} \qquad z \in E \Longleftrightarrow \sigma(z) = z,$$

donc

$$z \in E \Longleftrightarrow [\lambda z = f^c(z) = f^c(\sigma[z]) = \overline{\lambda}\sigma(z) = \overline{\lambda} z]$$

donc puisque $z \neq 0$, z vecteur propre de f^c est dans E seulement si $\lambda = \overline{\lambda} \in \mathbf{R}$. c.q.f.d.

COROLLAIRE 1. *Soit* $W(\lambda) = \mathrm{Ker}(f^c - \lambda \mathrm{Id}_{E^c})$. *Alors* $W(\lambda)$ *est un complexifié* [et le complexifié de $V(\lambda) = \mathrm{Ker}(f - \lambda \mathrm{Id}_E) \subset E$] *si et seulement si λ est réel. Sinon* $W(\lambda) \cap E = \{0\}$, *et, pour tout $z \in W(\lambda)$, le sous-espace réel H′ engendré par $z + \sigma(z)$ et $\frac{1}{i}[z - \sigma(z)]$ est contenu dans* E, *de dimension réelle deux, et stable par f.*

Preuve. a) Pour tout $g \in \mathrm{End}_{\mathbf{R}} E$, $(\mathrm{Ker}\ g)^c = \mathrm{Ker}(g^c)$, puisque $E \cap iE = \{0\}$, donc $\mathrm{Ker}(g^c) = \mathrm{Ker}\ g \oplus i\ \mathrm{Ker}\ g$.

En particulier, si $\lambda \in \mathbf{R}$, comme $(f - \lambda \mathrm{Id}_E)^c = f^c - \lambda \mathrm{Id}_{E^c}$, $W(\lambda) = [V(\lambda)]^c$.

De plus, si $x \in W(\lambda) \cap E$, $f(x) = f^c(x) = (\alpha + i\beta)x \in E$ (où $\alpha + i\beta = \lambda$), donc $\beta x = 0$; par suite

— ou bien $\lambda \in \mathbf{R}$ (et $\beta = 0$)

— ou bien $\lambda \notin \mathbf{R}$ (et $\beta \neq 0$) et $x = 0$: $W(\lambda) \cap E = \{0\}$.

b) Si $\lambda \notin \mathbf{R}$, soit $z \in W(\lambda)$. Alors z et $\sigma(z)$ engendrent un $\mathbf{C}$-sous-espace H de E^c de dimension 2 (car ce sont des vecteurs propres associés à des valeurs propres distinctes), invariant par f^c et par σ : d'après le théorème 2, H est le complexifié de $H' = H \cap j(E)$

et le sous-espace H′ **C**-engendre H, et comme $f^c|_{H'} = f|_{H'}$, H′ est un plan invariant par f. Comme $z + \sigma(z)$ et $\frac{1}{i}[z - \sigma(z)]$ **C**-engendrent H et sont dans H′, ils constituent une base de H′ (et une **C**-base réelle de H). c.q.f.d.

DÉFINITION 4. *Soit f un endomorphisme d'un espace vectoriel* E *sur un corps* **K**. *Un sous-espace* $V \neq \{0\}$ *de* E *est dit irréductible sous f si* $f(V) \subset V$ *et si pour tout sous-espace* W *de* V, $f(W) \subset W \Longrightarrow W = \{0\}$ *ou* $W = V$.

L'endomorphisme f est dit simple (resp. semi-simple) *si* E *est irréductible sous f* (resp. *somme directe* de sous-espaces irréductibles sous f).

Exercice 5. Exhiber des automorphismes de $\mathbf{R}^2$ simples, semi-simples, ni simples, ni semi-simples.

COROLLAIRE 2. *Soit* E *un espace vectoriel sur* $K = \mathbf{R}$ *ou* **C** *et soit f un endomorphisme de* E. *Alors il existe un sous-espace* V *de* E *irréductible sous f : si* $K = \mathbf{C}$, $\dim_{\mathbf{C}} V = 1$ *et si* $K = \mathbf{R}$, $\dim_{\mathbf{R}} V \leqslant 2$.

Preuve. Conséquence immédiate du corollaire 1.

8. Applications aux transformations orthogonales d'un espace vectoriel euclidien de dimension finie

Soit E un espace vectoriel euclidien dont le produit scalaire est désigné par $\varphi(x, y) = (x|y)$.

THÉORÈME 4. *Toute transformation orthogonale d'un espace vectoriel euclidien est simple ou semi-simple.*

Démonstration. Cela va résulter du

LEMME. *Soit* $u \in O(E, \varphi)$. *Alors si* V *est invariant par* u, $V^\perp$ *aussi.*

Preuve du lemme. On sait que $u \in O(E, \varphi) \Longleftrightarrow u^* = u^{-1}$. Si $u(V) \subset V$, comme u est injective, $u(V) = V$, donc $u^{-1}(V) = u^*(V) = V$. Alors si $x \in V^\perp$:

$$\forall y \in V \quad (y|u(x)) = (x|u^*(y)) = 0 \qquad \text{puisque} \qquad u^*(y) \in V.$$ c.q.f.d.

Preuve du théorème. Le théorème est évident si $\dim E = 1$.

Si $\dim E = n$, il existe un sous-espace V de E, irréductible sous u et

$$\dim V \leqslant 2.$$

Si $V = E$, u est simple. Sinon $\{0\} \neq V^\perp$ est de dimension $< n$, et $u|_{V^\perp}$ est orthogonale. Par hypothèse de récurrence, $V^\perp$ est somme directe de sous-espace irréductible sous u et par suite $E = V \oplus V^\perp$ aussi. c.q.f.d.

Remarque. En fait, on a montré plus précisément par récurrence que

THÉORÈME 4'. *Soit* $u \in O(E, \varphi)$; *alors* E *est somme directe orthogonale de sous-espaces* V_i *de dimension* 1 *ou* 2, *irréductibles sous* u.

L'étude d'une transformation orthogonale d'un espace de dimension n est donc ramenée par ce théorème au cas $n = 1$ ou 2.

Exercice 6. Soit E un espace vectoriel réel de dimension finie, φ une forme bilinéaire symétrique arbitraire sur E et $u \in \text{End}\, E$ tels que :

$$\forall (x, y) \in E^2, \qquad \varphi[u(x), u(y)] = \varphi(x, y).$$

Soit φ^c (resp. φ^s) le prolongement symétrique (resp. hermitien) de φ à $E^c \times E^c$ (cf. nº 4, corollaire 2 de la proposition 3) et $u^c : E^c \to E^c$.

a) Montrer que $\forall (x, y) \in E^c \times E^c$

$$\varphi^c[u^c(x), u^c(y)] = \varphi^c(x, y)$$
$$\varphi^s[u^c(x), u^c(y)] = \varphi^s(x, y)$$

b) Montrer que si φ est définie (positive) φ^s l'est aussi. Que peut-on dire de φ^c ?

c) Si φ est définie et si λ est une valeur propre de u^c, $|\lambda| = 1$; si z est un vecteur propre de u^c de valeur propre λ, ou bien $\lambda = \pm 1$, ou bien z est isotrope pour φ^c.

9. Complexification d'une fonction polynôme

DÉFINITION 6. *Soit* E *un espace vectoriel sur un corps* K *de caractéristique différente de zéro. On dit qu'une application* $P : E \to K$ *est un polynôme homogène de degré* r *sur* E *s'il existe une application* r*-linéaire symétrique* $\varphi : E^r \to K$ *telle que* $P(x) = \varphi(x, \ldots, x)$

Un polynôme est une somme de polynômes homogènes.

Remarque. On peut montrer que si P est un polynôme homogène de degré r, l'application φ est unique.

On comparera cette définition avec celle des formes quadratiques ($r = 2$).

Exercice 7. Soit E un espace vectoriel réel et $P : E \to \mathbf{R}$ un polynôme (pas nécessairement homogène) sur E. Définir la notion de complexifié d'un tel polynôme; construire un complexifié $P^c : E^c \to \mathbf{C}$ et en démontrer l'unicité. Appliquer cet embryon de théorie au cas où $E = \mathbf{R}^n$.

10. Thèmes de problème

Définir les notions d'espace affine complexifié et de complexifié d'un espace affine, et développer la théorie correspondante.

CHAPITRE V

Étude des transformations orthogonales du plan vectoriel euclidien. Conséquences

Ce chapitre traite de la géométrie euclidienne plane. Contrairement à ce qui se passe en géométrie affine, la géométrie euclidienne plane tient un rôle tout à fait à part, et il faut commencer par traiter le cas $n = 2$ (le cas $n = 1$ étant trivial). Cela tient au théorème 4′ du chapitre 4 (n° 8) qui est donc essentiel.

De plus, le groupe SO(2, 0) des rotations est abélien — ce qui n'est pas le cas pour SO(n, 0), $n > 2$: ce caractère commutatif est la clef de toutes les questions concernant les angles (non seulement dans le plan, mais aussi dans l'espace). Il faut donc commencer la géométrie euclidienne par la géométrie plane.

L'étude faite au § I du groupe $O(E_2)$ est actuellement au programme des classes de 1re. Nous avons cependant utilisé dans les démonstrations de la proposition 2′ et du théorème 1 des notions (déterminant et trace d'un endomorphisme) inaccessibles à un élève de 1re. Le lecteur trouvera des démonstrations plus élémentaires dans les manuels de l'enseignement secondaire.

Le reste du chapitre est consacré à l'étude des *angles*. Ce vocable recouvre beaucoup de notions voisines mais distinctes (cette situation n'est pas rare avec le vocabulaire mathématique traditionnel; que l'on pense par exemple aux mots *courbes* ou surface, cf. [16]). Un effort de clarification s'impose. Cet effort est tenté au § II, n° 1, définition 1 : il est, me semble-t-il, important de donner une définition des angles qui soit indépendante des dimensions, et tienne compte de l'existence de plusieurs sortes d'angles.

Le § II étudie les angles dans le plan : il est déraisonnable de les mesurer avant de les avoir définis — ce que l'on faisait dans mon enfance.

Le § III réduit la trigonométrie plane à ce qu'elle est : hors la résolution des triangles — mais tout le monde n'est pas topographe [12] — la clef en réside dans la multiplication de certaines matrices carrées d'ordre 2, substitut agréable des formules de Moivre. Ce même § III explicite le paradoxe « il n'y a pas de relation d'ordre sur un cercle », alors qu'il est bien clair qu'il en existe, et même beaucoup, que l'on peut définir explicitement. Mais ce ne sont pas de *bonnes* relations d'ordre (n° 5).

Le § IV traite de la mesure des angles. On commence par expliquer pourquoi, en cette matière, le terme « mesure » doit être pris dans un sens assez particulier. C'est la première fois — et la seule dans l'ouvrage en dehors de l'Appendice II — où le corps de base est nécessairement **R** (voir un contre-exemple dans Dieudonné [12]).

Ce chapitre, malgré sa longueur, n'est pas exhaustif. D'une part, il n'y est question que des angles plans (voir un exemple de généralisation dans l'Annexe II); d'autre part, même dans le plan, d'autres aspects de la notion d'angle peuvent présenter de l'intérêt : il y est fait allusion au § IV, n° 7, et au § IV, n° 5 (Remarque 4 : secteur angulaire). En fait, lorsque K = **R**, la mesure des angles permet d'exposer sans peine tous les aspects de la question. Nous ne l'avons pas fait ici car ce genre d'exposé est très classique.

I. Groupe orthogonal de la droite et du plan

1. Notations

Soient (E, φ) et (E', φ') deux espaces vectoriels euclidiens; ils sont isomorphes si et seulement si ils ont même dimension.

Nous désignerons donc

— par E_n un espace vectoriel euclidien de dimension n,

— par $O_n = O(E_n)$ son groupe orthogonal (à un isomorphisme près, il ne dépend que de n),

— par O_n^+ ou SO_n le sous-groupe des transformations orthogonales de déterminant $+1$ (dites directes),

— par O_n^- l'ensemble des transformations orthogonales de déterminant -1 (dites rétrogrades).

Nous avons vu (chapitre IV, n° 8, théorème 4) qu'étant donnée $f \in O(E_n)$, E était somme directe orthogonale de sous-espaces V_i de dimension $\leqslant 2$, stables par f et tels que la restriction f à V_i était une transformation orthogonale de V_i (muni de la restriction de φ à $V_i \times V_i$, qui est définie positive comme φ).

Cela impose donc l'étude des éléments de $O(E_n)$ pour $n = 1, 2$.

2. Étude de $O(E_1)$

Supposons la dimension de E sur $\mathbf{R}$ égale à 1. Soit $f \in \operatorname{End}(E)$; soit

$$e \in E - \{0\};$$

$\{e\}$ est une base de E.

Soient a, X, Y les coordonnées dans cette base des éléments $f(e)$, x, y de E.

On a :

$$\varphi(x, y) = XY\,\varphi(e, e)$$
$$\varphi[f(x), f(y)] = a^2XY\,\varphi(e, e)$$

Comme $\varphi(e, e) \neq 0$, $a^2 = 1$. Donc :

Proposition 1. $SO(E_1) = \{Id\}$; $O^-(E_1) = \{-Id\}$ *où* $-Id$ *est la symétrie par rapport à* O.

Corollaire. *Les valeurs propres réelles d'une transformation orthogonale sont* ± 1.

3. Étude de $O(E_2)$

Soit $E = E_2$ un espace euclidien de dimension 2, $\mathscr{E} = (e_1, e_2)$ une base orthonormale de E_2 et $u \in \operatorname{End} E$.

Soit $\mathfrak{M}(u, \mathscr{E}) = \begin{pmatrix} a & c \\ b & d \end{pmatrix}$ la matrice de u dans cette base; u est une transformation orthogonale si et seulement si (chapitre II, n° 4, cor. 4 du théorème 2)

$$(1) \qquad \begin{cases} a^2 + b^2 = c^2 + d^2 = 1 \\ ac + bd = 0 \end{cases}$$

— Si $a \neq 0$, on tire de (1) successivement

$$c = -\frac{bd}{a}, \qquad 1 = \left(1 + \frac{b^2}{a^2}\right) d^2 = \frac{d^2}{a^2}$$

Soit

$$(2) \qquad a^2 + b^2 = 1, \qquad d = \varepsilon a, \qquad c = -\varepsilon b \qquad \text{où} \qquad \varepsilon = \pm 1$$

— Si $a = 0$, (1) montre que $b = \varepsilon_1$, $d = 0$, $c = \varepsilon_2$ ($\varepsilon_i = \pm 1$), donc (2) est encore vérifié.

Réciproquement (2) implique (1); donc :

Proposition 2. *Si $\mathscr{E}$ est une base orthonormale :*

$$u \in \mathrm{O(E)} \iff \mathfrak{M}(u, \mathscr{E}) = \begin{pmatrix} a & -\varepsilon b \\ b & \varepsilon a \end{pmatrix} \quad \text{avec} \quad \begin{cases} a^2 + b^2 = 1 \\ \varepsilon = \pm 1 \end{cases}$$

Comme $\det u = \varepsilon(a^2 + b^2) = \varepsilon$:

Proposition 2′ :

$$u \in \mathrm{O^+(E)} \iff \mathfrak{M}(u, \mathscr{E}) = \begin{pmatrix} a & -b \\ b & a \end{pmatrix} \quad \textit{avec} \quad a^2 + b^2 = 1$$

$$u \in \mathrm{O^-(E)} \iff \mathfrak{M}(u, \mathscr{E}) = \begin{pmatrix} a & b \\ b & -a \end{pmatrix} \quad \textit{avec} \quad a^2 + b^2 = 1$$

Théorème 1. $\mathrm{SO(E_2)}$ *est un sous-groupe abélien distingué de* $\mathrm{O(E_2)}$. *Si* $\rho \in \mathrm{SO(E_2)}$ *et si dans une base orthonormale*

$$\mathfrak{M}(\rho, \mathscr{E}) = \begin{pmatrix} a & -b \\ b & a \end{pmatrix}$$

alors a et $|b|$ ne dépendent que de ρ (et non de $\mathscr{E}$); *les éléments de* $\mathrm{O^-(E)}$ *sont les symétries orthogonales par rapport aux droites passant par* O.

Démonstration. On sait que $\mathrm{SO(E_2)}$ est un sous-groupe distingué de $\mathrm{O(E_2)}$ (chapitre II, n° 4, cor. 5). On vérifie qu'il est abélien, car si ρ et $\rho' \in \mathrm{O^+(E_2)}$,

$$\mathfrak{M}(\rho\rho', \mathscr{E}) = \mathfrak{M}(\rho'\rho, \mathscr{E})$$

— Comme la trace de ρ est $2a$, a ne dépend que de ρ; du reste le polynôme caractéristique de ρ est :

$$\chi_\rho(\lambda) = \lambda^2 - 2a\lambda + 1$$

son discriminant est $a^2 - 1 = -b^2$, et ses racines sont $a \pm ib$; elles ne sont donc réelles que pour $b = 0$, $a = \pm 1$, c'est-à-dire pour $\rho = \pm \mathrm{Id}$ (identité ou symétrie par rapport à l'origine).

— Si $s \in \mathrm{O^-(E)}$, on vérifie que $s^2 = \mathrm{Id}$; c'est donc une symétrie (orthogonale), nécessairement par rapport à une droite [puisque $\pm$ Id $\in$ SO(E)]. Du reste

$$\chi_s(\lambda) = \lambda^2 - 1$$

prouve autrement cette assertion; [deux vecteurs propres d'une transformation orthogonale correspondant à des valeurs propres distinctes étant nécessairement orthogonaux :

$$(u(e_1)|u(e_2)) = (e_1|e_2) = -(e_1|e_2)\ ].$$ c.q.f.d.

DÉFINITION 1. *Nous appellerons*

— *rotations les éléments de* SO_2
— *symétries par rapport à une droite les éléments de* O_2^-.

L'application $\rho \longmapsto a$ *de* SO_2 *sur* $[-1, +1]$ *qui a une rotation* ρ *fait correspondre l'élément de la* 1re *ligne et* 1re *colonne de la matrice de* ρ *dans une base orthogonale arbitraire s'appelle la fonction Cosinus* (on note $a = \text{Cos}\ \rho$)

$$\begin{aligned}\text{Cos}:\ SO_2 &\longrightarrow [-1, +1]\\ \rho &\longmapsto a = \text{Cos}\ \rho\end{aligned}$$

PROPOSITION 3. *Étant donnés deux vecteurs non nuls de* E, *de même norme, il y a une rotation et une seule, et une symétrie par rapport à une droite et une seule, qui transforme le premier en le second.*

Démonstration. On peut supposer ces vecteurs u et v de norme 1 (car s'il existe une application linéaire f telle que

$$f\left(\frac{u}{\|u\|}\right) = \frac{v}{\|v\|} \qquad \text{alors} \qquad f(u) = \left(\frac{\|u\|}{\|v\|}\, v\right)$$

Il existe une (et même en fait deux) base orthonormale $\mathscr{E} = (u, u')$ dont le 1er vecteur est u (car l'hyperplan de E $\{x | (u|x) = 0\}$ est une droite qui porte deux vecteurs de norme 1, $\pm \dfrac{x}{\|x\|}\Big)$.

Soit $v = au + bu'$ l'expression de v dans cette base. Alors les applications ρ et σ dont les matrices dans $\mathscr{E}$ sont :

$$\mathfrak{M}(\rho, \mathscr{E}) = \begin{pmatrix} a & -b \\ b & a \end{pmatrix} \qquad \mathfrak{M}(\sigma, \mathscr{E}) = \begin{pmatrix} a & b \\ b & -a \end{pmatrix}$$

sont respectivement dans O_2^+ et O_2^- et ce sont les seules applications orthogonales f telles que $f(u) = v$. c.q.f.d.

PROPOSITION 4. *Toute rotation est produit de deux symétries par rapport à des droites dont l'une est arbitraire.*

Démonstration. Soit ρ une rotation arbitraire, σ une symétrie par rapport à une droite arbitraire. Alors $\rho\sigma = s$ et $\sigma\rho = s'$ sont dans O_2^- donc, puisque $\sigma = \sigma^{-1}$:

$$\rho = s\sigma = \sigma s'$$ c.q.f.d.

Proposition 5. *Soit* $(\rho, \sigma) \in O_2^+ \times O_2^-$, *alors* $\sigma\rho\sigma = \sigma^{-1}\rho\sigma = \rho^{-1}$.

Démonstration. $\sigma\rho \in O_2^-$ donc $\sigma\rho\sigma\rho = \mathrm{Id}$, donc $\rho^{-1} = \sigma\rho\sigma$. c.q.f.d.

Corollaire. *Soit* $\rho \in O_2^+$ *et* $\mathcal{M}(\rho, \mathcal{E}) = \begin{pmatrix} a(\mathcal{E}) & -b(\mathcal{E}) \\ b(\mathcal{E}) & a(\mathcal{E}) \end{pmatrix}$ *sa matrice dans une base orthonormée* $\mathcal{E}$.

Alors si $\mathcal{E}$ *et* $\mathcal{E}'$ *sont deux bases orthonormées dans la même classe d'orientation de* E (resp. dans des classes distinctes)

$$b(\mathcal{E}) = b(\mathcal{E}') \quad [\text{resp. } b(\mathcal{E}) = -b(\mathcal{E}')].$$

Démonstration. Soit f l'automorphisme de E faisant passer de $\mathcal{E}$ à $\mathcal{E}'$ on a :

$$\begin{aligned} \mathcal{M}(\rho, \mathcal{E}') &= [\mathcal{M}(f, \mathcal{E})]^{-1}\, \mathcal{M}(\rho, \mathcal{E})\, \mathcal{M}(f, \mathcal{E}) \\ &= \mathcal{M}(f^{-1}\rho f, \mathcal{E}). \end{aligned}$$

Or $f \in O(E)$ car $\mathcal{E}$ et $\mathcal{E}'$ sont orthonormées; donc *dans le* 1er *cas* $f \in O^+(E)$ qui est abélien et $\mathcal{M}(\rho, \mathcal{E}') = \mathcal{M}(\rho, \mathcal{E})$,

dans le 2e *cas* $f \in O^-(E)$ et $\mathcal{M}(\rho, \mathcal{E}') = \mathcal{M}(\rho^{-1}, \mathcal{E}) = {}^t\mathcal{M}(\rho, \mathcal{E})$ vu le chapitre II, nº 3, formule 6 et nº 4, théorème 2. c.q.f.d.

II. Les angles dans le plan

1. Définition générale d'un angle

Traditionnellement, les angles sont définis dans des espaces affines euclidiens, mais portent sur des directions (de droites, de demi-droites, de plans, de demi-plans...).

Nous nous placerons donc dans le cadre suivant. Soit E un espace vectoriel euclidien de dimension finie n. Nous appellerons pour abréger « figure » un couple (p, q) de sous-espaces vectoriels, ou de demi sous-espace vectoriel de E tels que le bord de l'un contienne le bord de l'autre. Si f appartient au groupe orthogonal O(E) et si (p, q) est une « figure » $[f(p), f(q)]$ aussi, puisque f est linéaire. O(E) [resp. SO(E)] opère donc dans l'ensemble des « figures » de E (au sens de la définition A, 1re partie, chapitre I, nº 1). D'où la :

Définition 1. *On appelle angle non orienté* (resp. orienté) *d'une « figure »* (p, q) *son orbite sous le groupe* O(E) [resp. SO(E)].

Commentaire. Il revient au même de dire que (p, q) et (p', q') font (ou ont) le même angle (par exemple non orienté) que de dire qu'il existe $f \in O(E)$ tel que $p' = f(p)$ et $q' = f(q)$. Un angle est, si l'on veut, un élément du quotient de l'ensemble des figures par la relation d'équivalence qu'y définit l'action de O(E) [ou de SO(E)]. Nous emploierons donc cette terminologie, plus traditionnelle, en parlant de l'angle d'un couple (p, q) (et non de son orbite).

L'étude des angles consiste à chercher à attacher à un angle un ou plusieurs invariants numériques qui le caractérisent (c'est-à-dire, en langage contemporain, de définir sur l'ensemble des angles une ou plusieurs fonctions à valeurs réelles telles que l'application F de l'ensemble des angles dans $\mathbf{R}^p$ qu'elles définissent soit injective). Naturellement, pour des raisons de cardinalité, il existe toujours une infinité de telles applications (et même à valeurs dans **R**). Mais elles sont sans intérêt pratique si elles ne sont pas explicitement construites, et surtout si elles ne sont pas continues (cf. en particulier § IV, nº 1).

Un exemple d'un tel invariant est l'application $(p, q) \to (\dim p, \dim q)$ qui, restant constante sur une orbite (puisque f est injective) définit par passage au quotient un invariant, qui du reste ne suffit pas, en général, à caractériser un angle, sauf si p (resp. q) $= \{0\}$ ou E [car étant donnés 2 (demi) sous-espaces de même dimension, il y a toujours une transformation orthogonale directe de E qui envoie l'un dans l'autre; et elle transforme $\{0\}$ en $\{0\}$ et E en E]. Ce cas est de peu d'intérêt.

Un autre invariant — trivial — est le suivant; associons à p le nombre 0 (resp. 1) si p est un sous-espace (resp. un demi sous-espace) et au couple (p, q) le couple $(\varepsilon, \varepsilon') \in \{0, 1\}^2$ correspondant. Cette application est constante le long d'une orbite, et définit donc un invariant de l'angle de (p, q).

Dans la pratique, on ne considère d'ailleurs que le cas où $\varepsilon = \varepsilon'$ (p et q sont tous deux des sous-espaces ou des demi sous-espaces) et on se borne aux cas où $1 \leqslant (\dim p \text{ et } \dim q) \leqslant n - 1$.

En fait, comme nous le verrons, on ne peut pas toujours caractériser de façon satisfaisante un angle seulement par des invariants numériques.

Dans ce chapitre, nous n'étudierons que le cas $n = 2$; p et q seront donc des demi-droites (resp. des droites).

2. Préliminaire à l'étude des angles dans le plan

Dans le cas où $\dim E = 2$, nous désignerons par $\mathscr{D}$ l'ensemble des demi sous-espaces vectoriels de dimension 1 de E (i.e. des demi-droites passant par l'origine) et par $\tilde{\mathscr{D}}$ l'ensemble des sous-espaces vectoriels de dimension 1. Nous utiliserons la

Proposition 1. *Soit* $d \in \mathscr{D}$ (resp. $D \in \tilde{\mathscr{D}}$); d (resp. D) *contient un* (resp. deux) *vecteurs unitaires, et pour qu'une transformation orthogonale transforme* $d \in \mathscr{D}$ *en* $d' \in \mathscr{D}$ (resp. $D \in \tilde{\mathscr{D}}$ en $D' \in \tilde{\mathscr{D}}$) *il faut et il suffit qu'elle transforme le* (resp. un) *vecteur unitaire de* d (resp. D) *en le* (resp. un) *vecteur unitaire de* d' (resp. D').

Preuve. Soit $x \in d - \{0\}$ (resp. $D - \{0\}$). Alors $\frac{x}{\|x\|}$ $\left(\text{resp. } \pm \frac{x}{\|x\|}\right)$ est (sont) le (resp. les) vecteur (s) unitaire (s) porté (s) par d (resp. D). Le reste est clair.
c.q.f.d.

On en déduit alors vu la proposition 3 du § I :

Corollaire. *Soit* $H = \{\mathrm{Id}_E, -\mathrm{Id}_E\}$ *le sous-groupe de* SO(E) *constitué de l'application identique et de la symétrie par rapport à l'origine. Alors le groupe abélien* SO(E)

[resp. $\widetilde{SO}(E) = SO(E)/H$] *opère de facon simplement transitive dans* $\mathcal{D}$ (resp. $\tilde{\mathcal{D}}$). *Étant données deux demi-droites* (resp. deux droites), *il y a une symétrie axiale et une seule* (resp. deux) *qui les échange* (nt).

Preuve. Soient $(d, d') \in \mathcal{D}^2$ [resp. $(D, D') \in \tilde{\mathcal{D}}^2$] $\vec{e}, \vec{e'}$ (resp. $\pm \vec{e}, \pm \vec{e'}$) le (s) vecteur (s) unitaire (s) de d et d' (resp. D et D′). D'après la proposition 3 du § I, nº 3, il existe une unique rotation ρ et une unique symétrie s telle que

$$\vec{e'} = \rho(\vec{e}) \qquad [\text{ou} \quad \vec{e'} = s(\vec{e})];$$

c'est l'unique rotation (resp. symétrie) transformant d en d'. Par contre la rotation $-\rho$ (resp. $-s$) qui transforme $\vec{e}$ en $(-\rho)(\vec{e}) = -[\rho(\vec{e})] = -\vec{e'}$, transforme aussi D en D′; et la rotation qui transforme $-\vec{e}$ en e' (resp. $-\vec{e}$ en $-\vec{e'}$) est également $-\rho$ (resp. ρ); de même pour les symétries. Nous bornant aux rotations, qui forment un groupe, on voit en particulier, que le groupe SO(E) opère transitivement dans $\mathcal{D}$ et $\tilde{\mathcal{D}}$ et simplement dans $\mathcal{D}$. Comme il est abélien, les sous-groupes d'isotropie de chaque élément $D \in \tilde{\mathcal{D}}$ sont les mêmes (cf. 1re partie, chapitre I, nº 1, déf. A). Or :

$$\{\rho \in SO(E) \mid \rho(D) = D\} = \{\rho \in SO(E) \mid \rho(\vec{e}) = \pm \vec{e}\} = \{Id_E, -Id_E\} = H$$

Donc $\widetilde{SO}(E)$ opère de façon simplement transitive dans $\tilde{\mathcal{D}}$. c.q.f.d.

3. Angles non orientés dans le plan

a) Angles de demi-droites.

Soient d_i, d'_i $(i \in \{1, 2\})$ quatre demi-sous espaces vectoriels de dimension 1 (i.e. 4 demi-droites); d_i (resp. d'_i) porte un seul vecteur unitaire e_i (resp. e'_i). Supposons d'abord que $\vec{e}_1$ et $\vec{e}_2$ soient linéairement indépendants; alors pour que les couples (d_1, d_2) et (d'_1, d'_2) fassent le même angle, il faut et suffit que l'unique application linéaire f telle que $\vec{e'_i} = f(\vec{e_i})$ soit orthogonale et pour cela il faut et suffit que :

$$(1) \qquad (\vec{e}_1 | \vec{e}_2) = (\vec{e'_1} | \vec{e'_2})$$

vu la bilinéarité du produit scalaire, puisque

$$\|\vec{e_i}\| = \|\vec{e'_i}\| = 1.$$

Cette égalité est encore nécessaire et suffisante si e_1 et e_2 sont linéairement dépendants [i.e. si $\vec{e}_2 = \pm \vec{e}_1 \iff (\vec{e}_1 | \vec{e}_2) = \pm 1$] car il existe une (et même deux) application orthogonale f telles que $f(\vec{e}_1) = \vec{e'_1}$ et (1) implique alors que

$$f(\vec{e}_2) = f(\pm \vec{e}_1) = \pm \vec{e'_1} = \vec{e'_2}$$

PROPOSITION 2. *Un angle non orienté de demi-droites dans le plan est caractérisé par un unique nombre réel a qui peut être choisi arbitrairement dans le segment* $[-1, +1]$.

Démonstration. Si l'on pose $a = (\vec{e}_1 | \vec{e}_2)$ on a d'après l'inégalité de Schwarz $|a| \leqslant 1$ et réciproquement, étant donnés un vecteur unitaire $\vec{e}_1$ et un nombre réel

$$a \in [-1, +1],$$

il existe deux vecteurs unitaires $\vec{e}_2$ au plus tels que $(\vec{e}_1 | \vec{e}_2) = a$: si $(\vec{e}_1, \vec{f}_1)$ est une base orthonormale de E, on a :

$$\vec{e}_2 = a\vec{e}_1 \pm \sqrt{1 - a^2}\,\vec{f}_1$$

La demi-droite d_1 étant donnée, on voit donc qu'il existe en général deux demi-droites d_2' et d_2'' (une seule si $a = \pm 1$) telles que les angles non orientés des couples (d_1, d_2') et d_1, d_2'' aient pour invariant a; ces angles non orientés sont bien égaux, car la symétrie par rapport à la droite contenant d_1 transforme d_2' en d_2''. Si $a = 1$, $d_2' = d_2'' = d_1$ (*angle nul*). Si $a = -1$, $d_2' = d_2''$ est la demi-droite *opposée* à d_1 (*angle plat*). c.q.f.d.

b) *Angles de droites.*

Soient D_i, D_i' $(i \in \{1, 2\})$ quatre sous-espaces de E de dimension 1 (i.e. quatre droites). Chacun d'eux contient *deux* vecteurs unitaires (opposés). Soit $\vec{e}_i$ (resp. $\vec{e}_i'$) *l'un* des vecteurs unitaires portés par D_i (resp. D_i'). Le même raisonnement qu'en *a*) montre que, pour que (D_1, D_2) et (D_1', D_2') fassent le même angle non-orienté, il faut et suffit, si $\vec{e}_1$ et $\vec{e}_2$ sont indépendants que *l'une* des deux applications linéaires définie par :

$$f_\varepsilon(\vec{e}_1) = \vec{e}_1' \qquad f_\varepsilon(\vec{e}_2) = \varepsilon\vec{e}_2' \quad \text{où} \quad \varepsilon = \pm 1$$

soit orthogonale, donc que :

$$(2) \qquad |(\vec{e}_1|\vec{e}_2)| = |(\vec{e}_1'|\vec{e}_2')|$$

et cette condition subsiste si $\vec{e}_1$ et $\vec{e}_2$ sont dépendants, c'est-à-dire si $D_1 = D_2$ [auquel cas (D_1, D_2) et (D_1', D_2') ne peuvent faire le même angle que si $D_1' = D_2'$].

PROPOSITION 3. *Un angle non orienté de droites dans le plan est caractérisé par un élément arbitraire du segment* $[0, 1]$ *de* $\mathbf{R}$.

DÉFINITION 2. *Nous proposons d'appeler écart angulaire le réel a caractéristique d'un angle non orienté dans le plan; c'est le Cos* (resp. sa valeur absolue) *de la rotation transformant un vecteur unitaire du* 1er *élément du couple en un vecteur unitaire du second.*

Remarque 1. Si p et q sont demi-droites (ou deux droites) du plan, la symétrie du produit scalaire montre que (p, q) et (q, p) font le même angle, qui ne dépend donc que de la paire $\{p, q\}$ et non du couple. Malgré les apparences, ce n'est pas ce fait qui permet de dire qu'il s'agit d'un angle non orienté; (on pourrait tout au plus dire qu'il s'agit d'un angle non ordonné).

Remarque 2. Un vecteur $\vec{e} \in E - \{0\}$ définissant une demi-droite et une seule, au lieu de parler d'angle (orienté ou non) de demi-droites, on peut parler d'angle de vecteurs. L'invariant non orienté qui caractérise l'angle du couple $(\vec{e}, \vec{f})$ est $\dfrac{(\vec{e}|\vec{f})}{\|\vec{e}\| \, \|\vec{f}\|}$ que l'on peut aussi appeler le cosinus de leur angle (non orienté).

Remarque 3. Le lecteur inquiet de faire le lien avec ses souvenirs d'enfance pourra démontrer à titre d'exercice que les angles que nous avons définis dans ce n° 3 sont bien ceux qui interviennent dans les « cas d'égalité des triangles ». De façon précise :

Problème. Appelons triangle du plan euclidien E un repère (a, b, c) de l'espace affine sous-jacent à E. Soient (a, b, c), (a', b', c') deux triangles de E. Pour que l'unique application affine de E envoyant a en a', b en b', c en c' soit une isométrie, il faut et il suffit que l'une des trois conditions équivalentes suivantes soit réalisée :

1er *cas.* $\|\overrightarrow{bc}\| = \|\overrightarrow{b'c'}\|$ et l'angle non orienté de $(\overrightarrow{ba}, bc)$ [resp. $(\overrightarrow{cb}, \overrightarrow{ca})$] est égal à celui de $(\overrightarrow{b'a'}, \overrightarrow{b'c'})$ [resp. $(\overrightarrow{c'b'}, \overrightarrow{c'a'})$].

2e *cas.* $\|\overrightarrow{ab}\| = \|\overrightarrow{a'b'}\|$ et $\|\overrightarrow{ac}\| = \|\overrightarrow{a'c'}\|$ et l'angle non orienté de $(\overrightarrow{ab}, \overrightarrow{ac})$ est égal à celui de $(\overrightarrow{a'b'}, \overrightarrow{a'c'})$.

3e *cas.* $\|\overrightarrow{ab}\| = \|\overrightarrow{a'b'}\|$ et $\|\overrightarrow{bc}\| = \|\overrightarrow{b'c'}\|$ et $\|\overrightarrow{ca}\| = \|\overrightarrow{c'a'}\|$.

Indications sur la solution. Le deuxième cas est immédiat, le 3e se ramène au 1er. Le 1er est un peu plus long : mais toute démonstration correcte classique se transpose.

Exercice 1. Étudier l'angle non orienté d'une droite et d'une demi-droite.

4. Angles orientés de demi-droites dans le plan

Comme nous le verrons, on *ne peut pas* caractériser un tel angle *seulement* par des invariants numériques.

Notations. Nous désignerons par $\mathfrak{A}$ l'ensemble des angles orientés de demi-droites. Si $(d, d') \in \mathscr{D}^2$ nous noterons $\widehat{d, d'}$ son angle.

THÉORÈME 1. *L'application qui à* $(d, d') \in \mathcal{D}^2$ *fait correspondre l'unique rotation* ρ *telle que* $d' = \rho(d)$ (cf. corollaire de la proposition 1) *définit par passage au quotient une bijection* Φ *de* $\mathcal{A}$ *sur* SO(E).

Preuve. L'application $(d, d') \longmapsto \rho$ définie dans l'énoncé du théorème 1 est évidemment surjective de $\mathcal{D}^2$ sur SO(E). Il suffit donc de voir que si $d'_1 = \rho_1(d_1)$, $d'_2 = \rho_2(d_2)$ [d_i et $d'_i \in \mathcal{D}$, $\rho_i \in$ SO(E), $i \in \{1, 2\}$] alors $\widehat{d_1, d'_1} = \widehat{d_2, d'_2} \Longleftrightarrow \rho_1 = \rho_2$; cela montrera à la fois l'existence et l'injectivité de Φ.

Or, soit u (resp. u') l'unique rotation telle que $d_2 = u(d_1)$ [resp. $d'_2 = u'(d'_1)$], on a :

$$d'_2 = \rho_2[u(d_1)] = u'[\rho_1(d_1)]$$

Comme SO(E) *opère simplement dans* $\mathcal{D}$ (§ I, n° 3, prop. 3)

$$\rho_2 \circ u = u' \circ \rho_1$$

Or, par définition, $\widehat{d_1, d'_1} = \widehat{d_2, d'_2} \Longleftrightarrow u = u'$.

Comme SO(E) est *un groupe abélien*, le théorème est démontré. c.q.f.d.

DÉFINITION 9. *On munit l'ensemble* $\mathcal{A}$ *d'une structure de groupe abélien en transportant sur* $\mathcal{A}$ *celle de* SO(E) *grâce à* Φ, *et on note dans* $\mathcal{A}$ *les opérations additivement. Si*

$$(\alpha, \alpha') \in \mathcal{A}^2,$$

et si $\rho = \Phi(\alpha)$, $\rho' = \Phi(\alpha')$ (auquel cas on dit que ρ *est la rotation d'angle* α, *ou que* α *est l'angle de la rotation* ρ) *on a donc par définition*

$$\alpha + \alpha' = \Phi^{-1} \quad (\rho \circ \rho')$$

PROPOSITION 4. *Le théorème* 1 *et la définition* 3 *conduisent aux formules suivantes, qui résument les « règles de calculs sur les angles orientés de demi-droites ». Dans ces formules les* d_i, d'_i, δ *désignent des demi-droites arbitraires :*

i) $\widehat{d_1, d_2} + \widehat{d_3, d_4} = \widehat{d_1, d'_4} \Longleftrightarrow \widehat{d_2, d'_4} = \widehat{d_3, d_4}$

ii) $\widehat{d_1, d_2} + \widehat{d_2, d_3} = \widehat{d_1, d_3}$ (« relation de Chasles »)

iii) $\widehat{d, d'} = 0 \Longleftrightarrow d = d'$

iv) $\widehat{d_1, d_2} = -\widehat{d_2, d_1}$

v) $\widehat{d_1, d_2} = \widehat{d'_1, d'_2} \Longleftrightarrow \widehat{d_1, d'_1} = \widehat{d_2, d'_2} \Longleftrightarrow \forall \delta,\ \widehat{\delta d_1} + \widehat{\delta d'_2} = \widehat{\delta, d'_1} + \widehat{\delta, d_2}$.

Preuve. ii), iii), iv) viennent du fait que le *groupe abélien* SO(E) opère de façon simplement transitive dans $\mathcal{D}$ (cf. 1re partie, chapitre I, n° 1, proposition 1, où l'application notée Θ joue le rôle de l'application $\mathcal{D}^2 \to$ SO(E) qui figure dans l'énoncé du théorème 1). En fait si $d_2 = \rho(d_1)$, $d_3 = \rho'(d_2)$ alors

$$d_3 = (\rho' \circ \rho)d_1 \qquad \text{d'où} \quad \text{ii}).$$
$$d_2 = d_1 \Longleftrightarrow \rho = \text{Id} \qquad \text{d'où} \quad \text{iii}),$$

et

$$d_1 = \rho^{-1}(d_2) \qquad \text{d'où} \quad \text{iv}).$$

i) est une conséquence de ii), iii), iv) (écrire

$$\widehat{d_1, d_4'} = \widehat{d_1, d_2} + \widehat{d_2, d_4'}).$$

La première équivalence dans v) n'est autre que la « règle du parallélogramme » (1re partie, chapitre I, § I, no 1, exercice 1).

Les deux équivalences se déduisent du reste immédiatement de la relation de Chasles; en fait, on a même l'implication un peu plus forte :

$$(\exists\delta, \quad \widehat{\delta d_1} + \widehat{\delta, d_2'} = \widehat{\delta, d_1'} + \widehat{\delta, d_2}) \Longrightarrow (\widehat{d_1, d_1'} = \widehat{d_2, d_2'}). \qquad \text{c.q.f.d.}$$

Théorème 2. *Pour toute symétrie axiale $s \in O^-(E)$, on a:*

$$\widehat{s(d_1), s(d_2)} = -\widehat{d_1, d_2}$$

Preuve. Si $d_2 = \rho(d_1)$, $s(d_2) = (s \circ \rho \circ s^{-1})[s(d_1)]$ et $s \circ \rho \circ s^{-1} = \rho^{-1}$ (§ I, no 3, proposition 5). c.q.f.d.

Corollaire 1. *Pour que la demi-droite δ soit invariante dans la symétrie axiale $s \in O^-(E)$, il faut que pour toute demi-droite d, et il suffit que pour une demi-droite d:*

$$\widehat{d, \delta} + \widehat{s(d), \delta} = 0$$

En effet, cette relation équivaut, vu le théorème 2, à

$$\widehat{s(d), \delta} = \widehat{s(d), s(\delta)}$$

et vu la proposition 4 à

$$s(\delta) = \delta \qquad \text{c.q.f.d.}$$

Corollaire 2. *Pour que $\widehat{d_1, d_2} = \widehat{d_1', d_2'}$, il faut et il suffit que l'unique symétrie axiale échangeant d_1 et d_2' échange aussi d_2 et d_1'.*

Preuve. Dans v) on prend pour δ l'une des deux demi-droites invariantes par cette symétrie et on applique le corollaire 1. c.q.f.d.

Bissectrice.

Définition 4. *On appelle bissectrice d'un couple de* demi-droites (d_1, d_2), *toute demi-droite δ telle que:*

$$\widehat{d_1, \delta} = \widehat{\delta, d_2}$$

Si δ est bissectrice du couple (d_1, d_2) elle l'est aussi du couple (d_2, d_1).

PROPOSITION 5. *Tout couple* (d_1, d_2) *de demi-droites a exactement deux bissectrices qui sont des demi-droites opposées et qui en fait ne dépendent que de la paire* $\{d_1, d_2\}$.

Preuve. D'après le corollaire 2, pour que δ soit bissectrice, il faut et il suffit qu'elle soit invariante par *la* symétrie qui échange d_1 et d_2. Or une symétrie donnée laisse invariantes deux demi-droites opposées. c.q.f.d.

Division des angles orientés de demi-droites par deux.

THÉORÈME 3. *Pour tout* $\alpha \in \mathcal{A}$, *l'équation* $2x = \alpha$ *a exactement deux solutions dans* $\mathcal{A}$.

Remarque 4. $2x$ est une abréviation de $x + x$.

Démonstration. 1) $2x = 0$ a deux solutions.

Soit $d \in \mathcal{D}$, on cherche δ telle que $2(\widehat{d, \delta}) = 0$.

$$2(\widehat{d, \delta}) = 0 \iff \widehat{d, \delta} = -(\widehat{d, \delta}) = \widehat{\delta, d}$$

donc δ est bissectrice de la paire $\{d, d\}$; il y a donc 2 solutions $\widehat{d, d}$ et $\widehat{d, d'}$ où d' est la demi-droite opposée à d.

Ces solutions ne dépendent pas du choix de d : ce sont les angles $\Phi^{-1}(\mathrm{Id})$ et $\Phi^{-1}(-\mathrm{Id})$, qui ne dépendent pas de d.

Notation. Nous noterons ϖ la solution non nulle de l'équation $2x = 0$.

2) Existence d'au moins une solution de l'équation $2x = \alpha$.

Soit $d \in \mathcal{D}$ et $d_1 \in \mathcal{D}$ telles que $\widehat{d, d_1} = \alpha$.

On cherche $\delta \in \mathcal{D}$ telle que $2(\widehat{d, \delta}) = \widehat{d, d_1}$,

$$\widehat{d, \delta} = \widehat{\delta, d} + \widehat{d, d_1} = \widehat{\delta, d_1}.$$

On peut prendre pour δ une bissectrice de la paire $\{d, d_1\}$.

3) L'équation $2x = \alpha$ a exactement 2 solutions. Étant donné α, il existe d'après 2) au moins un angle β tel que $2\beta = \alpha$. Cherchons tous les x tels que $2x = 2\beta$ c'est-à-dire $2(x - \beta) = 0$. On obtient :

$$x = \beta \quad \text{ou} \quad x = \beta + \varpi. \qquad \text{c.q.f.d.}$$

Notation. On note $\eth_1$, $\eth_2$ les deux solutions de l'équation $2x = \varpi$ (angles « droits »).

Remarque 5. Tous les résultats de ce n° 4 s'étendent évidemment, comme ceux du § I, au cas où l'on remplace **R** par un *corps euclidien* (car il existe des bases *orthonormales* pour une forme quadratique définie positive).

Par contre, si le corps de base est seulement euclidien, l'équation $3x = \alpha$ peut n'avoir pas de solution dans $\mathcal{A}$. Nous n'étudierons pas ici les équations $nx = \alpha$ dans $\mathcal{A}$ $(n \in \mathrm{N})$. Cette étude se déduit immédiatement de la « Mesure des angles » (§ IV) qui suppose de façon essentielle que le corps de base est **R**.

PROPOSITION 6. *Pour que deux demi-droites soient opposées (respectivement perpendiculaires), il faut et il suffit que leur angle soit* ϖ *(resp.* δ_1 *ou* δ_2*).*

Démonstration. 1) Si d et d' ont le même support, soit s la symétrie par rapport à ce support.

$$\widehat{d, d'} = \widehat{s(d), s(d')} = -\widehat{d, d'} \qquad \text{d'où} \qquad 2(\widehat{d, d'}) = 0.$$

Si $d \neq d'$, $\widehat{d, d'} = \varpi$.

Réciproquement : $\widehat{d, d'} = \varpi \Longrightarrow 2(\widehat{d, d'}) = 0$; soit s la symétrie par rapport au support de d : $\widehat{d, d'} = -\widehat{d, d'} = \widehat{d, s(d')}$ d'où $s(d') = d'$.

2) Soit d'' la demi-droite opposée à d' et soit s la symétrie par rapport au support de d.

Si $d \perp d'$ alors $s(d') = d''$ et $2(\widehat{d, d'}) = \widehat{d'', d'} = \varpi$.

Réciproquement : si $\widehat{d, d'} = \delta_i$ $(i \in \{1, 2\})$

$$2(\widehat{d, d'}) = \varpi = \widehat{d''d'} \Longrightarrow \widehat{d, d'} = -(\widehat{d, d'}) = \widehat{d, s(d')}$$
$$s(d') = d'' \qquad \text{et} \qquad d' \perp d. \qquad \text{c.q.f.d.}$$

Exercice 2. Soit (a, b, c) un triangle (repère ordonné du plan). Définir ses angles (éléments de $\mathfrak{A}$) et montrer que leur somme vaut ϖ.

5. Angles orientés de droites dans le plan

Vu la définition générale d'un angle (n° 1) et le corollaire de la proposition 1 (n° 2) on obtient immédiatement, en notant $\tilde{\mathfrak{A}}$ l'ensemble des angles orientés de droites.

THÉORÈME 1'. *L'application de* $\tilde{\mathscr{D}} \times \tilde{\mathscr{D}}$ *dans* $\widetilde{SO}(E)$ *qui au couple* (D_1, D_2) *fai correspondre l'unique classe* $\dot{\rho} \in \widetilde{SO}(E)$ *telle que* $\dot{\rho}(D_1) = D_2$, *définit par passage au quotient une bijection* $\tilde{\Phi}$ *de* $\tilde{\mathfrak{A}}$ *sur* $\widetilde{SO}(E)$ *qui munit* $\tilde{\mathfrak{A}}$ *d'une structure de groupe abélien.*

En effet ce théorème résulte, comme le théorème 1, du seul fait que le groupe abélien $\widetilde{SO}(E)$ opère de façon simplement transitive dans $\tilde{\mathscr{D}}$ (cf. aussi 1re partie, chapitre I, n° 1).

De même, tout le n° 4 se transcrit dans ce contexte à ceci près, qu'étant données deux droites D_1 et D_2, il y a *deux* symétries par rapport à des droites perpendiculaires, qui les échangent : il existe au moins une symétrie s telle que $s(D_1) = D_2$; s'il en existe une deuxième s' on a :

$$s(D_1) = s'(D_1) \Longleftrightarrow (s' \circ s)(D_1) = D_1 \Longleftrightarrow s' \circ s \in H.$$

D'où deux symétries échangeant D_1 et D_2 : s ou $(-\mathrm{Id}) \circ s$. Soit x un point différent de zéro de l'axe de symétrie de s, et x' un point différent de zéro de l'axe de symétrie de s' :

$$s(x) = x, \qquad s'(x') = x', \qquad s'(x) = -x.$$

Pour s', x est associé à la valeur propre -1 et x' à la valeur propre 1; x et x' sont orthogonaux.

PROPOSITION 4'.

i) $\widehat{D_1, D_2} + \widehat{D_3, D_4} = \widehat{D_1, D_4'}$ où $\widehat{D_2, D_4'} = \widehat{D_3, D_4}$ [i.e. : $D_3 = \dot{\rho}(D_2)$ et $D_4' = \dot{\rho}^{-1}(D_4)$]

ii) $\widehat{D_1, D_2} + \widehat{D_2, D_3} = \widehat{D_1, D_3}$ (relation de Chasles)

iii) $\widehat{D_1, D'} = 0 \Longleftrightarrow D = D'$

iv) $\widehat{D_1, D_2} = -\widehat{D_2, D_1}$

v) $\widehat{D_1, D_2} = \widehat{D_1', D_2'} \Longleftrightarrow \widehat{D_1, D_1'} = \widehat{D_2, D_2'}$

$\Longleftrightarrow \forall \Delta \in \tilde{\mathscr{D}}, \quad \widehat{\Delta, D_1} + \widehat{\Delta, D_2'} = \widehat{\Delta, D_1'} + \widehat{\Delta, D_2}.$

THÉORÈME 2'.

$$\forall s \in O^-(E) \qquad \widehat{s(D_1), s(D_2)} = -\widehat{D_1, D_2}$$

COROLLAIRE 1'. *Soit $s \in O^-(E)$; pour que la droite Δ soit invariante par s, il faut que pour toute droite* D *et il suffit que pour une droite* D *on ait:*

$$\widehat{D, \Delta} + \widehat{s(D), \Delta} = 0.$$

COROLLAIRE 2'. *Pour que $\widehat{D_1, D_2} = \widehat{D_1', D_2'}$ il faut que toute symétrie et il suffit qu'une symétrie échangeant D_1 et D_2' échange D_2 et D_1'.*

Bissectrice d'une paire de droites $\{D_1, D_2\}$.

DÉFINITION 4'. *On appelle bissectrice de la paire $\{D_1, D_2\}$ toute droite Δ telle que*

$$\widehat{D_1, \Delta} = \widehat{\Delta, D_2}.$$

Une telle droite Δ ne dépend pas de (D_1, D_2) mais seulement de $\{D_1, D_2\}$.

PROPOSITION 8. *Une paire de droites a deux bissectrices qui sont des droites perpendiculaires.*

Preuve. Vu le corollaire 2', Δ est bissectrice de $\{D_1, D_2\}$ si et seulement si Δ est l'axe d'une symétrie échangeant D_1 et D_2 et il y a deux telles symétries; leurs axes sont perpendiculaires.

COROLLAIRE. *Pour tout $\alpha \in \tilde{\mathfrak{A}}$ l'équation $2x = \alpha$ a deux racines β et $\beta + 1^D$ dans $\tilde{\mathfrak{A}}$, ou 1^D est la racine non nulle de l'équation $2x = 0$.*

Démonstration. Elle est identique à celle de la quatrième partie, en remarquant que : $2(\widehat{D, \Delta}) = 0 \Longleftrightarrow \widehat{D, \Delta} = \widehat{\Delta, D}$.

Si s est une symétrie laissant D invariante, alors s laisse Δ invariante et réciproquement; il y a deux symétries laissant D invariante et chacune laisse invariantes les seules droites D et sa perpendiculaire D′, donc $\Delta = D$ ou $\Delta = D'$.

Les angles $\widehat{D_1, D}$ et $\widehat{D, D'} = 1^D$ ne dépendent pas de D.

6. Relations entre $\mathcal{A}$ et $\tilde{\mathcal{A}}$

On a les diagrammes commutatifs suivants

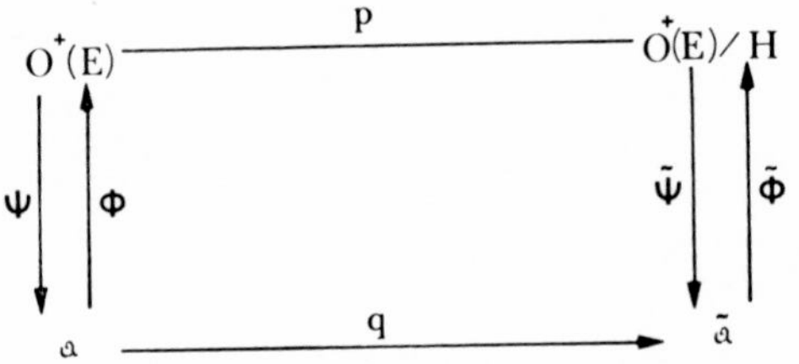

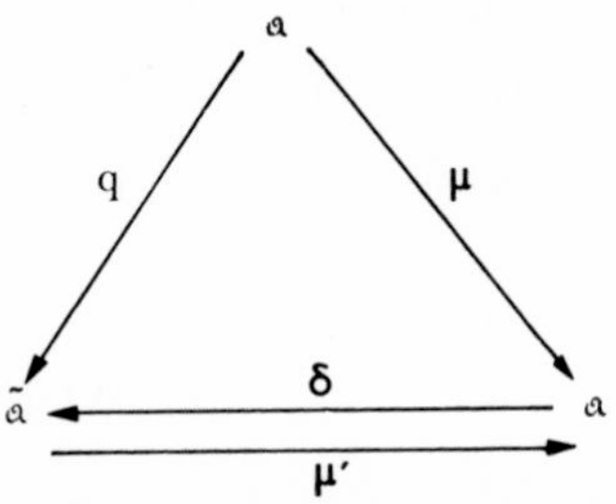

Toutes les applications considérées sont des homomorphismes de groupes.

a) p est l'application canonique qui à $\rho \in O^+(E)$ fait correspondre sa classe $\{\rho, -\rho\} \in O^+(E)/H$.

b) ψ est l'isomorphisme de $O^+(E)$ dans $\mathcal{A}$ inverse de Φ.

$\tilde{\psi}$ est l'isomorphisme de $O^+(E)/H$ dans $\tilde{\mathcal{A}}$ inverse de $\tilde{\Phi}$.

c) $q = \tilde{\psi} \circ p \circ \Phi$.

q a l'interprétation « géométrique » suivante.

Si $\alpha = \widehat{d_1, d_2}$ et si D_i est la droite support de d_i, alors :

$$q(\alpha) = \widehat{D_1, D_2}.$$

En effet soit $\rho = \Phi(\alpha) \in O^+(E)$. On a donc

$$d_2 = \rho(d_1) \qquad \text{d'où :} \qquad D_2 = \rho(D_1)$$

Par suite $\tilde{\psi}[p(\rho)] = (\tilde{\psi} \circ p \circ \Phi)(\alpha) = q(\alpha) = \widehat{D_1, D_2}$. c.q.f.d.

q est surjective car $\tilde{\psi}$, p et Φ le sont.

q a pour noyau $\{0, \varpi\}$. *q n'est pas un isomorphisme.*

d) μ est l'application qui à $\alpha \in \mathcal{A}$ fait correspondre $\alpha + \alpha = 2\alpha = \mu(\alpha)$.

e) μ' est l'application qui à $\tilde{\alpha} \in \tilde{\mathcal{A}}$ fait correspondre $\mu'(\tilde{\alpha}) = \mu[q^{-1}(\tilde{\alpha})]$.

Remarque 6.

— q^{-1} n'est pas défini, mais si : $q(\alpha) = \tilde{\alpha}$, $q(\alpha + \varpi) = \tilde{\alpha}$ et $\mu(\alpha) = \mu(\alpha + \varpi)$ car $\mu(\varpi) = 2\varpi = 0$.

On pose :

$$\mu'(\tilde{\alpha}) = \mu(\alpha) = \mu(\alpha + \overline{\omega}) = 2\alpha \qquad 2\alpha \in \mathcal{A}$$

On a :

$$\mu' \circ q = \mu.$$

f) δ est l'application qui à $\alpha \in \mathcal{A}$ fait correspondre

$$\delta(\alpha) = q[\mu^{-1}(\alpha)].$$

Remarque 7.

$\mu^{-1}(\alpha)$ n'est pas défini, mais il existe deux angles β et $\beta + \varpi$ tels que

$$\mu(\beta) = 2\beta = \mu(\beta + \varpi) = \alpha \qquad \text{et} \qquad q(\beta) = q(\beta + \varpi).$$

On pose $\delta(\alpha) = q(\beta) = q\left(\frac{1}{2}\alpha\right)$ et on a $\delta \circ \mu = q$. μ est la multiplication des angles par 2 et δ la division par 2

$$\mu' \circ \delta = \mathrm{Id}_{\mathcal{A}} \qquad \delta \circ \mu' = \mathrm{Id}_{\tilde{\mathcal{A}}}$$

$\mathcal{A}$ et $\tilde{\mathcal{A}}$ sont isomorphes mais pas par l'application naturelle q qui à un angle de demi-droites fait correspondre l'angle des droites support.

Exercice 3. Donner une condition angulaire nécessaire et suffisante pour que 4 points soient cocycliques.

7. Problème des invariants numériques des angles orientés

Si l'on se réfère au programme annoncé au n° 1, on devrait essayer de caractériser un élément de $\mathcal{A}$ (resp. $\tilde{\mathcal{A}}$) par un ou plusieurs nombres réels.

En ce qui concerne $\mathcal{A}$, le théorème 1 montre qu'il revient au même de caractériser une rotation ρ par des nombres réels. Soit $\begin{pmatrix} a & -b \\ b & a \end{pmatrix}$ la matrice de ρ dans une base orthonormale. Nous avons vu (§ I) que a ne dépendait pas du choix de la base et que b ne dépendait que de la classe d'orientation de cette base. On a donc une application, appelée Cosinus, $\rho \longmapsto a$ de SO(E) dans $\mathbf{R}$ (et sur $[-1, +1]$) d'où aussi une application, également appelée Cosinus, de $\mathcal{A}$ sur $[-1, +1]$.

Si $\alpha = \widehat{d, d'}$, soit $x \in d - \{0\}$, $x' \in d' - \{0\}$ alors

$$\mathrm{Cos}\, \alpha = \frac{(x|x')}{\|x\|\ \|x'\|}$$

Mais cette application prend la même valeur sur deux angles opposés. Elle ne caractérise pas un angle orienté. En choisissant une orientation du plan — c'est-à-dire en introduisant une donnée supplémentaire — les coefficients (a, b) caractériseront ρ ou son angle α (cf. § III).

Cependant, vu le théorème 2, deux angles opposés définissent le même angle non orienté de demi-droites, et la fonction cosinus passe au quotient, et caractérise un angle non orienté de demi-droites : c'est l'invariant mis en évidence par la proposition 2 (nº 3).

En ce qui concerne $\tilde{\mathcal{A}}$, on remarque la fonction que $\alpha \longmapsto |\cos \alpha|$ reste constante sur les classes d'équivalence définies par q (cf. nº 6). Si donc $\tilde{\alpha} \in \tilde{\mathcal{A}}$ et $\alpha \in q^{-1}(\alpha)$, $|\cos \alpha|$ ne dépend que de $\tilde{\alpha}$, d'où une application Cos : $\tilde{\mathcal{A}} \to [0, 1]$ qui ne suffit pas à caractériser un angle orienté de droites (car 2 angles opposés ont même Cos) mais, par passage au quotient, caractérise un angle non orienté de droites (proposition 3 du nº 3).

III. Trigonométrie. Topologie et ordre sur $\mathcal{A}$

1. Orientation du plan

Pour s'écarter aussi peu que possible de l'enseignement traditionnel, considérons un plan affine euclidien X. Nous avons vu (1re partie, chapitre IV, nº 5) que le plan affine X est orientable, et qu'on définit une orientation de X par la donnée d'un repère affine (O, a, b) de X; il revient au même de se donner la base $(\overrightarrow{Oa}, \overrightarrow{Ob})$ de $\overrightarrow{X}$. X étant euclidien, on peut s'imposer de prendre cette base orthonormée; deux bases orthonormées $\mathcal{E}$, $\mathcal{E}'$ de $\overrightarrow{X}$ définissent la même orientation de X si et seulement si la transformation orthogonale qui fait passer de $\mathcal{E}$ à $\mathcal{E}'$ est une rotation; soit $\mathcal{E} = (\vec{e}_1, \vec{e}_2)$, $\mathcal{E}' = (\vec{e}'_1, \vec{e}'_2)$: $\mathcal{E}$ et $\mathcal{E}'$ définissent la même orientation si les angles des couples de vecteurs $(\vec{e}_1, \vec{e}_2)$ et $(\vec{e}'_1, \vec{e}'_2)$ sont les mêmes. Soit O′ une autre origine dans X; les translations ayant un déterminant égal à $+1$, si $\overrightarrow{O'a'} = \overrightarrow{Oa}$ et $\overrightarrow{O'b'} = \overrightarrow{Ob}$, les repères (O, a, b) et (O′, a', b') définissent la même orientation de X. En définitive, *orienter* X *revient à choisir l'un des deux angles droits orientés* ∂_1, ∂_2 (cf. § II, nº 4, théorème 3, 2e notation) dans l'espace vectoriel euclidien $\overrightarrow{X}$. Nous noterons cet angle droit ∂, appelé *direct*.

2. Fonctions trigonométriques d'une rotation ou d'un angle

Soit E un plan euclidien orienté, ∂ son angle droit direct. Nous ne considérerons que des bases orthonormales directes, c'est-à-dire des bases $(\vec{e}_1, \vec{e}_2)$

telles que $\widehat{(\vec{e}_1, \vec{e}_2)} = \delta$ (§ II, n° 3, remarque 2). Soit $\rho \in SO(E)$ et

$$\mathcal{M}(\rho, \mathcal{E}) = \begin{pmatrix} a & -b \\ b & a \end{pmatrix}$$

sa matrice dans une telle base; a et b ne dépendent pas de $\mathcal{E}$ (§ I, corollaire de la proposition 5). D'où la :

Définition 1. *L'application* $\rho \longmapsto a$ (*resp.* $\rho \longmapsto b$) *de* SO(E) *dans* **R**, *définie chaque fois que* E *est un plan vectoriel euclidien* (*resp. un plan vectoriel euclidien orienté*) *s'appelle la fonction Cosinus* (*resp. Sinus*) *et est notée Cos* (*resp. Sin*). *Par abus de langage, on appelle également Cosinus* (*resp. Sinus*) — *et on note Cos* (*resp. Sin*) — *l'application composée* Cos ∘ Φ (*resp.* Sin ∘ Φ) *de* $\mathcal{A}$ *dans* **R**.

Proposition 1. *L'application* $\rho \longmapsto (\text{Cos}\,\rho, \text{Sin}\,\rho)$ [*resp.* $\alpha \longmapsto (\text{Cos}\,\alpha, \text{Sin}\,\alpha)$], *définie chaque fois que* E *est un plan euclidien orienté, est une bijection de* SO(E) (*resp.* $\mathcal{A}$) *sur le cercle unité de l'espace euclidien* $\mathbf{R}^2$.

En effet, $a^2 + b^2 = 1$.

Cette proposition permet de caractériser un angle par deux invariants numériques, mais elle exige une orientation préalable du plan.

Les fonctions trigonométriques d'un angle $\alpha \in \mathcal{A}$ *sont donc caractérisées par le fait que la matrice de la rotation d'angle* α *est, dans une base orthonormale directe* $\mathcal{E}$ ·

$$\mathcal{M}[\Phi(\alpha), \mathcal{E}] = \begin{pmatrix} \text{Cos}\,\alpha & -\text{Sin}\,\alpha \\ \text{Sin}\,\alpha & \text{Cos}\,\alpha \end{pmatrix}.$$

De ce fait découlent | *toutes* | *les formules de trigonométrie*; à titre d'exercice, le lecteur démontrera les suivantes :

$$\begin{cases} \text{Cos}^2\,\alpha + \text{Sin}^2\,\alpha = 1 & \\ \text{Cos}\,0 = \text{Sin}\,\partial = 1; & \text{Cos}\,\partial = \text{Sin}\,0 = 0 \\ \text{Cos}(-\alpha) = \text{Cos}\,\alpha; & \text{Sin}(-\alpha) = -\text{Sin}\,\alpha \\ \text{Cos}(\varpi + \alpha) = -\text{Cos}\,\alpha; & \text{Sin}(\varpi - \alpha) = \text{Sin}\,\alpha \\ \text{Cos}(\partial - \alpha) = \text{Sin}\,\alpha; & \text{Sin}(\partial - \alpha) = \text{Cos}\,\alpha \\ \text{Cos}(\alpha + \alpha') = \text{Cos}\,\alpha\,\text{Cos}\,\alpha' - \text{Sin}\,\alpha\,\text{Sin}\,\alpha' & \\ \text{Sin}(\alpha + \alpha') = \text{Sin}\,\alpha\,\text{Cos}\,\alpha' + \text{Cos}\,\alpha\,\text{Sin}\,\alpha', & \text{etc...} \end{cases}$$

Ces deux dernières formules traduisent simplement que

$$\mathcal{M}[\Phi(\alpha + \alpha'), \mathcal{E}] = \mathcal{M}[\Phi(\alpha), \mathcal{E}] . \mathcal{M}[\Phi(\alpha'), \mathcal{E}].$$

Pour achever la trigonométrie classique, rappelons que l'on pose pour $\cos\alpha \neq 0$, i.e. pour $\alpha \neq \pm \delta$:

$$\text{tg}\,\alpha = \frac{\sin\,\alpha}{\cos\,\alpha}$$

et que chacune des équations

$$\cos\alpha = a \qquad \sin\alpha = a$$

a deux racines, opposées ou « supplémentaires » pour $|a| < 1$, une seule pour

$|a| = 1$, tandis que si $a^2 + b^2 = 1$, le système

$$\cos \alpha = a \qquad \text{et} \qquad \sin \alpha = b$$

a une seule solution, savoir l'angle de la rotation de matrice

$$\mathcal{M}(\rho, \mathscr{E}) = \begin{pmatrix} a & -b \\ b & a \end{pmatrix};$$

la première assertion résulte d'ailleurs de la seconde en posant $b = \pm \sqrt{1 - a^2}$

3. Questions de topologie

Nous avons déjà dit, chapitre II, n° 4 que SO(E), sous-groupe de $Gl(E)$, avait une topologie naturelle, induite par l'unique topologie d'espace vectoriel réel de End(E), qui est de dimension 4 sur **R**. On en déduit, grâce à Φ, une topologie sur $\mathcal{A}$ par transport de structure.

Cette topologie peut être introduite autrement : soit $S^1 = \{x \in E \mid \|x\| = 1\}$ le cercle unité de l'espace vectoriel euclidien E. L'application Ξ :

$$d \longmapsto d \cap S^1$$

est une bijection de $\mathscr{D}$ sur S^1, puisque tout point $y \in E - \{0\}$ détermine une demi-droite et une seule qui coupe S^1 au point $\frac{y}{\|y\|}$. Si l'on transporte à $\mathscr{D}$ la topologie de S^1, on munit ainsi $\mathscr{D}$ d'une topologie d'espace compact. Fixons un élément $d_0 \in \mathscr{D}$, d'où un point $A_0 \in S^1$, qui joueront le rôle d'origine. On obtient alors une bijection $\Theta_{A_0} = \Theta_0$ de $\mathcal{A}$ sur S^1 en posant

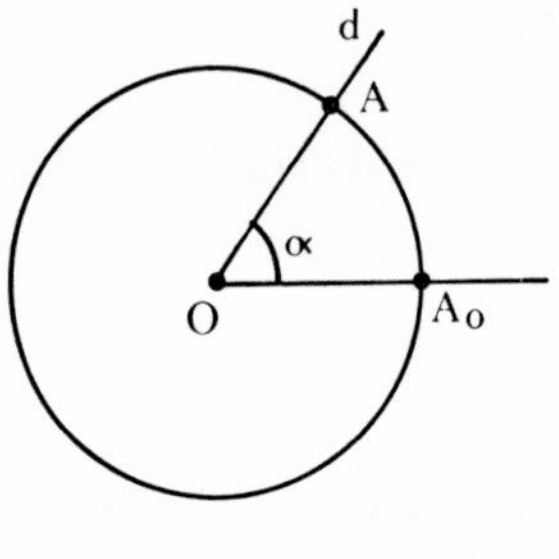

$$\Theta_0(\alpha) = A$$

où

$$A = d \cap S^1 \qquad \widehat{d_0, d} = \alpha$$

et une bijection $\Theta'_{A_0} = \Theta'_0$ de SO(E) sur S^1 en posant

$$\Theta'_0(\rho) = \rho(A_0)$$

et l'on a visiblement

$$(1) \qquad \Theta_0 = \Theta'_0 \circ \Phi.$$

Si l'on transporte grâce à Θ_0 (resp. Θ'_0) la topologie (ou même si l'on veut la métrique euclidienne) de S^1 sur $\mathcal{A}$ [resp. SO(E)], on obtient sur $\mathcal{A}$ et SO(E) des topologies qui sont indépendantes du choix de A_0, et font de ces groupes des groupes topologiques [un groupe G est muni d'une structure de groupe topologique si l'ensemble G est muni d'une topologie telle que les applications

$$(g, g') \longmapsto gg' \text{ de } G^2 \text{ dans } G \qquad \text{et} \qquad g \longmapsto g^{-1} \text{ de G dans G}$$

sont continues], et Φ devient un homéomorphisme.

Pour justifier ces affirmations, il suffit de le faire pour SO(E) et Θ'_0, puisque Φ ne dépend pas du choix de A_0 et est un isomorphisme de groupes. Or soit $A_1 \in S^1$ une autre origine, Θ'_1 la bijection correspondante, $\delta_i(\rho, \rho') = \|B_i - B'_i\|$ la distance entre ρ et ρ' obtenue à partir de Θ'_i $(i \in \{0, 1\})$. On a posé

$$B_i = \rho(A_i) \qquad B'_i = \rho'(A_i) \qquad (i \in \{0, 1\}).$$

Soit r l'unique rotation (§ I, nº 3, proposition 3) telle que

$$A_1 = r(A_0)$$

On a, puisque SO(E) est commutatif,

$$B_1 = r(B_0) \qquad B'_1 = r(B'_0)$$

et comme r est une isométrie

$$\delta_1(\rho, \rho') = \delta_0(\rho, \rho') = \delta_0(\rho r, \rho' r).$$

La première égalité montre que la topologie ne dépend pas du choix de l'origine, la seconde que la métrique est « invariante par translation », donc que la topologie qu'elle définit sur SO(E) est une topologie compatible avec la loi de groupe [calquer les démonstrations établissant la continuité des applications

$$(a, b) \longmapsto a + b \qquad \text{et} \qquad a \longmapsto -a$$

pour a et b dans $\mathbf{R}$: elles résultent de l'égalité $|c - d| = |c + a - (d + a)|$ et de l'inégalité triangulaire].

Cette topologie sur SO(E) est bien — comme il fallait s'y attendre — la topologie « naturelle » signalée au début de ce numéro. Cette dernière s'obtient ainsi : on choisit une base — arbitraire — de E, qui identifie E à $\mathbf{R}^2$, $u \in \operatorname{End} E$ à une matrice $\begin{pmatrix} a & c \\ b & d \end{pmatrix}$ et la topologie sur End E ainsi identifié à $\mathbf{R}^4 = \mathbf{R}^2 \times \mathbf{R}^2$ est par exemple celle induite par la norme :

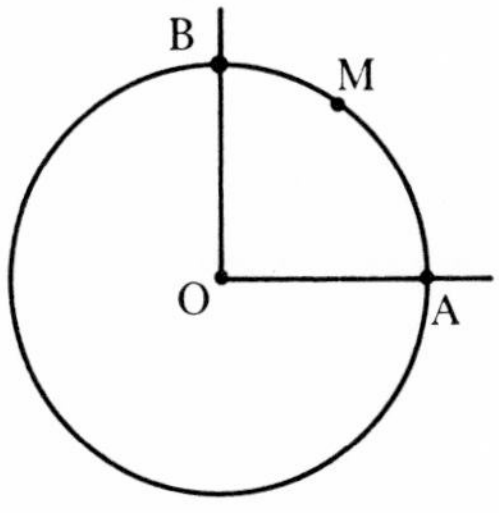

$$\|u\| = \sup\left(\sqrt{a^2 + b^2},\ \sqrt{c^2 + d^2}\right).$$

Supposons maintenant cette base (A, B) orthonormale et $u = \rho \in SO(E)$; la matrice de ρ est $\begin{pmatrix} a & -b \\ b & a \end{pmatrix}$ où

$$M = aA + bB = \rho(A) \in S^1$$

et si ρ' est un autre élément de SO(E) :

$$d(\rho, \rho') = \|\rho - \rho'\| = \left\| \begin{pmatrix} a - a' & -(b - b') \\ b - b' & (a - a') \end{pmatrix} \right\| = \|\rho(A) - \rho'(A)\| = \delta(\rho, \rho')$$

où $\|\rho(A) - \rho'(A)\|$ est la distance euclidienne dans $\mathbf{R}^2$. c.q.f.d.

On peut enfin vérifier — nous laissons au lecteur le soin de le faire — que la topologie ainsi définie sur $\mathcal{A}$ n'est autre que la topologie quotient de $\mathcal{D} \times \mathcal{D}$ par la relation d'équivalence qu'y définissent les opérations de SO(E).

4. Cercle trigonométrique

DÉFINITION 2. *On appelle cercle trigonométrique d'un plan affine euclidien* X (*resp. d'un plan vectoriel euclidien* E) *la donnée d'un triplet* (S^1, A, B) *ou* S^1 *est un cercle de rayon* 1 *de centre arbitraire* $\omega \in X$ (*resp. de centre* $0 \in E$) *et* $(A, B) \in S^1 \times S^1$ *vérifie*

$$(\overrightarrow{\omega A} | \overrightarrow{\omega B}) = 0 \quad [\text{resp. } (A|B) = 0].$$

Remarque. Un cercle trigonométrique définit une orientation du plan. Réciproquement, on peut définir un cercle trigonométrique comme la donnée d'une orientation du plan *et* d'un couple (S^1, A) où S^1 est un cercle de rayon 1 et $A \in S^1$.

En définitive, il revient au même de se donner un cercle trigonométrique ou un isomorphisme de l'espace affine euclidien X *sur* $\mathbf{R}^2$ *muni de sa structure affine euclidienne canonique.*

Dans cet isomorphisme, et après avoir mis sur $\mathbf{R}^2$ sa structure de corps (i.e. l'avoir identifié à **C**, considéré comme **R**-algèbre), S^1 s'identifie à l'ensemble $\mathcal{U}$ des nombres complexes de module un, lequel est un sous-groupe multiplicatif de $\mathbf{C}^*$, et on vérifie que $\Theta'_A : SO(E) \to S^1$ défini au n° 3 est un *isomorphisme* de groupes.

Dans cette interprétation les fonctions Cos et Sin deviennent les premières et deuxièmes projections du point $(a, b) \in S^1$ sur chacun des facteurs de $\mathbf{R} \times \mathbf{R}$: elles sont donc continues sur S^1, et par suite (n° 3) sur SO(E) ou $\mathcal{A}$. Finalement, pour des raisons de compacité :

THÉORÈME 1. *L'application* $u \longmapsto \text{Cos}\, u + i\, \text{Sin}\, u$ *est un homéomorphisme et un isomorphisme de groupes de* $\mathcal{A}$ [*ou de* SO(E)] *sur le sous-groupe* $\mathcal{U}$ *des nombres complexes de module* 1.

On remarquera que cette application est définie si et seulement si on a choisi une orientation de E.

5. Relation d'ordre sur $\mathcal{A} - \{\overline{\omega}\}$

Nous nous proposons dans ce numéro d'étudier le problème d'établir une relation d'ordre « raisonnable » sur $\mathcal{A}$, ou à défaut sur des parties de $\mathcal{A}$. Raisonnable signifie compatible avec sa topologie (en un sens qui sera précisé, mais qui signifie que si $\theta < \theta_0$, alors tous les φ « assez voisins » de θ vérifient aussi $\varphi < \theta_0$) : cette compatibilité est essentielle pour que cette relation d'ordre ait — par exemple — une utilité en physique (voir la remarque à la fin de ce numéro).

Soit (S^1, A, B) un cercle trigonométrique de E. Identifions $\mathcal{A}$ à S^1 grâce à Θ_A.

Si $A' = -A$, la projection stéréographique de sommet A' sur le diamètre D de S^1 perpendiculaire à $A'A$ est un homéomorphisme de $S^1 - \{A'\}$ sur ce diamètre; il est défini par les deux applications continues réciproques l'une de l'autre :

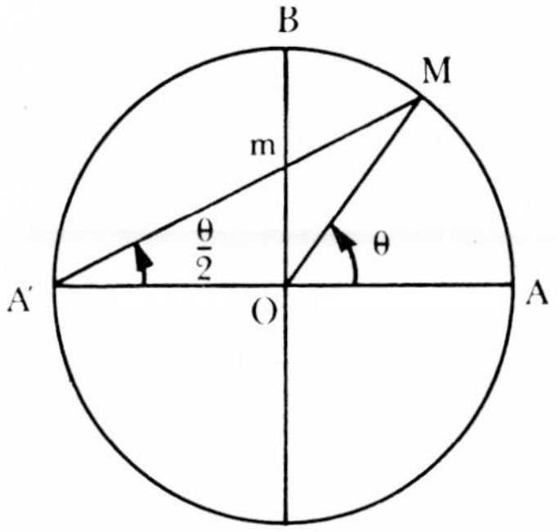

$$f : (a, b) \longmapsto \frac{b}{1+a} \quad (a^2 + b^2 = 1,\ a \neq -1)$$

$$g : t \longmapsto \left(\frac{1-t^2}{1+t^2}, \frac{2t}{1+t^2}\right) \quad t \in \mathbf{R}$$

Le repère (0, B) de D permet en effet d'identifier D à $\mathbf{R}$ et $f \circ \Theta_A^{-1}$ (dont l'ensemble de définition est $\mathcal{A} - \{\overline{\omega}\}$) s'identifie à l'application : $\theta \longmapsto \operatorname{tg}\frac{\theta}{2}$ de $\mathcal{A} - \{\overline{\omega}\}$ sur $\mathbf{R}$. On notera que $\frac{\theta}{2}$ n'est pas défini dans $\mathcal{A}$, mais les deux solutions β et $\beta + \overline{\omega}$ de l'équation $2x = \theta$ vérifient $\operatorname{tg}\beta = \operatorname{tg}(\beta + \overline{\omega})$ pour $\theta \neq \overline{\omega}$; $\operatorname{tg}\frac{\theta}{2}$ est bien défini pour $\theta \neq \overline{\omega}$. Cette bijection permet de transporter sur $\mathcal{A} - \{\overline{\omega}\}$ la structure d'ordre de $\mathbf{R}$; on pose donc *par définition* :

$$\theta < \theta' \iff \operatorname{tg}\frac{\theta}{2} < \operatorname{tg}\frac{\theta'}{2} \quad (\theta \text{ et } \theta' \neq \overline{\omega}).$$

Ceci permet de justifier les expressions « angle positif » (resp. négatif, aigu, obtus) qui signifient $\theta > 0$ [resp. $\theta < 0$, $|\theta| < \delta$, où $|\theta| = \sup(\theta, -\theta)$; $|\theta| > \delta$] et l'on a $\theta < \theta' \iff -\theta > -\theta'$ puisque $\operatorname{tg}\left(-\frac{\theta}{2}\right) = -\operatorname{tg}\frac{\theta}{2}$. Notons que $\overline{\omega}$ n'est ni positif, ni négatif, ni aigu, ni obtus.

Cette relation d'ordre total n'est pas invariante par des translations arbitraires : par exemple si $\theta > \delta$, on a $\theta > 0$ et $\theta + \delta < 0 < \delta$ (se reporter aux définitions). Cependant $\theta > \theta' \iff \theta + \alpha > \theta' + \alpha$ si $|\alpha| < \alpha_0(\theta, \theta')$. Posons en effet

$$\operatorname{tg}\frac{\theta}{2} = t, \qquad \operatorname{tg}\frac{\theta'}{2} = t', \qquad \operatorname{tg}\frac{\alpha}{2} = \tau$$

et choisissons

$$|\tau| < \inf\left(\frac{1}{|t|}, \frac{1}{|t'|}\right) \quad \left(\text{ou} \quad \tau < \frac{1}{|t'|} \quad \text{si} \quad t = 0\right)$$

Alors

$$\theta + \alpha < \theta' + \alpha \iff \frac{t+\tau}{1-t\tau} < \frac{t'+\tau}{1-t'\tau}$$
$$\iff t(1+\tau^2) < t'(1+\tau^2) \iff \theta < \theta'.$$

Comme $\theta \longmapsto \operatorname{tg}\frac{\theta}{2}$ est un homéomorphisme, cette relation d'ordre sur $\mathcal{A} - \{\overline{\omega}\}$

est compatible avec la topologie de $\mathcal{A} - \{\overline{\omega}\}$, c'est-à-dire qu'un système fondamental de voisinages de θ dans $\mathcal{A} - \{\overline{\omega}\}$ est constitué par les intervalles $]\alpha, \beta[$ contenant θ. (On a posé : $]\alpha, \beta[= \{\varphi \in \mathcal{A} - \{\overline{\omega}\} | \alpha < \varphi < \beta\}$.)

Il n'existe évidemment pas sur $\mathcal{A}$ tout entier de relation d'ordre compatible (au sens qui vient d'être dit) *avec la topologie de $\mathcal{A}$.* En effet, si une telle relation d'ordre existait, pour tout $\theta \in \mathcal{A}$ les ensembles $\{\theta | \theta < \theta_0\}$ et $\{\theta | \theta > \theta_0\}$ seraient deux ouverts disjoints; donc $\mathcal{A} - \{\theta_0\}$ serait *non connexe* et on vient de voir qu'il est homéomorphe à **R**.

Remarque. Il existe évidemment sur $\mathcal{A}$ une infinité de relations d'ordre sans intérêt (i.e. non compatible avec sa topologie) puisque Card $\mathcal{A}$ = Card **R**.

6. Thème de problème

Soit $\Gamma = \{x | \|x\| = r\}$ un cercle d'un plan vectoriel euclidien E. Montrer que SO(E) opère de façon simplement transitive sur Γ, et en déduire l'étude du groupe $\mathcal{A}'$ des « arcs orientés de Γ ». Rapports entre $\mathcal{A}$ et $\mathcal{A}'$.

IV. Mesure des angles

1. Position du problème

On veut repérer un angle par un nombre réel c'est-à-dire définir une *injection* $f : \mathcal{A} \to \mathbf{R}$ qui soit *continue* et si possible un *homomorphisme de groupes*. Que f soit continue est indispensable, ne serait-ce que pour la physique. Or, si chacune de ces trois conditions est réalisable, on ne peut réaliser simultanément deux d'entre elles, ni à fortiori les trois.

a) Il ne peut pas y avoir d'injection continue $f : \mathcal{A} \to \mathbf{R}$.

$f(\mathcal{A})$ serait un compact connexe, c'est-à-dire un segment $[a, b]$; soit $c \in]a, b[$; (on note que si f est injectif $a \neq b$ car Card $f(\mathcal{A}) > 1$).

Si f est injective, $f^{-1}(c) = \{\alpha\}$ et $\mathcal{A} - \{\alpha\}$ est connexe alors que

$$f(\mathcal{A} - \{\alpha\}) = [a, b] - \{c\}$$

ne l'est pas.

b) Il ne peut y avoir d'homomorphisme injectif $f : \mathcal{A} \to \mathbf{R}$, car $\mathcal{A}$ a un sous-groupe de torsion, et pas **R**. De façon précise, il existe dans $\mathcal{A}$ des éléments α tels que pour un $n \in \mathbf{N}$ (dépendant de α) $n\alpha = 0$ [par exemple $\overline{\omega}(n = 2)$ ou $\delta_1(n = 4)$]. Alors $f(n\alpha) = nf(\alpha) = 0 \Longrightarrow f(\alpha) = 0$, donc Ker $f \neq \{0\}$.

On a envisagé le cas d'un homomorphisme dans le groupe additif des réels; le raisonnement est le même s'il s'agit d'un homomorphisme dans le groupe multiplicatif des réels, qui n'a que de la 2-torsion ($a^n = 1 \Longrightarrow a = \pm 1$ du moins si n est pair) : si f est un homomorphisme injectif de $\mathcal{C}$ dans le groupe multiplicatif des réels, on a nécessairement $f(\overline{\omega}) = -1$ et $[f(\delta_1)]^2 = -1$, d'où une contradiction.

c) Il ne peut y avoir d'homomorphisme continu de $\mathcal{C}$ *dans* **R**.

On peut se contenter d'examiner un homomorphisme continu dans le groupe *additif* de **R** car si l'on a $\varphi : \mathcal{C} \to (\mathbf{R} - \{0\}, \times)$ alors $\varphi(\mathcal{C})$ est connexe donc $\varphi(\mathcal{C})$ est inclus dans $\mathbf{R}_+^*$ et par l'application $\log : \mathbf{R}_+^* \to \mathbf{R}$, on se ramène au cas additif : $\log \circ \varphi$ est un homomorphisme de $\mathcal{C}$ dans $(\mathbf{R}, +)$. Soit

$$f : \mathcal{C} \to (\mathbf{R}, +);$$

$f(\mathcal{C})$ serait un sous-groupe compact de $(\mathbf{R}, +)$, donc fermé; or :

THÉORÈME 1. *Les sous-groupes fermés de* $(\mathbf{R}, +)$ *sont* **R** *et les sous-groupes* $a\mathbf{Z}$ $(a \in \mathbf{R})$; *le seul sous-groupe compact de* **R** *est* $\{0\}$.

Preuve. Soit N un sous-groupe fermé de **R**, $\mathrm{N} \neq \{0\}$. Il existe donc dans N des éléments strictement positifs. Soit

$$a = \inf(x|x > 0 \quad \text{et} \quad x \in \mathrm{N}).$$

Comme N est fermé, a est dans N.

1) *Si* $a = 0$, on a $\overline{\mathrm{N}} = \mathbf{R}$ (donc $\mathrm{N} = \mathbf{R}$ car N est fermé).

En effet soit $x \in \mathbf{R}$ et $\varepsilon > 0$ arbitraire. Il existe $\xi \in \mathrm{N} \cap]0, \varepsilon[$ puisque $a = 0$. Soit $n = \mathrm{E}\left(\frac{x}{\xi}\right)$ la partie entière de x, i.e. un entier tel que $n\xi \leqslant x < (n+1)\xi$:

$$|x - n\xi| < \xi < \varepsilon \quad \text{et} \quad n\xi \in]x - \varepsilon, x + \varepsilon[\cap \mathrm{N}.$$

Comme $n\xi \in \mathrm{N}$, $x \in \overline{\mathrm{N}}$.

2) *Si* $a > 0$: en remplaçant dans le raisonnement ξ par a, on trouve

$$0 \leqslant x - na < a$$

et par suite $x \in \mathrm{N}$ implique $x = na$, i.e. $\mathrm{N} = a\mathbf{Z}$. c.q.f.d.

2. Quotients compacts de R

Par contre si **R** n'a pas de sous-groupe compact, il a des quotients compacts qui sont du reste tous isomorphes s'ils sont différents de zéro.

THÉORÈME 2. *Tout groupe quotient* $\mathrm{H} = \mathbf{R}/\mathrm{N}$ $(\mathrm{H} \neq \mathbf{R})$ *de* **R** *possédant une topologie séparée rendant continue* $\pi : \mathbf{R} \to \mathbf{R}/\mathrm{N}$ *est compact. Tous ces groupes s'ils sont différents de* 0, *sont isomorphes et homéomorphes et de la forme* $\mathbf{R}/a\mathbf{Z}$ *avec* $a \neq 0$.

Preuve.

Puisque H est séparé et π continue, $\pi^{-1}(0) = N$ est fermé, donc $N = a\mathbf{Z}$ et $H \neq \mathbf{R} \Longleftrightarrow a \neq 0$. Soit f l'homothétie $x \longmapsto \frac{b}{a} x$ de $\mathbf{R}$ dans $\mathbf{R}$. Comme

$$f(a\mathbf{Z}) = b\mathbf{Z},$$

f passe aux quotients et définit un homomorphisme

$$\dot{f}: \mathbf{R}/a\mathbf{Z} \to \mathbf{R}/b\mathbf{Z}.$$

Si $g : x \longmapsto \frac{a}{b} x$ de $\mathbf{R}$ dans $\mathbf{R}$, $g \circ f = \mathrm{Id}$ donc $\dot{g} \circ \dot{f}$ est l'identité de $\mathbf{R}/a\mathbf{Z}$; et de même $\dot{f} \circ \dot{g} = \mathrm{Id}$.

$\dot{f}$ est donc un isomorphisme.

Reste à voir que réciproquement un quotient $\mathbf{R}/a\mathbf{Z}$ a une topologie d'espace compact telle que π soit continue.

Pour $\dot{x} = x + a\mathbf{Z}$, on pose :

$$|\dot{x}| = d(0, \dot{x}) = \inf_{n \in \mathbf{Z}} [d(0, x + na) = |x + na|]$$

On a :

1) $|\dot{x}| = 0 \Longleftrightarrow 0 \in x + a\mathbf{Z}$ car $x + a\mathbf{Z}$ est fermé; donc

$$|\dot{x}| = 0 \Longleftrightarrow \dot{x} = 0.$$

2) $|\dot{x}| = |-\dot{x}|$ car $x + a\mathbf{Z}$ et $-x + a\mathbf{Z}$ sont symétriques par rapport à 0.

3) $|\dot{x} + \dot{y}| = \inf |x + y + na| \leqslant \inf_n (|y| + |x + na|) \leqslant |y| + |\dot{x}|$. Ceci ayant lieu pour tout $y \in \dot{y}$, $|\dot{x} + \dot{y}| \leqslant \inf_{y \in \dot{y}} (|y| + |\dot{x}|) = |\dot{x}| + \inf_{y \in \dot{y}} |y| = |\dot{x}| + |\dot{y}|$.

D'où une métrique $\delta : (\dot{x}, \dot{y}) \longmapsto |\dot{x} - \dot{y}|$ sur $\mathbf{R}/a\mathbf{Z}$, invariante par translation, pour laquelle π est continue puisque :

$$\delta[\pi(x), \pi(y)] = |\pi(x) - \pi(y)| = |\pi(x - y)| = |\dot{\widehat{x - y}}| \leqslant |x - y| = d(x, y).$$

Enfin H est compact car il est séparé et $H = \pi([0, a)]$ (π continue, $[0, a]$ compact).

c.q.f.d.

Remarques. 1) $\dot{f}$ ci-dessus est continue car $f \circ \pi_a = \pi_b \circ f$ est continue et cela implique que $\dot{f}$ est continue : soit $\varepsilon > 0$ et η tel que :

$$|x - y| < \eta \Longrightarrow \delta_b[\pi_b(f[x]), \pi_b(f[y])] < \varepsilon.$$

Prenons $\delta_a(\dot{x}, \dot{y}) < \eta$; comme $a\mathbf{Z}$ est fermé, il existe $(x, y) \in \mathbf{R}^2$ tel que

$$|x - y| = |\dot{\widehat{x - y}}| = |\dot{x} - \dot{y}|.$$

Alors $\delta_b[\dot{f}(\dot{x}), f(\dot{y})] = \delta_b[\pi_b(f[x]), \pi_b(f[y])] < \varepsilon$.

2) En fait la métrique δ induit sur H *la topologie quotient* de celle de $\mathbf{R}$.

3. On cherche donc un isomorphisme continu : $\mathcal{A} \to \mathbf{H}$.

Il sera automatiquement bicontinu ; il revient au même de chercher un isomorphisme continu $\dot{\varphi} : \mathrm{H} \to \mathcal{A}$, ou un épimorphisme continu $\varphi = \dot{\varphi} \circ \pi : \mathbf{R} \to \mathcal{A}$; car si l'on a un tel épimorphisme continu, son noyau N est fermé, et φ définit $\dot{\varphi} : \mathbf{R}/\mathrm{N} \to \mathcal{A}$; φ est continue comme $\dot{\varphi} \circ \pi$.

Comme au n° 1, φ n'est pas injectif [car si $x \in \varphi^{-1}(\varpi)$, $2x \in \mathrm{N}$ et $x \neq 0$] donc $\mathrm{N} \neq \{0\}$ et $\mathrm{N} \neq \mathbf{R}$ et $\mathbf{R}/\mathrm{N}$ est compact ; par suite $\dot{\varphi}$ est un homéomorphisme. Faute de pouvoir identifier le groupe topologique $\mathcal{A}$ à un sous-groupe de $\mathbf{R}$, nous l'identifierons à un quotient de $\mathbf{R}$.

4. Existence d'un épimorphisme continu $\mathbf{R} \to \mathcal{A}$

Choisissons une orientation du plan : Comme nous l'avons vu (§ III, n° 4), l'application $\alpha \overset{\Theta}{\longmapsto} \operatorname{Cos} \alpha + i \operatorname{Sin} \alpha$ est alors un isomorphisme et un homéomorphisme de $\mathcal{A}$ sur le sous-groupe $\mathcal{U}$ du groupe multiplicatif des nombres complexes de module un.

Le choix d'une orientation du plan ramène donc notre problème à la *recherche d'un épimorphisme continu de* $\mathbf{R}$ *sur* $\mathcal{U}$.

Or l'analyse nous fournit justement un tel épimorphisme. Soit

$$\exp z = \sum_0^\infty \frac{z^n}{n\,!}$$

la somme de la série entière de terme général $\dfrac{z^n}{n\,!}$, laquelle est absolument convergente quel que soit $z \in \mathbf{C}$, et uniformément convergente sur tout compact, donc de somme *continue*. Comme cette série est absolument convergente :

$$\begin{aligned}(\exp z)\,(\exp z') &= \left(\sum_{n=0}^\infty \frac{z^n}{n\,!}\right)\left(\sum_{q=0}^\infty \frac{z'^q}{q\,!}\right) = \sum_{\mathrm{N}=0}^\infty \left(\sum_{p+q=\mathrm{N}} \frac{z^p}{p\,!}\cdot\frac{z'^q}{q\,!}\right)\\ &= \sum_{\mathrm{N}=0}^\infty \left[\frac{1}{\mathrm{N}\,!}\sum_{p+q=\mathrm{N}} \frac{(p+q)\,!}{p\,!\,q\,!} z^p z'^q\right] = \sum_{0=\mathrm{N}}^\infty \frac{(z+z')^{\mathrm{N}}}{\mathrm{N}\,!}\\ &= \exp\,(z+z').\end{aligned}$$

Posons alors, pour $t \in \mathbf{R}$:

$$(1) \quad \Lambda(t) = \exp it = \sum_0^\infty \frac{(it)^n}{n\,!} = \sum_0^\infty \frac{(-1)^n t^{2n}}{(2n)\,!} + i \sum_0^\infty \frac{(-1)^n t^{2n+1}}{(2n+1)\,!} = e^{it}$$

Λ est un homomorphisme continu de $\mathbf{R}$ dans le groupe multiplicatif $\mathbf{C}^* = \mathbf{C} - \{0\}$ [vu $(\exp z)\,(\exp z') = \exp\,(z+z')$, qui montre que exp est un homomorphisme, à valeurs dans $\mathbf{C}^*$ d'après la même formule : si la fonction exp s'annulait en un point, elle s'annulerait partout; or $\exp 0 = 1$].

Λ est même à valeurs dans $\mathcal{U}$, car :

$$\Lambda(-t) = \overline{\Lambda(t)} \Longrightarrow |\Lambda(t)|^2 = \Lambda(0) = 1.$$

Il reste à voir que Λ envoie $\mathbf{R}$ *sur* $\mathcal{U}$. Introduisons tout de suite les notations classiques. Quand on identifie $\mathcal{A}$ au cercle trigonométrique (resp. à $\mathcal{U}$), les fonctions Cos et Sin s'identifient respectivement aux applications pr_1 et pr_2 (resp. Re = partie réelle et Im = partie imaginaire). Nous définirons donc les fonctions sur $\mathbf{R}$:

$$\cos \;= \mathrm{Re} \circ \Lambda = \mathrm{Cos} \circ \Theta^{-1} \circ \Lambda$$

$$\cos t = \sum_0^\infty (-1)^n \frac{t^{2n}}{(2n)\,!}$$

$$\sin \;= \mathrm{Im} \circ \Lambda = \mathrm{Sin} \circ \Theta^{-1} \circ \Lambda$$

$$\sin t = \sum_0^\infty (-1)^n \frac{t^{2n+1}}{(2n+1)\,!}$$

a) Montrons d'abord que i appartient à l'image de Λ; il est nécessaire et suffisant pour cela que la fonction cos s'annule en des points où la fonction sin est positive.

α) Comme cos est continue et vaut 1 pour $t = 0$, pour voir que cette fonction s'annule il suffit de voir qu'elle prend des valeurs négatives. Or cos 2 est donné par la série alternée de terme général :

$$u_n = \frac{(-1)^n 4^n}{(2n)\,!} \qquad \text{où} \qquad \frac{|u_n|}{|u_{n+1}|} = \frac{4}{(2n+1)(2n+2)} < 1 \quad \text{si} \quad n \geqslant 1$$

donc $\cos 2 < 1 - 2 + \frac{16}{4\,!} = -\frac{1}{3} < 0$: cos s'annule donc dans $[0, 2]$.

Soit $t_0 = \inf\{t \mid t \in [0, 2] \text{ et } \cos t = 0\}$.

$\{t \mid t \in [0, 2] \text{ et } \cos t = 0\}$ est un ensemble fermé, donc t_0 lui appartient et est différent de zéro; on pose :

$$t_0 = \frac{\pi}{2} > 0$$

on a donc $\cos t > 0$, pour $t \in \left[0, \frac{\pi}{2}\right[$. D'autre part, en dérivant (1) :

β) On a $\Lambda'(t) = i\Lambda(t)$, donc $\cos' = -\sin$ et $\sin' = \cos$; en particulier sin est croissante sur $\left[0, \frac{\pi}{2}\right]$, comme $\sin 0 = 0$, $\sin\frac{\pi}{2} = +1$ et $\Lambda\left(\frac{\pi}{2}\right) = i$.

b) Λ *est surjectif.*

Soient $\mathcal{U}_j$ les « quadrants » (fermés) de $\mathcal{U}$ ($j = 1, \ldots, 4$)

$$\mathcal{U}_1 = \{z \mid \mathrm{Re}\, z \geqslant 0, \quad \mathrm{Im}\, z \geqslant 0\} \cap \mathcal{U}, \quad \text{etc...}$$

α) $\Lambda\left(\left[0, \frac{\pi}{2}\right]\right) = \mathcal{U}_1$.

En effet si $z = x + iy \in \mathcal{U}_1$, on a $0 \leqslant y \leqslant 1$ donc il existe un unique

$$t \in \left[0, \frac{\pi}{2}\right] \qquad \text{avec} \qquad \sin t = y.$$

Alors

$$x = +\sqrt{1 - y^2} = \sqrt{1 - \sin^2 t} = |\cos t| = \cos t$$

puisque $\cos t \geqslant 0$ pour $t \in \left[0, \frac{\pi}{2}\right]$. Donc Λ est une bijection continue de $\left[0, \frac{\pi}{2}\right]$ sur $\mathcal{U}_1$.

β) $\Lambda\left(t + k\frac{\pi}{2}\right) = \Lambda(t)\ \left[\Lambda\left(\frac{\pi}{2}\right)\right]^k = i^k\Lambda(t)$ et $i\mathcal{U}_j = \mathcal{U}_{j+1}$ donc

$$\Lambda([0, 2\pi[)$$

est une injection continue sur $\mathcal{U}$.

γ) $2\pi \in \operatorname{Ker}\Lambda$ et $2\pi = \inf\{t > 0 \text{ et } t \in \operatorname{Ker}\Lambda\}$ donc $\operatorname{Ker}\Lambda = 2\pi\mathbf{Z} \neq \{0\}$. Λ *répond donc à la question*; $\Theta^{-1}\Lambda$ *est une application* $\mathbf{R} \to \mathcal{C}\!\!\!\alpha$ *du type cherché.* c.q.f.d.

5. Remarques et compléments

1. π est bien 3,14159... (rapport du périmètre d'un cercle à son diamètre) car la longueur L de $\mathcal{U} \subset \mathbf{R}^2$ est :

$$\int_{\mathcal{U}} \sqrt{dx^2 + dy^2}$$

posant

$$\begin{cases} x = \cos t \\ y = \sin t \end{cases} \quad t \in [0, 2\pi[, \quad \text{il vient} \quad \mathrm{L} = \int_0^{2\pi} dt = 2\pi.$$

2. Plus généralement, Λ enroule isométriquement la droite sur le cercle car $\int_{t_0}^{t} ds = t - t_0$.

3. Soit $\Lambda_0 = \Lambda|_{]-\pi, \pi[}$; $\psi = \Lambda_0^{-1} \circ \Theta$ est un homéomorphisme *croissant* de $\mathcal{C}\!\!\!\alpha - \{\varpi\}$ dans $\mathbf{R}$ et *additif* au sens suivant : soient α, β tels que

$$\psi(\alpha) + \psi(\beta) \in]-\pi, \pi[\qquad \text{alors} \qquad \psi(\alpha + \beta) = \psi(\alpha) + \psi(\beta).$$

4. *Secteur angulaire.*

Dans le plan orienté, étant données deux demi-droites d_1 et d_2, il y a un nombre réel et un seul $t \in [0, 2\pi[$, tel que $\Theta^{-1}\Lambda(t) = \widehat{d_1, d_2}$. On appelle secteur angulaire $\mathrm{S}(d_1, d_2) = \{d \in \mathcal{D} | \widehat{d_1 d} \in (\Theta^{-1}\Lambda)([0, t])\}$; t s'appelle la mesure en radians du secteur angulaire. On a :

$$\mu S(d_1, d_2) + \mu S(d_2, d_1) = 2\pi$$

et si

$$\begin{cases} t = \mu S(d_1, d_2) \\ t' = \mu S(d_2, d_3) \end{cases}$$

on a

$$t + t' = \mu S(d_1, d_3) \qquad si \qquad t + t' < 2\pi.$$

6. Recherche de tous les épimorphismes continus $\varphi : \mathbf{R} \to \mathcal{U}$

Soit φ un tel épimorphisme (il en existe un, tombé du ciel, Λ; peut-être en existe-t-il d'autres !). On a donc $\varphi(t) \in \mathbf{C}$ et

$$(2) \qquad \forall (t, t') \in \mathbf{R}^2 \qquad \varphi(t + t') = \varphi(t)\varphi(t') \qquad \text{et} \qquad |\varphi(t)| = 1.$$

Par suite $\varphi(0) = 1$, et, vu la continuité de φ, il existe $a > 0$ assez petit pour que $\operatorname{Re} \varphi(t) > 0$ pour $t \in [0, a]$. Alors, comme φ est continue, elle est intégrable et

$$\int_0^a \varphi(t + u)\, du = \int_t^{a+t} \varphi(u)\, du = \varphi(t) \int_0^a \varphi(u)\, du = k'\varphi(t) \quad \text{avec} \quad k' \in \mathbf{C}.$$

Comme $\operatorname{Re} \varphi > 0$ sur $[0, a]$, $\operatorname{Re} k' = \int_0^a \operatorname{Re} \varphi(u)\, du > 0$, donc $k' \neq 0$. Par suite $\varphi(t) = \frac{1}{k'} \int_t^{a+t} \varphi(u)\, du$ est dérivable et

$$\varphi'(t) = \frac{1}{k'} [\varphi(a + t) - \varphi(t)] = \frac{\varphi(a) - 1}{k'} \varphi(t) = k\varphi(t).$$

Comme $|\varphi(t)|^2 = \varphi(t)\overline{\varphi}(t) = 1$, on obtient en dérivant :

$$\varphi'\overline{\varphi} + \overline{\varphi}'\varphi = 0$$

D'où

$$(k + \overline{k})\varphi\overline{\varphi} = k + \overline{k} = 0$$

Par suite

$$k = i\lambda, \qquad \lambda \in \mathbf{R} - \{0\}$$

Donc nécessairement

$$\varphi'(t) = \lambda i \varphi(t) \quad \lambda \neq 0$$

Posons

$$\psi(t) = \varphi\left(\frac{t}{\lambda}\right).$$

On a $\psi'(t) = i\psi(t)$. Par suite $f : t \longmapsto \psi(t)e^{-it}$ a une dérivée nulle, donc est constante sur $\mathbf{R}$. Comme $\psi(0) = \Lambda(0) = 1$, $\psi = \Lambda$, et $\varphi(t) = e^{i\lambda t}$. On trouve donc, $\forall \lambda \in \mathbf{R} - \{0\}$, une application $\varphi_\lambda : t \longmapsto e^{i\lambda t}$, qui d'après le n° 4 fournit bien un épimorphisme continu $\mathbf{R} \to \mathcal{U}$; le noyau de cet épimorphisme est $\frac{2\pi}{\lambda}\mathbf{Z}$.

Pour $\alpha \in \mathcal{A}$, tout réel t tel que $\Theta^{-1}[\varphi_\lambda(t)] = \alpha$ s'appelle *une* λ-mesure de l'angle α. Si $\lambda = 1$ $\left(\text{resp. } \frac{\pi}{180}, \text{ resp. } \frac{\pi}{200}\right)$ t s'appelle *une* mesure de α en radians (resp. en degrés, resp. en grades). La mesure des angles permet de voir que l'équation $nx = \alpha$ a, $\forall n \in \mathbf{Z}$, exactement n racines dans $\mathcal{A}$ [si t est une λ-mesure de α, les angles $\alpha_k = \Theta^{-1}\left[\varphi_\lambda\left(\frac{t}{n} + \frac{k}{n}\frac{2\pi}{\lambda}\right)\right]$ sont pour $k \in \{0, 1, \ldots, n-1\}$ tous distincts, vérifient $n\alpha_k = \alpha$, et ce sont les seuls]. Il est important de remarquer que cette équation a été résolue par des procédés *transcendants* et non pas *algébriques* [comme dans le cas $n = 2$ (§ II, n° 4, remarque 5)].

Remarque. Il n'existe pas d'isomorphisme de $\mathcal{A}$ dans $\mathbf{R}$ éventuellement non continu : $\bar{\omega}$ est nécessairement dans le noyau de tout homomorphisme $\mathcal{A} \to \mathbf{R}$.

7. Addition des angles non orientés

Dans les classes élémentaires on est amené à additionner des angles non orientés de demi-droites. Dans ce contexte un angle est souvent présenté comme une portion de plan et on est amené à définir l'addition des angles en faisant la réunion de deux angles « adjacents » (ce qui sous-entend bien, puisqu'on peut rendre les angles adjacents, que deux angles isométriques sont égaux; et le caractère commutatif de l'opération ainsi définie est lié à « l'invariance » d'un angle par symétrie autour de sa bissectrice). De ce point de vue, la cohérence exige qu'il existe un angle plus grand que tous les autres (le plan tout entier, ou angle plein), qui comme l'angle nul est élément neutre pour l'addition. Alors l'addition *ne saurait être associative* (elle a deux éléments neutres). Une autre façon de faire, souvent employée sans qu'on la distingue de la première, consiste à considérer qu'*il y a* des angles plus grands que l'angle plein (cinq quarts de tarte font plus qu'une tarte, tous les enfants le savent).

Ces deux points de vue ont leur utilité tous les deux. C'est le premier que l'on devrait employer lorsque l'on dit que la « somme des angles d'un triangle est égale à l'angle plat » : il s'agit là d'une propriété élémentaire, équivalente au postulat d'Euclide.

Le deuxième point de vue se rattache à la mesure des angles : ce sont des nombres réels que l'on additionne en fait. On peut cependant lui donner un aspect « ensembliste » comme dans le premier cas; mais il faut alors se placer non dans le plan, mais dans le revêtement universel du plan privé de l'origine (c'est-à-dire dans la surface de Riemann associée à la fonction $\log z$, $z \in \mathbf{C}^* - \{0\}$). Ce revêtement universel est construit précisément grâce à la fonction e^z qui nous a servi à définir la mesure des angles (et la fonction $t \longmapsto e^{it}$ pour $t \in \mathbf{R}$ suffit d'ailleurs). De toute manière, ce deuxième point de vue est donc celui de la mesure, et il peut avoir son utilité même quand il s'agit d'angles orientés. Il n'est pas élémentaire.

Exposons comment on peut présenter le premier.

On choisit un plan *orienté* de référence P_0. Soit E un espace euclidien, et γ un couple de demi-droites (par ex.) non colinéaires de E. Soit u une isométrie du plan défini par γ sur P_0 : u transforme γ en un couple de demi-droites de P_0 et la valeur absolue (cf. § III, nº 5) de l'angle orienté de ce couple ne dépend que de l'angle non orienté de γ. Si les deux demi-droites de γ sont confondues (resp. opposées) on leur fait correspondre l'angle 0 (resp. $\overline{\omega}$). On définit ainsi une application σ de l'ensemble $\mathcal{A}'(E)$ des angles non orientés de demi-droites de E dans le groupe $\mathcal{A}(P_0)$ des angles orientés de P_0. Alors « l'addition » des éléments de $\mathcal{A}'(E)$ est l'application

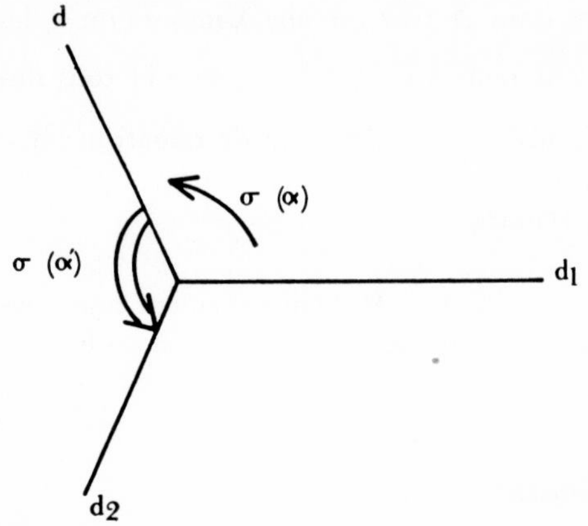

$$(\alpha, \alpha') \rightarrow \sigma(\alpha') + \sigma(\alpha)$$

de $\mathcal{A}'(E) \times \mathcal{A}'(E)$ dans $\mathcal{A}(P_0)$. On prend souvent cette application pour une loi interne, parce que σ est injective (mais elle n'est pas surjective comme le montre la figure) où $\widehat{d_1, d_2} \notin \sigma[\mathcal{A}'(E)]$.

Isométries d'un espace affine euclidien de dimension n

L'étude des transformations orthogonales de la droite et du plan permet — grâce au théorème 4' du chapitre 4 (n° 8) — de décrire les transformations orthogonales (resp. les isométries) d'un espace vectoriel (resp. affine) euclidien : ce qui est fait au § I (resp. II).

On ne fait pas ici l'étude proprement dite du groupe $O(E_n)$ [resp. $Is(X_n)$], i.e. de sa structure, de ses automorphismes, etc... Pour toutes ces questions le lecteur pourra se reporter à l'ouvrage fondamental de Dieudonné [13].

On a profité de la forme particulièrement simple qu'avait une matrice orthogonale pour montrer que le groupe affine d'un espace affine réel de dimension finie a deux composantes connexes par arcs, ce qui donne une interprétation plus géométrique à la notion d'orientabilité des espaces affines. Certes ce procédé est critiquable : l'orientabilité des espaces affines est une propriété affine, et non euclidienne, qui se démontre aussi aisément directement en utilisant la forme réduite de Jordan d'une matrice affine (appendice I, n° 7). Mais ce procédé donne au passage les composantes connexes du groupe orthogonal.

Nous avons donné (§ I, n° 3 et § II, n° 2) les générateurs des groupes $O(E_n)$ et $Is(X_n)$ et des composantes connexes de l'élément neutre de ces groupes $(n \geqslant 3)$.

I. Le groupe $O(E_n)$

Soit E_n un espace vectoriel euclidien de dimension n.

1. Etude d'une transformation orthogonale

Théorème 1. *Soit* $f \in O(E_n)$. *Il existe une base orthonormale* $\mathcal{E} = (e_1, \ldots, e_n)$ *de* E_n *telle que la matrice de* f *dans cette base soit*

$$\mathfrak{M}(f, \mathcal{E}) = \begin{pmatrix} I_p & & & & \\ & -I_q & & & \bigcirc \\ & & A_1 & & \\ & \bigcirc & & \ddots & \\ & & & & A_r \end{pmatrix} \tag{1}$$

où I_k *est la matrice unité d'ordre* k *et* $A_i = \begin{pmatrix} \cos\theta_i & -\sin\theta_i \\ \sin\theta_i & \cos\theta_i \end{pmatrix}$ *est une matrice de rotation sans valeur propre réelle* (i.e. $\theta_i \in \mathbf{R} \cap \complement \pi\mathbf{Z}$).

Preuve.

Cela résulte immédiatement du théorème 4 du chapitre IV, nº 8. c.q.f.d.

Remarque 1. Cette « forme canonique » de la matrice de f n'est pas unique, pas plus que la base $\mathscr{E}$ (par exemple, si on permute e_{p+q+1} et e_{p+q+2}, on change θ_1 en θ_{-1}, donc A_1 en ${}^tA_1$). Par contre les sous-espaces $E_+ = \text{Ker}\,(f - \text{Id})$ (engendré par $\{e_1, \ldots, e_p\}$), $E_- = \text{Ker}\,(f + \text{Id})$ (engendré par $\{e_{p+1}, \ldots, e_{p+q}\}$), $(E_+ \oplus E_-)^\perp$ (engendré par $\{e_{p+q+1}, \ldots, e_n\}$) ne dépendent que de f, ainsi que les angles α_i (de mesure θ_i) des rotations, la multiplicité avec laquelle ils interviennent, ainsi que chacun des sous-espaces engendré par la réunion des plans correspondant à un angle de rotation donnée.

Exemple. On considère la matrice orthogonale de $\mathbf{R}^4$.

$$M = \begin{pmatrix} \cos\theta & -\sin\theta & & \\ \sin\theta & \cos\theta & & \bigcirc \\ & \bigcirc & \cos\theta & -\sin\theta \\ & & \sin\theta & \cos\theta \end{pmatrix} \quad (\theta \notin \pi\mathbf{Z})$$

Chercher les sous-espaces de $\mathbf{R}^4$ invariants par M.

COROLLAIRE 1. *Pour que f soit une transformation orthogonale directe, il faut et il suffit que* codim E_+ *soit paire.*

2. Application : composantes connexes par arcs de gl(E_n)

Nous nous proposons dans ce numéro de démontrer que le groupe $gl(E_n)$ des automorphismes d'un espace vectoriel réel de dimension finie n a deux composantes connexes par arcs, et qu'étant donné un espace affine réel X, de dimension n, deux repères affines de X définissent la même orientation de X si et seulement si on peut les « déformer continûment l'un dans l'autre sans qu'ils s'aplatissent au cours de la déformation ».

On rappelle qu'étant donnés deux points a et b d'un espace topologique T, on appelle arc joignant a à b dans T une application continue f du segment [0, 1] dans T telle que $f(0) = a$ et $f(1) = b$ (a s'appelle l'origine de l'arc, b l'extrémité).

Si f: [0, 1] $\to$ T est un arc joignant a à b et g : [0, 1] $\to$ T un arc joignant

b à c, il existe un arc h joignant a à c et un arc f' joignant b à a. Il suffit de poser pour $t \in [0, 1]$:

$$h(t) = f(2t) \quad \text{pour} \quad 0 \leqslant t \leqslant \frac{1}{2} \quad \text{et} \quad h(t) = g(2t - 1) \quad \text{pour} \quad \frac{1}{2} \leqslant t \leqslant 1$$
$$f'(t) = f(1 - t) \quad \text{pour} \quad 0 \leqslant t \leqslant 1.$$

Il en résulte que la relation dans T « a et b peuvent être joints par un arc dans T » est une relation d'équivalence; une classe d'équivalence s'appelle une *composante connexe par arcs de* T; c'est un ensemble connexe. T est dit *connexe par arcs* s'il ne contient qu'une composante connexe par arcs.

Proposition 1. *Soit* E_n *un espace vectoriel euclidien de dimension finie n. Alors* $SO(E_n)$ *est connexe par arcs.*

Preuve. Soit $u \in SO(E_n)$. Il suffit de joindre l'application identique à u par un arc dans $SO(E_n)$. Prenons une base orthonormale $\mathscr{E}$ de E_n dans laquelle la matrice de u ait la forme (1) indiquée par le théorème 1. Comme $\det u > 0$, $q = 2q'$ est pair, et la matrice

$$-I_q = \begin{pmatrix} -1 & & \bigcirc \\ & \ddots & \\ \bigcirc & & -1 \end{pmatrix}$$

s'écrit sous la forme

$$\begin{pmatrix} B_1 & & \\ & \ddots & \\ & & B_{q'} \end{pmatrix}$$

avec

$$B_i = \begin{pmatrix} \cos \pi & -\sin \pi \\ \sin \pi & \cos \pi \end{pmatrix}$$

de sorte que :

$$\mathfrak{M}(u, \mathscr{E}) = \begin{pmatrix} I_p & & & \\ & C_1 & & \bigcirc \\ & & \ddots & \\ \bigcirc & & & C_{r+q'} \end{pmatrix}$$

avec $C_i = \begin{pmatrix} \cos \theta_i & -\sin \theta_i \\ \sin \theta_i & \cos \theta \end{pmatrix}$, $\theta_i \in \mathbf{R}$.

Soit $t \in [0, 1]$ et $C_i(t)$ la matrice $\begin{pmatrix} \cos t\theta_i & -\sin t\theta_i \\ \sin t\theta_i & \cos t\theta_i \end{pmatrix}$ et soit $f(t)$ l'endomorphisme de E_n qui dans la base $\mathscr{E}$ a pour matrice

$$\mathfrak{M}[f(t), \mathscr{E}] = \begin{pmatrix} I_p & & & \\ & C_1(t) & & \bigcirc \\ & \bigcirc & \ddots & \\ & & & C_{r+q'}(t) \end{pmatrix}$$

L'application $t \longmapsto f(t)$ est un arc joignant Id_E à u dans SO(E). c.q.f.d.

Corollaire 1. $O(E_n)$ *a exactement deux composantes connexes par arcs.*

Preuve. En effet, soit $w \in O^-(E_n)$. Alors l'application $u \to w \circ u$ est un homéomorphisme de $SO(E_n)$ sur $O^-(E_n)$, qui est donc connexe par arcs; de plus $O(E_n)$ n'est pas connexe par arcs puisqu'il n'est pas connexe. c.q.f.d.

Proposition 2. *Soit* E_n *un espace vectoriel euclidien de dimension finie n, soit* $gl(E_n)$ *le groupe des bijections linéaires de* E_n *sur lui-même, muni de sa topologie naturelle (cf. chapitre* II, *n*° 4). *Alors, pour tout* $w \in gl(E_n)$ *il existe un arc dans* $gl(E_n)$ *dont l'origine est* w *et l'extrémité dans* $O(E_n)$.

Preuve. Soit $\mathscr{E} = (e_1, \ldots, e_n)$ une base orthonormale de E, $\mathscr{F} = (f_1, \ldots, f_n)$ avec $f_i = w(e_i)$ sa transformée par w. A partir des f_i, fabriquons une base orthonormée de E_n par le procédé de Gram-Schmidt (chapitre I, n° 10, prop. 7), soit $\mathscr{G} = (g_1, \ldots, g_n)$. Soient h et u les automorphismes de E définis par

$$\forall i, \quad h(g_i) = f_i \qquad u(e_i) = g_i$$

on a $h \circ u = w$.

Or, compte tenu de ce que les g_i sont *orthonormés*, $u \in O(E_n)$; et comme (loc. cit.), f_r est dans le sous-espace engendré par les g_i pour $1 \leqslant i \leqslant r$:

$$f_r = \sum_{j \leqslant r} \alpha_{jr} g_j,$$

de sorte que la matrice $\mathfrak{M}(h, \mathscr{G})$ de h dans la base $\mathscr{G}$ est la matrice triangulaire supérieure α_{jr}, de déterminant $\prod_{r=1}^{n} a_{rr} \neq 0$. Soit $h'(t)$ l'automorphisme de E tel que :

$$\mathfrak{M}[h'(t), \mathscr{G}] = ((\beta_{jr})) \quad \text{où} \quad \beta_{jr} = (1 - t)\alpha_{jr} \quad \text{pour} \quad j < r$$
$$\beta_{rr} = \left[1 + t\left(\frac{1}{|\alpha_{rr}|} - 1\right)\right]\alpha_{rr}$$
$$\beta_{jr} = 0 \quad \text{pour} \quad j > r$$

$t \longmapsto h'(t)$ est une application continue de $[0, 1]$ dans $gl(E_n)$ (car β_{rr} ne s'annule pas pour $t \in [0, 1]$). On a :

$$h'(0) = h \qquad \text{et} \qquad h'(1) \in O(E_n)$$

(sa matrice dans la base $\mathscr{G}$ a tous ses termes nuls, sauf ceux de la diagonale principale qui valent ± 1). Si l'on pose :

$$w(t) = h'(t) \circ u$$

l'application $f : t \longmapsto w(t)$ est bien un arc dans $gl(E_n)$, d'origine w et d'extrémité dans $O(E_n)$. c.q.f.d.

Exercice 1. Donner une démonstration « géométrique » de la proposition 2 [cf. 1re partie, chapitre IV, § IV, n° 5, *b*)].

THÉORÈME 2. *Soit* X *un espace affine de dimension* n *sur* **R**. *Le groupe* $\mathcal{A}(X)$ *des bijections affines de* X *sur lui-même a exactement deux composantes connexes par arcs.*

Preuve. Soit $\mathcal{R} = (a_0, \ldots, a_n)$ un repère affine de X, I l'application identique de X et I′ l'unique bijection affine envoyant a_1 sur $a_0 - \overrightarrow{a_0a_1}$ et laissant les autres points fixes. Il ne peut y avoir d'arc f : $[0, 1] \to \mathcal{A}(X)$ joignant I à I′, car det $\vec{f}(t)$ est une fonction continue de t; or det $\vec{I} = +1$ et det $\vec{I'} = -1$.

Nous allons montrer qu'étant donnée $u \in \mathcal{A}(X)$, on peut toujours la joindre par un arc soit à I, soit à I′. Soit $b = u(a_0)$. Si $\vec{\alpha} \in \vec{X}$, désignons par $T_{\vec{\alpha}}$ la translation de vecteur $\vec{\alpha}$. Soit

$$f_1 : [0, 1] \to \mathcal{A}(X)$$

définie par $f_1(t) = T_{t\,\overrightarrow{ba_0}} \circ u : f_1$ est un arc [car l'application $(u, v) \longmapsto v \circ u$ de $\mathcal{A}(X) \times \mathcal{A}(X)$ dans $\mathcal{A}(X)$ est continue] joignant u à un élément du sous-groupe $\mathcal{A}_0(X) = gl(X_{a_0})$ des bijections affines ayant a_0 pour point fixe. Mettons sur l'espace vectoriel X_{a_0} l'unique structure euclidienne dans laquelle $\mathcal{R}$ est orthonormé. Alors d'après la proposition 2, on peut joindre $f_1(1)$ par un arc dans $GL(X_{a_0})$ à une transformation orthogonale v, laquelle peut être jointe (proposition 1) à I ou I′ par un arc dans $O(X_{a_0}) \subset GL(X_{a_0})$. c.q.f.d.

Remarque 2. La même démonstration montrerait que si X est un espace affine euclidien, le groupe des isométries de X a deux composantes connexes par arcs. En effet, les translations sont des isométries.

THÉORÈME 3. *Soit* X *un espace affine de dimension* n *sur* **R**. *Pour que deux repères affines* $\mathcal{R}$ *de* $\mathcal{R}'$ *de* X *définissent la même orientation de* X, *il faut et il suffit qu'il existe un arc de l'espace des repères les joignant.*

Preuve. Un repère $\mathcal{R}$ de X est un élément de X^{n+1}; l'ensemble $\hat{\mathcal{R}}$ des repères est un sous-ensemble de X^{n+1} [on ne considère que les $(n + 1)$-uples affinements indépendants] d'où une topologie naturelle sur $\hat{\mathcal{R}}$, sous-espace de l'espace produit X^{n+1}. Le groupe $\mathcal{A}(X)$ opère de façon simplement transitive dans $\hat{\mathcal{R}}$: si $\mathcal{R}_0 = (a_0, \ldots, a_n)$ est un repère fixé une fois pour toutes, et $u \in \mathcal{A}(X)$, l'application $u \longmapsto [u(a_0) \ldots u(a_n)]$ de $\mathcal{A}(X)$ dans $\hat{\mathcal{R}}$ est une bijection, et c'est un homéomorphisme [représenter par exemple u par une matrice dans le repère affine $\mathcal{R}_0$, cf. 1re partie, chapitre III, § II, n° 2, b)]. Le théorème 3 n'est alors qu'une transcription du théorème 2 : dire que $\mathcal{R}$ et $\mathcal{R}'$ définissent la même orientation est dire que, si $u \in \mathcal{A}(X)$ est définie par $\mathcal{R}' = u(\mathcal{R})$, alors det $\vec{u} > 0$, ce qui équivaut (théorème 2) à dire qu'il existe un arc dans $\mathcal{A}(X)$, $t \longmapsto u_t$, joignant u à l'application identique. Mais alors l'application $t \longmapsto u_t(\mathcal{R})$ est un arc dans $\hat{\mathcal{R}}$ joignant $\mathcal{R}'$ à $\mathcal{R}$. c.q.f.d.

Remarque 3. On énonçait autrefois en géométrie « élémentaire » ce théorème de la façon imagée suivante : deux trièdres de l'espace « ordinaire à 3 dimensions » ont le même sens si et seulement si on peut les déformer l'un dans l'autre sans les aplatir au cours de la déformation.

3. Générateurs de $O(E_n)$ et de $O^+(E_n)$

THÉORÈME 4. *Soit* $s = \operatorname{codim} E_+$ ($s = q + 2r$, cf. théorème 1). *Alors f est produit de symétries hyperplanes dont le nombre minimal est s, et* E_+ *est alors l'intersection de leurs hyperplans.*

Preuve. Soit $\mathcal{E}$ une base de E telle que $\mathcal{M}(f, \mathcal{E})$ ait la forme (1) (nº 1, théorème 1). Si A et B sont des matrices carrées :

$$\begin{pmatrix} I & & O \\ & A & \\ O & & B \end{pmatrix} = \begin{pmatrix} I & & O \\ & A & \\ O & & I \end{pmatrix} \begin{pmatrix} I & & O \\ & I & \\ O & & B \end{pmatrix}$$

$$= \begin{pmatrix} I & & O \\ & I & \\ O & & B \end{pmatrix} \begin{pmatrix} I & & O \\ & A & \\ O & & I \end{pmatrix}$$

Comme A_i se décompose en le produit de deux matrices de symétries

$$A_i = \begin{pmatrix} a_i & b_i \\ b_i & -a_i \end{pmatrix} \begin{pmatrix} a'_i & b'_i \\ b'_i & -a'_i \end{pmatrix} = \hat{A}_i \hat{A}'_i,$$

on voit que $\mathcal{M}(f, \mathcal{E})$ est produit de q matrices

$$\begin{pmatrix} I_{p+j} & & \\ & -1 & \\ & & I_{n-(p+j+1)} \end{pmatrix} \quad 0 \leqslant j \leqslant q-1$$

et de $2r$ matrices

$$\begin{pmatrix} I_{p+q+i} & & \\ & \hat{B}_i & \\ & & I_{n-(p+q+i+2)} \end{pmatrix} \quad \text{avec} \quad \hat{B}_i = \hat{A}_i \quad \text{ou} \quad \hat{A}'_i \qquad \text{et} \qquad 0 \leqslant i \leqslant r-1$$

qui ont $n - 1$ valeurs propres égales à 1 et une égale à -1; donc f est produit de s symétries hyperplanes. Soit F l'intersection des hyperplans de symétrie; F contient E_+, qui est engendré par les p premiers vecteurs de base. Réciproquement, comme $x \in F \Longrightarrow \sigma(x) = x$ pour toute symétrie σ, on a inversement $F \subset E_+$. Enfin f ne peut être produit de moins de s symétries hyperplanes, car l'intersection F' de ces hyperplans aurait alors une codimension strictement inférieure à s. Or, de toute manière $F' \subset E_+$, donc codim $F' \geqslant n - p = s$, d'où la contradiction. c.q.f.d.

Remarque 4. Une symétrie orthogonale est un *déplacement* (chapitre III, n° 3, déf. 6) si et seulement si le sous-espace Y de ses points fixes a une *codimension paire* (n° 1, cor. 1). Les symétries hyperplanes sont donc des antidéplacements.

Définition 1. *On appelle retournement une symétrie orthogonale autour d'un sous-espace de codimension deux.*

Les retournements sont donc des déplacements.

Remarque 5. On peut avoir plus de s symétries [prendre $\rho \in O^+(E_2)$, écrire ρ comme produit de deux rotations ρ' et ρ'', puis écrire ρ' et ρ'' comme produit chacune de 2 symétries]. Alors on peut avoir seulement $F' \subset E_+$ (faire deux fois de suite une symétrie pour un hyperplan ne contenant pas E_+).

Cependant la *parité* du nombre de symétries hyperplanes en lesquelles on peut décomposer f ne dépend que de f : ce nombre est pair si $f \in O^+(E)$, impair sinon (n° 1, corollaire 1 du théorème 1).

THÉORÈME 5. *Si* $n \leqslant 3$ *et si* $f \in O^+(E)$, *alors, si* $s =$ codim E_+, f *est produit de* s *retournements* (déf. 1).

Preuve. Comme q est pair, s l'est aussi.

$$\mathcal{M}(f, \mathcal{E}) = \begin{pmatrix} I_p & & \bigcirc \\ & A_1 & \\ & & \ddots \\ \bigcirc & & & A_{s/2} \end{pmatrix} = \begin{pmatrix} I_p & \bigcirc & \\ & A_1 & \\ \bigcirc & & I_{p'} \end{pmatrix} \cdots \begin{pmatrix} I_p & & \bigcirc \\ & I_{p'} & \\ \bigcirc & & A_{s/2} \end{pmatrix}$$

où A_i est une matrice de rotation ; et comme $n \geqslant 3$, il y a toujours une valeur propre $+1$ au moins ($p + p' = n - 2 > 0$) dans chacun des facteurs. Or :

$$\begin{pmatrix} 1 & 0 & 0 \\ 0 & \cos\theta & -\sin\theta \\ 0 & \cos\theta & \cos\theta \end{pmatrix} \begin{pmatrix} 1 & 0 & 0 \\ 0 & a & b \\ 0 & b & -a \end{pmatrix} \begin{pmatrix} 1 & 0 & 0 \\ 0 & a' & b' \\ 0 & b' & -a' \end{pmatrix}$$

$$= \begin{pmatrix} -1 & 0 & 0 \\ 0 & a & b \\ 0 & b & -a \end{pmatrix} \begin{pmatrix} -1 & 0 & 0 \\ 0 & a' & b' \\ 0 & b' & -a' \end{pmatrix}$$

et

$$\begin{pmatrix} I_{n-3} & & \bigcirc & \\ & -1 & 0 & 0 \\ & 0 & \alpha & \beta \\ \bigcirc & 0 & \beta & -\alpha \end{pmatrix} \qquad \alpha^2 + \beta^2 = 1$$

a deux valeurs propres égales à -1, $n - 2$ égales à 1 donc est un retournement.

c.q.f.d.

Ce calcul matriciel s'interprète géométriquement ainsi. L'isométrie f est produit de $s/2$ isométries dont chacune a un sous-espace fixe de codimension deux, et il suffit de montrer qu'une telle isométrie ρ, dont l'espace des points fixes E_{n-2} est de dimension $n - 2 > 0$, est produit de deux retournements. Soient D_i, $i \in \{1, 2\}$, deux droites du plan $E_{n-2}^{\perp}$ faisant un angle égal à la moitié de celui de l'angle de la rotation ρ, et σ_i la symétrie hyperplane pour $V(E_{n-2}, D_i)$, de sorte que $\rho = \sigma_2 \circ \sigma_1$. Soit Δ une droite arbitraire de E_{n-2} $(n-2 > 0)$ et E_{n-3} son supplémentaire orthogonal dans E_{n-2}, et soit σ la symétrie hyperplane pour $V(E_{n-3}, D_1, D_2)$. On a $\rho = (\sigma_2 \circ \sigma) \circ (\sigma \circ \sigma_1)$. Or $\sigma_2 \circ \sigma$ laisse invariant $V(E_{n-3}, D_2)$ et sa restriction à l'orthogonale de D_2 dans $V(D_1, D_2)$ (resp. à Δ) admet la valeur propre -1 : c'est donc un retournement. On démontre de façon analogue que $\sigma \circ \sigma_1$ — qui est l'identité sur $V(E_{n-3}, D_1)$ et $-\mathrm{Id}$ sur $V[\Delta, D_2^{\perp} \cap V(D_1, D_2)]$ — est un retournement. c.q.f.d.

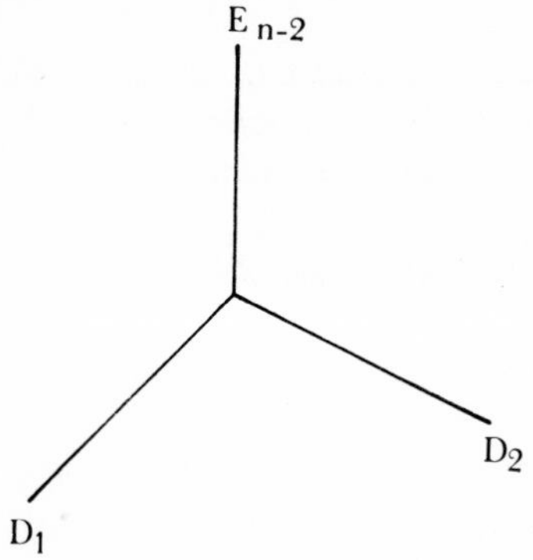

Du reste σ et σ_i commutent (exercice 6 ci-dessous).

Exercices.

2) $E_+, E_-, E' = (E_+ \oplus E_-)^{\perp}$ et les angles α_i sont intrinsèques; si $i \neq j \Longrightarrow \alpha_i \neq \alpha_j$, les plans des rotations le sont aussi, mais pas si $\alpha_i = \alpha_j$.

3) f est une symétrie $\Longleftrightarrow E' = \{0\} \Longleftrightarrow$ toutes les valeurs propres sont réelles.

4) $f \in O^+(E) \Longleftrightarrow \dim E_-$ paire $\Longleftrightarrow \operatorname{codim} E_+$ paire.

5) Détailler les résultats pour $n = 1, 2, 3$.

6) Supposons E_n somme directe orthogonale de E_{n-2}, Δ, Δ' où Δ et Δ' sont des droites orthogonales. Soit σ (resp. σ') la symétrie orthogonale par rapport à $E_{n-2} \oplus \Delta$ (resp. $E_{n-2} \oplus \Delta'$). Montrer que σ et σ' commutent et que $\sigma \circ \sigma'$ est un retournement. Ces résultats subsistent-ils si Δ et Δ', toujours orthogonaux à E_{n-2}, ne sont plus orthogonaux entre eux? Revenant à la situation du début, on désigne par y, ξ et ξ' les composantes de $x \in E_n$ dans les sous-espaces E_{n-2}, Δ, Δ'; calculer $\sigma(x)$, $\sigma'(x)$, $\sigma[\sigma'(x)]$. Comment faire ce calcul si Δ n'est plus orthogonal à Δ' (avec cependant $\Delta \neq \Delta'$)?

II. Le groupe $Is(X_n)$

Soit X_n un espace affine euclidien de dimension n.

1. Points fixes des isométries

On rappelle l'homomorphisme $Is(X_n) \to O(E_n)$

$$f \longmapsto \vec{f}$$

de noyau $T(X_n)$, d'où Is^+ et Is^- (chapitre III, nº 3, théor. 2 et déf. 6).

THÉORÈME 1. *Soit* $f \in \mathrm{Is}(X)$. *Il existe une unique isométrie* g *ayant un ensemble non vide* G *de points fixes et un unique vecteur* $\vec{h}$ *appartenant à* $\vec{G}$ *tels que* $f = T_{\vec{h}} \circ g$. *Dans ces conditions* $\vec{G} = \mathrm{Ker}(\vec{f} - \mathrm{Id})$, *et* $T_{\vec{h}}$ *et* g *commutent.*

Preuve. *a*) Si $a \in G$, on a $g(x) = a + \vec{g}(\overrightarrow{ax})$, donc :

$$x \in G \iff \overrightarrow{ax} = \vec{g}(\overrightarrow{ax}) \iff \overrightarrow{ax} \in \mathrm{Ker}(\vec{g} - \mathrm{Id}).$$

Comme $\vec{g} = \vec{f}$, $\vec{G} = \mathrm{Ker}(\vec{f} - \mathrm{Id})$ ne dépend que de $\vec{f}$.

b) Si $f = T_{\vec{h}} \circ g$ et si g a un point fixe x, on a : $f(x) = x + \vec{h}$, donc

$$\vec{h} = \overrightarrow{xf(x)},$$

et réciproquement $[T_{\overrightarrow{xf(x)}}]^{-1} \circ f$ laisse x fixe. On est donc ramené à voir que l'ensemble $\Gamma = \{x \in X \mid \overrightarrow{xf(x)} \in \mathrm{Ker}\,(\vec{f} - \mathrm{Id})\}$ est non vide, et que

$$[(x, y) \in \Gamma^2 \Longrightarrow \overrightarrow{xf(x)} = \overrightarrow{yf(y)}].$$

Or ceci va résulter du

c) LEMME. $\vec{X}$ *est somme directe (et même somme directe orthogonale) de*

$$\mathrm{Ker}(\vec{f} - \mathrm{Id}) \quad et \quad \mathrm{Im}(\vec{f} - \mathrm{Id}).$$

Preuve. Pour des raisons de dimension, il suffit de voir que si $\vec{t} \in \mathrm{Ker}(\vec{f} - \mathrm{Id})$ et si $\vec{t}\,' \in \mathrm{Im}(\vec{f} - \mathrm{Id})$ alors $(\vec{t} \mid \vec{t}\,') = 0$.

Or : $\vec{t} \in \mathrm{Ker}(\vec{f} - \mathrm{Id}) \Longrightarrow \vec{f}(\vec{t}) = \vec{t}$.

Et $\vec{t}\,' \in \mathrm{Im}(\vec{f} - \mathrm{Id}) \Longrightarrow \exists \vec{t}\,'' \in \vec{X},\ \vec{t}\,' = \vec{f}(\vec{t}\,'') - \vec{t}\,''$.

Alors :

$$(\vec{t} \mid \vec{t}\,') = [\vec{t} \mid \vec{f}(\vec{t}\,'')] - (\vec{t} \mid \vec{t}\,'') = [\vec{f}(\vec{t}) \mid \vec{f}(\vec{t}\,'')] - (\vec{t} \mid \vec{t}\,'') = (\vec{t} \mid \vec{t}\,'') - (\vec{t} \mid \vec{t}\,'') = 0.$$

c.q.f.d.

d) *Démonstration de l'unicité.* Soit $(x, y) \in \Gamma^2$. Alors :

$$\overrightarrow{xf(x)} - \overrightarrow{yf(y)} = \overrightarrow{xy} - \vec{f}(\overrightarrow{xy}) \in \mathrm{Ker}(\vec{f} - \mathrm{Id}) \cap \mathrm{Im}(\vec{f} - \mathrm{Id}) = \{0\}.$$

e) *Démonstration de l'existence.* Soit a quelconque dans X. Écrivons

$$\overrightarrow{af(a)} = \vec{h} + \vec{h}' \quad \text{avec} \quad \vec{h} \in \mathrm{Ker}(\vec{f} - \mathrm{Id}),\ \vec{h}' \in \mathrm{Im}(\vec{f} - \mathrm{Id})$$
$$[\text{i.e. } \vec{h}' = -\vec{t} + \vec{f}(\vec{t})]$$

Soit $x = a - \vec{t}$. Alors

$$\vec{h} = \overrightarrow{af(a)} + \overrightarrow{xa} - \vec{f}(\overrightarrow{xa}) = f(x) - x = \overrightarrow{xf(x)} \in \mathrm{Ker}(\vec{f} - \mathrm{Id}).$$

f) Commutation.

Soit $x \in X$; comme $\vec{h} \in \operatorname{Ker}(\vec{f} - \mathrm{Id}) = \operatorname{Ker}(\vec{g} - \mathrm{Id})$

$$(g \circ T_{\vec{h}})(x) = g(x + \vec{h}) = g(x) + \vec{g}(\vec{h}) = g(x) + \vec{h} = (T_{\vec{h}} \circ g)(x).$$

c.q.f.d.

Remarque. On trouve donc $\vec{h}$ en projetant orthogonalement $\overrightarrow{af(a)}$ sur un sous-espace parallèle à $\operatorname{Ker}(\vec{f} - \mathrm{Id})$, d'où $g = T_{-\vec{h}} \circ f$; a est un point arbitraire de X.

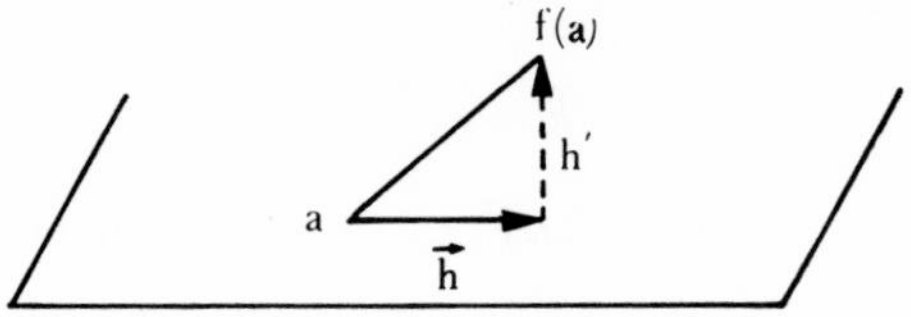

2. Conséquences

COROLLAIRE 1. *Si* $\operatorname{Ker}(\vec{f} - \mathrm{Id}) = \{0\}$, *f a un unique point fixe.*

COROLLAIRE 2. *Forme « générique » des isométries de l'espace.*

A. *Plan.*

1) *Translations* (Id *est un cas particulier*) } I_s^+
2) *Rotations* ($\neq$ Id, *ont toutes un point fixe*) } I_s^+
3) *Produit d'une symétrie axiale et d'une translation parallèle à l'axe.*

B. *Espace* $n = 3$. Valeurs propres réelles de $\vec{f}$

		Valeurs propres réelles de $\vec{f}$
1) *Translations*	I_s^+	$\{1, 1, 1\}$
2) *Vissages*	I_s^+	$\{1\}$ ou $\{1, -1, -1\}$
3) *Symétrie par rapport à l'origine (cas particulier de 3')*	I_s^-	$\{-1, -1, -1\}$
3') *Produit d'une symétrie plane et d'une rotation*	I_s^-	$\{-1\}$
4) *Produit d'une symétrie plane et d'une translation*	I_s^-	$\{-1, +1, +1\}$

THÉORÈME 2. *Soit* $n = \dim X$, $s = \operatorname{codim} \operatorname{Ker}(\vec{f} - \mathrm{Id})$. *Alors toute isométrie f est produit d'au plus* $n + 1$ *symétries hyperplanes. Leur nombre minimal* ν *est égal à*

$$s \text{(resp. } s + 2) \quad si \quad F = \{x \mid f(x) = x\} \neq \varnothing \text{ (resp. } = \varnothing).$$

Preuve. Si $F \neq \varnothing$ cela résulte du § I, théorème 4 et $0 \leqslant \nu = s \leqslant n$.

Si $F = \varnothing$, alors $\dim \operatorname{Ker}(\vec{f} - \mathrm{Id}) > 0$, donc $s = n - p < n$.

On écrit $f = T_{\vec{h}} \circ g$, $T_{\vec{h}} = \tau \circ \tau'$, $g = \sigma_1 \circ \cdots \circ \sigma_s$ où les σ_i sont des symétries pour des hyperplans dont l'intersection est G, τ, τ' deux symétries pour des hyperplans orthogonaux à $\vec{h} \in \vec{G}$; donc il n'y a pas de réduction possible. En ce cas, $2 \leqslant \nu = s + 2 \leqslant n + 1$. c.q.f.d.

THÉORÈME 3. *Soit* $f \in I_s^+(X)$, $s = \operatorname{codim} \operatorname{Ker}(\vec{f} - \mathrm{Id})$. *Si c'est une translation, f est produit de deux retournements, sinon f est produit de s retournements* ($n \geqslant 3$).

Preuve. Si f a un point fixe, c'est le théorème 5, § I.

Sinon $f = T_h \circ g$, $g = \sigma_1 \circ \cdots \circ \sigma_s$

$$T_h = \tau \circ \tau'$$

où les σ_i et les τ sont des retournements. On prend une base orthonormée de $\vec{G}$ de la forme $\left(e_1, \ldots, e_{s-1}, \frac{\vec{h}}{\|\vec{h}\|}\right)$ avec $\vec{h} \neq 0$. Dans cette base $\mathscr{E}$

$$\mathcal{M}(\vec{g}, \mathscr{E}) = \begin{pmatrix} I_{n-s-1} & & & \bigcirc \\ & 1 & & \\ & & A_1 & \\ \bigcirc & & & A_{s/2} \end{pmatrix}$$

où les A_i sont des matrices de rotations.

On peut alors prendre :

$$\mathcal{M}(\vec{\sigma}_1, \mathscr{E}) = \begin{pmatrix} I_{n-s-1} & & & \bigcirc \\ & -1 & & \\ & & \begin{pmatrix} a & b \\ b & -a \end{pmatrix} & \\ \bigcirc & & & \\ & & & I_{s-2} \end{pmatrix}$$

σ_1 est un retournement par rapport à un $(n-2)$ sous-espace contenu dans $(\vec{h})^{\perp}$ $[\vec{\sigma}_1(\vec{h}) = -\vec{h}]$, on peut donc choisir $\tau' = \sigma_1$. D'où

$$f = \tau \circ \sigma_2 \circ \cdots \circ \sigma_1 \qquad \text{c.q.f.d.}$$

COROLLAIRE 3. $I_s^+(X)$ *est connexe par arcs.*

En effet, si $f \in I_s^+(X)$, $f = T_{\vec{h}} \circ g$, $g \in I_s^+(X)$ et a un point fixe. Soit g_t une homotopie de g sur Id. Alors $f_t = T_{t\vec{h}} \circ g_t$ est une homotopie de f_t sur Id. c.q.f.d.

Exercice 6. Soit u un renversement d'un plan affine euclidien. Montrer que u^2 est une translation.

Exercice 7. Soit u_i $(i = 1, 2, 3)$ une symétrie par rapport à une droite d_i d'un plan affine euclidien X, et $u = (u_2 u_3 u_1 u_2 u_3)^2$. Appliquer l'exercice 6 à $u_1 u_2 u_3$ et $u_2 u_3 u_1$ pour constater que u et u_1 commutent, et en déduire que u est une translation de direction $\vec{d}_1$. Peut-on remplacer certaines des symétries u_i par des renversements arbitraires?

Exercice 8. Soient X un plan euclidien, et $(a, b) \in X^2$, $(a', b') \in X^2$ tels que $d(a, b) = d(a', b')$. Montrer qu'il y a exactement une isométrie directe et une isométrie indirecte de X transformant (a, b) en (a', b').

Exercice 9. Soit X un espace affine euclidien et u une isométrie de X. Étudier l'ensemble des points $\frac{1}{2}[x + u(x)]$ lorsque x décrit une droite D.

Exercice 10. Soit X un espace affine euclidien de dimension trois et (a, b, c), (a', b', c') deux triangles isométriques de X. Étudier les isométries les faisant se correspondre; quand ont-elles des points fixes? (On considérera l'intersection des plans médiateurs des segments aa', bb', cc'.)

3. Une question de terminologie

L'usage veut que l'on appelle rotation, dans le plan (resp. l'espace de dimension 3) euclidien une isométrie directe ayant des points fixes. Si ce n'est pas l'identité, elle a alors un unique point fixe (resp. une droite de points fixes), et est déterminée par la donnée du sous-ensemble des points fixes et d'un angle de demi-droites dans un plan orthogonal.

Il nous semble que dans un espace euclidien de dimension n arbitraire, ce qu'il serait pertinent d'appeler *rotation*, et qui généralise la situation classique, c'est (hormis l'identité) une isométrie directe dont l'ensemble des points fixes est de codimension 2. Elle est alors déterminée par cet ensemble et un angle de demi-droites dans un plan orthogonal. Une isométrie directe quelconque est alors le produit d'une translation et de $p \leqslant \left[\frac{n}{2}\right]$ rotations, où $[x]$ désigne la partie entière de x. Les points fixes, les angles de ces p rotations et la translation la déterminent.

L'usage des mathématiciens — qui attachent en général une importance limitée aux querelles de terminologie — est d'appeler *rotation* d'un espace *vectoriel* euclidien $\vec{X}$ *tout* élément de $O^+(\vec{X})$, et par voie de conséquence, rotation d'un espace *affine* euclidien X tout élément de $I_s^+(X)$ ayant au moins un point fixe. Elle est alors caractérisée par la donnée de $p \leqslant \left[\frac{n}{2}\right]$ plans invariants, et pour chaque plan d'un angle orienté de demi-droites. Avec cet usage, rien ne joue plus le rôle du centre (resp. de l'axe) d'une rotation pour $n = 2$ (resp. $n = 3$).

CHAPITRE VII

Similitudes

1. Définitions

DÉFINITION 1. *Soit* $[(X, \vec{X}, \Phi), \varphi]$ *un espace affine euclidien de produit scalaire* $\varphi(\vec{x}, \vec{y}) = (\vec{x}|\vec{y})$. *On appelle similitude de* X *toute application* f *non constante de* X *dans lui-même conservant les rapports des distances, c'est-à-dire telle que*

$$(1) \qquad \forall (x, y, x', y') \in X^4, \qquad \frac{\|f(x) - f(y)\|}{\|f(x') - f(y')\|} = \frac{\|x - y\|}{\|x' - y'\|}$$

chaque fois que les dénominateurs ne s'annulent pas.

PROPOSITION 1. *Pour qu'une application* $f : X \to X$ *soit une similitude, il faut et il suffit qu'il existe un nombre réel* $k > 0$ *tel que*

$$(2) \qquad \forall (x, y) \in X^2, \qquad d[f(x), f(y)] = k\, d(x, y)$$

Preuve. Si f est une similitude, elle est non constante et il existe donc $a \neq b$ dans X tels que $f(a) \neq f(b)$. Vu (1) on a donc (2) en posant

$$k = \frac{\|f(a) - f(b)\|}{\|a - b\|} > 0,$$

et la réciproque est évidente. c.q.f.d.

DÉFINITION 2. *Le nombre réel positif* k *s'appelle le rapport de la similitude* f.

PROPOSITION 2. *Pour qu'une application* $f : X \to X$ *soit une similitude de rapport* $k > 0$ *il faut et il suffit qu'elle soit le produit d'une isométrie et d'une homothétie* $H_{\lambda, a}$ *de centre arbitraire* a *et de rapport* λ *vérifiant* $|\lambda| = k$.

Preuve. Il est clair, vu la proposition 1, que le produit de deux similitudes de rapports k et k' respectivement est une similitude de rapport kk', qu'une isométrie est une similitude de rapport 1, et qu'une homothétie de rapport λ est une similitude de rapport $|\lambda|$.

Par suite, le produit d'une homothétie de rapport λ et d'une isométrie est une similitude de rapport $|\lambda|$; réciproquement si f est une similitude de rapport k et H une homothétie de rapport λ tel que $|\lambda| = k$ et de centre a, alors $H^{-1} \circ f$ et $f \circ H^{-1}$ sont des similitudes de rapport un, donc des isométries. c.q.f.d.

Corollaire 1. *L'ensemble* Sim (X) *des similitudes de* X *est un sous-groupe du groupe affine de* X.

Corollaire 2. *Une similitude transforme un sous-espace affine de* X *(resp. un demi-sous-espace affine de* X) *en un sous-espace* (*resp. un demi-sous-espace*) *de même dimension et transforme une «figure»* (chapitre v, § II, n° 1) *en une «figure» de même angle non orienté.*

Preuve. La première partie de l'assertion résulte du fait qu'une similitude est (corollaire 1) une bijection affine; la deuxième partie de ce que les isométries *et* les homothéties ne changent pas les angles des figures (les isométries par définition, les homothéties parce que leurs applications linéaires associées conservent les sous-espaces vectoriels de $\vec{X}$, et même les demi-sous-espaces vectoriels si leur rapport λ est strictement positif, ce qu'il est loisible de supposer d'après la proposition 2). c.q.f.d.

Le corollaire 2 admet une réciproque (cf. n° 3, corollaire du théorème 2).

La proposition 2 se précise par l'énoncé suivant.

Proposition 3. *Une similitude distincte d'une isométrie a un unique point fixe* O *appelé centre de la similitude, et elle est de façon unique produit d'une homothétie* H *de centre* O *et de rapport positif et d'une isométrie* ϑ *admettant* O *pour point fixe. De plus* ϑ *et* H *commutent.*

Preuve. Soit $k \neq 1$ le rapport d'une similitude f. Comme f est affine, on a, vu (2)

$$\forall \vec{t} \in \vec{X}, \qquad \|\vec{f}(\vec{t})\| = k\|\vec{t}\|$$

et par suite les valeurs propres réelles de $\vec{f}$ ont pour valeur absolue k. Donc $\vec{f}$ n'admet pas la valeur propre $+1$, ce qui entraîne (1re partie, chapitre iv, § II, théorème 1) que f a un unique point fixe, soit O. Soit H l'homothétie (ne dépendant que de f) de centre O et de rapport $k > 0$. Alors $f \circ H^{-1} = \vartheta$ et $H^{-1} \circ f = \vartheta'$ sont des isométries (ne dépendant que de f), admettant O pour point fixe. Il reste à voir que $\vartheta = \vartheta'$ i.e. que

$$H \circ f \circ H^{-1} = f$$

Or si l'on prend O comme origine dans X, H et f deviennent des endomorphismes de X_O, et la formule à vérifier se réduit à

$$\forall x \in X, \qquad kf\left(\frac{1}{k}x\right) = f(x)$$

ce qui résulte de la linéarité de f (au sens de la structure d'espace vectoriel de X_O). c.q.f.d.

Remarque. La démonstration ci-dessus montre, plus généralement, qu'une homothétie (de rapport quelconque) et une similitude ayant même point fixe commutent.

2. Étude du groupe des similitudes

Le groupe des similitudes a un certain nombre de sous-groupes remarquables qui ont entre eux des rapports intéressants explicitant — avec le fait qu'une similitude est une application affine — les propriétés principales des similitudes.

Nous désignerons par n la dimension de X *et par*

* $GO(\vec{X})$ le groupe des similitudes de centre 0 de l'espace vectoriel euclidien $\vec{X}$,
* $\mathscr{H}(X)$ [resp. $\mathscr{H}_p(X)$, $\mathscr{H}_m(X)$] l'ensemble des homothéties de X (resp. des homothéties de rapport positif, des homothéties de rapport négatif),
* $T(X) \approx \vec{X}$ l'ensemble des translations de X,
* $\mathscr{D}(X)$ [resp. $\mathscr{D}_p(x)$] l'ensemble $\mathscr{H}(X) \cup T(X)$ [resp. $\mathscr{H}_p(X) \cup T(X)$] appelé souvent ensemble des dilatations (resp. des dilatations de rapport positif) de X,
* $\mathrm{Sim}^+(X)$ [resp. $\mathrm{Sim}^-(X)$] l'ensemble

$$\{f \in \mathrm{Sim}\,(X) \,|\, \det \vec{f} > 0\} \quad (\text{resp. } \det \vec{f} < 0),$$

* $\mathscr{H}^+(X)$ [resp. $\mathscr{D}^+(X)$, $\mathscr{H}^-(X)$, $\mathscr{D}^-(X)$] l'ensemble $\{f \in \mathscr{H}(X) \,|\, \det \vec{f} > 0\}$ [resp. $\{f \in \mathscr{D}(X) \,|\, \det \vec{f} > 0\}$, $\{f \in \mathscr{H}(X) \,|\, \det \vec{f} < 0\}$, $\{f \in \mathscr{D}(X) \,|\, \det \vec{f} < 0\}$),
* ${}^a\mathscr{H}(X)$ [resp. ${}^a\mathrm{Sim}\,(X)$] l'ensemble des homothéties (resp. des similitudes) de centre donné a.
* Si U et V sont contenus dans Sim (X), on pose

$$UV = \{s \in \mathrm{Sim}(X) \,|\, \exists u \in U, \quad \exists v \in V \quad \text{et} \quad s = uv\}$$

* Le lecteur devinera lui-même le sens à attribuer à ${}^a\mathrm{Is}^+(X)$, ${}^a\mathrm{Sim}^+(X)$, etc...

PROPOSITION 4. $GO(\vec{X})$ *est l'ensemble des applications u de* $\vec{X}$ *dans lui-même vérifiant la condition :*

(3) *Il existe* $\alpha = \alpha(u) \in \mathbf{R} - \{0\}$ *tel que, quels que soient* $\vec{x}$ *et* $\vec{y}$ *dans* $\vec{X}$, *on ai*

$$(u(\vec{x})\,|\,u(\vec{y})) = \alpha(\vec{x}\,|\,\vec{y})$$

u est alors un automorphisme de $\vec{X}$, α *est positif, et pour que* $f \in \mathrm{Sim}\,(X)$, *il faut et il suffit que* $\vec{f} \in GO(\vec{X})$.

Preuve. Soit u une similitude de $\vec{X}$ laissant fixe 0. D'après la proposition 3, $u = \lambda u'$ avec $\lambda \in \mathbf{R} - \{0\}$ et $u' \in O(\vec{X})$; u vérifie donc (3) avec $\alpha = \lambda^2 > 0$.

Réciproquement, si u vérifie (3), on a $\alpha > 0$ [faire dans (3) $x = y$] et

$$u' = \frac{1}{\sqrt{\alpha}} u$$

conserve le produit scalaire, donc appartient à $O(\vec{X})$.

En particulier u est un automorphisme de $\vec{X}$.

Si $f \in \mathrm{Sim}\,(X)$, il résulte de (2) puisque f est affine (corollaire 1) que

$$\|\vec{f}(\vec{x})\| = k\|\vec{x}\|$$

d'où

$$\|\vec{f}(\vec{x} + \vec{y})\|^2 = \|\vec{f}(\vec{x})\|^2 + \|\vec{f}(\vec{y})\|^2 + 2(\vec{f}(\vec{x})|\vec{f}(\vec{y})) = k^2[\|x\|^2 + \|y\|^2 + 2(\vec{x}|\vec{y})].$$

Par suite $\vec{f}$ vérifie (3) avec $\alpha = k^2$; réciproquement si $\vec{f}$ vérifie (3) soit h une homothétie de centre arbitraire et de rapport $\frac{1}{\sqrt{\alpha}}$.

Alors $g = h \circ f$ a pour application linéaire associée $\frac{1}{\sqrt{\alpha}}\vec{f}$, et est donc orthogonale; g est par suite une isométrie et $f = h^{-1} \circ g$ une similitude. c.q.f.d.

THÉORÈME 1. $T(X)$, $\mathscr{D}(X)$, $\mathrm{Is}(X)$, $\mathrm{Sim}^+(X)$ *sont des sous-groupes distingués de* $\mathrm{Sim}(X)$ *et les groupes quotients sont isomorphes à* $GO(\vec{X})$, $O(\vec{X})$, ${}^{0}\mathscr{H}(\vec{X})$, $\mathbf{Z}_2$ *respectivement. Si n est pair, on a* $\mathscr{D}^- = \varnothing$. *On a pour tout n :*

$$\begin{aligned}
\mathrm{Sim}\,(X) &= \mathscr{H}_p(X).\mathrm{Is}(X) = \mathrm{Is}(X).\mathscr{H}_p(X) = \mathscr{H}(X).\mathrm{Is}(X) = \mathrm{Is}(X).\mathscr{H}(X)\\
\mathrm{Sim}^+(X) &= \mathscr{H}_p(X).\mathrm{Is}^+(X) = \mathrm{Is}^+(X).\mathscr{H}_p(X)\\
&= \mathscr{H}^+(X).\mathrm{Is}^+(X) = \mathrm{Is}^+(X).\mathscr{H}^+(X)\\
\mathrm{Sim}^-(X) &= \mathscr{H}_p(X).\mathrm{Is}^-(X) = \mathrm{Is}^-(X).\mathscr{H}_p(X)\\
&= \mathscr{H}^+(X).\mathrm{Is}^-(X) = \mathrm{Is}^-(X).\mathscr{H}^+(X)
\end{aligned}$$

Si n est pair : $\mathrm{Sim}^+(X) = \mathscr{H}(X)\mathrm{Is}^+(X) \qquad \mathrm{Sim}^-(X) = \mathscr{H}(X).\mathrm{Is}^-(X)$

Si n est impair $\begin{cases} \mathrm{Sim}^+(X) = \mathscr{H}_m(X).\mathrm{Is}^-(X) \qquad \mathrm{Sim}^-(X) = \mathscr{H}_m(X).\mathrm{Is}^+(X)\\ \mathrm{Sim}\,(X) = \mathscr{H}(X).\mathrm{Is}^+(X) = \mathscr{H}(X).\mathrm{Is}^-(X). \end{cases}$

Preuve. Soit $k(f)$ le rapport de la similitude f. Les applications :

$$f \to \vec{f} \left[\text{resp. } f \to \frac{1}{k(f)}\vec{f}, \qquad f \to k(f)\mathrm{Id}_{\vec{X}}, \qquad f \to \det\left(\frac{1}{k(f)}\vec{f}\right) = \frac{\det \vec{f}}{[k(f)]^n}\right]$$

sont des homomorphismes surjectifs de $\mathrm{Sim}(X)$ sur $GO(\vec{X})$ [resp. $O(\vec{X})$; ${}^{0}\mathscr{H}(\vec{X})$; le sous-groupe multiplicatif $\{-1, +1\}$ de $\mathbf{R}^*$] de noyaux $T(X)$ [resp. $\mathscr{D}(X)$, $\mathrm{Is}(X)$, $\mathrm{Sim}^+(X)$].

Soit $f \in \mathscr{D}(X)$; notons $\lambda = \lambda(f)$ son rapport d'homothétie si c'est une homothétie, et posons $\lambda(f) = 1$ si c'est une translation [on notera que

$$T(X) \cap \mathscr{H}(X) = \{\mathrm{Id}_X\}$$

et que par suite ces notations sont cohérentes]. Alors det $\vec{f} = \lambda^n$ est positif si n est pair, du signe de λ si n est impair. Vu le nº 1, les autres assertions du théorème 1 s'en déduisent immédiatement. c.q.f.d.

Remarques. 1) Une similitude f ne s'écrit pas de façon unique $h \circ i$ où h est une homothétie et i une isométrie (le centre de h peut être choisi arbitrairement) (et h et i ne commutent pas), sauf si l'on impose *de plus* à h, d'être de rapport positif, et lorsque $f \notin \mathrm{Is}(\mathrm{X})$, d'avoir son centre confondu avec celui de la similitude f. On notera en particulier que $\mathscr{H}_p(\mathrm{X}) \cap \mathrm{Is}(\mathrm{X}) = \mathrm{Id}_\mathrm{X}$, mais que

$$\mathscr{H}_m(\mathrm{X}) \cap \mathrm{Is}(\mathrm{X})$$

est l'ensemble (équipotent à X) des homothéties de rapport — 1.

2) On prendra garde à ne pas confondre $\mathscr{H}_p$ et $\mathscr{H}^+$, $\mathscr{H}_m$ et $\mathscr{H}^-$; on a

$$\mathscr{H}_p \subset \mathscr{H}^+,$$

si n est pair : $\mathscr{H}_p \cup \mathscr{H}_m = \mathscr{H}^+ = \mathscr{H}$, et $\mathscr{H}^- = \varnothing$
si n est impair : $\mathscr{H}_p = \mathscr{H}^+$ et $\mathscr{H}_m = \mathscr{H}^-$.

3) Pour tout $a \in \mathrm{X}$, ${}^a\mathscr{H}$, ${}^a\mathscr{H}_p$, ${}^a\mathscr{H}^+$ sont des sous-groupes du groupe Sim (X) (non distingués). Mais ni $\mathscr{H}$ (ni $\mathscr{H}_p$ ni $\mathscr{H}^+$) ne sont des groupes. Le produit de deux homothéties transformant bijectivement une droite en une droite parallèle est une dilatation (1re partie, chapitre v, nº 8, théorème 4).

Exercices. 1) Déterminer explicitement le produit de deux homothéties de X de centres a et a' de rapports λ et λ' : chercher son centre s'il existe et son rapport.

2) Soit h une homothétie et φ une translation. Déterminer explicitement $\varphi^{-1} \circ h \circ \varphi$.

3) Soit $(h_i)_{1 \leqslant i \leqslant p}$ une suite d'homothéties de centres et rapports respectifs a_i et d_i. Que peut-on dire de $h_1 \circ h_2 \circ \ldots \circ h_p$? Lorsque c'est une homothétie, que peut-on dire de son centre? Lorsque c'est une translation, que peut-on dire du vecteur de cette translation?

4) Soit f une similitude de rapport différent de 1. Montrer que si $\dim \mathrm{X} = 2$, f est soit le produit d'une rotation et d'une homothétie concentriques, soit le produit d'une symétrie par rapport à une droite et d'une homothétie centrée sur cette droite. Préciser, dans ce dernier cas, les arbitraires dont on dispose pour choisir la droite, le centre, le rapport d'homothétie. Montrer que, si $\dim \mathrm{X} = 3$, f est le produit d'une rotation et d'une homothétie centrée sur l'axe de rotation; a-t-on unicité? Que peut-on dire si

$$\dim \mathrm{X} = 4?$$

5) Une similitude préserve-t-elle les angles *orientés* de figures? (cf. corollaire 2).

6) On suppose $\dim \mathrm{X} = 2$, et soient (a, b) et (a', b') deux éléments de X^2. Montrer qu'il y a une similitude directe [i.e. un élément de $\mathrm{Sim}^+(\mathrm{X})$] et une seule transformant le premier couple en le second. Quand cette similitude est-elle une translation? Hormis ce cas, elle a un unique point fixe, le déterminer, ainsi que le rapport de similitude. Quand a-t-on une homothétie? Existe-t-il une similitude indirecte transformant le premier couple en le second?

7) On caractérise une similitude directe plane par son centre, son rapport et son angle. Comment généraliser une telle caractérisation pour $\dim X \neq 2$? A-t-on des énoncés similaires pour les similitudes indirectes ?

8) On considère $\mathbf{C}$ muni de sa structure canonique d'espace affine euclidien *réel*. Montrer que ses similitudes directes (resp. indirectes) sont les applications $z \to az + b$ (resp. $z \to a\bar{z} + b$) avec $(a, b) \in \mathbf{C}^* \times \mathbf{C}$, et en conclure que le groupe des similitudes (directes) est le produit semi-direct du groupe des translations par le sous-groupe des similitudes (directes) de centre 0. Peut-on généraliser ce dernier résultat ?

3. Une propriété caractéristique des similitudes

THÉORÈME 2. *Soit* X *un espace affine de dimension* $n \geqslant 2$ *et* f *une application de* X *dans lui-même. Alors pour que* f *soit une similitude, il faut et il suffit que ce soit une bijection « conservant les angles droits » i.e. satisfaisant à la condition*

$$\text{(O)} \qquad \forall (a, b, c, d) \in X^4, \qquad (\overrightarrow{ab} | \overrightarrow{cd}) = 0 \Longrightarrow (\overrightarrow{f(a)f(b)} | \overrightarrow{f(c)f(d)}) = 0$$

LEMME. $GO(\vec{X})$ *est l'ensemble des endomorphismes de* $\vec{X}$ *préservant l'orthogonalité.*

Preuve. La condition (3) du n° 2 montre que si $u \in GO(\vec{X})$:

$$\text{(4)} \qquad \forall (\vec{x}, \vec{y}) \in \vec{X}^2, \qquad (\vec{x} | \vec{y}) = 0 \Longrightarrow (u(\vec{x}) | u(\vec{y})) = 0$$

Supposons réciproquement (4) satisfaite, et u linéaire; alors l'application $\vec{y} \longmapsto (u(\vec{x}) | u(\vec{y}))$ est pour tout $\vec{x} \in \vec{X} - \{0\}$, une forme linéaire nulle sur $\{\vec{x}\}^\perp$, donc proportionnelle à la forme linéaire non nulle $\vec{y} \longmapsto (\vec{x} | \vec{y})$. Autrement dit, il existe une fonction $\alpha : \vec{X} - \{0\} \to \mathbf{R}$ telle que :

$$\forall (x, y) \in (\vec{X} - \{0\}) \times \vec{X}, \qquad (u(\vec{x}) | u(\vec{y})) = \alpha(\vec{x})(\vec{x} | \vec{y})$$

Si $\vec{x}_1$ et $\vec{x}_2$ sont linéairement indépendants, on en déduit que pour tout $\vec{y}$:

$$[\alpha(\vec{x}_1 + \vec{x}_2) - \alpha(\vec{x}_1)](\vec{x}_1 | \vec{y}) + [\alpha(\vec{x}_1 + \vec{x}_2) - \alpha(\vec{x}_2)](\vec{x}_2 | \vec{y}) = (\lambda_1 \vec{x}_1 + \lambda_2 \vec{x}_2 | \vec{y}) = 0,$$

donc que $\lambda_1 \vec{x}_1 + \lambda_2 \vec{x}_2 \in E^\perp = \{0\}$.

Donc :

$$\lambda_1 = \alpha(\vec{x}_1 + \vec{x}_2) - \alpha(\vec{x}_1) = 0 \qquad \text{et} \qquad \lambda_2 = \alpha(\vec{x}_1 + \vec{x}_2) - \alpha(\vec{x}_2) = 0.$$

Par suite, $\alpha(\vec{x}_1) = \alpha(\vec{x}_2)$ si $\vec{x}_1$ et $\vec{x}_2$ sont linéairement indépendants, donc aussi s'ils sont linéairement dépendants et non nuls [comparer $\alpha(\vec{x}_1)$ et $\alpha(\vec{x}_2)$ à $\alpha(\vec{z})$, où $\vec{z}$ n'est pas dans la droite vectorielle contenant $\vec{x}_1$ et $\vec{x}_2$, ce qui est possible puisque $\dim \vec{X} \geqslant 2$]. Donc $\alpha(\vec{x})$ est indépendant de $\vec{x}$, pour $\vec{x} \neq 0$; u vérifie (3) (même pour $\vec{x} = 0$). c.q.f.d.

Démonstration du théorème. Montrons d'abord que si f vérifie (O), f est affine.

Le corps de base étant **R** et f étant bijective, il suffit de montrer que f transforme trois points alignés quelconques en trois points alignés (théorème fondamental de la géométrie affine, 1re partie, chapitre v, nº 8, corollaire 1). Soient donc a, b, c, trois points distincts alignés; il existe un repère affine orthogonal $(O, a_1, \ldots, a_n)$ de X tel que $O = a$, $a_1 = b$; par hypothèse les vecteurs

$$\overrightarrow{f(O)f(a_i)} \quad \text{et} \quad \overrightarrow{f(O)f(a_j)}$$

sont orthogonaux pour $i \neq j$. Il en résulte que $\overrightarrow{f(a)f(c)}$ est orthogonal aux vecteurs $\overrightarrow{f(O)f(a_j)}$ pour $j \geqslant 2$, donc colinéaire au vecteur $\overrightarrow{f(O)f(a_1)} = \overrightarrow{f(a)f(b)}$, et f est affine.

Alors, f étant affine la condition (O) s'écrit :

$$\forall (a, b, c, d) \in X^4, \qquad (\overrightarrow{ab}|\overrightarrow{cd}) = 0 \Longrightarrow (\vec{f}(\overrightarrow{ab})|\vec{f}(\overrightarrow{cd})) = 0.$$

Donc, (d'après le lemme) $\vec{f} \in GO(\vec{X})$ et (vu la proposition 4) $f \in \operatorname{Sim}(X)$.

La réciproque est évidente (corollaire 2 de la proposition 2). c.q.f.d.

Corollaire. *Pour qu'une bijection f de X dans lui-même soit une similitude, il faut et il suffit qu'elle « conserve les angles non orientés de vecteurs », i.e. qu'elle satisfasse à la condition :*

(A) $\forall (a, b, c, d) \in X^4$:

$$\frac{1}{\|\overrightarrow{f(a).f(b)}\|\,\|\overrightarrow{f(c).f(d)}\|}(\overrightarrow{f(a)f(b)}|\overrightarrow{f(c)f(d)}) = \frac{(\overrightarrow{ab}|\overrightarrow{cd})}{\|\overrightarrow{ab}\|\,\|\overrightarrow{cd}\|}$$

Preuve. Si f est une similitude (A) est vérifiée (nº 1, corollaire 2 de la proposition 2). Réciproquement, (A) implique évidemment (O). c.q.f.d.

Exercices. 9) L'hypothèse que f est une bijection peut-elle être affaiblie?

10) Énoncer et démontrer les deux classiques « cas de similitude des triangles ».

11) Montrer que $GO(\vec{X})$ est produit direct de $^{o}\mathcal{H}(\vec{X})$ et de $O(\vec{X})$.

12) Que peut-on dire d'une bijection f de X sur lui-même conservant les *angles orientés* des figures? Caractériser le comportement des similitudes vis-à-vis des angles orientés de « figures ».

Peut-on se contenter d'envisager les angles orientés de vecteurs?

13) Montrer qu'une bijection du plan euclidien qui transforme les droites en droites et cercles en cercles est une similitude. Généralisation à un espace euclidien de dimension finie quelconque.

TROISIÈME PARTIE

Géométrie projective de dimension finie

CHAPITRE I

Espaces projectifs

1. Introduction

Nous avons ramené dans les deux premières parties l'étude de la « géométrie élémentaire », c'est-à-dire de la description — en fait extrêmement sommaire — de ce que nos sens nous révèlent de l'espace ambiant à l'étude d'un espace affine euclidien sur le corps des réels. Ce point de vue fait de l'algèbre linéaire l'outil fondamental. Les espaces vectoriels ne sont cependant pas un bon « modèle » de l'espace physique, car, contrairement à notre intuition spatiale, tous les éléments d'un espace vectoriel ne jouent pas le même rôle : l'élément neutre 0 est privilégié : c'est pour cela que nous avons introduit la notion d'espace affine : dans un tel espace, il n'y a pas de point privilégié.

Cependant, du point de vue mathématique comme du point de vue intuition spatiale, les espaces affines ne sont pas entièrement satisfaisants. Par exemple, les propriétés d'incidence des sous-espaces affines (1re partie, chapitre I, § 2, n° 3) y sont moins simples que dans un espace vectoriel ; ainsi, dans un espace de dimension trois, il existe deux cas bien distincts de droites sans points communs : celles qui sont parallèles (et elles sont coplanaires), et celles qui n'ont pas la même direction (et le sous-espace affine engendré par leur réunion est tout l'espace). Nous avons étudié dans les espaces affines les projections parallèles (dites aussi *cylindriques* quand elles se font parallèlement à une direction de droite), mais pas les projections coniques, pourtant connues des Grecs : c'est que — nous nous bornons toujours à la dimension trois — la projection conique d'un point O sur un plan P ne contenant pas O n'est pas une application définie dans tout l'espace mais seulement dans le complémentaire du plan P′, parallèle à P mené par O, et l'on voit bien, par des considérations de passage à la limite, qu'il serait avantageux de compléter le plan P par des « points à l'infini » pour étendre cette projection à tout l'espace (hormis éventuellement le point O lui-même). Ceci s'impose d'autant plus que l'on « sent bien » qu'une projection conique, obtenue par intersection de droites avec un plan, a un caractère « linéaire » et devrait donc être décrite par des procédés ressortissant à l'algèbre linéaire. Ajoutons que les projections coniques font partie de notre univers sensible. Ce que nous révèle du monde physique une vision monoculaire est en effet une projection conique, si l'on admet la propagation rectiligne de la lumière; la sensation du relief est obtenue par comparaison de deux projections coniques.

Enfin un espace affine de dimension finie sur **R** a une topologie naturelle d'espace localement compact; les considérations intuitives de passage à la limite évoquées ci-dessus rendent souhaitables — comme c'est souvent le cas en topologie — de le considérer comme un ouvert d'un espace compact convenable.

Nous nous proposons donc de remédier à ces insuffisances des espaces affines en introduisant une nouvelle catégorie, *celle des espaces projectifs*.

Du point de vue heuristique, on peut introduire les espaces projectifs de la manière suivante.

Soit X un espace affine sur **R**, $\hat{X}$ l'espace vectoriel dont X est un hyperplan affine (1re partie, chapitre III, n° 2). Soit D (resp. ω) une droite (resp. un point) fixe de X. Supposons $\omega \notin D$. Une droite Δ variable passant par ω coupe D en un point m unique sauf si $\Delta // D$. Si Δ, passant toujours par ω, varie et tend vers la parallèle D_ω menée par D à ω, la droite $0m$ a une limite, savoir la parallèle D_0 menée par 0 à D, bien que le point m n'ait pas de limite dans X. D_0 ne dépend du reste ni de ω, ni

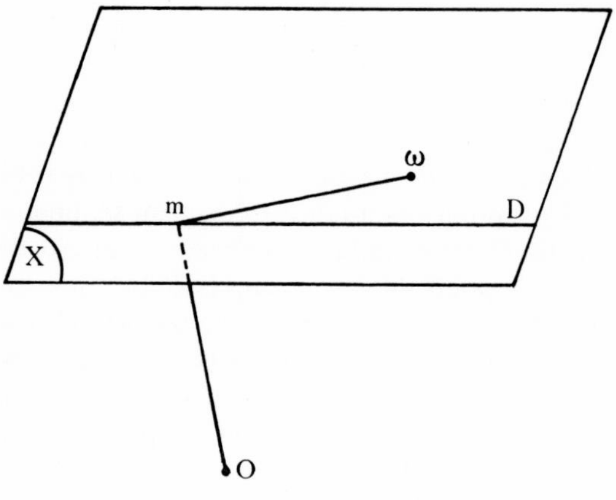

de D, mais seulement de la direction $\vec{D} = D_0 \subset \vec{X} \subset \hat{X}$ de D. Inversement, toute droite D_0 passant par 0 coupe X en un seul point, sauf si $D_0 \subset \vec{X}$. On a donc une bijection entre X et les droites vectorielles de $\hat{X}$ non incluses dans $\vec{X}$; mais de plus si « m tend vers l'infini dans X de façon que la droite ωm ait une position limite », alors la droite $0m$ a une limite qui est une droite de $\vec{X}$.

D'où l'idée d'identifier X à l'ensemble X′ des droites vectorielles de $\hat{X}$ non contenues dans $\vec{X}$, *et même de considérer* X *comme un sous-ensemble des droites vectorielles de* $\hat{X}$.

De là est née la notion d'espace projectif (n° 2, déf. 1) que nous allons développer pour elle-même (sur un corps commutatif quelconque, donc sans considération de topologie), dans ce chapitre et le suivant, nous réservant de revenir au chapitre III sur les rapports entre les espaces affines et les espaces projectifs.

2. Définitions

DÉFINITION 1. *On appelle espace projectif associé à l'espace vectoriel* E *sur le corps* K *l'ensemble* P(E) *des droites vectorielles (i.e. des sous-espaces de dimension* 1) *de* E. *Si* E *est de dimension finie n, on appelle dimension de* E *l'entier relatif*

$$\dim_K P(E) = n - 1 \geqslant -1.$$

Lorsque $E = K^{n+1}$, *on désigne souvent* $P(K^{n+1})$ *par* $P_n(K)$ *(espace projectif type de dimension n sur* K).

Remarque 1. On verra plus loin les raisons « algébriques » pour lesquelles si $\dim_K E = n$, on désigne par $n - 1$ la dimension de P(E) ; dans le cas où E est un espace vectoriel sur **R**, une théorie topologique de la dimension montrerait que P(E) est effectivement, d'une manière naturelle, un espace topologique (cf. nº 3) de dimension topologique $(n - 1)$. D'un point de vue heuristique, nous nous contenterons pour l'instant de noter que les éléments de P(E) — que l'on appelle les *points* et qu'il est naturel de gratifier d'une dimension nulle — sont les *droites* de E, qui sont de dimension un. D'où la perte d'une unité dans la dimension.

En fait la définition 1 introduit simultanément le même objet (savoir les sous-espaces de dimension un d'un espace vectoriel) dans deux contextes différents (droites d'un espace vectoriel ou points d'un espace projectif). Grâce à la proposition 1, ce même objet sera identifié à un autre objet (les droites privées de l'origine) que l'on regardera encore dans ces deux contextes. L'aptitude à parler d'une même structure dans des contextes différents, donc à faire ce que les psychologues appellent des transferts et les mathématiciens des isomorphismes, est primordiale du point de vue de l'imagination aussi bien que de l'activité mathématique.

Exemples 1. Si $E = \{0\}$, $P(E) = \varnothing$, $\dim P(E) = -1$ et réciproquement.

2. Si $\dim P(E) = 0$, $\operatorname{card} P(E) = 1$; réciproquement un singleton peut toujours être considéré comme un espace projectif de dimension nulle.

3. L'ensemble des directions de droites d'un espace affine $(X, \vec{X}, \Phi)$ s'identifie à $P(\vec{X})$.

4. L'ensemble des hyperplans d'un espace vectoriel E s'identifie à $P(E^*)$, où E^* est le dual de E : en effet, un tel hyperplan est l'ensemble des zéros d'un élément $f \in E^* - \{0\}$, défini à la multiplication pris par un élément arbitraire $\lambda \in K - \{0\}$. Or :

PROPOSITION 1. *Soit* E *un espace vectoriel sur* K, *et, pour tout* $x \in E - \{0\}$, Kx *le sous-espace de* E *de dimension un engendré par x. Alors, l'application*

$$\pi : E - \{0\} \rightarrow P(E)$$

définie par $\pi(x) = Kx$ *induit une bijection du quotient* $(E - \{0\})/\Delta$ *sur* $P(E)$, *où* Δ *est la relation d'équivalence dans* $E - \{0\}$:

$$\Delta(x, y) \iff \exists\lambda \in K - \{0\}, \quad y = \lambda x$$

Preuve. Δ est une relation d'équivalence, car $\pi(x) = \pi(y) \iff \Delta(x, y)$, et les classes d'équivalence sont les images réciproques des points de $P(E)$: ce sont les traces sur $E - \{0\}$ des droites vectorielles de E. c.q.f.d.

Dorénavant, nous identifierons $(E - \{0\})/\Delta$ et $P(E)$.

3. Topologie sur P(E) lorsque $K = \mathbf{R}$ ou $\mathbf{C}$ et dim $E < \infty$

DÉFINITION 2. $E - \{0\}$ *a une topologie naturelle, induite par celle de* E. *Nous mettrons sur* $P(E)$ *la topologie quotient, c'est-à-dire la topologie la plus fine rendant* π *continue.*

THÉORÈME 1. *La topologie de* $P(E)$ *est séparée.*

Preuve. On peut supposer $\dim P(E) > 0$, i.e. $\dim E \geqslant 2$. Étant donnés deux points distincts α et β de $P(E)$ (i.e. deux droites distinctes Ka, Kb de E passant par l'origine), l'idée de la démonstration est de définir dans E deux cônes ouverts $\hat{U}$, $\hat{V}$, disjoints, de sommet 0, contenant respectivement les droites Ka et Kb : les images par π de $\hat{U} - \{0\}$ et $\hat{V} - \{0\}$ fourniront deux voisinages ouverts disjoints de α et β.

De façon précise, choisissons un hyperplan vectoriel H de E ne contenant ni $\alpha = Ka$, ni $\beta = Kb$ (ce qui est possible en prenant par exemple un supplémentaire H_1 du plan engendré par a et b — qui par hypothèse sont linéairement indépendants — et en prenant pour H le sous-espace engendré par H_1 et $a + b$) ; soient $\varphi(x) = 0$ une équation de H ($\varphi \in E^* - \{0\}$), H' l'hyperplan affine d'équation $\varphi(x) = 1$; quitte à remplacer a et b par $a/\varphi(a)$ et $b/\varphi(b)$, on peut supposer a et b dans H', lequel est un sous-espace séparé de E : a et b ont, dans H' des voisinages ouverts disjoints U et V.

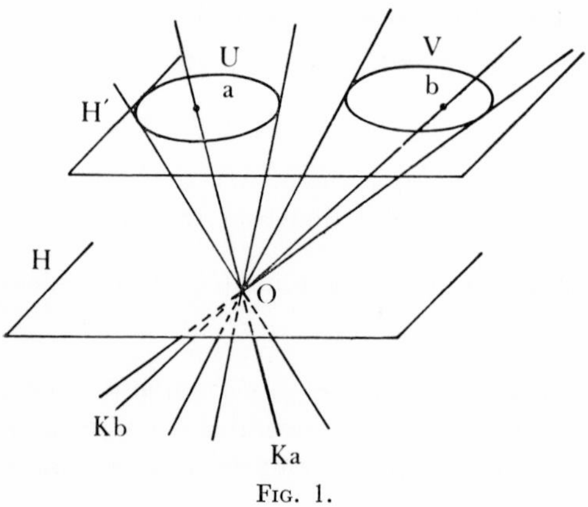

FIG. 1.

Soit $f : x \to \dfrac{1}{\varphi(x)} x$: c'est une application *continue* (car $\dim E < \infty$) de $E - H$ sur H'; par suite $\hat{U} = \overset{-1}{f}(U)$ et $\hat{V} = \overset{-1}{f}(V)$ sont des ouverts de $E \cap \complement H$, donc de $E - \{0\}$ (car, toujours parce que $\dim E < \infty$, $E \cap \complement H$ est ouvert dans E, donc aussi dans $E - \{0\}$). Ils sont saturés pour la relation d'équivalence Δ (en fait ce sont les cônes épointés de sommet 0 et de base U et V) et disjoints [s'assurer par exemple que si $\xi \in U$, $\overset{-1}{f}(\xi)$ est la classe de ξ modulo Δ]. Par définition de la topologie de P(E), $\pi(\hat{U})$ et $\pi(\hat{V})$ sont des ouverts; ils contiennent respectivement α et β et sont disjoints. c.q.f.d.

Proposition 2. *Choisissons une norme arbitraire sur* E, *et soit* $S = \{x \in E \mid \|x\| = 1\}$. *Soit* Δ' *la restriction à* S *de la relation d'équivalence* Δ, *i.e.* :

$$\Delta'(x, y) \iff (x, y) \in S^2 \quad \text{et} \quad \exists \lambda, \quad |\lambda| = 1, \quad x = \lambda y.$$

Alors l'espace quotient S/Δ' *est homéomorphe à* P(E).

Preuve. Comme $S \subset E - \{0\}$, $\pi|_S$ est une application surjective de S sur P(E) (car toute droite Kx rencontre S en les points $\dfrac{\lambda x}{\|x\|}$ où $|\lambda| = 1$; i.e. en deux points si $K = \mathbf{R}$ et suivant un cercle réel si $K = \mathbf{C}$), qui passe au quotient suivant la relation Δ', et définit une application $\theta : S/\Delta' \to P(E)$, telle que

$$\pi|_S = \theta \circ \pi'$$

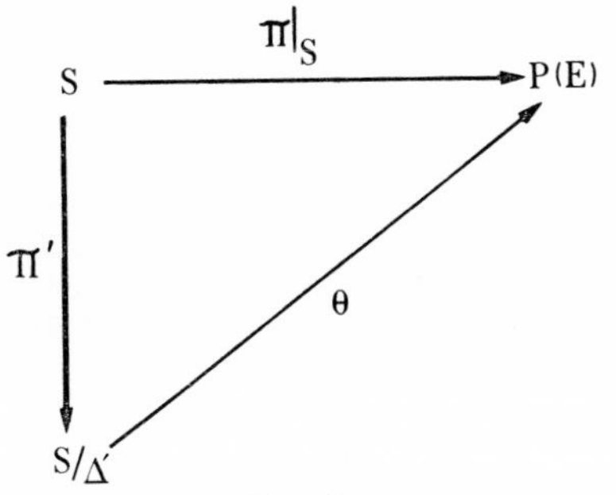

Fig. 2.

où π' est l'application canonique de S sur son quotient S/Δ' (cf. fig. 2); θ est visiblement bijective, et il reste à voir que c'est un homéomorphisme lorsqu'on munit P(E) de sa topologie (déf. 2) et S/Δ' de la topologie quotient de celle de S. Comme $\pi|_S = \theta \circ \pi'$ est continue (restriction d'une application continue), θ est *continue*. Montrons qu'elle est ouverte. Soit

$$g : x \to \frac{x}{\|x\|} :$$

c'est une application *continue* de $E - \{0\}$ *sur* S. Soient U' un ouvert de S/Δ' et $U = (\pi')^{-1}(U') \subset S$; il suffit de voir que le saturé par Δ de U est ouvert, car $\theta(U') = \pi(U)$. Or ce saturé $(\pi^{-1})(U)$ n'est autre que $g^{-1}(U)$, car pour $\xi \in S$, $g^{-1}(\xi)$ est l'ensemble $\mathbf{R}^+\xi$ ($\mathbf{R}^+$ ensemble des nombres réels > 0); mais si $\xi \in U = (\pi')^{-1}(U')$, $\lambda\xi \in U$ quel que soit λ avec $|\lambda| = 1$: en définitive, si $\xi \in U$, $\lambda\xi \in \pi^{-1}(U)$ pour tout $\lambda \in K - \{0\}$. Comme U' est un ouvert de S/Δ', U est un ouvert de S, $g^{-1}(U)$ un ouvert de $E - \{0\}$ (continuité de g), et

$$\theta(U') = \pi[g^{-1}(U)]$$

un ouvert de P(E) par définition de la topologie de P(E). c.q.f.d.

COROLLAIRE. P(E) *est connexe et compact.*

En effet P(E) est séparé, et c'est l'image continue par π de S qui est connexe et compacte. c.q.f.d.

Exemples et exercices.

1. Soit B_n (resp. S_{n-1}) la boule unité fermée (resp. la sphère) de $\mathbf{R}^n$ de centre 0 et de rayon 1 (pour la norme euclidienne par exemple), et

$$B_n^+ = \{x = (x_1, \ldots, x_n) \in \mathbf{R}^n \mid \|x\| \leqslant 1 \quad \text{et} \quad x_n \geqslant 0\}$$

« l'hémisphère supérieur » de la boule, dont la frontière $\partial B_n^+ = \{x \mid \|x\| = 1 \text{ et } x_n = 0\}$ est identifiée à $S_{n-2} \subset \mathbf{R}_{n-1}$. On qualifie d'*antipodiques* deux points de S_n symétriques par rapport à l'origine. Montrer que l'espace quotient de B_n obtenu en identifiant les paires de points antipodiques de la frontière S_{n-1} de B_n est homéomorphe à $P_n(\mathbf{R})$. (On considère $B_{n+1} \subset \mathbf{R}^{n+1}$ et la relation d'équivalence Δ'' induite par Δ sur B_{n+1}^+, lequel par projection parallèle à la droite $x_1 = \cdots = x_n = 0$ de $\mathbf{R}^{n+1}$ sur $\mathbf{R}^n$ est homéomorphe à B_n); $P_n(\mathbf{R})$ contient un ouvert partout dense U homéomorphe à $\mathbf{R}^n$ (ou à $\mathring{B}_n$) dont la frontière est homéomorphe à $P_{n-1}(\mathbf{R})$.

En particulier, $P_1(\mathbf{R})$ est homéomorphe à un segment dont on a identifié les extrémités, donc à S_1, ou au compactifié d'Alexandroff de $\mathbf{R}$. Mais ce résultat ne vaut pas pour $n > 1$.

2. $P_n(\mathbf{R})$ [resp. $P_n(\mathbf{C})$] fournit une topologie naturelle pour l'ensemble des sous-espaces de dimension 1 de $\mathbf{R}^{n+1}$ (resp. $\mathbf{C}^{n+1}$). Mettre une topologie naturelle sur l'ensemble des *demi-droites* vectorielles de $\mathbf{R}^{n+1}$ et la comparer à celle de l'ensemble des droites. Cas particulier $n = 1$. Comparer avec la topologie du groupe des angles orientés de demi-droites. Mettre une structure de groupe topologique sur l'ensemble des angles orientés de droites.

3. Montrer que $\mathbf{P}_1(\mathbf{C})$ est le compactifié d'Alexandroff de $\mathbf{C}$, donc est homéomorphe à la sphère S_2 (cf. ex. 1). A-t-on un résultat analogue pour $P_n(\mathbf{C})$, $n \neq 1$?

4. Sous-espaces projectifs ou variétés linéaires projectives

Notation. Soit $\hat{E}$ un espace vectoriel sur le corps K, et $\pi : \hat{E} - \{0\} \to P(\hat{E})$ l'application décrite au nº 2 (prop. 1), dite canonique, de $\hat{E} - \{0\}$ sur l'espace projectif associé à $\hat{E}$. Pour tout sous-ensemble $A \subset P(E)$, nous désignerons par $\hat{A}$ l'ensemble $\{0\} \cup \pi^{-1}(A)$: c'est donc une réunion de sous-espaces vectoriels de dimension un de $\hat{E}$.

DÉFINITION 3. *Soit* $P(\hat{E})$ *l'espace projectif associé à un espace vectoriel* $\hat{E}$ *sur* K. *Une partie* X *de* $P(\hat{E})$ *s'appelle une variété linéaire projective* (*ou un sous-espace projectif*) *de* $P(\hat{E})$ *si et seulement si* $\hat{X} = \{0\} \cup \pi^{-1}(X)$ *est un sous-espace vectoriel de* $\hat{E}$.

Remarque 2. Une variété linéaire projective X de $P(\hat{E})$ est elle-même un espace projectif, savoir $P(\hat{X})$, d'où les terminologies.

DÉFINITION 4. *On appelle droite (resp. plan, hyperplan) un espace projectif de* dim 1 (*resp.* 2, *resp.* de codim 1).

PROPOSITION 3. *L'intersection d'une famille arbitraire* $(X_i)_{i \in I}$ *de variétés linéaires projectives est une variété linéaire projective, et, de facon plus précise :*

$$\bigcap_{i \in I} X_i = P\Big(\bigcap_{i \in I} \widehat{X}_i\Big).$$

En effet, un point de X_i est une droite de $\hat{X}_i$. c.q.f.d.

DÉFINITION 5. *Soit* A *un sous-ensemble de* $P(\hat{E})$; *on appelle variété linéaire projective engendrée par* A — *et nous noterons* $V_p(A)$ — *le plus petit sous-espace projectif de* $P(\hat{E})$ *contenant* A.

$V_p(A)$ existe quel que soit A d'après la proposition 3 : c'est l'intersection de l'ensemble — non vide car il contient $P(\hat{E})$ — des sous-espaces projectifs contenant A.

Remarque 4. Si $(X_i)_{i \in I}$ est une famille finie de variété linéaire projective, alors $V_p\Big(\bigcup_{1 \leqslant i \leqslant n} X_i\Big) = P\Big(\sum_{i=1}^{n} \widehat{X}_i\Big)$, puisque le sous-espace vectoriel engendré par

$$\widehat{X}_1 \cup \widehat{X}_2 \cup \ldots \cup \widehat{X}_n$$

n'est autre que leur somme.

Exercice 4. La restriction « finie » dans la remarque 4 est-elle essentielle?

THÉORÈME 2. *Soient* L *et* M *deux sous-espaces projectifs d'un espace projectif* $P(\hat{E})$ *de dimension finie n sur le corps* K. *Alors*

$$\dim L + \dim M = \dim (L \cap M) + \dim V_p(L \cup M)$$

(*théorème d'incidence*).

Ce théorème se déduit immédiatement, vu la proposition 3 et la remarque 4, des définitions et du théorème analogue pour les espaces vectoriels (cf. 1re partie, chapitre I, § II, n° 3). Il est plus simple (cf. n° 1, introduction) que le théorème analogue pour les espaces affines (loc. cit., théor. 2).

Exemples et exercice 5. Discuter la nature de l'intersection de deux droites dans un plan projectif, plus généralement de deux hyperplans d'un espace projectif, et comparer avec le cas affine. Discuter la nature de l'intersection de deux droites dans un espace projectif de dimension 3, de deux plans dans un espace projectif de dimension 4 ou 5, d'une droite et d'un hyperplan dans un espace de dimension finie quelconque.

Exercice 6. Définir par des « équations » un sous-espace projectif de dim *p*. Combien d'équations scalaires sont nécessaires si P(E) est de dimension *n*?

5. Applications projectives

Soient $\hat{E}$ et $\hat{E}'$ deux espaces vectoriels (de dimension finie) sur K et $\hat{f}$ une application linéaire de $\hat{E}$ dans $\hat{E}'$, de noyau $\hat{N}$. Sa restriction f_1 à $\hat{E} \cap \complement\hat{N}$ transforme toute droite vectorielle de $\hat{E}$ *non contenue dans* $\hat{N}$ en un sous-espace de $\hat{E}'$ de dimension un, c'est-à-dire en un point de $P(\hat{E}')$.

Définition 6. *On appelle par abus de langage application projective de* $P(\hat{E})$ *dans* $P(\hat{E}')$ *de centre* N, *où* N *est un sous-espace projectif de* $P(\hat{E})$ *distinct de* $P(\hat{E})$, *toute application* f *du sous-ensemble* $P(\hat{E}) - N$ *de* $P(\hat{E})$ *dans* $P(\hat{E}')$ *déduite par passage aux quotients d'une application linéaire* $\hat{f}$ *de* $\hat{E}$ *dans* $\hat{E}'$ *de noyau* $\hat{N}$: *si* $\xi \in P(\hat{E}) - N$ *est une droite vectorielle de* $\hat{E}$, *non contenue dans* $\hat{N}$, $f(\xi)$ *est l'image de cette droite par* $\hat{f}$ (cf. fig. 3)

$$\begin{array}{ccc} \hat{E} \cap \complement\hat{N} & \xrightarrow{f_1} & \hat{E}' - \{0\} \\ \downarrow & & \downarrow \\ P(E) - N & \xrightarrow{f} & P(E') \end{array}$$

Fig. 3.

Proposition 4. *Pour qu'une application projective* f *de* $P(\hat{E})$ *dans* $P(\hat{E}')$ *soit partout définie (i.e. pour que son centre soit vide), il faut et il suffit qu'elle soit injective, ou de façon équivalente qu'elle provienne d'une application linéaire* $\hat{f} : E \to E'$ *qui soit injective. Pour que* f *soit surjective, il faut et il suffit que* $\hat{f}$ *le soit.*

Preuve. La deuxième assertion est évidente car (cf. fig. 3) l'image de f_1 est le complémentaire de $\{0\}$ dans l'image de $\hat{f}$, et π et π' sont surjectifs.

Pour démontrer la première assertion, supposons que f : $P(\hat{E}) - N \to P(\hat{E}')$ provienne d'une application linéaire $\hat{f} : \hat{E} \to \hat{E}'$ de noyau $\{0\} \cup \pi^{-1}(N) = \hat{N}$, et soient α et β deux points de $P(\hat{E}) - P(\hat{N})$, c'est-à-dire deux droites de $\hat{E}$, non contenues dans $\hat{N}$, et définies respectivement par un de leur point

$$a \in \alpha - \{0\} \qquad \text{et} \qquad b \in \beta - \{0\}.$$

On a :

$$f(\alpha) = f(\beta) \iff \hat{f}(a) = \lambda \hat{f}(b) \iff \hat{f}(a - \lambda b) = 0 \iff a - \lambda b \in \hat{N} \quad (\lambda \in K - \{0\}).$$

Si donc $N = \varnothing$, $\hat{N} = \{0\}$ et $f(\alpha) = f(\beta) \iff \alpha = \beta$; mais $\hat{N} = \{0\}$ équivaut aussi à $\hat{f}$ injective. Inversement, si $\hat{f}$ n'est pas injective, $\hat{N} \neq \{0\}$ et $N \neq \varnothing$; si $a \notin \hat{N}$, $n \in \hat{N} - \{0\}$, et $b = a + n$, alors les droites $Ka = \alpha$ et $Kb = \beta$ sont distinctes [car $b = \lambda a \iff (\lambda - 1)a = n$, ce qui implique $\lambda = 1$ et $n = 0$

puisque $a \notin \hat{N}$] et non situées dans $\hat{N}$; de plus $\hat{f}(b) = \hat{f}(a) \Longrightarrow f(\alpha) = f(\beta)$, donc f n'est pas non plus injective. c.q.f.d.

Définition 7. *On appelle homographie de* $P(\hat{E})$ *dans* $P(\hat{E}')$ [*resp. sur* $P(\hat{E}')$] *toute application projective* $f : P(\hat{E}) \to P(\hat{E}')$ *partout définie* (*resp. et de plus surjective*).

Remarque 5. Une homographie est donc une injection projective, et, vu la proposition 4, c'est une bijection si et seulement si $P(\hat{E})$ et $P(\hat{E}')$ ont la même dimension.

Exemple et exercice 7 : *projection conique.* Soient $P(\hat{E})$ un espace projectif sur K, de dimension n, et C et P deux sous-espaces projectifs *disjoints* de dimensions respectives c et p tels que $p + c = n - 1$. Pour tout $\xi \in P(E) - C$, on désigne par $C(\xi)$ la variété projective engendrée par C et ξ. Montrer que $C(\xi) \cap P$ se réduit à un point ξ', et que l'application $\xi \to \xi'$ de $P(\hat{E}) - C$ dans P est une application projective de $P(\hat{E})$ sur P, de centre C, que l'on appelle la projection conique de centre C sur P (on notera que $\hat{E} = \hat{C} \oplus \hat{P}$ et on vérifiera que l'application en question est induite par $pr_2 : \hat{E} \to \hat{P}$, de noyau $\hat{C}$).

Expliquer cette terminologie.

Proposition 5. *Soit f une application projective de* $P(\hat{E})$ *dans* $P(\hat{E}')$, *déduite d'une application linéaire* $\hat{f} : \hat{E} \to \hat{E}'$. *Alors pour qu'une application linéaire* $\hat{g} : \hat{E} \to \hat{E}'$ *définisse aussi l'application projective f, il faut et il suffit qu'il existe* $\lambda \in K - \{0\}$ *tel que* $\hat{g} = \lambda \hat{f}$.

Preuve. Soit $g : P(\hat{E}) \to P(\hat{E}')$ l'application projective définie par $\hat{g} \in L(\hat{E}, \hat{E}')$; $\hat{g} \neq 0$, d'après la définition 6.

Si $\hat{g} = \lambda \hat{f}$, on a évidemment $g = f$.

Inversement, si $g = f$, elles ont même ensemble de définition, donc même centre N, et $\hat{g}$ et $\hat{f}$ ont même noyau $\hat{N}$. De plus :

$$\forall x \in \hat{E} \cap \complement \hat{N}, \qquad \exists \rho(x) \in K^* = K - \{0\}, \qquad \hat{g}(x) = \rho(x)\hat{f}(x).$$

Bornons-nous à considérer ce qui se passe sur un supplémentaire $\hat{S}$ de $\hat{N}$; si $x \in \hat{S} - \{0\}$, $\hat{f}(x) \neq 0$, et si $\lambda \in K^*$:

$$\hat{g}(\lambda x) = \rho(\lambda x)\hat{f}(\lambda x), \qquad \text{d'où} \qquad [\lambda\rho(x) - \rho(\lambda x)\lambda]\hat{f}(x) = 0$$

Si x et y sont dans $\hat{S}$ et linéairement indépendants, $\hat{f}(x)$ et $\hat{f}(y)$ aussi puisque $\hat{f}|_S$ est injective, et de même

$$\hat{g}(x + y) = \rho(x + y)\hat{f}(x + y) \Longrightarrow [\rho(x) - \rho(x + y)]\hat{f}(x) + [\rho(y) - \rho(x + y)]\hat{f}(y) = 0$$

Il en résulte que $\rho(x)$ ne dépend pas de $x \in \hat{S} - \{0\}$. Par suite, il existe $\rho \in K^*$ tel que pour tout $x \in \hat{S} - \{0\}$:

$$\hat{g}(x) = \rho \hat{f}(x)$$

Mais cette égalité est vraie aussi sur le noyau commun $\hat{N}$ de $\hat{g}$ et $\hat{f}$. Par linéarité, elle est donc vraie sur $\hat{E}$ tout entier. c.q.f.d.

Corollaire. *L'ensemble des applications projectives de* $\hat{E}$ *dans* $\hat{E}'$ *s'identifie à l'espace projectif* $P[L(\hat{E}, \hat{E}')]$.

Théorème 3. *Soit* f *une application projective de* $P(\hat{E})$ *dans* $P(\hat{E}')$ *de centre* N, *et* L (*resp.* L') *un sous-espace projectif de* $P(\hat{E})$ [*resp.* $P(\hat{E}')$]. *Alors* $f(L \cap \complement N)$ [*resp.* $f^{-1}(L') \cup N$] *est un sous-espace projectif de* $P(\hat{E}')$ [*resp.* $P(\hat{E})$], *désigné souvent par abus de langage et d'écriture comme étant l'image directe* (*resp. réciproque*) $f(L)$ *de* L [*resp.* $f^{-1}(L')$ *de* L'].

Preuve. Utilisons les notations du début du n° 4, et soit $\hat{f}$ une application linéaire de $\hat{E}$ dans $\hat{E}'$ définissant f; son noyau est $\hat{N}$, de sorte que $\hat{f}(\hat{L} \cap \complement\hat{N}) = \hat{f}(\hat{L}) - \{0\}$ et $f(L \cap \complement N) = \pi'\left[\hat{f}(\hat{L} \cap \complement\hat{N})\right] = \pi'[\hat{f}(\hat{L}) - \{0\}) = P[\hat{f}(\hat{L})]$ est une variété linéaire projective. De même, $\hat{f}^{-1}(\hat{L}')$ est un sous-espace vectoriel $\hat{M}$ de E contenant $\hat{N}$, et tout sous-espace de dimension un de $\hat{M}$, non contenu dans $\hat{N}$, est envoyé par $\hat{f}$ sur une droite vectorielle de $\hat{L}'$; inversement, un sous-espace de dimension un de $\hat{E}$, non contenu dans $\hat{M}$, est envoyé par $\hat{f}$ sur une droite vectorielle de $\hat{E}'$, non contenue dans $\hat{L}'$. Ainsi, $f^{-1}(L') = P(\hat{M}) - N$, donc

$$f^{-1}(L') \cup N = P(\hat{M}) = P[\hat{f}^{-1}(\hat{L}')].$$ c.q.f.d.

Remarque 6. Remplacer $\hat{f}$ par $\lambda\hat{f}$ $(\lambda \neq 0)$ ne change pas les sous-espaces

$$\hat{f}(\hat{L}), \qquad \hat{f}^{-1}(L').$$

Exercice 8. Avec les abus d'écriture signalés dans l'énoncé du théorème 3, montrer que :

$$\dim L = \dim f(L) + \dim (L \cap N) + 1$$
$$\dim f^{-1}(L') = \dim N + \dim (L' \cap f[P(E)]) + 1.$$

Proposition 6. *Soient* $\hat{E}$, $\hat{E}'$, $\hat{E}''$ *des espaces vectoriels sur* K *et* f (*resp.* g) *une application projective de* $P(\hat{E})$ *dans* $P(\hat{E}')$ [*resp. de* $P(\hat{E}')$ *dans* $P(\hat{E}'')$] *de centre* N (*resp.* N'). *Alors* $g \circ f$ *est une application projective de* $P(\hat{E})$ *dans* $P(\hat{E}'')$, *de centre* $f^{-1}(N')$ (*avec l'abus d'écriture du théorème* 3).

Preuve. Avec les notations évidentes, $g \circ f$ se déduit de l'application linéaire $\hat{g} \circ \hat{f}$ dont le noyau est $\hat{f}^{-1}(\text{Ker } \hat{g})$: la proposition 6 est un corollaire du théorème 3. c.q.f.d.

THÉORÈME 4. *L'ensemble des homographies d'un espace projectif* $P(\hat{E})$ *de dimension finie dans lui-même est muni, par la composition des applications, d'une structure de groupe qui l'identifie au quotient du groupe* $GL(\hat{E})$ *par son sous-groupe* $\mathcal{H}_0(\hat{E})$ *des homothéties (de centre* 0).

Preuve. Si f est une telle homographie, c'est une bijection (remarque 5), induite par un isomorphisme linéaire (prop. 4) de $\hat{E}$ sur lui-même. Vu la proposition 6, l'ensemble des homographies de $P(\hat{E})$ forme donc un groupe, et d'après la démonstration de cette même proposition, l'application $\hat{f} \to f$ de $GL(\hat{E})$ dans ce groupe est un homomorphisme surjectif dont le noyau est constitué de l'ensemble des automorphismes de $\hat{E}$ de la forme $\lambda \mathrm{Id}_{\hat{E}}$ avec $\lambda \in K^*$ (cf. prop. 5), i.e. est le groupe $\mathcal{H}_0(\hat{E})$, isomorphe à K^*. c.q.f.d.

Remarque 7 *et Notation.* Nous désignerons par $PGL(\hat{E})$ le groupe des homographies de l'espace projectif de dimension finie $P(\hat{E})$, appelé aussi groupe projectif de $P(\hat{E})$ (ou même, par abus de langage de $\hat{E}$). Le théorème 4 exprime donc l'existence de la *suite exacte*

$$0 \to K^* \to GL(\hat{E}) \to PGL(\hat{E}) \to \{1\}.$$

6. Compléments topologiques

PROPOSITION 6. *Soient* $P(\hat{E})$ *et* $P(\hat{E}')$ *deux espaces projectifs de dimension finie sur le corps des réels ou des complexes. Alors toute application projective de* $P(\hat{E})$ *dans* $P(\hat{E}')$ *est continue en chaque point ou elle est définie; tout sous-espace projectif* L *de* $P(\hat{E})$ *est un sous-espace compact de* $P(\hat{E})$, *et sa topologie induite est la même que sa topologie d'espace projectif.*

Preuve. Soit f une application projective de $P(\hat{E})$ dans $P(\hat{E}')$, de centre N, déduite d'une application linéaire $\hat{f}$ de $\hat{E}$ dans $\hat{E}'$, de noyau $\hat{N}$. Avec les notations de la définition 6, le diagramme de la figure 3 est valable et

$$f \circ \pi = \pi' \circ f_1.$$

La restriction f_1 de $\hat{f}$ à $\hat{E} - \hat{N}$ est continue, donc $f \circ \pi$ aussi, et f aussi par définition de la topologie quotient : on a désigné par abus de langage par π la restriction de π à $\hat{E} - \hat{N}$, et il suffit de remarquer que la topologie induite par celle de $P(\hat{E})$ sur $P(\hat{E}) - N$ est la même que la topologie quotient de celle de $\hat{E} - \hat{N}$. Le diagramme commutatif

$$\begin{array}{ccc} \hat{E} - \hat{N} & \xrightarrow{i_1} & \hat{E} - \{0\} \\ \downarrow & & \downarrow \\ P(\hat{E}) - N & \xrightarrow{i_2} & P(\hat{E}) \end{array}$$

où i_1 et i_2 sont les inclusions montre que i_2 est continu pour les topologies quotients, donc que la topologie quotient de $\hat{E} - \hat{N}$ est *plus fine* que la topologie induite sur $P(\hat{E}) - N$. Mais elle est aussi *moins fine*, car si U est un ouvert de $P(\hat{E}) - N$, $\pi^{-1}(U)$ est un ouvert de $\hat{E} - \hat{N}$, donc un ouvert de $\hat{E}$ contenu dans $\hat{E} - \hat{N}$ (et à fortiori dans $\hat{E} - \{0\}$) puisque $\hat{N}$ est *fermé* dans $\hat{E}$. Ceci montre que U est un ouvert de $P(\hat{E})$. En particulier $P(\hat{E}) - N$ est ouvert dans $P(\hat{E})$, et comme N est une variété linéaire projective arbitraire tout sous-espace projectif de $P(\hat{E})$ est fermé dans $P(\hat{E})$, donc compact.

La fin de la démonstration est laissée au lecteur à titre d'exercice. c.q.f.d.

Exercice 9. Soit L un sous-espace projectif de $P(\hat{E})$, distinct de $P(\hat{E})$. Montrer que L n'a pas de point intérieur.

CHAPITRE II

Géométrie analytique projective

Dans ce chapitre tous les espaces seront de dimension finie. Outre les notations employées au chapitre I [et en particulier les notations $\hat{A}$ pour désigner l'ensemble $\{0\} \cup \pi^{-1}(A)$ où A est une partie d'un espace projectif $P(\hat{E})$ et π la projection canonique $\hat{E} - \{0\} \to P(\hat{E})$], nous désignerons *en principe* les points d'un espace projectif par des lettres grecques, les points d'un espace vectoriel par les premières lettres de l'alphabet latin, les éléments des espaces vectoriels K^p par les dernières lettres de l'alphabet latin : si $x \in K^{p+1}$, on notera x_i sa $i^{\text{ième}}$ composante $(0 \leqslant i \leqslant p)$, et on posera $x = (x_0, \ldots, x_p)$, bien que, avec les conventions habituelles du calcul matriciel, x soit en général un vecteur *colonne*.

1. Coordonnées homogènes d'un point d'un espace projectif

DÉFINITION 1. *Soit* $P(\hat{E})$ *un espace projectif de dimension* $n \geqslant 0$ *sur le corps* K, *et*

$$\mathscr{E} = (e_0, \ldots, e_n)$$

une base de l'espace vectoriel $\hat{E}$. *On appelle système de coordonnées homogènes par rapport à la base* $\mathscr{E}$ *de* $\hat{E}$ *d'un point* ξ *de* $P(\hat{E})$ *tout élément* $x = (x_0, \ldots, x_n) \in K^{n+1} - \{0\}$ *tel que :*

$$\pi\left(\sum_{i=0}^{n} x_i e_i\right) = \xi.$$

Commentaires. 1. Les coordonnées homogènes d'un point $\xi \in P(\hat{E})$ ne sont définies qu'une fois donnée une base *de* $\hat{E}$, et une fois donnée une telle base,

$$(x_0, \ldots, x_n) = x$$

constitue un *système de coordonnées* homogènes d'un point ξ de $P(\hat{E})$ si et seulement si $x \neq 0$. De plus si x et y sont dans $K^{n+1} - \{0\}$, x et y constituent un système de coordonnées homogènes du *même point* ξ de P(Ê) si et seulement si il existe

$$k \in K^* = K - \{0\} \qquad \text{tel que} \qquad y = kx.$$

Par abus de langage, lorsque $\pi\left(\sum_{i=0}^{n} x_i e_i\right) = \xi$ on dira indifféremment que $(x_0, \ldots, x_n)$, ou que x, constitue *les*, ou *des*, ou *un système* de coordonnées homogènes de ξ.

2. La définition 1 est illustrée par les considérations suivantes : la base choisie $\mathscr{E} = (e_0, \ldots, e_n)$ de Ê définit un isomorphisme $\hat{\theta}_{\mathscr{E}} = \hat{\theta}$ de l'espace vectoriel Ê sur K^{n+1} qui transforme $\mathscr{E}$ en la base canonique de K^{n+1}; il est du reste équivalent de se donner $\mathscr{E}$ ou $\hat{\theta}_{\mathscr{E}}$; $\hat{\theta}$ induit donc une homographie

$$\theta : P(\hat{E}) \to P(K^{n+1}).$$

Pour nous conformer à l'usage nous noterons $P_n(K)$ l'espace projectif $P(K^{n+1})$ (espace projectif « type » de dimension n sur le corps K). On a donc le diagramme commutatif

$$\begin{array}{ccc} \hat{E} - \{0\} & \xrightarrow{\hat{\theta}} & K^{n+1} - \{0\} \\ \downarrow \pi & & \downarrow \pi' \\ P(\hat{E}) & \xrightarrow{\theta} & P_n(K) \end{array}$$

et un système de coordonnées homogènes d'un point $\xi \in P(\hat{E})$ n'est autre qu'un élément arbitraire de $(\pi'^{-1})[\theta(\xi)]$, i.e. un $(n+1)$-couple d'éléments de K non tous nuls et défini à multiplication par un élément de K non nul pris. Inversement une droite vectorielle de K^{n+1} définit un élément de P(Ê) et un seul puisque θ est bijectif.

Le choix de $\hat{\theta}$ (ou de $\mathscr{E}$) permet de remplacer « des raisonnements » par des « calculs », puisqu'il permet de représenter un point de P(Ê) par un point (et même, « malheureusement », plusieurs points) de K^{n+1}. Tel est le principe de la géométrie analytique.

3. On notera que la simplicité des calculs à effectuer dépend en général — comme toujours en géométrie analytique — de l'adéquation de l'isomorphisme $\hat{\theta}$ au problème à traiter. On notera que si $\hat{\theta}$ détermine θ, la réciproque n'est pas vraie; mais si on remplace $\hat{\theta}$ par $k\hat{\theta}$ $(k \in K^*)$, un système de coordonnées homogènes de ξ est remplacé par un système proportionnel. Il serait donc plus pertinent de parler de coordonnées homogènes de ξ *relativement* à θ que relativement à $\mathscr{E}$; comme on le verra au nº 2, la donnée de $(e_0, \ldots, e_n)$ détermine $\hat{\theta}$ donc θ, mais la donnée de $[\pi(e_0), \ldots, \pi(e_n)]$ ne détermine pas θ. On verra en définitive au nº 2 que c'est la donnée d'un *repère de* P(Ê) qui permet d'associer à tout point ξ de P(Ê) un système de coordonnées homogènes défini à un facteur non nul pris.

4. Le fait qu'un système de coordonnées homogènes n'est défini qu'à un facteur multiplicatif $k \in K^*$ près peut paraître gênant dans les calculs : on souhaiterait normaliser les choses en fixant k. L'idée la plus simple est de fixer k pour qu'une coordonnée, par exemple la dernière x_n, soit égale à 1 : on prend $k = \frac{1}{x_n}$. Cela n'est possible que pour les points *qui ne sont pas* dans l'hyperplan projectif engendré par $\{\pi(e_0), \ldots, \pi(e_{n-1})\}$, pour lesquels on a toujours $x_n = 0$; soit d'une manière générale $\hat{H}_i$ l'hyperplan de $\hat{E}$ engendré par les vecteurs de $\mathscr{E}$ distincts de e_i $(0 \leqslant i \leqslant n)$ et $H_i = P(\hat{H}_i)$. Alors si $\xi \in \complement H_i$, ξ possède un système de coordonnées homogènes *et un seul* $(x_0, \ldots, x_n)$ tel que $x_i = 1$. On verra au chapitre suivant l'utilisation de cette remarque. Bornons-nous à noter pour l'instant que $P(\hat{E}) = \bigcup_{0 \leqslant i \leqslant n} \complement H_i$, et par suite que chaque point $\xi \in P(\hat{E})$ a au moins *une* coordonnée homogène égale à 1.

Mais en fait, vouloir fixer k est sans doute une idée trop simpliste : on serait content de pouvoir choisir pour chaque $\xi \in P(\hat{E})$ *un* système de coordonnées homogènes. Cela revient évidemment, $\hat{\theta}$ étant une bijection, à définir une application $\sigma : P(\hat{E}) \to \hat{E} - \{0\}$ telle que $\pi \circ \sigma = \text{Identité}$. C'est naturellement possible d'une infinité de manières puisque π est surjective, grâce à l'axiome du choix, mais sans aucun intérêt si le choix n'est pas explicite. Une telle application σ s'appelle une *section* de π.

Dans les cas les plus intéressants dans la pratique, ceux où $K = \mathbf{R}$ ou $\mathbf{C}$, on sera naturellement amené *à exiger que σ soit continue*. Or

THÉORÈME 1. *Soit $\hat{E}$ un espace vectoriel de dimension finie sur le corps $K = \mathbf{R}$ ou $\mathbf{C}$, et π l'application canonique $\hat{E} - \{0\} \to P(\hat{E})$. Il n'existe pas d'application continue σ telle que $\pi \circ \sigma = \text{Id}$.*

Ce théorème montre qu'il est vain de chercher à définir canoniquement *tout* point $\xi \in P(\hat{E})$ par un système *unique* de coordonnées homogènes.

Démontrons ce résultat si $K = \mathbf{R}$. Quitte à choisir une base dans $\hat{E}$ on peut supposer $\hat{E} = \mathbf{R}^{n+1}$. Introduisons dans $\mathbf{R}^{n+1}$ une forme quadratique définie positive auxiliaire (par exemple sa forme canonique) et notons $\|x\|$ la norme correspondante d'un point x de $\mathbf{R}^{n+1}$. Soit S^n la sphère unité de $\mathbf{R}^{n+1}$, π' la restriction de π à S^n. Si π admettait une section continue σ, l'application $\sigma' : x \to \frac{\sigma(x)}{\|\sigma(x)\|}$ serait une section continue de π'. Soit $\Delta = P_1(\mathbf{R})$ une droite projective de $P_n(\mathbf{R})$: $\pi'^{-1}(\Delta)$ est un cercle à une dimension S^1 de S^n. Si π'' est la restriction de π' à S^1 et σ'' de σ' à Δ, σ'' est une section de π''. Mais $P_1(\mathbf{R}) = \Delta$ est homéomorphe à S^1 (chapitre I, nº 3, ex. 1), et π'' s'interprète comme l'application de S^1 sur lui-même qui identifie deux points de S^1 diamétralement opposés : on identifie S^1 à l'ensemble des nombres complexes de module 1 (cf. 2e partie, chapitre v, § 4), π'' est l'application $z \to z^2$, et l'existence de σ'' revient à chercher une fonction

$$\begin{array}{c} S^1 \\ \sigma'' \uparrow\downarrow \pi'' \\ \Delta \approx S^1 \end{array}$$

continue $t \to \sqrt{t}$ sur l'ensemble des nombres complexes de module 1. Si une telle fonction σ'' existait, son image serait un véritable sous-ensemble de S^1 [car si $\alpha = \sigma''(t)$, $-\alpha \notin \operatorname{Im} \sigma''$, vu que $\pi''(\alpha) = \pi''(-\alpha) = \alpha^2 = t$ et $-\alpha = \sigma''(t') \Longrightarrow \alpha^2 = t'$, d'où $\alpha = -\alpha$: contradiction], compact et connexe : $\operatorname{Im} \sigma''$ serait homéomorphe à un segment de $\mathbf{R}$. Or elle est homéomorphe à S^1 puisque $\pi'' \circ \sigma'' = \operatorname{Id}$ implique que σ'' est injective.

Dans le cas $K = \mathbf{C}$, la démonstration débute de la même manière en choisissant sur $\mathbf{C}^{n+1}$ une forme *hermitienne* définie positive (par exemple $\Sigma_j^n z_i \bar{z}_i$), d'où une norme sur $\mathbf{C}^{n+1}$ (qui n'est autre que la norme euclidienne de $\mathbf{R}^{2n+2} \approx \mathbf{C}^{n+1}$). La sphère S^n est remplacée par la sphère $S^{2n+1} \subset \mathbf{R}^{2n+2} = \mathbf{C}^{n+1}$, et π'' est l'application $S^3 \to P_1(\mathbf{C})$ qui consiste à identifier les points (z_1, z_2) et $(z_1 e^{i\theta}, z_2 e^{i\theta})$ de

$$S^3 = \{(z_1, z_2) \in \mathbf{C}^2 \mid |z_1|^2 + |z_2|^2 = 1\}.$$

$P_1(\mathbf{C})$ s'identifie au compactifié d'Alexandroff de $\mathbf{C}$, soit S^2. Il s'agit de montrer que l'application $\pi'' : S^3 \to S^2$ ainsi obtenue n'a pas de section. Nous admettrons ce résultat, qui résulte par exemple de ce que S^3 n'est pas homéomorphe à $S^2 \times S^1$, ce qu'entraînerait l'existence d'une section pour π''. c.q.f.d.

Exemples et exercices.

Exercice 1. Soit $\mathcal{E}$ une base de $\hat{E}$ et $P_i \in K[X_0, \ldots, X_n]$ $(i = 1, \ldots, p)$ p polynômes homogènes à $(n + 1)$ indéterminées sur le corps K.

Montrer que le système d'équations

$$P_i(x_0, \ldots, x_n) = 0 \qquad (1 \leqslant i \leqslant p)$$

définit un sous-ensemble (éventuellement vide) de $P(\hat{E})$. Que se passe-t-il si les polynômes ne sont pas homogènes? Peut-on s'affranchir de la restriction « polynôme »?

Exercice 2. Soit $\mathcal{E}$ une base de $\hat{E}$. Montrer qu'elle permet d'associer à toute application $f : P(\hat{E}) \to K$ une application bien déterminée $f^* : K^{n+1} - \{0\} \to K$. Caractériser les applications de $K^{n+1} - \{0\}$ dans K que l'on peut obtenir par ce procédé.

Exercice 3. Comment définir par un système de q équations à r inconnues dans K une variété linéaire projective X de $P(\hat{E})$. Préciser q et r en fonction des dimensions de X et $P(\hat{E})$.

Exercice 4. Une application projective $f : P(\hat{E}) \to P(\hat{E}')$ peut se représenter par une matrice de type (p, q) à coefficients dans K. Donner une condition nécessaire et suffisante pour que deux telles matrices représentent la même f.

Exercice 5. Soit $\hat{E}$ un espace vectoriel sur le corps K de caractéristique différente de deux, φ une forme bilinéaire symétrique non dégénérée sur $\hat{E}$. A tout sous-espace vectoriel V de E de dimension un, on fait correspondre son orthogonal par rapport à φ. Montrer qu'on définit ainsi une application $f : P(\hat{E}) \to P(\hat{E}^*)$, où $\hat{E}^*$ est le dual de $\hat{E}$, que f est une homographie, et écrire une matrice de f dans des bases convenables de $\hat{E}$ et $\hat{E}^*$.

2. Repères projectifs

Nous avons dit (n° 1, commentaire 3) que si une base $\mathcal{E}$ de $\hat{E}$ détermine θ, la réciproque n'est pas vraie. De même s'il existe une seule application linéaire

$\hat{\theta} : \hat{E} \to K^{n+1}$ prenant des valeurs données sur une base $\mathscr{E} = (e_0, \ldots, e_n)$ de $\hat{E}$, il existe plusieurs homographies $P(\hat{E}) \to P_n(K)$ prenant des valeurs données en $[\pi(e_0), \ldots, \pi(e_n)]$: supposons par exemple $\hat{\theta}(e_i) = x^i \in K^{n+1} - \{0\}$, où les $(x^i)_{0 \leqslant i \leqslant n}$ sont linéairement indépendants, et soit θ l'homographie $P(\hat{E}) \to P_n(K)$ correspondante. Soit $\hat{\theta}'$ telle que, par exemple, $\hat{\theta}'(e_0) = kx^0$, $\hat{\theta}'(e_i) = x^i$ pour $i \geqslant 1$, avec $k \in K$ et k différent de 0 et 1. Alors $\hat{\theta}'$ définit une homographie θ' de $P(\hat{E})$ sur $P_n(K)$ coïncidant avec θ en les points $[\pi(e_i)]_{0 \leqslant i \leqslant n}$, mais $\theta' \neq \theta$: ces deux homographies ne prennent pas la même valeur au point $\pi(e_0 + \cdots + e_n)$ car il n'existe pas $\lambda \in K$ vérifiant

$$kx^0 + \cdots + x^n = \lambda(x^0 + \cdots + x^n).$$

En fait, soient X et X′ deux espaces vectoriels (resp. affines, resp. projectifs) de dimension n et n' sur le corps K. Une application linéaire f (resp. affine, resp. projective) de X dans X′ est connue dès qu'on se donne ses valeurs en un *nombre fini* de points de X convenablement choisis. Si X est un espace vectoriel et f linéaire, cet ensemble se réduit à n points, pourvu qu'ils soient linéairement indépendants, et les valeurs correspondantes peuvent être choisies arbitrairement; par contre on a nécessairement $f(0) = 0$. Si X est affine, il n'y a pas de zéro : f est déterminée par ses valeurs en $(n + 1)$ points affinement indépendants, et elles sont arbitraires. Si X est projectif, la donnée des valeurs de f en $(n + 1)$ points — même bien choisis — de X ne suffit pas à déterminer f. Nous allons voir qu'il en faut $n + 2$ convenablement choisis (théorème 2). Dans ce but introduisons les définitions suivantes :

DÉFINITION 2. *Soit* $P(\hat{E})$ *un espace projectif sur le corps* K. *Une famille* $(\alpha_i)_{i \in I}$ *de points de* $P(\hat{E})$ *est dite projectivement libre* (*resp. projectivement génératrice*) *si et seulement i pour tout* $i \in I$, $\alpha_i \notin V_p\Big(\bigcup_{j \neq i} \{\alpha_j\}\Big)$ [*resp.* $V_p\Big(\bigcup_{i \in I} \{\alpha_i\}\Big) = P(\hat{E})$].

PROPOSITION 1. *Soit* $(\alpha_i)_{i \in I}$ *une famille de points de* $P(\hat{E})$. *Choisissons, pour tout* $i \in I$, *un point* $a_i \in \pi^{-1}(\alpha_i) \subset \hat{E} - \{0\}$. *Alors la famille* $(\alpha_i)_{i \in I}$ *est projectivement libre* (*resp. génératrice*) *si et seulement si la famille* $(a_i)_{i \in I}$ *est libre* (*resp. génératrice*).

Cette proposition résulte immédiatement du fait suivant (cf. chapitre I, nº 4, remarque 4) : soit $(X_i)_{i \in I}$ une famille quelconque de variétés linéaires projectives. Désignons par $\sum_{i \in I} \widehat{X}_i$ l'ensemble des *sommes* *finies* d'éléments des $\widehat{X}_i$: c'est le sous-espace vectoriel de E engendré par les $\widehat{X}_i$. Alors

$$V_p\Big(\bigcup_{i \in I} \widehat{X}_i\Big) = P\Big(\sum_{i \in I} \widehat{X}_i\Big) \qquad \text{c.q.f.d.}$$

Il s'ensuit que si $\dim P(\hat{E}) = n$, une famille projectivement libre (resp. génératrice) a au plus (resp. au moins) $n + 1$ éléments. Il existe des familles à la fois libres et génératrices, mais ce que l'on a dit au début de ce numéro montre qu'elles ne jouent pas un rôle analogue aux bases des espaces vectoriels ou aux repères des espaces affines : elles ne suffisent pas à déterminer les applications projectives, et en particulier elles ne correspondent pas bijectivement aux homographies $P(\hat{E}) \to P_n(K)$. D'où la :

DÉFINITION 3. *Soit* $P(\hat{E})$ *un espace projectif de dimension* n; *on appelle repère projectif de* $P(\hat{E})$ *toute suite* $\mathscr{R} = (\varepsilon_0, \ldots, \varepsilon_{n+1})$ *de* $(n+2)$*-points de* $P(\hat{E})$ *telle que toute sous-suite de* $\mathscr{R}$ *distincte de* $\mathscr{R}$ *soit projectivement libre. Soit* $(x^0, \ldots, x^n)$ *la base canonique de* K^{n+1}; *on appelle repère canonique de* $P_n(K)$ *le repère*

$$[\pi(x^0), \ \ldots, \ \pi(x^n), \ \ \pi(x^0 + \cdots + x^n)].$$

Remarque 1. Il suffit de supposer que les ε_i sont deux à deux distincts et que $(n+1)$-points quelconques de $\mathscr{R}$ sont projectivement libres (ou, ce qui est équivalent, générateurs) pour que $\mathscr{R}$ soit un repère.

THÉORÈME 2. *Soit* $\mathscr{R} = (\alpha_0, \ldots, \alpha_{n+1})$ *un repère de l'espace projectif* $P(\hat{E})$; *soit* $P(\hat{E}')$ *un espace projectif sur* K *et soit* $\mathscr{R}' = (\alpha'_0, \ldots, \alpha'_{n+1})$ *une suite de* $(n+2)$*-points de* K, *telle que cette suite ne soit pas une famille libre, mais que toute sous-suite à* $(n+1)$*-éléments soit projectivement libre. Alors il existe une application projective et une seule* $f\colon P(\hat{E}) \to P(\hat{E}')$ *telle que* $f(\alpha_i) = \alpha'_i$ *pour tout* i *dans* $\{0, 1, \ldots, n+1\}$. *De plus* f *est une homographie de* $P(\hat{E})$ *sur le sous-espace projectif de* $P(\hat{E}')$ *engendré par les* α'_i.

Démonstration. 1. *Existence de* f. Choisissons arbitrairement pour tout i

$$a_i \in \pi^{-1}(\alpha_i) \in \hat{E} - \{0\} \quad \text{et} \quad a'_i \in \pi^{-1}(\alpha'_i) \in \hat{E}' - \{0\} \quad (i \in \{0, \ldots, n+1\}).$$

Vu la proposition 1 $(a_0, \ldots, a_n)$ [resp. $(a'_0, \ldots, a'_n)$] sont linéairement indépendants et a_{n+1} (resp. a'_{n+1}) en est une combinaison linéaire, de sorte que l'on peut écrire d'une seule manière :

$$a_{n+1} = \Sigma_0^n k_i a_i \qquad a'_{n+1} = \Sigma_0^n k'_i a'_i$$

et k_i (resp. k'_i) est, pour tout i, différent de 0, sinon on aurait une sous-famille à $(n+1)$-éléments projectivement liée.

Il existe une application linéaire et une seule $\hat{f}: \hat{E} \to \hat{E}'$ définie par

$$\hat{f}(a_i) = \frac{k'_i}{k_i} a'_i \qquad \text{pour} \qquad i \in \{0, \ldots, n\}$$

$\hat{f}$ est injective et vérifie en outre

$$\hat{f}(a_{n+1}) = a'_{n+1};$$

$\hat{f}$ définit donc une *homographie* (i.e. une application projective de centre vide) $f\colon P(\hat{E}) \to P(\hat{E}')$, dont l'image est le sous-espace projectif engendré par

$$\{\alpha'_0, \ \ldots, \ \alpha'_n\},$$

donc par les α'_i $(0 \leqslant i \leqslant n+1)$, et qui vérifie bien

$$f(\alpha_i) = \alpha'_i \qquad \text{pour} \qquad 0 \leqslant i \leqslant n+1.$$

2. *Unicité.* Soit g une autre application projective $P(\hat{E}) \to P(\hat{E}')$ telle que $g(\alpha_i) = \alpha'_i$ pour $0 \leqslant i \leqslant n+1$. Elle provient d'une application linéaire

$$\hat{g} : \hat{E} \to \hat{E}',$$

pour laquelle on a nécessairement pour $0 \leqslant i \leqslant n+1$:

$$\hat{g}(a_i) = h_i a'_i \qquad \text{avec} \qquad h_i \in K^*.$$

D'où

$$\hat{g}(a_{n+1}) = \Sigma_0^n k_i \hat{g}(a_i) = \Sigma_0^n h_i k_i a'_i = h_{n+1} a'_{n+1} = \Sigma_0^n h_{n+1} k'_i a'_i$$

et par suite

$$h_{n+1} = \frac{h_i k_i}{k'_i} \qquad \text{pour} \qquad 0 \leqslant i \leqslant n$$

puisque $(a'_0, \ldots, a'_n)$ est linéairement indépendante.

Or pour $0 \leqslant i \leqslant n$

$$\hat{g}(a_i) = h_i a'_i = \frac{h_i k_i}{k'_i} \hat{f}(a_i) = h_{n+1} \hat{f}(a_i)$$

et par suite

$$\hat{g} = h_{n+1} \hat{f}$$

soit

$$g = f. \qquad \text{c.q.f.d.}$$

Exercice 6. Soit $\mathcal{R} = (\alpha_0, \ldots, \alpha_{n+1})$ un repère de $P(\hat{E})$ et $(\alpha'_0, \ldots, \alpha'_{n+1})$ $(n+2)$-points de $P(\hat{E}')$ ne satisfaisant pas aux conditions du théorème 1. Étudier l'existence, l'unicité, et le domaine de définition d'une éventuelle application projective f: $P(\hat{E}) \to P(\hat{E}')$ vérifiant $\alpha'_i = f(\alpha_i)$ pour $0 \leqslant i \leqslant n+1$.

Corollaire 1. *Soient* $P(\hat{E})$ *et* $P(\hat{E}')$ *deux espaces projectifs de même dimension finie* n *sur le corps* K. *Quels que soient les repères* $\mathcal{R}$ *de* $P(\hat{E})$ *et* $\mathcal{R}'$ *de* $P(\hat{E}')$ *il existe une application projective et une seule de* $P(\hat{E})$ *dans* $P(\hat{E}')$ *qui transforme* $\mathcal{R}$ *en* $\mathcal{R}'$, *et c'est une bijection.*

Corollaire 2. *Le choix d'un repère de* $P(\hat{E})$ *permet d'associer à tout point* ξ *de* $P(\hat{E})$ *un système de coordonnées homogènes (défini à un facteur pris) et un seul (au facteur multiplicatif pris).*

En effet, ce repère définit une homographie et une seule de $P(E)$ sur $P_n(K)$: celle qui transforme ce repère en le repère canonique de $P_n(K)$. Les coordonnées homogènes peuvent donc être normalisées par le fait que celles de α_i sont

$$(0, \ldots, 1, \ldots, 0) \quad (1 \text{ à la } i^{\text{ème}} \text{ place}) \qquad \text{pour} \qquad 0 \leqslant i \leqslant n,$$

et celles de α_{n+1} sont $(1, \ldots, 1, \ldots, 1)$ (1 à toutes les places). c.q.f.d.

3. Orientabilité des espaces projectifs réels

Soit P(Ê) un espace projectif de dimension n sur $\mathbf{R}$. D'après le corollaire 1 du nº 2, PGL(Ê) opère de façon simplement transitive dans l'ensemble $\tilde{\mathscr{R}}$ des repères de P(Ê). Soit $\tilde{\pi}$ l'application canonique $\hat{f} \to f$ de GL(Ê) sur son quotient PGL(Ê), de noyau isomorphe à $\mathbf{R}^*$ (chapitre I, nº 5, théorème 4). L'application $\hat{f} \to \dfrac{\det \hat{f}}{|\det \hat{f}|}$ de GL(Ê) sur le sous-groupe multiplicatif $\{-1, +1\}$ de $\mathbf{R}^*$ passe au quotient par $\tilde{\pi}$ *si et seulement si n est impair* : en effet, si $k \in \mathbf{R}^*$, $\dfrac{\det k\hat{f}}{|\det k\hat{f}|} = \dfrac{k^{n+1}}{|k|^{n+1}} \dfrac{\det \hat{f}}{|\det \hat{f}|} = \dfrac{\det \hat{f}}{|\det \hat{f}|}$ car alors, $n+1$ étant pair, $|k|^{n+1} = k^{n+1}$ pour tout k dans $\mathbf{R}^*$. Elle définit donc un homomorphisme $\tilde{\varphi}$ de PGL(Ê) sur $\{-1, +1\}$ dont le noyau $PGL^+(Ê) = \tilde{\pi}[GL^+(Ê)]$ est un sous-groupe distingué d'indice deux de PGL(Ê). Dans cette situation on est conduit comme dans le cas des espaces vectoriels ou affines à introduire dans $\tilde{\mathscr{R}}$ une relation d'équivalence à deux classes : deux repères $\mathscr{R}$ et $\mathscr{R}'$ sont dans la même classe si et seulement si l'unique homographie transformant $\mathscr{R}$ en $\mathscr{R}'$ est dans PGL⁺(Ê). On est donc conduit à dire que si P(Ê) est un espace projectif de dimension impaire, il est orientable, et que l'orienter est choisir par définition une des deux classes d'équivalence que l'on vient de définir dans l'ensemble $\tilde{\mathscr{R}}$ des repères P(Ê).

Mais si $n = \dim P(Ê)$ est pair cet artifice est un échec; cela ne prouve pas a priori que l'on ne puisse pas de façon « raisonnable » introduire dans $\tilde{\mathscr{R}}$ une relation d'équivalence à deux classes. Raisonnable signifie évidemment qu'elle doit être liée à PGL(Ê); elle signifie surtout qu'elle doit être liée à des questions topologiques. Nous allons voir pourquoi cet espoir est vain.

Mettons sur PGL(Ê) sa topologie naturelle de quotient de GL(Ê); comme $\tilde{\varphi} \circ \tilde{\pi}$ est l'application continue $\hat{f} \to \dfrac{\det \hat{f}}{|\det \hat{f}|}$ de GL(Ê) dans $\mathbf{R}^*$ (*n impair*), on en déduit que quand elle est définie l'application $\tilde{\varphi}$ est continue, et comme l'image $\{-1, +1\}$ de $\tilde{\varphi}$ n'est pas connexe, PGL(Ê) est non connexe. Par contre, puisque $\tilde{\pi}$ est continue,

$$PGL^+(Ê) = \tilde{\pi}[LG^+(Ê)] = \tilde{\varphi}^{-1}(+1) \qquad \text{et} \qquad PGL^-(Ê) = \tilde{\pi}[GL^-(Ê)] = \tilde{\varphi}^{-1}(-1)$$

sont connexes. Mais si n est pair, $PGL(Ê) = \tilde{\pi}[GL^+(Ê)]$ [car si $f \in PGL(Ê)$,

$$\hat{f} \in \tilde{\pi}^{-1}(f),$$

alors $\hat{f}$ ou $-\hat{f}$ sont dans GL⁺(Ê)], donc est *connexe*. On est conduit au

THÉORÈME 3. *Lorsque $n = $ dim P(Ê) est impair,* PGL(Ê) *a deux composantes connexes et la relation « Les repères $\mathscr{R}$ et $\mathscr{R}'$ sont transformés l'un de l'autre par une homographie* *dans la composante connexe* $\mathrm{PGL}^+(\hat{E})$ *de l'élément neutre de* $\mathrm{PGL}(\hat{E})$ » *est une relation d'équivalence dans l'ensemble* $\tilde{\mathscr{R}}$ *des repères de* $P(\hat{E})$. *L'espace projectif* $P(\hat{E})$ *est alors orientable. L'orienter est choisir une des deux classes d'équivalence que* $\mathrm{PGL}^+(\hat{E})$ *définit dans* $\tilde{\mathscr{R}}$.

Lorsque $n = \dim P(\hat{E})$ *est pair,* $\mathrm{PGL}(\hat{E})$ *est connexe, et* $P(\hat{E})$ *n'est pas orientable.*

Remarque 2. On peut, lorsque K est un corps ordonné et $P(\hat{E})$ un espace projectif sur K de dimension *impaire*, définir de la même manière une orientation (purement algébrique) de $P(\hat{E})$.

Remarque 3. Dans le cas où $K = \mathbf{R}$ on peut rendre la situation topologique tout à fait comparable à celle des espaces affines ou vectoriels réels en démontrant que la topologie naturelle de $\tilde{\mathscr{R}}$ (sous-espace topologique de l'espace produit $[P(\hat{E})]^{n+2}$) fait de $\tilde{\mathscr{R}}$ un espace topologique *homéomorphe* à $\mathrm{PGL}(\hat{E})$, donc ayant deux composantes connexes si n est impair (qui coïncident avec les deux classes d'équivalence ci-dessus définies), et *connexe si n est pair*; en fait, on peut même parler de connexion par arcs (ce qui est plus précis) : ce dernier point montre qu'il serait déraisonnable de chercher à définir une notion d'orientabilité pour les espaces projectifs réels de dimension paire.

Nous nous bornerons ici à donner des indications sur ces résultats, dont la démonstration complète sera laissée au lecteur.

Soit $\mathscr{R}_0 = (\alpha_0, \ldots, \alpha_{n+1})$ un repère choisi une fois pour toutes de $P(\hat{E})$, et soit θ l'application de $\mathrm{PGL}(\hat{E})$ dans $\tilde{\mathscr{R}}$ définie par

$$f \longmapsto f(\mathscr{R}_0) = [f(\alpha_0), \ldots, f(\alpha_{n+1})];$$

θ est bijective (n° 2, théorème 2) ; il s'agit de voir que c'est un homéomorphisme. Que la connexion par arcs puisse ensuite être substituée à la connexion résulte du fait que $\tilde{\mathscr{R}}$ est visiblement localement connexe par arcs, car localement homéomorphe à $\mathbf{R}^{(n+1)(n+2)}$. Pour montrer que θ est continue, il suffit de montrer que l'application $\theta' : f \to f(\alpha_0)$ de $\mathrm{PGL}(\hat{E})$ dans $P(\hat{E})$ est continue, et comme $\mathrm{PGL}(\hat{E})$ est muni de la topologie quotient, que $\theta' \circ \tilde{\pi} : \hat{f} \to f(\alpha_0)$ est continue de $\mathrm{GL}(\hat{E})$ dans $P(\hat{E})$. Mais si $a_0 \in \pi^{-1}(\alpha_0) \subset \hat{E} - \{0\}$,

$$[\tilde{\pi}(\hat{f})](\alpha_0) = \pi[\hat{f}(a_0)]$$

et l'application $\hat{f} \to \pi[\hat{f}(a_0)]$ est bien continue de $\mathrm{GL}(\hat{E})$ dans $P(\hat{E})$, car l'application $\hat{f} \to \hat{f}(a_0)$ est continue de $\mathrm{GL}(\hat{E})$ dans $\hat{E} - \{0\}$.

Ceci montre déjà que $\tilde{\mathscr{R}} = \theta[\mathrm{PGL}(\hat{E})]$ *est connexe si n est pair,* et que si n est impair $\theta[\mathrm{PGL}^+(\hat{E})]$ et $\theta[\mathrm{PGL}^-(\hat{E})]$ sont des parties connexes disjointes de $\tilde{\mathscr{R}}$, mais pas que $\tilde{\mathscr{R}}$ est non connexe pour n impair.

Pour montrer que θ est un homéomorphisme, donc que θ^{-1} est continu, on peut procéder ainsi. On choisit $a_i \in \pi^{-1}(\alpha_i)$ de sorte que

$$a_{n+1} = \Sigma_0^n a_i.$$

Soit $\mathscr{R} = (\beta_0, \ldots, \beta_{n+1})$ un repère variable de $P(\hat{E})$; si l'on choisit des $b_i \in \pi^{-1}(\beta_i)$ vérifiant $b_{n+1} = \Sigma_0^n b_i$, le $(n+2)$-couple $(b_0, \ldots, b_{n+1})$ est défini à multiplication par un scalaire réel λ pris, et le déterminant det $\mathscr{R}$ de $(b_0, \ldots, b_n)$ par rapport à la base $(a_0, \ldots, a_n)$ de $\hat{E}$ est défini à multiplication par λ^{n+1} pris ; comme il est non nul, on peut choisir $(b_0, \ldots, b_n)$ pour que ce déterminant vaille $+1$ (n pair), ou ± 1 (n impair, le signe ne dépendant que de $\mathscr{R}$). Soit $\hat{f} \in GL(\hat{E})$ tel que $\hat{f}(a_i) = b_i$ $(0 \leqslant i \leqslant n)$. On a $\tilde{\pi}(\hat{f}) = \theta^{-1}(\mathscr{R})$; comme $\hat{f}$ dépend continuement de $(b_0, \ldots, b_n)$, on est ramené à vérifier que l'application $(\beta_0, \ldots, \beta_{n+1}) \rightarrow (b_0, \ldots, b_n)$ de $\tilde{\mathscr{R}}$ dans l'espace des bases de $\hat{E}$ que l'on vient de décrire est continue. Cette vérification est laissée au lecteur.

Exercice 7. Reprendre ces questions d'orientation à la lumière de la proposition 2 du chapitre 1 (on munit S^n de l'orientation induite par celle de $\mathbf{R}^{n+1}$, et on regarde si Δ' respecte cette orientation).

CHAPITRE III

Espaces affines et espaces projectifs

Comme nous l'avons dit dans l'introduction du chapitre I, les espaces projectifs ont été inventés en particulier pour remédier à certains « défauts » des espaces affines. L'objet de ce chapitre est de voir qu'il y a effectivement des liens entre les espaces affines et les espaces projectifs : tout espace affine se plonge dans un espace projectif dans lequel il est le complémentaire d'un hyperplan (et, par suite, chapitre I, nº 6, dans le cas où $K = \mathbf{R}$ ou $\mathbf{C}$, il en est un ouvert dense) (ci-dessous nº 1) ; de plus les applications affines se prolongent en applications projectives. Inversement (nº 2), le complémentaire d'un hyperplan projectif a une structure affine canonique.

1. Plongement d'un espace affine dans un espace projectif

Soit $(X, \vec{X}, \Phi)$ un espace affine sur le corps K. Nous avons vu (1re partie, chapitre III, nº 2) que X se réalise comme hyperplan affine ne passant pas par l'origine d'un espace vectoriel $\widehat{X}$ sur K contenant $\vec{X}$; il existe sur $\widehat{X}$ une forme linéaire $M : \widehat{X} \to K$ dont le noyau est $\vec{X}$ et telle que $X = \{x \in \widehat{X} | M(x) = 1\}$. Si $a \in X$, $\hat{X}$ est donc *somme directe* de $\vec{X}$ et du sous-espace Ka de $\hat{X}$, lequel est de dimension 1.

THÉORÈME 1. *Soit* $(X, \vec{X}, \Phi)$ *un espace affine sur le corps* K, *réalisé comme hyperplan affine d'un espace vectoriel* $\hat{X}$. *Alors* X *s'identifie à un sous-ensemble de l'espace projectif* $\tilde{X} = P(\widehat{X})$, *dont le complémentaire est l'hyperplan* $X_\infty = P(\vec{X})$ *de* $\tilde{X}$. *Si* A *est un sous-espace affine de* X *identifié à un sous-ensemble de l'espace vectoriel* $\hat{A}$, *alors* $\tilde{A}$ *s'identifie à une sous-variété linéaire projective de* $\tilde{X}$ *et* $\tilde{A} - A = A_\infty$ *est un sous-espace projectif de l'hyperplan* X_∞. *Pour que deux sous-espaces affines* A *et* B *de* X *soient parallèles (resp.*

faiblement parallèles), il faut et il suffit que $A_\infty = B_\infty$ *(resp.* $A_\infty \subset B_\infty$ *ou* $B_\infty \subset A_\infty$*). Enfin, si* X *et* X' *sont deux espaces affines sur le corps* K*, toute application affine de* X *dans* X' *se prolonge en une application projective* $\tilde{f}$ *de* $\tilde{X}$ *dans* $\tilde{X}'$ *qui envoie* X_∞ *dans* X'_∞*, et ce prolongement est unique.*

Preuve. 1. Soit $x \in X \subset \widehat{X}$, et soit ξ *l'unique* droite vectorielle Kx de $\widehat{X}$ passant par x (unique car $0 \notin X$). L'application $x \to \xi$ est une *injection* de X dans $P(\widehat{X}) = \tilde{X}$ [car si x et x' définissent la même droite, $x = kx'$ ($k \in K^*$), et par suite $1 = M(x) = kM(x') = k$, donc $x = x'$]. On identifie par cette injection X à un sous-ensemble de $\tilde{X}$. C'est le sous-ensemble des droites vectorielles de $\widehat{X}$ rencontrant X, donc (puisque X est un hyperplan) non faiblement parallèles à X, c'est-à-dire non situées dans $\vec{X}$. Ainsi $\tilde{X} - X = P(\vec{X})$.

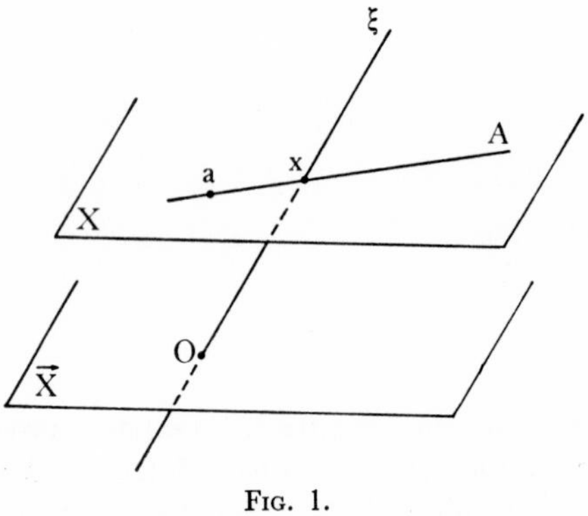

FIG. 1.

2. Soit A un sous-espace de X, et $a \in A : A = a + \vec{A}$ et $\hat{A} = Ka \oplus \vec{A}$ est un sous-espace vectoriel de $\widehat{X} = Ka \oplus \vec{X}$; par suite $\tilde{A} = P(Ka \oplus \vec{A})$ est un sous-espace projectif de $\tilde{X}$; si $\xi \in \tilde{A}$, $\xi = Kz$ avec $z = \lambda a + \vec{h} \in (Ka \oplus \vec{A}) - \{0\}$; si $\lambda \neq 0$, $z = \lambda\left(a + \frac{1}{\lambda}\vec{h}\right) = \lambda x$ avec $x \in A$, et $\xi = Kx$; si $\lambda = 0$, $Kz \subset \vec{A}$; si on identifie A avec un sous-ensemble de $\tilde{A}$, $\tilde{A} - A = A_\infty = P(\vec{A}) \subset X_\infty$. Alors $A < |B \iff \vec{A} \subset \vec{B} \iff P(\vec{A}) \subset P(\vec{B})$, d'où les résultats sur le parallélisme.

3. Soient X et X' deux espaces affines, identifiés à des sous-ensembles des espaces projectifs $\tilde{X}$ et $\tilde{X}'$, et f une application affine de X dans X'. On sait (1re partie, chapitre III) que f se prolonge d'une façon unique en une application *linéaire* $\hat{f}$ de $\widehat{X}$ dans $\widehat{X}'$, définie par :

$$\hat{f}(\lambda a + \overrightarrow{ax}) = \lambda f(a) + \vec{f}(\overrightarrow{ax}) \quad (\lambda \in K, \quad a \in X, \quad x \in X)$$

car $\widehat{X} = Ka \oplus \vec{X}$ et $\hat{X}' = Kf(a) \oplus \vec{X}'$.

L'application projective $\tilde{f}$ induite par $\hat{f}$ vérifie

a) $\tilde{f}|_X = f$ [car si $\xi = Kz$ avec $z = a + \overrightarrow{ax} \in X$, $\tilde{f}(\xi) = Kz'$ avec

$$z' = f(z) \in X'];$$

b) $\tilde{f}(X_\infty) \subset X'_\infty$ (prendre $\lambda = 0$ dans la formule définissant $\hat{f}$).

L'unicité de $\tilde{f}$ résulte de celle de $\hat{f}$, ou de la remarque 1 ci-dessous. c.q.f.d.

DÉFINITION 1. $\tilde{X}$ *s'appelle le « complété projectif de* X *» et* X_∞ *« l'hyperplan à l'infini de* X *». Si* A *est une sous-variété affine de* X, $A_\infty = \tilde{A} - A$ *s'appelle la variété à l'infini de* A.

Remarque 1. On notera que $\operatorname{Ker} \hat{f} = \operatorname{Ker} \vec{f} \subset \vec{X}$; par suite $\tilde{f}$ a un centre C si et seulement si f n'est pas injective, et ce centre est dans X_∞.

De plus, soit $\xi = P(\vec{D}) \in X_\infty$, où $\vec{D}$ est un sous-espace vectoriel de dimension 1 de $\vec{X}$ non contenu dans le noyau de $\vec{f}$ (de sorte que $\xi \notin C$). On a

$$\tilde{f}(\xi) = P[\vec{f}(\vec{D})].$$

[Noter que $\vec{D} \not\subset \operatorname{Ker} \hat{f} = \operatorname{Ker} \vec{f}$ entraîne que $\vec{f}(\vec{D})$, est bien de dimension 1.]

Ceci donne une *définition ensembliste* de $\tilde{f}$: si $x \in X$, $\tilde{f}(x) = f(x)$; si

$$x = \xi \in X_\infty - C,$$

$\xi = P(\vec{D})$ est « le point à l'infini » de toutes les droites D de direction $\vec{D}$. Leurs transformées ont pour direction $\vec{f}(\vec{D})$, donc sont bien des droites $f(D)$ de même direction : leur point à l'infini commun est $\tilde{f}(\xi)$.

Le lecteur aura noté de lui-même que d'un point de vue ensembliste on passe de X à $\tilde{X}$ en rajoutant les éléments de l'ensemble X_∞, nommés « points à l'infini de X ». L'ensemble X_∞ est l'ensemble des sous-espaces de dimension un de $\vec{X}$, c'est-à-dire l'*ensemble des directions de droites de* X. On rajoute ainsi à chaque droite D de X un point « à l'infini », savoir sa direction $\vec{D}$, en ce sens qu'il y a une bijection naturelle entre $\tilde{D}$ et $D \cup \{\vec{D}\}$ puisque $\operatorname{card} P(\vec{D}) = 1$. Mais $\tilde{D}$ a une structure de droite projective, tandis que l'ensemble $D \cup \{\vec{D}\}$ n'a en principe pas de structure : c'est seulement l'ensemble sous-jacent à $\tilde{D}$.

Remarque 2. On notera que $\dim X = \dim \tilde{X} = 1 + \dim X_\infty$: ainsi une droite (resp. un plan) affine de X possède dans $\tilde{X}$ un point (resp. une droite) à l'infini. Pour tout sous-espace affine A de X, son complété projectif $\tilde{A}$ est réunion disjointe de A et A_∞, et $A = \tilde{A}$ si et seulement si A est un point.

PROPOSITION 1. *Lorsque* K $=$ **R** *ou* **C**, *pour tout sous-espace affine* A *de* X, $\tilde{A}$ *est l'adhérence* $\overline{A}$ *de* A *dans* $\tilde{X}$, *et si* f *est une application affine de* X *dans* X′, $\hat{f}$ *en est le prolongement par continuité aux points de* X_∞ *en lesquels* f *admet une limite dans* $\tilde{X}'$.

Preuve. Comme $\tilde{f}$ est continue aux points où elle est définie (chapitre I, nº 6, prop. 6), il suffit de montrer que $\tilde{A} = \overline{A}$ (ce qui implique en particulier que $\overline{X} = \tilde{X}$). Comme (loc. cit.), $\tilde{A}$ est un sous-espace compact, donc fermé, de $\tilde{X}$, il suffit de montrer que tout point de A_∞ est adhérent à A. Cela résulte soit de l'exercice 9 du chapitre I, soit, dans le cas réel, de l'exercice 1 du chapitre I (que l'on peut adapter au cas complexe); voici une vérification directe valable pour $K = \mathbf{R}$ ou $\mathbf{C}$. Soit $\alpha \in A_\infty$, et U un voisinage de α dans $\tilde{X}$; soit π la projection canonique $\widehat{X} - \{0\} \to \tilde{X}$, $\hat{U} = \{0\} \cup \pi^{-1}(U)$, $\hat{A} = \{0\} \cup \pi^{-1}(\tilde{A})$:

$$\tilde{A} = P(\hat{A}).$$

Alors si $a \in \pi^{-1}(\alpha) \subset \vec{A} - \{0\} \subset \vec{X} - \{0\}$, $\hat{U} \cap \hat{A}$ est un voisinage ouvert saturé de a dans $\hat{A}$ et il contient un point $b \in \hat{A} - \vec{A}$, car $\vec{A}$ est un hyperplan vectoriel de $\hat{A}$, donc est adhérent à $\hat{A} - \vec{A}$. Alors $\pi(b) = Kb \in A \cap U$ (lorsque l'on identifie A à un sous-ensemble de $\tilde{X}$: cette identification est possible non seulement d'un point de vue ensembliste mais aussi d'un point de vue topologique, i.e. l'application $x \to Kx$ est un homéomorphisme de X sur un sous-espace de $\tilde{X}$, comme le montre la démonstration du théorème 1, chapitre I, n° 3). Ceci achève la démonstration. c.q.f.d.

Remarque 3. Si X est une droite, $X_\infty = \{\infty\}$ est un point, et si $X = \mathbf{R}$, dire que « $x_n \in \mathbf{R}$ tend vers l'infini » est exactement dire que $x_n \to \infty$ dans $P_1(\mathbf{R})$ où $\{\infty\} = P_1(\mathbf{R}) - \mathbf{R} = \mathbf{R}_\infty$.

La fin du théorème 1 admet une réciproque.

Proposition 2. *Soient* X *et* X' *deux espaces affines sur* K, $\tilde{X}$ *et* $\tilde{X}'$ *leurs complétés projectifs, et* φ *une application projective de* $\tilde{X}$ *dans* $\tilde{X}'$. *Alors pour que* $\varphi|_X$ *soit une application affine de* X *dans* X', *il faut et il suffit que* $\varphi(\tilde{X}) \not\subset X'_\infty$ *et que* $\varphi(X_\infty) \subset X'_\infty$.

Preuve. Soit $\hat{\varphi}$ une application linéaire de $\widehat{X}$ dans $\widehat{X}'$ induisant φ; par hypothèse, il existe $z \in \widehat{X}$ tel que $\hat{\varphi}(z) \notin \vec{X}'$, et toujours en vertu de l'hypothèse, il en résulte que $z \notin \vec{X}$. Donc il existe $k \in K^*$ tel que $kz = a \in X$. On a toujours $\hat{\varphi}(a) \notin \vec{X}'$, donc, quitte à remplacer $\hat{\varphi}$ par $k'\hat{\varphi}$ ($k' \in K^*$), on peut supposer

$$a' = \hat{\varphi}(a) \in X'.$$

Identifiant X (resp. X') à un sous-ensemble de $\tilde{X}$ (resp. $\tilde{X}'$), la linéarité de $\hat{\varphi}$ et le fait que $\widehat{X} = Ka \oplus \vec{X}$ montrent alors que

$$\hat{\varphi}(\lambda a + \vec{h}) = \lambda\varphi(a) + \hat{\varphi}(\vec{h}) \quad (\lambda \in K, \quad \vec{h} \in \vec{X}).$$

En particulier, pour tout $x \in X$

$$\varphi(x) = \hat{\varphi}(x) = \hat{\varphi}(a + \vec{ax}) = \varphi(a) + \hat{\varphi}(\vec{ax})$$

Comme $\hat{\varphi}|_{\vec{X}}$ est une application linéaire de $\vec{X}$ dans $\vec{X}'$ (en vertu de l'hypothèse), cela montre que $\varphi(X) \subset X'$ et que la restriction de φ à X est affine, d'application linéaire associée $\hat{\varphi}|_{\vec{X}}$. c.q.f.d.

Corollaire. *Le groupe* GA(X) *des bijections affines de* X *est isomorphe au sous-groupe de* $\mathrm{PGL}(\widehat{\mathrm{X}})$ *des homographies laissant globalement invariant le sous-espace* X_∞.

GA(X) a deux sous-groupes remarquables, le groupe des homothéties-translations (appelé aussi groupe des dilatations), et le groupe des translations, qu'il est intéressant de caractériser en tant que sous-groupes de $\mathrm{PGL}(\widehat{\mathrm{X}})$.

Proposition 3. *Si* $\dim \mathrm{X} > 1$, *le groupe des homothéties-translations* (*resp. des translations*) *d'un espace affine* X *s'identifie au sous-groupe de* $\mathrm{PGL}(\widehat{\mathrm{X}})$ *laissant fixe chaque point de* X_∞ (*resp. et ces points seulement sauf s'il s'agit de l'application identique*).

Preuve. En effet, un élément de ce groupe est caractérisé (cf. 1re partie, chapitre v, théor. 4) par le fait qu'il transforme une droite en une droite parallèle; donc dans la complétion projective, le point à l'infini $\tilde{\mathrm{D}} \cap \mathrm{X}_\infty$ d'une droite affine D reste fixe, et réciproquement si $\varphi \in \mathrm{PGL}(\widehat{\mathrm{X}})$ laisse fixe chaque point de X_∞, d'après la proposition 2 ou son corollaire, la restriction de φ à X est une bijection affine de X sur lui-même qui transforme une droite en une droite parallèle.

De plus, une homothétie (distincte de l'identité) de X a un unique point fixe $a \in \mathrm{X} \subset \tilde{\mathrm{X}}$, et une translation (distincte de l'identité) n'a pas de point fixe dans X. c.q.f.d.

N.B. — Si $\dim \mathrm{X} = 1$, GA(X) se réduit au groupe $\mathscr{D}(\mathrm{X})$ des homothéties-translations car $\dim \mathrm{P}(\vec{\mathrm{X}}) = 0$, $\mathrm{PGL}(\vec{\mathrm{X}}) = \{e\}$, et la proposition 3 reste valable (voir 1re partie, chapitre iv, § I, exercice 1).

2. Structure affine du complémentaire d'un hyperplan projectif

On a vu au n° 1 qu'un espace affine X s'identifiait au complémentaire d'un hyperplan (projectif) d'un espace projectif $\tilde{\mathrm{X}}$ associé à X.

La réciproque est-elle vraie?

Soient $\hat{\mathrm{E}}$ un espace vectoriel sur K, $\hat{\mathrm{H}}$ un hyperplan *vectoriel* de $\hat{\mathrm{E}}$,

$$\mathrm{E} = \mathrm{P}(\hat{\mathrm{E}}),$$
$$\mathrm{H} = \mathrm{P}(\hat{\mathrm{H}}) \quad \text{et} \quad \mathrm{X} = \mathrm{E} - \mathrm{H}.$$

Peut-on mettre sur X une structure d'espace affine ne dépendant que de E?

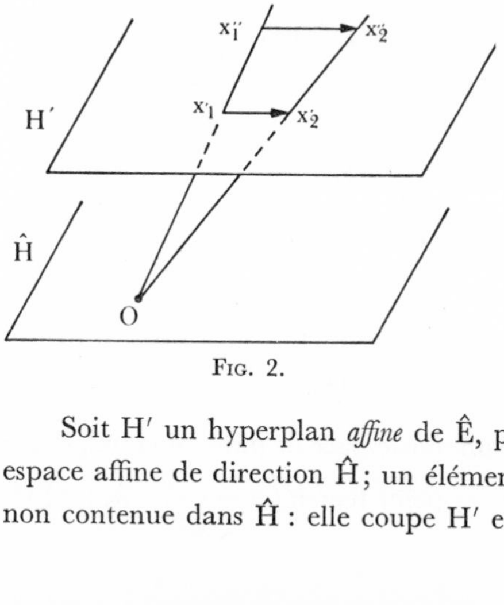

Fig. 2.

Soit H′ un hyperplan *affine* de $\hat{\mathrm{E}}$, parallèle à $\hat{\mathrm{H}}$ et distinct de $\hat{\mathrm{H}}$: H′ est un espace affine de direction $\hat{\mathrm{H}}$; un élément ξ de X est une droite vectorielle de $\hat{\mathrm{E}}$, non contenue dans $\hat{\mathrm{H}}$: elle coupe H′ en un point x' et un seul, et l'application

$\xi \to x'$ est une *bijection* de X sur H'. Si l'on transporte à X par cette bijection la structure affine de H', X devient un espace affine d'espace vectoriel associé $\hat{H}$. *Mais les opérations de* $\hat{H}$ *sur* X *dépendent du choix de* H' (cf. fig. 2) : soit H'' un hyperplan parallèle à H', et soit $\lambda \in K^*$ le rapport de l'homothétie de centre 0 transformant H' en H''; soient ξ_1 et ξ_2 dans X, qui coupent H' et H'' en x'_1, x'_2, x''_1 et x''_2 respectivement. Mettons sur X la structure affine définie par H' (resp. H'') : alors $\xi_2 = \xi_1 + \overrightarrow{x'_1x'_2}$ (resp. $\xi_2 = \xi_1 + \overrightarrow{x''_1x''_2}$). Or $\overrightarrow{x''_1x''_2} = \lambda\overrightarrow{x'_1x'_2}$.

Le n° 1 nous indique que *si* X *a une structure affine telle que* $\tilde{X}$ *soit isomorphe à* E, X_∞ étant transformé en H par cette isomorphie, *les translations de* X *(différentes de l'identité) sont les restrictions à* X *des homographies de* E *laissant fixes les points de* H *et ceux-là seulement.*

Une telle homographie φ est induite par $\hat{\varphi} \in GL(\hat{E})$ telle que

$$\forall h \in \hat{H} \qquad \hat{\varphi}(h) = \lambda(h)h \qquad \lambda(h) \in K^*$$

Mais en fait, $\lambda(h)$ est indépendant de h (cf. 1re partie, chapitre v, théor. 4). En effet, si h et h' sont linéairement indépendants :

$$\hat{\varphi}(h + h') = \hat{\varphi}(h) + \hat{\varphi}(h') \Longrightarrow \lambda(h + h') = \lambda(h) = \lambda(h')$$

et si $h' = kh$, avec $k \in K^*$ et $h \neq 0$:

$$\hat{\varphi}(kh) = \lambda(kh)kh = k\lambda(h)h \Longrightarrow \lambda(kh) = \lambda(h).$$

Il existe donc $\lambda \in K^*$ tel que pour tout $h \in \hat{H} - \{0\}$

$$\hat{\varphi}(h) = \lambda h,$$

et ceci reste naturellement vrai même si $h = 0$. Quitte à remplacer $\hat{\varphi}$ par $\frac{1}{\lambda}\hat{\varphi}$, on peut donc supposer que $\hat{\varphi}$ est l'identité sur $\hat{H}$; $\hat{\varphi}$ est alors entièrement déterminée par sa valeur en un point $a \notin \hat{H}$, puisque $\hat{E} = Ka \oplus \hat{H}$. Posons donc

$$\hat{\varphi}(a) = a' = \rho a + h_0 \quad (\rho \in K, \quad h_0 \in \hat{H})$$

et cherchons si φ a d'*autres points fixes* que ceux de H, c'est-à-dire si $\hat{\varphi}$ a d'autres vecteurs propres que les éléments de $\hat{H}$. Si $x \in \hat{E} \cap \complement\hat{H}$ est un tel vecteur propre, associé à la valeur propre α, on a :

$$x = \lambda a + h \quad (\lambda \in K^*, \quad h \in \hat{H})$$

et

$$\hat{\varphi}(x) = \lambda a' + h = \lambda\rho a + (\lambda h_0 + h) = \alpha\lambda a + \alpha h$$

d'où

$$\lambda\rho a = \alpha\lambda a \qquad \text{et} \qquad \lambda h_0 + h = \alpha h$$

ce qui implique

$$\alpha = \rho \qquad \text{et} \qquad (\rho - 1)h = \lambda h_0.$$

Si donc ρ est différent de 1, on trouve un sous-espace de dimension un propre pour $\hat{\varphi}$, savoir $K\left(a + \frac{1}{\rho - 1}h_0\right)$, et φ a un point fixe $\pi\left(a + \frac{1}{\rho - 1}h_0\right) \in \complement H$.

Si, au contraire, $\rho = 1$, φ n'a pas d'autres points fixes que ceux de H, sauf si de plus $h_0 = 0$, auquel cas $\hat{\varphi}(a) = a$ et $\hat{\varphi}$ (donc φ) est l'identité.

Les transformations candidates à être des translations sont donc les homographies de E *induites par les applications linéaires* $\hat{\varphi}$ *telles que* :

$$\hat{\varphi}(\lambda a + h) = \lambda a + h + \lambda h_0 \quad (\lambda \in \mathrm{K}, \quad h \in \hat{\mathrm{H}})$$

où a et h_0 sont donnés dans $\complement\hat{\mathrm{H}}$ et $\hat{\mathrm{H}}$ respectivement.

Soit $\hat{\Psi} = \hat{\varphi} - \mathrm{Id}_{\hat{\mathrm{E}}} \in \mathrm{L}(\hat{\mathrm{E}}, \hat{\mathrm{E}})$. Comme $\hat{\varphi}$ est l'identité sur $\hat{\mathrm{H}}$, $\hat{\Psi}$ est nulle sur $\hat{\mathrm{H}}$, et à valeurs dans $\hat{\mathrm{H}}$, et définit donc par passage au quotient une application linéaire Ψ de $\hat{\mathrm{E}}/\hat{\mathrm{H}}$ dans $\hat{\mathrm{H}}$.

Considérons, réciproquement, l'espace vectoriel $\vec{\mathrm{X}} = \mathrm{L}(\hat{\mathrm{E}}/\hat{\mathrm{H}}, \hat{\mathrm{H}})$ des applications linéaires de $\hat{\mathrm{E}}/\hat{\mathrm{H}}$ dans $\hat{\mathrm{H}}$. Comme $\hat{\mathrm{E}}/\hat{\mathrm{H}}$ est de dimension un, cet espace vectoriel est isomorphe à $\hat{\mathrm{H}}$ (mais non canoniquement). Soit q l'application canonique $\hat{\mathrm{E}} \to \hat{\mathrm{E}}/\hat{\mathrm{H}}$. Nous allons voir que $\vec{\mathrm{X}}$ opère de manière naturelle dans X et munit X d'une structure *canonique* d'espace affine. Dans ce but, nous allons exhiber un *isomorphisme* θ du groupe additif $(\vec{\mathrm{X}}, +)$ de $\vec{\mathrm{X}}$ *dans* le groupe des permutations de X, puis montrer que $\vec{\mathrm{X}}$ opère ainsi transitivement (cf. 1re partie, chapitre I, définition 1). Il suffit pour cela de refaire en sens inverse les calculs ci-dessus.

1° *Homomorphisme* $\hat{\theta}$ *de* $(\vec{\mathrm{X}}, +)$ *dans* $\mathrm{GL}(\hat{\mathrm{E}})$.

Soit $\Psi \in \vec{\mathrm{X}}$. Comme $\hat{\mathrm{H}} \subset \hat{\mathrm{E}}$, on peut considérer Ψ comme à valeurs dans $\hat{\mathrm{E}}$. Soit $\mathrm{I} = \mathrm{I}_{\hat{\mathrm{E}}}$ l'identité de $\hat{\mathrm{E}}$. On pose :

$$\hat{\theta}(\Psi) = \Psi \circ q + \mathrm{I} = \hat{\varphi} \in \mathrm{End}(\hat{\mathrm{E}})$$

a) $\hat{\theta}(\Psi') \circ \hat{\theta}(\Psi) = (\Psi' \circ q + \mathrm{I}) \circ (\Psi \circ q + \mathrm{I}) = \Psi' \circ q + \Psi \circ q + \mathrm{I} = (\Psi' + \Psi) \circ q + \mathrm{I}$ car $\Psi' \circ q \circ \Psi = 0$ puisque $\mathrm{Im}\,\Psi \subset \hat{\mathrm{H}} = \mathrm{Ker}\, q$.

Donc :

$$\hat{\theta}(\Psi' + \Psi) = \hat{\theta}(\Psi') \circ \hat{\theta}(\Psi).$$

b) Il en résulte que $\hat{\theta}(\Psi) \in \mathrm{GL}(\hat{\mathrm{E}})$ [car son inverse est $\hat{\theta}(-\Psi)$] et que $\hat{\theta}$ est un homomorphisme de groupes.

c) Notons que, pour tout Ψ, $\hat{\theta}(\Psi)$ laisse fixe les points de $\hat{\mathrm{H}} = \mathrm{Ker}\, q$.

2° *Isomorphisme* $\tilde{\theta}$ *de* $(\vec{\mathrm{X}}, +)$ *dans* $\mathrm{PGL}(\hat{\mathrm{E}})$.

Soit $\tilde{\pi} : \mathrm{GL}(\hat{\mathrm{E}}) \to \mathrm{PGL}(\hat{\mathrm{E}})$. On pose

$$\tilde{\theta} = \tilde{\pi} \circ \hat{\theta}.$$

Montrons que $\tilde{\theta}$ est injectif; $\tilde{\theta}(\Psi) = \mathrm{Id}_{\mathrm{E}} \Longleftrightarrow \hat{\theta}(\Psi) = k\mathrm{I}_{\hat{\mathrm{E}}}$ $(k \in \mathrm{K}^*)$.

Or $$\Psi \circ q + \mathrm{I}_{\hat{\mathrm{E}}} = k\mathrm{I}_{\hat{\mathrm{E}}} \Longleftrightarrow \Psi \circ q = (1 - k)\mathrm{I}_{\hat{\mathrm{E}}}.$$

Mais $\Psi \circ q$ admet $\hat{\mathrm{H}}$ pour noyau, et $(1 - k)\mathrm{I}_{\hat{\mathrm{E}}}$ est injectif si $k \neq 1$. Donc $k = 1$ et $\Psi \circ q = 0$. Comme q est surjectif, $\Psi = 0$.

3° Comme la restriction de $\hat{\theta}(\Psi)$ à $\hat{H}$ est l'identité de $\vec{\hat{H}}$, a fortiori la restriction de $\tilde{\theta}(\Psi)$ à $H = P(\hat{H})$ est l'identité, d'où résulte que la restriction $\theta(\Psi)$ de $\tilde{\theta}(\Psi)$ à $X = \complement H$ est une bijection de X sur lui-même. $\theta : \Psi \to \theta(\Psi)$ est donc un isomorphisme de $(\vec{X}, +)$ *dans* le groupe des permutations de X. Il reste à voir qu'étant donnés deux points quelconques ξ et ξ' de X, il existe Ψ tel que $\theta(\Psi)$ transforme ξ en ξ'. Il revient au même de voir que, quels que soient x et x' dans $\complement\hat{H}$, il existe $\Psi \in \vec{X}$ et $\lambda \in K^*$ tels que :

$$\Psi[q(x)] + x = \lambda x'.$$

Il est nécessaire pour cela que $\lambda x' - x \in \hat{H} = \operatorname{Im}\Psi$, ce qui détermine un λ et un seul dans K^* satisfaisant à cette condition (puisque $\hat{E} = \hat{H} \oplus Kx'$ et que $x \notin \hat{H}$) ; λ étant ainsi déterminé Ψ est connue (et unique) puisqu'on connaît sa valeur au point $q(x)$ qui est une base de $\hat{E}/H$ (toujours $x \notin \hat{H}$).

Nous avons établi le :

THÉORÈME 2. *Soient* $E = P(\hat{E})$ *un espace projectif sur le corps* K *et* $H = P(\hat{H})$ *un hyperplan projectif de* E. *Alors le groupe additif de l'espace vectoriel* $L(\hat{E}/\hat{H}, \hat{H})$ *opère de façon simplement transitive sur le complémentaire* $X = E - H$ *de* H *dans* E *et munit canoniquement* X *d'une structure d'espace affine sur* K.

Précisons bien comment $L(\hat{E}/\hat{H}, \hat{H})$ opère sur X. Soient π la projection canonique de $\hat{E} - \{0\}$ sur E, $\xi \in X$, $\Psi \in L(\hat{E}/\hat{H}, \hat{H})$. Alors

$$\xi + \Psi = \pi[\Psi(q[x]) + x]$$

où x est un élément arbitraire de $\pi^{-1}(\xi)$ et q l'application canonique $\hat{E} \to \hat{E}/\hat{H}$.

Ce théorème admet le complément suivant :

PROPOSITION 4. *Soit* $X = E - H$ *le complémentaire d'un hyperplan projectif de l'espace projectif* E, *muni de sa structure affine canonique* (*théor.* 2), *et soit* $\tilde{X}$ *le complété projectif de* X (*théor.* 1). *Alors, il existe une bijection projective canonique* $E \to \tilde{X}$ *induisant l'identité sur* X *et transformant* H *en* X_∞. *De plus, si* $K = \mathbf{R}$ *ou* $\mathbf{C}$, *cette bijection est un homéomorphisme.*

Preuve. Choisissons une base de $\hat{E}/\hat{H}$, i.e. un élément $\varepsilon \in \hat{E}/\hat{H} - \{0\}$. Soit ε' *la* forme linéaire sur $\hat{E}/\hat{H}$ valant 1 au point ε (base duale de $\{\varepsilon\}$), et soit q l'application canonique $\hat{E} \to \hat{E}/\hat{H}$.

Soit $\xi \in X$, et $x \in \pi^{-1}(\xi) \subset \hat{E} - \hat{H}$; comme $q(x) \neq 0$, $\dfrac{1}{\varepsilon'[q(x)]}x \in \hat{E}$ est défini, et ne dépend que de ξ, d'où une application $\hat{f}$ de X dans $\hat{E}$ définie par :

$$\hat{f}(\xi) = \frac{x}{\varepsilon'[q(x)]} \quad [x \in \pi^{-1}(\xi)].$$

$\hat{f}$ est affine; en effet, si $\Psi \in L(\hat{E}/\hat{H}, \hat{H})$, on a

$$\hat{f}(\xi + \Psi) - \hat{f}(\xi) = \frac{\Psi[q(x)] + x}{\varepsilon'[q(x)]} - \frac{x}{\varepsilon'[q(x)]} = \Psi(\varepsilon)$$

car $q \circ \Psi^{\cdot} = 0$ et $\dfrac{\Psi^{\cdot}[q(x)]}{\varepsilon'[q(x)]}$ est indépendant du choix de $x \in \complement \hat{\mathrm{H}}$ (écrire

$$\hat{\mathrm{E}} = \hat{\mathrm{H}} \oplus \mathrm{K}a \qquad \text{où} \qquad a \in \hat{\mathrm{H}}) :$$

on peut en particulier supposer $q(x) = \varepsilon$.

Donc $\hat{f}$ a pour application linéaire associée l'application $\Psi^{\cdot} \to \Psi^{\cdot}(\varepsilon)$ de $\mathrm{L}(\hat{\mathrm{E}}/\hat{\mathrm{H}}, \hat{\mathrm{H}})$ dans $\hat{\mathrm{H}} \subset \hat{\mathrm{E}}$, laquelle est *injective.* Comme X est, par définition, un hyperplan affine ne passant pas par l'origine de $\hat{\mathrm{X}}$, $\hat{f}$ se prolonge en une injection linéaire, encore notée $\hat{f} : \hat{\mathrm{X}} \to \hat{\mathrm{E}}$, laquelle est bijective pour des raisons de dimension. On notera que $\hat{f}$ dépend du choix de ε. Mais si on remplace ε par ε_1, on a $\varepsilon_1 = \lambda\varepsilon$ avec $\lambda \in \mathrm{K}^*$; ε' est remplacé par $\dfrac{1}{\lambda}\,\varepsilon'$ et $\hat{f}$ par $\lambda\hat{f}$: $\hat{f}$ définit donc une homographie $f : \tilde{\mathrm{X}} \to \mathrm{E}$ indépendante de tout choix, et $f|_{\mathrm{X}}$ est l'identité, puisque $\hat{f}(\xi) \in \xi$. c.q.f.d.

Dans le cas $\mathrm{K} = \mathbf{R}$ ou $\mathbf{C}$, f est automatiquement un homéomorphisme (chapitre I, nº 6, prop. 6).

Exercice 1. Nous avons défini au début de ce nº une bijection $\rho_{\mathrm{H}'}$ de X sur n'importe quel hyperplan H′ de $\hat{\mathrm{E}}$, parallèle à $\hat{\mathrm{H}}$ et distinct de $\hat{\mathrm{H}}$. Montrer que $\rho_{\mathrm{H}'}$ est affine, et étudier comment $\vec{\rho}_{\mathrm{H}'} : \hat{\mathrm{H}} \to \mathrm{L}(\hat{\mathrm{E}}/\hat{\mathrm{H}}, \hat{\mathrm{H}})$ varie avec H′. Retrouver ainsi les considérations du début de ce numéro, et en déduire une autre construction de la structure affine de X.

Exercice 2. Montrer que le groupe des dilatations de X est isomorphe au sous-groupe de $\mathrm{G}l(\hat{\mathrm{E}})$ laissant fixe chaque point de $\hat{\mathrm{H}}$.

Exercice 3. Soit $\rho = 0$ une équation de $\hat{\mathrm{H}}$. Montrer que l'application $x \to x/\rho(x)$ définit un isomorphisme affine de $\mathrm{E} - \mathrm{H}$ sur l'hyperplan $\rho(x) = 1$ de $\hat{\mathrm{E}}$.

Exercice 4. Lorsqu'on identifie GA(X) à un sous-groupe de $\mathrm{PG}l(\hat{\mathrm{X}})$ (cor. de la prop. 2), ce sous-groupe est-il distingué ?

Exercice 5. Soit X un plan affine, D une droite de X; montrer qu'il existe $\varphi \in \mathrm{PG}l(\hat{\mathrm{X}})$ transformant X_∞ en D, et dessiner l'image d'un parallélogramme de X par φ.

Exercice 6. Soient D une droite projective, (a, b, c) un repère projectif de D, m un point de D, (x, y) un système de coordonnées homogène de m dans ce repère. Vérifier que si $m \neq a$, $\dfrac{x}{y}$ est l'abscisse de m dans le repère (b, c) de la droite affine $\complement\{a\}$.

3. Applications. Le cas particulier de $\mathrm{P}_n(\mathrm{K})$

Le cas particulier où X est l'espace affine K^n (opérant sur lui-même par translation) (nº 1) et celui (nº 2) où $\hat{\mathrm{E}} = \mathrm{K}^{n+1}$ et $\mathrm{E} = \mathrm{P}_n(\mathrm{K})$ sont importants, car ce sont ces situations que l'on rencontre en géométrie analytique lorsque l'on a fait choix d'un repère affine ou euclidien de X, ou d'un repère projectif de P(E).

A. Prenons pour X l'espace affine K^n (nº 1). On prend alors $\widehat{X} = K^n \times K$, $\vec{X} = K^n \times \{0\}$, $X = K^n \times \{1\}$ et $\tilde{X} = P_n(K)$. Un système de coordonnées homogènes de $x = (x_1, \ldots, x_n) \in X$ est alors $(x_1, \ldots, x_n, 1) \in K^{n+1}$. Si

$$(x_1, \ldots, x_{n+1})$$

est un système de coordonnées homogènes de $\xi \in P_n(K)$ on a $\xi \in X$ si et seulement si $x_{n+1} \neq 0$, et alors $\xi = \left(\frac{x_1}{x_{n+1}}, \ldots, \frac{x_n}{x_{n+1}}\right)$; on a au contraire $\xi \in X_\infty$ si et seulement si $x_{n+1} = 0$: X_∞ s'identifie à $P_{n-1}(K)$.

Soit $X = K^n$, $X' = K^p$ et $f : x \to ax + b$ une application affine de X dans X' [$a = ((a_{ij}))$ est une matrice à p lignes et n colonnes, $b \in X'$; un élément de X (resp. de X') est un vecteur colonne] de sorte que f est défini par

$$x'_i = \sum_j a_{ij}x_j + b_i \quad (1 \leqslant i \leqslant p, \quad 1 \leqslant j \leqslant n)$$

Si $(y_1, \ldots, y_{n+1})$ [resp. $(y'_1, \ldots, y'_{p+1})$] est un système de coordonnées homogènes de x (resp. x') dans $P_n(K) = \tilde{X}$ [resp. $P_p(K) = \tilde{X}'$], on a

$$x_j = \frac{y_j}{y_{n+1}} \qquad x'_i = \frac{y'_i}{y'_{p+1}}$$

De sorte que f se prolonge en une application $\tilde{f}$ induite par l'application linéaire associée à la matrice

$$M(f) = \begin{pmatrix} a_{11} & \ldots & a_{1n} & b_1 \\ \ldots & \ldots & \ldots & \ldots \\ \ldots & \ldots & \ldots & \ldots \\ a_{p1} & \ldots & a_{pn} & b_p \\ 0 & \ldots & 0 & 1 \end{pmatrix}$$

telle que

$$\begin{cases} y'_i = \sum_{j=1}^{n} a_{ij}y_j + b_i y_{n+1} & 1 \leqslant i \leqslant p \\ y'_{p+1} = y_{n+1} \end{cases}$$

On notera que si $(e_1, \ldots, e_n)$ est la base canonique de K^n,

$$(0 \times \{1\}, e_1 \times \{1\}, \ldots, \{e_n\} \times 1)$$

a pour image par π une famille libre maximale de $\tilde{X} = P_n(K)$.

Exercice 7. Comparer M(f) et la matrice $\mathcal{M}(f)$ de la première partie, chapitre III, § II, nº 2. Expliquer les ressemblances ou les différences.

Exercice 8. Soient X et X′ deux espaces affines sur K et f une application affine de X dans X′. Associer à un repère affine (ou euclidien) de X (resp. de X′) un repère projectif de $\tilde{X}$ (resp. de $\tilde{X}'$), et représenter par une matrice le prolongement $\tilde{f}$ de f à $\tilde{X}$.

B. Soit $E = P_n(K)$ et soit U_i l'ensemble des points de E dont la i^e coordonnée homogène x_i est non nulle (cf. chapitre II, n° 1, commentaire 4); U_i est le complémentaire d'un hyperplan projectif de E et il résulte du A) ci-dessus et de la proposition 4 du n° 2 (ou de l'exercice 3) que l'application de U_i dans K^{n+1} définie par

$$(x_1, \ldots, x_{n+1}) \longmapsto \left(\frac{x_1}{x_i}, \ldots, \frac{x_{i-1}}{x_i}, 1, \frac{x_{i+1}}{x_i}, \ldots, \frac{x_{n+1}}{x_i}\right)$$

est un isomorphisme affine de U_i sur l'hyperplan $x_i = 1$ de K^{n+1}. Par suite l'application φ_i :

$$(x_1, \ldots, x_{n+1}) \longmapsto \left(\frac{x_1}{x_i}, \ldots, \frac{x_{i+1}}{x_i}, \ldots, \frac{x_{n+1}}{x_i}\right)$$

est un isomorphisme affine de U_i sur K^n [on note que $\varphi_i(x_1, \ldots, x_{n+1})$ ne dépend pas de $x = (x_1, \ldots, x_{n+1}) \in \pi^{-1}(U_i)$, mais seulement de $\xi = \pi(x) \in U_i$].

Les U_i $(0 \leqslant i \leqslant n+1)$ forment un recouvrement de E (et même, lorsque $K = \mathbf{R}$ ou $\mathbf{C}$, un recouvrement ouvert) par des espaces affines de même dimension que celle de E.

Exercice 9. Soit E un espace projectif de dimension finie sur K, et soit $\mathcal{E}$ une famille libre et génératrice de E. Associer à $\mathcal{E}$ un recouvrement par des espaces affines isomorphes à K^n.

Exercice 10. Écrire les applications $\varphi_{ij} = \varphi_i \circ \varphi_j^{-1}$ lorsque $K = \mathbf{R}$ ou $\mathbf{C}$ et calculer leur déterminant fonctionnel. Étudier son signe lorsque $K = \mathbf{R}$.

4. Prolongement des fonctions rationnelles et éléments de géométrie algébrique

Soit $f(x) = \dfrac{p(x)}{q(x)}$ une fonction rationnelle à une variable réelle : p et q sont deux polynômes à coefficients réels et à une indéterminée, que l'on peut supposer sans facteurs non constants communs; soit P l'ensemble (éventuellement vide, et en tout cas fini) des racines réelles de q : f est définie sur $\mathbf{R} - P$. Mais f a une limite infinie (sans signe) en tout point $z \in P$ (car on a supposé p et q sans facteur commun), et a également une limite (finie ou non) lorsque $|x| \to \infty$. Ceci signifie que f se prolonge par continuité en une application $\tilde{f}$ de $\tilde{\mathbf{R}} = P_1(\mathbf{R})$ dans lui-même. Il est facile d'obtenir $\tilde{f}$ par passage aux quotients à partir d'une application $\bar{f} : \mathbf{R}^2 \to \mathbf{R}^2$. Soient

$$p(x) = a_r x^r + \cdots + a_0, \qquad q(x) = b_s x^s + \cdots + b_0 \quad (a_r b_s \neq 0).$$

Considérons $\mathbf{R}$ comme plongé dans $P_1(\mathbf{R})$, et soit (y_1, y_2) un système de coordonnées homogènes de x (par rapport à la base canonique de $\mathbf{R}^2$), de sorte que $y_2 \neq 0$ et $x = \frac{y_1}{y_2}$. On a donc

$$p(x) = \sum_{0 \leqslant k \leqslant r} a_k \left(\frac{y_1}{y_2}\right)^k = \sum_{0 \leqslant k \leqslant r} \frac{a_k y_1^k y_2^{r-k}}{y_2^r}, \qquad q(x) = \sum_{0 \leqslant k \leqslant s} \frac{b_k y_1^k y_2^{s-k}}{y_2^s}$$

Soient

$$\hat{p}(y) = \sum_{0 \leqslant k \leqslant r} a_k y_1^k y_2^{r-k} \qquad \hat{q}(y) = \sum_{0 \leqslant k \leqslant s} b_k y_1^k y_2^{s-k}$$

On dit que $\hat{p}$ (resp. $\hat{q}$) est le polynôme *déduit de p* (resp. q) *en le rendant homogène.* On notera qu'il est homogène et que son degré est celui de p (resp. q) et non divisible par y_2, car a_r (resp. b_s) est différent de zéro. Soit $\hat{f} : \mathbf{R}^2 \to \mathbf{R}^2$ la fonction

$$\begin{aligned} \hat{f}(y) &= [\hat{p}(y), y_2^{r-s}\hat{q}(y)] \quad &\text{si} \quad r \geqslant s \\ &= [y_2^{s-r}\hat{p}(y), \hat{q}(y)] \quad &\text{si} \quad s \geqslant r \end{aligned}$$

Soit $\sigma = \sup(r, s)$. Si $\lambda \in \mathbf{R}^*$, on a $\hat{f}(\lambda y) = \lambda^\sigma \hat{f}(y)$, donc $\pi \circ \hat{f}$ reste constante sur les droites vectorielles; de plus $\hat{f}(y) = 0 \Longleftrightarrow y = 0$, car p et q sont sans racines réelles communes. Donc $\pi \circ \hat{f}$ définit une application

$$f^* : \mathrm{P}_1(\mathbf{R}) \to \mathrm{P}_1(\mathbf{R}),$$

continue comme $\hat{f}$, et coïncidant avec f sur $\mathbf{R}$ [puisque en ces points $y_2\hat{q}(y) \neq 0$]. On a bien $f^* = \tilde{f}$.

Cette construction se généralise à un corps K arbitraire et même aux fonctions rationnelles de plusieurs variables. Dans ce but, il est toutefois utile de préciser la terminologie et d'admettre deux résultats élémentaires concernant l'anneau $\mathrm{K}[\mathrm{X}_1, \ldots, \mathrm{X}_n]$ des polynômes à n indéterminées sur K (cf. n'importe quel livre d'algèbre commutative). Nous nous bornerons au cas où K est infini pour pouvoir identifier polynômes et fonctions polynômes.

DÉFINITION 2. *Soit* K *un corps infini. On appelle variété algébrique de* K^n *l'ensemble des zéros communs à un nombre fini de fonctions polynômes* $\mathrm{K}^n \to \mathrm{K}$. *On appelle variété algébrique projective de* $\mathrm{P}_n(\mathrm{K})$ *tout cône algébrique de* K^{n+1} *de sommet* 0.

Remarque 4. Un sous-espace affine (resp. projectif) de K^n [resp. $\mathrm{P}_n(\mathrm{K})$] est l'ensemble des zéros communs à un nombre fini de polynômes du premier degré : c'est de là que viennent les expressions synonymes variété linéaire affine (resp. projective).

Un cône Γ de sommet 0 d'un espace vectoriel $\hat{\mathrm{E}}$ est par définition une réunion de sous-espaces vectoriels de dimension 1 (et donc $\Gamma \subset \hat{\mathrm{E}}$ est un cône si et seulement si :

$$\forall(\lambda, x) \in \mathrm{K} \times \hat{\mathrm{E}}, \qquad x \in \Gamma \Longrightarrow \lambda x \in \Gamma).$$

Un cône de sommet 0 peut donc bien être considéré comme une partie de $\mathrm{P}(\hat{\mathrm{E}})$ et réciproquement.

Remarque 5. Si Z est une variété algébrique de K^n définie comme l'ensemble des zéros communs aux polynômes à n variables $p_1, \ldots, p_h$ tout polynôme p de l'idéal

$$\mathrm{I} \subset \mathrm{K}[x_1, \ldots, x_n]$$

engendré par $\{p_1, \ldots, p_h\}$ est nul sur Z, et on peut remplacer la famille $\{p_1, \ldots, p_h\}$ par n'importe quel système fini de générateurs de I. Or nous admettrons la

PROPOSITION 5. *Tout idéal de* $K[x_1, \ldots, x_n]$ *admet une famille génératrice de cardinal fini (caractère « noethérien » des anneaux de polynémes sur un corps).*

Par suite l'ensemble des zéros communs à une famille *finie ou non*, de polynômes est une variété algébrique Z, ne dépendant que de l'idéal I engendré par cette famille dans $K[x_1, \ldots, x_n]$: I est appelé un idéal de définition de Z. Plusieurs idéaux peuvent définir la même variété algébrique Z (par exemple les idéaux I_n engendrés par x_1^n sont tous distincts, et définissent la même variété algébrique Z), mais tous ces idéaux sont contenus dans un idéal J(Z) plus grand que tous les autres, savoir l'ensemble de tous les polynômes nuls sur Z (c'est évidemment un idéal de $K[x_1, \ldots, x_n]$) qui définit lui aussi Z. On nomme habituellement J(Z) l'idéal de la variété Z.

Remarque 6. Pour qu'une variété algébrique Γ de K^n soit un cône, il *suffit* qu'un idéal I de définition de Γ soit engendré par un nombre fini de polynômes homogènes, mais cette condition n'est nullement nécessaire. Par exemple, l'ensemble Z des zéros communs aux polynômes à 3 variables

$$x_1x_2 \quad \text{et} \quad x_1^2 + x_2$$

est la droite vectorielle $x_1 = x_2 = 0$ de K^3. Mais l'idéal engendré par ces polynômes n'admet pas un système fini de générateurs homogènes. Cependant :

PROPOSITION 6. *Soit* Γ *une variété algébrique de* K^n. *Alors pour que* Γ *soit un cône de sommet* 0, *il faut et suffit que l'idéal* J(Γ) *de tous les polynômes nuls sur* Γ *admette un système fini de générateurs homogènes.*

Preuve. La condition est suffisante d'après la remarque 6. Réciproquement soit Γ un cône algébrique de sommet 0 de K^n, et $\{p_1, \ldots, p_h\}$ un système fini de générateurs de J(Γ); soit $p_{j,i}$ la composante homogène de degré i du polynôme p_j ($1 \leqslant j \leqslant h$; $0 \leqslant i \leqslant$ degré de p_j); soit $s(j)$ le degré de p_j. Si $x \in \Gamma$, on a pour tout $t \in K$,

$$\varphi_j(t) = p_j(tx) = \sum_{i=0}^{s(j)} t^i p_{j,i}(x) = 0$$

Donc les coefficients du polynôme $\varphi_j \in K[t]$ sont nuls, et par suite

$$\forall x \in \Gamma \quad p_{j,i}(x) = 0$$

Par suite les $p_{j,i} \in J(\Gamma)$, et ils engendrent visiblement J(Γ). c.q.f.d.

DÉFINITION 3. *Un élément* $p \in K[x_1, \ldots, x_n]$ *est dit irréductible sur* K *si l'égalité* $p = p'p''$ *avec* p' *et* p'' *dans* $K[x_1, \ldots, x_n]$ *implique* p' *ou* $p'' \in K$.

Nous admettrons la

PROPOSITION 7. *Si* K *est un corps, tout polynôme à n indéterminées et à coefficients dans* K *est, d'une manière essentiellement unique, produit de polynômes irréductibles («factorialité des anneaux de polynômes»).*

« Essentiellement unique » signifie que les polynômes irréductibles divisant un polynôme p dans l'anneau $K[x_1, \ldots, x_n]$ sont définis à un facteur constant non nul près (si $n = 1$, ce facteur peut être « normalisé » en convenant que le coefficient du terme de plus haut degré est 1; il ne peut pas l'être si $n > 1$).

La proposition 7 permet de faire dans l'anneau $K[x_1, \ldots, x_n]$ une théorie de la divisibilité analogue à celle existant dans les anneaux $\mathbf{Z}$ ou $K[X]$ (bien qu'il existe dans $K[x_1, \ldots, x_n]$ des idéaux non principaux), et en particulier d'avoir une « bonne » théorie du pgcd. Il en résulte qu'une fonction rationnelle $f = \frac{p}{q}$ sur K^n peut toujours être représentée par une « fraction irréductible » $\frac{p}{q}$ i.e. telle que les polynômes p et q n'aient d'autres diviseurs communs (dans $K[x_1, \ldots, x_n]$) que les constantes. L'ensemble $Z(f) = \{x \in K^n | p(x) = q(x) = 0\}$ est une variété algébrique de K^n, qui ne dépend que de f $\left(\text{ce ne serait pas le cas si la fraction } \frac{p}{q} \text{ n'avait pas été mise sous forme irréductible}\right)$, et que l'on appelle (cf. remarque 7) la variété des points d'indétermination de f; $Z(f)$ est contenu (strictement en général) dans la variété algébrique $P(f) = \{x \in K^n | q(x) = 0\}$, appelée *variété polaire de f*. Une fraction rationnelle f à n indéterminées définit donc une application (que l'on peut encore noter f puisque K est infini) de $K^n - P(f)$ dans K.

THÉORÈME 3. *Soit* $f = \frac{p}{q} : K^n - P(f) \to K$ *une fonction rationnelle sur* $K^n \subset P_n(K)$. *Il existe une variété algébrique projective* $\tilde{Z} \subset P_n(K)$ *et une application* $\tilde{f} : P_n(K) - \tilde{Z} \to P_1(K)$ *telles que* $\tilde{Z} \cap K^n = Z(f)$ *et que* $\tilde{f}|_{K^n - P(f)} = f$.

Preuve. A tout polynôme $p \in K[x_1, \ldots, x_n]$ on associe un polynôme et un seul

$$\hat{p} \in K[y_1, \ldots, y_{n+1}]$$

univoquement déterminé par les conditions suivantes :

i) $\hat{p}$ est homogène de même degré que p,

ii) la restriction à $K^n \times \{1\}$ de la fonction $y \longmapsto \hat{p}(y)$ est la fonction $p \circ \Psi$ où Ψ est la projection de $K^n \times \{1\}$ sur K^n.

Soit en effet r le degré de p; un polynôme homogène de degré r à $(n+1)$ variables s'écrit

$$\hat{p}(y) = \hat{p}(y_1, \ldots, y_{n+1}) = \sum_{i_1 + \cdots + i_n \leqslant r} a_{i_1 \ldots i_n} y_1^{i_1} \ldots y_n^{i_n} y_{n+1}^{r - i_1 - \cdots - i_n} \quad (i_k \in \mathbf{N})$$

$\hat{p}$ satisfait à la condition ii) si et seulement si les coefficients $a_{i_1 \ldots i_n}$ sont ceux de p; $\hat{p}$ est le « polynôme p rendu homogène ». On notera que si $y_{n+1} \neq 0$

$$\frac{1}{y_{n+1}^r} \hat{p}(y) = \sum_{i_1 + \cdots + i_n \leqslant r} a_{i_1 \ldots i_n} \left(\frac{y_1}{y_{n+1}}\right)^{i_1} \cdots \left(\frac{y_n}{y_{n+1}}\right)^{i_n} = p\left(\frac{y_1}{y_{n+1}}, \ldots, \frac{y_n}{y_{n+1}}\right)$$

Ceci dit, plongeons K^n dans $P_n(K)$, et soit $(y_1, \ldots, y_{n+1})$ un système de coordonnées homogènes de $x = (x_1, \ldots, x_n) \in K^n \subset P_n(K)$ (par rapport à la base canonique de K^{n+1}), de sorte que $x_i = \frac{y_i}{y_{n+1}}$.

Soit $f = \frac{p}{q}$ une fonction rationnelle : $K^n - P(f) \to K$ où p et q sont deux polynômes supposés sans diviseur non constant commun, de degrés respectifs r et s. On a donc

$$f(x) = f\left(\frac{y_1}{y_{n+1}}, \ldots, \frac{y_n}{y_{n+1}}\right) = \frac{p\left(\frac{y_1}{y_{n+1}}, \ldots, \frac{y_n}{y_{n+1}}\right)}{q\left(\frac{y_1}{y_{n+1}}, \ldots, \frac{y_n}{y_{n+1}}\right)} = y_{n+1}^{s-r} \frac{\hat{p}(y)}{\hat{q}(y)}$$

Soit $\sigma = \sup(r, s)$ et $\tilde{f}$ l'application de K^{n+1} dans K définie par

$$\tilde{f}(y) = [\hat{p}(y), y_{n+1}^{r-s}\,\hat{q}(y)] \quad \text{si} \quad r \geqslant s$$
$$\tilde{f}(y) = [y_{n+1}^{s-r}\,\hat{p}(y), \hat{q}(y)] \quad \text{si} \quad r \leqslant s$$

On a, pour tout $\lambda \in K$, $\tilde{f}(\lambda y) = \lambda^\sigma \tilde{f}(y)$, et $\tilde{f}$ définit donc une application de $P_n(K) - \tilde{Z}$ dans $P_1(K)$, dont la restriction à $K^n = \{\pi(y) \mid y \in K^{n+1} - \{0\}$ et $y_{n+1} = 1\}$ est f; $\tilde{Z}$ est la variété algébrique projective $Z(f) \cup Z'$, où Z' est la variété algébrique projective contenue dans K^n_∞ et d'équations :

$$y_{n+1} = \hat{p}(y) = 0 \quad \text{si} \quad r > s; \qquad y_{n+1} = \hat{q}(y) = 0 \quad \text{si} \quad r < s$$
$$y_{n+1} = \hat{p}(y) = \hat{q}(y) = 0 \quad \text{si} \quad r = s$$

c.q.f.d.

Remarque 7. L'énoncé ci-dessus du théorème 3 n'est pas du tout satisfaisant : $\tilde{Z}$ et $\tilde{f}$ ne sont pas caractérisés; il n'y a par suite aucune affirmation d'unicité. L'axiome du choix permet toujours de prolonger une application : le prolongement est ici explicite et « *algébrique* ». Mais encore? Bien entendu cet énoncé peut être précisé. Nous ne le ferons pas.

Remarquons cependant, sur des exemples, que ce genre de question n'est clair que si on se place dans un corps algébriquement clos.

Supposons $K = \mathbf{C}$ et $n \geqslant 2$. Alors $Z(f)$ est non vide si et seulement si *p et q* ne sont pas des constantes et $Z(f)$ jouit des propriétés suivantes :

a) Si $x \in Z(f)$, pour tout voisinage V de x dans $\mathbf{C}^n$ et pour tout $m \in \mathbf{C}$, il existe des points $x' \in V$ en lesquels f est définie et vaut m; par suite $\lim\limits_{x' \to x} f$ n'existe pas; d'où le nom donné à $Z(f)$ de variété des points d'indétermination de f (si $x \in \complement Z(f)$, $\lim\limits_{x' \to x} f$ existe, ou $|f| \to \infty$).

b) $Z(f)$ ne contient pas d'hypersurface (i.e. de variétés W algébriques qui au voisinage de chaque point d'un ouvert dense de W sont le graphe d'une application continue d'un ouvert de $\mathbf{C}^{n-1}$ dans $\mathbf{C}$).

Ces deux résultats — que nous ne démontrerons pas — tiennent essentiellement au fait que l'ensemble des racines d'une fonction polynôme $\mathbf{C}^n \to \mathbf{C}$ est un ensemble fermé, *non vide*, sans point intérieur, et *sans points isolés* pour $n \geqslant 2$ (les deux passages soulignés viennent de ce que $\mathbf{C}$ est algébriquement clos) : si $x_0 \in Z(f)$, dans tout voisinage de x_0 et pour tout m, il existe des racines du polynôme $p(x) - mq(x)$ (qui s'annule en x_0) pour lesquelles $q(x) \neq 0$ (car p et q n'ont pas de diviseur commun non constant).

Toujours lorsque $K = \mathbf{C}$, $\tilde{Z}$ *est l'adhérence* dans $P_n(\mathbf{C})$ de $Z(f)$; par suite la signification géométrique de $Z(f)$ et $\tilde{Z}$ est éclaircie et : $\tilde{f} : P_n(\mathbf{C}) - \tilde{Z} \to P_1(\mathbf{C})$ est caractérisée par les deux conditions suivantes :

α) sa restriction à $\mathbf{C}^n - P(f)$ est f

β) elle prolonge f par continuité en tous les points où f est prolongeable, c'est-à-dire dans $\complement\tilde{Z}$: soit un effet $\xi \in Z_\infty$ et $(y_1, \ldots, y_n, 0)$ un système de coordonnées homogènes de ξ. On peut supposer par exemple $y_n \neq 0$. Soit X le complémentaire dans $P_n(\mathbf{C})$ de l'hyperplan $y_n = 0$; c'est un espace affine complexe et $\tilde{f}_{|X}$ est une fraction rationnelle dont ξ est un point d'indétermination; $\tilde{f}$ — et à fortiori f — n'est pas prolongeable par continuité au point ξ.

Tous ces résultats sont en défaut si $K = \mathbf{R}$. Considérons par exemple dans $\mathbf{R}^2$ la fonction rationnelle

$$f(x) = f(x_1, x_2) = \frac{x_2}{x_1^2 + 1}$$

On a $\hat{f}(y) = \dfrac{y_2 y_3}{y_1^2 + y_3^2}$.

Dans cet exemple $Z(f) = \varnothing$ et $\tilde{Z} = \pi(0, 1, 0)$. Donc $\tilde{Z}$ contient strictement $\overline{Z}$. Cependant, f n'a pas de limite lorsque x tend vers $\pi(0, 1, 0)$ dans $\mathbf{P}_2(\mathbf{R})$ et $\tilde{f}$ est le prolongement « maximum » de f.

Par contre si $f(x) = \dfrac{x_1^4 + x_2^4}{x_1^2 + x_2^2}$, $Z(f) = \tilde{Z} = \pi(0, 0, 1)$ et f se prolonge par continuité en ce point.

Exemple. Soit $f(x) = \dfrac{ax + b}{cx + d}$ une fraction rationnelle irréductible sur K. Montrer que $\tilde{f}$ est une homographie de $P_1(K)$ (d'où la terminologie).

Thème de problème. Généraliser le n° 4 au cas où on remplace K^n par un espace vectoriel de dimension finie quelconque (voir 2e partie, chapitre IV, n° 9, la définition d'un polynôme sur un espace vectoriel).

5. Complexifiés d'un espace projectif ou affine réels

Thème de problème. Étudier la situation suivante : Soit E un espace vectoriel réel (de dimension finie), E^c son complexifié. Définir une application canonique $P(E) \to P(E^c)$ et étudier ses propriétés. Que peut-on en dire, en particulier du sous-espace projectif de $P(E^c)$ engendré par l'image d'un sous-espace $P(V)$ de $P(E)$? Étudier l'intersection avec l'image de $P(E)$ d'un sous-espace de $P(E^c)$.

Soit X un espace affine réel; étudier les rapports entre X et l'espace affine complexe $X^c = \tilde{X}^c - X^c_\infty$ où $\tilde{X}^c = P(\widehat{X}^c)$ et X^c_∞ est le sous-espace projectif de $\tilde{X}^c$ engendré par l'image de $X_\infty \subset \tilde{X}$. En déduire une notion de complexifié d'un espace affine réel.

Interpréter les contre-exemples donnés à la fin du n° 4 à la lumière de ces considérations.

CHAPITRE IV

Théorie du rapport anharmonique ou birapport

Le birapport est l'unique invariant projectif de 4 points alignés, de même que la distance (resp. le rapport des abscisses) est l'unique invariant euclidien de deux points (resp. trois points) d'une droite euclidienne (resp. affine).

Étant donné trois points distincts A, B, C d'une droite affine Δ, on sait que le rapport $\frac{\overline{AB}}{\overline{AC}}$ ne dépend que de (A, B, C) et de la structure affine de Δ, mais non du repère choisi sur Δ. C'est un *invariant affine* du triplet (A, B, C) (1re partie, chapitre III, § II, n° 2, remarque 3).

On a pris l'habitude dans l'enseignement élémentaire français de désigner par birapport (ou rapport anharmonique) de 4 points distincts A, B, C, D d'une droite affine Δ l'élément $\frac{\overline{CA}}{\overline{CB}} : \frac{\overline{DA}}{\overline{DB}}$ de K. Il ne dépend que du quadruplet (A, B, C, D) et non du repère choisi sur Δ. En fait, ce birapport est invariant non seulement par les automorphismes affines de Δ, mais aussi par les transformations (non partout définies) qui dans un repère affine de Δ s'expriment par les formules du type

$$x \to \frac{ax + b}{cx + d} \quad (ad - bc \neq 0),$$

c'est-à-dire par des transformations homographiques de la complétée projective $\tilde{\Delta}$ de Δ.

En effet, le birapport n'est pas une notion affine, mais une notion *projective*. Il est à une droite projective ce que le rapport de 3 points est à une droite affine.

C'est donc comme invariant homographique de 4 points d'une droite projective que nous l'introduirons (n° 1); nous montrons comment un repère projectif (A, B, C) de la droite projective Δ étant donné, il permet de repérer par un élément de $P_1(K)$ (et donc le plus souvent de K) un point quelconque de Δ (n° 3, corollaire 2).

1. Définitions

DÉFINITION 1. *Soit* $\Delta = P(E)$ *une droite projective* (dim E = 2), *et soient* (a, b, c, d) *quatre points distincts de* Δ (*ce qui implique* $K \neq \mathbf{Z}_2$).

On considère $P_1(K)$ *comme* $K \cup \{\infty\}$ *grâce au plongement canonique*

$$K \to K \times \{1\} \to \pi(K \times \{1\}) \quad \text{de } K \text{ dans } P_1(K).$$

Il existe une homographie et une seule f de Δ sur $P_1(K)$ envoyant (a, b, c) sur $(\infty, 0, 1)$. On pose alors :

$$f(d) = [a, b, c, d]$$

$f(d)$ s'appelle le birapport du quadruplet (a, b, c, d). On notera que

$$f(d) \in P_1(K) - \{\infty, 0, 1\} = K - \{0, 1\}.$$

Proposition 1. *Soient Δ et Δ' deux droites projectives et (a, b, c, d), (a', b', c', d') deux quadruplets de points distincts. Pour qu'il existe une homographie les échangeant il faut et il suffit qu'ils aient même birapport.*

Preuve. Soit f l'unique homographie de Δ sur $P_1(K)$ envoyant (a, b, c) sur $(\infty, 0, 1)$, soit f' l'unique homographie de Δ' sur $P_1(K)$ envoyant (a', b', c') sur $(\infty, 0, 1)$ et soit g l'unique homographie de Δ sur Δ' envoyant (a, b, c) sur (a', b', c')

$$\begin{array}{ccc} \Delta & \xrightarrow{\ g\ } & \Delta' \\ & {\scriptstyle f}\searrow \quad \swarrow{\scriptstyle f'} & \\ & P_1(K) & \end{array}$$

Vu l'unicité

$$g = f'^{-1} \circ f.$$

Par suite pour qu'il existe une homographie transformant

$$(a, b, c, d) \quad \text{en} \quad (a', b', c', d'),$$

c'est-à-dire pour que $g(d) = d'$ il faut et suffit que :

$$f(d) = f'(d')$$

donc par définition que

$$[a, b, c, d] = [a', b', c', d'] \qquad \text{c.q.f.d.}$$

La proposition 1 signifie essentiellement que le birapport est un *invariant projectif de 4 points* d'une droite projective : si (a, b, c), (a', b', c') sont deux triplets de points distincts situés sur les droites Δ et Δ' respectivement, il y a toujours une homographie et une seule envoyant le premier sur le second. Pour qu'il existe une homographie transformant (a, b, c, d) en (a', b', c', d') il faut et il suffit que les quadruplets aient même birapport.

Corollaire. *Étant donnés 3 points distincts de Δ et $r \in K - \{0, 1\}$, il existe un point $d \in \Delta$ et un seul tel que*

$$[a, b, c, d] = r$$

Preuve. Cela résulte immédiatement de l'unicité de f, et du fait que f est une bijection de $\Delta - \{a, b, c\}$ sur $K - \{0, 1\}$. c.q.f.d.

2. Birapport et paramétrage d'une droite projective

Une interprétation voisine est la suivante : soit Δ une droite projective. La donnée d'un repère $(\varepsilon_0, \varepsilon_1, \varepsilon_2) = \mathscr{E}$ de Δ permet d'attacher à tout point $\xi \in \Delta$ un élément t de $P_1(K) = K \cup \infty$, savoir l'image de ξ dans l'homographie $f_{\mathscr{E}}$ telle que $f_{\mathscr{E}}(\varepsilon_0) = \infty = \pi(1, 0)$, $f_{\mathscr{E}}(\varepsilon_1) = 0 = \pi(0, 1) \in K$, $f_{\mathscr{E}}(\varepsilon_2) = 1 \in K$; t s'appelle *le paramètre* de ξ dans le repère $\mathscr{E}$. Si t' est le paramètre du même point ξ dans un autre repère $\mathscr{E}'$, $t' = f_{\mathscr{E}'} \circ f_{\mathscr{E}}^{-1}(t)$, donc t' se déduit de t par une homographie de $P_1(K)$; si (x'_1, x'_2) [resp. (x_1, x_2)] sont *un* système de coordonnées homogènes de t' (resp. t) dans la base canonique de K^2, on a donc

$$\begin{pmatrix} x'_1 \\ x'_2 \end{pmatrix} = \begin{pmatrix} a & b \\ c & d \end{pmatrix} \begin{pmatrix} x_1 \\ x_2 \end{pmatrix} \qquad \text{avec} \qquad ad - bc \neq 0$$

où (a, b, c, d) est défini à un facteur multiplicatif près; $h = f_{\mathscr{E}'} \circ f_{\mathscr{E}}^{-1}$ est donc défini par les formules

$$t' = h(t) = \frac{at+b}{ct+d} \quad \text{si} \quad t \in K - \left\{-\frac{d}{c}\right\} \quad \text{et} \quad h\left(-\frac{d}{c}\right) = \infty, \quad h(\infty) = \frac{a}{c}$$

i.e. est « fonction homographique » de t (au sens élémentaire du terme).

PROPOSITION 1'. *Le birapport de 4 points de Δ est égal à celui de leurs 4 paramètres, dans un paramétrage arbitraire de Δ.*

En effet, étant donnés 4 points distincts (a_1, a_2, a_3, a_4) de Δ paramètres respectifs (t_1, t_2, t_3, t_4) $[a_i \in \Delta, t_i \in P_1(K)]$, par définition même il existe une homographie $f_{\mathscr{E}}$ transformant le premier quadruplet en le second. c.q.f.d.

3. Calcul explicite du birapport en fonction des coordonnées homogènes des points dans une base arbitraire de E.

Soit $\mathscr{E} = (\vec{e}_1, \vec{e}_2)$ une base de E; pour $x \in E$, on désigne par (x_1, x_2) ses coordonnées dans $\mathscr{E}$. Pour $\hat{u} = u_1\vec{e}_1 + u_2\vec{e}_2$, $\hat{v} = v_1\vec{e}_1 + v_2\vec{e}_2$, on pose :

$$\omega_{\hat{u}, \hat{v}} = \frac{\hat{u} \wedge \hat{v}}{\vec{e}_1 \wedge \vec{e}_2} = \det_{\mathscr{E}}(\hat{u}, \hat{v}) = \begin{vmatrix} u_1 & v_1 \\ u_2 & v_2 \end{vmatrix}.$$

Soient (a, b, c, d) quatre points de Δ; choisissons arbitrairement

$$\hat{a} \in \pi^{-1}(a), \qquad \hat{b} \in \pi^{-1}(b), \qquad \hat{c} \in \pi^{-1}(c) \qquad \text{et} \qquad \hat{d} \in \pi^{-1}(d).$$

Il s'agit de calculer $[a, b, c, d]$ en fonction des coordonnées de $\hat{a}, \ldots, \hat{d}$ dans la base $(\vec{e}_1, \vec{e}_2)$ de E, c'est-à-dire d'un système de coordonnées homogènes de

$$a, b, c, d.$$

Soit $[\varepsilon_1 = (1, 0), \varepsilon_2 = (0, 1)]$ la base canonique de K^2 et posons

$$\varepsilon_3 = \varepsilon_1 + \varepsilon_2 = (1, 1).$$

On a

$$\left|\begin{array}{l} \pi(\varepsilon_1) = \infty \\ \pi(\varepsilon_2) = 0 \\ \pi(\varepsilon_3) = 1 \end{array}\right.$$

Comme $a \neq b$ $(\hat{a}, \hat{b})$ est une base de E; $\hat{c}$ et $\hat{d}$ sont donc combinaisons linéaires de $\hat{a}$ et $\hat{b}$.

$$\hat{c} = \lambda\hat{a} + \mu\hat{b} \qquad \text{et} \qquad \hat{d} = \rho\hat{a} + \sigma\hat{b}$$

Soit $\tilde{\varphi}$ la bijection linéaire de E sur K^2 telle que

$$\tilde{\varphi}(\lambda\hat{a}) = \varepsilon_1 \qquad \text{et} \qquad \tilde{\varphi}(\mu\hat{b}) = \varepsilon_2$$

On a alors

$$\hat{\varphi}(\hat{c}) = \varepsilon_1 + \varepsilon_2 = \varepsilon_3$$

et par suite, si φ est l'homographie de Δ sur $P_1(K)$ déduite de $\hat{\varphi}$

$$\begin{aligned} \varphi(a) &= \pi(\varepsilon_1) = \infty \\ \varphi(b) &= \pi(\varepsilon_2) = 0 \\ \varphi(c) &= \pi(\varepsilon_1 + \varepsilon_2) = 1 \end{aligned}$$

et

$$\varphi(d) = r = [a, b, c, d]$$

Or $\hat{\varphi}(\hat{d}) = \hat{\varphi}(\rho\hat{a} + \sigma\hat{b}) = \dfrac{\rho}{\lambda}\varepsilon_1 + \dfrac{\sigma}{\mu}\varepsilon_2$ car $\lambda \neq 0$ $(c \neq b)$ et $\mu \neq 0$ $(c \neq a)$
Par suite

$$\boxed{\varphi(d) = r = \pi\left(\frac{\rho}{\lambda}, \frac{\sigma}{\mu}\right) = \frac{\rho}{\lambda} : \frac{\sigma}{\mu}}$$

ce qui a un sens car $\sigma \neq 0$ $(d \neq a)$. Les déterminants étant calculés dans la base $\mathscr{E}$, on a :

$$\det(\hat{c}, \hat{a}) = \det(\lambda\hat{a} + \mu\hat{b}, \hat{a}) = \mu \det(\hat{b}, \hat{a})$$

on a de même

$$\det(\hat{c}, \hat{b}) = \lambda \det(\hat{a}, \hat{b}); \qquad \det(\hat{d}, \hat{a}) = \sigma \det(\hat{b}, \hat{a}); \qquad \det(\hat{d}, \hat{b}) = \rho \det(\hat{a}, \hat{b}).$$

Comme $\det_{\mathscr{E}}(\hat{a}, \hat{b}) \neq 0$ on en déduit

$$(1) \qquad \boxed{[a, b, c, d] = r = \frac{\mu}{\lambda} : \frac{\sigma}{\rho} = \frac{\omega_{ca}}{\omega_{cb}} : \frac{\omega_{da}}{\omega_{db}}}$$

On notera dans cette formule que ω_{ca} n'est pas défini (c'est $\omega_{\hat{c},\hat{a}}$ qui l'est); mais $\dfrac{\omega_{\hat{c},\hat{a}}}{\omega_{\hat{c},\hat{b}}}$ ne dépend que de c (et non de $\hat{c}$) et de même $\dfrac{\omega_{c,a}}{\omega_{d,a}}$ ne dépend que de a (et non de $\hat{a}$).

La formule (1) permet donc de calculer $[a, b, c, d]$ quand on connaît dans une base arbitraire $\mathcal{E}$ un système (quelconque) de coordonnées homogènes de chacun des points a, b, c, d.

Exemples. $\Delta = P_1(K)$; $E = K^2$; $e_1 = (1, 0)$; $e_2 = (0, 1)$; on identifie K à

$$\pi(K \times \{1\}).$$

1) Soient (a, b, c, d) quatre points de K

$$\hat{a} = \begin{pmatrix} a \\ 1 \end{pmatrix} \qquad \hat{b} = \begin{pmatrix} b \\ 1 \end{pmatrix} \qquad \hat{c} = \begin{pmatrix} c \\ 1 \end{pmatrix} \qquad \hat{d} = \begin{pmatrix} d \\ 1 \end{pmatrix}$$

$$\omega_{\hat{a}, \hat{b}} = \begin{vmatrix} a & b \\ 1 & 1 \end{vmatrix} = a - b$$

Par suite : $[a, b, c, d] = \dfrac{c - a}{c - b} : \dfrac{d - a}{d - b} = \dfrac{\overline{ca}}{\overline{cb}} : \dfrac{\overline{da}}{\overline{db}}$

C'est la formule classique donnant le birapport de 4 points d'une droite affine.

Exercice 1. Retrouver immédiatement la conclusion de l'exercice 6 du chapitre III (n° 2).

2) $a = \infty \qquad (b, c, d) \in K^3 \qquad \hat{a} = \begin{pmatrix} 1 \\ 0 \end{pmatrix} \qquad \omega_{\hat{c}, \hat{a}} = \begin{vmatrix} c & 1 \\ 1 & 0 \end{vmatrix} = -1$

$$[\infty, b, c, d] = \frac{\omega_{db}}{\omega_{cb}} = \frac{b - d}{b - c}$$

En particulier, fort heureusement

$$[\infty, 0, 1, d] = d$$

COROLLAIRE 1. *Si $\alpha, \beta, \gamma, \delta$ sont les paramètres projectifs de (a, b, c, d) dans un repère arbitraire de Δ on a*

$$[a, b, c, d] = \frac{\gamma - \alpha}{\gamma - \beta} : \frac{\delta - \alpha}{\delta - \beta}$$

avec les conventions que $\dfrac{\infty - \alpha}{\infty - \beta} = 1$, *cas auquel on peut toujours se ramener si l'un des paramètres est infini.*

Remarque 1. La formule (1) permet d'étendre *par définition* la notion de birapport au cas où a, b, c, d ne sont pas nécessairement distincts pourvu que cette formule définisse un élément de $P_1(K)$, i.e. pourvu que l'on n'ait pas

$$\omega_{ca}\omega_{db} = \omega_{cb}\omega_{da} = 0 :$$

ceci équivaut à dire que 3 au moins des 4 points sont confondus. Il reste donc le cas de couples de points confondus, soit $\binom{4}{2} = 6$ cas qui sont

$$\begin{array}{llll} a = b & \text{ou} & c = d & [a, b, c, d] = 1 \in K \\ a = c & \text{ou} & b = d & [a, b, c, d] = 0 \in K \\ a = d & \text{ou} & b = c & [a, b, c, d] = \infty \in P_1(K) \end{array}$$

Corollaire 2. *Si 3 des points a, b, c, d sont confondus, le birapport $[a, b, c, d]$ n'est pas défini. Sinon c'est un élément bien déterminé de $P_1(K)$, qui est dans $K - \{0, 1\}$ si et seulement si les 4 points sont distincts. Soient a, b, c 3 points distincts de Δ et $\rho \in P_1(K)$: il existe un point $d \in \Delta$ et un seul tel que $[a, b, c, d] = \rho$.*

4. Effet d'une permutation des 4 points (a, b, c, d) sur leur birapport

On remarque immédiatement que si les 4 points sont distincts :

Proposition 2. $\begin{cases} [a, b, c, d] = [b, a, c, d]^{-1} = [a, b, d, c]^{-1} \\ [a, b, c, d] + [a, c, b, d] = 1 \end{cases}$

Les deux premières égalités se lisent immédiatement sur la formule (1), et on vérifie la 3e en prenant un paramétrage de Δ dans lequel les paramètres de a, b, c, d sont respectivement ∞, β, γ, δ; alors

$$[a, b, c, d] = \frac{\beta - \delta}{\beta - \gamma} \qquad \text{et} \qquad [a, c, b, d] = \frac{\gamma - \delta}{\gamma - \beta}$$

Or le groupe symétrique $\mathfrak{S}_4$ de l'ensemble $\{1, 2, 3, 4\}$ est visiblement engendré par les 3 transpositions $(1, 2)$, $(2, 3)$ et $(3, 4)$: la proposition 2 permet donc de calculer l'effet sur $[a, b, c, d]$ de *toute* permutation des 4 points a, b, c, d (cf. exercice 7). Nous allons montrer plus généralement que cet effet ne dépend pas du choix des 4 points a, b, c, d mais seulement de leur birapport r, et en déduire la structure du groupe $\mathfrak{S}_4$.

Théorème 1. *Si $k \in K - \{0, 1\} = X$, choisissons a_1, a_2, a_3, $a_4 \in \Delta$ tels que*

$$k = [a_1, a_2, a_3, a_4]$$

et posons, pour tout $\sigma \in \mathfrak{S}_4$, $k^\sigma = [a_{\sigma(1)}, \ldots, a_{\sigma(4)}]$. Alors k^σ ne dépend que de k et σ (et non du choix des points a_i). *L'application $(\sigma, k) \to k^\sigma$ de $\mathfrak{S}_4 \times X$ dans X définit un homomorphisme φ de $\mathfrak{S}_4$ dans le groupe des permutations de X* (1re partie, chapitre I, no 1), *$\mathfrak{S}_4$ opérant à droite dans X. Si $K = F_4$* (corps à 4 éléments), *le noyau de φ est le sous-groupe alterné A_4; sinon c'est le sous-groupe dit de Klein :*

$$V_4 = \{\mathrm{Id}, (1, 2).(3, 4), (1, 3).(2, 4), (1, 4).(2, 3)\} \approx Z_2 \times Z_2.$$

Le sous-groupe $H \approx \mathfrak{S}_3$ *des permutations laissant* $\{4\}$ *fixe opère fidèlement si* $K \neq F_4$, *et toutes les orbites ont* Card H = 6 *éléments, aux exceptions suivantes près :*

a) Si la caractéristique de K *est* 3, *il existe une orbite à un élément* $\{-1\}$.

b) Si la caractéristique de K *est différente de* 2 *et* 3, *il existe une orbite à* 3 *éléments* $\left\{-1, 2, \frac{1}{2}\right\}$, *et éventuellement une orbite à* 2 *éléments* $\{-j, -j^2\}$ *si* K *contient les racines cubiques* j *et* j^2 *de* $+1$. *Les groupes d'isotropie de* $\{-1\}$, $\{2\}$, $\left\{\frac{1}{2}\right\}$ *sont distincts* (donc conjugués) *d'ordre* 8, *celui de* $-j$ (resp. $-j^2$) *est* A_4.

Nous nous contenterons d'esquisser la démonstration. Si

$$[a_1, a_2, a_3, a_4] = [b_1, b_2, b_3, b_4],$$

il existe une homographie f telle que $b_i = f(a_i)$; alors $b_{\sigma(i)} = f[a_{\sigma(i)}]$, donc $[a_1, \ldots, a_4]^\sigma$ ne dépend que du birapport des a_i, et $(\sigma, k) \longmapsto k^\sigma$ est bien définie et vérifie $(k^\sigma)^\tau = k^{\sigma \circ \tau}$, d'où φ. On vérifie de suite que, d'après la proposition 2)

$$k^{(1,2)} = \frac{1}{k} = k^{(3,4)} \qquad k^{(1,3)} = k^{(2,4)} = \frac{k}{k-1} \qquad k^{(1,4)} = k^{(2,3)} = 1 - k$$

Par suite $V_4 \subset \operatorname{Ker} \varphi$. Tous les éléments de V_4 sont d'ordre 2, donc V_4 est abélien [écrire $(xy)^2 = x^2y^2 = 1$] et $\neq \mathbf{Z}_4$, donc isomorphe à $\mathbf{Z}_2 \times \mathbf{Z}_2$ (« groupe des isométries du rectangle »). Pour tout $i \in \{1, 2, 3, 4\}$, il existe un élément τ_i et un seul dans V_4 tel que $\tau_i(i) = 4$. Par suite, pour tout $\sigma \in \mathfrak{S}_4$, il existe un $\tau \in V_4$ et un seul tel que $\tau^{-1} \circ \sigma \in H$, i.e. $\sigma = \tau \circ H$ avec $h \in H$: si $\sigma(4) = i$, il suffit de prendre $\tau = \tau^{-1} = \tau_i$. Comme H est isomorphe à $\mathfrak{S}_3$, son seul sous-groupe distingué est A_3, qui est isomorphe à $\mathbf{Z}_3$ et engendré par la permutation circulaire $\gamma = (1, 2, 3)$: le seul cas où H n'opère pas fidèlement est celui où $k^\gamma = k$ pour tout $k \in K - \{0, 1\}$. Or comme $\gamma = (1, 2) \circ (2, 3)$,

$$k^\gamma = 1 - \frac{1}{k} = k \Longleftrightarrow k^2 - k + 1 = 0.$$

En tout état de cause, les racines de cette équation — si elles existent dans K — ont A_4 pour groupe d'isotropie. Si K possède plus de 4 éléments, on est donc sûr que $V_4 = \operatorname{Ker} \varphi$, et V_4 est bien distingué dans $\mathfrak{S}_4$ (prendre $K = \mathbf{Q}$). On vérifie qu'il existe un seul corps à 4 éléments; c'est nécessairement un $\mathbf{Z}_2$-espace vectoriel de dimension 2, et ses éléments distincts de 0 et 1 sont racines de l'équation $x^2 - x + 1 = 0$ à coefficients dans $\mathbf{Z}_2$. Pour ce corps F_4, on a donc $\operatorname{Ker} \varphi = A_4$.

Ce cas mis à part, soit $k \in K$, et H_k son groupe d'isotropie sous H. Le cardinal de l'orbite de k est 6/Card H_k, puisque Card H = 6. H_k ne peut être que d'ordre 3 (auquel cas c'est A_3, et le calcul ci-dessus montre que ce cas ne se présente que si l'équation

$$x^2 - x + 1 = 0$$

a deux racines distinctes dans K ce qui nécessite que la caractéristique de K soit différente de 3), 6 (auquel cas c'est $H \supset A_3$, ce qui entraîne que l'équation ci-dessus a une racine double dans K, et équivaut à caractéristique de K = 3; cette racine double est alors $-1 = 2$), ou enfin 2; les sous-groupes d'ordre 2 de H sont (1, 2), (1, 3), (2, 3) et

$$k^{(1,2)} = k \Longleftrightarrow k^2 = 1 \Longleftrightarrow k = -1 \qquad (\text{car } k \in K - \{0, 1\})$$
$$k^{(1,3)} = k \Longleftrightarrow k = 2$$
$$k^{(2,3)} = k \Longleftrightarrow k = \frac{1}{2}$$

Comme la caractéristique K est différente de 3, la permutation (1, 2, 3), d'ordre 3 ne laisse fixe aucun de ces nombres, dont les orbites sont les seules de cardinal 3 : elles sont donc les mêmes (ce que le calcul permet de vérifier immédiatement).

Le lecteur achèvera de vérifier et complétera éventuellement l'énoncé du théorème 1, en particulier en déterminant l'orbite d'un élément k non exceptionnel (cf. exercice 7).

c.q.f.d.

Exercice 2. Déterminer *tous* les sous-groupes de $\mathfrak{S}_4$ et leurs relations de conjugaison.

Le cas de l'orbite exceptionnelle $\left\{-1, \frac{1}{2}, 2\right\}$ conduit à la

DÉFINITION 2. *Si la caractéristique de* K *est différente de deux, on dit que le quadruplet* (a, b, c, d) *forme une division harmonique si*

$$[a, b, c, d] = -1$$

Exercice 3. Vérifier les conditions nécessaires et suffisantes suivantes pour que a, b, c, d de paramètres projectifs α, β, γ, δ forment une division harmonique

1) $\alpha = \infty : \delta + \gamma = 2\beta$: Pour que b soit le milieu de la paire $\{c, d\} \subset K$ il faut et il suffit que b soit conjugué harmonique de $\infty = \tilde{K}_\infty \subset \tilde{K} = P_1(K)$

2) Si $(a, b, c, d) \in K^4$ et α, β, γ, δ en sont des abscisses dans un repère affine

$$(\alpha + \beta)(\gamma + \delta) = 2(\alpha\beta + \gamma\delta)$$

En particulier si a est l'origine ($\alpha = 0$) :

$$\frac{2}{\beta} = \frac{1}{\gamma} + \frac{1}{\delta} \qquad \text{(Descartes)}$$

Si c'est le milieu de $\{a, b\}$ qui est l'origine

$$\gamma\delta = \alpha^2 \qquad \text{(Newton)}$$

5. Faisceaux linéaires d'hyperplans. Rapport anharmonique de 4 hyperplans d'un même faisceau linéaire

Soit E un espace vectoriel sur K de dimension $n + 1$ et E^* son dual. On désigne par $G_{n+1, p+1}$ (resp. $G^*_{n+1, p+1}$; $\Gamma_{n, p}$, $\Gamma^*_{n, p}$) l'ensemble des sous-espaces vectoriels de dimension $p + 1$ de E [resp. de E^*; resp. des variétés linéaires projectives de dimension p de P(E), resp. de $P(E^*)$]. Si $V \in G_{n+1, p+1}$ son orthogonal $V^o \subset E^*$ (sous-espace des formes linéaires nulles sur V) est un élément de $G^*_{n+1, n-p}$, et l'application $V \to V^o$ est une bijection de $G_{n+1,p+1}$ sur $G^*_{n+1, n-p}$ (1re partie, chapitre IV, § III, n° 1, prop. 1). Cette application induit une *bijection* $\Phi_p : \Gamma_{n, p} \to \Gamma^*_{n, n-p-1}$ définie par $\Phi_p[P(V)] = P(V^o) \subset P(E^*)$.

Exemples. $\Gamma_{n, -1} = \{\varnothing\}$; $\Gamma_{n, 0} = P(E)$; $\Gamma_{n, 1}$ est l'ensemble des droites projectives de P(E); il s'identifie par Φ_1 à l'ensemble des sous-espaces de $P(E^*)$ de codimension 2; $\Gamma_{n, n-1}$ est l'ensemble des hyperplans de P(E); il s'identifie par Φ_{n-1} à $P(E^*)$.

DÉFINITION 2. *Un ensemble* $\mathscr{F}$ *d'hyperplans de* P(E) *s'appelle un faisceau linéaire d'hyperplans si et seulement si* $\Phi_{n-1}(\mathscr{F})$ *est une droite de* P(E*).

N.B. On notera que ce vocabulaire, traditionnel, est peu cohérent : on appelle faisceau *linéaire* [dans P(E)] une variété *projective* [de P(E*)].

PROPOSITION 3. *Pour qu'un ensemble* $\mathscr{F}$ *d'hyperplans de* P(E) *soit un faisceau linéaire d'hyperplans, il faut et suffit qu'il existe une variété linéaire projective* V *de codimension deux telle que* $\mathscr{F}$ *soit l'ensemble des hyperplans contenant* V. *De plus étant donné un sous-ensemble* $\mathscr{F}'$ *de* $\mathscr{F}$ *ayant au moins deux éléments, on a alors*

$$V = \bigcap_{H \in \mathscr{F}'} H$$

Preuve. Soit Φ l'application de $\bigcup_{p=-1}^{n} \Gamma_{n,p}$ dans $\bigcup_{p=-1}^{n} \Gamma^*_{n,p}$ dont la restriction à $\Gamma_{n,p}$ est Φ_p (on note que $p \neq q \Longrightarrow \Gamma_{n,p} \cap \Gamma_{n,q} = \varnothing$). Soient A et B des sous-espaces vectoriels de E. On a (loc. cit.)

$$A \subset B \Longleftrightarrow A^o \supset B^o, \quad (A + B)^o = A^o \cap B^o, \quad (A \cap B)^o = A^o + B^o$$

Par suite Φ renverse les inclusions et échange « variété engendrée » et « variété intersection ». La proposition 2 exprime donc les 2 faits suivants :

a) Pour qu'un ensemble Δ de points de P(E*) soit une droite, i.e. soit de dimension 1, il faut et suffit que $\Phi^{-1}(\Delta) = \bigcap_{x \in \Delta} \Phi^{-1}(x)$ soit de codimension deux ($n - p - 1 = 1 \Longleftrightarrow n - p = 2$).

b) Une droite est la variété projective engendrée par tout sous-ensemble de points de cette droite ayant plus de deux éléments.

Remarque 2. Pour déterminer un faisceau linéaire $\mathscr{F}$ d'hyperplans, il suffit évidemment de se donner deux éléments arbitraires H_1 et H_2 distincts de $\mathscr{F}$ (une droite est déterminée par deux de ses points).

Si par exemple $f_i = 0$ est une équation de H_i ($i = 1, 2$; $f_i \in E^* - \{0\}$) (f_1, f_2) est une base de l'espace vectoriel $\widehat{\Phi_{n-1}}(\mathscr{F}) \subset E^*$, et pour que $H \in \mathscr{F}$, il faut et suffit qu'il existe $(\lambda_1, \lambda_2) \in K^2 - \{0\}$ tel qu'une équation de H soit

$$\lambda_1 f_1 + \lambda_2 f_2 = 0$$

Dans ces conditions, (λ_1, λ_2) est un système de coordonnées homogènes de $\Phi_{n-1}(H)$ dans la base (f_1, f_2).

DÉFINITION 4. *Étant donnés 4 hyperplans* H_i *d'un même faisceau linéaire* $\mathscr{F}$, *on appelle birapport du quadruplet* $(H_1, \ldots, H_4)$ *le birapport*

$$[\Phi_{n-1}(H_1), \quad \Phi_{n-1}(H_2), \quad \Phi_{n-1}(H_3), \quad \Phi_{n-1}(H_4)]$$

des 4 points $\Phi_{n-1}(H_i)$ *de la droite projective* $\Phi_{n-1}(\mathscr{F}) \subset P(E^*)$.

THÉORÈME 2. *Soit* $\mathscr{F}$ *un faisceau linéaire d'hyperplans de* P(E) *et* D *une droite de* P(E) *ne rencontrant pas* $V = \bigcap_{H \in \mathscr{F}} H$. *Alors,* $\forall H \in \mathscr{F}$, $H \cap D$ *est un point, et l'application*

$$H \longmapsto H \cap D$$

induit une homographie de $\Phi_{n-1}(\mathscr{F})$ *sur* D.

COROLLAIRE. *Soit* $H_i \in \mathscr{F}$ $(i = 1, 2, 3, 4)$ *et* $M_i = H_i \cap D$. *Alors*

$$[M_1, M_2, M_3, M_4] = [H_1, H_2, H_3, H_4]$$

est indépendant de D.

Le corollaire suit immédiatement du théorème que nous allons établir.

Remarquons d'abord qu'en vertu des théorèmes d'incidence :

$$\dim H + \dim D = \dim V_p(H, D) + \dim H \cap D$$

Par suite une droite non contenue dans un hyperplan [i.e. $V_p(H, D) = P(E)$t le coupe toujours en un point unique. Or D n'est contenue dans aucun des hyperplans $H \in \mathscr{F}$, sinon elle couperait — d'après cette même remarque — en tan] que droite de H l'hyperplan $V = \bigcap_{H' \in \mathscr{F}} H'$ de H.

Soit $(e_0, \ldots, e_{n-2})$ une base de $\hat{V} = \{0\} \cup \pi^{-1}(V) \subset E$, et (e_{n-1}, e_n) une base de $\hat{D} = \{0\} \cup \pi^{-1}(D) \subset E$. Comme $D \cap V = \varnothing$, $\hat{D} \cap \hat{V} = \{0\}$ et, pour des raisons de dimension, $(e_0, \ldots, e_{n+1})$ est une base de E. Soit (x_i) la base duale de E*. Pour que $f = \sum_0^{n+1} \lambda_i x_i$ soit le 1er membre de l'équation d'un élément $H \in \mathscr{F}$ il faut et suffit que $f \neq 0$ et que f s'annule sur $\hat{V}$ (prop. 3), et par suite que $\lambda_0 = \ldots = \lambda_{n-2} = 0$, de sorte que

$$f = \lambda_{n-1} x_{n-1} + \lambda_n x_n$$

Si $H = \{\xi | f[\pi^{-1}(\xi)] = 0\}$, $\hat{D} \cap \hat{H} = \{x | x = \alpha_{n-1} e_{n-1} + \alpha_n e_n \text{ et } f(x) = 0\}$
Donc $\hat{D} \cap \hat{H} = \{x | x = \alpha_{n-1} e_{n-1} + \alpha_n e_n \text{ et } \alpha_{n-1}\lambda_{n-1} + \alpha_n \lambda_n = 0\}$.

Un paramètre projectif de H dans $\Phi_{n-1}(\mathscr{F})$ est alors $\pi(\lambda_{n-1}, \lambda_n)$ et

$$H \cap D = M$$

dans D est $\pi(\alpha_{n-1}, \alpha_n) = \pi(-\lambda_n, \lambda_{n-1})$. Or l'application

$$(\lambda_{n-1}, \lambda_n) \longmapsto (-\lambda_n, \lambda_{n-1})$$

est un automorphisme de K^2 : elle induit donc une homographie entre les para. mètres des éléments de $\mathscr{F}$ et ceux des points de D. c.q.f.d.

Exemple. Définir et étudier le birapport de 4 droites concourantes du plan, ou de 4 plans passant par une même droite de l'espace à 3 dimensions.

6. Classification des homographies de $P_1(C)$ sur lui-même

THÉORÈME 2. *Une homographie f de $P_1(\mathbf{C})$ distincte de l'identité a toujours deux points fixes, éventuellement confondus. Si elle a deux points fixes distincts A et B, elle est alors caractérisée par une constante $k \in \mathbf{C}$ telle que*

$$(1) \qquad [A, B, M, f(M)] = k \in \mathbf{C} - \{0, 1\} \quad (A \neq B)$$

et réciproquement (1) *définit une homographie qui est involutive si et seulement si $k = -1$.*

Si ses deux points fixes sont confondus en un seul point A, *elle est entièrement caractérisée par un couple* (B, B′) *de points homologues.* (A, B, B′) *forment alors un repère de* $P_1(\mathbf{C})$; *choisissons un paramétrage de* $P_1(\mathbf{C})$ *accordant les paramètres* $(\infty, 0, 1)$ *aux points* (A, B, B′) *respectivement. Alors si ξ est le paramètre d'un point* M, *le paramètre ξ' de $f(M)$ est donné par*

$$\xi' = \xi + 1.$$

Preuve. Soit $\hat{f} \in Gl(\mathbf{C}^2)$ une application linéaire définissant f. Son polynôme caractéristique a deux racines (éventuellement confondues) dans $\mathbf{C}$ (car $\mathbf{C}$ est algébriquement clos). Si elles sont distinctes, $\hat{f}$ a deux vecteurs propres indépendants, d'où deux points fixes pour f. Dans ce cas soit C un 3e point distinct de A et B. Vu la proposition 1

$$[A, B, C, M] = [A, B, f(C), f(M)].$$

Or cette égalité équivaut (calcul immédiat en prenant pour A, B, C les paramètres ∞, 0, 1) à :

$$[A, B, C, f(C)] = [A, B, M, f(M)].$$

D'où (1); la constante k est le rapport des paramètres de $f(M)$ et M dans ce repère; elle est égale au paramètre de $f(C) \neq C$ puisque $f \neq \mathrm{Id}$.

Réciproquement (1) définit visiblement une homographie dont A et B sont des points invariants (cf. fin du n° 3).

Si les deux valeurs propres de $\hat{f}$ sont égales à λ (on peut supposer $\lambda = 1$ quitte à remplacer $\hat{f}$ par $\frac{1}{\lambda}\hat{f}$), et si $\hat{f}$ a deux vecteurs propres indépendants, alors f est l'identité. Sinon f a un seul point fixe A. Si on choisit un paramétrage projectif $g : M \to g(M) = \xi$ de $P_1(\mathbf{C})$ tel que $g(A) = \infty$, $f' = g \circ f \circ g^{-1}$ est une homographie de $P_1(\mathbf{C}) = \mathbf{C} \cup \{\infty\}$ laissant fixe le seul point $\infty = C_\infty$. C'est donc une translation de $\mathbf{C}$ (chapitre III, n° 1, prop. 3). c.q.f.d.

Exercice 4. Reprendre cette question, en définissant la restriction de f à $\mathbf{C}$ par

$$f(x) = \frac{ax + b}{cx + d} \qquad (x \in \mathbf{C}, \quad ad - bc \neq 0).$$

Exercice 5. Classifier les homographies de $P_1(\mathbf{R})$.

Exercice 6. Classifier les homographies de $P_2(\mathbf{C})$ [resp. $(P_2(\mathbf{R})$].

Exercice 7. On pose, pour $\mathrm{Card}\{a, b, c, d\} = 4$, $[a, b, c, d] = k \in K - \{0, 1\}$. Montrer que

$$[a, d, b, c] = 1 - \frac{1}{k} \qquad [a, c, d, b] = \frac{1}{1-k}$$

$$[a, b, d, c] = \frac{1}{k} \qquad [a, c, b, d] = 1 - k \qquad [a, d, c, b] = \frac{k}{k-1}$$

Que se passe-t-il si $\mathrm{Card}\{a, b, c, d\} < 4$?

Remarque 3. On appelle souvent, lorsqu'il n'y a pas de risque de confusion, *involution* toute homographie involutive d'une droite projective sur elle-même. Quitte à étendre le corps de base à sa clôture algébrique, on peut supposer que cette involution a des points fixes; ils sont alors distincts, et déterminent entièrement l'involution.

Dans la littérature française traditionnelle, les points fixes d'une homographie (et plus généralement d'une application de l'espace dans lui-même) étaient en général qualifiés de *points doubles*. Pourquoi?

CHAPITRE V

Collinéations, corrélations. Théorème fondamental de la géométrie projective.

Tous les espaces sont de dimension finie.

Ce chapitre comporte trois centres d'intérêt :

1. L'étude des bijections d'un espace projectif dans un autre respectant les alignements : c'est l'extension aux espaces projectifs du théorème fondamental de la géométrie affine. Vu la simplicité des axiomes d'incidence en géométrie projective, ces bijections ne sont autres que celles respectant l'*inclusion* des sous-espaces. Ce sont par définition, les collinéations.

2. Il est possible (voir par exemple Veblen et Young [37] ou Kerekjarto [25]) de définir un espace projectif par une description purement ensembliste reposant sur des propriétés d'incidence. Dans le cas du plan projectif, les premiers axiomes pourraient être les suivants.

Un plan projectif est la donnée d'un couple $(P, \mathfrak{D})$ où P est un ensemble dont les éléments sont appelés points et $\mathfrak{D}$ un ensemble de parties de P dont les éléments sont appelés droites telles que

i) Deux points distincts sont contenus dans une droite et une seule.

ii) Deux droites distinctes contiennent un point et un seul.

iii) Toute droite contient au moins trois points distincts.

iv) Tout point est contenu dans au moins trois droites distinctes.

Ces axiomes ne suffisent pas pour démontrer l'existence d'un corps K tel que $P_2(K)$ soit un « modèle de P ». Il faut encore que soient vérifiés les « théorèmes » de Desargues et Pappus (loc. cité ou, en géométrie affine Artin [1]; voir aussi les exercices complémentaires).

Les énoncés (i) et (ii) d'une part, (iii) et (iv) d'autre part s'échangent lorsqu'on permute les mots point et droite (resp. est contenu et contient). De même, le théorème de Desargues (et aussi celui de Pappus) s'échange avec lui-même dans cette permutation (voir exercices complémentaires). On dit que cette définition ensembliste est autoduale. La permutation citée s'appelle une *corrélation.*

De notre point de vue, une corrélation est une bijection renversant les inclusions des sous-espaces.

Les corrélations de X sont étroitement liées aux formes sesquilinéaires sur $\hat{X}$ non dégénérées (n° 3, théorème 2).

3. Les plus importantes des corrélations sont celles qui sont involutives : elles correspondent aux formes hermitiennes ou aux formes bilinéaires alternées (nº 4, théorème 3). C'est là une des raisons de l'importance de ces formes en géométrie. Nous ne donnerons pas de développement à cet aspect des choses, i.e. aux géométries orthogonales, unitaires ou symplectiques (cf. Dieudonné [13] ou Artin [1]).

1. Collinéations et corrélations

Définition. *Soit* $X = P(\widehat{X})$ [resp. $X' = P(\widehat{X}')$] *un espace projectif de dimension finie* $n \geqslant 2$ *sur le corps* K (resp. K'). *Soit* $\Gamma = \bigcup_{-1 \leqslant p \leqslant n} \Gamma_{n,p}$ $\left(\text{resp. } \Gamma' = \bigcup_{-1 \leqslant p \leqslant n} \Gamma'_{n,p}\right)$ *l'ensemble des variétés linéaires projectives de* X (resp. X') (cf. chapitre IV, nº 5). *On appelle collinéation* (resp. *corrélation*) *de* X *sur* X' *toute bijection* $\varphi : \Gamma \to \Gamma'$ *telle que*

$$(U, U') \in \Gamma^2 \quad \text{et} \quad U \subset U' \Longrightarrow \varphi(U) \subset \varphi(U')$$
$$[\text{resp. } (U, U') \in \Gamma^2 \quad \text{et} \quad U \subset U' \Longrightarrow \varphi(U) \supset \varphi(U')]$$

Exemples 1. Si K = K', toute *homographie* $f: X \to X'$ définit une collinéation, puisqu'elle transforme une variété linéaire projective en une variété linéaire projective de même dimension.

2. Plus généralement, soit $\hat{f}$ une application semi-linéaire bijective de $\widehat{X}$ sur $\widehat{X}'$ (qui, par hypothèse, ont même dimension) relative à un isomorphisme σ du corps K sur le corps K' (cf. 1re partie, chapitre V, nº 1). Comme $\operatorname{Ker} \hat{f} = \{0\}$, $\hat{f}$ transforme les sous-espaces vectoriels de $\widehat{X}$ en sous-espaces de $\widehat{X}'$ de même dimension, donc définit par passage aux quotients une application $f: X \to X'$; si U est un sous-espace projectif de X son image $f(U)$ est un sous-espace de même dimension de X', et $U \subset U' \Longrightarrow f(U) \subset f(U')$. L'application $\varphi : U \longmapsto f(U)$ est donc une collinéation de X sur X'. *Le théorème fondamental de la géométrie projective* (cf. ci-dessous nº 2) *montrera que toute collinéation est obtenue de cette manière.*

3. Soit $\widehat{X}^*$ le dual de l'espace vectoriel $\widehat{X}$. L'application $\hat{U} \to \hat{U}^0$ qui à un sous-espace vectoriel de $\widehat{X}$ associe son orthogonal dans la dualité entre $\widehat{X}$ et $\widehat{X}^*$ (cf. chapitre IV, nº 5) induit une corrélation $P(\hat{U}) \longmapsto P(\hat{U}^0)$ de X sur $\widehat{X}^*) = X^*$.

Remarque 1. Le lecteur notera bien que *par définition* X et X' ont dans ces questions *même dimension* $n \geqslant 2$. Après l'étude de ce chapitre le lecteur pourra se convaincre que l'abandon de ces restrictions conduirait soit à une définition contradictoire, soit à une généralisation illusoire ou sans intérêt.

Proposition 1. *Soient* X *et* X' *deux espaces projectifs de même dimension finie* $n \geqslant 2$ *sur les corps* K *et* K' *respectivement, et* φ *une collinéation* (resp. une corrélation) *de* X *sur* X'. *Alors si* U *est un sous-espace projectif de* X *de dimension* p, $\varphi(U)$ *est de dimension* p (resp. de dimension $n - p - 1$).

Preuve. On peut construire une suite *strictement* croissante de sous-espaces projectifs U_i telle que $\dim U_i = i$ et $U_p = U$:

$$\varnothing = U_{-1} \subset U_0 \subset \ldots \subset U_p \subset \ldots \subset U_n = X$$

Comme φ est bijectif, on en déduit que la suite $\varphi(U_i)$ est strictement croissante (resp. strictement décroissante), et comme elle a $n + 2$ termes et que $\dim X' = n$, il en résulte que la dimension de deux termes consécutifs diffère d'exactement une unité; en effet ces dimensions sont des entiers inclus dans $[-1, n] \cap \mathbf{Z}$, qui a $n + 2$ éléments. D'où la conclusion. c.q.f.d.

PROPOSITION 2. *Si φ est une collinéation* (resp. une corrélation), *alors* $\varphi^{-1} : \Gamma' \to \Gamma$ *aussi.*

Preuve. Montrons la proposition par exemple pour les collinéations (la démonstration est analogue pour les corrélations : elle fournira un exercice facile au lecteur). Il s'agit de montrer que $\varphi(U_1) \subset \varphi(U_2)$ implique $U_1 \subset U_2$ (ce qui n'est pas évident bien que φ soit bijectif, car la relation d'inclusion ne définit pas sur Γ une relation d'ordre *total*).

Pour tout sous-ensemble A d'un espace projectif $Z = P(\hat{Z})$, nous désignons comme d'habitude par $\hat{A} \subset \hat{Z}$ la réunion des éléments de A (qui sont des parties de $\hat{Z}$).

Choisissons un supplémentaire $\hat{W}'$ de $\widehat{\varphi(U_1)}$ dans $\widehat{\varphi(U_2)}$: soit

$$W' = P(\hat{W}') \qquad \text{et} \qquad W = \varphi^{-1}(W') \in \Gamma$$

(φ est bijectif !). On a $U_1 \cap W \subset U_1$, d'où puisque φ est une collinéation, $\varphi(U_1 \cap W) \subset \varphi(U_1) \cap W' = \varnothing$, donc $U_1 \cap W = \varnothing$ et $\hat{U}_1 \cap \hat{W} = \{0\}$. D'autre part W et U_1 sont inclus dans le sous-espace projectif $V_p(W, U_1)$ qu'ils engendrent, et qui est $\pi(\hat{W} + \hat{U}_1)$. Donc $\varphi(U_1)$ et $\varphi(W) = W'$ sont inclus dans $\varphi[\pi(\hat{W} + \hat{U}_1)]$, donc aussi le sous-espace $\pi[\hat{W}' \oplus \widehat{\varphi(U_1)}] = \varphi(U_2)$ qu'ils engendrent. Mais comme la somme de $\hat{W}$ et $\hat{U}_1$ est *directe*, et que φ conserve les dimensions des sous-espaces projectifs (prop. 1), on a

$$\dim \hat{U}_1 = \dim \widehat{\varphi(U_1)}, \qquad \dim \hat{W} = \dim \hat{W}',$$

donc $\dim \varphi(U_2) = \dim \varphi[V_p(W, U_1)]$. Ainsi

$$V_p(W, U_1) = U_2$$

donc

$$U_1 \subset U_2$$ c.q.f.d.

COROLLAIRE 1. *Soit* $(U_i)_{i \in I}$ *une famille de sous-espaces projectifs de* X. *Alors si φ est une collinéation de* X *sur* X' :

$$\varphi\Big(\bigcap_{i \in I} U_i\Big) = \bigcap_{i \in I} \varphi(U_i) \qquad \textit{et} \qquad \varphi\Big(V_p\Big(\bigcup_{i \in I} U_i\Big)\Big) = V_p \bigcup_{i \in I} \varphi(U_i)\Big)$$

Si φ *est une corrélation de* X *sur* X' :

$$\varphi\left(\bigcap_{i\in I} U_i\right) = V_p\left(\bigcup_{i\in I} \varphi(U_i)\right) \quad \text{et} \quad \varphi\left(V_p \bigcup_{i\in I} U_i\right)\right) = \bigcap_{i\in I} \varphi(U_i)$$

En effet, $\bigcap_{i\in I} U_i$ est *le plus grand* sous-espace *contenu dans* tout U_i et $V_p\left(\bigcup_{i\in I} U_i\right)$ est *le plus petit* sous-espace *qui contienne* tout U_i. Le corollaire résulte donc du fait que φ et φ^{-1} *conservent* (resp. *renversent*) les relations d'inclusion. c.q.f.d.

Corollaire 2. *Les collinéations* (resp. les collinéations et les corrélations) *de* X *dans lui-même forment un groupe.*

2. Le théorème fondamental de la géométrie projective

Définition 2. Soit $X = P(\widehat{X})$ [resp. $X' = P(\widehat{X}')$] un espace projectif sur le corps K (resp. K') et soit σ un isomorphisme du corps K sur le corps K'. On appelle, par abus de langage, *application semi-projective de* X *dans* X' *relativement à l'isomorphisme* σ toute application f définie sur le complémentaire d'un sous-espace projectif C de X telle qu'il existe une application semi-linéaire $\hat f$ relativement à l'isomorphisme σ de $\hat X$ dans $\hat X'$ (cf. 1re partie, chapitre v, n° 1) rendant le diagramme ci-dessous commutatif :

$$\begin{array}{ccc} \hat X - \operatorname{Ker} \hat f & \xrightarrow{\hat f} & \hat X' - \{0\} \\ \downarrow \pi & & \downarrow \pi' \\ X - C & \xrightarrow{f} & X \end{array}$$

$C = P(\operatorname{Ker} \hat f)$ *s'appelle le centre de* f. *Si* f *est bijectif, on dit aussi que c'est une semi-homographie.*

De même que les propriétés essentielles des applications linéaires ou affines s'étendent aux applications semi-linéaires ou semi-affines (en particulier parce que σ est *surjectif*), les propriétés des applications projectives s'étendent aux applications semi-projectives (image ou contre-image d'un sous-espace projectif, calcul de leur dimension, cf. chapitre I, n° 5). En particulier pour que $\hat f$ et $\hat g$ induisent la même application semi-projective f, il faut et suffit qu'il existe $\lambda' \in K' - \{0\}$ tel que $\hat g = \lambda' \hat f$; et pour que f soit injectif, il faut et suffit que C soit vide.

Comme nous l'avons déjà dit, si $\dim_K X = \dim_{K'} X' = n \geqslant 2$, et si f est une semi-homographie, alors elle définit une collinéation de X sur X'. Comme d'après le corollaire 1 de la proposition 2 une collinéation transforme 3 points alignés en 3 points alignés, *toutes les collinéations* sont obtenues de cette manière comme il résulte du :

Théorème 1. (*Théorème fondamental de la géométrie projective.*) *Soient* $X = P(\widehat{X})$ *et* $X' = P(\hat X')$ *deux espaces projectifs de même dimension finie* $n \geqslant 2$ *sur les corps* K *et*

K' *respectivement. Soit* f *une bijection* $X \to X'$ *qui transforme tout ensemble de 3 points alignés de* X *en un ensemble de points alignés de* X'. *Alors* f *est une semi-homographie de* X *sur* X' *relativement à un isomorphisme* σ *du corps* K *sur le corps* K'.

Le lecteur comparera cet énoncé aux énoncés analogues du chapitre v de la première partie (diverses formes du théorème fondamental de la géométrie affine) auxquels nous allons nous ramener. Si $A = \{a_0, \ldots, a_p\} \subset X$, nous noterons $V(a_0, \ldots, a_p)$ la variété *projective* $V_p(A)$ engendrée par A.

On établit d'abord la :

Proposition 3. *Soit* X *un espace projectif sur le corps* K *et* $A = \{a_0, \ldots, a_p\}$ *une partie finie de* X. *Pour que* $x \in V_p(A)$, *il faut et suffit qu'il existe*

$$a \in V(a_0, a_1) \qquad et \qquad b \in V(a_1, \ldots, a_p)$$

tels que $x \in V(a, b)$.

La démonstration est la même que la démonstration « géométrique » de la proposition 1 du chapitre v, première partie, mais plus simple car il n'existe pas ici de droite faiblement parallèle à un hyperplan. C'est cette circonstance qui n'oblige pas à exclure le cas où $K = \mathbf{Z}_2$ (en fait, dans un espace projectif, les droites ont au moins trois éléments).

Rappelons brièvement la démonstration.

La condition est suffisante, car si une droite D a deux points a et b dans un sous-espace projectif Y, elle y est contenue puisque D est le sous-espace engendré par a et b.

La condition est nécessaire : on peut même toujours prendre ici $a = a_0$; c'est évident si $a_0 = x$, (b est alors arbitraire). Si $x \neq a_0$, $V(a_0, x)$ a au moins un point commun $b \neq a_0$ avec $V(a_1, \ldots, a_p)$ [c'est évident si

$$V(a_0, x) \subset V(a_1, \ldots, a_p),$$

sinon $a_0 \notin V(a_1, \ldots, a_p)$ et $V(a_1, \ldots, a_p)$ est un hyperplan de $V(a_0, \ldots, a_p)$: il coupe donc la *droite* $V(a_0, x)$ en un seul point b, nécessairement distinct de a_0] : alors $x \in V(a_0, b)$. c.q.f.d.

Corollaire. *Dans les hypothèses du théorème* 1, f *transforme toute famille projectivement libre en une famille projectivement libre, et pour tout* $A = \{a_0, \ldots, a_p\} \subset X$, $f[V(a_0, \ldots, a_p)] = V[f(a_0), \ldots, f(a_p)]$.

L'hypothèse du théorème 1 implique que :

$$\forall (a, b) \in X^2 \qquad f[V(a, b)] \subset V(f(a), f(b)).$$

La proposition 3 entraîne donc (cf. loc. cit. corollaire de la proposition 1) que

$$\forall \{a_0, \ldots, a_p\} \subset X, \qquad f[V(a_0, \ldots, a_p)] \subset V(f(a_0), \ldots, f(a_p))$$

En particulier (voir toujours première partie, chapitre v) si $(a_0, \ldots, a_p)$ est projectivement libre, on peut la compléter en une famille $(a_0, \ldots, a_p, \ldots, a_n)$ projectivement génératrice. Alors, comme f est surjectif :

$$X' = f(X) = f[V(a_0, \ldots, a_n)] \subset V(f(a_0), \ldots, f(a_n));$$

ceci montre que la famille $(f(a_0), \ldots, f(a_n))$ est projectivement génératrice, donc (vu $\dim X' = n$) libre, et a fortiori la sous-famille $[f(a_0), \ldots, f(a_p)]$.

Pour achever de démontrer le corollaire, il suffit donc de voir que

$$V(f(a_0), \ldots, f(a_p)) \subset f[V(a_0, \ldots, a_p)],$$

et on peut supposer la famille $(a_0, \ldots, a_p)$ projectivement libre. Or s'il existait

$$x' \in V(f(a_0), \ldots, f(a_p)) \cap \complement f[V(a_0, \ldots, a_p)]$$

d'après la surjectivité de f, on aurait $x' = f(x)$ avec $x \notin V(a_0, \ldots, a_p)$:

$$(a_0, \ldots, a_p, x)$$

serait projectivement libre, et non $[f(a_0), \ldots, f(a_p), f(x)]$, contrairement à ce que l'on vient d'établir. c.q.f.d.

Démontrons maintenant le théorème 1. Soit H un hyperplan de X; $H' = f(H)$ est en vertu du corollaire un hyperplan de X', et $f_{|H}$ est une bijection de H sur H', donc $f_1 = f_{|\complement H}$ est une bijection de $X_1 = \complement H$ sur $X_1' = \complement H'$. Mettons sur X_1 et X_1' leurs structures affines canoniques (cf. chapitre III, n° 2, théorème 2). Si Δ est une droite de X, $\Delta \cap X_1 = \Delta_1$ est une droite de X_1, et $\Delta \cap H = \delta$ est son « point à l'infini » si l'on identifie X au complété projectif $\tilde{X}$ de X_1 (chapitre III, n° 2, prop. 4). De plus, si D est une autre droite de X, D_1 est parallèle à Δ_1 si et seulement si $D \cap H = \Delta \cap H$.

Il résulte de ceci que f_1 est une bijection de X_1 sur X_1' qui transforme une droite en une droite, et tout couple de droites parallèles en un couple de droites parallèles. D'après le théorème 1 du chapitre V, première partie, f_1 est donc une application semi-affine de X_1 sur X_1' relativement à un isomorphisme $\sigma : K \to K'$. D'après le théorème 1 du chapitre III, n° 1, qui s'étend de lui-même aux applications semi-affines, f_1 se prolonge en une application semi-projective $\tilde{f}_1$ de $\tilde{X}$ dans le complété projectif $\tilde{X}'$ de X_1'. En composant avec les applications canoniques $X \to \tilde{X}$ et $X' \to \tilde{X}'$ (qui sont des homographies), on obtient une application f' semi-projective relativement à σ de X sur X' ; f' coïncide avec f sur X_1, mais aussi sur H d'après la remarque 1 du chapitre III, n° 1 (caractérisation « ensembliste » du prolongement projectif d'une application affine), puisque $f(\Delta) \cap H' = f(\Delta \cap H)$. Donc $f = f'$ est bien une semi-homographie relativement à σ. c.q.f.d.

Exercice 1. Soit φ une collinéation de X sur X' et (a, b, c, d) un quadruplet de points distincts et alignés de X; étudier le birapport $[\varphi(a), \varphi(b), \varphi(c), \varphi(d)]$.

Exercice 2. Soient X et X′ deux espaces projectifs de même dimension $n \geqslant 2$ sur K et K′ respectivement, p un entier du segment $[1, n-1]$, et f une bijection $X \rightarrow X'$ telle que pour tout sous-espace U de dimension p de X, son image $f(U)$ soit *contenue* dans un sous-espace de dimension p de X′. Montrer que f se prolonge de façon unique en une collinéation de X sur X′.

Exercice 3. Expliquer l'origine du terme « collinéations ».

Le théorème fondamental de la géométrie projective explicite complètement la nature des collinéations. Passons à celle des corrélations.

3. Corrélations

La composée de deux collinéations (resp. corrélations) de X sur X′ et X′ sur X″ est évidemment une collinéation de X sur X″, tandis que la composée d'une collinéation et d'une corrélation est une corrélation.

Pour tout espace vectoriel $\widehat{X}$, nous noterons $\langle x | x' \rangle$ la valeur au point $x \in X$ de la forme linéaire $x' \in \widehat{X}^*$, où $\widehat{X}^*$ est le dual de $\widehat{X}$. Pour tout espace projectif $X = P(\widehat{X})$, nous désignerons par X^* l'espace projectif $P(\widehat{X}^*)$, de sorte que $\widehat{X^*} = \widehat{X}^*$. Soit $\widehat{U}^o$ l'ensemble des formes linéaires nulles sur le sous-espace $\widehat{U}$ de $\widehat{X}$; nous noterons encore $U^o = P(\widehat{U}^o)$ le sous-espace projectif de X^* que la corrélation $\Phi : X \rightarrow X^*$ de l'exemple 3 (n° 1) associe au sous-espace $U = P(\widehat{U})$ de X, et nous noterons $\hat{\Phi}$ l'application $\widehat{U} \rightarrow \widehat{U}^o$.

Si θ est une corrélation de X sur X′, on peut toujours écrire $\theta = \alpha \circ \varphi$ où φ est une corrélation de X sur lui-même et α une *semi-homographie* particulière, choisie une fois pour toutes de X sur X′ : l'application $\theta \longmapsto \alpha^{-1} \circ \theta$ est en effet une bijection de l'ensemble des corrélations de X sur X′ sur l'ensemble des corrélations de X sur lui-même. Une telle semi-homographie α peut être fixée par la donnée de deux repères projectifs homologues. Si $K = K'$, on peut prendre pour α une homographie (en prenant $\sigma = \mathrm{Id}$).

De même, l'application $\varphi \longmapsto \Phi \circ \varphi$ est une bijection de l'ensemble des corrélations de X sur lui-même sur l'ensemble des collinéations de X sur X^*, donc (théorème 1) sur l'ensemble des semi-homographies de X sur X^*.

Soit u une semi-homographie $X \rightarrow X^*$, relative à un automorphisme σ du corps K de X; elle est induite par un semi-isomorphisme $\hat{u} : \widehat{X} \rightarrow \widehat{X}^*$ relative à σ (défini à la multiplication par un élément $k \in K^* = K - \{0\}$ près). Posons :

$$f(x, y) = \langle x | \hat{u}(y) \rangle$$

L'application $f: \widehat{X} \times X \rightarrow K$ est additive par rapport à chacune des deux variables x et y, linéaire par rapport à la première x, et semi-linéaire par rapport à la seconde y relativement à σ; c'est donc une *forme sesqui-linéaire* sur $\widehat{X}$ relativement à σ (deuxième partie, chapitre I, introduction).

Soit inversement une forme sesquilinéaire $f \colon \widehat{X}^2 \to K$ relativement à un automorphisme σ de K. Pour tout sous-espace $\widehat{U}$ de $\widehat{X}$ posons :

$$\widehat{U}^{\perp} = \{y \in \widehat{X} | x \in U \Longrightarrow f(x, y) = 0\} \quad (\textit{polaire à droite de } \widehat{U})$$

$$^{\perp}\widehat{U} = \{x \in \widehat{X} | y \in U \Longrightarrow f(x, y) = 0\} \quad (\textit{polaire à gauche de } \widehat{U})$$

L'application $f_d(y) : x \longmapsto f(x, y)$ est une forme linéaire sur $\widehat{X}$, et l'application $f_d : y \longmapsto f_d(y)$ est semi-linéaire relativement à σ de $\widehat{X}$ dans $\widehat{X}^*$. Elle définira donc une *collinéation* de X sur X* si et seulement si

$$\operatorname{Ker} f_d = \{y | x \in \widehat{X} \Longrightarrow f(x, y) = 0\} = \widehat{X}^{\perp} = \{0\}$$

Exercice 4. Soit $f_g(x) : y \to f(x, y)$ où f est une forme sesquilinéaire sur $\widehat{X}$ relativement à σ. Montrer que $f_g : x \to f_g(x)$ est linéaire de $\widehat{X}$ dans l'espace vectoriel $\widehat{X}^*_\sigma$ *des formes semi-linéaires* relativement à σ sur $\widehat{X}$. Montrer que $\sigma' : x' \longmapsto \sigma \circ x'$ est un isomorphisme de $\widehat{X}^*$ sur $\widehat{X}^*_\sigma$.

Exercice 5. Soit f une forme sesqui-linéaire relativement à σ sur $\widehat{X}$. Montrer que si

$$x_1 - x_2 \in {}^{\perp}\widehat{X} \quad \text{et} \quad y_1 - y_2 \in X^{\perp} : \qquad f(x_1, y_1) = f(x_2, y_2)$$

En déduire une application $\dot{f} \colon (\widehat{X}/{}^{\perp}\widehat{X}) \times (\widehat{X}/\widehat{X}^{\perp}) \to K$ et une application injective semi-linéaire (resp. linéaire)

$$\dot{f}_d : \widehat{X}/\widehat{X}^{\perp} \to (\widehat{X}/{}^{\perp}\widehat{X})^* \qquad [\text{resp. } \dot{f}_g : \widehat{X}/{}^{\perp}\widehat{X} \to (\widehat{X}/\widehat{X}^{\perp})^*_\sigma]$$

(s'inspirer de l'exercice 4). En conclure que $\dim \widehat{X}^{\perp} = \dim {}^{\perp}\widehat{X}$.

DÉFINITION 3. *Soit f une forme sesquilinéaire sur $\widehat{X}$ relativement à σ. On appelle rang de f la dimension de $X/\widehat{X}^{\perp}$, et on dit que f est non dégénérée si $\widehat{X}^{\perp} = \{0\}$ (donc si son rang est égal à la dimension de $\widehat{X}$).*

Nous pouvons énoncer les résultats obtenus :

THÉORÈME 2. *Toute corrélation de X sur lui-même est définie par une forme sesquilinéaire non dégénérée f sur $\widehat{X}$, et réciproquement. Deux formes sesquilinéaires non dégénérées définissent la même corrélation si et seulement si elles sont proportionnelles.*

Remarque 2. On notera que si f est une forme sesquilinéaire sur $\widehat{X}$, avec les notations de l'exercice 4 :

$$f(x, y) = \langle x | f_d(y) \rangle = \sigma(\langle y | \sigma^{-1} \circ [f_g(x)] \rangle)$$

et que la semi-homographie $X \to X^*$ définie par f est induite par f_d. On notera encore que $\operatorname{rang}(f) = \operatorname{rang}(f_d) = \operatorname{rang}(f_g) = \dim f_d(\widehat{X})$.

Exercice 6. *Point de vue matriciel.* Soient $\mathcal{E} = (e_0, \ldots, e_n)$ une base de $\hat{X}$, $(e'_i)_{0 \leqslant i \leqslant n} = \mathcal{E}'$ la base duale, $\hat{u}$ une application semi-linéaire relativement à σ de $\hat{X}$ dans son dual, définie par

$$\hat{u}(e_j) = \sum_i \alpha_{ij} e'_i \qquad (0 \leqslant i, j \leqslant n + 1)$$

et $((\alpha_{ij})) = \mathcal{M}(\hat{u}; \mathcal{E}, \mathcal{E}')$ la matrice de $\hat{u}$ dans ces bases. Pour toute matrice $M = ((a_{ij}))$ nous noterons M^σ la matrice $((\sigma(a_{ij})))$, et si $x \in \hat{X}$, nous noterons $M(x) = M(x; \mathcal{E})$ la matrice colonne de ses composantes dans la base $\mathcal{E}$. Enfin soit $\mathcal{F} = (f_0, \ldots, f_n)$ une autre base de $\hat{X}$, telle que

$$f_i = \sum_j b_{ij} e_j \qquad B = ((b_{ij})).$$

Vérifier qu'il existe une seule forme sesquilinéaire f telle que $f_d = \hat{u}$, que

$$\mathcal{M}(\hat{u}; \mathcal{E}, \mathcal{E}') = ((f(e_i, e_j))),$$

que

$$f(x, y) = {}^t M(x; \mathcal{E}) \mathcal{M}(\hat{u}; \mathcal{E}, \mathcal{E}') [M(y, \mathcal{E})]^\sigma$$

que

$$\mathcal{M}(\hat{u}; \mathcal{F}, \mathcal{F}') = B \mathcal{M}(\hat{u}; \mathcal{E}, \mathcal{E}') [{}^t(B^\sigma)]$$

et que

$$M(x, \mathcal{E}) = {}^t B M(x, \mathcal{F}).$$

Le théorème 2 se précise par la

PROPOSITION 4. *Soit φ une corrélation de X sur lui-même, définie par une forme sesquilinéaire non dégénérée f sur $\hat{X}$. Alors, pour tout sous-espace projectif V de X :*

$$\varphi(V) = P({}^\perp \hat{V})$$

le polaire à gauche ${}^\perp\hat{V}$ de $\hat{V} = \{0\} \cup \pi^{-1}(V)$ étant relatif à f.

On remarquera que si on remplace f par λf ($\lambda \in K^*$), ${}^\perp\hat{V}$ ne change pas.

La démonstration est une simple traduction des descriptions faites ci-dessus et est laissée au lecteur. Celui-ci pourra du reste la simplifier en notant que la formule

$$\varphi(V) = \bigcap_{\xi \in V} \varphi(\xi) \quad (\text{n}^\text{o}\ 1,\ \text{corollaire}\ 1)$$

permet de la faire dans le seul cas particulier où $\dim V = 0$; $\varphi(V)$ est alors l'hyperplan dont une équation est $f_d(x) = 0$, où x est arbitraire dans $\pi^{-1}(V)$ [le lecteur notera que changer x en λx revient à remplacer $f_d(x)$ par une forme proportionnelle].

4. Corrélations involutives

Les corrélations les plus importantes en géométrie sont celles qui sont involutives. Nous allons les étudier, et pour cela déterminer les formes sesquilinéaires qui les représentent.

Soit φ une corrélation représentée par une forme sesquilinéaire f. Vu le corollaire 1 du n° 1, pour que φ soit involutive, il suffit que pour tout $\xi \in X$, $\varphi[\varphi(\xi)] = \xi$, et cela est naturellement nécessaire. Soit $x \in \pi^{-1}(\xi)$. Vu la proposition 4, il faut et il suffit donc que pour tout $x \neq 0$

$$\{z \mid (\forall y),\quad [f(y, x) = 0 \Longrightarrow f(z, y) = 0]\} = Kx$$

En particulier,

$$\forall x,\ \forall y \quad f(y, x) = 0 \Longrightarrow f(x, y) = 0,$$

et cette condition qui entraîne

$$\forall (x, y) \quad f(y, x) = 0 \Longleftrightarrow f(x, y) = 0$$

est clairement suffisante. Si elle est réalisée pour f elle l'est aussi pour λf.

Nous sommes donc conduits aux énoncés :

Définition 4. *Une forme sesquilinéaire sur $\widehat{X}$ est dite réflexive si*

$$\forall (x, y) \in \widehat{X}^2 \qquad f(x, y) = 0 \Longleftrightarrow f(y, x) = 0$$

Proposition 5. *Une corrélation est involutive si et seulement si elle est engendrée par une forme réflexive* (non dégénérée).

Remarque 3. Si f est réflexive, la relation « d'orthogonalité » dans $\widehat{X}$ relativement à f est alors symétrique. Si $f(x, y) = 0$, on marque cette réciprocité en disant que les points $\pi(x)$ et $\pi(y)$ de X sont *conjugués* (la relation est en fait une relation dans X plus que dans $\widehat{X}$). Si $\widehat{U}$ est un sous-espace de X, on a alors $\widehat{U}^{\perp} = {}^{\perp}\widehat{U}$. On dit également que $U = P(\widehat{U})$ et $V = P(\widehat{V})$ sont *conjugués* si

$$V \subset \varphi(U) = P({}^{\perp}\widehat{U})$$

(puisque φ est involutive, la relation entre U et V est également symétrique). Nous noterons $U^{\perp}$ le polaire de U lorsqu'il n'y aura aucune ambiguïté sur la corrélation φ (il est inutile de préciser « à droite » ou « à gauche »).

Recherchons donc toutes les formes sesquilinéaires réflexives non dégénérées sur $\widehat{X}$.

Par définition, si f est une telle forme, pour tout $y \in \widehat{X}$ les deux formes *linéaires* sur $\widehat{X}$:

$$f_d(y) : x \longmapsto f(x, y)$$
$$f_g^{\sigma^{-1}}(y) : x \longmapsto \sigma^{-1}[f(y, x)]$$

ont même noyau (du reste distinct de $\widehat{X}$ si $y \neq 0$ puisque f est non dégénéré). Elles sont donc proportionnelles, et comme σ est un automorphisme de K, il existe, pour tout $y \in \widehat{X} - \{0\}$, $k(y) \in K^*$ tel que

$$\forall x, \quad f(x, y) = \sigma^{-1}[k(y) f(y, x)]$$

On peut se borner au cas où $\dim \widehat{X} > 1$ (pour les corrélations, $\dim \widehat{X} > 2$ suffirait, et si $\dim \widehat{X} = 1$, toute forme sesquilinéaire est évidemment réflexive).

Soit alors y_1 et y_2 linéairement indépendants dans $\widehat{X}$, et posons $k_i = k(y_i)$ $(i = 1, 2)$ et $k = k(y_1 + y_2)$. On a donc, d'après un raisonnement déjà fait plusieurs fois (première partie, chapitre V; troisième partie, chapitre I, démonstration de la prop. 5), quel que soit x :

$$k[f(y_1, x) + f(y_2, x)] = k_1 f(y_1, x) + k_2 f(y_2, x)$$

D'où

$$\forall x, \quad f[(k - k_1)y_1 + (k - k_2)y_2, x] = 0$$

Et comme f est non dégénérée

$$(k - k_1)y_1 + (k - k_2)y_2 = 0$$

comme y_1 et y_2 sont indépendants :

$$k = k_1 = k_2$$

et par suite $k(y)$ est une constante $k \in K^*$ pourvu que y soit différent de 0; mais si $y = 0$, on a encore $f(x, y) = \sigma^{-1}[k(y)f(y, x)]$, et par suite :

Lemme. *Pour que f non dégénérée soit réflexive, il faut et évidemment il suffit, qu'il existe $k \in K^*$ tel que*

$$\forall (x, y) \in \widehat{X}^2, \qquad \sigma[f(x, y)] = kf(y, x)$$

Distinguons maintenant deux cas :

1° Il existe $x_0 \in \widehat{X}$ tel que $f(x_0, x_0) = \xi \neq 0$. Alors $\sigma(\xi) = k\xi$. Posons

$$g(x, y) = \xi^{-1} f(x, y)$$

ce qui ne change pas la corrélation de X sur lui-même définie par f (cf. théorème 2) ni la semi-homographie $X \rightarrow X^*$. On a

$$\sigma[g(x, y)] = \sigma(\xi^{-1})\sigma[f(x, y)] = \xi^{-1}k^{-1}kf(y, x) = g(y, x)$$

Donc g est sesqui-linéaire hermitienne (ou bilinéaire symétrique si $\sigma = \mathrm{Id}$), et en tout cas σ est un automorphisme involutif (cf. 2e partie, chapitre I, n° 1). Nous ne pousserons pas plus avant l'étude de cette situation qui a déjà été faite, *du moins si la caractéristique de* K *est différente de deux* (loc. cit.), *cas auquel nous nous bornerons.*

2° $\forall x \in \widehat{X}$, $f(x, x) = 0$. Alors f est *alternée*, et en particulier antisymétrique $[\forall (x, y) \in X^2, f(x, y) = -f(y, x)]$. On rappelle qu'une forme antisymétrique n'est avec certitude alternée que si la caractéristique de K est différente de deux.

Comme f est non dégénérée, il existe $(x, y) \in \widehat{X}^2$ tel que $f(x, y) = \lambda \neq 0$; quitte à remplacer x par $\frac{1}{\lambda} x$, on peut supposer $f(x, y) = 1$. Comme $\sigma(1) = 1$ on voit alors que

$$1 = \sigma[f(x, y)] = kf(y, x) = -kf(x, y) = -k$$

donc $k = -1$, par suite $\forall (u, v) \in \widehat{X}^2$

$$\sigma[f(u, v)] = -f(v, u) = f(u, v)$$

Mais $f(\widehat{X} \times \widehat{X}) = K$ [si $f(x, y) = 1$, $\forall \lambda \in K, f(\lambda x, y) = \lambda$], donc σ est l'identité. Nous avons obtenu le :

THÉORÈME 3. *Soit* $X = P(\widehat{X})$ *un espace projectif de dimension finie n sur le corps* K *de caractéristique* $\neq 2$. *Toute corrélation involutive* φ *de* X *sur lui-même est obtenue par l'intermédiaire d'une polarité définie à l'aide d'une forme* $f : \widehat{X}^2 \to K$ *qui est*

a) soit hermitienne non dégénérée par rapport à un automorphisme involutif σ *de* K. *Pour que les formes hermitiennes f et g définissent la même corrélation* φ *il faut et il suffit que* $g = \lambda f$ *avec* $\lambda \in \mathrm{Ker}(\sigma - \mathrm{Id}) - \{0\}$; φ *est alors composé de la corrélation canonique* $X \to X^*$ *et d'une semi-homographie* $X^* \to X$ *relativement à* σ.

b) soit bilinéaire symétrique non dégénérée,

c) soit bilinéaire alternée non dégénérée.

Dans les cas b) et c) φ *est le produit de la corrélation canonique* $X \to X^*$ *et d'une homographie* $X^* \to X$.

L'essentiel de cet énoncé a déjà été établi. Il suffit de remarquer que si f est hermitienne, symétrique ou alternée, elle est clairement réflexive, et que si f est hermitienne, λf est hermitienne ($\lambda \in K^*$) si et seulement si $\sigma(\lambda) = \lambda$ (car f étant non dégénérée, elle prend la valeur 1).

Remarque 4. Le cas *c*) est *caractérisé* lorsque la caractéristique de K est $\neq 2$ par le fait que

$$\forall \xi \in X \qquad \xi \in \varphi(\xi)$$

Cette propriété, vu la proposition 4, équivaut à : $\forall x, f(x, x) = 0$. Or nous avons vu (deuxième partie, chapitre I, n° 4, lemme 1) que si la caractéristique de K est différente de deux, une forme sesquilinéaire hermitienne non nulle possède des vecteurs non isotropes.

Il reste à étudier les formes bilinéaires alternées.

5. Étude des formes bilinéaires alternées sur un espace vectoriel E

Il n'est pas utile de supposer ici la caractéristique de K différente de deux. Dans ce numéro — où il n'est provisoirement pas question d'espace projectif — nous utiliserons le même vocabulaire qu'au chapitre I de la deuxième partie. Si f est une forme bilinéaire alternée, *éventuellement dégénérée*, nous dirons que x est orthogonal (ou conjugué) à y si $f(x, y) = 0$, et que deux parties A et B sont orthogonales (ou conjuguées), si tout vecteur de A est orthogonal à tout vecteur de B. Le sous-espace $E^{\perp} = {}^{\perp}E$ est le noyau de f. Ceci posé, on a le

THÉORÈME 4. *Soit f une forme bilinéaire alternée sur l'espace vectoriel* E *de dimension finie q. Alors* E *est somme directe*

$$E = E_1 \overset{\perp}{\oplus} E_2 \overset{\perp}{\oplus} \cdots \overset{\perp}{\oplus} E_m \overset{\perp}{\oplus} E^{\perp}$$

de sous-espaces deux à deux orthogonaux pour f; les sous-espaces E_i $(1 \leqslant i \leqslant m)$ *sont de dimension* 2 *et* $f_{|E_i \times E_i}$ *est non dégénérée; la restriction de f à* $E^\perp \times E^\perp$ *est nulle.*

Preuve. Nous ferons la démonstration par récurrence sur l'entier

$$q - \dim E^\perp = 2\,m.$$

Si $m = 0$, $E = E^\perp \Longleftrightarrow f(x, y) = 0$ quels que soient x et y. Sinon, il existe $(e_1, e_2) \in E^2$ tel que $f(e_1, e_2) \neq 0$; e_1 et e_2 sont linéairement indépendants [ils sont non nuls car f est bilinéaire et $e_2 = \lambda e_1 \Longrightarrow f(e_1, e_2) = \lambda f(e_1, e_1) = 0$ car f est alternée]. De plus les formes linéaires $\varphi_1 : x \longmapsto f(x, e_1)$ et $\varphi_2 : x \longmapsto f(x, e_2)$ sont linéairement indépendantes, car si $\varphi = \lambda_1\varphi_1 + \lambda_2\varphi_2$, $[(\lambda_1, \lambda_2) \in K^2]$:

$$\varphi(x) = \lambda_1 f(x, e_1) + \lambda_2 f(x, e_2) = f(x, \lambda_1 e_1 + \lambda_2 e_2)$$

donc

$$\varphi(e_1) = \lambda_2 f(e_1, e_2) \qquad \varphi(e_2) = -\lambda_1 f(e_1, e_2).$$

Par suite, si $\varphi = 0$, comme $f(e_1, e_2) \neq 0$, on a $\lambda_1 = \lambda_2 = 0$. Donc

$$E' = \{x | \varphi_1(x) = \varphi_2(x) = 0\}$$

qui est le sous-espace orthogonal à E_1, est de codimension 2. Comme

$$\varphi_1(\lambda_1 e_1 + \lambda_2 e_2) = -\lambda_2 f(e_1, e_2)$$
$$\varphi_2(\lambda_1 e_1 + \lambda_2 e_2) = \lambda_1 f(e_1, e_2),$$

on a $E' \cap E_1 = \{0\}$; donc, pour des raisons de dimension

$$E = E_1 \oplus E'$$

La restriction f' de f à $E' \times E'$ est alternée, et comme E' est orthogonal à E_1 l'orthogonal de E' (pour f') est $E^\perp$ (vérification immédiate). Par hypothèse de récurrence :

$$E' = E_2 \overset{\perp}{\oplus} \cdots \overset{\perp}{\oplus} E_m \oplus E^\perp \qquad \text{c.q.f.d.}$$

Corollaire 1. *Dans les hypothèses du théorème* 4, *il existe une base* $\mathscr{E} = (e_1, \ldots, e_q)$ *de* E *telle que si* $x = \sum_{i=1}^{q} x_i e_i$, $y = \sum_{i=1}^{q} y_i e_i$, *alors*

$$f(x, y) = \sum_{p=1}^{m} (x_{2p-1} y_{2p} - x_{2p} y_{2p-1})$$

En effet, pour $1 \leqslant p \leqslant m$, on a par construction même de E_p, trouvé deux vecteurs e_{2p-1} et e_{2p} tels que $f(e_{2p-1}, e_{2p}) = \lambda \neq 0$. Quitte à remplacer e_{2p-1} par $\frac{1}{\lambda} e_{2p-1}$, on peut donc supposer :

$$f(e_{2p-1}, e_{2p}) = -f(e_{2p}, e_{2p-1}) = 1$$

Les $(e_i)_{1 \leqslant i \leqslant 2m}$ forment une base de $E_1 \oplus \cdots \oplus E_m$; adjoignons leur une base arbitraire $(e_{2m+1}, \ldots, e_q)$ de $E^\perp$: on obtient la base $\mathscr{E}$ du corollaire. c.q.f.d.

DÉFINITION 5. *Une base telle que celle décrite dans le corollaire* 1 *s'appelle une base symplectique (de* E *pour la forme bilinéaire alternée* f*).*

COROLLAIRE 2. *Pour qu'il existe sur* E *des formes bilinéaires alternées non dégénérées, il faut et suffit que la dimension de* E *soit paire.*

COROLLAIRE 3. *Pour qu'il existe sur un espace projectif* X *des corrélations involutives* φ *telles que pour tout* $\xi \in X$ *on ait* $\xi \in \varphi(\xi)$, *il faut et suffit que la dimension de* X *soit impaire.*

COROLLAIRE 4. *Appelons équivalentes deux formes bilinéaires alternées* f, f' *sur* E *telles qu'il existe un automorphisme* $u \in Gl(E)$ *vérifiant*

$$\forall (x, y) \in E^2 \qquad f[u(x), u(y)] = f'(x, y).$$

(cf. deuxième partie, chapitre I, n° 6). *Alors pour que* f *et* f' *soient équivalentes, il faut et suffit qu'elles aient même rang.*

Remarque 5. La base évoquée dans le corollaire 1, ni même la décomposition du théorème 4 ne sont uniques.

Par exemple la base canonique de $\mathbf{R}^4 = \mathbf{R}^2 \times \mathbf{R}^2$ est symplectique pour la forme

$$f(x, y) = x_1 y_2 - x_2 y_1 + x_3 y_4 - x_4 y_3$$

et $\mathbf{R}^2 \times \{0\} \oplus \{0\} \times \mathbf{R}^2$ est une décomposition de $\mathbf{R}^4$ vérifiant le théorème 1. Mais la base $\varepsilon_1 = (1, 0, 0, 0)$, $\varepsilon_2 = (0, 1, 0, 1)$, $\varepsilon_3 = (1, 0, -1, 0)$, $\varepsilon_4 = (0, 0, 0, 1)$ est une base symplectique pour la même forme, à quoi correspond la décomposition

$$\mathbf{R}^4 = E_1 \oplus E_2 \qquad \text{avec} \qquad E_1 = \mathbf{R}\varepsilon_1 \oplus \mathbf{R}\varepsilon_2 \qquad E_2 = \mathbf{R}\varepsilon_3 \oplus \mathbf{R}\varepsilon_4.$$

Exercice 7. « Tétraèdres de Möbius ». Soit X un espace projectif de dimension $2n + 1$. On appelle *simplexe* de X une suite de $2(n + 1)$ points de X projectivement libres. Soit s un simplexe de X. Montrer qu'il existe des simplexes σ tels que chaque point de s soit dans l'hyperplan engendré par $(2n + 1)$ points de σ et chaque point de σ dans l'hyperplan engendré par $(2n + 1)$ points de s. Faire un dessin pour $n = 1$. Étudier le problème analogue dans $P_2(\mathbf{R})$.

CHAPITRE VI

Perspectives et projections

Nous nous proposons d'étudier dans ce chapitre, à titre d'exemple, deux classes d'applications projectives d'un espace dans lui-même.

I. Perspectives

1. Etude des perspectives

DÉFINITION 1. *Soit* $X = P(\widehat{X})$ *un espace projectif de dimension* $n \geqslant 2$ *sur un corps* K. *On appelle perspective dans* X *toute collinéation de* X *laissant fixe chaque point d'un hyperplan* H *de* X.

Les perspectives de X sont caractérisées par le théorème suivant.

THÉORÈME 1. *Les perspectives de* X *distinctes de l'identité sont les collinéations* f *de* X *possédant les deux propriétés équivalentes suivantes :*

i) *Il existe un unique point* $C \in X$, *appelé centre de la perspective, tel que pour tout* $x \in X$, *les points* x, $f(x)$ *et* C *sont alignés.*

ii) *Il existe un unique hyperplan* $H \subset X$, *appelé base de la perspective, tel que pour tout hyperplan* P *de* X, *les hyperplans* P, $f(P)$ *et* H *appartiennent à un même faisceau linéaire.*

De plus, si ces conditions sont remplies, f *est une homographie et*

1° *Les points fixes de* f *sont les points de* H *et* C,

2° f *est caractérisée par la donnée de* C, *de* H *et d'un couple arbitraire* $(a, f(a))$ *de points homologues non situés dans* $\{C\} \cup H$, *ou encore, lorsque* $C \notin H$, *par la donnée de* C, H *et d'un élément* $\rho \in K - \{0, 1\}$ *tel que si l'on pose* $x' = V(C, x) \cap H$ *on ait* (1)

$$\forall x \notin \{C\} \cup H \qquad [x, f(x), x', C] = \rho$$

(1) Comme au chapitre v, nous noterons simplement $V(a, b)$ la variété projective $Vp(\{a, b\})$ engendrée par $\{a, b\}$.

Preuve. 1° Soit f une collinéation de X distincte de l'identité et laissant fixe chaque point d'un hyperplan H. La restriction f' de f à l'espace affine

$$X' = X \cap \complement H$$

est une bijection de X' sur lui-même transformant toute droite en une droite parallèle. D'après la première partie, chapitre v, n° 8, théorème 4, c'est donc une homothétie de centre $C \in X'$ ou une translation de vecteur $\vec{h} \in \vec{X}'$. Dans le premier cas, f est une homographie ayant pour seuls points fixes les points de $H = X'_\infty$ et C; si $x = f(x)$ (i.e. $x \in \{C\} \cup H$), les points x, $f(x)$ et C engendrent une variété projective de dimension $\leqslant 1$, donc sont alignés; une homothétie f' de centre donné est entièrement caractérisée soit par un couple de points homologues nécessairement distincts si $f' \neq \mathrm{Id}$, soit par le rapport d'homothétie $\rho \neq 1$ si $f' \neq \mathrm{Id}$. Prenons sur la droite $V(C, x)$ un repère projectif constitué par les 3 points distincts C, x, $x' = H \cap V(C, x)$ [on note que $C \notin H$, donc $V(C, x)$ et H se coupent en un seul point]; C et x constituent un repère affine de

$$V(C, x) \cap \complement H$$

et si l'on pose

$$\overrightarrow{Cf(x)} = \rho\overrightarrow{Cx}$$

le rapport d'homothétie ρ n'est autre que l'abscisse de $f(x)$ dans ce repère; elle est donc constante et :

$$[x, f(x), x', C] = [1, \rho, \infty, 0] = \rho$$

Si f' est une translation, on désigne par C l'élément $K\vec{h}$ de X : la droite affine passant par x et $f(x) = x + \vec{h}$ admet pour direction $K\vec{h}$, donc admet $C \in H$ comme point à l'infini, et $C \in V[x, f(x)]$; f est une homographie n'ayant d'autres points fixes que ceux de H.

Nous avons ainsi établi qu'une perspective vérifie i), et les propriétés 1° et 2°. Comme une homothétie ou une translation transforme un hyperplan P en un hyperplan parallèle $f(P)$, $P \cap f(P) \subset H$, et toute perspective différente de l'identité vérifie également ii).

Les figures 1 et 2 illustrent la « construction » de l'homologue $f(x)$ d'un point x lorsque l'on s'est donné C, H et le couple (a, a') avec $a' = f(a) \neq a$.

2° Soit f une collinéation de X vérifiant i).

Le point C est nécessairement invariant par f; en effet, toute droite D passant par C est invariante par f [car si $x \in D - \{C\}$, $f(x) \in V(x, C) = D$ et $f(D)$ est une droite]; par suite $f(C)$ appartient à toute droite passant par C.

Prenons une base $(e_0, \ldots, e_n)$ de $\hat{X}$ telle que $\pi(e_0) = C$. Il résulte de cette étude et de l'hypothèse que si $\hat{f}$ est un semi-automorphisme de $\hat{X}$ relatif à un automorphisme $\sigma : k \longmapsto k^\sigma$ de K, induisant f, on a :

$$\hat{f}(e_0) = \alpha_0 e_0$$
$$\hat{f}(e_i) = \alpha_i e_0 + \beta_i e_i \qquad \text{avec} \qquad \beta_i \neq 0 \qquad \text{pour} \qquad i = 1, 2, \ldots, n$$

Écrivons que pour tout $u = \Sigma_0^n \lambda_i e_i \in \hat{X}$, on a

$$\hat{f}(u) = \lambda(\lambda_0, \ldots, \lambda_n)e_0 + \mu(\lambda_0, \ldots, \lambda_n)u = \Sigma_0^n \lambda_i^\sigma \hat{f}(e_i)$$

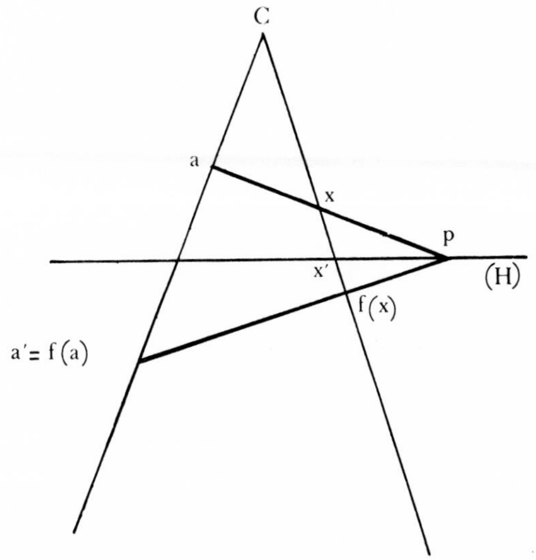

FIG. 1.

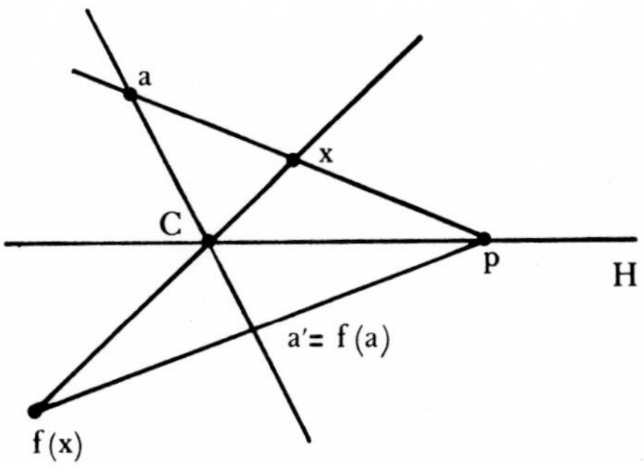

FIG. 2.

On obtient :

$$\lambda(\lambda_0, \ldots, \lambda_n) + \mu(\lambda_0, \ldots, \lambda_n)\lambda_0 = \Sigma_0^n \lambda_i^\sigma \alpha_i$$
$$\mu(\lambda_0, \ldots, \lambda_n)\lambda_i = \lambda_i^\sigma \beta_i \qquad \text{pour} \qquad i \geqslant 1$$

Prenons $\lambda_0 = \cdots = \lambda_n = 1$: on en déduit

$$\beta_i = \beta = \mu(1, \ldots, 1)$$

Supposons maintenant $i \neq j$ et $\lambda_i \lambda_j \neq 0$; alors $\mu(\lambda_0, \ldots, \lambda_n) \neq 0$ et

$$\frac{\mu(\lambda_0, \ldots, \lambda_n)\lambda_i}{\mu(\lambda_0, \ldots, \lambda_n)\lambda_j} = \left(\frac{\lambda_i}{\lambda_j}\right)^\sigma$$

Soit $\dfrac{\lambda_i}{\lambda_j} = \left(\dfrac{\lambda_i}{\lambda_j}\right)^\sigma$ et comme λ_i/λ_j est quelconque dans K^*, $\sigma = \mathrm{Id}$, et $\hat{f}$ est linéaire. De ce fait, quitte à remplacer $\hat{f}$ par $\dfrac{1}{\beta}\hat{f}$, on voit que f est une *homographie* induite par l'automorphisme *linéaire* défini par :

$$\hat{f}(e_0) = \alpha_0 e_0 \qquad \hat{f}(e_i) = \alpha_i e_0 + e_i \quad (i \geqslant 1)$$

Le vecteur $u = \Sigma_0^n \lambda_i e_i$ est vecteur propre de $\hat{f}$, de valeur propre ρ si et seulement si :

$$\rho\lambda_0 = \Sigma_0^n \lambda_i \alpha_i \qquad \text{et} \qquad \lambda_i = \rho\lambda_i \qquad \text{pour} \qquad i \geqslant 1$$

1° S'il existe un $i \geqslant 1$ avec $\lambda_i \neq 0$, on a nécessairement $\rho = 1$, et on trouve l'hyperplan de vecteurs propres d'équation :

$$(\alpha_0 - 1)\lambda_0 + \sum_{i=1}^{n} \alpha_i\lambda_i = 0,$$

lequel contient e_0 si et seulement si $\alpha_0 = 1$.

2° On retrouve, pour $\lambda_1 = \cdots = \lambda_n = 0$, le vecteur propre e_0 de valeur propre α_0.

Nous avons montré que la condition i) est suffisante.

3° La propriété ii) est « transformée par corrélation » de i); elle lui est donc équivalente.

De façon précise, soit Φ la corrélation canonique $\xi \longmapsto \xi^o$ de X sur son dual X*, et soit $f^* = \Phi \circ f^{-1} \circ \Phi^{-1}$ la collinéation de X* transformée de f^{-1}; on suppose que f vérifie ii); soient

On a $\qquad c = \Phi(\mathrm{H}) \qquad p = \Phi(\mathrm{P}) \qquad p' = \Phi[f(\mathrm{P})]$

$$f^*(p') = \Phi(\mathrm{P}) = p,$$

et les points c, p, p' restant alignés, f^* est une perspective de X*, qui vérifie donc ii) dans X* : soit H* l'hyperplan de X*, base de f^*. Soit $\mathrm{C} = \Phi^{-1}(\mathrm{H}^*) \in \mathrm{X}$, et pour tout hyperplan P* de X*,

$$x = \Phi^{-1}[f^*(\mathrm{P}^*)] \in \mathrm{X} \qquad x' = \Phi^{-1}(\mathrm{P}^*) \in \mathrm{X}.$$

Vu ii) les hyperplans H*, P*, $f^*(\mathrm{P}^*)$ appartiennent à un faisceau linéaire d'hyperplans de X*, donc (en identifiant X à X**), C, x, x' sont alignés dans X. Or $f(x) = x'$. Donc f vérifie i). c.q.f.d.

Exercice 1. Chercher dans sa mémoire ou dans la littérature un théorème dit de Desargues qui est une conséquence de l'équivalence de i) et ii).

Remarque 1. Certains auteurs appellent « homologie de base hyperplane » ce que nous avons appelé ici perspective.

2. Les perspectives comme générateurs de PGl $(\widehat{\mathrm{X}})$

L'ensemble des perspectives engendre le groupe PG$l(\widehat{\mathrm{X}})$. De façon précise :

THÉORÈME 2. *Toute homographie de* X *est un produit de perspectives dont une au plus a un centre non situé sur sa base.*

Preuve. Soit $(e_1, \ldots, e_{n+1})$ une base de $\widehat{\mathrm{X}}$. Nous allons définir un certain nombre d'automorphismes de $\widehat{\mathrm{X}}$ par leurs matrices dans cette base.

Pour tout $\lambda \in \mathrm{K}$, et tout couple (i, j) d'entiers *distincts* tels que

$$1 \leqslant i, j \leqslant n + 1,$$

soit $\mathrm{B}_{ij}(\lambda)$ la matrice $((b_{kl}^{ij}))_{1 \leqslant k,\, l \leqslant n+1}$ telle que

$$\forall r = 1, \ldots, n + 1 \qquad b_{rr}^{ij} = 1; \qquad b_{ij}^{ij} = \lambda;$$

$b_{kl}^{ij} = 0$ si $(k, l) \notin \{(i, j), (1, 1), \ldots, (n + 1, n + 1)\}$.

Nous désignerons par $\mathrm{B}_{ij}(\lambda)$ l'endomorphisme de $\hat{\mathrm{X}}$ dont la matrice dans la base $(e_1, \ldots, e_{n+1})$ est $\mathrm{B}_{ij}(\lambda)$. On a donc

$$\mathrm{B}_{ij}(\lambda)e_k = \sum_l b_{lk}^{ij} e_l = \begin{cases} e_k & \text{si} \quad k \neq j \\ e_j + \lambda e_i & \text{si} \quad k = j \end{cases}$$

$\mathrm{B}_{ij}(\lambda)$ laisse donc fixe point par point tous les éléments de l'hyperplan $\hat{\mathrm{H}}_j$ de $\hat{\mathrm{X}}$ engendré par $\{e_1, \ldots, e_{j-1}, e_{j+1}, \ldots, e_{n+1}\}$ et l'image de $\mathrm{B}_{ij}(\lambda) - \mathrm{Id}$ est, si $\lambda \neq 0$, $\mathrm{K}e_i \subset \hat{\mathrm{H}}_j$. Par suite $\mathrm{B}_{ij}(\lambda)$ induit une perspective $\mathrm{B}_{ij}^*(\lambda)$ de X, de base $\mathrm{H}_j = \mathrm{P}(\hat{\mathrm{H}}_j)$ et de centre $\pi(e_i) \in \mathrm{H}_j$, distincte de l'identité si $\lambda \neq 0$. Soit $\mathrm{D}(\mu)$ la matrice diagonale telle que ses coefficients d_{ij} vérifient :

$$d_{ij} = 0 \quad \text{si} \quad i \neq j, \quad d_{ii} = 1 \quad \text{pour} \quad 1 \leqslant i \leqslant n; \qquad d_{n+1,\, n+1} = \mu$$

Il est clair que $\mathrm{D}(\mu)$ induit, si $\mu \neq 0$, une perspective $\mathrm{D}^*(\mu)$ de X, de base H_{n+1} et de centre $\pi(e_{n+1}) \notin \mathrm{H}_{n+1}$ qui est distincte de l'identité si $\mu \neq 1$.

Ceci dit, le théorème 2 résultera évidemment du

Lemme. *Toute matrice carrée* A *de déterminant* $\mu \neq 0$ *peut s'écrire sous la forme*

$$\mathrm{A} = \mathrm{BD}(\mu)$$

où B *est un produit de matrices de type* $\mathrm{B}_{ij}(\lambda)$.

Preuve. Pour simplifier les notations, nous supposerons les matrices d'ordre n (et non $n + 1$).

On remarque que, pour toute matrice A, $\mathrm{B}_{ij}(\lambda)\mathrm{A}$ [resp. $\mathrm{AB}_{ij}(\lambda)$] est la matrice déduite de A en ajoutant à sa i^{e} ligne sa j^{e} ligne multipliée par λ (resp. en ajoutant à sa j^{e} colonne sa i^{e} colonne multipliée par λ). En particulier

$$\mathrm{B}_{ij}(\lambda + \mu) = \mathrm{B}_{ij}(\lambda)\mathrm{B}_{ij}(\mu) \qquad \text{et} \qquad [\mathrm{B}_{ij}(\lambda)]^{-1} = \mathrm{B}_{ij}(-\lambda).$$

Il revient donc au même de montrer qu'il existe un produit B′ de matrices $\mathrm{B}_{ij}(\lambda)$ tel que B′A soit une matrice $\mathrm{D}(\mu)$; comme $\det \mathrm{B}_{ij}(\lambda) = 1$, on aura nécessairement $\mu = \det \mathrm{A}$. Il faut donc s'arranger pour montrer que, A étant une matrice régulière d'ordre n, elle se ramène à la forme $\mathrm{D}(\mu)$ avec $\mu \neq 0$ grâce à des combinaisons linéaires portant sur les lignes. Nous ferons la démonstration par récurrence sur n ; si $n = 1$, il n'y a rien à démontrer car $\mathrm{A} = \mu = \mathrm{D}(\mu)$. Supposons donc $n > 1$. On commence par se ramener au cas où $a_{11} = 1$: s'il n'en est pas ainsi, quitte à ajouter à la 2e ligne un multiple d'une autre ligne, on peut supposer $a_{21} \neq 0$. On choisit alors λ tel que $a_{11} + \lambda a_{21} = 1$, et $\mathrm{B}_{12}(\lambda)\mathrm{A}$ vérifie $a_{11} = 1$. En ajoutant alors, $\forall j > 1$, à la j^{e} ligne le produit de la première par $-a_{j1}$, on obtient une matrice de la forme

$$\mathrm{B}_1'\mathrm{A} = \mathrm{A}_1 = \begin{pmatrix} 1 & a_{12} & \ldots & a_{1n} \\ 0 & & & \\ \vdots & & \mathrm{A}' & \\ 0 & & & \end{pmatrix}$$

où A′ est régulière d'ordre $(n-1)$. Par hypothèse de récurrence, par combinaisons linéaires sur les lignes de A′ on obtient une matrice d'ordre $(n-1)$ de la forme $D'(\mu)$. Comme les lignes de A_1 d'indice supérieur ou égal à 2 commencent par des zéros, ces mêmes combinaisons linéaires appliquées à A_1 conduisent à une matrice de la forme

$$B_2'A_1 = A_2 = \begin{pmatrix} 1 & a_{12} & a_{13} & \cdots & a_{nn} \\ 0 & 1 & & & \\ \vdots & & 1 & \bigcirc & \\ \vdots & \bigcirc & & 1 & \\ 0 & & & 0 & \mu \end{pmatrix} = \begin{pmatrix} 1 & a_{12} & \cdots & a_{nn} \\ 0 & & & \\ \vdots & & D'(\mu) & \\ 0 & & & \end{pmatrix}$$

Il est alors clair qu'en ajoutant successivement à la 1re ligne la seconde multipliée par $-a_{12}$, la 3e multipliée par $-a_{13}$, ..., la n^e multipliée par $-a_{nn}/\mu$ (car $\mu \neq 0$), on obtient le résultat désiré. c.q.f.d.

Remarque 2. Le centre et la base de la perspective dont le centre n'est pas sur la base peuvent être choisis arbitrairement. De quels autres arbitraires dispose-t-on ?

Remarque 3. Les matrices $B_{ij}(\lambda)$ engendrent le sous-groupe unimodulaire

$$SL(n+1)$$

(sous-groupe des matrices d'ordre $n+1$ à coefficients dans K de déterminant $+1$).

II. Projections coniques (ou centrales)

On sait bien, en géométrie élémentaire, ce qu'est une projection conique : étant donné un point O et un plan P ne passant pas par O, la projection d'un point M sur P, de centre O, est la trace sur P de la droite OM.

Il s'agit ici d'une application qui n'est pas partout définie : les points du plan parallèle à P passant par O n'ont pas de projections. On peut cependant s'arranger pour que seul le point O n'ait pas de projections, en se plaçant dans un espace projectif et non affine; il est clair du reste que cette application entre dans le cadre de notre étude, puisque lorsque la restriction de cette projection à une droite D est définie, l'image de D est une droite.

1. Définition des projections coniques

Définition 1. *Soit* $X = P(\widehat{X})$ *un espace projectif de dimension* $n \geqslant 2$ *sur un corps* K. *Deux sous-espaces projectifs* $A = P(\hat{A})$ *et* $B = P(\hat{B})$ *de* X *seront dits « supplémentaires » si* $\widehat{X} = \hat{A} \oplus \hat{B}$.

PROPOSITION 1. *Soit* a (resp. b) *la dimension de* A (resp. B). *Pour que* A *et* B *soient supplémentaires il faut et suffit qu'ils vérifient les deux conditions*

$$a + b = n - 1 \qquad et \qquad A \cap B = \varnothing$$

En effet, ces conditions expriment au total que $\hat{A} \cap \hat{B} = \{0\}$ et $\hat{A} + \hat{B} = \hat{X}$, car $(A \cap B = \varnothing$ et $a + b = n - 1)$ implique que $V_p(A, B) = X$. c.q.f.d.

PROPOSITION 2. *Soient* A *et* B *deux sous-espaces projectifs supplémentaires de* X; *pour tout* $\xi \in \complement A$, $B \cap V_p(\xi, A)$ *se réduit à un point* ξ', *et l'application* $\xi \to \xi'$ *est une application projective de* X *sur* B, *de centre* A (cf. chapitre I, n° 5, déf. 6 et exercice 7).

Preuve. Soit $\hat{x} \in \pi^{-1}(\xi) \subset \hat{X} - \{0\}$. On peut écrire, d'une seule manière

$$\hat{x} = \hat{a} + \hat{b} \qquad \text{avec} \qquad \hat{a} \in \hat{A} \quad \text{et} \quad \hat{b} \in \hat{B}$$

Or pour que $\hat{y} \in \pi^{-1}\,[B \cap V_p(\xi, A)]$, il faut et suffit que

$$\hat{y} = \hat{b}' = \lambda\hat{x} + \hat{a}' \qquad \text{avec} \qquad \hat{a}' \in \hat{A} \quad \text{et} \quad \hat{b}' \in \hat{B}$$

On voit donc que nécessairement $\hat{a}' = -\lambda\hat{a}$ et $\hat{b}' = \lambda\hat{b}$.

Par suite $B \cap V_p(\xi, A) = \{\pi(\hat{b})\}$ et $\pi(\hat{b})$ est défini et ne dépend que de ξ (et non de $\hat{x}$) pourvu que $\xi \notin A$. Du reste l'application $\xi \longmapsto \pi(\hat{b}) = \xi'$ n'est autre que l'application projective induite par $pr_2 : \hat{X} = \hat{A} \times \hat{B} \to \hat{B}$, projection de $\hat{X}$ sur $\hat{B}$ parallèlement à $\hat{A}$; pr_2 est une application linéaire de noyau $\hat{A}$; $\xi \longmapsto \xi'$ est donc une application projective de centre A. c.q.f.d.

DÉFINITION 2. *Soient* C *et* P′ *deux sous-espaces projectifs supplémentaires de* $X = P(\hat{X})$. *L'application projective*

$$\xi \longmapsto P' \cap V_p(\xi, C)$$

s'appelle la projection conique (ou centrale) *de* X *sur* P′ *de centre* C.

Exemple 1. Soit Y un espace affine. Une projection parallèle p de Y sur un sous-espace Z parallèlement à la direction $\vec{T}$ se prolonge en une application projective $\tilde{p}$ du complété projectif $\tilde{Y}$ de Y sur le complété $\tilde{Z}$ de Z; $\tilde{p}$ est une projection conique de centre $P(\vec{T}) \subset \tilde{Y}_\infty$ (chapitre III, n° 1).

PROPOSITION 3. *Soit* p *la projection conique de l'espace projectif* X *sur le sous-espace* P′ *de centre* C. *Pour tout supplémentaire* P *de* C, *la restriction* p' *de* p *à* P *est une homographie de* P *sur* P′ *induisant l'identité sur* $P' \cap P$.

Cet énoncé est évident : p' est injectif et partout défini, car $P \cap C = \varnothing$ et bijectif car $\dim P' = \dim P = n - 1 - \dim C$.

Les 3 figures ci-dessous illustrent cet énoncé. Dans la première $n = 2$ et dim $P = P' = 1$ (donc C est un point) ; dans la seconde $n = 3$ et C est un point ; dans la troisième $n = 3$ et P, P′ et C sont des droites.

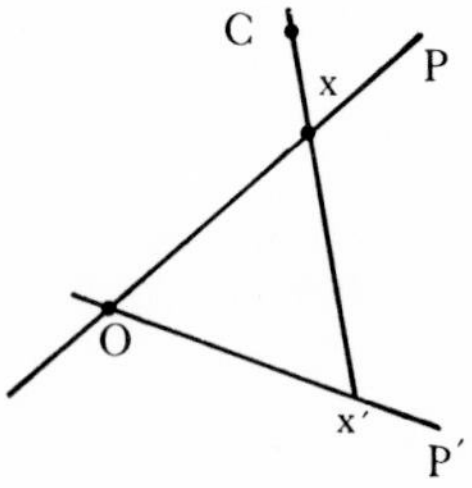

FIG. 3.

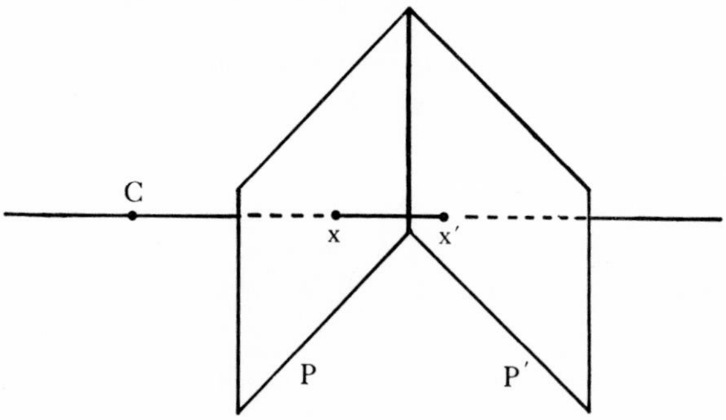

FIG. 4.

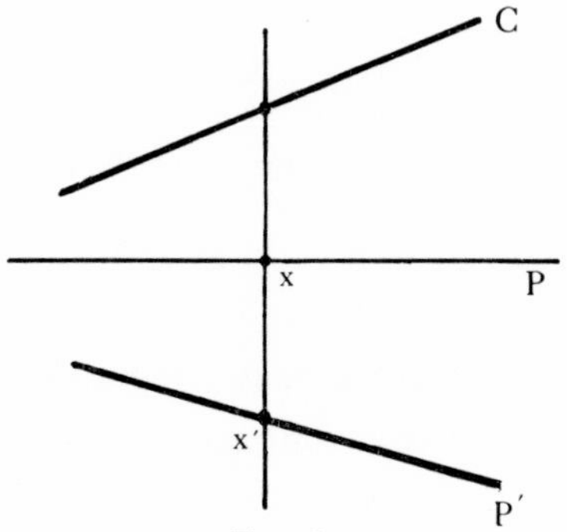

FIG. 5.

2. Réalisation d'une homographie comme restriction d'une projection conique

La proposition 3 admet une réciproque intéressante.

THÉORÈME 3. *Soient* P *et* P′ *deux sous-espaces projectifs de même dimension* $\nu \geqslant 1$ *d'un espace projectif* X′, *et* $X = V_p(P, P') \subset X'$. *Soit* φ *une homographie de* P *sur* P′ *induisant l'application identique sur* $P \cap P'$. *Alors il existe un sous-espace projectif* C *de* X *supplémentaire commun de* P *et* P′ *dans* X, *tel que* φ *soit la restriction à* P *de la projection de* X *sur* P′ *de centre* C. *De plus, si* $P \cap P' \neq \varnothing$, C *est unique.*

Preuve. Soient $X = P(\widehat{X})$, $P = P(\hat{P})$, $P' = P(\hat{P}')$ et u une application linéaire de $\hat{P}$ sur $\hat{P}'$ induisant φ ; par définition de X, $\hat{X} = \hat{P} + \hat{P}'$.

Supposons $\hat{P} \cap \hat{P}' \neq \{0\}$: alors $P \cap P' \neq \varnothing$, et comme $\varphi_{|P \cap P'} =$ Identité, pour tout $x \in \hat{P} \cap \hat{P}'$, $u(x) = \alpha(x)x$. Suivant un raisonnement déjà fait, la linéarité de u (et même seulement son additivité si dim $\hat{P} \cap \hat{P}' > 1$) montre que

$\alpha(x) = \alpha$ ne dépend pas de $x \in \hat{P} \cap \hat{P}'$ (remplacer x par $x_1 + x_2$ ou par kx dans cette égalité).

Soit $C = P(\hat{C})$ tel que φ soit la restriction à P de la projection de X sur P′ Pour tout $\xi \in P$ et $x \in \pi^{-1}(\xi)$ on a $u(x) \in Kx + \hat{C}$, et $C \cap P = \varnothing$ montre que la somme $Kx + \hat{C}$ est directe, puisque $x \in \hat{P}$. Donc, pour tout $x \in \hat{P}$, il existe un unique $\lambda(x) \in K$ et un unique $c(x) \in \hat{C}$ tels que

$$u(x) = \lambda(x)x + c(x)$$

Choisissons x_1 et x_2 linéairement indépendants dans $\hat{P}$ ($\nu \geqslant 1$) :

$$\lambda(x_1 + x_2)(x_1 + x_2) + c(x_1 + x_2) = \lambda(x_1)x_1 + \lambda(x_2)x_2 + c(x_1) + c(x_2)$$

On en déduit en particulier, comme $\hat{C} \cap \hat{P} = \{0\}$, qu'il existe $\lambda \in K$ tel que :

$$\forall x \in \hat{P} \qquad \lambda(x) = \lambda$$

En particulier on voit que si $P \cap P' \neq \varnothing$, $\lambda = \alpha$ (prendre $x \in \hat{P} \cap \hat{P}' - \{0\}$). En tout état de cause $\hat{P}' \cap \hat{C} = \{0\}$ montre que $\lambda \neq 0$, u étant bijectif.

Ceci posé, soit donc φ une homographie donnée de P sur P′, induite par $u \in L(\hat{P}, \hat{P}')$, et induisant l'identité sur $P \cap P'$ si $P \cap P' \neq \varnothing$; dans ce dernier cas, il est attaché à u une constante $\alpha \in K - \{0\}$. Si $P \cap P' \neq \varnothing$, il n'y a aucune restriction sur φ, donc sur u (sauf d'être linéaire bijectif). Si C existe, on a nécessairement

$$\hat{C} \supset (u - \lambda)(\hat{P}) \qquad \text{où} \qquad \lambda = \alpha \qquad \text{si} \qquad \hat{P} \cap \hat{P}' \neq \{0\}, \qquad \text{et} \qquad \lambda \neq 0.$$

d'après ce que nous venons de voir. De plus :

$$\operatorname{Ker}(u - \lambda) = \{x \in \hat{P} | u(x) = \lambda x\} = \hat{P} \cap \hat{P}'$$

puisque

$$u_{|\hat{P} \cap \hat{P}'} = \alpha \,\mathrm{Id}.$$

Par suite

$$\dim[(u - \lambda)(\hat{P})] = \dim \hat{P} - \dim \hat{P} \cap \hat{P}' = \dim X - \dim \hat{P}'$$

Si l'on veut donc que C et P′ soient supplémentaires dans X, il faut que

$$\hat{C} = (u - \lambda)(\hat{P})$$

ce qui — sous réserve de l'existence — assure *l'unicité* de C lorsque $P \cap P' \neq \varnothing$ (car alors $\lambda = \alpha$; u n'est déterminé par φ qu'à un facteur près, que l'on peut choisir de sorte que $\lambda = 1$, et on voit que $\hat{C}$ est déterminé par φ).

Inversement, soit u un isomorphisme linéaire de $\hat{P}$ sur $\hat{P}'$ se réduisant à α Id sur $\hat{P} \cap \hat{P}'$ si $\hat{P} \cap \hat{P}' \neq \{0\}$, et posons

$$\hat{C} = (u - \lambda)(\hat{P}) \qquad \text{avec} \qquad \lambda \in K^* \quad \text{et} \quad \lambda = \alpha \qquad \text{si} \qquad \hat{P} \cap \hat{P}' \neq \{0\}.$$

On a

$$\dim \hat{C} = \dim \hat{X} - \dim \hat{P} = \dim \hat{X} - \dim \hat{P}'$$

De plus, si $y \in \hat{C} \cap \hat{P}$, il existe $x \in \hat{P}$ tel que $y = u(x) - \lambda x$, de sorte que

$$y + \lambda x = u(x) \in \hat{P} \cap \hat{P}'$$

donc si $\hat{P} \cap \hat{P}' = \{0\}$, $u(x) = 0$, et $x = y = 0$ (u injectif); si $\hat{P} \cap \hat{P}' \neq \{0\}$, $\lambda = \alpha$ et $u[u(x)] = \alpha u(x) = u(y) + \alpha . u(x) \Longrightarrow u(y) = 0$, donc encore $y = 0$. Ainsi

$$\hat{C} \cap \hat{P} = \{0\}$$

Si $y \in \hat{C} \cap \hat{P}'$, $u(x) - \lambda x = y \in \hat{P}'$, donc $x \in \hat{P} \cap \hat{P}'$ (car $\lambda \neq 0$); que $P \cap P'$ soit vide ou non, $y = 0$ et :

$$\hat{C} \cap \hat{P}' = \{0\}$$

Par suite C est un supplémentaire commun à P et P′ dans X.

Il reste à voir que réciproquement la restriction à P de la projection ψ de X sur P′ de centre $P(\hat{C})$ n'est autre que l'homographie induite par u. Soit

$$\xi \in P, \qquad x \in \pi^{-1}(\xi) \subset \hat{P};$$

comme $\widehat{X}$ est somme directe de $\hat{P}'$ et $\hat{C}$, il existe un unique $x' \in \hat{P}'$ et il existe $x_1 \in \hat{P}$ tels que :

$$x = x' + u(x_1) - \lambda x_1$$

et l'on a

$$\psi(\xi) = \pi(x').$$

On a donc

$$x + \lambda x_1 = x' + u(x_1) \in \hat{P} \cap \hat{P}'$$

Si $\hat{P} \cap \hat{P}' = \{0\}$,

$$x = -\lambda x_1, \qquad x' = u\left(\frac{1}{\lambda} x\right) \qquad \text{et} \qquad \pi(x') = \varphi[\pi(x)] = \varphi(\xi).$$

Si $\hat{P} \cap \hat{P}' \neq \{0\}$,

$$\lambda = \alpha \qquad \text{et} \qquad x + \alpha x_1 = \frac{1}{\alpha} u(x + \alpha x_1) = u\left(\frac{1}{\alpha} x\right) + u(x_1) = x' + u(x_1).$$

Donc

$$x' = u\left(\frac{1}{\alpha} x\right) \qquad \text{et} \qquad \pi(x') = \psi(\xi) = \varphi(\xi)$$

Dans tous les cas $\psi_{|P} = \varphi$, ce qui achève la démonstration. c.q.f.d.

Remarque 1. Si, avec les notations de l'énoncé du théorème 3, $X' \neq X$, on peut vouloir réaliser φ par la restriction à P d'une projection conique de X′ sur P′. Il suffit pour cela de composer la projection $\psi : X \to P'$ de centre C que l'on vient de construire avec une projection centrale arbitraire $X' \to X$. Il revient au même de considérer une projection $\psi' : X' \to P'$ de centre $C' = P(\hat{C}')$, où $\hat{C}'$ est un sous-espace de $\widehat{X}'$ de la forme

$$\hat{C}' = \hat{C} \oplus \hat{C}_1$$

où $\hat{C} \subset \widehat{X}$ vient d'être construit, et $\hat{C}_1$ est un *supplémentaire arbitraire* de $\widehat{X}$ dans $\widehat{X}'$.

Exemple 2. Si $P = P'$, $C = \varnothing$.

Exemple 3. On prend pour P et P′ deux droites D et D′ distinctes d'un *plan* projectif X, qui se coupent donc en un point O. On se donne une homographie $\varphi : \xi \longmapsto \xi'$ telle que $\varphi(O) = O$. Alors la droite $V_p(\xi, \xi')$ passe par un point fixe C. Soit donné $\alpha \in D - \{O\}$, et mettons sur $\complement V_p[\alpha, \varphi(\alpha)]$ sa structure affine canonique : l'application $\xi \longmapsto \varphi(\xi)$ est affine de $D - \{\alpha\}$ dans

$$D' - \{\varphi(\alpha)\}$$

et O se correspond à lui-même. *Le théorème* 3 *devient alors le théorème de Thalès.*

Que se passe-t-il si $\varphi(O) \neq O$?

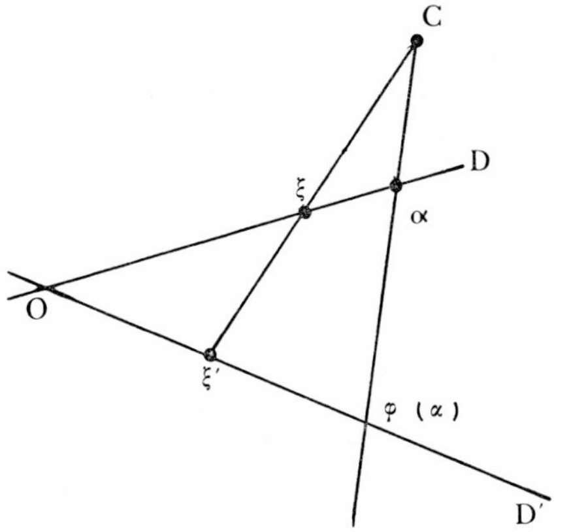

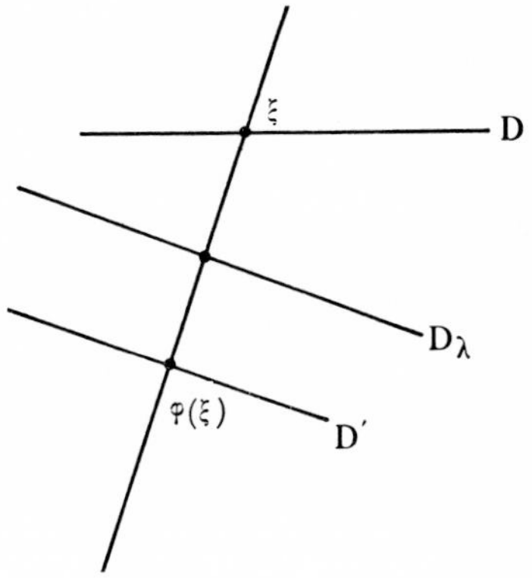

Exemple 4. On prend pour P et P′ deux droites non sécantes D et D′ d'un espace projectif X de dimension 3, et pour φ une homographie arbitraire de D sur D′. Alors il existe une infinité à un paramètre $\lambda \in K^*$ de droites D_λ de X ne rencontrant ni D, ni D′, et rencontrant toutes les droites $V_p[\xi, \varphi(\xi)]$.

Exercice 1. On reprend la situation de l'exemple 4, et on pose

$$D = D_0, \qquad D' = D_\infty, \qquad \Gamma_\varphi = \bigcup_{\lambda \in P_1(K)} D_\lambda.$$

On désigne d'autre part par Δ_ξ la droite $V_p[\xi, \varphi(\xi)]$. L'ensemble Γ_φ s'appelle une quadrique réglée.

a) Montrer que par tout point $\eta \in \Gamma_\varphi$ il passe une droite Δ_ξ et une seule, une droite D_λ et une seule, que deux droites D_λ (resp. Δ_ξ) distinctes sont disjointes, que toute droite D_λ rencontre toute droite Δ_ξ en un point et un seul, et que $\Gamma_\varphi = \bigcup_{\xi \in D_0} \Delta_\xi$.

b) Montrer que les familles $(D_\lambda)_{\lambda \in P_1(K)}$ et $(\Delta_\xi)_{\xi \in D_0}$ jouent le même rôle et que D_0 et D_∞ ne jouent aucun rôle privilégié dans la famille $(D_\lambda)_{\lambda \in P_1(K)}$.

c) Montrer qu'il existe une quadrique réglée et une seule Γ contenant 3 droites

Δ_0, Δ_1, Δ_∞ deux à deux disjointes. On prend pour Δ_0, Δ_∞, Δ_1 les droites d'équations respectives dans $P_3(K)$:

$$x = y = 0, \qquad z = t = 0, \qquad x + z = y + t = 0$$

Écrire l'équation de la quadrique réglée contenant ces trois droites et l'homographie φ_i de Δ_j sur Δ_k ($\{i, j, k\} = \{0, 1, \infty\}$) telle que $\Gamma = \Gamma_{\varphi_i}$ ($i \in \{0, 1, \infty\}$).

Exercice 2. Comment peut-on généraliser à dim $X \neq 3$ la situation décrite dans l'exemple 4 et étudiée dans l'exercice 1 ?

Exercice 3. Dans l'énoncé du théorème 3, on supposait que φ était une homographie. Montrer que si dim $P \cap P' \geqslant 1$, le théorème subsiste, en supposant seulement que φ est une collinéation. Mais si dim $P \cap P' < 1$, une collinéation de P sur P' n'est pas nécessairement la restriction à P d'une projection centrale comme le montre le contre-exemple suivant dû à Laurent Schwartz. On prend pour X le complété projectif de l'espace vectoriel $\mathbf{C}^2$, pour P (resp. P') l'adhérence dans X de la droite de $\mathbf{C}^2$ d'équation $y = ix$ (resp. $y = -ix$) et pour φ la semi-homographie de P sur P' définie par $(x, y) \longmapsto (\bar{x}, \bar{y})$. La famille $(V_P[\xi, \varphi(\xi)])_{\xi \in P}$ est la famille des complétées projectives des droites affines de $\mathbf{C}^2$ qui sont des complexifiées de droites affines de $\mathbf{R}^2 = \{(x, y) \in \mathbf{C}^2 | x \in \mathbf{R} \text{ et } y \in \mathbf{R}\}$ Elles ne passent pas par un point fixe.

APPENDICE I

Classification de Jordan des endomorphismes des espaces vectoriels de dimension finie

Soient E un espace vectoriel de dimension finie sur le corps K, End E la K-algèbre des endomorphismes de E : on dit que deux endomorphismes u et u' de E sont *équivalents* s'il existe un automorphisme $v \in \mathrm{GL(E)}$ tel que

$$u' = v \circ u \circ v^{-1}$$

i.e. tel que le diagramme

$$\begin{array}{ccc} E & \xrightarrow{\ u\ } & E \\ {\scriptstyle v}\downarrow & & \downarrow{\scriptstyle v} \\ E & \xrightarrow[\ u'\ ]{} & E \end{array}$$

soit commutatif.

Cette relation est bien une relation d'équivalence. Si $\mathscr{E}$ est une base de E et $v(\mathscr{E})$ sa transformée par l'automorphisme v, la matrice de u dans $\mathscr{E}$ est celle de u' dans $v(\mathscr{E})$, tandis que les matrices de u et u' dans la même base sont semblables. Inversement deux matrices semblables représentent soit le même endomorphisme dans deux bases distinctes, soit deux endomorphismes équivalents dans la même base.

Camille Jordan a attaché à toute classe d'équivalence d'endomorphismes de E des « invariants » qui caractérisent cette classe.

Nous allons exposer cette question en la rattachant étroitement au fait que la donnée (E, u) d'un espace vectoriel E et d'un endomorphisme u de E équivaut à celle d'une structure de K[X]-module sur l'ensemble E.

1. Divisibilité dans l'anneau des polynômes à une variable (cf. [18, 26]).

Soit A = K[X] l'algèbre des polynômes à une indéterminée sur le corps K. Rappelons qu'en tant qu'anneau, A est un *anneau principal*, i.e. tout idéal I de A est engendré par un seul élément (savoir tout polynôme f de degré minimal parmi les polynômes appartenant à I : c'est ce que montre immédiatement la division euclidienne de $g \in \mathrm{I}$ par f). Nous appellerons polynôme *unitaire* tout polynôme non nul dont le coefficient du terme de plus haut degré est $+1$. Si $\mathrm{I} \neq 0$, on peut supposer le générateur f de I *unitaire*. Si l'on note en effet par (f) l'idéal $\mathrm{A}f$ engendré par f, on a $(f) = (g)$ si et seulement si il existe $k \in \mathrm{K} - \{0\}$ tel que $f = kg$; plus généralement, $(f) \subset (g)$ si et seulement si g *divise* f dans l'anneau A, i.e. s'il existe un polynôme $\varphi \in \mathrm{A}$ tel que $f = \varphi g$ (notation : $g|f$) : si $g|f$ et $f|g$, f et g ont même degré et φ est de degré 0, i.e. est une constante non nulle. Soient $f_1, \ldots, f_p$ des éléments de $\mathrm{A} - \{0\}$. Le *plus petit* idéal $(f_1, \ldots, f_p)$ contenant les f_i (i.e. l'idéal qu'ils engendrent) est *l'intersection* de tous les idéaux contenant $f_1, \ldots, f_p$; c'est un idéal principal (g), et g est ainsi *le plus grand* diviseur *commun* aux f_i [plus grand est relatif à la relation $g|f$, qui est une relation *préordre* dans $\mathrm{A} - \{0\}$, et d'ordre (non total) dans l'ensemble des polynômes unitaires non nuls]; on vérifie tout de suite que le plus grand diviseur est aussi le diviseur de plus haut degré; l'article défini « le » est d'ailleurs abusif, car tout produit d'un diviseur g de f par une constante non nulle (i.e. un polynôme de degré 0) est un diviseur de f de même degré que g; on identifie dans cette théorie deux polynômes multiples l'un de l'autre par une constante non nulle.

Si $(f_1, \ldots, f_p) = (1) = \mathrm{A}$, les f_i sont dits premiers entre eux dans leur ensemble (ou mieux *étrangers*); pour qu'il en soit ainsi, il faut et suffit qu'il existe des polynômes φ_i tels que

$$\sum_{i=1}^{p} \varphi_i f_i = 1.$$

Plus généralement, $(f_1, \ldots, f_p) = (g)$ si et seulement si il existe des polynômes φ_i et ψ_i tels que

$$\sum_{i=1}^{p} \varphi_i f_i = g \qquad \text{et} \qquad f_i = \psi_i g.$$

Il en résulte que pour que g soit le P.G.C.D. de $f_1, \ldots, f_p$, il faut et suffit que g divise les f_i et que les f_i/g soient étrangers.

Un polynôme $f \in \mathrm{K}[\mathrm{X}]$ est dit *irréductible* sur K (ou dans l'anneau K[X]) s'il n'a pas d'autres diviseurs que les diviseurs obligatoires, i.e. les constantes non nulles et les polynômes kf, $k \in \mathrm{K} - \{0\}$: il revient au même de dire que l'idéal (f) est maximal dans l'ensemble des idéaux de K[X], privé de $\mathrm{K}[\mathrm{X}] = (1)$, et ordonné par inclusion. Tout polynôme admet, s'il n'est pas lui-même irréductible, des diviseurs de degré strictement plus petit, irréductibles, et (pour des raisons de degré) en nombre fini; on ne compte pas les polynômes de degré 0 parmi les polynômes irréductibles.

La notion d'irréductibilité est relative au corps K : le polynôme $\mathrm{X}^2 + 1$ est irréductible sur **R** (i.e. dans **R**[X]) et réductible sur **C**.

Tout polynôme φ s'écrit comme un produit

$$\varphi = k \varphi_1^{\alpha_1} \ldots \varphi_r^{\alpha_r}$$

où les φ_i sont *irréductibles*, *unitaires*, 2 à 2 distincts, et $k \in \mathrm{K}$; de plus cette décomposition est unique si $\varphi \neq 0$.

Soit enfin $I_j = (f_j)$ $(j = 1, 2, \ldots, r)$ un nombre fini d'idéaux de K[X] $I = \bigcap_{j=1}^{r} I_j$ est un idéal de K[X], donc principal : soit $(f) = I$. Comme I est *le plus grand* idéal *contenu* dans tous les I_j, f est un *multiple commun* à tous les f_j, et c'en est le plus petit (au sens de la relation de préordre $f|g$) ; c'est aussi *le* multiple commun (défini à un facteur constant près) *de plus bas degré*, donc le plus petit commun multiple (P.P.C.M.).

2. Les K[X]-modules

Soit M un K[X]-module, i.e. un groupe abélien muni d'une loi externe $K[X] \times M \to M$, notée $(f, x) \longmapsto fx$ vérifiant les propriétés habituelles :

$$\text{(I)} \quad \begin{cases} f(x + x') = fx + fx' \\ (f + g)x = fx + gx \\ (fg)x \quad = f(gx) \\ 1x \quad = x \end{cases}$$

Comme $K \subset K[X]$ (polynôme nul et polynômes de degré 0), M est en particulier un espace vectoriel sur K. Nous désignerons par M_K cette structure d'espace vectoriel sur l'ensemble M obtenue en restreignant la loi externe à $K \times M$. Comme K[X] est commutatif, il résulte de (I) que pour tout $f \in K[X]$, l'application $\tilde{f}$ $x \longmapsto fx$ de M dans lui-même est un *endomorphisme* de l'espace vectoriel M_K et que l'application $f \longmapsto \tilde{f}$ de K[X] dans End M_K est un homomorphisme d'anneaux (et même d'algèbres). En particulier, $\widetilde{fg} = \tilde{f} \circ \tilde{g}$. Comme K[X] est engendré comme K-algèbre par les polynômes 1 et X, il suffit donc pour connaître complètement la loi externe $(f, x) \longmapsto fx$ de connaître l'application $u = \tilde{X} \in \text{End } M_K$: si l'on note Xx par $\tilde{X}(x) = u(x)$, et si $f = \sum_{i=0}^{n} a_i X^i \in K[X]$, on a

$$\text{(2-1)} \qquad fx = [f(u)](x) = \sum_{i=0}^{n} a_i u^i(x) \qquad \text{où} \qquad u^k = u^{k-1} \circ u, \quad u^0 = \text{Id}.$$

Inversement la donnée d'un endomorphisme u d'un espace vectoriel E sur K fournit, grâce à la formule (2-1), une application $(f, x) \longmapsto fx$ de $K[X] \times E$ dans E qui vérifie (I) (notamment parce que K[X] est commutatif), et munit E d'une structure de K[X]-module E_u dépendant de u.

Les K[X]-sous-modules de E_u sont exactement les sous-espaces vectoriels E' de E *stables* par u [i.e. tels que $u(E') \subset E$]. En effet, si M' est un tel sous-module, c'est un sous-groupe additif de E, stable par multiplication par les éléments de K et par le polynôme X, donc vu (2-1), un sous-espace vectoriel de E stable par u. Inversement si E' est un tel sous-espace vectoriel, $\forall a \in K$, $\forall x \in E'$, ax et $u(x) \in E'$, donc vu (2-1), $\forall f \in K[X]$, $\forall x \in E'$, $fx \in E'$; par suite E' est bien un K[X] sous-module de E_u.

Les structures de K[X]-modules sur l'espace vectoriel E, pour lesquelles la multiplication par les polynômes constants est la même que celle pour les scalaires au sens de la structure d'espace vectoriel de E, correspondent donc bijectivement aux éléments de End E.

Soit M un K[X]-module et $x \in M$. On appelle *annulateur* de M (resp. annulateur de x) l'ensemble

$$\begin{aligned} & \mathrm{A}n(\mathrm{M}) = \{f \in \mathrm{K}[\mathrm{X}] \mid \forall x \in \mathrm{M}, \quad fx = 0\} \\ [\text{resp.} \quad & \mathrm{A}n(x) \quad = \{f \in \mathrm{K}[\mathrm{X}] \mid fx = 0\}]. \end{aligned}$$

Ce sont des idéaux de K[X], et $\mathrm{A}n(\mathrm{M}) = \bigcap_{i=1}^{n} \mathrm{A}n(e_i)$ où $(e_1, \ldots, e_n)$ est une base de l'espace vectoriel M_{K} supposée de dimension finie n. L'annulateur de M (resp. celui de e_i) est un idéal principal (φ) [resp. (φ_i)] de K[X], de sorte que φ est le *plus petit commun multiple* des polynômes φ_i (n° 1).

Toujours dans l'hypothèse où $\dim_{\mathrm{K}} \mathrm{M}_{\mathrm{K}} = n < \infty$, aucun des φ_i n'est nul; car — en posant $\tilde{\mathrm{X}} = u$ — les $(n+1)$ vecteurs $e_i, u(e_i), \ldots, u^n(e_i)$ sont linéairement dépendants, et φ_i divise donc le polynôme non nul

$$g(\mathrm{X}) = a_0 + a_1\mathrm{X} + \cdots + a_n\mathrm{X}^n$$

où les a_j sont des éléments de K non tous nuls tels que

$$a_0 e_i + a_1 u(e_1) + \cdots + a_n u^n(e_i) = 0.$$

L'idéal $\mathrm{A}n(\mathrm{M})$ n'est donc pas nul non plus; c'est le noyau de l'homomorphisme $f \longmapsto \tilde{f}$ de K[X] dans End M_{K}.

Un K[X]-module M est dit *monogène* (resp. de *type fini*) s'il existe *un* élément $e \in \mathrm{M}$ (resp. un nombre fini d'éléments $e_1, \ldots, e_p$ de M) tel que l'homomorphisme de K[X]-modules :

$$f \longmapsto fe \quad \left[\text{resp. } (f_1, \ldots, f_p) \to \sum_{i=1}^{p} f_i e_i\right]$$

de K[X] [resp. $(\mathrm{K}[\mathrm{X}])^p$] dans M soit *surjectif*; e [resp. $(e_1, \ldots, e_p)$] s'appelle un générateur (resp. un système de générateurs) du K[X]-module M. Toute famille génératrice $(e_1, \ldots, e_p)$ de l'espace vectoriel M_{K} est un système de générateurs du K[X]-module M, puisque tout $x \in \mathrm{M}$ s'écrit $x = \sum_{i=1}^{p} \lambda_i e_i$, où les $\lambda_i \in \mathrm{K} \subset \mathrm{K}[\mathrm{X}]$ sont des polynômes constants (nuls ou de degré 0). La réciproque est évidemment fausse.

Si l'on considère K[X] comme module sur lui-même, les sous-modules de K[X] sont les idéaux de K[X]; si I est un tel idéal, K[X]/I peut donc être, au choix, considéré comme un anneau quotient de K[X] ou comme un K[X]-module (quotient du K[X]-module K[X]). Ce dernier point de vue est utile lorsque l'on considère un K[X]-module monogène M, de générateur e : l'homomorphisme surjectif de K[X]-modules :

$$f \longmapsto fe$$

de K[X] sur M ayant par définition $An(e)$ pour noyau, il en résulte par passage au quotient un *isomorphisme* $\dot{f} \longmapsto fe$ du K[X]-module $K[X]/An(e)$ sur le K[X]-module M.

Un K[X]-module M est dit *indécomposable* si aucun sous-module véritable de M (i.e. distinct de $\{0\}$ et M) n'admet de supplémentaire. Par exemple un sous-module *irréductible* (on dit plutôt *simple*) (i.e. sans véritable sous-module) est indécomposable, la réciproque étant fausse en général comme nous le verrons.

L'essentiel de la théorie de Jordan consiste à démontrer le

THÉORÈME 1. *Soient* E *un espace vectoriel de dimension finie sur le corps commutatif* K, *u un endomorphisme de* E, *et* $M = E_u$ *le* K[X]*-module que u associe à* E. *Alors* M *est somme directe d'un nombre fini de sous-*K[X]*-modules monogènes indécomposables, dont chacun est isomorphe à un* K[X]*-module de la forme* $K[X]/(p^k)$ *ou p est un polynôme irréductible et k un entier* > 0.

La démonstration va occuper les n°s 3 et 4. On prendra garde à bien distinguer l'espace vectoriel E du K[X]-module $E_u = M$. Il s'agit du même ensemble, muni de la même structure de groupe additif, mais l'anneau d'opérateurs sur E est l'espace vectoriel K, tandis que celui de M est le sur-anneau K[X] du corps K.

3. La forme faible du théorème de Jordan : les sous-espaces caractéristiques d'un endomorphisme

Soit E un espace vectoriel de dimension finie n sur K, $u \in \text{End}\, E$. On appelle *polynôme minimal* de l'endomorphisme u le polynôme unitaire φ tel que

$$An(E_u) = (\varphi).$$

Soit

$$\varphi = \varphi_1^{\alpha_1} \dots \varphi_r^{\alpha_r}$$

la décomposition de φ en produit de polynômes unitaires irréductibles, écrite de telle sorte que $i \neq j \Longrightarrow \varphi_i \neq \varphi_j$. Posons

$$\psi_i = \varphi/\varphi_i^{\alpha_i}.$$

Les polynômes ψ_i sont étrangers dans leur ensemble, car si $f \mid \psi_i$, il existe $j \neq i$ tel que $\varphi_j | f$, et f ne peut diviser ψ_j. D'après l'identité de Bezout il existe donc des polynômes θ_i $(1 \leqslant i \leqslant r)$ tels que

$$\sum_{i=1}^{r} \theta_i \psi_i = 1$$

Posons

$$R_i = \theta_i \psi_i \quad (1 \leqslant i \leqslant r).$$

Si $i \neq j$, φ divise $\psi_i \psi_j$, donc $R_i R_j \in An(E_u)$. Considérons alors les endomorphismes $R_i(u)$ de E. On a :

$$\sum_{i=1}^{r} R_i(u) = Id_E \tag{3-1}$$

$$R_i(u) \circ R_j(u) = (R_i R_j)(u) = 0 \quad (i \neq j) \tag{3-2}$$

d'où

$$R_i(u) \circ R_i(u) = R_i(u) . Id_E = R_i(u). \tag{3-3}$$

Soit

$$E_i = Im\ R_i(u) = [R_i(u)](E).$$

Proposition 1. *L'espace vectoriel* E *est somme directe des sous-espaces* E_i, *qui sont des* K[X]*-sous-modules de* E_u; *de plus* $E_i = Ker[\varphi_i(u)]^{\alpha_i}$.

En effet E_i est stable par u, car si $x \in E_i$, il existe $y \in E$ tel que

$$x = [R_i(u)](y).$$

Alors

$$u(x) = [u \circ R_i(u)](y) = [R_i(u) \circ u](y) = [R_i(u)][u(y)] \in E_i.$$

Donc, pour tout $f \in K[X]$, $[f(u)](E_i) \subset E_i$, et E_i est un K[X]-sous-module de E_u.

(3-1), (3-2), (3-3) montrent que les $R_i(u)$ sont des projecteurs deux à deux orthogonaux de E. De façon précise, soit $x \in E$ et $x_i = R_i(u)(x)$. Alors d'après (3-1) :

$$x = \sum_{i=1}^{r} x_i;$$

d'après (3-2)

$$R_j(u)(x_i) = 0 \qquad \text{si} \qquad j \neq i,$$

et d'après (3-3)

$$R_i(u)(x_i) = x_i.$$

Par suite, si pour tout i, $x_i \in E_i$, et si

$$\sum_{i=1}^{r} x_i = 0$$

on a pour tout j

$$R_j(u)\left(\sum_{i=1}^{r} x_i\right) = x_j = 0$$

de sorte que E est bien somme directe des E_i.

Enfin $\varphi_i^{\alpha_i} R_i = \theta_i \varphi \in An(E_u)$ montre que $E_i \subset Ker[\varphi_i(u)]^{\alpha_i}$. Inversement, si $[\varphi_i(u)]^{\alpha_i}(x) = 0$, comme $\varphi_i^{\alpha_i} | R_k$ pour $i \neq k$, $R_k(u)(x) = x_k = 0$ pour $i \neq k$, donc $x \in E_i$. c.q.f.d.

Remarque 1. Le fait que les E_i soient des sous-modules de E_u montre que non seulement l'espace vectoriel E est somme directe des E_i, mais aussi le K[X]-module E_u.

Remarque 2. Soit M_i le K[X]-module E_i. De

$$E_u = M = \bigoplus_{i=1}^{r} M_i$$

on déduit évidemment

$$An(M) = \bigcap_{i=1}^{r} An(M_i).$$

Par suite *le polynôme minimal* de M_i est $\varphi_i^{\alpha_i}$. En effet, ce polynôme minimal divise $\varphi_i^{\alpha_i}$, donc est de la forme $\varphi_i^{\beta_i}$ avec $\beta_i \leqslant \alpha_i$; donc (cf. n° 2), le polynôme minimal de M est le P.P.C.M. des $\varphi_i^{\beta_i}$, soit $\varphi_1^{\beta_1} \dots \varphi_r^{\beta_r}$ puisque les φ_i sont irréductibles donc sans facteurs communs. Comme ce polynôme minimal est φ, on a pour tout i, $\alpha_i = \beta_i$.

En particulier, pour $k > 0$, $\mathrm{Ker}[\varphi_i(u)]^{\alpha_i - k}$ est strictement contenu dans E_i, tandis que $\mathrm{Ker}[\varphi_i(u)]^{\alpha_i + k} = E_i$.

Exemple. Supposons φ_i du 1er degré : $\varphi_i(X) = X - \lambda_i$. Alors Ker $\varphi_i(u)$ est le *sous-espace propre* E_{λ_i} associé à la valeur propre λ_i.

DÉFINITION 1. *Le sous-espace* E_i *s'appelle le sous-espace caractéristique de u associé au diviseur irréductible* φ_i *de son polynôme minimal. Si ce diviseur est du premier degré, de racine* $\lambda_i \in K$, *on dit aussi que* E_i *est le sous-espace caractéristique associé à la valeur propre* λ_i.

COROLLAIRE 1. *Pour que l'endomorphisme u de* E *soit diagonalisable, il faut et suffit que le polynôme minimal* φ *de u ait toutes ses racines dans* K, *et que chacune soit simple.*

En effet, soient $(\lambda_i)_{1 \leqslant i \leqslant k}$ les valeurs propres distinctes de u situées dans K, et $E'_i = \mathrm{Ker}(u - \lambda_i \, \mathrm{Id})$. La somme des E'_i est directe, et pour que E soit diagonalisable, il faut et il suffit que $E = \bigoplus_{i=1}^{k} E'_i$. D'autre part l'annulateur du K[X]-sous-module E'_i de E_u est $X - \lambda_i$, et il contient $An(E_u)$, donc $(X - \lambda_i) | \varphi$; $X - \lambda_i$ est donc un facteur irréductible de φ, et l'on peut supposer que c'est φ_i grâce à une numérotation convenable. On a donc $E'_i \subset E_i$, l'égalité n'étant réalisée que si $\alpha_i = 1$. Par suite :

$$\bigoplus_{i=1}^{k} E'_i \subset \bigoplus_{i=1}^{r} E_i = E.$$

On voit donc que u est diagonalisable si et seulement si $k = r$ et $\alpha_i = 1$ pour $i = 1, 2, \dots, r$. c.q.f.d.

PROPOSITION 2. *Supposons que* $An(E_u) = (X - \lambda)^p$. *Alors* $p \leqslant \dim_K E$.

Preuve. Comme $(X - \lambda)^p$ est le polynôme minimal de u, il existe $e \in E$ tel que $(u - \lambda)^{p-1}(e) \neq 0$, de sorte que $An(e) = [(X - \lambda)^p]$. Soit M′ le K[X]-sous-module de $M = E_u$ engendré par e.

Comme on l'a vu au nº 2, l'application $f \longmapsto [f(u)](e)$ définit par passage au quotient un isomorphisme de K[X]-modules de

$$K[X]/An(e) = K[X]/((X - \lambda)^p) \quad \text{sur} \quad M'.$$

A fortiori les K-espaces vectoriels sous-jacents sont isomorphes. Or

$$(1, X - \lambda, \ldots, (X - \lambda)^{p-1})$$

constitue visiblement une base de l'espace vectoriel $K[X]/((X - \lambda)^p)$. Donc

$$\dim_K M \geqslant \dim_K M' = p. \qquad \text{c.q.f.d.}$$

COROLLAIRE 2 (Hamilton-Cayley). *Soit* χ *le polynôme caractéristique d'un endomorphisme* u *d'un espace vectoriel* E *de dimension finie sur* K. *Alors l'endomorphisme* $\chi(u)$ *de* E *est nul.*

Preuve. Il suffit de démontrer que le polynôme minimal φ de u divise χ.

Supposons d'abord K algébriquement clos. Alors tous les facteurs irréductibles φ_i de φ sont du 1er degré, i.e. de la forme $\varphi_i = X - \lambda_i$, où λ_i est une valeur propre de u. Inversement, si λ est une valeur propre de u, $(X - \lambda) | \varphi$ (démonstration du corollaire 1). On a donc

$$\varphi(X) = (X - \lambda_1)^{\alpha_1} \ldots (X - \lambda_r)^{\alpha_r}$$
$$\chi(X) = (X - \lambda_1)^{\beta_1} \ldots (X - \lambda_r)^{\beta_r}$$

et il suffit de voir que $\alpha_i \leqslant \beta_i$. Comme E est somme directe des E_i, qui sont stables par u, χ est le produit des polynômes χ_i où χ_i est le polynôme caractéristique de la restriction u_i de u à E_i. Donc $\chi_i(X) = (X - \lambda_i)^{\beta_i}$ et

$$\beta_i = \dim E_i.$$

Mais (remarque 2), $(X - \lambda_i)^{\alpha_i}$ est le polynôme minimal de u_i; d'après la proposition 2, $\alpha_i \leqslant \beta_i$.

Si K n'est pas algébriquement clos, il suffit de considérer une clôture algébrique $\tilde{K}$ de K; pour éviter des difficultés relatives à l'extension à $\tilde{K}$ du corps des scalaires, il suffit de raisonner en termes de matrices à coefficients dans K opérant comme endomorphismes de $K^n \subset \tilde{K}^n$; les polynômes φ et χ sont à coefficients dans K. Si l'un est multiple de l'autre dans l'anneau $\tilde{K}[X]$, il en est de même dans l'anneau K[X], la division euclidienne se faisant par des opérations rationnelles; comme χ ne change évidemment pas par extension du corps de base, on est ramené à voir que le polynôme minimal φ de la matrice opérant sur K^n est le même que celui $\tilde{\varphi}$ de u considérée comme à coefficients dans $\tilde{K}$.

Nous admettrons ce point : l'exercice 3 (nº 6) redonne une démonstration directe du théorème de Hamilton-Cayley indépendante de la nature de K.

c.q.f.d.

Une des utilités du théorème de Hamilton-Cayley est de faciliter la recherche du polynôme minimal φ de u : en effet les facteurs irréductibles de φ sont exactement ceux de χ, et ils interviennent dans φ à un ordre de multiplicité au plus égal à celui où ils interviennent dans χ.

Corollaire 3. *Le degré de* φ *est au plus égal à la dimension sur* K *de l'espace vectoriel* E.

4. Démonstration du théorème de Jordan

En vertu de la proposition 1 (nº 3), il suffit de montrer que chaque sous-espace caractéristique E_i de E est somme directe d'un nombre fini de K[X]-sous-modules monogènes indécomposables; on est donc ramené au cas où

$$\mathrm{An}(E_u) = (p^k),$$

$p \in K[X]$ étant un polynôme irréductible. La démonstration se fait par récurrence sur $n = \dim_K E$. Si $n = 1$, il n'y a rien à démontrer, E étant déjà irréductible en tant qu'espace vectoriel. Supposons donc le théorème démontré si $\dim_K E \leqslant n - 1$, et supposons $\dim_K E = n$.

La démonstration va résulter de plusieurs lemmes.

Lemme 1. *Soient* E *un espace vectoriel de dimension finie sur* K, E* *son dual,* $u \in \mathrm{End}\, E$ *et* $u^* \in \mathrm{End}\, E^*$ *la transposée de* u. *Alors* $\mathrm{An}(E_u) = \mathrm{An}(E^*_{u^*})$.

Preuve. Pour $x \in E$ et $x' \in E^*$, nous notons comme d'habitude $\langle x, x' \rangle$ la valeur au point x de la forme linéaire x'. La transposée u^* de u est définie par

$$\forall x, \ \forall x', \qquad \langle x, u^*(x') \rangle = \langle u(x), x' \rangle$$

On a donc, $\forall p \in \mathbf{N}$ et $\forall k \in K$:

$$\langle x, k(u^*)^p(x') \rangle = \langle ku^p(x), x' \rangle$$

et par suite, pour tout $f \in K[X]$

$$\forall x, \ \forall x', \qquad \langle x, [f(u^*)](x') \rangle = \langle f(u)(x), x' \rangle.$$

D'où l'assertion, les espaces vectoriels étant de dimension finie (cf. 1re partie, chapitre IV, § III, nº 1).

Lemme 2. *Soit* $p \in K[X]$ *un polynôme irréductible, et* M *un* K[X]*-module d'annulateur* (p^k) *tel que* $\dim_K M < \infty$. *Alors dans toute base de* M *sur* K *il existe au moins un élément* e *d'annulateur* (p^k) *et le sous-module monogène* $K[X]e = N$ *de* M *engendré par* e *a aussi pour annulateur* (p^k).

En effet soit $(e_1, \ldots, e_r)$ une base de M, $(q_i) = \mathrm{An}\, e_i$; nous avons vu (nº 2) que p^k est le P.P.C.M. des polynômes q_i; comme p est irréductible, c'est que l'un des q_i — disons q_1 — est égal à p^k. Comme $\{e_1\} \subset N \subset M$, on a

$$(p^k) = \mathrm{An}(e_1) \supset \mathrm{An}(N) \supset \mathrm{An}(M) = (p^k). \qquad \text{c.q.f.d.}$$

Lemme 3. *Soit* E *un espace vectoriel de dimension finie sur* K, *et* $u \in \mathrm{End}\,(E)$. *Supposons le* K[X]*-module* E_u *monogène, d'annulateur de la forme* (p^k), *où* p *est un polynôme irréductible. Alors* $E^*_{u^*}$ *est un* K[X]*-module isomorphe à* E_u, *et en particulier monogène.*

Preuve. Soit $V_{p,k}$ le K[X]-module $K[X]/(p^k)$. Nous avons dit (nº 2) que si e est un générateur de E_u et $\dot{f}$ la classe du polynôme f modulo (p^k), l'application $\dot{f} \longmapsto fe$ est un K[X] isomorphisme de $V_{p,k}$ sur E_u. Comme $E^*_{u^*}$ a aussi pour annulateur (p^k) (lemme 1), il possède un K[X]-sous-module monogène N de même annulateur (lemme 2), donc également isomorphe à $V_{p,k}$. En composant ces isomorphismes, on obtient un isomorphisme de K[X]-modules ρ :

$$E_u \to N.$$

Mais l'application bijective ρ est en particulier K-linéaire, donc

$$\dim_K N = \dim_K E = \dim_K E^*.$$

Ainsi $N = E^*$ et ρ est un isomorphisme de E_u sur $E^*_{u^*}$. c.q.f.d.

Nous sommes en mesure de démontrer maintenant le théorème 1. Dans les hypothèses du début de ce numéro [$\mathrm{An}(E_u) = (p^k)$ avec p irréductible] montrons d'abord que E_u est somme directe de K[X]-modules monogènes. Il suffit pour cela, par récurrence sur dim E, de considérer un sous-module monogène N_u de E_u d'annulateur (p^k) (lemme 2) et de montrer qu'il admet un sous-module N' supplémentaire : on aura en effet $\mathrm{An}(N') = (q) \supset \mathrm{An}(E_u) = (p^k)$, donc $q | p^k$, et comme p est irréductible, on aura $q = p^{k'}$ avec $k' \leqslant k$.

Or soit i l'injection canonique $N_u \to E_u$. C'est une application injective K-linéaire de N dans E commutant avec u; sa transposée $i^* : E^* \to N^*$ est donc une application K-linéaire *surjective* commutant avec u^*, donc un homomorphisme surjectif de K[X]-modules $E^*_{u^*} \to N^*_{u^*}$. Mais (lemme 3), $N^*_{u^*}$ est monogène. Soit n^* un générateur de $N^*_{u^*}$ et choisissons $e^* \in (i^*)^{-1}(n^*)$. Alors l'application

$$\pi^* : fn^* \longmapsto fe^* \quad (f \in K[X])$$

est bien définie de N^* dans E^* [car $\mathrm{An}(N^*_{u^*}) = \mathrm{An}(N_u) = \mathrm{An}(E^*_{u^*}) = (p^k)$] et c'est un homomorphisme de K[X]-modules vérifiant

$$i^* \circ \pi^* = \mathrm{Id}_{N^*_{u^*}}.$$

Par transposition, π^* est la transposée d'un homomorphisme de K[X]-modules

$$\pi : E_u \to N_u$$

vérifiant

$$\pi \circ i = \mathrm{Id}_N$$

$$N \underset{i}{\overset{\pi}{\rightleftarrows}} E \qquad E^* \underset{i^*}{\overset{\pi^*}{\leftrightarrows}} N^*.$$

Alors

$$\rho = i \circ \pi : \mathrm{E} \to \mathrm{E}$$

est un homomorphisme de K[X]-modules vérifiant $\rho \circ \rho = \rho$, donc un projecteur, et E est somme directe des K[X]-modules $\mathrm{N} = \mathrm{Im}\, \rho$ et $\mathrm{N}' = \mathrm{Ker}\, \rho$: tout $x \in \mathrm{E}$ s'écrit d'une seule manière :

$$x = \rho(x) + [x - \rho(x)] \qquad \text{avec} \qquad \rho(x) \in \mathrm{N},\ x - \rho(x) \in \mathrm{N}'.$$

Pour achever la démonstration du théorème 1, il suffit maintenant de vérifier le

LEMME 4. *Soit* $p \in \mathrm{K[X]}$ *un polynôme irréductible et* M *un* K[X]-*module monogène d'annulateur* (p^k). *Alors* M *est indécomposable.*

Supposons en effet M somme directe des K[X]-*modules* M_1 et M_2. D'après le raisonnement fait au lemme 2, l'un de ces sous-modules (disons M_1) au moins a aussi pour annulateur (p^k). D'après le lemme 2, M_1 possède un sous-module monogène N d'annulateur (p^k), qui est donc isomorphe en tant que K[X]-module à M (car, ils sont tous deux isomorphes à $\mathrm{V}_{p,k}$ — cf. démonstration du lemme 3). Comme dans le lemme 3, on en déduit que le sous-espace vectoriel (sur K) N de M a même dimension que M, donc lui est égal. Comme

$$\mathrm{N} \subset \mathrm{M}_1 \subset \mathrm{M},$$

on a $\mathrm{M}_1 = \mathrm{M}$ et $\mathrm{M}_2 = 0$. c.q.f.d.

La démonstration du théorème 1 est achevée. On peut lui donner la formulation suivante :

THÉORÈME 1′. *Soit* E *un espace vectoriel de dimension finie sur le corps commutatif* K *et u un endomorphisme de* E. *Alors il existe un nombre fini* $\varphi_1, \ldots, \varphi_r$ *de polynômes à une variable, irréductibles sur* K, *et* $\forall i \in \{1, \ldots, r\}$, $\forall j \in \mathbf{N} - \{0\}$, *des entiers* $s_{i,j}$ *nuls pour* $j > \alpha_i$ *tels que le* K[X]-*module* E_u *soit somme directe de r sous-module* M_i, *chaque* M_i *étant isomorphe comme* K[X]-*module à une somme directe de la forme* :

$$\mathrm{V}_i = \Big(\bigoplus_{s_{i,1}} \mathrm{V}_{\varphi_i, 1}\Big) \oplus \Big(\bigoplus_{s_{i,2}} \mathrm{V}_{\varphi_i, 2}\Big) \oplus \cdots \oplus \Big(\bigoplus_{s_{i,\alpha_i}} \mathrm{V}_{\varphi_i, \alpha_i}\Big) = \bigoplus_{j=1}^{\alpha_i} \Big(\bigoplus_{s_{i,j}} \mathrm{V}_{\varphi_i, j}\Big)$$

où $\mathrm{V}_{\varphi,k} = \mathrm{K[X]}/(\varphi^k)$ *et* $\bigoplus_n \mathrm{A}$ *désigne la somme directe de n modules isomorphes à* A *si* $n > 0$, *et* $\{0\}$ *si* $n = 0$; *de plus on peut supposer* $s_{i,\alpha_i} \neq 0$.

Il suffit en effet de prendre pour M_i un sous-espace caractéristique de E_u (nº 3, déf. 1); son annulateur est $\varphi_i^{\alpha_i}$ où φ_i est un polynôme irréductible. Or on a vu que M_i est somme directe de modules N_m monogènes d'annulateurs (φ_i^m) avec $m \leqslant \alpha_i$, l'un au moins d'entre eux ayant $\varphi_i^{\alpha_i}$ comme annulateur (lemme 2), et que si $\dot{1}$ est la classe du polynôme constant 1 modulo φ_i^m et e un générateur du K[X]-module N_m, l'application $\{\dot{1}\} \to \{e\}$ se prolonge (de façon unique) en un isomorphisme $f \longmapsto fe$ du K[X]-module $\mathrm{V}_{\varphi_i, m}$ sur le K[X]-module N_m.

5. Classification des endomorphismes d'un espace vectoriel

DÉFINITION 2. *Soit u un endomorphisme d'un espace vectoriel* E *de dimension finie sur* K. *Les polynômes irréductibles φ_i et les entiers $s_{i,j}$ figurant dans l'énoncé du théorème* 1′ *s'appellent les invariants de similitude de u.*

Cette définition demande une justification, car la décomposition des M_i en somme directe de sous-modules monogènes dépend de choix arbitraires (cf. lemme 2). Cette justification est donnée par la

PROPOSITION 3. *Les invariants de similitude de u ne dépendent que de u (à l'ordre près).*

Ceci est évident pour les polynômes φ_i et les entiers α_i tels que $s_{i,\alpha_i} \neq 0$, $s_{i,j} = 0$ pour $j > \alpha_i$, car $\varphi_1^{\alpha_1} \dots \varphi_r^{\alpha_r}$ est la décomposition du polynôme minimal de u (qui ne dépend que de u) en produit de facteurs unitaires irréductibles, lesquels sont uniques à l'ordre près. Il en résulte que les sous-modules

$$M_i = \mathrm{Ker}[\varphi_i(u)]^{\alpha_i}$$

ne dépendent — à l'ordre près — que de u.

Vu le théorème 1′, la proposition 3 va donc résulter de la :

PROPOSITION 4. *Soient*

$$V = \bigoplus_{i=1}^{k} \Big(\bigoplus_{s_i} V_{p,i}\Big) \quad \text{et} \quad V' = \bigoplus_{i=1}^{k'} \Big(\bigoplus_{s'} V_{p,i}\Big) \quad \text{avec} \quad s_k s'_{k'} \neq 0.$$

Alors, s'il existe un K[X]*-isomorphisme θ de* V *sur* V′, *on a*

$$k = k' \quad \text{et pour tout} \quad i \in \{1, 2, \dots, k\}, \quad s_i = s'_i.$$

Preuve. Supposons $k' > k$: $0 = \theta(p^k V) = p^k \theta(V) = p^k V'$, ce qui est absurde. En intervertissant les rôles de V et V′, on en déduit donc $k = k'$.

On montre ensuite que $s_i = s'_i$ par récurrence sur k. Posons pour cela

$$W_i = \bigoplus_{s_i} V_{p,i}, \qquad W'_i = \bigoplus_{s'_i} V_{p,i}, \qquad Z_j = \bigoplus_{i=1}^{j} W_i, \qquad Z'_j = \bigoplus_{i=1}^{j} W'_i.$$

On a

$$p^{k-1}V = p^{k-1}W_k.$$

Soit ρ le degré du polynôme p. En tant qu'espace vectoriel sur K, $V_{p,k}$ a une base constituée des polynômes

$$1, X, \dots, X^{\rho-1}; \quad p, Xp, \dots, X^{\rho-1}p; \quad \dots; \quad p^{k-1}, Xp^{k-1}, \dots, X^{\rho-1}p^{k-1}.$$

Par suite $p^{k-1}V_{p,k}$ a pour base $(p^{k-1}, Xp^{k-1}, \dots, X^{\rho-1}p^{k-1})$ et est de dimension ρ, et $p^{k-1}W_k$ de dimension ρs_k. Or :

$$\theta(p^{k-1}V) = p^{k-1}\theta(V) = p^{k-1}V' = p^{k-1}W'_k.$$

Par suite les espaces vectoriels $p^{k-1}W_k$ et $p^{k-1}W'_k$ ont même dimension, donc $s_k = s'_k$. Il en résulte que W_k et W'_k ont même dimension $k\rho s_k$. Mais

$$\theta(W_k) \subset W'_k$$

[car si ξ est un générateur de l'un des $V_{p,k}$, on a nécessairement $\theta(\xi) \in W'$, vu que $\theta(p^{k-1}\xi) = p^{k-1}\theta(\xi) \neq 0$]. Donc $\theta(W_k) = W'_k$ pour des raisons de dimension. Comme $Z_{k-1} \cap W_k = \{0\}$, $\theta(Z_{k-1}) \subset Z'_{k-1}$; mais comme V et V′ sont de même dimension, Z_{k-1} et Z'_{k-1} aussi, et $\theta|_{Z_k}$ est un K[X]-isomorphisme de Z_{k-1} sur Z'_{k-1}. Remplaçant alors V et V′ par Z_{k-1} et Z'_{k-1}, le même raisonnement montre de proche en proche que $s_i = s'_i$ pour tout i. c.q.f.d.

L'intérêt de la notion d'invariants de similitude vient du

THÉORÈME 2. *Pour que deux endomorphismes u et u' d'un espace vectoriel* E *de dimension finie sur* K *soient équivalents, il faut et suffit que u et u' aient mêmes invariants de similitude.*

Preuve. Supposons qu'il existe un automorphisme v de E tel que $u' = v \circ u \circ v^{-1}$. L'application $x \longmapsto v(x)$ est un *isomorphisme* du K[X]-module E_u sur le K[X]-module $E_{u'}$: on a en effet, $\forall f \in K[X]$, puisque $u' \circ v = v \circ u$:

$$[f(u')][v(x)] = v[(f[u])(x)]$$

soit

$$f.[v(x)] = v(f.x).$$

Les K[X]-modules E_u et E'_u ont donc même annulateur, par suite même polynôme minimal, et si p est un facteur irréductible figurant dans ce polynmôe avec la multiplicité α

$$[p(u')]^\alpha[v(E)] = v[(p[u])^\alpha(E)].$$

Donc

$$\text{Ker } [p(u')]^\alpha = v(\text{Ker } [p(u)^\alpha]).$$

De sorte que la restriction de v au sous-espace caractéristique de u associé à p est un isomorphisme sur le sous-espace caractéristique de u' associé à p. Ces sous-espaces sont K[X]-isomorphes à des sommes directes de K[X]-modules V et V′ qui ont la forme indiquée dans la proposition 4, et sont donc isomorphes. Il résulte alors de la proposition 4 que u et u' ont même invariants de similitude.

Inversement, supposons que u et u' aient même invariants de similitude. D'après le théorème 1′, E_u et $E_{u'}$ sont K[X]-isomorphes au même K[X]-module $V_1 \oplus \ldots \oplus V_r$; il existe donc un K[X]-isomorphisme $\theta : E_u \to E_{u'}$, et par suite

$$\forall x \in E \qquad \theta(Xx) = X\theta(x).$$

Or, par définition des structures de module de E_u et $E_{u'}$:

$$Xx = u(x) \qquad X\theta(x) = u'[\theta(x)].$$

Donc

$$\theta \circ u = u' \circ \theta$$

et comme la bijection θ est en particulier K-linéaire, u et u' sont équivalents. c.q.f.d.

6. Application. Réduction de Jordan d'une matrice. Matrices semblables (corps de base quelconque).

Contrairement à ce que pourrait faire croire une lecture trop hâtive de la littérature, une matrice donnée n'a pas une réduite de Jordan unique. On peut seulement décrire plusieurs procédés pour choisir une base $\mathcal{E}$ de E dans laquelle l'écriture de la matrice $A = \mathcal{M}(u, \mathcal{E})$ de u met en évidence les invariants de similitude de u (ou aussi bien de la matrice A, interprétée comme endomorphisme de K^n).

Le principe est le suivant. Choisissons une décomposition de E_u en somme directe de sous-modules monogènes indécomposables N_λ $(1 \leqslant \lambda \leqslant \Lambda)$. Notons que cette décomposition n'est pas unique, contrairement aux sous-espaces caractéristiques. Pour toute base $\mathcal{E}$ de E adaptée à cette décomposition en somme directe, la matrice $A = \mathcal{M}(u, \mathcal{E})$ de u se présente comme un tableau diagonal de matrices A_λ, où A_λ est la matrice de $u_{|N_\lambda}$ rapportée aux vecteurs de $\mathcal{E}$ situés dans N_λ, et qui en forment une base par hypothèse.

$$A = \begin{pmatrix} A_1 & & & \bigcirc \\ & A_2 & & \\ & & \ddots & \\ \bigcirc & & & A_\Lambda \end{pmatrix}.$$

Cela résulte du fait que chacun des N_λ, étant un sous-module de E_u, est stable par u. On ne peut pas espérer remplacer l'une des matrices A_λ par un tableau diagonal de matrices car N_λ est un sous-module indécomposable, i.e. aucun sous-espace vectoriel de N_λ stable par u n'a de supplémentaire stable par u.

N_λ est un module isomorphe à l'un des $V_{p,k}$, donc, si le degré de p est m, est un espace vectoriel de dimension mk. Pour d'autres choix des N_λ, il résulte d'une généralisation immédiate du théorème 2 (dans laquelle l'automorphisme v de l'espace vectoriel E est remplacé par un isomorphisme linéaire $v : N_\lambda \rightarrow N'_\mu$) que la matrice A est remplacée par un tableau

$$A' = \begin{pmatrix} A'_1 & & \\ & \ddots & \\ & & A'_\Lambda \end{pmatrix}$$

dans lequel on peut supposer les A'_λ rangés de telle sorte que pour tout λ, A'_λ est semblable à A_λ (N_λ et N'_λ étant choisis isomorphes au même $V_{p,k}$ en vertu de la proposition 4 et du théorème 1').

Il reste à choisir une base de N_λ donnant à A_λ une forme aussi canonique que possible. Pour cela on choisit un générateur e du K[X]-module N_λ isomorphe à $V_{p,k}$ et une base de l'espace vectoriel $V_{p,k}$: il suffit de choisir pour tout i, un polynôme ψ_i $(0 \leqslant i < mk)$ de degré i : les classes des ψ_i modulo p^k (qui est de degré mk) sont visiblement linéairement indépendantes. Alors, l'application $\dot{f} \longmapsto fe$ étant un isomorphisme de K[X]-modules, donc de K-espaces vectoriels, les $\psi_i e$ $(0 \leqslant i < mk)$ formeront une base de l'espace vectoriel N_λ.

La base $\mathscr{E}$ de E dépend du choix des générateurs des N_λ et des ψ_i, mais A_λ ne dépend que du choix des ψ_i (et de l'ordre dans lequel on les a rangés). La matrice A_λ sera d'autant plus « jolie » que les ψ_i auront été bien choisis.

Nous allons donner quelques exemples.

Exemple I. $K = \mathbf{C}$ (ou plus généralement est algébriquement clos). Les polynômes irréductibles unitaires sont de la forme

$$p(X) = X - \alpha \quad (\alpha \in \mathbf{C}).$$

Une base de $V_{p,k}$ est constituée des classes des polynômes

$$1, X - \alpha, (X - \alpha)^2, \ldots, (X - \alpha)^{k-1}.$$

Soit e un générateur du sous-module N correspondant. Posons

$$e_1 = e \qquad e_{i+1} = (X - \alpha)^i e_1 \quad (0 \leqslant i \leqslant k - 1)$$

On a

$$e_{i+1} = (X - \alpha)e_i = u(e_i) - \alpha e_i$$

$$(X - \alpha)e_k = (X - \alpha)^k e = 0 \qquad \text{d'où} \qquad u(e_k) = \alpha e_k.$$

Par suite, la matrice de u dans la base $(e_1, \ldots, e_k)$ de N ainsi déterminée est la matrice *carrée d'ordre k*, dite *de Jordan*

$$J(k; \alpha) = \begin{pmatrix} \alpha & & & & \\ 1 & \ddots & & \bigcirc & \\ & \ddots & \alpha & & \\ & & 1 & \ddots & \\ & \bigcirc & & \ddots & \\ & & & 1 & \alpha \end{pmatrix} \qquad (\alpha \in \mathbf{C},\ k \in \mathrm{N}^*)$$

comportant des α sur la diagonale principale, des 1 sur la diagonale au-dessous, et des zéros ailleurs.

Exercice 1. Montrer que le même endomorphisme u de N se représente dans une autre base par

$$J'(k, \alpha) = {}^t J(k, \alpha) = \begin{pmatrix} \alpha & 1 & & 0 \\ \vdots & \ddots & \ddots & \bigcirc \ \vdots \\ \vdots & & \ddots & \ddots \\ \vdots & \bigcirc & \ddots & 1 \\ 0 & \ldots\ldots\ldots & & \alpha \end{pmatrix}$$

Exemple II. K est quelconque et l'annulateur de N_u est p^k avec

$$p(X) = X^m - a_1 X^{m-1} - \cdots - a_m \quad (p \text{ irréductible})$$

On prend pour base de $V_{p,k}$ les classes des polynômes

$$X^{\beta-1} p^\alpha \qquad 0 \leqslant \alpha \leqslant k - 1 \qquad 1 \leqslant \beta \leqslant m$$

et on pose

$$e_{\alpha m + \beta} = (X^{\beta-1} p^\alpha) e.$$

On a pour $1 \leqslant \beta < m$ et $0 \leqslant \alpha \leqslant k-1$

$$u(e_{\alpha m+\beta}) = (X^{\beta}p^{\alpha})e = e_{\alpha m+\beta+1}$$

et pour $\beta = m$, $0 \leqslant \alpha < k-1$

$$\begin{aligned} u[e_{(\alpha+1)m}] = (X^m p^{\alpha})(e) &= [(p + a_1 X^{m-1} + \cdots + a_m)p^{\alpha}]e \\ &= e_{(\alpha+1)m+1} + a_1 e_{(\alpha+1)m} + a_2 e_{\alpha m+m-1} + \cdots + a_m e_{\alpha m+1} \end{aligned}$$

tandis que pour $\beta = m$ et $\alpha = k-1$

$$u(e_{km}) = [(p + a_1 X^{m-1} + \cdots + a_m)p^{k-1}]e = a_1 e_{km} + a_2 e_{km-1} + \cdots + a_m e_{km-m+1}.$$

La matrice de u dans cette base est une matrice carrée $J[k;\, p(X)]$ d'ordre km qui s'écrit :

$$\left(\begin{array}{ccccc|ccccc|cc}
0 & 0 & \dots & 0 & a_m & & & & & & & \\
1 & 0 & & & a_{m-1} & & & & & & & \\
0 & \ddots & \ddots & \bigcirc & \vdots & & & \bigcirc & & & & \\
\vdots & & 1 & 0 & a_2 & & & & & & & \\
0 & \bigcirc & & 1 & a_1 & 0 & & & & & & \\
\hline
0 & \dots & \dots & 0 & 1 & 0 & 0 & \dots & 0 & a_m & & \\
0 & \dots & \dots & 0 & 0 & 1 & & & & a_{m-1} & & \\
 & & & & \vdots & \vdots & \ddots & & \bigcirc & \vdots & & \\
 & & \bigcirc & & & 0 & & \ddots & 0 & a_2 & & \\
 & & & & & 0 & \bigcirc & & 1 & a_1 & & \\
\hline
 & & & & & 0 & \dots & \dots & \dots & 1 & 0 & 0 \\
 & & & & & & & & & \vdots & 1 &
\end{array}\right)$$

De façon précise, soit $A(p)$ la matrice carrée d'ordre $m =$ degré de p

$$A(p) = \begin{pmatrix} 0 & 0 & \dots & 0 & a_m \\ 1 & \ddots & \bigcirc & \vdots & \vdots \\ \vdots & \ddots & \ddots & \vdots & \vdots \\ 0 & & \ddots & 0 & a_2 \\ 0 & \bigcirc \dots & \dots & 1 & a_1 \end{pmatrix}$$

dont tous les termes sont 0 sauf la dernière colonne qui est $\begin{pmatrix} a_m \\ \vdots \\ a_1 \end{pmatrix}$ et la diagonale sous la diagonale principale, qui est composée de 1.

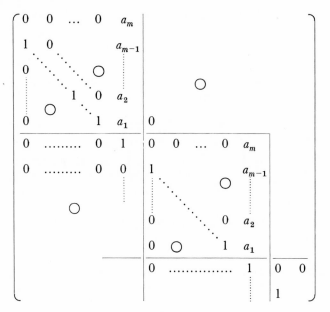

Soit U_m la matrice carrée d'ordre m dont tous les termes sont nuls, sauf le terme de la 1re ligne et la dernière colonne :

$$U_m = \begin{pmatrix} 0 & \dots & 1 \\ \vdots & \bigcirc & \vdots \\ 0 & \dots & 0 \end{pmatrix}.$$

Alors $J[k, p(X)]$ est un tableau constitué de k matrices $A(p)$ situées sur la diagonale principale du tableau, et de $k - 1$ matrices U_m constituant la diagonale sous la diagonale principale, et de zéros partout ailleurs :

$$\begin{bmatrix} A(p) & \dots & \dots & 0 \\ U_m & A(p) & \bigcirc & \vdots \\ \vdots & U_m & \ddots & \vdots \\ 0 & \bigcirc & U_m & A(p) \end{bmatrix} \qquad (p \in K[X],\ k \in \mathbf{N}^*)$$

Corollaire 1. *Soit u un endomorphisme d'un espace vectoriel E de dimension finie sur K. Alors il existe une base $\mathcal{E}$ de E telle que la matrice $\mathfrak{M}(u, \mathcal{E})$ de u dans cette base soit un tableau diagonal constitué, avec les notations du théorème 1′, de $s_{i,k}$ exemplaires de la matrice $J[k, \varphi_i(X)]$ pour $i = 1, 2, \dots, r$ et $1 \leqslant k \leqslant \alpha_i$, où les φ_i et les $s_{i,j}$ sont les invariants de similitude de u.*

Remarque 3. Le sous-espace engendré par les vecteurs

$$e_{(k-1)m+\beta} = (X^{\beta-1}p^{k-1})e \qquad 1 \leqslant \beta \leqslant m$$

est de dimension m et stable par u; il ne contient pas de sous-espace invariant, et n'admet bien sûr pas de supplémentaire stable par u (no 4, lemme 4).

Exercice 2. Soit N un K[X]-module monogène, d'annulateur (p^k), p polynôme irréductible dans K[X], de degré m. Montrer que le K-espace vectoriel N n'admet pas de sous-espace vectoriel invariant par l'endomorphisme $x \longmapsto Xx$ de dimension $p < m$. En a-t-il de dimension supérieure à m?

Exercice 3. Montrer que le polynôme caractéristique de $J[k; p(X)]$ est p^k et en déduire une démonstration du théorème de Hamilton-Cayley.

Remarque 4. L'exemple I est un cas particulier de l'exemple II.

Exercice 4. On modifie l'ordre des e_i en posant

$$f_i = e_{km+1-i} \quad (1 \leqslant i \leqslant km).$$

Écrire la matrice $J'[k, p(X)]$ de u dans cette nouvelle base. Comparer avec l'exercice 1.

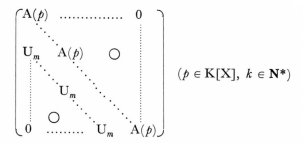

THÉORÈME 3. *Pour qu'un endomorphisme u d'un K-espace vectoriel E de dimension finie soit semi-simple (2e partie, chapitre IV, no 7, déf. 4), il faut et il suffit que les facteurs irréductibles φ_i de son polynôme minimal φ figurent dans la décomposition de φ avec l'ordre de multiplicité 1, i.e. que $\varphi = \varphi_1, \ldots, \varphi_r$.*

Preuve. La condition est nécessaire : si $\varphi = \varphi_1^{\alpha_1} \ldots \varphi_r^{\alpha_r}$ avec par exemple $\alpha_1 > 1$, $M_1 = \mathrm{Ker}[\varphi_1(u)]^{\alpha_1}$ admet un sous-module indécomposable d'annulateur $\varphi_1^{\alpha_1}$, lequel (remarque 3) contient un sous-espace vectoriel stable par u, de dimension égal au degré de φ_1, sans supplémentaire stable par u, et sans véritable sous-espace invariant car $V_{\varphi_1, 1}$ n'admet pas de K[X]-sous-module N non trivial [sinon An(N) diviserait φ_1, qui est irréductible].

Elle est suffisante, car E_u est alors somme directe des sous-espaces caractéristiques M_i, qui sont isomorphes aux $V_{\varphi_i, 1}$, lesquels (pour la même raison) sont irréductibles sous u. c.q.f.d.

Exemple III. K = **R**. Les polynômes irréductibles de **R**[X] sont de degré 1 ou 2. Le cas des sous-espaces caractéristiques correspondant à un facteur irréductible de degré 1 a déjà été traité (cf. exemple I). Le cas d'un facteur du second degré est justiciable de l'exemple II. Mais, dans cet exemple, le fait que

$$p(X) = X^2 - a_1X - a_2$$

soit irréductible ($a_1^2 + 4a_2 < 0$) n'apparaît pas. On obtient une matrice réduite plus « jolie » que $J[k, p(X)]$ en posant

$$p(X) = (X - a)^2 + b^2 \qquad (b > 0).$$

Soit N un K[X]-module monogène, d'annulateur (p^k), de générateur e.

On prend pour base de $V_{p,k}$ qui est de dimension $2k$ les polynômes

$$\left(\frac{p(X)}{b}\right)^i \quad \text{et} \quad \left(\frac{p(X)}{b}\right)^i \frac{X-a}{b} \qquad 0 \leqslant i \leqslant k-1$$

et on pose

$$e_{2i+1} = \left(\frac{p}{b}\right)^i e \qquad e_{2i+2} = \left(\left(\frac{p}{b}\right)^i \frac{X-a}{b}\right) e \quad (0 \leqslant i \leqslant k-1).$$

On a

$$\begin{aligned}
(X-a)e_{2i+2} &= \left(\left(\frac{p}{b}\right)^{i+1} - b\left(\frac{p}{b}\right)^i\right) e = e_{2i+3} - be_{2i+1} && (0 \leqslant i \leqslant k-2)\\
(X-a)e_{2k} &= -be_{2k-1} && (i = k-1)\\
(X-a)e_{2i+1} &= be_{2i+2} && (0 \leqslant i \leqslant k-1)
\end{aligned}$$

Soit

$$\begin{aligned}
u(e_{2i+1}) &= ae_{2i+1} + be_{2i+2} && (0 \leqslant i \leqslant k-1)\\
u(e_{2i+2}) &= -be_{2i+1} + ae_{2i+2} + e_{2i+3} && (0 \leqslant i \leqslant k-2)\\
u(e_{2k}) &= -be_{2k-1} + ae_{2k}.
\end{aligned}$$

Si l'on pose

$$A(a, b) = \begin{pmatrix} a & -b \\ b & a \end{pmatrix}$$

on obtient la nouvelle matrice de Jordan représentant u :

$$J(k; a, b) = \begin{bmatrix} A(a, b) & \cdots & \cdots & 0 \\ U_2 & \ddots & & \vdots \\ \vdots & \ddots & A(a, b) & \vdots \\ & & U_2 \ddots & \vdots \\ 0 & \cdots & U_2 & A(a, b) \end{bmatrix}$$

d'ordre $2k$, comportant k fois la matrice $A(a, b)$ sur la diagonale principale, $(k-1)$ fois la matrice $U_2 = \begin{pmatrix} 0 & 1 \\ 0 & 0 \end{pmatrix}$ sur la diagonale au-dessous de la diagonale principale, et des zéros partout ailleurs.

Remarque 3'. Tout endomorphisme d'un espace vectoriel réel laisse stable un sous-espace de dimension un ou deux. On retrouve ainsi le corollaire 2 de la 2e partie, chapitre IV, n° 7.

Exercice 5. Montrer que l'on peut aussi représenter u par la matrice $J_1 = {}^tJ(k; a, b)$ ou par la matrice

$$J'(k; a, b) = \begin{pmatrix} A(a, b) & {}^tU_2 & & 0 \\ & \ddots & \ddots & \\ & & A(a, b) & {}^tU_2 \\ & & \ddots & {}^tU_2 \\ 0 & & & A(a, b) \end{pmatrix}$$

et que ces trois matrices sont distinctes mais semblables.

Nous terminerons ce numéro par l'énoncé maintenant évident suivant, qui constitue (lorsque $K = \mathbf{C}$) l'énoncé original de C. Jordan :

PROPOSITION 5. *Pour que deux matrices carrées d'ordre n à coefficients dans* K *soient semblables, il faut et suffit que les endomorphismes de* K^n *qu'elles représentent aient mêmes invariants de similitude. Toute matrice carrée à coefficients dans* K *(resp.* **R***) est semblable à un tableau diagonal de matrices* $J[k; p(X)]$ *où k est un entier positif et* $p \in K[X]$ *un polynôme irréductible [resp. de matrices* $J(k; \alpha)$ *et* $J(k'; a, b)$*, avec*

$$\alpha \in \mathbf{R}, \quad a \in \mathbf{R}, \quad b \text{ réel} > 0].$$

7. Application à l'étude des endomorphismes affines

Soient, sur le corps K, E un espace affine, $\vec{E}$ son espace directeur, $\hat{E}$ l'espace vectoriel canonique dont E un hyperplan affine et $\vec{E}$ un hyperplan vectoriel (1re partie, chapitre III, § I, n° 2), f une application affine de E dans lui-même, $\hat{f} \in \text{End}\ (\hat{E})$ le prolongement canonique de f (loc. cit., n° 5, théorème 3), et $\vec{f} = \hat{f}_{|\vec{E}}$ l'application linéaire associée à f. Soit $\hat{M}$ le K[X]-module $\hat{E}_{\hat{f}}$.

Nous nous proposons d'abord de démontrer le

THÉORÈME 4. *Le module* $\hat{M}$ *admet des décompositions en somme directe de sous-modules monogènes indécomposables telles que tous ces sous-modules sauf un, noté* $\hat{N}$, *soient contenus dans* $\vec{E}$. *On peut choisir un générateur de* $\hat{N}$ *dans* E, *et* $\hat{N} \cap E$ *est un sous-espace affine* N *de* E, *invariant par* f, *et n'admettant pas de sous-espace affine invariant par* f. *La dimension* ν *de* N *ne dépend pas du choix d'une telle décomposition et est la borne inférieure des dimensions des sous-espaces affines* F *de* E *stables par* f.

Preuve. Comme $\vec{E}$ est stable par $\hat{f}$, $\text{Im}(\hat{f} - \text{Id}) \subset \vec{E}$. En effet, si $y = \hat{f}(x) - x$, on a bien $y \in \vec{E}$ si $x \in \vec{E}$; sinon, $x = \lambda x'$ avec $x' \in E$ et $\lambda \in K - \{0\}$, et

$$y = \lambda[\hat{f}(x') - x'] = \lambda\overrightarrow{x'f(x')} \in \vec{E}.$$

Par suite $\hat{f} - \text{Id}$ n'est pas surjective, donc 1 est valeur propre de $\hat{f}$ [voir aussi 1re partie, chapitre III, § 2, *a*)], et par suite $X - 1$ divise son polynôme minimal φ. Il en résulte que *les sous-espaces caractéristiques associés aux diviseurs irréductibles de* φ *distincts de* $X - 1$ *sont dans* $\text{Im}(\hat{f} - \text{Id}) = \vec{E}$ (avec les notations du n° 3, les polynômes R_i correspondants contiennent $X - 1$ en facteur).

On est donc ramené à étudier la décomposition du sous-espace caractéristique $\hat{Y}$ de $\hat{E}$ associé au polynôme $X - 1$. Comme $\hat{Y} \not\subset \vec{E}$ (puisque $\hat{E} \not\subset \vec{E}$), $\vec{Y} = \hat{Y} \cap \vec{E}$ est un hyperplan vectoriel de $\hat{Y}$, et $Y = \hat{Y} \cap E$ est un hyperplan affine. Posant $g = (\hat{f} - \text{Id})_{|\hat{Y}}$, on voit qu'il existe un entier $\rho > 0$ tel que $g^\rho = 0$, que $\vec{Y}$ est stable par g et que $g(\hat{Y}) \subset \vec{Y}$.

Soit alors x un élément arbitraire de Y, et $k \leqslant \rho$ le plus petit entier tel que $g^k(x) = 0$ $(k \geqslant 1)$. Le sous-module $\hat{N}$ de $\hat{Y}$ (donc de $\hat{E}$) engendré par x admet pour annulateur l'idéal

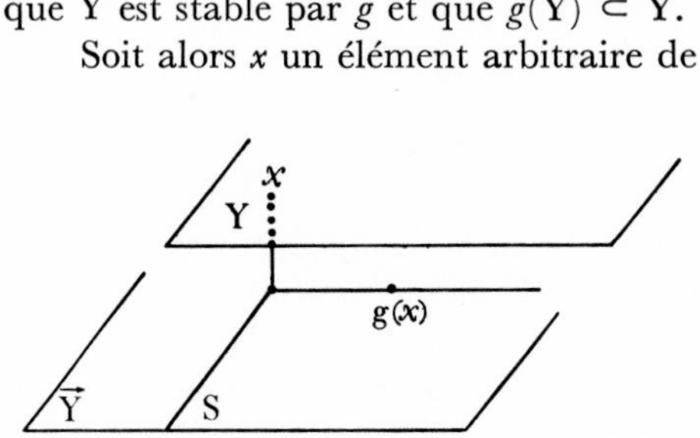

$$((X - 1)^k);$$

il est donc indécomposable (n° 4, lemme 4), et l'espace vectoriel $\hat{N}$ admet $[x, g(x), \ldots, g^{k-1}(x)]$ pour base. Soit γ la restriction de g à $\vec{Y}$, et $\vec{Y}_\gamma$ le K[X]-module que définit $\gamma \in \text{End}\ \vec{Y}$.

On a encore $\gamma^\rho = 0$, et le sous-espace $\vec{N}$ de $\vec{Y}$ engendré par $\{g(x), \ldots, g^{k-1}(x)\}$ est sous-module monogène indécomposable de $\vec{Y}_\gamma$. Il admet donc un supplémentaire $\vec{S}$ dans $\vec{Y}_\gamma$ (n° 4, démonstration du théorème 1). Mais $\vec{S}$ est aussi bien un sous-module de $\hat{Y}_g$ (contenu dans $\vec{Y}$), donc de $\hat{M}$. Il suffit d'écrire $\vec{S}$ comme somme directe de modules monogènes [automatiquement indécomposables puisque $\mathrm{An}(S) \supset (X - 1)^\rho$] pour avoir une des décompositions de $\hat{M}$ cherchées.

Soit $\vec{\Sigma}$ la somme de $\vec{S}$ et des sous-espaces caractéristiques distincts de $\hat{Y}$. Cette somme est directe, et c'est un sous-espace de $\vec{E}$, stable par $\hat{f}$, donc par $\vec{f}$.

Montrons maintenant que tout sous-espace affine F invariant par f a une dimension $n \geqslant k - 1$. Posons $g^i(x) = \vec{e}_i \in \vec{N}$ $(1 \leqslant i \leqslant k - 1)$, et soit $z \in F$; comme $\vec{xz} \in \vec{E} = \vec{N} \oplus \vec{\Sigma}$, on peut écrire en posant $\hat{g} = \hat{f} - \mathrm{Id}_{\hat{E}}$

$$\vec{xz} = \sum_{i=1}^{k-1} \lambda_i \vec{e}_i + \vec{s} \qquad \text{avec} \qquad \vec{s} \in \vec{\Sigma}.$$

Or $\hat{g}(z) = \hat{f}(z) - z = f(z) - z = \overrightarrow{zf(z)} = \hat{g}\left(x + \sum_1^{k-1} \lambda_i \vec{e}_i + \vec{s}\right) \in \vec{F}$.

Comme $\vec{F}$ est invariant par $\hat{f}$, donc par $\hat{g}$, ainsi que Σ, on en déduit

$$\hat{g}^p(z) = \vec{e}_p + \sum_{i=1}^{k-p-1} \lambda_i \vec{e}_{p+i} + \vec{s}_p \in \vec{F} \qquad \vec{s}_p = \hat{g}^p(s) \in \vec{\Sigma}, \quad 1 \leqslant p \leqslant k - 1.$$

Comme $\vec{\Sigma} \cap \vec{N} = \{0\}$, les $(k - 1)$ vecteurs $\hat{g}^p(z)$ sont linéairement indépendants [pour tout p, $\hat{g}^p(z)$ a une composante non nulle selon $\vec{e}_p$, mais pas $\hat{g}^{p+1}(z)$]. Donc $\dim \vec{F} \geqslant k - 1$.

Prenons en particulier $x' \in Y$, et soit k' le plus petit entier tel que $g^{k'}(x) = 0$; le sous-module $\hat{N}'$ engendré par x' a pour dimension k', le sous-espace affine stable $N' = \hat{N}' \cap Y$ a pour dimension $k' - 1$, et par suite $k' \geqslant k$, d'où $k' = k$ en intervertissant les rôles de x' et x.

Ceci montre enfin que tout sous-espace affine de N invariant par f a même dimension que N, donc est égal à N, et achève la démonstration du théorème 4.
c.q.f.d.

Corollaire 1. *Soit* ν *la borne inférieure des dimensions des sous-espaces affines de* E *stables par* f. *Alors il existe un repère cartésien de* E, *dit de Jordan pour* f, *tel que la matrice de* f *dans ce repère* (1re *partie, chapitre* III, § II, *n*° 2, *a*) *admette la forme réduite de Jordan* :

$$\mathcal{M}(f) = \mathcal{M}(\hat{f}) = \begin{pmatrix} J(\nu + 1; 1) & & \\ & J_2 & \\ & & \ddots \\ & & & J_l \end{pmatrix}$$

tableau diagonal de matrices où les J_i *sont des matrices de Jordan* (*n*° 6, *exemples I, II, III*) *telles que*

$$\mathcal{M}(\vec{f}) = \begin{pmatrix} J(\nu;\,1) & & & \\ & J_2 & & \\ & & \ddots & \\ & & & J_l \end{pmatrix}$$

où, par convention, rien n'est écrit à la place de $J(\nu;\,1)$ *si* $\nu = 0$. *L'ensemble des origines des repères de Jordan pour f est le sous-espace affine* $Y = \hat{Y} \cap E$ *de* E, *où* $\hat{Y}$ *est le sous-espace caractéristique de* $\hat{f}$ *associé à la valeur propre de* $+1$ *de* $\hat{f}$.

Ainsi, la 1re colonne de $\mathcal{M}(f)$ est $\begin{pmatrix} 1 \\ 1 \\ 0 \\ \vdots \\ 0 \end{pmatrix}$ $\left[\text{resp. } \begin{pmatrix} 1 \\ 0 \\ \vdots \\ 0 \end{pmatrix}\right]$ si f n'a pas de (resp. a au moins un) point fixe.

On notera qu'il peut exister dans $\mathcal{M}(f)$ des matrices de Jordan $J(n;\,1)$ avec $n < \nu + 1$.

On retrouve ainsi et on précise les résultats du chapitre IV, § II, de la 1re partie. En particulier, si $\operatorname{Ker}(\vec{f} - \mathrm{Id}) = \{0\}$, il ne peut y avoir de matrices $J(k,\,1)$ dans $\mathcal{M}(\vec{f})$ et on a nécessairement $\nu = 0$, de sorte que f a un point fixe. Mais f peut avoir des points fixes (ce qui équivaut à $\nu = 0$) même si $\operatorname{Ker}(\vec{f} - \mathrm{Id}) \neq \{0\}$.

Exercice 6. Définir les invariants de similitude d'une application affine f; montrer qu'ils sont constitués par ν *et* les invariants de similitude de l'application linéaire $\vec{f}$, et établir une condition nécessaire et suffisante pour que deux matrices représentant la même application affine dans deux repères cartésiens distincts.

Thème de problème. Questions analogues lorsque l'on rapporte les applications affines à des repères affines.

Exercice 7. Retrouver le théorème 1 de la 2e partie, chapitre VI, § II, n° 1 concernant les points fixes des isométries euclidiennes.

8. Exemple d'une autre application : classification des homographies d'un plan projectif réel $\tilde{X} = P(\hat{X})$.

Une telle homographie h est induite par une application linéaire dont la matrice dans une base convenable de $\hat{X}$ est de l'un des quatre types :

$$\underset{\text{I}}{\begin{pmatrix} \alpha_0 & 0 & 0 \\ 0 & \alpha_1 & 0 \\ 0 & 0 & \alpha_2 \end{pmatrix}} \quad \underset{\text{II}}{\begin{pmatrix} \alpha & 0 & 0 \\ 1 & \alpha & 0 \\ 0 & 0 & \beta \end{pmatrix}} \quad \underset{\text{III}}{\begin{pmatrix} \alpha & 0 & 0 \\ 1 & \alpha & 0 \\ 0 & 1 & \alpha \end{pmatrix}} \quad \underset{\text{IV}}{\begin{pmatrix} \alpha & 0 & 0 \\ 0 & a & -b \\ 0 & b & a \end{pmatrix}}$$

Nous désignerons par ξ_i ($i \in \{0, 1, 2\}$) les images dans $\tilde{X}$ des vecteurs e_i de la base dans laquelle ont été écrites les matrices ci-dessus, et par ξ_3 l'image du vecteur $\vec{e}_0 + \vec{e}_1 + \vec{e}_2$ de $\hat{X}$; $(\xi_i)_{0 \leqslant i \leqslant 3}$ est un repère de $\tilde{X}$.

Type I. Les points ξ_i ($i \in \{0, 1, 2\}$) sont des points fixes de l'homographie; donc les trois droites $V(\xi_i \cup \xi_j)$ ($i \neq j$) sont également fixes, et la restriction de h à cette droite est une homographie h_{ij} de la droite, admettant $\xi_i \neq \xi_j$ pour points fixes. Soient $\xi \in \tilde{X}$, $\zeta_i = V_p(\xi_i \cup \xi) \cap V_p(\xi_j \cup \xi_k)$ ($i \neq j \neq k \in \{0, 1, 2\}$), $\xi' = h(\xi)$, $\zeta'_i = V_p(\xi_i \cup \xi') \cap V_p(\xi_j \cup \xi_k)$: on a $h_{jk}(\zeta_i) = \zeta'_i$, donc

$$[\xi_j, \ \xi_k, \ \zeta_i, \ \zeta'_i]$$

est une constante $\lambda_{j,k}$ finie non nulle et différente de un si et seulement si

$$h_{j,k} \neq \text{Identité}.$$

Du reste il est facile de calculer $\lambda_{j,k}$ en fonction des α_i (cf. 3e partie, chapitre IV). On trouve :

$$\lambda_{j,k} = \frac{\alpha_j}{\alpha_k} \qquad (j \neq k \in \{0, 1, 2\}).$$

Une homographie du type I est entièrement déterminée par la donnée de ses trois points fixes et de l'homologue d'un point arbitraire, par exemple l'homologue $\pi(\alpha\vec{e}_1 + \beta\vec{e}_2 + \gamma\vec{e}_3)$ de ξ_3 (où π est l'application canonique $\hat{X} \to \tilde{X}$).

Cas particuliers.

1) $\alpha_0 = \alpha_1 = \alpha_2$: h est l'identité;

2) $\alpha_0 \neq \alpha_1 = \alpha_2$: tous les points de la droite $V_p(\xi_1 \cup \xi_2)$ sont fixes, et toutes les droites passant par ξ_0 sont invariantes; h est une perspective (3e partie, chapitre VI, § I, nº 1) dont le centre ξ_0 n'est pas sur la base. Le « modèle affine » est une homothétie.

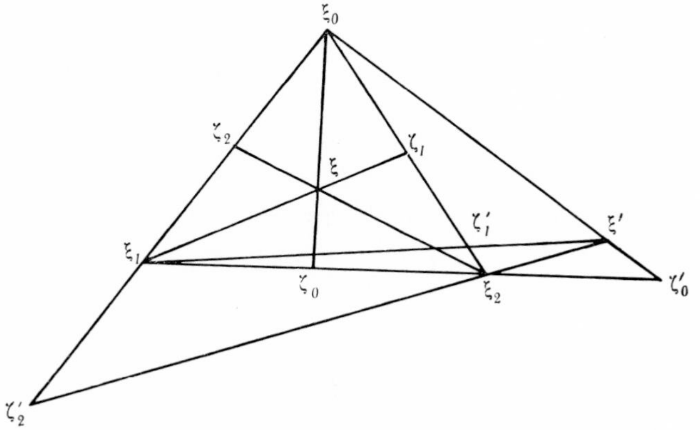

FIG. 1.

La figure 1 représente la construction (surabondante) du transformé ξ' de ξ quand on connaît les rapports $\lambda_{0,1}$ et $\lambda_{0,2}$ (d'où l'on déduit

$$\lambda_{1,2} = \lambda_{0,2}/\lambda_{0,1}).$$

La figure 2 est la figure 1 en « situation affine » [la droite $V_p(\xi_1 \cup \xi_2)$ est envoyée à l'infini].

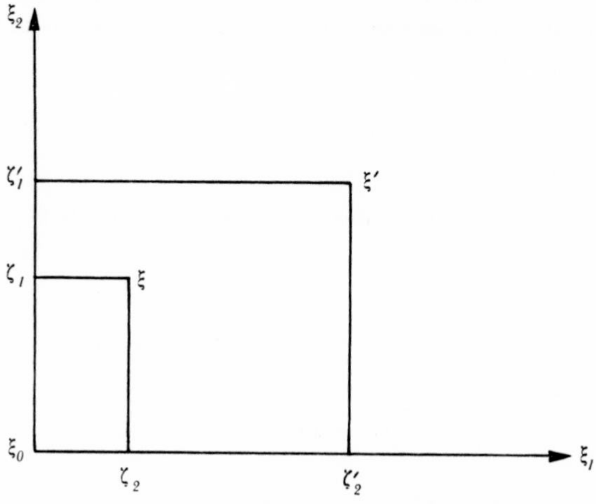

FIG. 2.

Exercice 8. Sur trois côtés d'un triangle $\{\xi_0, \xi_1, \xi_2\}$ on se donne des homographies $h_{j,k}$: $\zeta \longmapsto \zeta'$ définies par :

$$[\xi_j, \xi_k, \zeta, \zeta'] = \lambda_{j,k} \in \mathbf{R} - \{0\} \qquad (i \neq j \neq k).$$

On suppose que pour un point ξ non situé sur les côtés du triangle les droites $V_p(\xi_i \cup \zeta'_{j,k})$ concourent, où l'on a posé :

$$\zeta'_{j,k} = h_{j,k}[V_p(\xi_i \cup \xi) \cap V_p(\xi_j \cup \xi_k)].$$

En déduire que $h_{j,k} = h_{k,j}$, puis que $\forall (i, j, k)$, $\lambda_{i,k} = \lambda_{i,j}\lambda_{j,k}$, enfin que $\forall \xi \in \tilde{X}$ les droites $V_p(\xi_i \cup \zeta'_{j,k})$ concourent en un point ξ' et que l'application $\xi \longmapsto \xi'$ est une homographie de type I de $\tilde{X}$.

Type II. L'homographie h a deux points invariants ξ_1 et ξ_2 et deux droites invariantes $\xi_1\xi_2$ (sur laquelle l'homographie h_{12} restriction de h a deux points fixes distincts) et $\xi_0\xi_1$ (sur laquelle l'homographie h_{01} possède un seul point fixe « double », ξ_1). Dans l'espace affine complémentaire de la droite $\xi_1\xi_2$, l'application h devient l'application affine définie par les formules :

$$x'_1 = \frac{1}{\alpha} + x_1 \qquad x'_2 = \frac{\beta}{\alpha} x_2$$

c'est le produit d'une translation de direction parallèle à $\xi_2\xi_1$ et d'une perspective de centre ξ_2, et de base $\xi_0\xi_1$.

Dans le *cas particulier* où $\alpha = \beta$, on a affaire à une perspective dont le centre ξ_1 est sur la base $\xi_1\xi_2$.

Exercice 9. Dans le type (I), $(\alpha_0, \alpha_1, \alpha_2)$ était défini à un facteur de proportionnalité près; il n'en est pas de même pour (α, β) dans le type II. Pourquoi ? Quel rôle joue le point ξ_0 ?

Type III. Un seul point double ξ_2, une seule droite invariante, $\xi_1\xi_2$.

Exercice 10. Montrer qu'une transformation de type III est déterminée par la donnée du triplet (ξ_0, ξ_1, ξ_2) où l'on précise que ξ_2 (resp. $\xi_1\xi_2$) est l'unique point (resp. droite) fixe, et d'un couple de points homologues — par exemple l'homologue de ξ_0 ou ξ_1.

Construire le transformé d'un point ξ quelconque (on montrera, avec les notations du type 1, que $\xi\zeta'_1$ passe par un point fixe de $\xi_1\xi_2$ que l'on situera par rapport à l'homologue ξ'_1 de ξ_1).

Type IV. ξ_0 est point double, $\xi_1\xi_2$ est invariante, et la trace de l'homographie sur cette droite est une homographie sans point double (réel).

Dans le plan affine complémentaire de la droite $\xi_1\xi_2$, h devient l'application affine définie par la formule :

$$\begin{pmatrix} x'_1 \\ x'_2 \end{pmatrix} = \frac{1}{\alpha} \begin{pmatrix} a & -b \\ b & a \end{pmatrix} \begin{pmatrix} x_1 \\ x_2 \end{pmatrix}.$$

Si l'on introduit dans ce plan X une structure euclidienne pour laquelle les droites $\xi_0\xi_1$ et $\xi_0\xi_2$ sont orthogonales, cette transformation affine est une similitude directe de centre ξ_0. Donc une homographie de type IV est entièrement déterminée lorsque, outre son point fixe, sa droite invariante, et la quadrique de cette droite qu'elle laisse invariante, on se donne un couple de points homologues.

Exercice 11. On considère une homographie h de type I, ayant seulement trois points doubles. Montrer que la restriction de h aux droites invariantes conserve l'orientation de une ou trois de ces droites.

Exercice 12. Les homographies du plan laissant fixes trois points donnés A, B, C non alignés (et éventuellement d'autres) forment un sous-groupe commutatif de $PGl(\mathbf{R}^3)$.

APPENDICE II

Angles de deux sous-espaces vectoriels d'un espace vectoriel euclidien ([1])

1. Les triplices

Soit E un espace vectoriel euclidien de dimension finie, (U, V) et (U′, V′) deux couples de sous-espaces de E. On cherche une condition nécessaire et suffisante pour qu'il existe $f \in 0(E)$ telle que $f(U) = U'$ et $f(V) = V'$ (2e partie, chapitre v, § II, n° 1).

Appelons *triplice* la donnée $\hat{E} = (E, U, V)$ d'un espace vectoriel euclidien E de dimension finie $n > 0$, et de deux sous-espaces vectoriels U et V de E. Un sous-triplice $\hat{E}'$ de $\hat{E}$ est un triplice $\hat{E}' = (E', U', V')$ où E′ (resp. U′; resp. V′) est un sous-espace de E (resp. de U contenu dans E′; resp. de V dans E′). Nous dirons que $\hat{E}$ est somme directe (sous-entendre orthogonale) des deux sous-triplices $\hat{E}' = (E', U', V')$ et $\hat{E}'' = (E'', U'', V'')$, et nous noterons $\hat{E} = \hat{E}' \oplus \hat{E}''$, si et seulement si

$$E = E' \overset{\perp}{\bigoplus} E'' \qquad U = U' \overset{\perp}{\bigoplus} U'' \qquad V = V' \overset{\perp}{\bigoplus} V''$$

$\left(\overset{\perp}{\bigoplus}\right.$ désigne une somme directe orthogonale$\left.\right)$; dans cette situation $\hat{E}'$ et $\hat{E}''$ sont dits *supplémentaires* dans $\hat{E}$. Si $\hat{E}'$ et $\hat{E}''$ sont supplémentaires dans $\hat{E}$, on a

$$U' = E' \cap U,$$

et des égalités analogues pour U″, V′, V″. Les réciproques sont évidemment fausses : si $E = E' \overset{\perp}{\bigoplus} E''$, il n'y a aucune raison pour que U soit somme de

$$E' \cap U \qquad \text{et} \qquad E'' \cap U :$$

il faut et il suffit pour cela que l'une des projections orthogonales de E *sur* E′ *ou* E″ *laisse stable* U; cette somme est en tout cas orthogonale.

([1]) Le principe de cet exposé est dû à P. Gabriel.

Un triplice $\hat{E}$ sera dit *indécomposable* si aucun sous-triplice n'admet de supplémentaire dans $\hat{E}$ [on note que $(\{0\}, \{0\}, \{0\})$ *n'est pas* un triplice].

Deux triplices $\hat{E}_1$, $\hat{E}_2$ seront dits *isomorphes* s'il existe un isomorphisme θ *d'espaces euclidiens* de E_1 sur E_2 tel que :

$$\theta(U_1) = U_2 \qquad \text{et} \qquad \theta(V_1) = V_2.$$

Les couples de sous-espaces (U, V), (U′, V′) de E feront donc le même angle si et seulement si les triplices (E, U, V), (E, U′, V′) sont isomorphes.

La notion de somme directe de sous-triplices s'étend sans difficulté par récurrence à un nombre fini de sous-triplices.

2. Exemples de triplices indécomposables

Les triplices $I_1 = (\mathbf{R}, 0,0)$, $I_2 = (\mathbf{R}, \mathbf{R}, 0)$, $I_3 = (\mathbf{R}, 0, \mathbf{R})$, $I_4 = (\mathbf{R}, \mathbf{R}, \mathbf{R})$ sont évidemment indécomposables, puisque pour tout sous-triplice $\hat{E}'$ de $\hat{E}$ on a par définition $0 < \dim E' \leqslant \dim E$, et si E' admet un supplémentaire,

$$\dim E' < \dim E \qquad (\text{car} \quad \dim E'' > 0).$$

Ces triplices ne sont pas 2 à 2 isomorphes pour des raisons de dimension des sous-espaces U et V.

Soit E un plan euclidien, D_1 et D_2 deux droites de E, $\vec{e_i}$ un vecteur unitaire porté par D_i, et $r = |\cos(e_1, e_2)|$. Nous supposerons dans la suite $r \notin \{0, 1\}$, donc D_1 et D_2 distinctes et non perpendiculaires et $r \in]0, 1[$. Soit I_r le triplice (E, D_1, D_2). Ce triplice est indécomposable [précisément parce que $r \notin \{0, 1\}$], non isomorphe aux précédents (dimension!); et pour que I_r et $I_{r'}$ soient isomorphes, il faut et suffit (2e partie, chapitre v, § II, no 3) que $r = r'$. Nous allons voir que *tout triplice est somme directe de triplices isomorphes à ceux-là,* ce qui assurera que notre liste d'exemples est en fait *exhaustive !*

3. Décomposition d'un triplice en somme directe de triplices indécomposables

Soit $\hat{E} = (E, U, V)$. La démonstration de l'existence d'une telle décomposition se fait en 4 étapes.

3.1. Supposons $U + V \neq E$; alors

$$\hat{E} = (U + V, U, V) \oplus [(U + V)^{\perp}, 0, 0]$$

et $[(U + V)^{\perp}, 0, 0]$ est somme directe de n_1 exemplaire de I_1, où

$$n_1 = \dim (U + V)^{\perp} = \operatorname{codim} (U + V).$$

On est donc ramené au cas où $E = U + V$ (quitte à remplacer E par $U + V$).

3.2. Supposons $U \cap V \neq \{0\}$. La projection orthogonale de U sur $U \cap V$ laisse stable U, puisque $U \cap V \subset U$. Donc :

$$\hat{E} = (U \cap V, U \cap V, U \cap V) \oplus [(U \cap V)^{\perp}, (U \cap V)^{\perp} \cap U, (U \cap V)^{\perp} \cap V]$$

et $(U \cap V, U \cap V, U \cap V)$ est somme directe de $n_4 = \dim U \cap V$ exemplaires de I_4 (choisir dans $U \cap V$ une base orthogonale), tandis que

$$[(U \cap V)^{\perp} \cap U] \cap [(U \cap V)^{\perp} \cap V] = \{0\}.$$

On est donc ramené, après avoir retiré des facteurs isomorphes à I_1 et I_4 au cas où $U + V = E$, $U \cap V = \{0\}$, i.e. au cas où $E = U \oplus V$ (cette somme directe n'étant pas orthogonale) [quitte à remplacer U et V par

$$U \cap (U \cap V)^{\perp} \quad \text{et} \quad V \cap (U \cap V)^{\perp}].$$

Exemple 1. Supposons E de dimension trois. Si U et V sont deux droites, l'opération 3.1. consiste à se placer dans le plan ou la droite qu'elles engendrent; dans le 1er cas le triplice (E, U, V) contient en facteur direct la droite orthogonale au plan (U, V), et il n'y a pas d'opération 3.2. à faire. En fait la réduction est terminée, car ce qui reste [i.e. le triplice $(U + V, U, V)$] est soit somme directe de deux exemplaires de I_4 si $U \perp V$, soit du type irréductible I_r, $r \in]0, 1[$.

Dans le 2e cas, l'étape 3.1. donne 2 exemplaires de I_1, et il reste un exemplaire de I_4.

Exemple 2. Supposons U de dimension 1, V de dimension 2, E de dimension 3, $U \not\subset V$ et $V \not\subset U^{\perp}$. Alors les étapes 3.1. et 3.2. sont sans objet. Que se passe-t-il si par exemple $U \subset V$?

Exemple 3. dim $E = 3$, U et V sont deux plans distincts. Il n'y a pas d'étape 3.1. à faire. L'étape 3.2. consiste à considérer le triplice (Δ, Δ, Δ) où Δ est la droite d'intersection de U et V (il est isomorphe à I_4), puis le *rectiligne*

$$[(U \cap V)^{\perp}, (U \cap V)^{\perp} \cap U, (U \cap V)^{\perp} \cap V]$$

du *dièdre* (U, V) : il est isomorphe soit à I_r avec $r \in]0, 1[$ si ce dièdre n'est pas *droit*, soit à la somme directe de deux exemplaires de I_4 sinon (fig. 1).

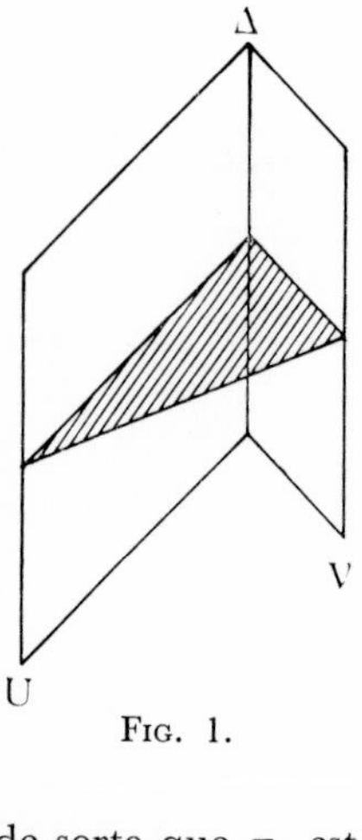

Fig. 1.

3.3. Soient p_U et p_V les projections orthogonales de E sur U et V; soient π_1 (resp. $\pi_2 = p_{U|V}$) la projection orthogonale de V sur $U^{\perp}$ et U respectivement. On suppose faites les étapes 3.1. et 3.2. de sorte que $E = U \oplus V$. On a donc :

$$\text{Ker } \pi_1 = U \cap V = \{0\} \qquad \dim V = \dim U^{\perp}$$

de sorte que π_1 est une bijection de V sur $U^{\perp}$.

On a par contre en général :

$$\text{Ker } \pi_2 = U^\perp \cap V \neq \{0\}$$

$$\text{Im } \pi_2 = p_U(V) = \{u \in U \mid \exists (x, y) \in U^\perp \times V,\ u = y - x\} = (V + U^\perp) \cap U \neq U.$$

Considérons les trois triplices : $\hat{E}_i = (E_i, U_i, V_i)$ $(i = 1, 2, 3)$ avec :

$$\hat{E}_1 = (\text{Ker } \pi_2, 0, \text{Ker } \pi_2) \qquad \hat{E}_2 = [(\text{Im } \pi_2)^\perp \cap U, (\text{Im } \pi_2)^\perp \cap U, 0]$$

$$\hat{E}_3 = [p_U(V) + p_V(U), p_U(V), p_V(U)].$$

Je dis que

$$\hat{E} = \hat{E}_1 \oplus \hat{E}_2 \oplus \hat{E}_3. \tag{1}$$

En effet, $U_2 = [p_U(V)]^\perp \cap U$ et $U_3 = p_U(V)$ constituent une décomposition de U en 2 sous-espaces supplémentaires orthogonaux, donc

$$U = U_1 \overset{\perp}{\oplus} U_2 \overset{\perp}{\oplus} U_3.$$

De même $V_1 = U^\perp \cap V$ et $p_V(U) = (U + V^\perp) \cap V$ constituent une décomposition de V en 2 sous-espaces supplémentaires orthogonaux, donc

$$V = V_1 \overset{\perp}{\oplus} V_2 \overset{\perp}{\oplus} V_3 \qquad [\text{car} \quad (U^\perp \cap V)^\perp = U + V^\perp].$$

Enfin,

$$E = U \oplus V = (U_1 \oplus V_1) \oplus (U_2 \oplus V_2) \oplus (U_3 \oplus V_3) = E_1 \oplus E_2 \oplus E_3.$$

De plus, $E_1 = V_1 = U^\perp \cap V$ est orthogonal à U, donc à U_2 et U_3, donc E_1 est orthogonal à E_2 et E_3; $U_2 = (V^\perp \cap U + U^\perp) \cap U = V^\perp \cap U$ est visiblement orthogonal à $V_3 = p_V(U) \subset V$. Donc $E_2 = U_2$ est orthogonal à E_3. On a bien établi (1). On notera que $E_1 = U^\perp \cap V$ et $E_2 = V^\perp \cap U$.

Donc $\hat{E}_1$ (resp. $\hat{E}_2$) est isomorphe à la somme directe de $n_3 = \dim U^\perp \cap V$ (resp. $n_2 = \dim V^\perp \cap U$) exemplaires de I_3 (resp. I_2).

Les figures 2 et 3 illustrent cette étape pour $\dim E = 3$,

$$\{\dim U, \dim V\} = \{1, 2\}$$

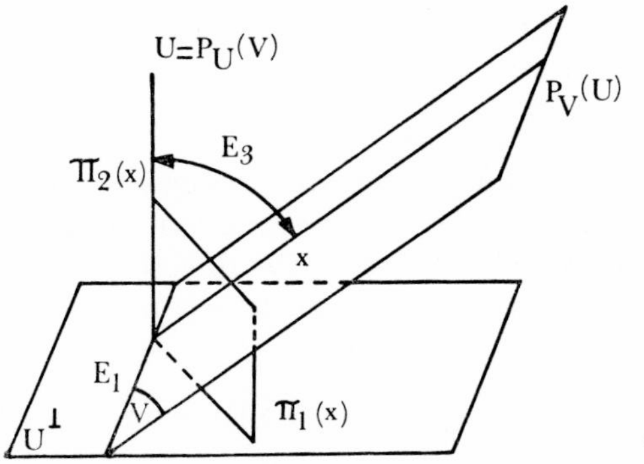

FIG. 2.

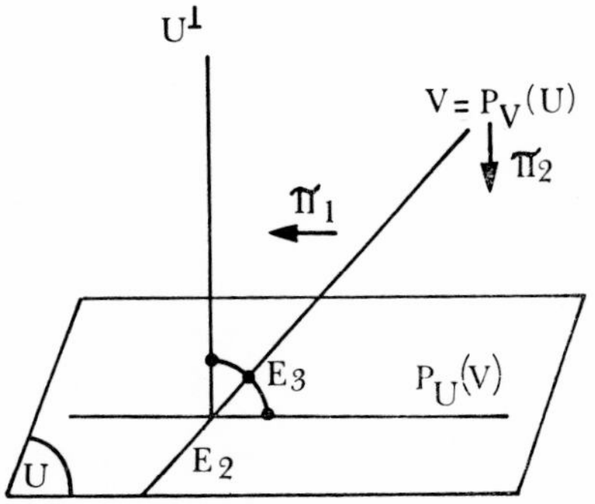

FIG. 3.

Exemple 4 (fig. 2). dim E = 3, dim U = 1, dim V = 2. Si $U = V^{\perp} \Longleftrightarrow U^{\perp} = V$, $\hat{E}_1 = (V, 0, V)$ est isomorphe à la somme directe de $n_3 = 2$ exemplaires de I_3, $\hat{E}_2 = (U, U, V) \approx I_2$ ($n_2 = 1$) et $\hat{E} = \hat{E}_1 \oplus \hat{E}_2$.

Le cas de $U \subset V$ est laissé au lecteur.

Dans le cas général, $E_1 = U^{\perp} \cap V$ est une droite, et $n_3 = 1$; $V^{\perp} \cap U = \{0\}$ et $\hat{E}_2$ n'existe pas ($n_2 = 0$); E_3 est le plan engendré par U et sa projection orthogonale $p_V(U)$ sur V; soit

$$r = |\cos [U, p_V(U)]|.$$

Alors $\hat{E} \approx I_3 \oplus I_r$.

Exemple 5 (fig. 3). dim E = 3, dim V = 1, dim U = 2. Dans le cas général, $n_3 = 0$, $n_2 = 1$, $\hat{E} \approx I_2 \oplus I_r$ où

$$r = |\cos [V, p_U(V)]|.$$

Les cas exceptionnels sont $V = U^{\perp}$ ou $V \subset U$.

Remarque. Supposons dim E = 3, dim U = 1, dim V = 2. On ne peut naturellement espérer que (U, V) = (V, U). Dans le cas général où $U \neq V^{\perp}$ et $U \not\subset V$, on a cependant :

$$(E, U, V) \approx I_3 \oplus I_r \qquad (E, V, U) \approx I_2 \oplus I_r \quad (\text{le même } r).$$

Le lecteur aura reconnu dans les exemples de ce numéro les opérations habituellement faites pour calculer des angles en géométrie dans l'espace.

3.4. On est donc ramené au cas où $E = p_U(V) \oplus p_V(U) = U \oplus V$. Comme $p_U(V) \subset U$, on a nécessairement :

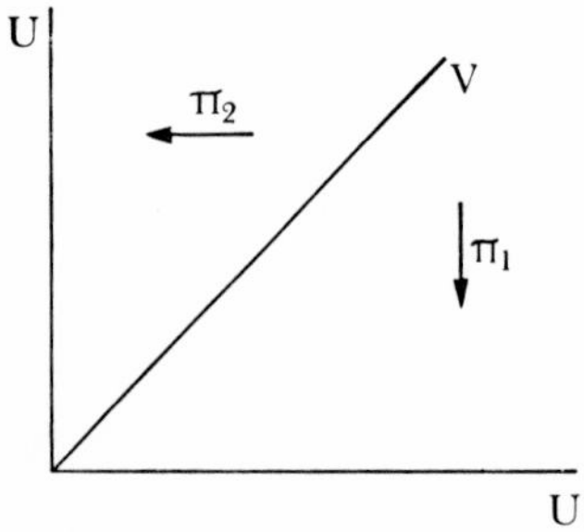

FIG. 4.

$$p_U(V) = U, \qquad p_V(U) = V.$$

Donc $p_{U|V}$ est surjective, ce qui implique successivement :

$$V + U^{\perp} \supset U; \quad V^{\perp} \cap U = (V + U^{\perp})^{\perp} \subset U^{\perp};$$
$$V^{\perp} \cap U = \{0\}.$$

De même $p_{V|U}$ est surjective, donc $U^{\perp} \cap V = \{0\}$, et ainsi $p_{U|V} = \pi_2$ est *bijective* (comme π_1). Réciproquement $E = U \oplus V$ et π_2 bijective impliquent $p_U(V) = U$, $U^{\perp} \cap V = \{0\}$, donc $p_V(U) = V$, et $E = p_U(V) \oplus p_V(U)$. On est bien dans la situation où avec les notations de 3.3., $E_1 = E_2 = \{0\}$.

Soit $n = \dim V$. On a donc $\dim U = \dim U^{\perp} = n$, donc $\dim E = 2n$.

On souhaite montrer que $\hat{E} = \bigoplus_{i=1}^{n} (E_i, U_i, V_i)$ avec $\dim U_i = \dim V_i = 1$, $E_i = U_i \oplus V_i$, U_i et V_i non orthogonaux. Soient $(\vec{u}_1, \ldots, \vec{u}_n)$ et $(\vec{v}_1, \ldots, \vec{v}_n)$

des bases de U et V. Pour que $\vec{u}_i$ et $\vec{v}_i$ engendrent des droites U_i et V_i répondant à la question, il faut et il suffit que

$$(2) \qquad \forall(i, j), \qquad i \neq j \Longrightarrow \varphi(\vec{u}_i, \vec{u}_j) = \varphi(\vec{v}_i, \vec{v}_j) = \varphi(\vec{v}_i, \vec{u}_j) = 0; \quad \varphi(\vec{u}_i, \vec{v}_i) \neq 0$$

où φ désigne le produit scalaire. Les 3 premières égalités équivalent en effet à $U_i \perp U_j$, $V_i \perp V_j$, $E_i \perp E_j$; et l'on a sûrement $U_i \cap V_i \subset U \cap V = \{0\}$. De plus, l'inégalité est conséquence des 3 égalités, car

$$[\forall j, \quad \varphi(\vec{v}_i, \vec{u}_j) = 0] \Longrightarrow \vec{v}_i \in U^{\perp} \cap V = \{0\}$$

ce qui est absurde.

Mais les 3 premières égalités impliquent pour tout i l'existence d'un unique $\lambda_i \in \mathbf{R}$ tel que $\lambda_i\vec{u}_i - \vec{v}_i \in U^{\perp}$: il est défini par $\lambda_i\|\vec{u}_i\|^2 = \varphi(\vec{u}_i, \vec{v}_i)$, condition équivalente à $\varphi(\lambda_i\vec{u}_i - \vec{v}_i, \vec{u}_j) = 0$ pour $j \in \{1, \ldots, n\}$. Autrement dit, si le problème a une solution, $\pi_2(\vec{v}_i) = \lambda_i\vec{u}_i$ est une *base de* U *orthogonale pour* φ [car $\varphi(\vec{u}_i, \vec{v}_i) \neq 0 \Longleftrightarrow \lambda_i \neq 0$]. Réciproquement soit $(\vec{v}_i)_{1 \leqslant i \leqslant n}$ une base de V orthogonale pour φ telle que les $\vec{u}_i = \pi_2(\vec{v}_i)$ soient orthogonaux. Posons $\vec{u}'_i = \pi_1(\vec{v}_i)$: comme π_1 est bijective, les $\vec{u}'_i$ forment une base de $U^{\perp}$ et comme $\pi_1 + \pi_2 = \mathrm{Id}_V$ (π_1 et π_2 sont les restrictions à V de deux projecteurs orthogonaux) :

$$(3) \qquad \vec{v}_i = \vec{u}_i + \vec{u}'_i.$$

D'où

$$\varphi(\vec{v}_i, \vec{u}_j) = \varphi(\vec{u}_i, \vec{u}_j) + \varphi(\vec{u}_j, \vec{u}'_i) = 0 \quad (i \neq j) \qquad \text{et} \qquad (2)$$

de sorte que $\hat{E}$ est somme directe des triplices $\hat{E}_i = (\mathbf{R}\vec{u}_i + \mathbf{R}\vec{v}_i, \mathbf{R}\vec{u}_i, \mathbf{R}\vec{v}_i)$; $\hat{E}_i$ est isomorphe à I_{r_i} avec $r_i = \dfrac{|\varphi(\vec{u}_i, \vec{v}_i)|}{\|\vec{u}_i\| \, \|\vec{v}_i\|} \in]0, 1[$.

On peut toujours supposer — sans que cela apporte de restriction — la base $(\vec{v}_i)$ *orthonormale*. On voit que l'on est ramené à chercher une base $(\vec{v}_i)$ de V orthonormale pour $\varphi|_{V^2}$ et *orthogonale* pour la forme bilinéaire

$$\varphi' = \varphi \circ (\pi_2, \pi_2);$$

on sait que de telles bases existent (2e partie, chapitre II, n° 6, corollaire 1) et que les nombres réels

$$\varphi'(\vec{v}_i, \vec{v}_i) = \varphi(\vec{u}_i, \vec{u}_i) = \|\vec{u}_i\|^2 = a_i^2 > 0$$

ne dépendent que de φ et φ', c'est-à-dire de φ et π_2, donc de la structure euclidienne et du couple (U, V) (à l'ordre près, bien entendu).

De plus, d'après (3) :

$$r_i = \frac{|\varphi(\vec{u}_i, \vec{v}_i)|}{\|\vec{u}_i\|} = \frac{\|\vec{u}_i\|^2}{\|\vec{u}_i\|} = \|\vec{u}_i\| \in]0, 1[.$$

4. Angles de deux sous-espaces

THÉORÈME. *A tout couple* C = (U, V) *de sous-espaces vectoriels d'un espace vectoriel euclidien* E *sont associées une suite* $\nu = (n_0, n_1, n_2, n_3, n_4)$ *d'entiers positifs ou nuls et si* $n_0 > 0$ *une suite* $\rho = (r_1, \ldots, r_{n_0}) \in (]0, 1[)^{n_0}$ *telles que*

1) *Le triplice* $\hat{E} = (E, U, V)$ *est somme de* n_i *triplices isomorphes à* I_i $(i \in \{1, 2, 3, 4\})$ *et de* n_0 *triplices* $\hat{E}_j$ $(1 \leqslant j \leqslant n_0)$ *ou* $\hat{E}_j$ *est isomorphe à* I_{r_j} $(0 < r_j < 1)$ *si* $n_0 > 0$.

2) *La suite* ν, *et à l'ordre près la suite* ρ, *ne dépendent que de la structure euclidienne de* E *et du couple* C.

3) *Pour que deux couples* C *et* C′ *de sous-espaces de* E *fassent le même angle non orienté, il faut et il suffit qu'ils aient même suite* ν, *et des suites* ρ, ρ' *ne différant que par une permutation des indices.*

Preuve. Les parties 1 et 2 résultent du n° 3; si C et C′ font le même angle, soit $f \in O(E)$ tel que $f(U) = U'$, $f(V) = V'$. Toute décomposition de $\hat{E} = (E, U, V)$ en somme directe de triplices indécomposables se transforme par f en une décomposition de (E, U′, V′) en somme directe de triplices isomorphes, d'où la nécessité du 3) [vu le 2)].

Réciproquement, soit $(E, U, V) = \bigoplus_{i=1}^{r} \hat{E}_i$, $(E, U', V') = \bigoplus_{j=1}^{r'} \hat{E}'_j$. Si la condition 3 est remplie, on a $r = r' \left(= \sum_0^4 n_i\right)$, et on peut supposer les E′ numérotés de sorte que, pour tout i, $\hat{E}_i$ soit isomorphe à $\hat{E}'_i$. Il existe donc une application orthogonale $f_i : E_i \to E'_i$ pour tout i (orthogonale pour la structure euclidienne induite par celle de E sur E_i et E'_i). Alors l'application f définie, par

$$f(x) = f(x_1 + \cdots + x_r) = \sum_{i=1}^{r} f_i(x_i) \quad (x_i \in E_i)$$

est une transformation *orthogonale* de E telle que $f(U) = U'$ et $f(V) = V'$.

Remarque et définition. On pourrait appeler « angles de U et V » la suite $(\theta_1, \ldots, \theta_{r'})$ où $r' = n_2 + n_3 + n_4 + n_0$, les θ_i sont des angles orientés, et mesure de θ_i

$$\begin{cases} -\dfrac{\pi}{2} \quad \text{pour} \quad 1 \leqslant i \leqslant n_2; \qquad +\dfrac{\pi}{2} \quad \text{pour} \quad n_2 + 1 \leqslant i \leqslant n_2 + n_3; \\ 0 \quad \text{pour} \quad n_2 + n_3 + 1 \leqslant i \leqslant n_2 + n_3 + n_4; \\ 0 < \text{mes } \theta_i < \dfrac{\pi}{2} \qquad \text{et} \qquad \cos \theta_i = r_{i-n_2-n_3-n_4} \\ \qquad\qquad\qquad \text{pour} \quad n_2 + n_3 + n_4 + 1 \leqslant i \leqslant r'. \end{cases}$$

Ceci ne se justifie en fait que si E = U + V.

Thème de problème. Étudier les angles orientés de sous-espaces. Montrer que si n_1 ou n_4 sont différents de 0, ce sont les mêmes que les angles non orientés. Regarder ensuite le cas $n_1 = n_4 = 0$, $n_2 + n_3 \neq 0$, puis le cas $n_1 = n_2 = n_3 = n_4 = 0$.

Problèmes complémentaires

Ces exercices et problèmes sont de longueur et de difficulté inégales. Nous n'avons pas cru bon d'effrayer les étudiants par des mises en garde dans la marge : ils sont tous exigibles d'un étudiant moyen (à une ou deux exceptions près au maximum) et sont plus des exercices didactiques, destinés soit à permettre à l'étudiant de vérifier sa bonne compréhension du cours ou à lui donner des informations complémentaires, que de véritables problèmes.

Une numérotation du type III.2.4.5 signifie qu'il s'agit de la 5e question du problème n° 4 portant sur le 2e chapitre de la 3e partie.

I.1.1. Soit G un groupe opérant sur un ensemble E. Si F est une partie de E on définit le centralisateur dans G de F, qu'on note $\mathrm{Cent}_G\,F$ et le normalisateur dans G de F, qu'on note $\mathrm{Norm}_G\,F$, par

$$\mathrm{Cent}_G\,F = \{g \in G \mid \forall x \in F \quad g.x = x\}$$
$$\mathrm{Norm}_G\,F = \{g \in G \mid gF = F\}.$$

On a posé

$$g.F = \{gx \mid x \in F\}.$$

1) Montrer que $\mathrm{Cent}_G\,F$ et $\mathrm{Norm}_G\,F$ sont des sous-groupes de G et que $\mathrm{Cent}_G\,F$ est un sous-groupe distingué des $\mathrm{Norm}_G\,F$.

2) Montrer que pour tout $g \in G$ on a les égalités

$$\mathrm{Cent}_G\,(gF) = g(\mathrm{Cent}_G\,F)g^{-1}$$

et

$$\mathrm{Norm}_G(g.F) = g(\mathrm{Norm}_G\,F)g^{-1}.$$

I.1.2. Soit X un plan affine sur le corps $\mathbf{F}_q$ à q éléments (on peut démontrer qu'il existe un tel corps — et un seul à isomorphisme près — si et seulement si $q = p^n$ avec p premier, n entier > 0).

Dénombrer le nombre de points, de droites, de directions de droites de X. Problèmes analogues pour X de dimension $r > 2$.

I.1.3. Soit X un plan affine sur le corps $\mathbf{Z}_3$. Montrer que pour que 4 points (a, b, c, d) de X forment un parallélogramme, il faut et il suffit que 3 quelconques d'entre eux ne soient pas alignés.

I.1.4. Soient $\vec{X}$ un espace vectoriel de dimension $n = 2$ sur le corps K, $(\vec{e}_1, \vec{e}_2)$ une base de $\vec{X}$, $(\lambda, \mu) \in (K - \{0\})^2$. On suppose que la sous-variété affine D de $\vec{X}$ engendrée par $\vec{e}_1$ et $\vec{e}_2$ n'a pas pour direction le sous-espace V engendré par $\lambda\vec{e}_1 + \mu\vec{e}_2$. Montrer que $V \cap D$ se réduit à un point z, que l'on caractérisera en fonction de $\{\vec{e}_1, \vec{e}_2, \lambda, \mu\}$.

I.1.5. Soient X un espace affine de dimension $n > 2$ sur un corps K, E (resp. E′) l'ensemble des droites (resp. des couples de droites) de X, G = GA(X) le groupe affine de X. Montrer que G opère de façon fidèlement transitive sur E; y opère-t-il simplement? Montrer que G opère sur E′, et que E′ a 4 orbites sous G; la restriction des opérations de G à ces orbites est-elle fidèle? simple? Discuter.

I.1.6. Soient X un espace affine sur le corps K et $(a, b) \in X^2$. On appelle courbe de X d'origine a et d'extrémité b une application

$$f\colon [0, 1] \to X \qquad ([0, 1] = \{t \in \mathbf{R} \mid 0 \leqslant t \leqslant 1\})$$

telle que $f(0) = a$ et $f(1) = b$.

Montrer que l'ensemble C des courbes de X d'origine a et d'extrémité b a une structure naturelle d'espace affine sur K. Que peut-on dire de son espace directeur $\vec{C}$?

I.1.7. 1) Soient E un espace affine d'espace directeur $\vec{E}$, A un sous-espace affine fixe de E, défini par un point $a \in A$ et sa direction $\vec{A}$, et $\mathfrak{B}$ l'ensemble des sous-espaces de E de direction donnée $\vec{B}$. Montrer que pour que $A \cap B \neq \varnothing$ pour tout $B \in \mathfrak{B}$ il faut et suffit que $\vec{E}$ soit somme de $\vec{A}$ et $\vec{B}$. (On pourra définir B en se donnant un point $b \in B$ et étudier

$$\{x \in E \mid \exists \vec{\alpha} \in \vec{A},\ \exists \vec{\beta} \in \vec{B},\quad x = a + \vec{\alpha} = b + \vec{\beta}\}.)$$

2) Dans toute la suite E est de dimension 4, et P et Q désignent deux *plans* distincts ou non (i.e. sous-espaces de dimension 2), de directions $\vec{P}$ et $\vec{Q}$ respectivement. On désigne par V(P, Q) le sous-espace affine de E engendré par $P \cup Q$.

On se propose d'étudier les positions relatives de P et Q; on étudiera dans ce but $\vec{P} \cap \vec{Q}$ et $P \cap Q$; on établira ainsi qu'il existe 5 cas de figures et on calculera dans chaque cas dim V(P, Q).

Voir la suite de ce problème en P.C. II.3.9.

I.1.8. Dans $\mathbf{R}^5$, on désigne par :

a) $\mathcal{A}$ l'ensemble des sous-espaces affines parallèles à la variété d'équations cartésiennes $x_1 + x_2 + x_3 + x_4 + x_5 = x_1 - x_2 + x_3 - x_4 + x_5 = 0$.

b) D la droite contenant le point de coordonnées (1, 0, 1, 0, 0) et parallèle au vecteur de composantes (1, 1, 1, 1, 1).

c) B_λ le sous-espace affine engendré par D et le point de coordonnées $(\lambda, 0, 0, 0, 0)$.

1) Montrer que tout élément $A \in \mathcal{A}$ rencontre la sous-variété d'équations

$$x_3 = x_4 = x_5 = 0$$

en un point M et un seul. On désignera par $A(a, b)$ l'élément de $\mathcal{A}$ passant par le point $(a, b, 0, 0, 0)$.

2) Discuter en fonction de (a, b, λ) la nature de $B_\lambda \cap A(a, b)$ et donner des équations cartésiennes du sous-espace affine engendré par B_λ et $A(a, b)$; préciser sa dimension.

I.2.1. *Le plan affine en classe de* 4e.

A) Soit P un ensemble dont les éléments sont appelés *points* et H un ensemble de parties *propres* de P dont les éléments sont appelés *droites*. Le couple (P, H) satisfait les « axiomes d'incidence » :

I_1. Deux points quelconques sont contenus dans une droite et une seule.

I_2. Pour tout point M de P et toute droite $D \in H$, si $M \notin D$, il existe une droite $D' \in H$ et une seule telle que $M \in D'$ et $D' \cap D = \varnothing$.

1. Montrer que card $P \geqslant 4$. Définir le parallélisme des droites : c'est une relation d'équivalence $\mathcal{R}$ dans H, et la classe d'une droite s'appelle sa direction. Montrer que card $(H/\mathcal{R}) \geqslant 3$.

2. Soit $D \in H$ et δ une direction distincte de celle de D. Définir la projection p de P sur D parallèlement à δ. En déduire l'équipotence de toutes les droites.

3. *Le contre-exemple de Moulton* [31]. On prend $P = \mathbf{R}^2$. On considère les sous-ensembles suivants de $\mathbf{R}^2$ où $(m, a, \alpha, \beta) \in \mathbf{R}^4$:

$$D_{m,a} = \left\{(x_1, x_2) \in \mathbf{R}^2 | x_1 \geqslant a \quad \text{et} \quad x_2 = \frac{1}{2} m(x_1 - a)\right\}$$
$$\cup \{(x_1, x_2) | x_1 \leqslant a \quad \text{et} \quad x_2 = m(x_1 - a)\}$$
$$D'_{\alpha,\beta} = \{(x_1, x_2) \in \mathbf{R}^2 | x_2 = \alpha x_1 + \beta\}$$
$$D''_a = \{(x_1, x_2) | \in \mathbf{R}^2 | x_1 = a\}.$$

On pose $H = \{D_{m,a} | m > 0,\ a \in \mathbf{R}\} \cup \{D'_{\alpha,\beta} | \alpha \leqslant 0,\ \beta \in \mathbf{R}\} \cup \{D''_a | a \in \mathbf{R}\}$.

a) Montrer que (P, H) satisfait les axiomes d'incidence.

b) Déterminer deux triangles (A, B, C) (A′, B′, C′) tels que AB soit parallèle à A′B′, BC parallèle à B′C′, et AC non parallèle à A′C′ [prendre les points

(A, B, C) [resp. (A′, B′, C′)] d'ordonnées positives (resp. négatives)], BC sur une droite parallèle à $D'_{0,0}$, et AB sur une droite parallèle à $D'_{\alpha,\beta}$ ($\alpha < 0$).

c) Montrer qu'une telle circonstance ne se produit pas dans un plan affine (forme faible du théorème de Desargues).

B) On suppose donné de plus, pour toute droite $D \in H$, un ensemble F(D) de bijections de D sur un corps commutatif K de sorte que

(A_1) : $\forall f \in F(D)$, $\forall f' \in F(D)$, $\exists(\alpha, \beta) \in K^2$, $f' = \alpha f + \beta$

(T) : Quelles que soient les droites D, D′, la direction δ distincte de D et D′ et $f \in F(D)$, alors $f \circ p \in F(D')$, où p est la restriction à D′ de la projection de P sur D parallèlement à δ.

1. On transporte à D la structure affine de K grâce à une bijection $\varphi : D \to K$. Montrer que pour que deux bijections φ et φ' donnent sur D la même structure affine, il faut et suffit que φ et φ' soient liées par une relation du type (A_1). En déduire que F(D) munit D d'une structure affine bien déterminée.

2. Soient D et D′ deux droites de P non parallèles, $f \in F(D)$, $f' \in F(D')$, p (resp. p') la projection de P sur D (resp. D′) parallèlement à D′ (resp. D). Soit Φ l'application de P sur K^2 : $x \to [f(p[x]), f'(p'[x])]$. Montrer que c'est une bijection de P sur K^2. On transporte grâce à cette bijection la structure affine de K^2 sur P. Montrer que

a) la structure de plan affine ainsi obtenue sur P ne dépend pas des choix de D, D′, f, f';

b) les sous-espaces affines de dimension 1 de P sont les éléments de H.

Voir la suite de ce problème en P.C. I.5.1.

I.2.2. *Théorème de Menelaüs.* Soient (A_1, A_2, A_3) un triangle d'un plan affine X, $a_i \in A_jA_k$ ($i \neq j \neq k$). On suppose $a_i \notin \{A_j, A_k\}$. Soit H_{jk} l'homothétie de centre a_i transformant A_k en A_j et λ_{jk} son rapport. Montrer que $H_{ij} \circ H_{jk} \circ H_{ki}$ ne peut être une translation différente de l'identité. En déduire que pour que a_1, a_2, a_3 soient alignés, il faut et suffit que :

$$\frac{\overline{a_1A_2}}{\overline{a_1A_3}} \cdot \frac{\overline{a_2A_3}}{\overline{a_2A_1}} \cdot \frac{\overline{a_3A_1}}{\overline{a_3A_2}} = 1.$$

Généraliser à n points A_i affinement indépendants d'un espace affine X.

I.2.3. Pour tout espace affine X sur un corps K, on désigne par X′ l'espace vectoriel $\mathcal{A}(X, K)$ des formes affines sur X, et par $\widehat{X}$ le dual de X′.

1. Soit $x \in X$ et $\tilde{x}$ l'application $f \longmapsto f(x)$ de X′ dans K. Montrer que l'application $\Phi : x \longmapsto \tilde{x}$ est une application affine injective de X dans $\widehat{X}$.

2. On suppose X de dimension finie n; montrer que l'image de X par Φ est un hyperplan affine X_1 de $\widehat{X}$ ne passant pas par l'origine. En donner une équation, en identifiant le dual de $\widehat{X}$ à X′. Quelle est sa direction?

3. Soit Y un deuxième espace affine sur K, de dimension finie. Montrer que toute application affine $\varphi : X \to Y$ se prolonge d'une seule manière en une application linéaire $\hat{\varphi}$ de $\widehat{X}$ dans $\widehat{Y}$. Que peut-on dire de l'application

$$\psi : \varphi \longmapsto \hat{\varphi}, \quad \text{de} \quad \mathcal{A}(X, Y) \quad \text{dans} \quad L(\widehat{X}, \widehat{Y})\,?$$

Est-elle surjective?

I.2.4. Soient E un espace vectoriel, F un sous-espace vectoriel de E et π l'application canonique $E \to E/F$. Soient X l'espace vectoriel $L(E/F, E)$ des applications linéaires de E/F dans E, Y l'espace vectoriel $L(E/F, E/F)$ et soit

$$S = \{s \in X | \pi \circ s = \mathrm{Id}_{E/F}\}.$$

On appellera sections linéaires de π, les éléments de S.

1) Montrer que S est un sous-espace affine de X. Quelle est sa direction $\vec{S}$?

2) Montrer que si s est une section linéaire de π, $E = F \oplus s(E/F)$.

3) Montrer que l'application φ qui à s associe $\varphi(s) = s(E/F)$ est une bijection entre S et l'ensemble Σ des sous-espaces vectoriels de E supplémentaires de F.

4) Montrer que si Θ désigne l'application $S^2 \to \vec{S}$ qui définit la structure d'espace affine de S et si l'on définit $\overline{\Theta} : \Sigma^2 \to \vec{S}$ par

$$\overline{\Theta}(F_1, F_2) = \Theta[\varphi^{-1}(F_1), \varphi^{-1}(F_2),$$

alors $(\Sigma, \vec{S}, \overline{\Theta})$ est un espace affine (on le désignera en abrégé par Σ).

5) Soient n et p les dimensions de E et F ($p < n$) et soient $(e_1, \cdots, e_p)$ et $(e_1, \cdots, e_p, e_{p+1}, \cdots, e_n)$ des bases de F et E, on pose $\varepsilon_i = \pi(e_{p+i})$.

Écrire la matrice de π lorsque E et E/F sont rapportés à leur base

$$(e_i)_{i=1\ldots n} \qquad \text{et} \qquad (\varepsilon_i)_{i=1\ldots n-p}.$$

Quelle est la matrice d'un élément s de S?

6) Comment s'écrit la matrice d'un élément s de S tel que $s(E)$ contienne le sous-espace vectoriel G engendré par $e_{p+1}, \ldots, e_{n-1}$?

7) En déduire que l'ensemble Σ_G des supplémentaires de F qui contiennent G est un sous-espace affine de Σ.

I.3.1. *Calcul des coordonnées barycentriques d'un point.*

Soit X un espace affine de dimension n sur le corps K, $(a_1, \ldots, a_{n+1})$ un repère affine de X, et

$$x = \sum_{i=1}^{n+1} \lambda_i a_i \qquad \left(\sum_{i=1}^{n+1} \lambda_i = 1\right)$$

un point quelconque de X. On se propose de calculer les λ_i : Dans ce but, on se donne une forme n linéaire alternée F sur $\vec{X}$.

a) Montrer que $\dfrac{F(\overrightarrow{xa_1}, \ldots, \overrightarrow{xa_{k-1}}, \overrightarrow{xa_{k+1}}, \ldots, \overrightarrow{xa_{n+1}})}{\lambda_k}$ est indépendant de $k \in \{1, 2, \ldots, n+1\}$ (on convient que la nullité du dénominateur implique celle du numérateur).

b) Déterminer les λ_k en fonction de F, et montrer que le résultat ne dépend pas de F.

I.3.2. Soit X un espace affine sur le corps K, $(a_1, \ldots, a_n) \in X^n$. Est-ce que tout barycentre des a_i est barycentre de l'*un* d'entre eux convenablement choisi, et d'un barycentre des $(n-1)$ autres points a_i? (Attention à la caractéristique de K).

I.3.3. Soit X un plan affine, (a_0, a_1, a_2) un triangle de X. Pour $i \neq j \neq k$ on désigne par D_i la droite $V(\{a_j, a_k\})$. Soit $(b_i)_{i \in \mathbf{N}}$ une suite de points de X. On suppose que, pour tout i, $b_i \in D_j$ où j est le reste de la division euclidienne de i par 3, et $V(\{b_i, b_{i+1}\})$ est parallèle à un côté du triangle. Que peut-on dire de la suite (b_i) ?

Il est conseillé de faire une figure.

I.3.4. *Théorème de Menelaüs*. Retrouver le théorème de Menelaüs (P.C. I.2.2.) grâce au calcul barycentrique.

I.3.5. *Théorème de Ceva*. Soit (A_1, A_2, A_3) un triangle, $a_i \in A_jA_k - \{A_j, A_k\}$ $(i \neq j \neq k)$. Pour que les droites A_ia_i soient concourantes, il faut et suffit que :

$$\frac{\overline{a_1A_2}}{\overline{a_1A_3}} \cdot \frac{\overline{a_2A_3}}{\overline{a_2A_1}} \cdot \frac{\overline{a_3A_1}}{\overline{a_3A_2}} = -1.$$

Comparer au théorème de Menelaüs. Cas où la caractéristique de K est 2.

I.3.6. Soient K un corps commutatif de caractéristique $\neq 2$, E un plan affine sur K, a, b, c, d quatre points, dont trois quelconques ne sont pas en ligne droite. On désigne par D_{xy} la droite passant par deux points distincts x, y de E. On suppose que les droites D_{ab} et D_{cd} ont un point commun e et que les droites D_{ad} et D_{bc} ont un point commun f. Montrer que les milieux des trois couples (a, c) (b, d) (e, f) sont en ligne droite.

Que devient cette propriété lorsque D_{ab} et D_{cd} sont parallèles, ou lorsque D_{ad} et D_{bc} sont parallèles. Cas où K est un corps à trois éléments.

I.3.7. Soit X un espace affine sur un corps K, et A une partie de X (non vide). Pour que A soit un sous-espace affine de X, il faut et suffit que :

— si K a plus de deux éléments, la droite passant par deux points quelconques de A y soit contenue toute entière,

— si K est le corps à deux éléments, *le* barycentre de trois points quelconques de A soit dans A (expliquer l'article défini, qui correspond à un léger abus de langage).

I.3.8. Soit ABC un triangle non dégénéré du plan affine et α, β, γ trois nombres réels, tous différents de 1.

Soit L (resp. M; resp. N) le barycentre des points massifs (1, B) et ($-\alpha$, C) [resp. (1, C) et ($-\beta$, A); resp. (1, A) et ($-\gamma$, B)]. De même, soit L′ (resp. M′; resp. N′) le barycentre des points massifs (1, C) et ($-\alpha$, B) [resp. (1, A) et ($-\beta$, C); resp. (1, B) et ($-\gamma$, A)].

1) *a*) Quelle est la relation algébrique entre α, β, γ qui exprime que les points L, M, N sont alignés. S'il en est ainsi, trouver des coefficients μ, ν dont il faut affecter M et N en sorte que L soit le barycentre des points massifs (μ, M) et (ν, N).

b) Si L, M et N sont alignés sur une droite Δ, montrer que L′, M′, N′ sont alignés sur une droite Δ' que l'on appelle la *droite isotomique* de Δ par rapport au triangle A, B, C.

2) *Le théorème de Newton.*

a) Montrer que si L, M, N sont alignés (sur une droite Δ), les milieux des segments AL, BM et CN sont aussi alignés sur une droite D que l'on appelle la *droite de Newton* des quatre droites AB, BC, CA, LMN. (Il sera commode d'utiliser à côté du triangle A, B, C le triangle A′B′C′ dont les sommets sont les milieux des côtés du triangle ABC.)

b) Trouver une relation remarquable entre la droite de Newton D, le centre de gravité du triangle A, B, C et l'isotomique Δ' de Δ.

c) L'énoncé demandait de démontrer d'abord 2° *a*), puis d'en déduire simplement 2° *b*). On demande maintenant de démontrer directement 2° *b*) et d'en déduire *a*) (en tenant compte de 1° *b*).

3) Soient Δ_1, Δ_2, Δ_3, Δ_4 quatre droites du plan en position générale (i.e. trois quelconques d'entre elles ne sont pas concourantes et deux quelconques d'entre elles ne sont pas parallèles).

On désigne par Δ'_i ($i \in \{1, 2, 3, 4\}$) l'isotomique de la droite Δ_i, par rapport au triangle formé par les trois droites Δ'_j avec $j \neq i$. Étudier la disposition des quatre droites Δ'_i et leurs relations avec la droite de Newton des quatre droites Δ_i.

I.3.9. *Théorème de Desargues.* On se donne dans un plan affine deux triangles (A_1, A_2, A_3), (A'_1, A'_2, A'_3). Pour que les 3 droites $A_iA'_i$ concourent, il faut et il suffit que, pour tous $i \neq j \neq k$, les trois droites A_iA_j et $A'_iA'_j$ ou bien soient parallèles, ou bien aient des points de concours alignés, ou enfin que A_iA_j et $A'_iA'_j$ soient parallèles à la droite joignant les points communs à (A_jA_k, $A'_jA'_k$) et (A_kA_i, $A'_kA'_i$).

Étudier le même problème en supposant les 3 droites $A_iA'_i$ parallèles.

I.3.10. *Théorème de Pappus.* Soient D et D′ deux droites d'un plan affine, et A_i (resp. A'_i) 3 points distincts de D (resp. de D′) et distincts de D $\cap$ D′ ($i \in \{1, 2, 3\}$). On suppose que les 3 points $B_i = A_jA'_k \cap A_kA'_j$ ($i \neq j \neq k$) existent. Montrer qu'ils sont alignés. Que se passe-t-il si une ou plusieurs des intersections

$$A_jA'_k \cap A_kA'_j$$

est vide?

I.4.1. *Points fixes d'une application affine.* Soit X un espace affine sur le corps K, f une application affine de X dans lui-même, et a un point de X.

a) Montrer directement que l'ensemble F des points fixes de f est l'ensemble des solutions de l'équation dans X :

$$E(a) : \quad (\vec{f} - \mathrm{Id})(\overrightarrow{ax}) = \overrightarrow{f(a)a}.$$

b) Il résulte de *a*) que E(a) ne dépend pas de a. Établir ce résultat directement.

c) Retrouver les résultats du chapitre IV, § II.

I.4.2. Soit X, un espace affine de dimension 3, D et D′ deux droites de X données par leurs équations cartésiennes et $\vec{e} \in \vec{X} - \{0\}$. Écrire les équations cartésiennes d'une droite rencontrant D et D′ de direction $K\vec{e}$. Discuter. Généraliser ce genre d'exercices.

I.4.3. Soient X un espace affine, G un sous-groupe fini de GA(X). Montrer qu'il existe au moins un point de X invariant par tous les éléments de G (on regardera un barycentre convenable d'une orbite sous G).

I.4.4. Soit $E = \{A_0, B_0, C_0, A_1, B_1, C_1, A_2, B_2, C_2\}$ un ensemble à neuf éléments, qui seront appelés des points. On appellera droite un triplet de E qui soit de l'une des formes suivantes :

a) (A_i, B_j, C_k) avec $i + j + k = 1 \pmod 3$,

b) (A_0, A_1, A_2) ou (B_0, B_1, B_2) ou (C_0, C_1, C_2).

Soit K le corps à trois éléments $\{\bar{0}, \bar{1}, \bar{2}\}$. On appellera $(\vec{\imath}, \vec{\jmath})$ la base canonique de K^2.

I

Montrer qu'il existe une opération unique de K^2 sur E (qu'on notera additivement) telle que l'on ait

$$A_0 + \vec{\imath} = B_0$$
$$A_0 + \vec{\jmath} = C_0$$

et qui munisse E d'une structure d'espace affine de direction K^2 dont les droites sont les droites de E introduites précédemment.

On calculera alors les vecteurs $\overrightarrow{A_iB_i}$ et $\overrightarrow{A_iC_i}$ $(i = 0, 1, 2)$.

II

Soit Γ le quadruplet (A_1, A_2, B_2, C_2). On se propose de déterminer tous les éléments du groupe affine de E qui laissent Γ globalement invariant. Montrer que ces éléments forment un sous-groupe de GA(E) qu'on notera G.

1) *Étude des éléments de* G *ayant des points fixes sur* Γ.

a) Montrer que si A_1 est point fixe d'un élément f de G, il en est de même de A_2. [Indication : f induit alors une permutation sur $A_2\ B_2\ C_2$; on montrera que si c'est une permutation circulaire, A_1 ne peut être point fixe, et que si A_1 et B_2 (resp. A_1 et C_2) sont simultanément fixes, f est l'identité.]

b) En déduire tous les éléments de G admettant A_1 pour point fixe.

c) En répétant ce raisonnement, trouver tous les éléments de G ayant un ou plusieurs points fixes sur Γ.

d) Montrer que ce sont des involutions affines qu'on caractérisera géométriquement.

2) *Étude des involutions sans point fixe sur* Γ.

a) Montrer qu'il y a une bijection entre les éléments de G qui induisent une involution sans point fixe sur Γ, et les partitions de Γ en sous-ensembles à deux éléments.

b) Caractériser géométriquement tous les éléments de G ainsi trouvés.

3) *Étude des éléments non involutifs de* G.

a) Montrer que si l'élément f de G n'est pas une involution sur Γ, il est entièrement déterminé par $f(A_1)$, et déterminer toutes les bijections ainsi obtenues.

4) Montrer que tous les éléments de G ont un point fixe commun, qu'on déterminera, et qu'on prendra comme origine d'un repère cartésien sur E de vecteurs $\vec{\imath}$ et $\vec{\jmath}$. Écrire les matrices des éléments de G dans ce repère, et en calculer les déterminants (dans K).

5) Montrer que les éléments de G de déterminant $\bar{1}$ forment un sous-groupe de G isomorphe à $\mathbf{Z}/4\mathbf{Z}$ dont les éléments seront appelés des rotations.

6) Les éléments de G de déterminant $\bar{2}$ seront appelés des symétries-droite.

a) Montrer que toute rotation est la composée de deux symétries-droite (de plusieurs manières).

b) Montrer que toutes les symétries-droite peuvent être obtenues en composant l'une d'entre elles avec les rotations.

I.4.5. Soient E un espace affine réel de dimension 4, π un plan de E et Δ une droite de E tels que $\pi \cap \Delta = \varnothing$ et que Δ ne soit pas faiblement parallèle à π.

1. Montrer que si e_0, e_1, e_2 sont 3 points affinement libres de π et e_3, e_4 deux points distincts de Δ, la famille $(e_i)_{i=0,\dots,4}$ est un repère affine de E.

Dans toute la suite on se fixe un tel repère de E et on considère l'application affine f de E qui est représentée dans le repère (e_i) par la matrice

$$\begin{pmatrix} -t & 0 & 2 & 0 & 0 \\ t & 2 & 0 & 0 & 0 \\ 1 & -1 & -1 & 0 & 0 \\ 0 & 0 & 0 & 3 & 2 \\ 0 & 0 & 0 & -2 & -1 \end{pmatrix}$$

2. Montrer que π et Δ sont laissés fixes par f, et que si t est différent de 3, l'application f admet des points fixes. Écrire les équations de la sous-variété F de l'ensemble des points fixes; quelle est sa dimension? comparer F et Δ.

3. Montrer que l'intersection de F et π est réduite à un point O dont on déterminera les coordonnées. Donner les équations de l'ensemble Ω des points O lorsque t varie. Faire une représentation graphique du plan π sur laquelle figurent les points e_0, e_1, e_2 et l'ensemble Ω.

4. Écrire les matrices de f dans le repère affine (O, e_1, e_2, e_3, e_4) et dans le repère cartésien associé.

5. Montrer que le plan π contient deux droites D′ et D″ qui passent par O et qui sont laissées fixes par f. Y a-t-il d'autres droites fixes dans π?

6. Soit H l'hyperplan de E engendré par π et F. Déterminer les droites fixes de H.

7. Soit Q le plan engendré par O et Δ. Quelles sont les droites fixes de Q?

8. En déduire l'ensemble des droites de E laissées fixes par f.

9. Étudier les droites fixes par f lorsque $t = 3$.

I.4.6. On se donne dans un espace affine de dimension plus grande que deux 3 droites (A), (B), (C) concourantes en O et non coplanaires, et sur chacune d'elles 3 points (A_i), (B_i), (C_i) $(i \in \{1, 2, 3\})$. On suppose $\frac{2}{\overline{OA_2}} = \frac{1}{\overline{OA_1}} + \frac{1}{\overline{OA_3}}$, et les relations analogues sur les droites (B) et (C) (pour une interprétation de ces relations, cf. 3e partie, chapitre IV, n° 4, exercice 2).

Montrer que les 7 plans $A_iB_jC_k$ tels que $i + j + k = 6$ sont concourants.

I.4.7. Soit E un espace vectoriel de dimension infinie et $i : E \to E^{**}$ l'homomorphisme canonique de E dans son bidual.

a) Montrer que i est injectif.

b) Donner un exemple où i n'est pas surjectif. Peut-il se faire que l'on ait à la fois dim E infinie et i surjectif?

c) Il existe des endomorphismes de E injectifs et non surjectifs.

I.4.8. *Théorème de Helly*. Soit X une espace affine de dimension n sur **R**.

a) Soit $(x_1, \ldots, x_N)$ une suite de points de X avec $N > n + 1$. Alors le système

$$(1) \qquad \sum_{i=1}^{N} \lambda_i x_i = \sum_{i=1}^{N} \lambda_i = 0$$

admet une solution $(\lambda_1, \ldots, \lambda_N) \in \mathbf{R}^N - \{0\}$.

b) Pour une telle solution, on désigne par I (resp. J) l'ensemble des indices i tels que $\lambda_i \geqslant 0$ (resp. $\lambda_i < 0$), et on pose $\sigma = \sum_{i \in I} \lambda_i$, $\tau = \sum_{i \in J} \lambda_i$. Montrer que $\sigma > 0$, $\tau < 0$, puis que

$$y = \sum_{i \in I} \frac{\lambda_i}{\sigma} x_i = \sum_{i \in J} \frac{\lambda_i}{\tau} x_i = z$$

c) Soit $N \geqslant n + 1$ et $\mathscr{F} = (X_i)_{1 \leqslant i \leqslant N}$ une famille d'ensembles convexes de X. Si toute sous-famille de $n + 1$ éléments de $\mathscr{F}$ a une intersection non vide, alors $\mathscr{F}$ a une intersection non vide (Helly). [Par récurrence, supposer le théorème vrai pour $N' = N - 1 \geqslant n + 1$. Par hypothèse de récurrence, pour tout i, on peut choisir $x_i \in \bigcap_{j \neq i} X_j$, et appliquer aux x_i le *a*), d'où *b*) : alors $y = z \in \bigcap_{i=1}^{N} X_i$.]

I.4.9. Dans tout le problème X désigne un espace affine de dimension finie sur un corps commutatif K, Y un sous-espace affine de X, $\vec{Z}$ un supplémentaire de $\vec{Y}$ dans $\vec{X}$, et k un élément de K. On appelle *affinité de base* Y, *direction* $\vec{Z}$ *et rapport* k l'application $f = f_{Y, \vec{Z}, k}$ qui à $x \in X$ fait correspondre le point x' de X tel que

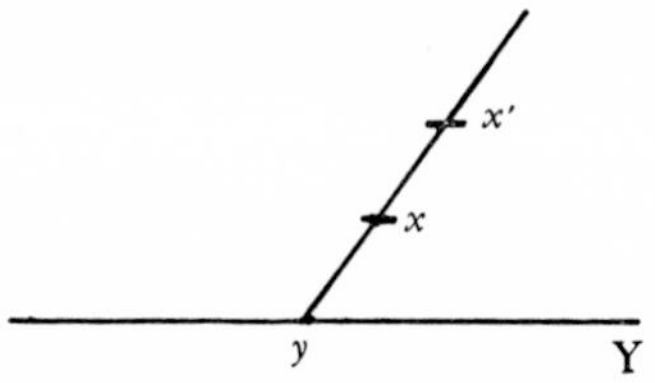

$$\overrightarrow{yx'} = k\overrightarrow{yx}$$

où y est la projection de x sur Y parallèlement à $\vec{Z}$.

1) Caractériser $f_{Y, \vec{Z}, k}$ pour $k \in \{0, 1, -1\}$. Écrire l'expression de f en fonction de l'application identique et de la projection $p = p_{Y, \vec{Z}}$ de X sur Y parallèlement à $\vec{Z}$. Montrer que l'ensemble des $f_{Y, \vec{Z}, k}$ lorsque k décrit K, Y et $\vec{Z}$ restant fixes, est un sous-espace affine de l'espace des applications affines de X dans lui-même, que l'on caractérisera.

Que se passe-t-il si $Y = X$ ou si Y est un point?

2) Soit Y′ un sous-espace de X parallèle à Y. Étudier $f_{Y', \vec{Z}, k'} \circ f_{Y, \vec{Z}, k}$, et caractériser cette application. Étudier en particulier le cas où $kk' = 1$; que peut-on dire de l'ensemble des $f_{Y', \vec{Z}, k'} \circ f_{Y, \vec{Z}, k}$ lorsque k et k' décrivent $K - \{0\}$, Y et Y′ varient en gardant la même direction, $\vec{Z}$ restant fixe; que peut-on dire de cet ensemble lorsque k et k' décrivent K tout entier?

Montrer que toute translation est d'une infinité de manières produit de deux affinités; préciser les choix arbitraires que l'on peut faire.

On suppose maintenant que Y *est un hyperplan, ensemble des points où s'annule une forme affine* φ *donnée.*

3) Soit $a \notin$ Y. Montrer que pour tout $a' \in$ X il existe une application affine et une seule $u = u_{a'}$ laissant fixe chaque point de Y et telle que $u(a) = a'$. En déduire que $u(x) = x + \alpha\varphi(x)\overrightarrow{aa'}$, où α est un élément de K, en général unique, que l'on précisera. Déterminer l'ensemble E_a des a' tels que $u_{a'}$ soit une affinité. Préciser alors sa base, sa direction $\vec{Z}$, son rapport. Exprimer $p_{Y, \vec{Z}}$ en fonction de φ et d'une base de $\vec{Z}$.

Si $a' \notin E_a$, on dit que $u_{a'}$ est une transvection parallèle à Y. Que peut-on dire alors de $\overrightarrow{xu_{a'}(x)}$?

4) Soient $\vec{Z}_1$ et $\vec{Z}_2$ deux supplémentaires distincts de l'hyperplan $\vec{Y}$.

Étudier le produit $f_{Y, \vec{Z}_2, k_2} \circ f_{Y, \vec{Z}_1, k_1}$ (on pourra se borner à k_1 et $k_2 \neq 1$).

Montrer que toute transvection parallèle à Y est produit de deux affinités distinctes de l'identité, dont la première est arbitraire.

I.5.1. On reprend les notations du P.C. I.2.1. dont celui-ci est la suite.

C) 1. On suppose donné un autre ensemble $G = \bigcup_{D \in H} G(D)$ de bijections

$$g : D \to K'$$

des droites de P dans un corps commutatif K' satisfaisant aux axiomes A_1 et T. Comparer les éléments de G(D) et de F(D).

2. En déduire que

a) il existe sur P au plus une structure de plan affine réel dont les droites sont les éléments de H.

b) s'il existe sur P une structure de plan affine complexe dont les droites sont les éléments de H, il n'existe pas sur P de structure de plan affine réel dont les droites sont les éléments de H. Même affirmation en remplaçant (**C**, **R**) par (**R**, **Q**).

c) il se peut qu'il n'existe sur P *aucune* structure de plan affine complexe dont les droites sont les éléments de H.

3. On suppose qu'il existe sur P une structure de plan affine (X, $\vec{X}$, Θ) sur le corps K. On dit que les éléments (x, y) et (x', y') de P^2 sont des bipoints fortement équipollents si la variété affine engendrée par $\{x, y, x', y'\}$ est P et si les sous-espaces affines $V(\{x, y\})$ et $V(\{x', y'\})$ d'une part, $V(\{x, x'\})$ et $V(\{y, y'\})$ d'autre part, sont parallèles; on dit qu'ils sont équipollents s'ils sont fortement équipollents à un même troisième. Montrer que pour que (x, y) et (x', y') soient équipollents, il faut et suffit que $\Theta(x, y) = \Theta(x', y')$. En déduire que le groupe additif de $\vec{X}$ est déterminé à un isomorphisme près par H (vérifiant I_1 et I_2).

En est-il de même de la structure d'espace vectoriel de $\overrightarrow{X}$? Discuter suivant le corps K.

II.1.1. Réduire à la forme canonique et trouver une base orthogonale pour les formes quadratiques sur $\mathbb{Q}^4$:

$$x^2 + y^2 + 2(z^2 + t^2) + xz + xt + zt$$
$$z^2 + t^2 + 2(xy + yz + yt)$$
$$x^2 + y^2 + 2x(z + t) + 6y(x + z + t)$$
$$y(x + z + t)$$
$$3x^2 + 2y^2 - z^2 - 2t^2 + 2xy - 4yz + 2yt$$
$$2x^2 + 9y^2 + 4z^2 + t^2 + 8xy - 4xz - 10yz + 2zt$$

II.1.2. Même question, le corps de base étant $\mathbf{R}$, et λ, μ, ν des paramètres

$$4x^2 + 3y^2 + 9z^2 + 8xz + 4xy + 4yt + 8zt + \lambda t^2$$
$$\lambda t^2 + yz + zx + xy + \mu(x + y + z)t$$
$$(x + y)^2 + z(\lambda x + \mu y + \nu z) + t(ax + by + cz + dt)$$

II.1.3. On considère les formes quadratiques réelles

$$q_n(x) = x_1x_2 + x_2x_3 + \cdots + x_px_{p+1} + \cdots + x_{n-1}x_n + x_nx_1$$
$$q'_n(x) = x_1x_2 + x_2x_3 + \cdots + x_px_{p+1} + \cdots + x_{n-1}x_n - x_nx_1.$$

1) Chercher les signatures de q_n et q'_n pour $n = 3$ et $n = 4$.

2) Déduire de la méthode de Gauss une relation de récurrence entre les signatures de q_n et q'_{n-2}, et de là la signature de q_n pour $n \geqslant 5$. Même question pour q'_n.

II.1.4. On considère l'espace vectoriel E (de dimension infinie) des polynômes d'une variable réelle t, à coefficients réels; soit p une fonction continue, positive ou nulle, non identiquement nulle sur l'intervalle $[a, b] \subset \mathbf{R}$. On pose

$$\varphi(x, y) = \int_a^b x(t)y(t)p(t)\, dt.$$

a) Montrer que φ est une forme bilinéaire définie positive sur E.

b) Montrer que E admet une base $(x_n)_{n \geqslant 0}$ orthogonale pour φ telle que x_n soit un polynôme de degré n.

c) Montrer que x_n est orthogonal à l'espace vectoriel des polynômes de degré $< n$, et en déduire que toutes les racines de x_n sont réelles et situées dans $]a, b[$ [soient $\{t_1, t_2, \ldots, t_l\}$, $0 \leqslant l \leqslant n - 1$, les points de $]a, b[$ où x_n s'annule en changeant de signe et soit $y(t) = x(t)(t - t_1)(t - t_2) \ldots (t - t_l)$. Montrer que $\int_a^b y(t)p(t)\, dt > 0$, et en déduire une contradiction].

II.2.1. *Diagonalisation des matrices symétriques.*

a) Soit $\mathscr{E}$ l'ensemble des sous-corps K de **R** qui sont euclidiens pour l'ordre induit par **R** ($\mathscr{E} \neq \varnothing$, car $\mathbf{R} \in \mathscr{E}$), et soit $K_0 = \bigcap_{K \in \mathscr{E}} K$. Montrer que K_0 est euclidien, et que $\mathbf{Q} \subset K_0 \subset \mathbf{R}$, les inclusions étant strictes (on pourra montrer que tout élément de K_0 est algébrique de degré 2^n sur $\mathbf{Q}$, $n \in \mathbf{N}$).

b) Calculer le polynôme caractéristique de la matrice symétrique :

$$M = \begin{pmatrix} 0 & 3 & 4 \\ 3 & 0 & 5 \\ 4 & 5 & 0 \end{pmatrix}$$

et en déduire que M n'est pas diagonalisable dans le corps euclidien K_0.

II.2.2. Soit M une matrice symétrique à coefficients réels (resp. hermitienne à coefficients complexes). Montrer que M est diagonalisable.

II.3.1. Soit X un espace affine de dimension deux sur **R**, φ une forme bilinéaire symétrique non dégénérée sur $\overrightarrow{X}$, de signature quelconque. Deux droites affines de X seront dites perpendiculaires si leurs directions sont orthogonales pour φ; on appelle triangle un repère affine de X, et hauteur d'un triangle toute droite passant par un sommet et perpendiculaire à la droite engendrée par les deux autres.

Montrer que tout triangle a trois hauteurs, et qu'elles sont concourantes (orthocentre). Énumérer les cas où l'orthocentre est sur un côté du triangle, en un sommet; que se passe-t-il si le triangle a au moins un côté isotrope?

On signalera avec soin toutes les circonstances où intervient, dans cette étude, le fait que φ est non dégénérée.

II.3.2. Quelles propriétés du chapitre III subsistent-elles si l'on remplace le corps de base **R** par un corps euclidien?

II.3.3. On désigne par $S_n(\rho, a)$ la sphère de centre a et de rayon $\rho > 0$ d'un espace affine euclidien X de dimension $n + 1$.

a) Étudier $S_n(\rho, a) \cap S_n(\rho', a')$.

b) On donne p points $\{a_1, \ldots, a_p\}$ de X affinement indépendants, et p réels positifs $(\rho_1, \ldots, \rho_p)$. On suppose $Z = \bigcap_{1 \leqslant i \leqslant p} S_n(\rho_i, a_i) \neq \varnothing$. Étudier Z.

c) Que se passe-t-il si les points a_i ne sont plus affinement indépendants?

d) Donner des conditions pour que $Z \neq \varnothing$.

II.3.4. Soit X un espace affine euclidien, $(a_i)_{1 \leqslant i \leqslant p}$ une suite de points de X, et $(\lambda_i)_{1 \leqslant i \leqslant p}$ une suite de nombres réels non nuls. On pose pour $x \in X$

$$A(x) = \sum_{i=1}^{p} \lambda_i \|\overrightarrow{xa_i}\|^2$$

a) Si $\Sigma\lambda_i \neq 0$, soit (Λ, g) le barycentre des points massiques (λ_i, a_i). Vérifier que

$$A(x) = \Lambda\|\overrightarrow{xg}\|^2 + \Sigma\lambda_i\|\overrightarrow{ga_i}\|^2$$

b) Si $\Sigma\lambda_i = 0$, soit $\vec{h} = \Sigma\lambda_i\overrightarrow{xa_i}$, et O un point fixe. Vérifier que :

$$A(x) = \Sigma\lambda_i\|\overrightarrow{Oa_i}\|^2 - 2(\overrightarrow{Ox}|\vec{h})$$

c) En déduire l'ensemble des points tels que $A(x) = k$, et en particulier

(c_1) l'ensemble des points dont le rapport des puissances par rapport à deux sphères données est constant.

(c_2) l'ensemble des points dont la différence des puissances par rapport à deux sphères données est constante.

(c_3) l'ensemble des points dont le rapport des distances à deux points fixes est constant.

(c_4) On désigne par $\mathcal{P}(x, S)$ la puissance de x par rapport à la sphère S. Montrer que pour que les 3 sphères $S_i = S(\rho_i, a_i)$ appartiennent à un même faisceau, il faut et il suffit que :

$$\forall x \in X \qquad \mathcal{P}(x, S_1)\overrightarrow{a_2a_3} + \mathcal{P}(x, S_2)\overrightarrow{a_3a_1} + \mathcal{P}(x, S_3)\overrightarrow{a_1a_2} = 0.$$

II.3.5. Soit E un espace vectoriel euclidien, de dimension n, et $P = (x_i)_{1 \leqslant i \leqslant n+1}$ un repère *affine* de E tel que $(x_i|x_j) = h$ soit indépendant de (i, j) pour $i \neq j$, $\|x_i\| = 1$ pour tout i.

1) Montrer par récurrence que 0 est centre de gravité des x_i, et en déduire $h = -\dfrac{1}{n}$.

2) Montrer que le plan médiateur du segment $[x_i, x_j]$ contient tous les x_k $(k \notin \{i, j\})$ et en déduire que le groupe des isométries de E conservant P est isomorphe au groupe des permutations des sommets. Montrer que ce groupe ne laisse stable aucun sous-espace non trivial de E.

3) En déduire que l'ellipsoïde d'inertie de P est une sphère, ou, si l'on préfère, que $(x_{i,j})_{1 \leqslant j \leqslant n}$ étant les coordonnées de x_i dans une base orthonormée :

a) $\sum_{i=1}^{n+1} x_{i,j}^2$ est une constante indépendante de j que l'on calculera;

b) $\sum_{i,k} x_{i,j}x_{k,j} = 0$ quel que soit j.

II.3.6. Soit un triangle (a, b, c) dans un plan affine euclidien. Montrer que les points de rencontre avec la droite $V(b, c)$ des bissectrices des droites $V(a, b)$ et $V(a, c)$ « partagent le segment $[b, c]$ dans le rapport des longueurs de côtés ». Discuter. (On pourra remarquer que si l'on pose $\vec{e}_1 = \dfrac{\overrightarrow{ab}}{\|\overrightarrow{ab}\|}$, $\vec{e}_2 = \dfrac{\overrightarrow{ac}}{\|\overrightarrow{ac}\|}$, les directions des bissectrices sont données par $\vec{e}_1 + \vec{e}_2$ et $\vec{e}_1 - \vec{e}_2$.)

II.3.7. Établir les caractérisations classiques d'un triangle isocèle.

II.3.8. *Le produit vectoriel.*

1. Soit E un espace vectoriel euclidien orienté de dimension $n \geqslant 2$. Soit $\mathcal{E}$ une base orthonormée *directe* de E, et $\det_{\mathcal{E}}(x_1, \ldots, x_n)$ le déterminant dans la base $\mathcal{E}$ de la suite $(x_1, \ldots, x_n) \in E^n$. Montrer que ce déterminant est indépendant du choix de la base directe choisie et que

$$[\det_{\mathcal{E}}(x_1, \ldots, x_n)]^2 = \det((a_{ij}))$$

où

$$a_{ij} = (x_i|x_j) \quad (1 \leqslant i, j \leqslant n).$$

[On remarquera que si $\mathcal{E} = (e_1, \ldots, e_n)$, et B la matrice $((b_{ij}))$ telle que

$$x_i = \sum_k b_{ki} e_k$$

alors $((a_{ij})) = {}^t\text{BB}$.]

2. Soit θ l'application de E^n dans $\mathbf{R}$ définie par $\theta(x_1, \ldots, x_n) = \det_{\mathcal{E}}(x_1, \ldots, x_n)$. On définit $\Lambda : E^{n-1} \to E$ par

$$\forall (x_1, \ldots, x_{n-1}, y) \in E^n, \quad \theta(x_1, \ldots, x_{n-1}, y) = (\Lambda(x_1, \ldots, x_{n-1})|y).$$

$\Lambda(x_1, \ldots, x_{n-1})$ s'appelle le produit vectoriel des vecteurs $(x_i)_{1 \leqslant i \leqslant n-1}$. Montrer que Λ est une fonction multilinéaire alternée, et que lorsque les x_i sont linéairement indépendantes

$$\Lambda(x_1, \ldots, x_{n-1}) = \sqrt{\det[((x_i|x_j))]}\, e_n$$

où e_n est un vecteur unitaire que l'on précisera.

Expliciter $\Lambda(x_1, \ldots, x_{n-1})$ pour $n = 2$ et $n = 3$.

3. On suppose $n = 3$, et on pose $\Lambda(x, y) = x \wedge y$. Montrer que

$$(x \wedge y) \wedge z = (x|z)y - (y|z)x$$

[on montrera que le premier membre est de la forme $\alpha x + \beta y$ avec

$$\alpha = \rho(x, y, z)(y|z), \qquad \beta = -\rho(x, y, z)(x|z),$$

puis que $\rho(x, y, z) \in \mathbf{R}$ est indépendant de (x, y, z). On calculera enfin ρ].

Calculer $x \wedge (y \wedge z)$.

Établir l'identité de Jacobi

$$x \wedge (y \wedge z) + y \wedge (z \wedge x) + z \wedge (x \wedge y) = 0.$$

II.3.9. On reprend les notations et résultats du P.C. I.1.7. dont celui-ci est la suite.

1. On suppose maintenant E euclidien. On dit que le sous-espace affine π de E est une perpendiculaire commune à P et Q si $\vec{\pi}$ est orthogonal à $\vec{P}$ et à $\vec{Q}$ et si $\pi \cap P$ et $\pi \cap Q$ sont non vides.

Déterminer suivant les cas de figures l'existence, l'unicité et la dimension de π : on définira P (resp. Q) par la donnée d'un point a (resp. b), et on déterminera $\vec{\pi}$ en fonction des données, puis on cherchera $x \in P$ (resp. $y \in Q$) tels que $\{x, y\} \subset \pi$; dans les cas où il n'y a pas unicité, on comparera les vecteurs $\overrightarrow{xy}$. On examinera si l'ensemble des solutions trouvées dépend des choix de $a \in P$ et $b \in Q$. Calculer la distance $d(P, Q)$ (au sens de la topologie des espaces métriques) grâce à une perpendiculaire commune.

2. On désigne par σ (resp. τ) la symétrie orthogonale par rapport à P (resp. Q). Écartant le cas où le cardinal de $P \cap Q$ vaut un, déduire de l'étude précédente la décomposition canonique de $\tau \circ \sigma$.

II.4.1. *Les vecteurs duaux.*

Soit $\mathbf{R}[X]$ l'algèbre des polynômes à une indéterminée à coefficients réels, D le quotient $\mathbf{R}[X]/(X^2)$ où (X^2) est l'idéal de $\mathbf{R}[X]$ engendré par le polynôme X^2. On note 1 et ε les classes dans D des polynômes 1 et X.

1. Montrer que D est un espace vectoriel sur $\mathbf{R}$ dont $(1, \varepsilon)$ est une base, et a une structure naturelle de $\mathbf{R}$-algèbre (algèbre des nombres duaux); en tant qu'anneau, D est unitaire mais pas intègre.

2. Soit E un espace vectoriel sur $\mathbf{R}$. On fait opérer D dans E^2 par les formules :

$$1.(a, b) = (a, b) \qquad \varepsilon.(a, b) = (0, a).$$

Montrer que l'on munit ainsi E^2 d'une structure de D-module notée E^d, et que l'isomorphisme naturel de E sur $E \times \{0\} \subset E^2$ permet d'identifier E^2 à

$$E \oplus \varepsilon E.$$

On munit $E \oplus \varepsilon E$ de la structure de D-module de E^d, et on identifie désormais ces deux D-modules. Écrire les lois de composition interne et externe dans la notation $E \oplus \varepsilon E$. Vérifier que $D = \mathbf{R}^d$.

3. Soit E et F deux espaces vectoriels sur $\mathbf{R}$ et f une application $\mathbf{R}$-linéaire de E dans F (resp. F^d). Montrer que la formule

$$f^d(a + \varepsilon b) = f(a) + \varepsilon f(b)$$

définit un prolongement f^d de f en un D-homomorphisme de E^d dans F^d. Quels sont le noyau et l'image de f^d?

4. Soient E, F, G trois espaces vectoriels sur $\mathbf{R}$ et φ une application $\mathbf{R}$-bilinéaire : $E \times F \to G$. Montrer que φ se prolonge d'une manière et d'une seule en une application bilinéaire $\varphi^d : E^d \times F^d \to G^d$. Montrer que si φ est symétrique (resp. alternée), φ^d aussi. Écrire explicitement $\varphi^d(\xi, \eta)$ lorsque

$$\xi = x_1 + \varepsilon x_2, \qquad \eta = y_1 + \varepsilon y_2.$$

5. Établir l'unicité (à isomorphisme pris) des constructions des numéros 2, 3, 4.

6. Le corps $\mathbf{R}$ et l'idéal (X^2) jouent-ils des rôles particuliers?

II.4.2. *Endomorphismes normaux.*

Soit E un espace vectoriel euclidien, u un endomorphisme de E et u^* son adjoint.

1. Soit V un sous-espace de E stable pour u et u^*. Montrer qu'il en est de même de $V^\perp$.

2. On dit que u est *normal* s'il commute avec son adjoint. Montrer qu'en ce cas $\operatorname{Ker} u = \operatorname{Ker} u^*$.

3. Soit E^c le complexifié de E, φ^s la forme sesquilinéaire *hermitienne* prolongeant le produit scalaire, et u^c et v les complexifiés de u et u^*. Vérifier que

$$\varphi^s[u^c(z), z'] = \varphi^s[z, v(z')]$$

et en déduire que si z est vecteur propre de u^c pour la valeur propre λ, il est vecteur propre de v pour la valeur propre $\bar{\lambda}$.

4. Montrer que si u est normal, il existe un sous-espace V de E, de dimension $\leqslant 2$, invariant par u et u^*. En déduire que E est somme directe orthogonale de sous-espaces V_i invariants par u, irréductibles sous u, et de dimension 1 ou 2 (*semi-simplicité des endomorphismes normaux*).

5. Montrer que si u est normal et $\dim E = 2$, u est une similitude. Soit $\dim E = n$. Les endomorphismes auto-adjoints, les transformations orthogonales, les similitudes sont des endomorphismes normaux. Montrer que pour $n > 2$, il en existe d'autres.

II.5.1. Soit E l'espace vectoriel euclidien réel de dimension 3. On appelle trièdre une classe d'équivalence des triplets de demi-droites, sous l'opération de O(E) et trièdre orienté une classe d'équivalence sous l'opération de $O^+(E)$. On note $(\widehat{d_1, d_2, d_3})$ [resp. (d_1, d_2, d_3)] un trièdre non orienté (resp. orienté.)

I

Soient $d_1 d_2$ et d_3 trois demi-droites non coplanaires. On notera $\bar{d}_1$ la demi-droite orthogonale au plan engendré par d_2 et d_3 et telle que si x appartient à d_1 et $\bar{x}$ à $\bar{d}_1$, le produit scalaire $\langle x, \bar{x}\rangle$ soit positif ou nul. On construit de même les demi-droites $\bar{d}_2$ et $\bar{d}_3$. Le triplet $\bar{T} = (\bar{d}_1, \bar{d}_2, \bar{d}_3)$ sera dit supplémentaire du triplet $T = (d_1, d_2, d_3)$.

1) Montrer que $\bar{\bar{T}} = T$. Et en déduire que l'application $T \to \bar{T}$ est une bijection de l'ensemble des triplets de demi-droites non coplanaires sur lui-même.

2) On note D_1, D_2 et D_3 les angles de demi-plans d'arêtes respectives d_1, d_2 et d_3, déterminés par le triplet.

Montrer que $\operatorname{Cos}(\bar{D}_1) + \operatorname{Cos}(\widehat{d_2, d_3}) = 0$.

(On identifie un angle de 2 demi-plans avec un angle de deux demi-droites de la façon usuelle c'est-à-dire à l'aide du rectiligne, cf. Appendice II.)

II

1) Soient $t = (\widehat{d_1, d_2, d_3})$ et $t' = (\widehat{d'_1, d'_2, d'_3})$ deux trièdres non orientés. Démontrer que les propriétés suivantes sont équivalentes.

a) $t = t'$

b) $(\widehat{d_1 d_2}) = (\widehat{d'_1 d'_2})$, $\quad (\widehat{d_1 d_3}) = (\widehat{d'_1 d'_3})$ $\quad$ et $\quad D_1 = D'_1$

c) $(\widehat{d_1, d_2}) = (\widehat{d'_1, d'_2})$, $\quad D_1 = D'_1$ $\quad$ et $\quad D_2 = D'_2$

d) $(\widehat{d_1, d_2}) = (\widehat{d'_1, d'_2})$, $\quad (\widehat{d_1, d_3}) = (\widehat{d'_1, d'_3})$ $\quad$ et $\quad (\widehat{d_2, d_3}) = (\widehat{d'_2, d'_3})$

e) $D_1 = D'_1$, $\quad D_2 = D'_2$ $\quad$ et $\quad D_3 = D'_3$

2) A quelles conditions les égalités suivantes sont-elles vraies :

$$(\widehat{d_1, d_2, d_3}) = (\widehat{d_2, d_1, d_3})$$
$$(\widehat{d_1 d_2 d_3}) = (\widehat{d_2 d_3 d_1})$$

3) A quelles conditions la relation $t = \bar{t}$ est-elle vraie ?

4) Résoudre les questions 2 et 3 en remplaçant les trièdres non orientés par des trièdres orientés.

5) Les résultats de la question 1 peuvent-ils s'étendre aux trièdres orientés ?

II.5.2. On désigne par F un espace vectoriel de dimension 2 sur le corps **C**, muni d'une forme quadratique q *non dégénérée*. Un point $x \in F - \{O\}$ est dit *isotrope* si $q(x) = 0$; une *droite* (vectorielle) $D = \mathbf{C}x$ est dite *isotrope* si x est isotrope ; un couple $\mathscr{E} = (e_1, e_2)$ de points de F est dit une *base isotrope* de F si

$$q(e_1) = q(e_2) = 0 \qquad \textit{et} \qquad (e_1 | e_2) = 1$$

[où le « produit scalaire » $(x|y)$ est la valeur au point (x, y) de la forme polaire de q, de sorte que $(x|x) = q(x)$]. On note O(F) l'ensemble des endomorphismes de F conservant le produit scalaire.

1) Montrer que F a exactement deux droites isotropes. On appellera « orientation de F » le choix d'une droite isotrope. On la notera alors Δ_1, et on notera Δ_2 la seconde. Déterminer toutes les bases isotropes de F.

2) Soit $u \in O(F)$. Étudier sa matrice $\mathcal{M}(u, \mathscr{E})$ dans une base isotrope $\mathscr{E}$, et faire une étude analogue à celle du cas euclidien réel : définir $O^+(F)$, $O^-(F)$; interpréter « géométriquement » les éléments de $O^-(F)$; montrer que O(F) est un groupe non abélien engendré par $O^-(F)$. Étudier comment varie $\mathcal{M}(u, \mathscr{E})$ quand on change de base isotrope. Montrer qu'à toute orientation de F est associé canoniquement un isomorphisme φ de $O^+(F)$ sur le groupe multiplicatif $\mathbf{C}^*$.

3) Montrer que $O^+(F)$ opère transitivement dans l'ensemble $\mathscr{D}$ des droites non isotropes de F. Opère-t-il simplement ? Définir un groupe $\mathcal{A}'$ des angles de droites non isotropes de F et résumer brièvement ses propriétés. Peut-on définir des angles de vecteurs ?

Voir la suite de ce problème en P.C. III.4.6.

II.5.3. Soient A et B deux points d'un plan euclidien. Chercher l'ensemble des points M tels que l'angle orienté (resp. non orienté) de $\overrightarrow{MA}$ et $\overrightarrow{MB}$ soit constant.

II.6.1. On considère un espace affine euclidien X sur $\mathbf{R}$, de dimension 5, rapporté à un repère orthonormé $(a_0, a_1, a_2, a_3, a_4, a_5)$, et l'on pose

$$\vec{e}_i = \overrightarrow{a_0 a_i} \quad (1 \leqslant i \leqslant 5).$$

On définit une application affine de X dans lui-même en posant :

$$f(a_0) = a_0 + \sum_{i=1}^{5} i\vec{e}_i; \qquad \vec{f}(\vec{e}_5) = \vec{e}_1; \qquad \vec{f}(\vec{e}_i) = \vec{e}_{i+1} \quad \text{pour} \quad 1 \leqslant i \leqslant 4.$$

Montrer que f est une isométrie directe, et la ramener à sa forme canonique (c'est-à-dire écrire f comme produit d'une rotation dont on explicitera les plans et les angles, et d'une translation « minimale »).

II.6.2. Soit E un espace vectoriel euclidien de dimension 4, F un sous-espace vectoriel de E de dimension deux, et Γ le sous-ensemble des transformations orthogonales directes de E laissant F globalement invariant, et dont la restriction à F est directe.

1) Montrer que Γ est un sous-groupe commutatif de S0(E) isomorphe à $S0(2) \times S0(2)$.

2) Soit D une droite affine de E. On se propose d'étudier l'ensemble

$$S = \bigcup_{u \in \Gamma} u(D).$$

a) On suppose D non (faiblement) parallèle à $F^\perp$. Montrer qu'il existe $\vec{f} \in F$, $\vec{g} \in F^\perp$, $\rho \in \mathbf{R}$ de sorte que

$$\|\vec{f}\| = \|\vec{g}\| = 1, \qquad \vec{f} + \rho\vec{g} \in \vec{D}$$

et en déduire l'existence d'une base orthonormée $(\vec{e}_i)_{1 \leqslant i \leqslant 4}$ de E telle que $(\vec{e}_1, \vec{e}_2)$ soit une base de F et que D soit l'ensemble des points $m(t)$ qui dans cette base ont pour coordonnées :

$$x_1 = t \qquad x_2 = a_2 \qquad x_3 = a_3 + \rho t \qquad x_4 = a_4.$$

b) Former l'équation cartésienne de S en considérant que :

$$S = \{p \in E \mid \exists u \in \Gamma,\ \exists t \in \mathbf{R},\ u(p) = m(t)\}.$$

Indiquer deux cas particuliers que met en évidence cette équation.

c) Lever la restriction « D non parallèle à $F^\perp$ ».

Composantes connexes des groupes orthogonaux.

II.6.3. Soit E un espace vectoriel réel muni d'une forme quadratique non dégénérée de signature (p, r). Soit $(e_1, \ldots, e_n)$ une base orthogonale dans laquelle cette forme s'écrit

$$q(x) = x_1^2 + \cdots + x_p^2 - x_{p+1}^2 - \cdots - x_{p+r}^2.$$

On désigne par $\mathbf{H}_{p,r}$ l'ensemble $\{x \in \mathrm{E} \mid q(x) = +1\}$, par $\mathrm{O}(p, r)$ [resp. $\mathrm{SO}(p, r)$] le groupe orthogonal (resp. le groupe des transformations orthogonales de déterminant positif). On suppose $pr > 0$, on identifiera $u \in \mathrm{O}(p, r)$ et sa matrice dans la base $(e_1, \ldots, e_n)$ et on se reportera au chapitre II, n° 4, dont on reprend les notations.

1) Montrer que $\mathrm{O}(1, 1)$ et $\mathrm{SO}(1, 1)$ ne sont ni connexes, ni compacts (écrire explicitement les matrices).

2) Soit $\mathrm{G} = \{u \in \mathrm{O}(p+1, r) \mid u_{11} = 1 \text{ et } u_{1i} = u_{i1} = 0 \text{ pour } i > 1\}$. Montrer que G s'identifie à $\mathrm{O}(p, r)$ et $\mathrm{G} \cap \mathrm{SO}(p+1, r)$ à $\mathrm{SO}(p, r)$. En déduire que ces groupes ne sont ni connexes, ni compacts.

3) Montrer que $\mathrm{O}(p, r)$ opère sur $\mathbf{H}_{p,r}$, et que $\mathrm{SO}(p, r)$ opère transitivement [on exhibera $u \in \mathrm{SO}(p, r)$ transformant e_1 en un point arbitrairement donné de $\mathrm{H}_{p,r}$]. En déduire un homéomorphisme de $\mathrm{SO}(p+1, r)/\mathrm{SO}(p, r)$ sur $\mathrm{H}_{p+1,r}$. De même, montrer que $\mathrm{SO}(p, r+1)/\mathrm{SO}(p, r)$ est homémorphe à $\mathrm{H}_{r+1,p}$. Montrer que $\mathrm{H}_{p+1,r}$ est homéomorphe à $\mathrm{S}^p \times \mathbf{R}^r$.

4) Pour $u \in \mathrm{SO}(p, r)$, on écrit la matrice de u dans la base (e_i) sous la forme

$$\mathcal{M}(u) = \begin{pmatrix} \mathrm{U} & \mathrm{V} \\ \mathrm{U}' & \mathrm{V}' \end{pmatrix}$$

où U (resp. V′) est une matrice carrée d'ordre p (resp. r).

a) montrer que $\det \mathrm{U} > 0 \Longleftrightarrow \det \mathrm{V}' > 0$, et que

$$\{u \in \mathrm{SO}(p, r) \mid \det \mathrm{U} > 0\}$$

est un sous-groupe distingué fermé $\mathrm{O}^{++}(p, r)$ de $\mathrm{SO}(p, r)$ tel que :

$$\mathrm{SO}(p, r)/\mathrm{O}^{++}(p, r) \approx \mathbf{Z}_2.$$

b) montrer que $\mathbf{Z}_2$ opère naturellement sans point fixe sur

$$\mathrm{X} = \mathrm{SO}(p+1, r)/\mathrm{O}^{++}(p, r),$$

le quotient étant $\mathrm{Y} = \mathrm{SO}(p+1, r)/\mathrm{SO}(p, r)$.

5) Montrer par récurrence que $\mathrm{SO}(p, q)$ a deux composantes connexes, la composante connexe de l'élément neutre étant $\mathrm{O}^{++}(p, q)$.

On fera débuter la récurrence à $p = q = 1$, et on démontrera que

a) Soit X un espace topologique, sur lequel $\mathbf{Z}_2$ opère sans point fixe. Soit Y l'espace quotient $\mathrm{X}/\mathbf{Z}_2$ et $\pi : \mathrm{X} \to \mathrm{Y}$. Si Y est connexe, et C une composante connexe de X, alors $\pi(\mathrm{C}) = \mathrm{Y}$; de plus X possède au plus deux composantes connexes.

b) Soit $f: X \to Y$ une application continue surjective telle que

α) $\forall y \in Y$, $f^{-1}(y)$ est connexe.

β) muni de la topologie quotient de celle de X, Y a deux composantes connexes.

Alors X a deux composantes connexes.

II.6.4. Soit X un espace affine euclidien, et G un sous-groupe d'isométries de X possédant une orbite A bornée.

1) Soit r la borne inférieure des rayons des boules fermées de X contenant A. Montrer qu'il existe une boule B de rayon r contenant A.

2) Montrer qu'une telle boule est unique.

3) En déduire que G est isomorphe à un sous-groupe de $O(\vec{X})$, et que toutes les orbites sous G sont bornées. Que peut-on en dire de plus?

Configuration de Morley-Petersen.

II.6.5. Soit E un espace euclidien de dimension trois.

1. Lemme. Soient Δ_i 3 droites de E en position générale et $R(\Delta_i)$ le retournement d'axe Δ_i. Montrer que pour que les Δ_i aient une perpendiculaire commune, il faut et suffit que $R(\Delta_1) \circ R(\Delta_2) \circ R(\Delta_3)$ soit un retournement.

2. Soient 3 droites α, β, γ en position générale, et sans perpendiculaire commune Construire 3 axes a, b, c tels que

$$R(\gamma)a = b, \qquad R(\alpha)b = c, \qquad R(\beta)c = a.$$

3. Soient α' (resp. β'; resp. γ') l'ensemble des points fixes du retournement tel que $R(\alpha')b = -c$ [resp. $R(\beta')c = -a$, $R(\gamma')a = -b$]. Montrer que α' est la perpendiculaire commune à α et à la perpendiculaire commune α'' à β et γ.

4. Montrer que α', β', γ' ont une perpendiculaire commune D.

5. Soit γ'' (resp. α''; resp. β'') la perpendiculaire commune à α et β (resp. β et γ; resp. γ et α). On appelle configuration de Morley-Petersen l'ensemble des 10 droites (α, β, γ, α', β', γ', α'', β'', γ'', D). Étudier les isomorphismes de cette configuration.

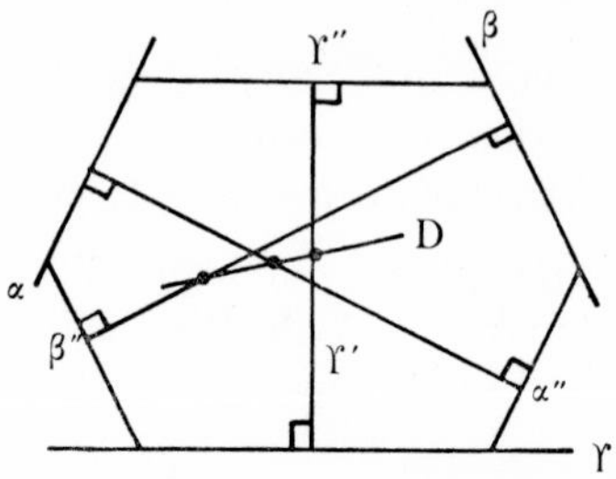

II.6.6. *Perpendiculaires communes et nombres duaux.*

Soit E un espace vectoriel euclidien orienté de dimension trois, $D = \mathbf{R}^d$ l'anneau des nombres duaux (P.C. nº II.4.1) et E^d la structure de D-module de E^2 (loc. cit.). On désigne par E′ le sous-ensemble $(E - \{0\}) \times E$ de E^2.

1. On désigne par $(\sigma, \sigma') \to \sigma . \sigma'$ et $(\sigma, \sigma') \to \sigma \wedge \sigma'$ les extensions à E^d des applications bilinéaires $(x, y) \to (x|y)$ et $(x, y) \to x \wedge y$ que sont le produit scalaire et le produit vectoriel (P.C. nº II.3.8.) dans E. Examiner leurs propriétés.

2. Soit Δ une droite affine de E. On appelle vecteur de Plücker $\delta(\Delta)$ de Δ tout élément $r + \varepsilon g \in E^d$ tel que $r \in \vec{\Delta} - \{0\}$, $g = a \wedge r$, $a \in \Delta$. Montrer que deux vecteurs de Plücker d'une même droite définissent un même élément de $P(E^2)$. Réciproque?

3. Soit $\xi = r + \varepsilon g \in E^d$ tel que $r \neq 0$. Montrer que l'ensemble

$$\Delta(\xi) = \{x \in E | \exists \lambda \in \mathbf{R}, \ g + r \wedge x = \lambda r\}$$

est une droite, appelée axe central de ξ. Déterminer ses vecteurs de Plücker.

4. Soit $(\xi, \xi') \in (E')^2$. Montrer que pour que $\Delta(\xi) = \Delta(\xi')$, il faut et il suffit que $\xi \wedge \xi' = 0$, et que pour que $\Delta(\xi)$ et $\Delta(\xi')$ se rencontrent à angle droit, il faut et il suffit que $\xi . \xi' = 0$. En déduire que $\Delta(\xi \wedge \xi')$ est *une* perpendiculaire commune à $\Delta(\xi)$ et $\Delta(\xi')$.

5. *Configuration de Morley-Petersen.* Soient 3 droites affines D_i de E ($i \in \{1, 2, 3\}$), Δ_i la perpendiculaire commune à D_j et D_k, δ_i la perpendiculaire commune à D_i et Δ_i ($i \neq j \neq k$). Montrer que les 3 droites δ_i ont une même perpendiculaire commune (cf. P.C. II.6.5). Discuter.

II.6.7. *Rotations et quaternions.* Le corps de base est **R**. Soit I_n la matrice unité d'ordre *n*, soit $\Delta = \begin{pmatrix} 0 & -1 \\ 1 & 0 \end{pmatrix}$. On considère les matrices d'ordre 4 à coefficients réels :

$$I_4, \quad i = \begin{pmatrix} \Delta & 0 \\ 0 & -\Delta \end{pmatrix} \quad j = \begin{pmatrix} 0 & -I_2 \\ I_2 & 0 \end{pmatrix} \quad k = \begin{pmatrix} 0 & -\Delta \\ -\Delta & 0 \end{pmatrix}$$

et on désigne par **H** le sous-espace vectoriel de End $\mathbf{R}^4$ qu'elles engendrent, par E celui engendré par I_4, par F celui engendré par *i*, *j* et *k*.

1. *Le corps* **H** *des quaternions.*

Montrer que $\dim_{\mathbf{R}} \mathbf{H} = 4$, et que **H** est un sous-algèbre unitaire non-commutative de End $\mathbf{R}^4$ (on calculera les produits *ij*, *ji*, etc...). On identifiera **R** et E par l'isomorphisme $\lambda \to \lambda I_4$. Soient :

$$x = a + bi + cj + dk \in \mathbf{H}, \qquad x' = a' + b'i + c'j + d'k \in \mathbf{H}.$$

On pose $\mathrm{Tr}(x) = a \in \mathbf{R}$ et $\bar{x} = a - bi - cj - dk$, d'où $\mathrm{Tr}(x) = \frac{1}{2}(x + \bar{x})$. Vérifier que

$$xx' = (aa' - bb' - cc' - dd') + (ab' + ba' + cd' - dc')i + (ac' + ca' + db' - bd')j + (ad' + da' + bc' - cb')k.$$

En déduire que le centre de $\mathbf{H}$ (i.e. $\{x \in \mathbf{H} | \forall y \in \mathbf{H},\ xy = yx\}$) se réduit à E. Calculer $x\bar{x}$ et en déduire que $\mathbf{H}^* = \mathbf{H} - \{0\}$ est un groupe (donc $\mathbf{H}$ un corps), et donner l'expression de x^{-1} en fonction de x et $\bar{x}$. Déduire de là que $\overline{(xy)} = \bar{y}.\bar{x}$.

2. *Structure euclidienne de* $\mathbf{H}$.

Montrer que l'application $x \to x\bar{x}$ est une forme quadratique sur l'espace vectoriel $\mathbf{H}$, dont la forme bilinéaire associée est $(x, y) \to \mathrm{Tr}(x\bar{y})$. On munit $\mathbf{H}$ de la structure *euclidienne* correspondante; $(1, i, j, k)$ est une base orthonormée de $\mathbf{H}$, $\mathrm{F} = \mathrm{E}^{\perp} = \{x | \mathrm{Tr}(x) = 0\}$.

3. *Étude de* $\mathrm{SO}_3 = \mathrm{O}^+(\mathrm{F})$. Soit $\Phi : \mathbf{H}^* \times \mathbf{H} \to \mathbf{H}$ l'application $(\xi, x) \to \xi x \xi^{-1}$ et $\varphi(\xi)$ l'application partielle $\Phi_\xi : x \to \Phi(\xi, x)$. Montrer que φ est un homomorphisme du groupe multiplicatif $\mathbf{H}^*$ dans le groupe des automorphismes du corps $\mathbf{H}$. Quel est son noyau? Montrer que $\mathrm{Tr}(x) = \mathrm{Tr}(\xi x \xi^{-1})$, et en déduire que $\varphi(\xi)(\mathrm{F}) \subset \mathrm{F}$, puis que $\xi \to \varphi(\xi)$ est un homomorphisme de $\mathbf{H}^*$ dans $\mathrm{O}(\mathrm{F})$; cet homomorphisme est continu, donc $\varphi(\mathbf{H}^*) \subset \mathrm{O}^+(\mathrm{F})$. Quel est l'axe de la rotation $\varphi(\xi)$? Montrer que si $\xi \in \mathrm{F}$, $\varphi(\xi)$ est une symétrie, et en déduire que $\varphi(\mathbf{H}^*) = \mathrm{O}^+(\mathrm{F})$. Déduire de cette étude que

a) $\mathrm{O}^+(\mathrm{F})$ est homéomorphe à $\mathbf{P}_3(\mathbf{R})$;

b) $\mathrm{S}^3 = \{x \in \mathbf{H} | \|x\| = 1\}$ a une structure de groupe, de centre $\{-1, +1\}$, et que $\mathrm{O}^+(\mathrm{F})$ est isomorphe et homéomorphe au groupe quotient $\mathrm{S}^3/\{-1, +1\}$;

c) tout quaternion est produit d'une infinité de manières de deux éléments de F; en déduire l'angle de la rotation $\varphi(\xi)$.

4. *Étude de* $\mathrm{SO}_4 = \mathrm{O}^+(\mathbf{H})$.

a) Soit S^3 le groupe $\{x \in \mathbf{H} | \|x\| = 1\}$ et $\Psi : \mathrm{S}^3 \times \mathrm{S}^3 \to \mathrm{End}\,\mathbf{H}$ l'application définie par $\Psi(a, b) : x \to axb^{-1}$ $(x \in \mathbf{H})$. Montrer que l'image de Ψ est dans $\mathrm{O}^+(\mathbf{H})$ et que Ψ est un homomorphisme de noyau $\mathrm{N} = \{(1, 1), (-1, -1)\}$. On se propose d'établir maintenant que Ψ est surjectif. Soit u un retournement dont P est l'espace des points fixes.

α) supposons $\mathrm{E} \subset \mathrm{P}$; montrer que $u|_{\mathrm{F}}$ est un retournement de F, et déduire du 3) qu'il existe $\xi \in \mathrm{F} \cap \mathrm{S}^3$ tel que $u = \Psi(\xi, \xi)$;

β) dans le cas général, soit $x \in \mathrm{S}^3 \cap \mathrm{P}$. Montrer que l'on peut appliquer le α) à $u' = \Psi(1, x) \circ u \circ \Psi(1, \bar{x})$ et conclure.

b) Montrer que l'on a, de deux manières, une suite

$$\mathrm{SO}_4 \supset \mathrm{S}^3 \supset \mathbf{Z}_2 \supset \{1\}$$

où chaque groupe est un sous-groupe distingué du précédent, les deux premiers quotients étant isomorphes à SO_3. En déduire que SO_4 est homéomorphe à $S^3 \times \mathbf{P}_3(\mathbf{R})$ et aussi à $(S_3 \times S_3)/\mathbf{Z}_2$.

III.1.1. Soit F_q le corps fini à $q = p^r$ éléments, et soit X un espace vectoriel de dimension n sur F_q.

a) Montrer, par récurrence sur n, que l'ensemble des suites libres

$$(x_1, \ldots, x_m)$$

de $m \leqslant n$ vecteurs de X a

$$(q^n - 1)(q^n - q) \ldots (q^n - q^s) \ldots (q^n - q^{m-1})$$

éléments.

b) En déduire que le cardinal de $\Gamma_{n,m}$, ensemble des variétés projectives de dimension m d'un espace projectif de dimension n sur F_q est

$$\frac{(q^{n+1} - 1)(q^{n+1} - q) \ldots (q^{n+1} - q^m)}{(q^{m+1} - 1)(q^{m+1} - q) \ldots (q^{m+1} - q^m)}.$$

c) En déduire le nombre de points (resp. de droites) d'un plan affine, ou plus généralement d'un espace affine sur F_q.

d) Comparer le nombre de points et de droites d'un plan projectif (voir chapitre v), d'un plan affine.

III.1.2. Soit S_2 la sphère unité de $\mathbf{R}^3$, π la projection canonique de S_2 sur son quotient $P_2(\mathbf{R})$ obtenu en identifiant deux points antipodiques, E_2^+ un hémisphère fermé de S^2 (l'hémisphère « nord ») et π' la restriction de π à E_2^+.

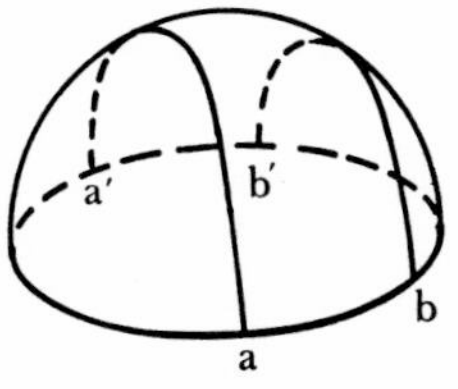

a) Montrer que π' est surjectif, et que $P_2(\mathbf{R})$ a la topologie quotient de la topologie naturelle de E_2^+.

b) Soit $\mathcal{B}$ l'intersection de E_2^+ et de l'*ouvert* de $\mathbf{R}^3$ compris entre deux plans perpendiculaires au plan de l'équateur et coupant tous les deux la sphère, ou tangents à celle-ci. Montrer que $\pi'(\mathcal{B})$ est un ruban de Möbius.

c) En déduire que le complémentaire d'un point dans $P_2(\mathbf{R})$ est un ruban de Möbius.

d) En déduire que l'ensemble des droites d'un plan affine a une topologie naturelle qui en fait un ruban de Möbius.

III.4.1. Soit ABC un triangle dans un plan projectif sur un corps K, et Δ, Δ' deux droites coupant les côtés AB, BC, CA du triangle en γ, γ', α, α', β, β' respectivement. Montrer que

$$[B, C, \alpha, \alpha'] . [C, A, \beta, \beta'] . [A, B, \gamma, \gamma'] = +1$$

(se ramener au théorème de Menelaüs).

En déduire une condition nécessaire et suffisante pour que 3 points situés sur les côtés différents d'un triangle soient alignés.

Donner l'énoncé corrélatif.

III.4.2. *a*) Soit K un corps de caractéristique différente de deux, X un plan projectif, D et D′ deux droites de X, O un point de

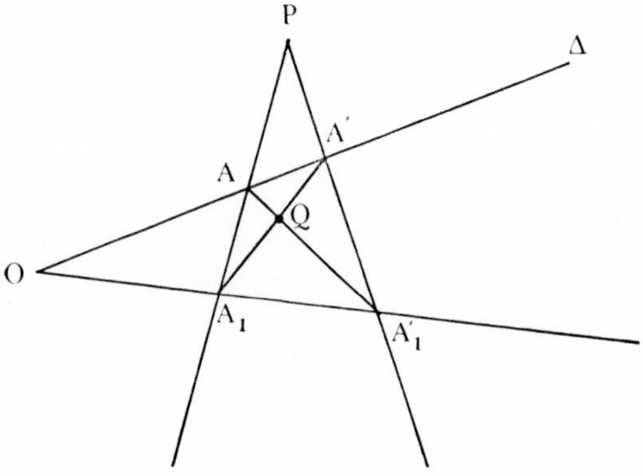

$$\complement(D \cup D'),$$

Δ une droite variable passant par O, qui coupe D (resp. D′) en A (resp. A′). Quel est l'ensemble des conjugués harmoniques de O par rapport à

$$\{A, A'\}$$

quand Δ varie? Imaginer au moins 3 démonstrations du résultat (en voici une : considérer le plan affine $\complement D'$, et l'énoncé affine correspondant). Montrer que cet ensemble est la droite PQ (cf. figure).

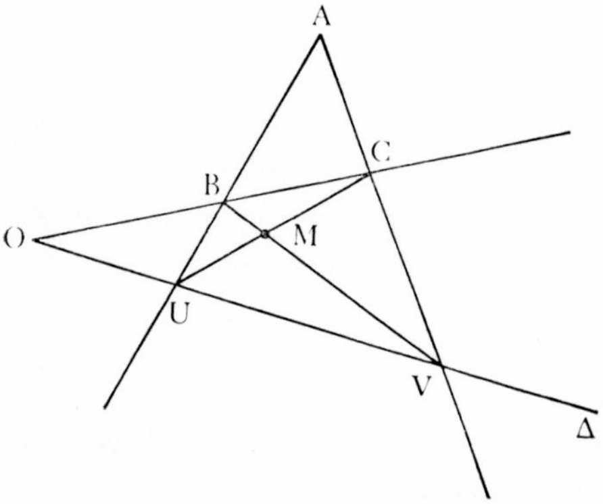

b) Déduire le théorème de Ceva du théorème de Menelaüs et réciproquement (cf. P.C. I.3.4 et I.3.5).

c) On donne dans X un triangle (A, B, C), $O \in V_p(B, C) - \{B, C\}$; une droite variable Δ passant par O coupe AB en U, AC en V. Quel est l'ensemble des points $BV \cap CU$? Que se passe-t-il si la caractéristique de K est 2 (on regardera d'abord le cas $K = \mathbf{Z}_2$, puis le cas général).

III.4.3. L'ensemble des hyperplans d'un espace projectif X contenant une variété linéaire projective donnée S a une structure naturelle d'espace projectif dont la dimension est codim S — 1.

III.4.4. Soit X un espace projectif sur un corps fixe. Comparer le nombre de ses sous-espaces de dimension p et de dimension $\dim X - p - 1$. Comparer avec le P.C. 1 du chapitre I.

III.4.5. On appelle *quadrilatère complet* dans un plan projectif la figure formée par deux paires $\{p, q\}$ de paires de droites ($p = \{p_1, p_2\}$, $q = \{q_1, q_2\}$) telles que $p \cap q = \varnothing$, $p_1 \neq p_2$, $q_1 \neq q_2$. On pose

$$P = p_1 \cap p_2 \qquad Q = q_1 \cap q_2,$$

et on appelle A, B, C, D les intersections d'une droite p et d'une droite q. Compte tenu des alignements, les 6 points

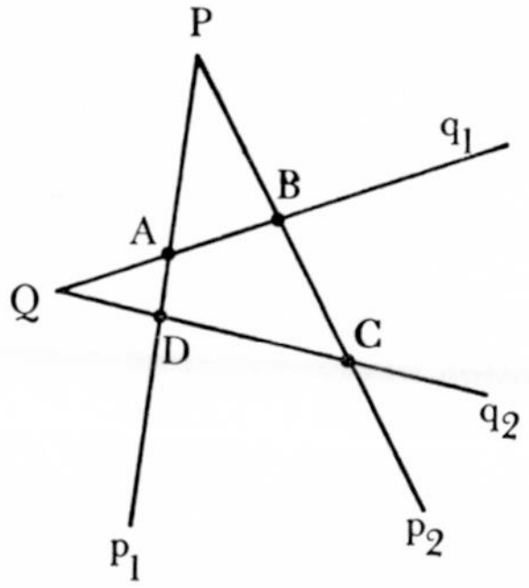

$$\text{P, Q, A, B, C, D}$$

déterminent 7 droites; les 3 qui ne sont pas des droites p ou q s'appellent les diagonales du quadrilatère complet. Elles forment les côtés d'un triangle T (toujours? ou en général?) appelé triangle autopolaire du quadrilatère.

a) 4 points d'un plan dont 3 ne sont jamais alignés définissent 3 quadrilatères complets.

b) toute diagonale d'un quadrilatère complet est coupée harmoniquement par les deux autres. Que se passe-t-il si la caractéristique de K est deux? (cf. P.C., chapitre IV).

c) Expliquer l'expression « autopolaire ».

d) Quel est le transformé par corrélation d'un quadrilatère complet et de son triangle autopolaire?

III.4.6. On reprend les notations et résultats du P.C. II.5.2 dont celui-ci est la suite.

1) On oriente F. Soit $D \in \mathscr{D}$, $\rho \in O^+(F)$. Comparer le birapport

$$[\Delta_1, \Delta_2, D, \rho(D)] \qquad \text{et} \qquad \varphi(\rho).$$

En déduire que l'application $(D_1, D_2) \longmapsto [\Delta_1, \Delta_2, D_1, D_2]$ définit un isomorphisme de $\mathcal{A}'$ sur $\mathbf{C}^*$. Comment peut-on caractériser de cette manière deux droites orthogonales (pour q).

2) On prend $F = \mathbf{C}^2$, $q(x) = x_1^2 + x_2^2$ pour $x = (x_1, x_2) \in \mathbf{C}^2$. On dit que x est *réel* si les parties imaginaires de x_1 et x_2 sont nulles : l'ensemble E des points réels de F muni de $q|_E$ est donc un plan euclidien. Une droite $D = \mathbf{C}x$ de F est dite bien placée si $D^r = D \cap E \neq \{0\}$. On oriente F en prenant pour Δ_1 la droite isotrope contenant $f_1 = (i, 1)$. Calculer $[\Delta_1, \Delta_2, D_1, D_2]$ lorsque D_1 et D_2 sont deux droites bien placées en fonction de l'angle (« ordinaire »)

$$\alpha = \widehat{D_1^r, D_2^r}.$$

Expliquer le résultat en remarquant que $O^+(E)$ s'identifie à un sous-groupe de $O^+(F)$.

III.4.7. Soit E un espace projectif réel de dimension 3, et soit (X, Y, Z, T) un système de coordonnées homogènes sur E. On appelle Ω l'élément

$$X = Y = T = 0,$$

et **H** l'hyperplan $T = 0$. Soit Π un plan affine euclidien rapporté à un repère orthonormé R dans lequel x et y désignent les coordonnées d'un point. On note $\tilde{\Pi}$ le complexifié de Π.

A tout élément p de E de coordonnées (X, Y, Z, T), on associe l'ensemble Γ_p (resp. : $\tilde{\Gamma}_p$) des points de Π (resp. : $\tilde{\Pi}$) dont les coordonnées (x, y) vérifient la relation

$$T(x^2 + y^2) - 2xX - 2yY + Z = 0.$$

1) Quel est l'ensemble S des points p de E tels que Γ_p soit un point. A quelles conditions Γ_p est-il une droite, un cercle ou l'ensemble vide? Montrer que si $\Gamma_p = \varnothing$, $p \neq \Omega$, alors $\tilde{\Gamma}_p$ est un cercle de centre réel, de rayon imaginaire pur dans $\tilde{\Pi}$.

2) Soit $\mathscr{C}$ l'ensemble des cercles de $\tilde{\Pi}$ de centre dans Π, de rayon réel, nul ou imaginaire pur; (dans la suite de tels cercles seront appelés respectivement cercles réels, cercles points, cercles imaginaires). Montrer que l'application $p \to \tilde{\Gamma}_p$ munit $\mathscr{C}$ d'une structure d'espace affine réel.

3) Soient p et q deux points de E — H tels que Γ_p et Γ_q soient des cercles réels, et soit d l'intersection de la droite pq de E avec l'hyperplan H. Que peut-on dire de Γ_d? A quelle condition p et q sont-ils concentriques?

4) Soit p un élément quelconque de E — H. Montrer que la droite $p\Omega$ coupe S en un point unique O. Que représente géométriquement Γ_0?

5) Soit Δ une droite de E non contenue dans H. On appelle faisceau de cercles lié à Δ, et on note $\mathscr{F}_\Delta$ l'ensemble des cercles Γ_p associés aux points p de $\Delta \cap (E - H)$.

Que se passe-t-il lorsque $\Omega \in \Delta$?

Dans la suite, on suppose $\Omega \notin \Delta$. Que peut-on dire de $\mathscr{F}_\Delta$ lorsque $\Delta \cap S$ a 0, 1 ou 2 points?

En déduire que deux cercles réels non concentriques Γ_p et Γ_q se coupent (resp. : sont tangents) si et seulement si la droite pq ne coupe pas S (resp. : coupe S en un point unique).

6) Montrer que deux cercles réels Γ_{p_1} et Γ_{p_2} sont orthogonaux si et seulement si les coordonnées homogènes respectives (X_1, Y_1, Z_1, T_1) et (X_2, Y_2, Z_2, T_2) sont les composantes de deux vecteurs orthogonaux pour une forme bilinéaire symétrique φ que l'on déterminera. Quel est le rang de φ?

En déduire que l'ensemble des cercles orthogonaux à tous les cercles du faisceau $\mathscr{F}_\Delta$ est un faisceau $\mathscr{F}_{\Delta'}$.

Quel est l'ensemble des points de E dont les coordonnées homogènes

$$(X, Y, Z, T)$$

sont les composantes d'un vecteur isotrope pour φ?

III.4.8. *Groupe conforme du plan.*

1. Soit $\vec{X}$ un plan *vectoriel* euclidien. Montrer que le choix d'une orientation ε de $\vec{X}$ permet de munir canoniquement l'ensemble sous-jacent à $\vec{X}$ d'une struc-

ture d'espace vectoriel complexe $\vec{X}_\varepsilon$ [pour $i = (0, 1) \in \mathbf{R}^2 = \mathbf{C}$, et $\vec{x} \in \vec{X}$, on posera $i\vec{x} = \rho(\vec{x})$ où ρ est la rotation d'un angle droit direct]. En déduire que le choix d'une orientation ε dans un plan affine euclidien X permet de munir l'ensemble sous-jacent à X d'une structure canonique de droite affine complexe que l'on notera X_ε. Soit $(\alpha, \beta) \in X_\varepsilon^2$ un repère affine de la droite X_ε, et $z \in \mathbf{C}$ (resp. $z' \in \mathbf{C}$) la coordonnée dans ce repère d'un point x (resp. x') de X_ε. Montrer que

$$|z| = \frac{d(\alpha, x)}{d(\alpha, \beta)} \qquad \text{et} \qquad \operatorname{Arg} z = \widehat{\overrightarrow{\alpha\beta}, \overrightarrow{\alpha x}}.$$

Interpréter de même $|z - z'|$ et $\operatorname{Arg}(z - z')$.

Soit ε' l'orientation opposée à ε. Que peut-on dire de l'application identique de X sur lui-même relativement aux structures X_ε et $X_{\varepsilon'}$?

2. Soit Δ la droite projective complexe $X_\varepsilon \cup \{\infty\}$ complétant X_ε. On appelle inversion $f_{a,k}$ de X, de centre $a \in X$ et de puissance $k \in \mathbf{R}^*$, l'application de $X - \{a\}$ dans lui-même définie par :

$$f_{a,k}(x) = a + k \frac{\overrightarrow{ax}}{\|\overrightarrow{ax}\|^2}.$$

On prolonge $f_{a,k}$ en une application $\tilde{f}_{a,k}$ de Δ dans lui-même, appelée encore inversion, en posant $\tilde{f}_{a,k}(a) = \infty$ et $\tilde{f}_{a,k}(\infty) = a$, $\tilde{f}_{a,k|X-\{a\}} = f_{a,k}$.

Montrer, en choisissant un repère convenable de Δ, que $\tilde{f}_{a,k}$ est une semi-homographie involutive de Δ.

3. *a*) Montrer que $\mathbf{C}$ a une structure canonique de plan affine euclidien orienté. On considère l'application f_1 (resp. f_2 et f_3) définie sur $\mathbf{C} - \{i\}$ (resp. $\mathbf{C} - \{0\}$) par les formules

$$f_1(z) = i + \frac{2}{\overline{z - i}}; \qquad f_2(z) = \frac{1}{\bar{z}}; \qquad f_3(z) = \frac{k}{\bar{z}} \quad (k \in \mathbf{R}^*).$$

Montrer qu'elles s'interprètent comme des inversions dont on déterminera les centres et les puissances.

Calculer $f_1 \circ f_2 \circ f_1$ et $f_3 \circ f_2$ et montrer que ce sont les restrictions à

$$\mathbf{C} - \{0, i\} \qquad \text{ou} \qquad \mathbf{C} - \{0\}$$

d'applications que l'on caractérisera géométriquement.

b) Soit s une similitude de X, que l'on prolonge à Δ en posant

$$\tilde{s}(\infty) = \infty \qquad \text{et} \qquad \tilde{s}|_X = s;$$

on appelle encore $\tilde{s}$ une similitude de Δ. Soit Γ (resp. Γ') le sous-groupe des permutations de Δ engendré par les inversions (resp. les similitudes) de Δ. Montrer que Γ' est un sous-groupe de Γ [on utilisera les résultats de *a*), grâce à la liberté avec laquelle on peut choisir des repères dans Δ].

4. Soient a, b, c trois points distincts de Δ. Que peut-on dire de l'ensemble des points m de Δ tels que le birapport $[a, b, c, m]$ soit réel? On supposera d'abord $(a, b, c) \in X^3$ et on calculera ce birapport en prenant un repère (α, β) de X_ε tel que $\{\alpha, \beta\} \cap \{a, b, c, m\} = \varnothing$. On distinguera deux cas, selon que les points a, b, c sont alignés ou non dans X. On envisagera ensuite le cas où $\infty \in \{a, b, c\}$.

En déduire la nature de la transformée d'une droite (resp. d'un cercle) de X par une inversion de X.

5. On appelle pseudo-cercle de Δ toute partie de Δ qui est soit un cercle de X, soit la réunion d'une droite de X et de $\{\infty\}$. Soient G l'ensemble des permutations de Δ transformant tout pseudo-cercle en un pseudo-cercle, et H l'ensemble des homographies et des semi-homographies de Δ relatives à l'automorphisme $z \longmapsto \bar{z}$ de $\mathbf{C}$.

a) Montrer qu'une permutation de X qui transforme toute droite en droite et tout cercle en cercle est une similitude (on pourra par exemple montrer qu'elle transforme le centre d'un cercle en le centre du cercle transformé, et en déduire qu'elle conserve l'orthogonalité).

b) En déduire que $\Gamma = H = G$ (on caractérisera d'abord le sous-groupe de Γ conservant ∞).

III.6.1. *Le théorème de Desargues.* Soient (a_1, a_2, a_3), (a'_1, a'_2, a'_3) deux triangles d'un plan projectif X. On suppose que $\forall (i, j)$ $a_i \neq a'_i$ et $V_p(a_i, a_j) \neq V_p(a'_i, a'_j)$. Montrer que pour que les trois droites $V_p(a_i, a'_i)$ soient concourantes, il faut et il suffit que les trois points $V_p(a_i, a_j) \cap V_p(a'_i, a'_j)$ soient alignés.

Comment modifier cet énoncé si certains couples de sommets (resp. de côtés) homologues sont constitués des mêmes éléments?

Quel est l'énoncé corrélatif de ce théorème?

Donner les diverses formes affines de cet énoncé.

III.6.2. *Le théorème de Pappus* (*III*^e *siècle avant J.C.*).

a) Soient O et O′ deux points distincts d'un espace projectif X de dimension $n \geqslant 2$, Ω (resp. Ω') l'espace projectif de dimension $n - 1$ des hyperplans de X passant par O (resp. O′), H un hyperplan de X ne contenant ni O, ni O′, Δ un hyperplan de $\mathbf{H}$ arbitraire. Montrer que l'application

$$\varphi : V_p(\{0\} \cup \Delta) \to V_p(O' \cup \Delta)$$

est une homographie de Ω sur Ω'. Réciproque?

b) Plus généralement, transformer par corrélation le théorème 3 du chapitre VI.

c) Déduire de *a*) le théorème de Pappus : soient Δ et Δ' deux droites d'un plan projectif X, $(a_i)_{1 \leqslant i \leqslant 3}$ [resp. (a'_i)] 3 points de Δ (resp. Δ'),

$$b_i = V_p(a_j, a'_k) \cap V_p(a_k, a'_j) \quad (i \neq j \neq k \in \{1, 2, 3\}).$$

Montrer que les points b_i sont alignés [on considérera les faisceaux de droites passant par a_i et a'_i, et l'homographie φ_i telle que

$$\varphi_i[V_p(a_i, a'_j)] = V_p(a'_i, a_j) \quad (j = 1, 2, 3)].$$

d) Quel est l'énoncé (et la figure) corrélatif du théorème de Pappus?

e) Étudier la figure du théorème de Pappus lorsque certains éléments sont à l'infini (par exemple a_1 et a'_1; ou b_1 et b'_1; ou Δ') et en déduire des démonstrations affines du théorème de Pappus.

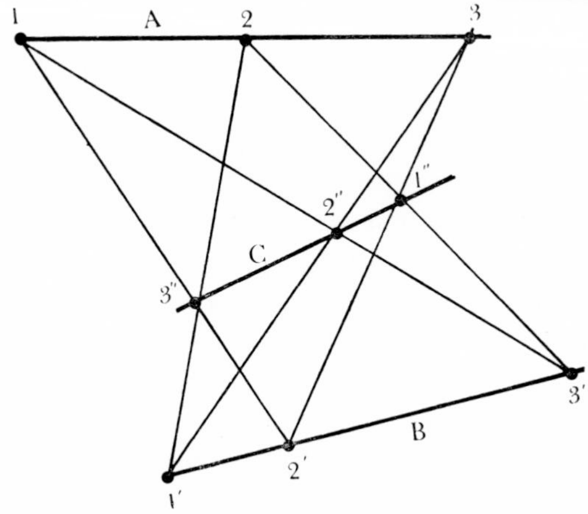

FIG. 1.

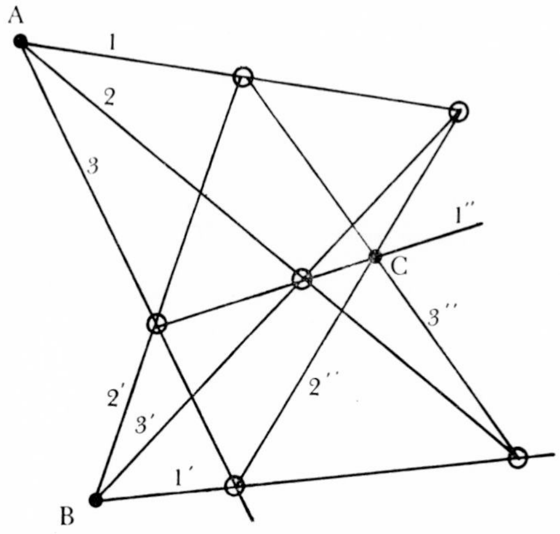

FIG. 2.

III.6.3. Soient X un espace projectif de dimension $n \geqslant 2$ sur le corps des réels, et q une forme quadratique sur $\hat{X}$ de noyau $\hat{S}$. On appelle *quadrique projective* (conique si $n = 2$) d'équation $q(x) = 0$ l'image Q (éventuellement vide) dans X des vecteurs isotropes de q. On dit que Q est non dégénérée (resp. dégénérée) si q l'est, et on appelle rang et signature de Q ceux de q.

1. Montrer que la section d'une quadrique Q par un sous-espace projectif Y de X est une quadrique Q_Y de Y. Si $S \neq \varnothing$, Q_Y est non dégénérée si et seulement si Y est un supplémentaire de S; qu'en est-il si $S = \varnothing$? Si $S \neq \varnothing$, soit Y un supplémentaire de S, et p la projection conique de X sur Y de centre S. Montrer que $Q = S \cup p^{-1}(Q_Y)$.

2. Soient F et F′ deux faisceaux distincts d'hyperplans de X, V (resp. V′) l'intersection des éléments de F (resp. F′), et u une homographie de F sur F′. On se propose de montrer que :

$$Q = \bigcup_{H \in F} H \cap u(H)$$

est une quadrique (*théorème de Chasles*).

a) Si V et V′ ne sont pas contenus dans un même hyperplan, montrer que $n \geqslant 3$ et qu'il existe 4 formes linéaires indépendantes x_i sur $\hat{X}$ telles que V (resp. V′) ait pour équations $x_1 = x_2 = 0$ (resp. $x_3 = x_4 = 0$). En déduire que Q est une quadrique de signature (2, 2). Définir S. Étudier le cas particulier $n = 3$.

b) Si V et V′ sont contenus dans un même hyperplan G, montrer qu'il existe 3 formes linéairement indépendantes x_i sur $\hat{X}$ telles que les équations $x_1 = 0$, $x_2 = 0$, $x_3 = 0$ soient respectivement celles de G, d'un élément $H \in F$ et $u(H) \in F'$ vérifiant H et $u(H) \neq G$. En déduire que Q est une quadrique de signature (2, 1) ou (1, 1). Caractériser géométriquement Q et u lorsque la signature est (1, 1). Q peut-elle être non dégénérée?

3. Étudier les réciproques. En déduire que par 5 points d'un plan dont trois ne sont pas alignés passe une conique et une seule.

4. Étudier le problème corrélatif.

5. Examiner le cas d'un corps de base commutatif quelconque de caractéristique différente de deux, et en particulier celui de **C** et du corps $\mathbf{Z}_3$.

Bibliographie

1. Artin (Emil). *Algèbre Géométrique.* Trad. de l'anglais par M. Lazard. Paris, Gauthier-Villars, 1962. (Nv. Tirage, 1967.)
2. Bieberbach (Ludwig). *Einleitung in die höhere Geometrie.* Leipzig, B.G. Teubner, 1933.
3. Blumenthal (Leonard M.). *A modern view of Geometry.* San Francisco, Londres, W.H. Freeman and C°, 1961.
4. Blumenthal (Leonard M.). *Theory and Practice of Distance Geometry.* Oxford, Clarendon Press, 1953.
5. Blumenthal (Leonard M.) et Menger (Karl). *Studies in Geometry.* San Francisco, Londres, W.H. Freeman and C°, 1970.
6. Bourbaki (N.). Éléments de Mathématique. *Algèbre.* Chap. 1 à 3 (Chap. 2, § 9). Nv. éd. refondue et corr. Paris, Hermann, 1970.
7. Bourbaki (N.). Éléments de Mathématique. Livre II. *Algèbre.* Chap. 6 et Chap. 7 (Chap. 7, § 5). 2e éd. rev. et corr. Paris, Hermann, 1964.
8. Bourbaki (N.). Éléments de Mathématique. Livre II. *Algèbre.* Chap. 9. Paris, Hermann, 1959.
9. Busemann (Herbert). *Metric Methods in Finsler spaces and the Foundations of Geometry.* Princeton, N.J., Princeton Univ. Press, 1942.
10. Choquet (Gustave). *L'enseignement de la Géométrie.* Paris, Hermann, 1964.
11. Dickson (Leonard Eugene). *Linear Groups.* Leipzig, B.G. Teubner, 1901.
12. Dieudonné (Jean). *Algèbre linéaire et géométrie élémentaire.* 2e éd. corr. Paris, Hermann, 1964.
13. Dieudonné (Jean). *La géométrie des groupes classiques.* 2e éd. rev. et corr. Berlin, Springer-Verlag, 1963.
14. *Études d'Histoire et de Philosophie des Sciences.* Bucarest, Éd. de l'Acad. de la République Populaire Roumaine, s. d.
15. Gabriel (Pierre) et Goeringer (Gabrièle). *Applications de l'Algèbre et de la Topologie à la Géométrie.* Cours de Maîtrise d'enseignement, 1re année. 1969-1970. Strasbourg, Départ. de Math., 1970. Multigraphié.
16. Glaeser (Georges). *Mathématiques pour l'élève professeur.* Paris, Hermann, 1971.
17. Godeaux (Lucien). *Les Géométries.* Paris, Armand Colin, 1941.

18. Godement (Roger). *Cours d'Algèbre*. 2e éd. rev. et corr., Paris, Hermann, 1966.

19. Hilbert (David). *Les Fondements de la Géométrie*. Éd. critique, avec introduction et compléments, préparée par Paul Rossier. Paris, Dunod, 1971.

20. Hilbert (David). *Les principes fondamentaux de la Géométrie*. (Trad. par L. Laugel du mémoire paru en langue allemande sous le titre : « Grundlagen der Geometrie » dans « Festschrift zur Feier der Enthüllung des Gauss-Weber Denkmals in Göttingen ». Leipzig, B.G. Teubner, 1899.) *Ann. sci. École Norm. Sup.* 3e série. 17 (1900), pp. 103-209.

21. Hilbert (David) et Cohn-Vossen (S.). *Anschauliche Geometrie*. Berlin, Verlag von Julius Springer, 1932.

22. Hilbert (David) et Cohn-Vossen (S.). Geometry and the Imagination. (Trad. par P. Neményi de l'ouvrage original paru en langue allemande sous le titre « Anschauliche Geometrie ». Berlin, Springer, 1932.) New York, N.Y., Chelsea Publ. Co, 1952.

23. I.R.E.M. de Strasbourg (publications de l'). *Le Livre du Problème*, fascicules 1 à 4, Lyon-Paris CEDIC 1973.

24. Kérékjárto (Béla). *Les fondements de la Géométrie*. T. 1. La construction élémentaire de la géométrie euclidienne. Budapest, Akademiai Kiado, 1955.

25. Kérékjarto (Béla). *Les fondements de la Géométrie*. T. 2. Géométrie Projective. Paris, Gauthier-Villars, 1966.

26. Lelong-Ferrand (Jacqueline) et Arnaudiès (Jean-Marie). Cours de Mathématiques. T. 1. *Algèbre*. M.P. Spéciales A', A. Paris, Dunod, 1971.

27. Lobatcheffsky (N.I.). *Pangéométrie ou Précis de géométrie fondée sur une théorie générale et rigoureuse des parallèles*. Kasan, Imprimerie de l'Univ., 1855.

28. Lobatcheffsky (N.I.) (Lobatschefskij N.I.). *Zwei Geometrische Abhandlungen*. Trad. du russe par Friedrich Engel, suivie de notes critiques et d'une biographie de l'auteur. Leipzig, B.G. Teubner, 1898.

29. Mac Lane (Saunders) et Birkhoff (Garrett). *Algèbre*. T. 2. Les grands Théorèmes. Chap. 11 et 12. Trad. de l'américain par J. Weil. Paris, Gauthier-Villars, 1971.

30. Meschkowski (Herbert). *Non euclidean Geometry*. New York, Academic Press, 1964.

31. Moulton (Forest Ray). *A simple Non Desarguesian plane Geometry*. Trans. Amer. Math. Soc. 3 (1902), pp. 192-195.

32. Poincaré (Henri). *La Science et l'Hypothèse*. Paris, Flammarion, 1920.

33. Porteous (I.R.). *Topological Geometry*. New York. Londres, D. Van Nostrand-Reinhold, 1969.

34. Schreier (Otto) et Sperner (Emanuel). *Projective Geometry of n dimensions*. (Vol. 2 de : « Introduction to Modern Algebra and Matrix Theory ».) New York, Chelsea Publ. Co, 1961.

35. Semple (John G.) et Kneebone (G.T.). *Algebraic projective Geometry*. Oxford, Clarendon Press, 1949.

36. Snapper (Ernst) et Troyer (Robert J.). *Metric affine Geometry*. New York, Londres, Academic Press, 1971.

37. Veblen (O.) and Young (J.W.). *Projective Geometry*. Vol. 1 et Vol. 2. Boston, Ginn, 1910-1918.

Index